숙명宿命을 거부하다!

보통사람들의 위대한 생애

金珍漢 外 18名

조갑제닷컴

차 례

우리 모두 이 자랑스러운 대한민국에 힘찬 박수를 보냅시다!

2015년은 저희 해방둥이들에겐 참으로 뜻 깊은 한 해라 할 것입니다.

나라의 발전과 함께한 지난 70년, 돌이켜보면 우리는 참으로 福 받은 세대였다고 생각됩니다.

광복은 되었으나 평균 수명 50세 전후, 국민소득 30~40달러 수준의 국가에서 태어나, 철없던 시절 6·25를 겪고 철들어서는 민주화와 산업화의 주역으로 역사의 중심에 서서, 평균수명 80세가 넘는 복지국가에서 국민소득 2만 달러 전후의 경제大國으로 발전하는 성공의 결실을 오롯이 누린 행복한 세대였다고 할 것입니다.

연초에 趙甲濟 대표와 만나 이렇게 나라발전의 최대 수혜자인 우리 해방둥이가 개인적으로 古稀(고희)를 맞이하여 이 나라에 무엇으로 기여할 수 있을까 의견을 나눈 바 있습니다.

자연스럽게 '역사는 승리한 자의 것이 아니라 기록하는 자의 것'이라는 의견에 일치하여 이번 '광복 70주년 기념 현대사 체험수기 모집案'이 탄생되고 우리 해방둥이 세 사람이 심사위원으로 참여하게 되었습니다.

따라서 오늘 수상하신 여러분, 나아가 오늘 수상하지는 못했지만, 기록을 보내주신 응모자 여러분은 바로 대한민국 70年 현대사의 주인공인 것입니다.

지구 상 200여 개 국가 어디에서도 유례를 찾아볼 수 없는 기적의 역사를 만든 자유민주주의 대한민국의 지난 70年은, 참으로 위대한 역사였다고 할 것입니다.

오늘 이 자리가 이 위대한 역사의 주인공인 자유민주주의 대한민국에 바치는, 한없는 존경과 사랑의 자리가 되기를 기원합니다.

우리 모두 이 자랑스러운 대한민국에 힘찬 박수를 보냅시다.

감사합니다.

체험수기 본선 심사위원(現 정원산업 회장)

姜大信

非常한 시대의 非常한 삶!

'광복 70주년 기념 현대사 체험수기' 중 豫審(예심)을 통과한 22편을 一
讀(일독)한 評者(평자)의 가슴에 도도한 물결처럼 다가온 것은 "그들 모두가
참으로 非常(비상)한 시대에 참으로 非常한 삶을 살아 왔구나!"는 짙은 감
동이었다.

오늘을 사는 칠순·팔순·구순 연배의 한국인은 1945년의 8·15 광복의
감격, 1950~1953년의 6·25 남침전쟁으로 인한 고통, 박정희 시대와 겹치
는 1961~1979년 개발연대의 영광을 온몸으로 체험한 한국 현대사의 主役
(주역)들이었다. 그들은 배고픔 속에서도 배움을 포기하지 않았고, 싸우면
서 일해 '한강의 기적'을 이뤘다. 5000년 민족사에서 그들처럼 역동적인 삶
을 영위한 세대는 일찍이 없었다. 그들의 인생 궤적은 현대 한국의 實錄(실
록), 바로 그것이었다.

우리 풍토에 알맞은 벼 종자 개발로 배고픔 해결

우리나라 기후와 토질에 알맞은 다수확 벼 품종 개발에 분투했던 실무자들 중 한 사람의 手記(수기)인 前 농촌진흥청 水稻育種(수도육종)연구관 金鍾昊(김종호) 씨의 글은 감동적이었다.

1950년대 후반(1955~1959년) 우리나라의 농가 10a 당 평균 쌀 수확량은 265kg, 1960대 후반(1965~1969년)의 평균 쌀 수확량도 304kg에 불과했다. 10년간의 노력에도 불구하고 약 15% 증산에 그쳤던 것이다.

요즘 대한민국에서는 많은 남녀노소가 저마다 다이어트를 한다고 야단들이지만, 불과 40년 전까지만 해도 배고픈 한국인들은 배불뚝이를 선망의 대상인 '사장님의 필요조건'으로 생각했다. 1960년대, 최전방에서 복무하던 우리 장병들은 "공화국 북반부에서는 이밥과 고깃국에 기와집에서 산다"고 선전하는 북한군의 확성기 방송을 시나브로 들어야만 했다. 당시, 국군 병사에 대한 급식은 매우 열악했다.

우리 정부는 1970년에 생산력이 우수한 수원 213-1호를 최종 선발하고, 1971년에 '통일벼'로 명명함과 동시에 장려품종으로 결정했다. 1971년 수행된 550개소의 대단위 집단재배단지의 10a당 쌀 수확량은 501kg였다. 비교 품종의 398kg에 비하면 무려 103kg이나 급증한 것이었다.

그러나 통일벼는 재배과정 중 冷害(냉해)에 취약점을 보였던 데다 수확 후의 밥맛도 떨어졌다. 변화에 대한 농가의 반응은 싸늘했다. 그래도 정부는 다수확 품종의 보급에 적극적·강제적이었다. 당시의 일간 신문에는 통일벼의 보급을 위한 강력한 정부시책 때문에 일선 공무원들이 일반 벼를 심은 농가의 논에 불을 질렀다는 기사가 실리기도 했다.

그러나 통일벼의 밥맛을 개선한 '유신'의 육성 보급을 계기로 다수확 통일형 품종에 대한 농민들의 인식이 차츰 개선되었다. 1977년, 드디어 우리 민족의 오랜 숙원인 쌀 자급이 성취됐다. 이때 보급된 통일형 품종의 보급 면적은 약 66만ha로 전국 논 면적의 54.6%에 달했다. 통일형 품종의 10a 당 농가 평균 쌀 수확량은 553kg으로 나타났다. 완벽한 쌀의 자급기반을 구축한 쾌거였다.

약 3000여 년의 긴 우리나라 벼 栽培史(재배사)를 통해 처음으로 印度(인도)의 다수확 통일형 품종이 성공적으로 재배되었던 것이다. 쌀 자급은 우리 산업 발전에 원동력이 되었다. 저온에 약한 통일형 벼 품종의 재배를 통해 개발된 저온 회피 재배기술은 밭작물 및 채소 원예작물 재배와 과수 재배에도 획기적인 발전을 가져왔다. 아래는 金鍾昊 씨의 글 중 일부를 발췌한 것이다.

〈1969년에 세워진 세대촉진 온실은 연중 내내 수시 교배작업과 연중 2회의 육성계통의 세대촉진 재배로 육종 담당자들을 더욱 바쁘게 만들었다. 게다가 수시로 급한 업무나 속결 처리해서 보고 해야할 일은 밤낮이 없다. 벼 수확시기부터 다음해 봄철까지는 시험결과의 정리를 위하여 야근은 일상이다…(중략) '벼는 휴일 없이 쉬지 않고 자란다'는 선배들의 말이 전해지듯 벼 연구진은 연중무휴의 전통이 깊이 뿌리내려 왔다. 따라서 일요일 공휴일의 無休는 언제부터인지 당연한 것으로 거부감 없이 구성원들의 체질 속으로 깊이 동화되어 왔다. 통일벼나 통일형 품종은 하루 밤만 자고 나면 문제가 나타나고 내일은 또 다른 문제로 벼 육종 및 재배기술 인력을 끊임없이 괴롭혔다. 관련 병해충 防除(방제) 인력도 빈발하는 문제로 대책을 찾기 위하여 바쁜 나날을 보냈다.

한편 통일형 품종의 농가 보급지도를 담당하는 일선 市郡(시군) 지도요원들은 신바람 나게 농촌의 마을길과 논둑을 누비기도 하였지만 통일형 품종의 재배상의 어려운 문제로 農家(농가)의 원망을 밥 먹듯이 들어야 했다. 이유는 단순했다. 低溫(저온)에 취약했기 때문이다….〉

그는 우리나라 작물시험장의 논이 아닌 필리핀의 논에서 벼 종자를 대량으로 생산, 우리나라로 직송해 농가에 바로 보급하는 직무를 성공적으로 수행했다.

영화 '국제시장'의 덕수가 실제 있었다

李範永(이범영) 씨의 手記는 영화 '국제시장'의 주인공 덕수처럼 월남의 정글과 서독의 탄광에서 싸우고 일한 이야기이다. 글쓴이는 1944년 경기도 김포의 가난한 농가 출신으로, 중학교 졸업 후에 서울 영등포 소재 국립농산물 검사소의 급사로 생활전선에 뛰어들었다. 취업 1년 만에 시험보조원으로 승급했지만, 1965년 징집되어 논산훈련소에 입대 훈련을 받았다. 그는 派越(파월)을 자원했다.

〈1966년 1월5일 밤, 베트콩과 첫 전투가 벌어졌다…(중략) 그날 밤은 중대전술진지 철조망까지 침투하려는 적과의 교전이었다. 수많은 기관총탄과 소총탄이 매서운 소리를 내면서 중대 전술陣地(진지) 안으로 쏟아져 들어왔다. 비상나팔소리와 함께 全 중대원들은 즉각 진지에 투입되어 치열한 총격전이 벌어졌다.〉

파월 사상 최대 규모인 '맹호 제5호 작전'에 재구대대가 주력으로 참가하려던 무렵인 1966년 3월23일, 주월한국군 총사령관 채명신 장군이 敵 점령지역 한가운데로 헬기를 타고 와서 다음과 같이 격려했다고 한다.

"장병 여러분은 모두 애국자다. 지금 여러 장병이 흘리는 땀과 희생은 누가 알아주지 않는다 해도 누굴 원망하거나 섭섭해 하지 마라. 언젠가는 지금 여러 장병이 흘리는 땀과 희생을 누군가는 반드시 알아줄 날이 올 것이다. 그리고 지금은 장병 여러분이 보상받지 못하겠지만, 훗날이라도 우리 후손들이 지금의 노고를 보상받을 날이 반드시 올 것이다. 또 장병 여러분이 받는 전투 수당을 헛되게 쓰지 말고 본국으로 송금해라. 그 돈이 우리나라의 빚을 갚고 나라 살림에 보탬이 되고 살이 찌니 1달러라도 아껴서 본국으로 보내라. 끝으로 국가와 국군의 명예를 지키는 용맹스런 맹호용사가 되자!"

2년간의 파월 복무 후 귀국해 1967년 9월에 만기제대를 한 후 철도청 소속 무장 청원경찰으로 취업해 강원도 춘천 외곽인 江村(강촌) 구간의 철교를 경비하는 직책을 수행했다. 전투경험이 풍부했던 그는 대원 5명을 거느린 초소장이 되었다. 월급 6000원의 박봉이었다.

그러던 어느 날, 파독 광부를 모집한다는 해외개발공사의 신문 광고를 보았다. 1970년 7월, 그는 36대 1의 경쟁을 뚫고 독일 행 비행기에 올랐다. 그는 독일 딘스라켄 지역의 '스테어크라데' 鑛山 광산의 막장에서 3년간 목숨을 걸어놓고 석탄을 캤다. 그는 우리 시대의 진짜 일꾼이었다.

〈어쩌다 가난한 나라, 가난한 자식으로 태어나서 지옥 같은 곳만 또 오게 되다니. 이것이 내 운명인가보다 싶었다… (중략) 차츰 일하는 요령도 늘어가고 숙달되어가니 처음보다 조금씩 일하기가 수월해져 갔다. 힘든 고비가 닥칠 때마다 고국에 계신 찌든 가난에 주름진 부모님과 동생들 모습이 눈앞에 아른거리며 떠올랐다…(중략) 첫 월급으로 700마르크 조금 넘게 받았다. 추가로 2000마르크를 가불해서 고국에서 떠나올 때 빌려 쓴 돈과 부모님 농사자금 쓰시라고 모두 한국으로 송금했다. 빌려 쓴 돈은 4부 이자를 계산해서 고마웠다는 편지와 함께 송금해 드렸다.〉

전체 파독 광부 중 3년 동안 無결근·無병가 근무자는 그가 최초였다고 한다. 3년 계약이 끝나고 그는 자신의 앞날을 생각하기 시작했다. 그동안, 고국에 꽤 많은 송금을 했고, 부모님은 그 돈으로 밭을 사시고 동생들의 학비와 결혼비용으로 쓰셨다. 하지만 그의 수중에 남은 돈은 그가 자립하기에는 턱없이 부족했다. 그래서 이제부터는 그 자신을 위해 돈을 벌어야겠다고 결심했다.

〈지긋지긋하고 지옥 같은 광산 일이지만 돈을 더 벌기 위해 광업소 측에 근무 연장 신청을 요청했다. 노조 위원장과 광업소장은 내 3년간 근무성적표를 보더니 깜짝 놀라면서 그 자리에서 허락하고 市 노동청에 추천서를 써주어서 3년간(1년씩 세 번) 취업 연장 승인을 받았다.〉

李範永 씨는 파독 6년차가 되자 살림 밑천이 어느 정도 모여 1977년 2월에 귀국했다. 점포가 달린 2층집을 샀고, 생맥주 치킨점을 경영해 목돈을 쥐기도 했다. 그러나 뜻하지 않게 아내가 췌장암을 앓아 喪妻(상처)했다고 한다. 그래도 온갖 일을 다 해 아이들을 대학에 보내 졸업시켰고, 재혼도 했다. 전처의 제삿날이 되면 가난한 가정의 아들과 딸로 태어나 용감하게 삶을 개척했던 우리들의 지난날을 회상하고 깊은 감회에 젖곤 한다.

좌익들과 좌익에 가담한 사촌들이 친형을 무참히 살해

金亨佐(김형좌) 씨의 手記 '공산주의가 만든 피 묻은 家族史'는 어설픈 이데올로기에 물든 자들이 敵 치하에서 완장을 차고 설치며 친척까지 처절하게 학살한 일을 증언한 수기이다. 金亨佐 목사는 전북 김제군 봉남면 대송리에서 4남2녀 중 3남으로 1934년에 태어나, 기독교 교육을 받고 자라났다. 1945년 해방이 되니까 세상은 좌우로 兩分되었다. 그가 살던 마을 주민들도 공산주의와 민주주의, 그리고 찬탁과 반탁으로 갈라졌다.

그 시절, 공산주의가 뭔지, 그 자신도 잘 모르는 어설픈 좌익들이 밤마다 모여 무슨 정치공작을 했다. 학교에 가면 교사들 대부분도 얼치기 主義者여서 "들어라, 붉은 깃발!" 따위의 혁명가를 가르쳤다. 그러던 1950년 6월 25일, 소련의 독재자 스탈린의 사주를 받은 북한 괴뢰집단의 수괴 김일성이 남침전쟁을 도발했다. 그 때 金 씨 가족의 비극이 시작되었다.

〈대동청년단 간부였던 형은, 6·25가 터진 후 인민군을 피해 부산으로 도망간 상태였습니다. (중략) 그러던 중 형(김형배)이 김제로 끌려왔습니다. 나중에 알고 보니 형님께서 친구들과 부산으로 가는 길에 차에 펑크가 나, 전주 고모집에 숨었다고 했습니다. 그런데 저희 교회에 있다 그만둔 교인이 있는 곳을 인민군에 밀고했다고 합니다. 형은 좌익들에 의해 두 눈이 꼬챙이로 뽑히고, 낭심이 터진 상태로 끌려왔습니다. 그들은 형을 산채로 모래사장에 파묻었는데 그 일에 제 사촌도 가담했습니다.〉

북한군이 쫓겨 간 후 敵 치하에서 완장을 찼던 백부의 가족은 몰락했다. 백부는 急死(급사)하고, 그 아들은 자살하고, 그 손자 하나는 산에서 일하다가 굴러온 돌에 치여 죽는 등의 벌을 받았다.

그래도 빨치산 잔당은 아직도 이 사회에서 '내로라'하며 설치고 있다. 누구를 믿고 그런지, 대한민국은 끊임없는 敵의 도발을 받고 있음에도 불구하고 좌익분자에 대해 너무 관대한 나라이다. 이런 나라는 세계역사상 前無後無(전무후무)할 것이다.

脫螢 후, 영어 교사가 되다

吳允根(오윤근) 씨의 手記는 咸興醫大(함흥의대) 재학 중 인민군의 군의관이 되었으나 탈영했다가 국군의 북진 때 남하해 美軍 통역관을 거쳐 영어

교사가 된 분의 사연이다. 글쓴이 吳允根 선생의 고향은 함경북도 豆滿江(두만강) 남안의 국경마을 鍾城(종성)이다.

〈해방 직후 고향 마을에 소련군이 들오던 날, 방학 중의 나는 귀향해 방에서 낮잠을 자고 있었다. 그런 나를 여동생이 흔들어 깨웠다. "오빠, 빨리 일어나. '마우재'가 오고 있대. 빨리 큰길로 나가봐."

마우재는 소련군인을 가리키는 함경도 사투리로서, 그 어원은 "말이나 소 같이 미욱하다"는 뜻의 馬牛者(마우자)에서 유래된 것이라는 說(설)이 있다.

큰길로 나갔더니 소련병사 10여 명이 나타났다. 그들 중 하나가 내게 다가오더니 대뜸 시계를 찬 내 왼 팔목을 붙잡았다. 그 자가 몇 시인지 알려고 그런 줄 알고 시계를 그의 눈앞에 들이댔다. 그런데 그 자는 강도로 돌변했다. 그는 시계를 찬 내 팔목을 비틀어 시곗줄을 풀고 자기 손목에 나의 시계를 찼다. 그의 팔목에는 이미 세 개의 시계가 채워져 있었다. 소련군의 노략질은 갈수록 심해졌다.〉

1946년 3월13일, 함흥에서 학생들이 소련군의 만행을 규탄하는 가두시위를 벌였다. 이것이 3·13 함흥 反共(반공)학생사건으로, 1945년 11월23일의 신의주 反共학생사건 다음으로 규모가 컸던 反소련 데모였다.

〈1950년에 들어서자 내가 보기에도 남침전쟁의 조짐이 곳곳에서 나타나고 있었다. 함흥에도 인민군 1개 사단이 주둔하고 있었는데, 6월로 접어들자 모두 38선 지역으로 전진 배치되어 함흥의 주둔지엔 1개 소대 병력만 남아 있었다. 인민군의 남침이 시작되자 바로 '전쟁 승리를 위한 궐기대회'가 개최되었고, 결의문도 채택되었다. 그 결의문은 "인민군에 지원할 것을 만장일치로 결의한다"는 내용이었다. 강의실에 들어온 정치보위부 요원은 강의실 앞뒷문을 막고 입대지원서를 학생들에게 돌렸다.〉

임상 경험이 없었던 그를 포함한 함흥의대 2학년생들 중 11명은 함흥시

내 국·공립병원에 3개월간의 실습을 거친 후 신설 중이던 北靑(북청)의 예비사단으로 배치되었다. 함흥에서 200리 북쪽인 北靑으로 동문들과 트럭을 타고 함께 이동했다.

〈인민학교의 교사를 징발해 막사로 사용하고 있었다. 운동장에서는 30~40대의 장정들을 훈련시키고 있었다. 군복도 지급받지 못하고 학생복을 입고 장교식당에서 숙식을 하며 장정들의 훈련이 끝날 때까지 대기했다. 그런 지 1주일 되던 날, 평소 서로 속마음을 털어놓던 친구 범은이가 나에게 탈영을 제의했다.〉

필사의 탈출

그의 고향은 북청에서 북쪽 100리 거리의 利原(이원). 오윤근 씨와 친구 범은 씨 두 사람은, 걸어서 다음날인 10월8일 집 근처의 고갯마루에 이르렀다. 밤이 되기를 기다려 이웃사람 몰래 집에 들어갔다. 숨어 지낸 지 15일 만인 10월24일, 국군과 유엔군이 利原에 들어왔다. 마을은 온통 축제 분위기였다. 그러나 그것도 잠시였다.

〈1950년 12월6일 청천벽력 같은 소식에 그만 넋을 잃고 말았다. 중공군 개입으로 전세가 불리해진 국군과 유엔군이 밤새도록 南으로 철수하였다는 것이었다.〉

탈영한 오윤근 씨와 범은 씨는 공산 치하에서 남아 있을 수 없었다. '차호'라는 漁港(어항)으로 가서 배를 마련해야 했다. 이원에서 동남쪽 차호까지는 30리길.

〈차호에 사는 범은이의 숙부가 고기잡이 범선의 船主(선주)였다. 승객 40여 명이 쌀 40가마를 모아 주기로 하고 선장과 선원 2명을 구했다. 그러나

선장이 갑자기 승선을 거부했다. 승선하지 않으려고 집에서 버티던 선장을 칼로 위협하여 억지로 승선시켰다.〉

그는 부산으로 가려고 했지만, 경주로 가라는 경찰의 충고에 그만 경주로 발길을 돌렸다. 그것이 그의 인생의 분수령이 되었다.

〈전쟁이 터지자 서울대학교는 부산으로 피난하여 開校(개교)했다. 전쟁 중이라는 이런저런 이유로 결원이 많아 편입학의 길이 있었다. 함흥의대에서 교수로 재직하던 분들도 1·4후퇴 때 부산으로 피난을 와서 개업하거나 軍병원에서 도와주고 있었다. 그분들이 보증해주면 의대 학생임을 인정받아 청강생으로 한 학기 수강한 후 정규 학생으로 등록하여 서울대 의대를 졸업할 수 있었다. 이렇게 졸업한 동기생이 20여 명은 된다. 우리는 경주로 발길을 돌리는 바람에 인생길이 달라졌다.〉

그는 1951년 1월1일, 경주의 시장거리에서 학교 친구 김신현을 만났는데, 김신현이란 친구는 함흥에서 미군부대 통역으로 근무하다가 미군을 따라 경주로 내려왔다고 한다. 김신현은 오윤근 씨 일행 둘에게 300원 자리 우동 두 그릇씩이나 사주고 호주머니 속의 양담배, 껌, 캔디, 돈을 모두 털어 쥐어주며 다시 만나자고 했단다. 김신현의 주선으로 오윤근 씨도 美軍 부대의 통역으로 근무하게 되었다. 1951년 10월 말, 부대가 인제군으로 이동했다. 이런 속도로 북진하면 귀향의 날도 머지않을 것이라고 흥분했다. 그러나 전황은 녹녹치 않았다. 1953년 7월27일 휴전이 되어 버렸다. 넉넉잡고 석 달이면 돌아갈 것이라고 믿었던 오윤근 씨의 소망이 점점 멀어져갔다.

1954년, 그는 미군부대 근무를 끝내고 홍천농고의 영어교사가 되었다. 이후 교직이 그의 천직이 되었다. 교육여건은 열악했다.

〈이런 일도 있었다. 아침 학급 조회시간에 교실에 갔더니 한 학생이 벌건 얼굴로 앉아 있었다. 수상해서 불러냈더니 술 냄새가 났다.

"너, 술 먹었어?"

"술, 안 마셨습니다."

알고 보니 어머니가 이웃에서 얻어온 술지게미를 밥 대신으로 먹었다는 것이었다.〉

그 시절은 참으로 먹고 살기조차 어려웠다. 교사의 처우도 말이 아니었다. 1954년 2월에 받은 첫 월급은 4,300원. 무상으로 지급하는 쌀과 보리쌀 서 말씩, 학교 기성회에서 주는 수당 6000원이 전부였다. 당시 쌀 한 말 값이 4000원이었다.

자유에로의 여정은 험난했다. 그러나 오윤근 씨는 九旬(구순)이 된 현재 전쟁통에서도 살아남아 학생들을 가르칠 수 있다는 것을 큰 행운으로 생각했다고 한다.

63세에 고졸 검정고시 합격, 74세에 박사학위를 취득한 인생의 역정

吳尙煥(오상환) 씨의 手記는 그야말로 '인생역전記'이다. 빈곤과 중졸 학력에도 좌절하지 않고 열관리사·공조냉동기계기사·소방설비기술사 등 10여 개의 국가기술자격을 취득한 成就(성취)의 개인사이다. 吳尙煥(오상환) 박사는 63세(2003년) 나이로 고졸 검정고시에 합격했고, 65세(2005)년에 獨學士(독학사) 학위 취득했고, 67세(2007년)에 방재공학 석사가 되었으며, 74세(2014년) 때 서울시립대학에서 재난과학 박사 학위를 취득했다.

IMF사태 초창기인 1997년 12월, 그는 12년 동안 기계설비팀장 등의 직책을 맡아 매일 밤 10~12시에 퇴근하면서 열정적으로 일했지만, 직장(백화점)에서 쫓겨나고 말았다. 너무나 억울하고 분했던 그는 퇴임 인사도 하지 않고 회사를 떠났다. 인생의 위기에서 그는 '소방설비기술사' 자격을 취득하면 재기할 수 있으리라는 막연한 희망을 품었다. 이때가 1999년 초, 그의 나이 59세였다.

〈소방설비기술사 국가기술자격시험의 登龍門(등용문)은 무척 좁고 험난했다. 합격률이 2~3%에 불과했다. 응시자격은 대졸 이상의 학력 소지자 또는 국가기술자격 1급 기사 취득 후 해당 실무분야에서 4년 이상 실무를 경험한 자였다. 나는 중졸 학력이지만, 열관리기사를 취득하고 18년 실무경력자여서 응시자격은 충족되었다. 4년6개월 동안 하루 10시간씩 열심히 공부했다. 공휴일은 물론 설날과 추석, 나의 환갑날에도 시립도서관 또는 안양과학대학교 도서관에 다녔다. 드디어 2001년 가을에 총 4명이 합격한 1차 필기시험에 합격했다. 그러나 2차 면접시험에서 고배를 마셨다. 훗날에 알게 된 사실이지만, 면접관 2인 중 한 분이 나의 중학 학력을 이유로 불합격 조치했다. 다시 도서관에 나가 공부해 2002년의 소방설비기술사 시험에서 당당히 합격했다.〉

소방설비기술사 자격을 취득한 그는 2002년 6월 G종합건축사무소의 이사로 취업했다. 그러나 그는 만족하지 않았다. 중졸 학력으로 살아오면서 그것 때문에 진절머리가 나도록 수모를 당해 왔던 것이다. 드디어 그는 63세의 나이로 검정고시학원에 등록했다. 공부한 지 3개월 만에 경기도에서 시행하는 고졸학력 검정고시를 통과했다. 그리고 다음 해인 2004년 3월에 서울산업대학교(현재의 서울과학기술대학교) 안전공학과에 04학번으로 입학했다. 이어 그는 防災工學(방재공학) 석사학위를 받고, 災難科學(재난과학) 박사학위에 도전했다.

그는 1941년 일본 오사카에서 태어나 해방 직전 다섯 살 때 부모를 따라 귀국했다. 초등학교 2학년 때 6·25 남침전쟁을 겪었고, 大田(대전)에서 한밭중학교를 졸업한 뒤 가난 때문에 진학을 포기했다. 18세의 나이에 이등병으로 입대했고, 월남전 참전 등 12년의 군 복무를 거쳐 제대해, 그 후 30여 년간을 일하면서 공부했다. 현재를 살아가는 젊은이들에게 교훈을 준다.

격동기의 한국 남자로서 할 바를 다 한 사람

金智泰(김지태) 씨의 手記는 할 바를 다한 우리 시대 남자의 회고록이다. 글쓴이는 38년간 초등학교 평교사로 근무하다가 62세에 퇴직했던 교사 출신이다.

〈6·25 남침전쟁이 발발하자 우리 가족은 친척 집으로 피난을 갔으나, 상황이 여의치 않아 다시 영월군 酒村面(주촌면)의 집으로 되돌아왔다. 산과 강은 변하지 않았는데, 사람들은 변해 있었다. 따발총을 든 인민군들은 야수와 같은 눈빛으로 집집이 다니면서 인구조사를 했다. 소작인이나 머슴 그리고 젊은 여성 동맹원들이 어느 날 갑자기 붉은 완장을 차고 인민군의 앞잡이가 되어 날뛰었다.〉

누구네 집은 형제가 몇 명, 재산은 얼마이고, 무슨 일을 하며, 논·밭·소·돼지·개·닭 등 그 집의 세세한 내력을 일러바치는 지방 빨갱이가 무섭게 설쳐댔다.

당시 인민군은 남한 사람 30만 명을 동원해 낙동강 전선까지의 군량·탄약 등을 수송케 했다. 병량 수송에 동원되었던 그의 아버지는 인민군의 쌀을 지고 낙동강 전선으로 떠난 지 23일 만에 남몰래 돌아오셨다.

〈꿈인지 생시인지 너무나 놀라고 반가웠다. 아버지께서 많은 사람과 함께 낮에는 비행기의 폭격 때문에 가지 못하고 밤에만 걸어서 갔는데, 제천과 단양, 충주를 거쳐 음성과 괴산 쪽으로 가던 중 비행기 폭격으로 쌀을

던져버리고 수많은 사람이 흩어져 밤낮으로 일주일을 걸어서 집으로 도망쳐 오셨다는 것이다.〉

당시 이화령 밑 계곡은 인민군의 병참기지였고, 인민군의 전선사령부는 이화령 동쪽 수안보에 설치되어 있었다. 敵 치하에서 김일성대학을 나왔다는 인민군 군관이 아이들을 모아놓고 "우리는 남조선을 해방시키려고 왔다. 이제 통일되었으니 우리의 지시를 따라야 한다"면서 '김일성 장군' '혁명가' 등의 노래를 가르쳤다. "장백산 줄기줄기 피어린 자국" "아침은 빛나라, 이 조선" "날아가는 까마귀야 시체 보고 울지 마라, 몸은 죽었으나 혁명정신 살아 있다" 따위의 가사였다.

〈한 번은 우리 반 친구 하나를 불러내어 노래를 시켰다. 그 어린이는 뭣도 모르고 "동해물과 백두산이 마르고 닳도록 하느님이 보우하사 우리나라 만세"를 불렀다. 그 정치장교는 그 아이를 구둣발로 차면서 "이 반동 새끼의 아바이 오마니가 누구냐"며 죽도록 때렸다. 그 후 그 아이는 다시는 볼 수 없었다.〉

그러나 맥아더 장군의 인천상륙작전, 낙동강 전선에서 국군과 유엔군의 반격으로 戰勢(전세)는 3개월 만에 역전되었다. 주천면사무소와 주천지서에는 다시 태극기가 펄럭거렸다.

그러나 다시 찾아온 평화도 잠시였다. 이번에는 중공군이 쳐내려온다고 했다. 1951년 1월은 너무 추웠다. 김지태 씨의 온가족은 피난길에 올라 충북 제천을 지나 충주 쪽으로 내려갔다. 1951년 1월24일, 37도선(평택–안성–단양–삼척)까지 후퇴했던 국군과 유엔군이 再반격, 그해 4월 말부터는 38도선을 둘러싼 공방전이 계속되었다. 그 때 김지태 씨의 아버지는 실종되고 만다.

〈아버지의 소식은 모른다. 아버지가 오시다가 전쟁으로 돌아가셨다는 말, 전쟁 때라 미군이 남쪽으로 보냈다는 말, 어디 숨으셨다가 오신다는 말,

소문과 말만 무성하다. 어디에 가서 누구에게 물어볼 수도 없다.

어머니께서는 아버지가 죽었으면 시체라도 찾아야 한다고 열세 살 형에게 가마니에 삽과 종이를 넣고 전쟁을 했다는 곳으로 가셨다. 전쟁했다는 곳으로 가서 죽은 사람들의 사체를 파 보시고 산골짜기 개울가, 밭, 길가에 무수한 시체를 보았어도 아버지는 아니었다.〉

1953년 4월 어느 날, 경찰관, 면사무소 직원, 이장이 흰 보자기에 네모나게 싼 것을 양손으로 들고 金 씨의 집에 왔다. 큰형님의 유골함이었다. 큰형님은 백마고지에서 중공군과 싸우다가 전사했다고 한다. 큰형님의 전사통지서와 유골은 군에 입대하는 작은 형님 모르게 몇 달 늦춰 보냈던 것이다.

부친과 형을 잃은 김지태 씨는 어머니와 동냥을 하며 생계를 이어나갔다. 그는 학업을 중단한 지 4년 만인 열세 살 때 초등학교 4학년에 복학했다. 과거의 동급생은 중학교 1학년이 되어 있었다. 학교에서는 그를 4학년에서 6학년으로 월반시켰다. 중학교에 진학했다.

金 씨는 등·하교 시에 영어단어장을 손에 들고 외우며 걸었다. 그런 노력 덕분에 공부를 잘했고 반장도 되었으며, 선생님의 사랑도 듬뿍 받았다.

1959년 고등학교에 진학했지만, 살아갈 길이 막막했다. 서울 숭실대학교 장학생으로 추천되었으나 서울 갈 차비도 없었다. 직장을 얻으려고 방황하다가 영월군 상동면 녹전리에 있는 옥동광업소에서 일하게 되었다. 수십km의 막장에서 탄차를 몰고나오다 넘어져 팔과 허리를 다친 적도 있다고 한다.

軍복무 후 38년간의 교직생활

그런 그도 국방의 의무를 완수하기 위해 1963년 훈련소에 입대했다. 그는 최전방 근무를 자원하여 제1사단 15연대 제1대대 제1중대에 배치되었다.

그는 그의 큰형이 戰死한 백마고지를 바라보며 복무했다.

그는 제대 후 영월의 한 초등학교 임시 교사로 부임했다. 당시 초등학교 교사의 학력은 3년제 사범학교 출신이 대부분이었고, 2년제 교육대학 출신은 최고 학벌이었다. 그는 일반 고등학교를 나와 심한 학벌 차별을 받았다고 한다.

김지태 씨는 대학을 나오지 못한 한을 풀고 싶었다. 한국방송통신대학이 설립되자 초등교육과에 입학해 밤이면 라디오방송 수업을 들어 3년 만에 졸업했다. 호봉도 올랐다. 초등교육 학사 과정이 생겨 또 입학해 4년 과정을 마쳤다. 그후 그의 1남3녀의 자녀들은 모두 장성해 어엿한 직장인이 되어 제 몫을 다하고 있다고 한다.

이만하면 그는 남자로서 할 일을 다 했다. 38년간의 교직을 마치고 은퇴해 이제 조용히 살고 있다. 그는 어른이 된 옛 제자들이 지금 어떻게 살아가는지, 그것이 궁금하다고 했다.

체험수기 심사위원장

鄭淳台

최우수상

아프리카에서도 전선공장이 되나?

金珍漢

대한전선에서 27년간 수출업무를 해온 한 수출인의 奮鬪記
"나는 회사가 아무리 어려운 지경에 처할지라도, '한 사람의 힘',
즉 사장이 올바르면, 그 회사는 비틀거리면서라도 일어나서 새로운 기회를
맞이 할 수도 있다고 본다. 그러나 회사가 아무리 건실해도,
그 한 사람이 올바르지 못하면, 결국 회사는 쓰러지게 되는 것이다.
그 '한 사람의 힘'은 실로 크다. 나는 회사 운명의 50% 이상은 사장의
책임이라고 본다."

아프리카에서도 전선공장이 되나?

1980년 4월경, 대학선배가 제안했다. 육군 제대 후, 가을 졸업이 예정되어 있는 대학교 마지막 학기 공부를 하고 있었는데, 그럴까? 하는 생각이 들었다. 그 당시 학교는 수시로 벌어지는 反정부 데모로 인하여 툭하면 휴강을 하였고, 학교 앞 신촌 일대는 최루탄 냄새로 고통스러웠다. 우리는 대학교 4년을 다니는 것이 아니라 실제로는 2년 다닌 셈이구나 하고 우울해하던 시절이었다. 취직도 잘 안 됐다. 신입사원을 뽑는 회사가 있어야 응시라도 하지. 1980년도는 신입사원을 채용하는 소위 대기업을 찾기가 어려웠다.

기회가 된다면, 혹시 외국에서 일을 할 수만 있다면, 돈도 잘 벌고, 영어를 하면서 생활하면, 어휘력의 부족으로 인하여, 다른 사람 비위를 맞추어야 하는 말들을 하지 않으면서 살아도 될 것이라는 순진한 생각을 하던 시절이었다.

한국에서 처음으로 Sears에 스키장갑을 수출하다

그래서 내가 대학교 과 선배의 소개로 처음 입사했던 회사는 ㈜성일통상이다. 해외영업을 할 수만 있다면 좋다고 생각했다. 빵을 만들어서 그 당시 연간 매출액이 1000억을 상회하던 '삼립'의 子會社(자회사)인데, 동양 최대

의 피혁공장을 전라북도 이리(지금의 익산)에 가지고 있었고, 여기서 냄새

나는 여러 가지 공정을 거쳐서 피혁을 제조한 후, 이 피혁을 국내의 수 많은 완제품 업체에게 판매하는 일들을 국내영업부에서 했고, 일부 피혁으로 서울 구로구 독산동에 있던 자체 봉제 공장에서 장갑, 가방 등을 만들어 미국 및 유럽에 수출하는 일은 해외영업부에서 했다.

나는 완제품 가죽장갑을 외국에 수출하는 일을 했다. 아주 열심히 했다. 특별 승진도 했다. 포니 자동차를 타고 하청공장들에 대한 생산 점검을 다니는 것도 즐거웠고, 거래처인 미국인과 식사도 하고 상담하여 계약을 하는 것도 흥분되는 일이었다. 당시 회사의 청색 구형 포니 차량번호는 '5818'이었다. 계약서에 서명을 하는 외국인들은 모두 멋있고, 미남 미녀로 보였다.

당시 미국의 최대 통신판매업체였던 시어즈 로벅(Sears Roebuck)에게, 한국에서는 우리 회사가 처음으로 스키장갑을 수출하기 시작했다는 것을 자랑스럽게 생각했다. 그 시절의 영어회화 책에는, "어디에 갑니까?" "시어즈에 XX 상품을 사러 갑니다"라는 문장이 있었다. 그때 내가 시어즈에 판매하던 제품이, 두꺼운 전화번호부만한 시어즈 로벅의 판매책자에 실렸는데, 그 페이지를 지금도 간직하고 있다.

어느 해인가, 수출 실적이 나빠지니, 삼립의 창업주인 허창성 회장께서

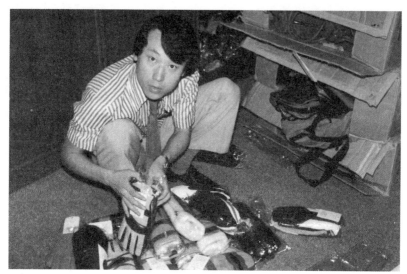

가죽장갑을 수출하던 시절의 필자(1980년).

매주 한 번씩 수출영업회의를 주관했던 적이 있었다. 수요일 아침 9시가 되면 어김없이 회사에 회장님의 벤츠 승용차가 나타난다. 지방의 어느 농업고등학교를 졸업하시고, 6·25 사변 후 부산 피난 중에 부부가 함께 길거리에서 밀가루 풀빵 장사를 시작하여, 마침내는 '삼립'을 창업하셨던 분을 매주 직접 만나 뵙는다는 것이, 기대도 되고 무섭기도 했다.

영업실적 향상을 위하여 다그치는 말씀은 하지 않으시면서, 젊은 수출부 직원들과 함께 월급, 인사고과, 직원들에 대한 처우 및 회장이 무엇을 해주기를 바라는가 하는 주제들을 주로 다루었던 것으로 기억된다. 이 분께서는 이미 오래 전에 작고하셨다.

몇 년 후, 미국 출장을 갈 기회가 생겼다. 비자 신청을 위해서는 미국대사관 근처 여관에서 하루를 자고, 새벽 4시에 미국대사관에 가서 줄을 서야 했다. 난생 처음 국제선을 타고 뉴욕을 가는데, 입국심사는 첫 기착지인 로스앤젤레스에서 한다는 것을 처음 알았다. 그 당시에는 뉴욕 직항이 없었기 때문에, 동경에 가서 미국 비행기로 바꾸어 탔었다. "치킨 or 비프?"라고 외치다시피 하며 통로를 오가던 노랑머리 미국 여승무원들의 당당했던 모습이 지금도 눈에 선하다.

저녁 무렵에 뉴욕의 공항에 비행기가 착륙을 하기 위해서 旋回(선회)를 하는데, 바깥을 내다보니, 뻘건 저녁 노을을 배경으로 한 수많은 고층건물들이 보이는데 어찌나 놀랍던지, 이것이 마천루구나 이것이 미국의 힘이구나 하는 생각이 들었다. 곧 존 F. 케네디 공항에 착륙한다는 미국 기장의 영어 안내 발음은 왜 그렇게 능숙하고도 멋있게 들리던지. 약 3주에 걸쳐서 미국의 여러 지역을 다니는 업무를 간신히 끝마친 후, 귀국해서는 병원에 입원했다. 과로가 원인이었다.

언제부터인가 수출품의 원재료인 피혁이 원활하게 공급이 되지 않아서 납기 지연사태가 자주 발생하였는데, 당시 이리의 피혁생산공장에서 원재료인 피혁을 생산해서 본사 영업부에 공급해주는 공장장의 위세는 대단했었다. 나의 요청은 씨알도 안 먹혔다. 수출은 찬밥이다. 이 문제를 풀기 위해서 본사 담당중역과 면담을 했었다. 본사 담당중역은 창업주의 2세들 중의 한 분이었는데, 생산한 피혁 공급에 대한 회사의 방침은 국내영업 우선이고, 수출은 그 다음 순위라면서 앞으로도 이 방침은 바꿀 생각이 없으며, 정 어려우면 수출은 별로 남지도 않으니 안 해도 그만이라는 담당중역인 2세 社主의 말을 듣고, 나는 이직을 결심했다.

수출 계약을 하기가 얼마나 힘든데. 우리는 이것을 '오다(order) 딴다'고 했다. 수출 납기가 얼마나 중요한데. 납기를 맞추기 위해서 대부분이 어린 여자인 공장의 작업자들은 종종 밤을 새우기도 했었다. 수출은 총력전이었다. 나는 수출을 올바르게 이해하는 회사에서 일하고 싶었다.

대한전선과 나는 한 길을 간다

대한전선은 1983년 5월에 공채로 입사하여 27년을 일한 회사다. '대한'이 포함되는 회사 이름도 당당해 보였고, 면접 시 대한전선은 수출을 중요시하는 회사라는, 키가 작게 느껴졌던 어느 중역의 말이 매우 좋았다. 나중에 알아보니 그렇게 말씀해주셨던 면접관은 당시 사장님이셨다. 수출업무를 하고 싶고, 제품을 이해하기 위해서는 당분간 공장에서 근무를 하게 해달라는 것이 나의 요청이었다. 그대로 되었다.

대한전선과 나는 한 길을 간다. 다만 공장에서 근무를 하게 해달라는 내용은 약간 바뀌어서, 서울 본사 수출부에서 근무를 하되 이란 체신청(TCI)에서 파견된 검사관 4명 중 주간 근무자들과 함께 공장에 출근하고, 하루종일 공장에서 필요시 통역을 해주며, 이들과 친하게 지내는 역할을 전임자로부터 인계 받아서 수행했다. 주말에는 같이 관광도 다니면서 돈도 많이 썼다. 당시 이란 체신청은 대한전선의 주요 고객이었다.

대부분의 이란 검사관들과는 친하게 지냈고, 어느 검사관과는 훗날 여러해 동안 서로 연락을 하고 지내기도 했는데, 어떤 검사관과의 오해로 인한 불화로 나는 검사관 수행업무를 다른 사람에게 인계하고 수출부 본연의 업무로 복귀하게 되었다.

이때부터 아프리카 및 중동에 대한 통신케이블 및 전력케이블 수출에 종사하고, 특히 積算電力量計(적산전력량계) 수출에 관해서는 전담을 하게 되었다. 나중에, 이 제품은 거의 수출실적이 없는 제품으로서, 주로 신입사원이 맡게 되는 일이라는 것을 알게 되었다.

나는 생각했다. 우리는 한국에서 적산전력량계 생산에 있어서는, '기술의 상징'을 내세우는 그룹사 중의 하나인 K계전과 함께 타의 추종을 불허하는 쌍벽을 이루고 있는데, 왜 K계전은 수출을 많이 하는 회사이고, 우리 회사는 수출실적이 없는가? 이것은 관심부족이다. 생산력과 기술이 있으니, 수출에 대한 의지와 노력만 있으면 잘 될 것으로 믿었다. 연말에 다음 해의 수출계획을 낼 때 내가 제출한 계획은 단계적으로 상사들에게 제출될 때마다 잘렸다. 그 동안 실적이 없던 제품인데 어떻게 갑자기 실적이 생길 수 있나? 그것이 이유였다.

상사들의 의견에 따라서 줄이고 또 줄였던 수출 계획이나마 첫 해가 가고 보니, 많은 노력을 했음에도 불구하고 달성률이 거의 제로에 가까웠다. 상사들 말이 맞았다. 나는 돈키호테가 되었다.

나라마다 전력청의 사양이 약간씩 다른데, 케이블과는 달리 적산전력량계는, 기술적으로 똑같이 만든 제품이라야만 인정된다는 것을 알게 되었다. 전세계에서 우리의 사양과 가장 비슷한 제품을 사용하는 나라들을 찾아서, 이 나라에서 요구하는 사양대로 만드는 노력을 계속하도록 하고, 부품 수출도 추진하였다. 그 결과, 몇 년 후에는 적산전력량계 수출에 관해서, K계전을 제치고 부동의 1위 자리를 차지하게 되었다.

한편, 1980년대에는, 담당하는 지역만 넓었지 아프리카 지역에 대한 케이블의 직수출은 거의 없었고, 중동에서는 여전히 이란 및 사우디아라비아가 주된 수출 지역이었다.

눈 덮인 앨브로우스 마운틴 – 크리스마스 선물은 잘 받았나?

1990년도 11월 말경, 이란의 테헤란으로 약 한 달간 출장을 갈 일이 생

친구가 된 이란 검사관 집을 방문했을 때(1990년).

졌다. 당시 이란 체신청과의 통신케이블 수출계약을 오랜 기간 동안 추진하였으나, 계약이 쉽사리 성사되지는 않았다. 계약 예정인 두 건 금액은 미화 약 5000만 달러(한화 약 400억 원) 가량이었다.

그러다가 이란 정부의 외환 부족으로 인하여, 정부 수입 물자에 대한 일체의 신용장 개설이 금지되고, 물건을 모두 납품한 후에 수출대전을 한꺼번에 송금해주겠다고 하는데, 이것을 받아들이면 계약을 하고 그렇지 않다면 계약을 할 수 없다는 말을 대리점으로부터 듣게 되었다. 난감하다. 가뜩이나 외화가 부족하여서 신용장을 못 열겠다는 나라에서, 2년의 납품기간이 지나서 목돈의 수출 代錢(대전)을 한꺼번에 지불하겠다는 말을 어떻게 믿나? 한두 푼도 아니고, 이런저런 구실로 5000만 달러를 지불하지 않고 지연이라도 하게 되면 어떻게 되는 것인가? 그렇다고 계약을 포기할 수도 없고.

내가 현지에 가서 부딪혀보겠다고 했다. 당시의 수출 총책임자인 CY 중역은 고향이 이북이고 지금은 고인이 되신 설원량 대한전선 회장과는 대학 동창이기도 한데, 자존심이 세고, 성깔도 있으면서, 멋있고 또한 능력 있는 분이었다. 워낙 해박한 지식이 있었던 분으로서 전선업계에서는 세계적으로 알려져 있는 분이었다. 무섭기도 하고, 유머도 많으셨는데, 나는 그 분이 하시는 말씀에 대해서는 늘 명심하게 되고, 나중에는 그 분을 깊이 존경하게 되었다.

이 분은 오랜 기간 동안 나의 회사 생활에 아주 크게 영향을 끼쳤던 두 분 중 한 분이었다. CY 중역은 이란 출장 하루 전에, "나니까 너에게 말해주는데"라고 하면서, "너는 주변 사람과의 원만한 인간관계에 대해서 신경 좀 써야 한다"라는 충고를 해주기도 하셨다. 너는 고집이 센데 너무 네 주장만 하다가 계약을 깨는 일은 생기지 않도록 하라는 당부와 함께 테헤란으로 가게 되었다. 어떻게 해서든지 우리가 원하는대로 계약을 성사시키겠다는 다짐을 하면서.

테헤란은 추웠다. 아침마다 흰 구름이 떠있는 파아란 하늘을 배경으로 아름다운 눈 덮인 앨브로우스 마운틴을 보면서, 대리점 사무실로 출근하였다.

외국 정부 상대로 일을 할 때는 현지인 대리점이 매우 중요하다. 대리점은 현지 상황을 정확하게 파악해서 공급자인 대한전선에게 알려주어서, 대한전선으로 하여금 適期(적기)에 올바른 결정을 하도록 해주어야 한다. 대리점은 공급자의 눈과 귀다. 그리고, 체신청에서의 모든 대화는 이란어인 파르시로 한다. 대리인이 완벽하게 나의 편이 되어야만 미리 의논한 대로 나의 생각을 전해줄 것이며, 회의 중 통역도 정확하게 해줄 것이기 때문이다. 그래서 내가 해야 할 첫 번째 일은 대리인이 내 주장에 완벽하게 동의하게 하는 일이라고 생각했다.

처음에 대리인은 체신청의 조건을 받아들여야만 계약이 된다는 입장이었다. 이란은 '예스 or 노 마켓'이라고 가르치면서 나보고 일을 힘들게 만들지 말라고 했다. 사실 이 자가 오랫동안 상대했던 대한전선 사람들 중에서 내가 제일 졸병이었다. 과장이었다. 나의 방문을 달갑게 여기지도 않는 눈치였다. 체신청의 요구를 받아들여야만 계약이 된다고 본사에 보고하면 되지 않겠느냐라고도 했다. 나는 우선 이 사람부터 설득해야 되겠구나라고 생각했다.

"앞으로 당신 수수료는 한 푼도 없게 될 수 있다. 우리가 수출 代錢(대전)을 받지 못하면 너에게도 돈을 못 보내준다. 어떤 이유로라도 안 준다. 체신청에서도 유산스 신용장을 통해서 전체 5000만 달러를 쪼개서 납품할 때마다 2년간 지불해야 부담이 적지, 한꺼번에 몰아서 현금으로 지불한다는 것이 말이 되냐? 그렇게 해야 너도 납품할 때마다 수수료를 받을 수 있다. 모두 납품한 후에 사정이 생겨서 돈을 못 주면 어떡하냐?"

"우리는 절대, 절대로 우리가 수출대전을 받기 전에는 너에게 수수료를 못 준다. 유산스 신용장이라도 받아야 모두가 편해진다. 이것은 누가 뭐라고 해도, 어떤 경우에라도 양보할 수 없는 절대적 조건이다. 이것이 네가 수수료를 받을 수 있는 유일한 방법이다."

먹혔다. 돈을 절대 못 준다고 악악대니까 내 주장을 대리점이 확실히 이해했다. 이래서 체신청에서의 순회공연이 시작되었다. 매일매일 이 부서 저 부서로 다니면서 우리의 의견을 받아들이도록 앵무새같이 같은 설명을 하고 또 했다.

외국인에게 선물을 줄 때, 나는 늘 국적 있는 선물을 주고 싶어했다. 이것도 내가 존경했던 CY 중역으로부터 배운 것이다. 인삼캡슐, 인삼 성분이 함유된 화장품 등. 한국의 화장품을 잘 알아주지도 않을 때였지만. 이란

"앞으로 당신 수수료는 한 푼도 없게 될 수 있다. 수출 代錢을
받지 못하면 돈을 못보내준다. 어떤 이유로라도 안 준다."

체신청에 가보니, 히잡 또는 검은 차도르를 뒤집어쓰고 앉아서 일하는 여자
들이 꽤 많았다. 이 사람들과는 악수를 해도 안 된다. 몸에 닿는 행위를 해
서는 안되며, 말도 조심해야 된다. 폐쇄된 사회인데도 불구하고, 관청에서
일하는 요직의 여자들이 의외로 많았다. 이런 상황은 이집트의 체신청에서
도 비슷했다.

화장품 사용법을 알려주는 것이 의외로 반응이 좋았다. 외국인이, 특히
남자가 화장품 사용법을 열심히, 진지하게 설명해주니까 무척이나 재미있어
했다. 나 같은 사람을 처음 본다고도 했다. 인삼캡슐의 경우에는 사포닌의
효능에 대해서 설명해주었다.

그 시절에는 이메일이 없고, 외국과의 교신은 팩스를 사용하기도 했지만,
텔렉스를 주로 사용했다. 나는 본사에 출근할 때, 같은 층에서는 거의 매일
내가 제일 먼저 출근하는 직원이었다. 9시가 출근 시간이나 나는 통상 7시
30분경에는 회사에 도착했다. 우선 텔렉스실에 가서 수출부로 온 노란 텔
렉스 용지를 몽땅 가져다가 각각의 담당자 책상 위에 놓아주는 것으로 내
일과를 시작했다. 그래서 나는 같은 층에서 근무하는 사람들의 출근 시간
을 모두 알았다. 존경했던 CY 중역은 정확하게 8시40분경에 출근하셨고,
어떤 자는 수시로 9시부터 9시5분 사이에 땀을 흘리며 출근하는 바람에 상
사로부터 욕먹는 장면도 수시로 연출되었다. 한편, CY 중역은 나를 종종

서울 깍쟁이라고 하셨지만, 매우 부지런한 사람이라고도 하셨다.

약 2주 가량 지나니까, 체신청 분위기가 신용장을 열수도 있다는 것으로 감지되었다. 구매부서에서 이란 말로 자기들끼리 키득거리며 한참 웃기에 나중에 대리점으로부터 그 내용을 들어보니, 다음과 같았다.

중앙은행에 2년 유산스 신용장 개설 요청을 해보는데, 이자는 공급자가 부담한다고 하면 어떻겠느냐라고 하니까, 다른 사람이 말하기를 실제로는 저 자가 물품대전에 이자를 포함시켜야 한다고 하니, 그러면 실제 이자 지불은 체신청에서 하는 것인데 저 자가 이러한 사실을 중앙은행에 고자질이라도 하면 우리는 어떻게 되는 거냐? 저 자의 입단속은 어떻게 해야 되지? 라고 하면서 그렇게 키득거렸다는 것이다. 이러한 사실도 가감 없이 나에게 전하는 것으로 보아서, 나는 대리인을 믿었다.

그러던 어느 날, 나와는 의논도 없이, 본사로부터 대리점 사무실로 엉뚱한 텔렉스가 왔다. 수신자는 대리점 사람이었다. 대리점 사람과 체신청을 믿으니, 체신청의 조건을 수락한다는 내용이었다. 대리점 사람은 손가락으로 이제는 됐다는 신호를 만들며 다시 마음이 바뀌었고, 나는 거의 미치광이가 되었다. 나는 대리인에게 다시 처음부터 설명을 해서 내 주장을 따르게 설득시켜야 하는 불쌍하고도 매우 어려운 처지에 놓이게 되었다.

호텔로 돌아와서, 서울 시간에 맞추어 직속상사에게 전화를 했다. 외쳤다. 조금만 더 기다려달라고. 신용장을 열 수도 있는 분위기인데, 나와는 의논도 없이 왜 깽판치냐고. 나를 출장 보냈으면, 나에게 맡기고 제발 내 일을 방해하지는 말아달라는 심한 말도 했다. 말인즉은, 아무래도 내가 고집부리다가 계약이 깨질 것 같아서 내부적으로 의논한 결과를 대리점에게 통보한 것이라고 했다.

인도네시아에 출장 중인 CY 중역에게도 보고 드려서 승인 받은 사항이라

나를 출장 보냈으면, 나에게 맡기고
제발 내 일을 방해하지는 말아달라.

고 했다. 말도 안 된다. 나는 오늘 당장 본사에서 보낸 텔렉스 내용을 취소한
다는 텔렉스를 다시 보내달라고 했다. 신용장은 곧 열릴 수 있다고 강조했다.

본사에서 약속을 지켰다. 다음 날 대리점 사무실에 가보니, 어제의 텔렉
스 내용을 취소하면서 신용장을 받도록 노력해달라는 내용의 텔렉스가 와
있었고, 우리는 다시 체신청 순회공연을 계속하였다. 만나는 사람마다 크
리스마스 전에는 제발 나를 한국으로 보내달라고 했다. 신용장이 개설되기
전에는 나는 한국에 안 간다고 하면서.

공교롭게도 크리스마스 전날, 두 건의 신용장 번호가 각각 나왔다. 체신
청 사람 중에는 나보고 "크리스마스 선물은 잘 받았나?"라고 웃으며 농담
을 하는 사람들도 있었다. 이란 중앙은행인 '뱅크 마카지'는, 신용장에 비록
오타는 많을지라도 신용장에 의한 지불에 대해서는 전혀 문제가 없는 은행
이다. 믿어도 된다.

총 5000만 달러. 그때까지 과거 10년간 이란에 판매했던 수출 금액은 대
략 1억 달러였다. 납품기간 2년 동안에 이자율은 뚝뚝 떨어졌다. 물품 대전
에 이자로 얹은 고정금액은 10%였다. 2년 지나고 보니, 이자 차이로 말미암
아 생긴 예상치 못했던 추가 이득이 수백만 달러 가량 되었다.

한편 2년이 지나 우리의 납품이 끝난 후, 이란 정부는 외화 부족으로 인
하여 마침내 국가지불 유예(moratorium)를 선언한다. 이란 정부 사절단이

한국에 와서 한국 회사들에 대한 지불 일정을 장기간 연장하기 위한 협의를 시작했다는 기사가 신문에 났다. 주로 건설회사들이 수억 달러씩 물렸다. 아! 우리가 2년 전에 신용장을 받지 못하고 납품 후 돈을 받기로 했다면 어떻게 되었을까?

한국에서 정말 전선을 제조할 수 있나?

행동하는 수출인

−행동강령 하나, 1%의 가능성에 도전하라!

−행동강령 하나, 안되면 되게 하라!

이것은 누구나 아는 흔한 말들이지만, 내가 진심으로 좋아하고, 그 시절에 지키려고 애썼던 나의 좌우명이었다. 이것을 직원들에게도 강요했으니, 그 당시 나의 직원들은 얼마나 고달팠을까? 매일 저녁이면, 늦게 끝났다고 나와 함께 술을 마셔야 하고. 나는 직원들과 함께 술을 마시면 직원들이 좋아할 줄 알았다. 그 당시에는 사무실에서 담배를 피우는 것이 허용되었는데, 담배 피우지 않는 직원들은 내 담배 연기가 얼마나 싫었을까? 차마 뭐라고 말도 못하겠고.

1990년대 10년간은 아프리카로의 통신케이블 수출에 나의 총력을 기울였던 기간이었다. 이 기간에 아프리카 대륙에 수출했던 대한민국의 통신케이블 수출 실적의 90% 이상을 대한전선에서 했다는 것이 그 결과다.

시작은 카이로였다. 어느 날 우리 회사의 대리점이 되고 싶다는 카이로 현지인으로부터 편지를 받았다. 편지, 전화통화, 텔렉스 등을 통해서 한동안 연락을 하다 보니, 이거 괜찮은 사람이구나 하는 생각이 들었다. 내가 카이로를 방문하는 것이 좋겠다고 하니, 본사의 CY 중역은 리야드에서 카

−행동강령 하나, 1%의 가능성에 도전하라!

−행동강령 하나, 안되면 되게 하라!

이로가 가까우니까, 리야드에 있는 직원을 출장 보내면 어떠냐는 의견을 내셨다. 그 당시 리야드에는 대한전선 지사가 개설되었는데, 당시 내 휘하의 직원이 한 명 파견 나가 있었다. 나는 반대했다.

출장 거리는 문제가 아니고, 카이로의 일을 본사에서 추진하니, 내가 직접 가서 모든 것을 파악하고 결정하는 것이 좋겠다고 했다. 그렇게 되었다. 나는 다른 회사나 사람을 통해서 일을 하는 것보다 내가 직접 하는 것이 효과적이라고 생각했다. 그래서 다른 수출 부서에서는 종합상사에게 견적을 주고, 수주를 위한 행위는 종합상사가 하고 우리는 종합상사와 납품 계약을 맺는 경우가 많았는데, 내 부서는 다르다.

필요에 따라 종합상사와 일을 같이 해야 하는 경우가 있더라도, 나는 말한다. 전선을 알아도 내가 더 아니, 영업행위는 내가 할 것이고, 너희는 필요한 경우에 나를 지원하는 일에 치중해라. 오더는 내가 받아준다. 대한전선은 제조업체 중에서도 대단히 힘이 센 제조업체였다. 국내 종합상사들이 나와의 업무는 이렇게 된다는 것을 잘 이해했다. 나의 수출실적의 약 90%는 直(직)수출이었다.

특히 ㈜대우는 우리 회사와 위치가 가깝기도 하고, 나의 의도를 잘 존중해주었다. '창조, 도전, 희생'이 ㈜대우의 社訓(사훈)이다. 나는 ㈜대우의 사훈을 좋아하고, 지금도 金宇中(김우중) 회장님을 존경하고, 그리고 나와 접

평생의 친구인 이집트 대리점 Nabil Zaki의 집에서 1993년도에 찍은 사진.

촉했던 수많은 대우인들을 기억한다. 아프리카의 어느 지역을 내가 가고자
하면 나는 우선 ㈜대우를 떠올렸다. 그들은 고맙게도 공항에서 나를 픽업
해주곤 했었다.

특히 알제리에서 도움을 많이 받았다. 아프리카 어느 곳에라도 대우인은
있었다. 그들은 나의 좌우명에도 맞는 사람들이다. 나와 대우인은 DNA가
같다고 본다. 그들도 나를 자기네들과 같은 종자라고 했다. 나는 과거의 대
우인들에게 敬意(경의)를 表(표)한다.

내전 중인 알제리를 부득부득 우겨서 두 번 방문한 적이 있다. 외국인들
은 눈에 보이는 대로 사살하겠다고 반정부 세력이 공공연히 선언하는데도
나는 갔다. 약 3500만 달러 가량의 국제 입찰에서 우리 회사가 50% 정도는
수주할 수 있을 것 같아서다. 내가 존경했던 CY 중역은 나에게 말씀하셨다.

"너 이거 꼭 해야 되냐? 아무리 계약이 중요해도 여기는 너무 위험하잖아?"

"아닙니다. ㈜대우와 같이 하면 됩니다. 거기에 대우 사람이 있습니다."

알제리의 수도 알지에로 가는 알제리 항공기 內에 외국인은 나밖에 없었다. 다른 승객들은 모두 알제리 사람들인 것 같은데, 쯧쯧거리며 나를 불쌍하게 보는 것 같았다. 알제리 사정도 모르고 가는 사람이구먼. 안됐네 하는 것 같았다. 그런데 막상 알제리의 수도에 도착해보니, 입국 심사를 받기도 전에 나를 기다리는 사람이 두 명 있었다.

네가 미스터 김이냐고 하기에 경계심을 가지고 긴장했더니, 자기들의 신분증을 보여주었다. 한 사람은 경찰청의 보안 요원이고, 다른 한 사람은 대우 힐튼 호텔에서 보내준 사설 경호원이었다. 나에게서 여권을 받아가지고 자기들이 입국 수속을 하고, 그들과 함께 엘리베이터를 탔다가 내리니 공항 바깥이었다.

공항 밖에는 승용차 세 대가 대기하고 있었는데, 나보고 가운데 차에 타라고 했다. 앞차와 뒤차는 기관포로 무장을 하고 있었다. 대우 힐튼 호텔 측의 말에 의하면, 호텔의 옥상에 발칸포인지 기관포인지가 설치되어 있다고 하는데, 호텔 입구에는 지하에 폭탄 인식 장치를 최근에 설치했다고 했다. 호텔 요소요소에도 총을 찬 경호원들이 있었다. 대단히 안전했다.

알제리의 공무원들은 명함이 없다. 신분 노출을 극도로 꺼렸기 때문이었다. 나의 노력에도 불구하고 오랜 시일이 흐른 후 알제리 自國(자국) 사정상 입찰은 유찰이 되고 아무도 수주하지 못하는 경우가 되었다.

알제리로 출장을 가는 대우의 직원은 지위 高下를 막론하고 무조건 비행기표는 일등석이다. 김우중 회장의 지시다. 그렇게 하는 것이 조금이라도 더 안전할 것이라고 생각하는, 그리고 현장을 잘 이해하는 김우중 회장의 배려였다.

출장 후에 들으니, 내가 알제리 출장 중에 어느 TV 방송에서인가 알제리 내전에 관한 특집 프로가 방영되었었는데, 이것을 보고 안양공장의 많은 간부 및 직원들이 내 걱정을 많이 했다는 말에, 나는 가슴이 뭉클했었다.

카이로는 멀다. 直航(직항)으로도 열 몇 시간 비행해야 한다. 지금은 이름이 바뀌었지만 내가 카이로에서 항상 묵었던 나일 강변의 나일힐튼 호텔에 의하면, 10년간 이 호텔에 묵었던 날의 합계가 약 2년이 넘었다는 말을 들은 적이 있었다. 나는 힐튼호텔의 우수 고객이었고, 대한항공에게도 좋은 고객이었다. 카이로공항 출국장에서 나를 본 어떤 대한항공 직원은, "또 왔다 가시는군요"하면서, 고맙게도 나의 이코노미 비행기표를 일등석으로 슬쩍 바꾸어주곤 했었다.

카이로는 아프리카 교통의 요충지다. 카이로에서는 아프리카 어느 지역으로라도 가는 비행기가 있다. 그리고 매우 혼잡하다. 시끄럽다. 담배를 아무 데서나 피우는 것이 허용되고, 쓰레기도 아무 데나 버린다. 이러한 무질서가 어떤 때는 편안하게 느껴지기도 했다. 오랜 기간 일을 하다 보니, 나중에는 나도 카이로 사람이 되었다.

대리점을 원하는 회사 측의 사람과 며칠 간 지내보니, 이 자는 나의 좌우명에 부합되는 자라고 판단했다. 나와 DNA가 비슷하였다. 대리점 계약을 한 것은 물론이고, 나중에 이 자와 호흡을 맞추어 많은 일들을 이루어냈다.

1990년대 말까지, 2000년도가 시작되면서 대한전선이 남아프리카공화국에서 인수한 전선회사를 경영하는 초대 CEO로서 남아프리카공화국에 가기 전까지, 이 자와 함께 하는 많은 일들을 즐겼다. 정말 신명나게 일했다. 희박한 수주의 가능성에도 비집고 들어가 계약을 하기도 하고, 남들이 볼 때 안될 것이라는 일들을 이루어내기도 했다.

"한국에서 전선을 정말 제조할 수 있나?

우리는 미국이나 유럽의 업체들로부터만 수입을 해봐서…."

　우리는 항상 행동파였다. 경쟁업체를 수단과 방법을 가리지 않고 밀어내는 공작을 하는 것은 다반사였다. 입찰을 하기만 하면, 나는 카이로에 갔다. 수주 공작을 위해서. 인삼캡슐과 인삼 성분을 포함한 한국의 화장품들은 꼭 챙겼다. 이렇게 해서 1990년대 10년간 이집트에만 납품한 통신케이블 총 금액은 1억 달러를 초과했다. 대한전선이 대부분의 기존 납품업체들을 밀어내고 마침내는 이 제품에 대한 최강의 납품업체가 되었다. 고객은 이집트 체신청과 카이로에 소재하는 통신케이블 공사업체들이었다. 초창기에 이집트 체신청의 청장이, 줄담배를 피우면서 나에게 했던 말을 나는 기억한다.

　"한국에서 전선을 정말 제조할 수 있나? 우리는 미국이나 유럽의 업체들로부터만 수입을 해봐서… 한국전쟁 때, 우리가 너네 나라에 구호품도 보내주었지."

　대리인과 함께 추진하여 이집트 체신청 입찰에 처음으로 참여했던 것은 미국 사양에 따르는 주름강대 銅 통신케이블이었다. 경쟁업체는 미국 에섹스. 우리가 최저가 입찰자이니까 당연히 계약자가 될 것으로 생각하면 그것은 착각이다.

　이집트에 대한 기존 납품업체들은 미국 에섹스, 프랑스 알카텔, 이탈리아 피렐리, 핀란드 노키아, 독일 지멘스 등인데 모두 대한전선보다는 규모도 크고 오랜 역사를 가진 세계적으로 막강하고도 거대한 전선 제조업체들이었다. 동양에서 온 다른 납품업체는 없었다. 이집트의 전 지역은 지역별로 이들이 나누어먹고 있었다.

사양도 이들의 납품 지역에 따라 달랐다. 예컨대 미국업체가 납품하던 지역은 미국 사양을 따라야 한다. 사실 이들 업체들은, 훗날 아프리카의 다른 지역에서도 늘 우리와 겨루는 입장이 되었다. 결국 다른 지역에서도 이들 업체 거의 모두를 몰아내고 대한전선이 아프리카에 대한 銅통신케이블 납품 최강자가 된다.

나는 이들 업체들의 경영진에서 대한의 미스터 킴으로 알려졌었다는 것을 나중에 알게 되었다. 미국 에섹스의 부사장이 한국을 방문했을 때, 나의 상사이신 CY 중역을 만났던 적이 있었는데, 이 자가 대한의 미스터 킴을 한 번 만나보고 싶어한다는 말을 했다는 것을 CY 중역으로부터 들은 적도 있고, 2000년대 어느 해에 전선 제조업체들의 국제적인 모임인 ICF 총회에서 CY 중역은 이탈리아의 피레리 중역들로부터 미스터 킴은 매우 적극적인 사람인데, 지금은 무엇을 하냐, 자기네들은 미스터 킴한테 아프리카의 시장을 모두 빼앗겼다고 하는 말을 들었다고 하셨다. 물론 CY 중역은 대단히 기분 좋아하셨다.

프랑스 알카텔은, 어느 특수케이블의 한국 내수 시장 진출을 위해서 대한전선 국내영업부와 업무 협조를 하고 있었는데, 알카텔에서 방문한 사람들이 미스터 킴의 안부를 묻는다는 말을 국내 영업부로부터 들을 적도 있다. 언제인가 내가 카이로의 나일 힐튼호텔에 묵고 있을 때, 어떻게 알고 찾아왔는지 프랑스 알카텔의 아프리카 지역 총책임자의 방문을 받은 적도 있었다. 아프리카 전체 시장을 자기네들과 협조하여 일을 해보자는 제안을 나에게 하였는데, 맥주나 같이 마셨고 덕담이나 했지, 실제로 협조한 일은 없었다.

최저가 입찰자가 되었다고 해서 덤핑 가격을 낸 것은 아니었다. 기존 업

나는 이들이 체신청의 인맥을 통하여, 대한전선을 몰아내기 위한 공작을 꾸미게 될 것이라고 생각했다.

체들의 가격이 그렇게 높게 형성이 되어있었던 것이고, 미국업체인 에섹스는 우리에게 뒤통수를 맞은 것이었다. 우리가 입찰에 참가한다는 것조차 몰랐을 것이다. 나는 생각하기 시작했다. 미국업체의 다음 행동은 무엇일까? 지나고 보니, 미국업체 행동에 대한 예측이 적중했고, 예측에 따른 선제적 대응이 주효해 결국 우리가 400만 달러가량을 최초 계약한 것이다.

나는 이들이 체신청의 인맥을 통하여, 대한전선을 몰아내기 위한 공작을 꾸미게 될 것이라고 생각했다. 아마도 동일 제품의 납품 실적을 요청하게 할 것이다. 견본을 내라고 할 것이다. 품질을 믿을 수 없다고 할 것이다.

이러한 예측들은 모두 적중했다. 체신청으로부터 이러한 요청을 받기 전에 나는 이미 공장에 200m짜리 견본 한 드럼을 만들어달라고 요청했는데, 실제로 견본이 생산된 것은 약 두 달 후였던 것으로 기억된다. 그 당시 안양공장은 늘 바빴다. 쌩쌩 돌아가는 안양공장에서, 하던 일을 바꾸어서 고작 한 드럼의 견본을 만든다는 것은 매우 귀찮은 일이었을 것이다.

동일한 제품 납품실적은 사실 없었다. 그런데 대한전선은 국내 KT에 대한 다른 제품 납품 실적은 아주 많았는데 이러한 국내 납품실적증명은 KT에서 한글로 발급되고, 이집트 체신청에는 영문 本을 제출해야 한다는 점에 착안했다. 한편 영문 번역 本을 공증받기 위해서는 KT에서 발급받은 한글 本 납품실적증명서와 함께 내가 작성한 영문 本을 함께 공증사무소에 제출해야 하는데, 이 때 내가 작성한 영문 本에, 입찰했던 제품의 영어 이름을 슬쩍 끼워 넣었다. 공증사무소에서는 전선의 영어 품명에 대한 지식은 없었고, 이집트 체신청에는 한글을 아는 사람이 물론 없었다.

그래서, 노란 색의 금메달 마크까지 멋있게 장식된 공증된 서류, 즉 엄청난 물량의 같은 제품 납품을 증명해주는 영문 本 납품실적증명서 및 견본 한 드럼 준비가 완료되었다. 이집트 체신청의 요청이 오기만 해봐라.

과연 몇 달 후, 체신청으로부터 동일한 제품 견본 1.5m 및 동일제품 영문 本 납품실적증명서를 제출하라는 간단한 요청의 텔렉스가 왔다. 그 날로 나는 회신했다. 품질 테스트를 위해서는 샘플 1.5m보다는 아예 200m짜리 한 드럼의 견본과 함께 공증된 영문 납품실적증명서를 즉시 보내주겠다고 하고, 우리는 이 제품을 매일 생산하니, 내일이라도 즉시 한 드럼의 케이블을 비행기로 보내줄 수 있으며, 며칠 내에 내가 공장 기술자와 함께 카이로에 갈 테니, 우리와 합동으로 제품 품질 검사를 하자고 제안했다.

며칠 후, 공장 기술자와 내가 진짜로 카이로에 갔다. 미국업체의 기존 납품 전선과 비교해 볼 때, 우리의 제품에 대한 검사 결과는 대단히 만족스러웠다. 훗날 들어보니, 체신청에서는 우리가 취했던 행동은 기대 이상이었고 마치 뒤통수를 큰 바위로 얻어맞은 것 같은 충격을 받았다고 했다.

이렇게 해서 이집트에 대한 우리의 납품은 시작되었고, 수많은 계약을 수행하면서 숱한 문제들에 봉착하고, 해결하고 하는 생활의 연속이었다. 납기를 못 지켜서 비행기로 전선을 보낸 적도 있고, 특히 1998년도였던가? 우리나라가 외환위기로 국가신용등급이 추락했을 때, 우리는 큰 위기에 봉착하기도 했다.

이집트 체신청 앞으로 개설했던 수많은 입찰이행보증 및 계약이행보증을 위한 한국 내 은행의 보증서를 모두 외국계 일급 은행으로 바꾸어서 다시 제출하던지 아니면, 몽땅 현금으로 내라. 이것이 그들의 요구였다. 외국계 은행이기만 하면 쫓아갔다. 심지어는 대학교 여자 동창이 중역으로 근무하고 있던 외국계 은행까지 갔었다. 좋은 핑계를 대며 모두 거절했다. 그러다가 다행스럽게도 아랍은행에서 보증서를 발급해주기로 해서 문제를 풀었던 기억이 난다.

아프리카 어느 지역을 가더라도 카이로를 거쳤고, 귀국할 때 역시 카이로까지 와서 한국으로 오는 대한항공을 타곤 했었다. 언제였던가 아프리카에서 이 나라 저 나라를 다니면서, 정말 개고생을 한 후에, 카이로에서 대한항공을 탔는데, 믿음직하고도 낮은 음성의 기장 안내방송이 들렸다.

"여러분을 대한민국 수도 서울까지 안전하게 모시고 갈, 기장 배동호입니다."

나는 눈물이 핑 돌았다.

수단이라는 나라는 어디에 있나?
- 블루 나일과 화이트 나일이 만나는 곳, 카르툼

손바닥이 빨간데 손등은 검다. 그리고 축축한 손바닥으로 수시로 얼굴을 비비는 흑인이다. 왠지 악수하기가 싫다. 수단에서 온 이 사람은, 나중에 대한전선 대리점으로 지정된다. 수단은 아프리카에서 이집트와 국경을 마주하고 있는 나라 중의 하나인데, 땅덩어리는 큰데, 대부분이 황량한 사막이고, 거의 아프리카 最貧國(최빈국) 수준이다. 이 사람은 한국의 다른 전선업체를 먼저 방문했었는데, 그 회사에서는 자기네와 거래를 하는 것을 탐탁하게 생각하지 않더라고 솔직하게 말했다. 그런데 이 나라의 수준을 볼 때, 나는 이 사람의 가능성이 있다고 보았다. 결국 내가 수단을 방문하여, 이 사람의 체신청에 대한 인맥과 관계를 내 눈으로 확인하고 대리점으로

수단의 수다텔 창고에서의 사진(1995년).

지정하게 된다. 후에 체신청의 일정 부분 업무는 이동통신 업체인 수다텔 (Sudatel)로 합쳐져서 우리는 수다텔과 많은 계약들을 하게 된다.

이 나라는 늘 달러가 부족하기 때문에, 수출 대전을 현지貨로 지불하겠다고 한다. 현지貨는 수시로 평가절하 되기 때문에 일정기간이 지나면 거의 휴지조각이 된다. 신용장을 개설해주는 외국계 은행도 없다. 그런데 이 나라 체신청에게 달러 표시 신용장을 개설해달라고 하면 장사가 되겠는가?

여기에서 나는 ㈜대우와 손을 잡았다. ㈜대우는 이 나라에서 타이어 공장, 솜 공장 등을 운영하고 있었다. 임금 지불 등을 위해서 현지貨가 항상 필요할 것이라는 점에 착안했다. 三者 계약을 하자. 나는 수다텔에 전선을 납품하고, 수다텔은 지불일자의 對美(대미)환율을 기준으로 한 현지貨를 ㈜대우에 지불하고, ㈜대우는 즉시 런던에서 대한전선 앞으로 달러표시 신용장을 개설한다. 三者가 만족했다.

이렇게 해서 약 10년간 대한전선은 수다텔에 대한 銅통신케이블 납품을 거의 독식하게 된다. 입찰을 해도 다른 업체는 계약을 못한다. 대금결제 조건에서 우리에게 밀리기 때문이다. 대한전선은 10% 가량 남보다 비싸도 대한전선과 계약을 하는 것이 인정되었다. 이렇게 장사를 하기 때문인지 여기서는 이 사람들과의 스킨십이 아주 중요하다. 내가 아프리카에 갈 때마다 카르툼에는 꼭 방문하고자 했다. 수다텔의 고위직 사람들은 내가 방문하는 것을 좋아했다.

입찰을 한 후에는 입찰을 한 제조업체들에 대한 나의 의견을 묻는다. 그때, 나는 항상 좋게 말해주다가 결국은 깎아 내려서, 우리와 계약을 하는 것이 좋다는 인상을 갖게 해주었다. 항상 성공했다. 대한전선이 나타나기 전에 이 나라에서의 주요 납품업체는 독일 지멘스였다. 이 회사는 전선 액세서리와 전선을 오랫동안 모두 납품하다가, 결국에는 전선 납품 장사는 대한전선에게 내주게 되고, 액세서리 납품에만 치중하게 된다.

카르툼은 이 나라의 수도이다. 블루 나일강과 화이트 나일강이 만나는 곳이라고 한다. 이 나라에는 1990년대 초반에는 외국인이 묵을 수 있는 호텔은 힐튼호텔 하나밖에 없었다. 우중충한 분위기의 호텔이지만 호텔에서 바깥을 내다보면, 바로 앞에 푸르른 농경지와 평화롭게 일하는 농부가 보인다. 그리고 염소 울음소리, 닭 울음 소리가 들린다. 내전 중이기도 하다. 나는 이 가난한 나라가, 평화롭게 되고 국민들이 잘 먹고 살게 되기를 진심으로 빌었다.

니메이리 대통령 시절에 ㈜대우에서 이 나라 정부와 합작으로 영빈관을 지었는데, 정부에서 약속한 출자를 하지 못해서 결국 ㈜대우가 건물 전체를 인수한 후, 언제부터인가 호텔로 개조하여 팔레스호텔이라는 이름의 호텔이 생긴 후부터는, 나는 꼭 이 호텔에 투숙했었다. 이 호텔에 자주 묵다 보니,

내가 가기만 하면, 나에 대한 예우로서 김우중 회장께서 타시던 길고도 큰 구형 캐딜락을 압둘라솔이라는 이름의 흑인 기사와 함께 특별히 공항에 보내주었다.

"비행기로 보내주었으니, 손해를 많이 보았겠네"

"왜 우리에게 미리 알려주지 않고 그렇게 큰 손해를 보나? 많은 불량을 비행기로 보내주었으니, 손해를 많이 보았겠네. 우리한테 알려주면 납기를 연장해줄 수 있었을 텐데."

리비아 체신청 구매국장의 말이다. 리비아 체신청의 주된 납품업체는 이탈리아 피레리였다. 이 회사는 이미 리비아 체신청에게는 과거 30년 동안을 거의 독점적으로 전선을 납품한 경력이 있는 막강한 전선회사였다. 이탈리아에서 몰타를 거쳐 트리폴리까지는 배로 약 12시간 정도 걸린다고 했다. 그러니 리비아는 피렐리의 안마당이다. 한국에서 트리폴리까지는 배로 최소한 한 달이 더 걸린다.

여기서 대한전선은 전선 수출 계약을 하고, 납기를 어기지 않겠다는 다짐을 하고 또 했다. 그런데 납기를 못 지키는 상황이 발생했다.

"전량 비행기로 실어야겠습니다."

나는 CY 중역께 심각하게 말씀드렸다. 첫 계약인데 돈보다 신용이 더 중요하다는 점을 중시하여, 신속한 의사결정을 해주신 CY 중역은 대단하신 분임에 틀림이 없다. 납기를 못 지키면 이렇게 된다는 것을 공장에도 보여주고, 거래처에는 우리가 이렇게 해서라도 고객과의 약속은 꼭 지킨다는 것을 보여주는 기회가 되니, 이것은 손해 보는 돈 가치보다 훨씬 더 큰 가치를 궁극적으로 우리가 얻게 될 것이라는 계산이었다.

대형 화물 수송기 세 대를 수배한 후, 대규모 항공 수송 작전이 전개되었다. 나는 왠지 과거 율산의 신선호 회장이 떠올랐다. 상황은 달랐지만, 사우디에 배를 못 대니, 홍콩에서 구매한 중고 헬리콥터에 건축 기자재를 싣고 사우디로 가서, 하늘에서 시멘트를 떨어뜨렸던 율산 신선호 회장의 행동이 왜 떠올랐을까.

아랍인들과의 장사는 되는 것도 없고, 안 되는 것도 없다고 한다. 그렇다. 아랍인과 아랍을 이해하는 자에게는 안 되는 일이 없을 것이라고 나는 생각한다. 이들이 우리는 형제라고 생각하기 시작하면 그것은 성공한 것이다.

체신청의 청장, 기술국장 및 구매국장은 나를 자기네들 형제라고 했다. 나를 보고 믿을 수 있는 형제라고도 했고, 비행기 납품 한 건으로 기존의 납품업체가 과거 30년간 독점했던 시장의 50%를 뺏어갔다고도 했다. 그 일 이후, 체신청에서 발주하는 銅통신케이블 물량은 통상 두 덩어리로 나뉘어져서, 빠른 납기가 요구되는 부분은 이탈리아의 피렐리에, 그렇지 않은 물량은 대한전선에 발주하게 된다.

그 당시 리비아는 유엔 제재 下에 있었기 때문에, 트리폴리로 들어가는 국제선 비행기가 없었다. 일단 카이로에서 튜니지로 가서, 밤에 튜니지와 리비아 사이에 있는 제르바라는 섬으로 가기 위해서 약 2시간 가량 비행한 후, 제르바에서 총알택시를 타고 밤새도록 달려서, 다음 날 새벽 동이 틀 무렵에 트리폴리에 도착한다. 무척 고되다. 나올 때는 역순이다. 양 쪽 국가에서의 이민국 및 軍 부대의 검문은 총 여섯 번 정도이다. 현지인들은 자동차 지붕 위에 음식 및 이불 등을 싣고서, 세월아 네월아 하면서 다닌다.

그래도 내가 간다고 하면, 체신청장, 구매국장, 시설국장은 자기네들끼리 연락을 해서 주로 구매국장 집에 모여서 밤새 잔치를 하기로 일정을 정해놓는다. 밤새도록 양고기를 먹으며 즐긴다.

대한전선의 리비아 대리점은, 원단을 리비아에 납품하는 한국 회사다. 다른 전선업체들은 이 회사가 업종이 다른 한국회사라서, 전선 장사를 하는데 적합하지 않다고 생각했던 모양인데, 나의 생각은 달랐다. 트리폴리에서 거주하면서 일을 하는 한국 사람의 능력을 나는 높이 평가했다.

한때는 카다피의 통역관으로서의 일을 하기도 했었다고 한다. 이 자는 아랍을 이해하는 자로서, 리비아에서의 장사를 잘 알고 있었고, 체신청의 요직에 있는 사람들과의 만남을, 내가 원하는 대로 주선하는 능력이 있었다. 문을 여는 것은 그 쪽에서 하고 그 다음부터는 내가 할 일 아닌가? 문을 여는데, 원단 장수이면 어떤가?

아프리카에서도 전선공장이 되나?

"그래도 회장님께 보고는 드려야지?"

남아프리카공화국 지사 사무실에서 전선공장 인수팀이 모두 침울하게 모여있는 자리에서 CY 중역께서 말씀하시고 전화기를 잡으셨다. 허무했다. 몇 달 동안 그렇게 노력했는데, 일은 안됐다.

2000년도 4월경의 일이다. 한때는 백인의 회사로서 남아프리카공화국 최대 전선회사였던 USKO는, 경영이 잘 안되다가 급기야 약 2년 전에 흑인 사업가가 은행 부채로 인수를 해서 경영을 했는데 경영부실은 더 커져서, 마침내 새로운 투자자를 찾던 중에 대한전선이 나타났던 것인데, 실질적인 회사 소유주인 은행과의 인수 가격 협상이 잘 안된 것이다.

남아프리카공화국에 정치적 변화가 있어서, 흑인 우대정책(Black Economic Empowerment)을 적용하니, 이제는 흑인과 손을 잡고 현지 생산을 해야만 장사가 되겠구나라고 생각하고 있던 차에, 남아프리카공화국

남아공 SASOL과의 전력케이블 납품 계약 체결(2004년 7월4일).

지사로부터, 투자자를 찾는 전선회사가 있다는 것을 알게 되었던 것이다. 불과 몇 개월 전의 일이었다.

전화통화를 끝낸 CY 중역에 의하면, 회장께서는 모두들 수고가 많았다라고 하시고, 그냥 다들 귀국하라고 말씀하셨다고 했다. 혼나지 않아서 다행이라고 생각도 되었으나, 이거 정말 이렇게 끝내야 되나 하는 생각이 내 마음 속에는 있었다. 일단 인수 팀은 귀국했다.

"해외공장 하나 문 닫으면 얼마나 손해를 보는지 자네는 아는가?"

몇 달 전 회장실에서의 회장님 말씀이었다.

"XXX억 정도 손해 봅니다."

"잘 아는구먼. 그런데도 자네는 아프리카 전선공장을 인수하자는 말인가? 아프리카에서도 전선공장이 되나?"

"우리가 다른 나라에서 실패했더라도, 가능성이 있다고 판단되는 나라에서는 해야할 것 아닙니까? 남아프리카공화국에 있는 기존 전선공장을 인수하여, 새로 광케이블 공장을 추가하고, 거기서 안양공장에서 만든 광섬유를 사용하여 광케이블을 만들어서 현지에 납품하면, 두 개의 공장 사이에 시너지 효과가 생길 것입니다."

"자네는 나와 생각이 똑같구먼. 자네 믿고 한 번 해봅시다."

이렇게 시작은 좋았는데, 협상이 원하는 대로 안 된 것이었다.

한국에 귀국해서도 남아프리카공화국의 은행 측과 계속 대화의 끈을 놓지 않다가, 약 한 달 후 나는 다시 남아프리카공화국에 가서, 마침내는 은행 측과 자산 부채 양도 양수 계약을 원만하게 이끌어내게 된다. 나는 한국에 돌아오지도 못하고, 그때부터 인수한 회사의 초대 CEO로서 일을 시작하게 된다. 1년 후, 나는 아내, 아들과 딸을 남아프리카공화국으로 불러들였다. 그리고 내가 사는 집의 거실 겸 침실로 쓰고 있던 넓은 공간의 벽 중앙에는 액자에 넣어진 태극기가 걸려있었다. 가족들도 항상 보고 나라를 생각하라는 뜻이었다. 숱한 우여곡절을 겪으며, 2006년 11월까지, 약 6년 반 동안, 내가 CEO로 근무하는 동안, 매년 흑자를 내며 회사는 안정화되었다. 한편 나는 2006년도에 유일한 동양인으로서 남아프리카공화국 산업계의 Leader 60인에 선정된다.

남아프리카공화국은 大國이다

남아프리카공화국은 대한민국의 미수복 지구인 북한을 포함한 한반도 면적의 약 6배가량 되며, 인구는 대한민국 인구보다 약간 적은 4800만 명가량 된다. 인구의 약 90%는 흑인이다. 흑인들도 언어 기준으로 따져볼 때,

2006년, 동양인으로서는 유일하게 남아프리카공화국 산업계의 Leader 60인에 선정되었다.

열 종류가 넘는데, 서로의 의사 소통에도 문제가 있기도 하나, 놀자판인 면에서는 비슷하다.

반면에, 10% 미만인 백인들은 '무지개 인종'이라고 별명을 붙일 정도로 조상의 뿌리에 따라서, 영국계, 프랑스계, 네덜란드계 및 기타 유럽계 등으로 분류가 되는데, 뿌리에 관계없이 表裏不同(표리부동)하고, 개인의 능력이 있거나 없거나 자만심에 차있다는 점에서는 공통적인 사람들이 많다.

빈부의 격차는 상당히 커서, 많은 흑인들은 컨테이너 상자에서 살다시피 하나, 백인들은 대단히 큰 저택에서 사는 사람들이 많다. 노동자들이 약속을 잘 지키지 않고, 책임을 남에게 쉽게 전가하고자 한다는 점에서는 흑인과 백인이 비슷하다.

범죄율, AIDS 보균자 수 등은 단연 세계 1위 기록을 가지고 있으며, 많고도 많은 비생산적인 노동조합들, 실업률은 약 30%를 초과하고, 개인소득에 따라서 차별적으로 부과되는 개인 소득세는 소득의 최고 40%를 넘기도 한다는 점, 유통과정이 복잡하고, 매사에 영국법의 영향에 따라 절차가 많고도 많아서, 이를 따르다 보면, 배가 산으로 갈 정도로 비생산적이다.

1994년까지는 세계에서 유일하게 혹독한 흑백 차별을 하였던 나라로서 UN의 제재를 받았던 이유로, 만델라 흑인 정권이 들어서기까지는, 남아프리카공화국 內의 고객과 서비스 공급자는 상호 의존할 수밖에 없었던 시절도 있었다. 지금도 자유경쟁에 의한 우위 선점보다는, M&A에 의한 경쟁업체 흡수, 경쟁업체 필수 要人 제거, 상호 비방, 툭하면 법원에 제소하는 비생산적인 행태 등은 많고도 많다. 어느 세계적인 유명 연구기관의 조사 보고서에 의하면, 유감스럽게도 남아프리카공화국의 국가 경쟁력은 UN 가입국 중에서 최하위권인 150위 이하로 되어있다.

한편, 사계절 좋은 날씨, 아직은 공해로부터 자유로운 자연환경은 이 나라의 매력이기도 하다. 이곳의 농산물은 모두 무공해 식품이다. 화학비료를 쓸 필요가 없기 때문이다. 또한, 은행, 보험제도, 교육제도, 의료기술 및 시설은 세계적인 수준이라고 한다.

사립학교의 교육제도 및 교육방침은 대한민국의 그것과는 많이 다르다. 이곳에서는 일등이 중요하지 않다. 영국식 교육이라고 하는데, 대부분의 선생들은 학생들을 격려하고, 물건을 아껴서 쓰게 하고, 남을 비방하지 않고, 잘하는 사람을 시기하지 않으며, 격려해 줄 것을 실천하게 해주며, 남을 배려하는 방법을 가르치는 점이 참 마음에 든다.

《明心寶鑑(명심보감)》에 나올 듯한 내용들을, 이들은 학교에서 가르치고 토론시킨다. 한 마디로 말해서 건전한 시민을 만들기 위한 교육을 한다. 그리고, 학년이 올라갈수록, 교과 내용의 폭은 점점 넓고도 깊어진다.

그런데, 이렇게 배타적이고 비생산적인 나라에서 어떻게 외국업체가 발을 붙이고 돈을 벌 것인가? 이 나라에서는 해외업체가 제조업 분야에서 성공하기는 참으로 어렵다. 그래서인지, 이 나라에서 매년 발간되는 책자에 의하면, 나는 재임기간 동안, 이 나라 300개 National Company의 CEO 중에서, 유일한 동양인이었다. 이 나라에 소재하는 우리나라 업체들 대부분은, 대한민국의 제품을 수입 판매하기 위한 소수의 인원만으로 구성된 해외지사 등을 설립하여 운영하고 있다.

한국대사관에 의하면, 본격적인 제조업에 투자하여, 직접 현지 경영을 하는 회사는 대한전선에서 투자한 M-TEC이 유일한 경우이며, 그때까지의 대한민국 업체들의 남아프리카공화국 투자 사례들 중에서도 투자 금액이 가장 크다고 한다. 기존에 제조업에 투자했었던 몇몇 한국회사들은 몇 년 버티지 못하고 모두 실패했고, 대한전선이 최대 주주인 M-TEC은, 본격적인 제조업에 투자를 했었던, 한국업체들 중에서는 유일한 흑자 기업이라는 것이다.

나에게는 M-TEC을 경영하면서 생긴, 이 글의 독자가 재미를 느낄 수 있는 에피소드로서 기억되는 것이 별로 없다. 단지 회사를 경영하면서 겪었던 절박했던 순간들, 처절한 노력에 의한 판단으로 대처해야만 했던 고비고비의 선택의 순간들만 기억된다.

"아무래도 집을 한 채 사야겠습니다"

"아무래도 집을 한 채 사야겠습니다."

회장님께 SI 중역을 통해서 말씀드렸다. 앞으로 일을 하기 위해서는 대한 전선 공장의 기술자들이 수많은 날의 출장을 와야 하고, 이들은 한식을 먹는 것이 좋을 텐데, 호텔비, 식비 등으로 돈을 회사 외부로 유출시키지 말고, 나와 함께 거주하면서 한식을 먹으면, 일의 효율도 올라가고, 치안이 나쁜 나라에서 안전하게 지낼 수 있을 것이라는 것이 나의 요점이었다.

그 당시 백인 거주 지역의 집값이 약 1억5000만 원이면, 수영장이 있는 약 1000평 넓이의 근사한 집을 살 수 있었다. 방은 9개이고 건평은 1층과 2층을 합해서 약 400평가량 되었다. 만델라 정권이 들어선 후, 웬만한 백인들은 영어권인, 미국, 호주 및 영국 등으로 이민가기 바빴기에, 헐값에 집을 살 수 있었다. 아무리 헐값이라도 흑인들은 돈이 없어서 집을 사기가 어려운 때였다. 꼼꼼하셨던 회장님은, 집의 설계도까지 검토해 보신 후에 허락하셨다. 후에, 나는 이 집에 전기철조망을 비롯한 여러 가지 안전장치를 하여 명실공히 安家로 만든다.

이 나라에서는, 아파트가 있기도 하나 개인주택이 주된 주거 형식이다. 큰 집에는 큰 수영장이 있고, 작은 집에는 작은 수영장이 있다. 수영장이 사치해서 있는 것이 아니다. 그들 주거문화의 한 부분이다.

이 나라에서는, 아이들이나 어른이나 사람들을 집으로 초대하는 경우가 많다. 아이들이 남의 집에 초대받았을 때는 수영복을 먼저 챙긴다. 주로 가족단위로 초대하기도 하고 초대받기도 한다. 밤의 문화 또한 우리와는 다르다. 단란주점, 노래방들은 흔하지 않다. 술은 주로 식당이나 집에서 마시며, 술을 마시는 장소에 가족들이 같이 있는 모습을 종종 볼 수 있다.

해외에서 사업을 성공하려면, 현지化가 중요하다. 현지의 문화와 현지 사람들의 사고방식과 행동양식을 이해하는 현지 사람이 되어야 일을 제대로 할 수 있을 것이다.

해외에서의 현지 제조업체 경영은 생각보다 어렵다. 해외투자를 결정했을 때 수립했던 사업계획대로만 되면 얼마나 좋을까? 현지경영을 하면서 전개되는 실제 상황은, 계획했을 당시에 예상하였던 바와는 거의 모든 면에서 전혀 다르다는 것을 알게 된다. 다른 상황에 대해서, 시기를 놓치지 않고 올바른 판단으로 용기있는 대처를 효과적으로 할 때만, 성공을 하게 된다고 본다. 이것을 하지 못할 때 닥치게 되는 결과는 사업실패다.

한국 회사들이 해외에서의 경영에 실패하는 원인 중의 하나는, 해외 사업 현장을 서울에서의 방식으로 이해하기 때문이라고 본다. 작은 예로서 집에 수영장이 있어야 할 필요가 있냐? 메워버리자. 왜 독일 자동차를 타냐? 건방지다. 자동차가 집에 왜 두 대가 필요하냐? 사치스럽다고 주장했던 사람들이 있었다. 현지에 대한 이해 부족이거나 다른 목적이 있어서 이런 말들을 하는 것이다.

이 나라에서는 웬만한 개인주택에 수영장이 없는 집이 없다. 한국의 소형 新車보다 수준 있는 독일 중형 중고차가 값이 싸고, 또 안전하기 때문에 탄다. 이 나라에서는 대중교통 수단이 없고, 일부 있다고 해도 외국인은 이용을 하지 않는 것이 좋을 정도로 치안이 나쁘다.

남편이 출근하면, 아이들이 학교를 가거나 아내가 시장을 가려 해도 차가 있어야 한다. 걸어서 다닐 수 있는 곳은 집 앞 근처의 작은 상점밖에 없다. 그러나, 길거리를 걷는 것은 권장할 일이 아니다. 최악의 치안 부재 때문이다. 그리고 어느 곳이나 멀리 떨어져 있다. 그래서 가족들은 별도의 안전한 차가 반드시 있어야 한다.

목표는 있어야 하되, 이루기 위한 방법은 남아프리카공화국 식으로 해야 한다는 것이 나의 주장이다. 서울식으로 하고자 하기 때문에 실패하는 것이다. 그래서 현지 CEO에게 全權을 주어야 한다. 서울에서 콩이야 팥이야 하고 따지면, 그 해외 현지회사의 앞날은 그리 밝지 못하다. 현지 종업원들은, 시간이 걸려도 참을성 있게 이해시켜야만 목적한 바대로 일을 이룰 수 있다. 직위로 지시해봐야 잘 되지 않는다.

사업이 안 될 때, 해당 CEO가 말하는, 사업이 안되는 핑계는 무궁무진하다. 그런 이유들은 다 소용없고, 나는 현지 CEO가 원인이 되는 이유가 50%를 넘는다고 본다. 자기가 잘해야지, 현지 사업환경은 어디서나 다 어렵다. 사업의 성패를 가르는 주요 요인은 어떤 자가 CEO인가 하는 것이다. 올바른 CEO는, 예측과 다른 상황 또는 변화에 直面했을 때, 능동적인 대처를 통해 문제를 해결할 수 있어야 한다. 사업은 망해가는데 현지 CEO의 골프 실력은 날로 향상하는, 이런 CEO는 당장 해고시켜야 한다. 나는, 사업은 망해가는 데 골프 실력을 자랑하며 흐뭇해하는 해외투자회사 사장의 웃는 얼굴에, 육두문자와 함께 마시던 커피를 뿌려버리고 싶은 충동을 간신히 참은 적도 있었다.

회장님의 허락을 받고 구입한 알버튼에 있는 커다란 집에서 모든 출장자들과 같이 생활하면서, 내 가족들의 사생활은 많이 침해되기도 했으나, 가족들은 나의 일 때문이라고 이해해주었다.

아내는, 내 가족을 포함한 모든 사람들의 아침식사, 점심 도시락, 저녁식사 때로는 술안주 등의 식사 준비와 손님 뒤치다꺼리에 눈코 뜰 새 없이 항상 바빴다. 남편 뒷바라지라고 생각하는지, 사명감을 가지고 식사준비와 식재료 구입을 하는 것 같았다.

매주 구입하는 식재료가 봉고차로 하나 가득이다. 거의 작은 식당 수준

사업은 망해가는데 현지 CEO의 골프 실력은 날로 향상하는,
이런 CEO는 당장 해고시켜야 한다.

이다. 추우나 더우나 새벽시장에도 가야 한다. 인원이 많을 때는 같이 거주
하는 인원이 총 17명을 넘은 적도 있었다. 아내는 지금도 가끔 남아프리카
공화국에서의 생활을 회상하면, 밥하던 기억밖에 안 난다고 한다.

식당을 만들어주겠다는 제안을 노조가 반대해?

2000년 6월 M-TEC의 초대 CEO로서, 처음으로 하고자 했던 일은, 종
업원 식당을 만들어주겠다는 것이었다. 결국 실패했다.

"식당을 만들어주겠다는 제안을 노조가 반대해? 제 정신이야?"

나중에 알고 보니, 경영진으로부터 나온 생각이기 때문에 노조는 찬성
할 수 없다는 것이 주요 이유였다. 노조에서 의견을 내고, 이것을 반대하는
경영진과의 투쟁을 벌여서 이것을 쟁취하는 모습을 보여야, 노조원 앞에서
노조의 체면이 선다는 이유 때문이었다. 참으로 어처구니 없었다.

전년도에 46억 원의 적자를 보던 회사인데, 인수 후 맨 처음에 하겠다는
일이 종업원 식당을 만들어주자는 일이다 보니, 대부분의 간부 직원들은
내 의견에 반대했다. 적자가 크게 나는 회사에서 여태까지 없던 식당을 왜
갑자기 만들겠다고 하는 것이냐는 것이다. CEO가 자주 바뀌다 보니, 이번
에 동양에서 새로 온 자는 엉뚱하다고 생각하는 모양이었다.

그래도 나는 밀어붙였다. 주요 간부직원들과 이 나라에서 운영을 잘한다는 회사 식당 여러 곳을 직접 방문하여, 식당 운영 방법, 그리고 어떤 주방용품을 쓰나 하는 것들을 주방에 가서 직접 살펴보았다.

큰 비용이 소요됨에도 불구하고, 식당을 만들어주겠다는 나의 생각에는 나름대로의 이유가 있었다. 말단 작업자들 대부분은 흑인인데, 전선 제조 기계 옆에 붙어 서서 빵 조각들을 점심 식사라고 먹는 모습들이 보기 싫었다. 누더기 같은 옷을 입은 검은 얼굴 작업자들의 빵 먹는 모습이 왜 그리도 초라하고 구차스러워 보였던지.

그리고 작업자들에게는 모두 같은 유니폼을 입게 해주리라. 그 때까지도 각자의 누더기나 다름없는 사복을 입고 근무하는 공장 작업자들의 모습은 내게 무척이나 의아했다. 나는 깨끗한 유니폼을 같이 입고, 공장 식당에서 작업자들과 함께, 같은 식사를 하는 나의 모습을 상상해보면서 즐거워했다. 훗날, 나를 포함한 M-TEC의 모든 종업원들은 같은 유니폼을 입게 된다.

이렇게 하면, 작업자와 경영진과의 사이에 일체감이 생기고, 신뢰도 쌓이게 될 것이리라. 현장에서의 식사를 일체 금지하고, 정해진 시간과 장소에서 식사를 함으로써, 생산 효율은 올라갈 것이리라. 식당에서 좋은 음식을 먹는 것으로서 작업자들의 회사에 대한 자부심도 생기리라.

종업원들은, 자기네들의 이익은 경영주의 손해고, 경영주의 이익은 자기들의 손해라고 생각한다. 즉 종업원과 경영주는 이해관계가 배치되니 투쟁해서 경영주로부터, 자기네들의 이익을 쟁취해야 한다고 생각하고, 그 선두에는 노조가 있었다. 훗날, 나는 다양한 성과급 제도를 만들어서, 돈을 매개로 하여 종업원과 경영자의 목표를, 이익추구라는 공동의 목표에 두게 된다. 즉 회사의 이익이 나의 이익이라는 것으로 사고의 틀을 바꾸게 된다.

결국 식당은 못 만들고, 나는, 이 나라에서의 제조회사 경영의 앞길은 순탄하지 않겠구나 하는 불길한 예감이 들었다. 한편 몇 년 후, 나는 종업원들이 좋은 음식을 싸게 사먹을 수 있는 근사한 매점을 만들어준다.

社規가 뭐 이래? – 원칙을 잘 만들고 지키는 것이 중요하다

이 회사에도 社規(사규)는 있었다.

"그런데, 사규가 뭐 이래?"

나는 오랫동안 유지되어왔던 사규를, 합리성과 공평성에 입각하여 대부분 고쳤다. 그리고 개념을 명확히 해야 한다고 생각했다.

대한전선이 인수한 회사의 前身은 'United Steel Corp.'인데 줄여서 USKO라고 한다. 우리나라에서 바지 저고리를 입고 지내던 1911년에 아프리카 대륙의 최초 철강회사로 설립되어, 많은 학자와 연구기관들의 연구대상이 되는 회사이기도 하다. 그러다가 1955년도부터 전기에너지를 운송하기 위한 전선인 알루미늄 송전선(Aluminum Overhead Transmission Line)을 생산하기 시작하여, 한때는 이 나라 전체 수요의 70% 이상을 공급하기에 이른다.

이렇게 훌륭한 역사적 배경을 가진 회사가 사규는 엉터리다. 만델라 정권이 들어서는 1994년 이전까지는, 흑인은 사람이 아니었다. 이러한 전제 下에 만들어진 사규가 올바르겠는가? 나는 거의 다 뜯어고쳤다. 행동을 바르게 하려면 근거 규범부터 올바르게 정립하는 것은 당연한 일이 아니겠는가?

잘 정비된 원칙을 경영자 및 종업원이 엄중히 지킬 때, 회사는 체계적으로 운영이 될 수 있으며, 원칙을 어겨도 넘어가는 일이 많아질수록 회사 경영은 점점 문란해지면서 서서히 침몰해가는 과정을 밟게 될 것이다. 비록 오늘 현재는 경쟁력을 갖춘 회사일지라도 예외는 아니라고 본다. 회사의 성공 요체는, 사업 내용도 중요하고, 장래 비전도 무시할 수 없으나, 이에 못지않게 중요한 것은 회사의 건전한 운영체계이기 때문이다.

무릇 회사의 경영자는, 종업원들로 하여금, 원칙을 따르게 하기 위해서, 스스로 솔선수범하여야 하며, 원칙을 지키기 위하여 지불해야 할 대가에 대해서는, 주저함이 없이 용기 있게 감수해야 할 것으로 믿는다.

종업원 감축은 안 한다. 그러나 거짓말하는 자는 해고다

나는 처음부터 종업원들에게 말했다. 종업원 감축은 안 한다. 그러나 거짓말하는 자는 해고다. 그런데, 별로 내 말을 믿지 않는 눈치다. 오랫동안 백인이 주인이었던 회사가 흑인으로 바뀌었다가 현재는 동양인이 주인이라고 나타났으니, 그럴 만도 하다. 주인이 바뀔 때마다 구조조정이네 뭐네 하면서 인원들을 줄이고 업무를 통폐합하는 것을 많이 경험했기에, 그냥 회사에 붙어있게 되기만을 바랐다.

그리고 이들에게 회사는 남이다. 회사가 손해를 보건 말건 자기네들과는 상관 없는 일이라고 생각하는 종업원들이 많았다. 월급만 온전히 받게 되기를 바랐다. 나는 이것을 노예근성이라고 본다.

이런 자들과 함께 어떻게 생산성을 올릴 수 있나? 나는 우선 종업원들이 고용에 대해서 걱정을 하지 않도록 해야 한다고 생각했다. 그리고 나와 종업원들과 서로 말이 통하도록 하는 것이 선결 문제라고 보았다. 그래야만 서로 신뢰가 쌓여서 내가 추구하는 방향으로 일을 하게 할 수가 있을 것이다. 그러기 위해서 나는 '정직'과 '개방'을 강조했던 것이다.

신뢰는 서로가 정직해야만 구축된다. 개방은 투명한 경영 및 소통을 의미한다. 한편, 종업원 감축을 안 하겠다고 장담할 수 있었던 것은, 앞으로 우리 회사는 기존 공장들에 추가적으로 光통신케이블 공장을 설립하게 될 텐데, 여기에 필요한 인원들을 외부에서 고용하기보다는 기존 인력을 쓰는 것이 더욱 이득이 될 것이라는 계산이 있었기 때문이다.

모르던 사람들로부터 신뢰를 받게 되는 것은 매우 어렵다. 그러나, 신뢰가 없으면 종업원들을 내가 원하는 방향으로 가게 하는 것 또한 어렵다. 항상 말한 대로 행동해야 신뢰를 얻을 수 있다. 나는 말한 대로 행동했다. 여러 해를 이렇게 하니까, 내 말에 무게가 실리기 시작했다. 종업원들이 나를 믿기 시작했던 것이다.

Do as you say, say as you do(言行一致). 내가 M-TEC 종업원들에게 늘 강조했던 말이다. 약속한대로 실천하고, 더도 덜도 말고, 행동한 바대로 꾸미지 말고 보고하라는 말이다. 종업원들이 이렇게만 할 수 있으면, 나는 종업원들에 대해서 만족할 것이다. 일을 성취하려고 노력하다가 본의 아니게 생긴 잘못된 결과에 대해서는 내가 책임을 진다. 그러나, 그러한 善意의 노력 없이 이루어진 나쁜 결과에 대해서는 반드시 벌을 준다. 이것이 나의 M-TEC 종업원들에 대한 인사 방침 중의 하나였다. 매사를 CEO가 솔선수범하여 말한 대로 행동을 하고자 하고, 前과는 달리 특히 회사 돈과 관련하여 일체의 부정이 없으니, CEO를 신뢰하게 되고, CEO의 말에 무게가 실리게 되었다. 나중에는 노조조차 내 말에 따르게 되었다.

어느 날, 나는 키가 크고 잘생긴, 파란 눈의 높은 지위의 백인 중역을 가차 없이 해고했다. 이 자는 전체 종업원 특히 백인 종업원들의 리더 격인 회사 內의 2인자였다. 이유는 나에게 거짓말을 했기 때문이었다. 이 자가, 보증기간을 명시하지 않은 제품 보증서를 여기저기에 써 주었는데, 이것이 나중에 발각되었다. 한 고객이 보증서에 의한 손해배상 청구를 한 것이 나에게 알려졌기 때문이다.

보증기간을 명시하지 않은 보증서를 써 준 것도 잘못이었지만, 해고 사유는 잘못된 보증서를 써준 사실이 전혀 없다고 하면서, 나를 속였기 때문이었다. 잘못된 보증서를 써 주었다는 것을 나에게 바르게 보고하기만 했어도 나는 이 자를 해고까지는 안 했을 것이다. 잘못된 행동을 수정시키기만 했을 것이다. 이러한 사실이 종업원들에게 알려진 후, CEO는 원칙주의자(principle man)라는 인식이 더욱 강해지게 되었다. 이 자가 불공정하게 해고당했다고 나를 고소해서 약 1년간 訟事에 시달리기는 했지만 나는 이에 굴하기 않았다.

우리가 마피아같이 할 수는 없고…

이 나라에서는 체신청을 Telkom이라고 한다. 통상 2~3년 단위로, 필요한 光통신케이블 구매를 위한 국제 입찰을 시행한다. 물량이 아프리카 대륙에서 제일 크다. 앞으로는 光통신케이블을 이 나라 현지에서 생산을 해야겠구나라는 생각을 하게 된 동기도, 사실은 몇 년 전에 이 나라에서 시행했던 국제 입찰에서 내가 실패했기 때문이었다.

이 나라에는 光통신케이블을 생산하여 Telkom에 수십 년간 납품을 해 오던 굴지의 전선 회사가 두 개 있었다. 모두가 백인이 주인인 회사다. 국제 입찰을 하건 안 하건 결국 대부분의 계약은 이 두 업체가 나누어서 수행했다.

그런데, M-TEC이 현지의 신규 제조업체라고 나타난 것이다. 나는 당시 중국에서 철수하는 대한전선의 光통신케이블 중고 제조 설비 몇 대를 사다 놓고 생산에 자신 있다고 떠들고 다니던 때였다. 납품 실적도 없이. 그러나 내 뒤에는 대한전선이 있지 않은가?

이 나라 입찰은, 다른 나라의 입찰에서의 가격 평가와는 방법이 다르다.

Telkom과의 협상 최종단계에서, 한 업체가 배신했다.
약속했던 수준의 가격보다 더 낮춘 것이다.

입찰이 끝난 후에, 자기네들이 만족할 때까지, 유력한 몇 업체와 끊임없는 가격 협상을 한다. 업체 서로에게 상대방 가격을 비공식적으로 흘려주며 경쟁을 유발시켜서 최대한도로 가격을 후려치려고 한다. 이러한 협상은, 가격이 더 이상 내려가지 않는다고 Telkom에서 판단할 때까지 무기한으로 계속된다. 그래서 업체끼리 경쟁하면, 그냥 발가벗겨지는 것이다. 참으로 비신사적인 입찰인 것이다.

나는 기존 두 제조회사 사장들에게 직접 제안했다. 최소한도 발가벗겨지는 일은 당하지 않도록, 어느 수준 이하로는 더 이상 할인하지 않기로 한 것이다. 명예를 걸고 약속을 지키기로 하였다.

합의가 이루어지지 않은 부분은 물량 배분이었다. Telkom과 협의 과정에서 업체가 납품하기를 원하는 물량을 제시하면 Telkom에서 업체의 제안을 존중한다고 하는데, 기존 업체들은 나에게, M-TEC은 신설회사이니 전체 물량의 10%로 만족하라고 했고, 나는 세 회사가 공평하게 배분하도록 해야 된다고 했다.

그런데, 시간이 흘러 Telkom과의 협상 최종단계에서, 한 업체가 배신했다. 약속했던 수준의 가격보다 더 낮춘 것이다. 나는 실망하기도 했으나 이 기회를 이용할 수도 있겠다고 생각했다. 물량 배분에 대한 부분이 불만족스러웠는데, 이 핑계로 내가 하고 싶은 일을 할 수 있는 기회로 만들어야겠다는 생각이 든 것이다. 약속을 어긴 업체의 사장에게 전화를 했다.

"너는 우리와의 약속을 어겼구나. 내가 마피아라면 너의 팔이나 다리를 한 개 잘라버리겠지만, 우리는 비즈니스맨이니까, 마피아같이 할 수는 없고, 너는 이 입찰을 포기해라. 아니면, 각자 하고 싶은 대로 한다."

그 회사 사장은 주주 핑계를 대며 변명했으나 나는 인정하지 않았다.

결국 2001년도 가을에 Telkom에서 시행했던 아프리카 최대의 光통신케이블 5년짜리 초대형 입찰에서, 납품실적조차 전혀 없는 신설회사인 우리 M-TEC은 전체 계약 물량의 60%를 수주하는, 아무도 예측하지 못했던 異變(이변)이 일어나고, 위의 문제가 되었던 과거 18년간 Telkom에 대한 기존의 막강했던 납품업체인 백인회사는 계약에 실패한다.

이 일로 인하여 그 회사 사장은, 훗날 해고되어 농부가 된다. 나머지 40% 물량에 대해서는, 남아프리카공화국 최대의 종합전선회사에서 수주하게 되는데, M-TEC이 수주했던 계약물량 60%는 3년 후 70%로 증량된다. 이 일이 있고 난 후 나는 나와 내 가족이 쓰는 자동차 두 대에 방탄 장치를 한다. 故 설원량 회장께서는, 경호원까지 함께 생활하라고도 하셨다.

해외시장에서 성공하려면 '차별화'가 요구된다. 시장, 제품, 판매방식, 이 세 가지 중에서 최소한 한 가지라도 남과 차별이 되어야 물건을 팔 수 있다. 모든 조건이 남과 차별화되지 않으면, 결국은 가격 경쟁에 치중하게 되어서, 言必稱(언필칭) 레드 오션(red ocean)에서 장사를 하게 되는 것이다.

그 당시에는 全세계적으로 光통신케이블의 원자재인 광섬유가, 가끔 공급이 부족한 사태가 벌어지곤 했었다. 이에 따라 장기 계약의 경우에, 구매자의 입장에서는 좋은 품질 광섬유의 안정적 공급 및 가격의 안정을 매우 중요하다고 생각한다는 점에 착안했다.

대한전선 본사에 요청해서, 광섬유를 제조하는 대한전선은, 남아프리카공화국의 M-TEC에, Telkom과의 계약기간 동안, 충분한 量의 광섬유를 공급하겠다는 것과 光통신케이블 생산에 필요한 모든 기술지원을 하겠다는 보증서를 쓰게 했다.

대한전선이 공급하는 광섬유는 세계적으로 우수하다고 인정되는 VAD 공법을 사용하니, 현지 다른 업체들이 사용하는 광섬유의 제조공법인 MCVD 공법에 의해서 만드는 광섬유보다 훨씬 품질이 좋다는 것을, 나는 입에 침이 마르도록 떠들고 다녔다.

그리고 제품 보증기간 10년을 제시했다. 이미 나는, 대한전선으로부터 25년이라는 기간도 보증할 수 있다는 말을 들은 후였다. 다른 업체들의 기존 보증기간은 2년이었는데, 이것을 3년까지 늘리겠다고 했다.

이렇게 나는 다른 업체와의 '차별화'를 했고, M-TEC의 대주주로는 흑인을 내세웠으니, 오랫동안 Telkom은, 큰 고객임에도 불구하고 백인회사들의 횡포에 시달리기도 했던 차에, 국가의 흑인 우대정책에도 부합되고, 품질도 우수하다고 생각되는, 또한 자기들에게 고분고분한 업체의 출현에, Telkom의 의사결정자들의 기분은 어땠을까?

또한 나는 Telkom의 의사결정자들을 한국으로 초청해서 대한전선의 광섬유 제조공장을 견학하게 했다. M-TEC이 비록 납품실적은 없을지라도, 충분히 향후 5년간, 좋은 품질의 光통신케이블을 납품하는데 전혀 문제가 없다는 데에 대해서 확신을 갖게 해준 것이다. 이렇게 해서, 나는 아주 오래 전에 설정했던, 현지공장 인수 목적 중의 하나인 Telkom에 대한 光통신케이블 대량 납품계약에 성공하게 된다.

최고경영자(CEO)에게는, 판단력, 결단력 그리고 추진력이 요구된다고 생각한다. 판단을 해야 할 때, 무식해서는 안 된다. 가능한 모든 지식을 동원해서 깊이 생각한 후에 판단을 하는 능력이 있어야 한다. 옳고 그름에 대한 판단, 혹은 가야할 길을 정한 후에는 소신있는 결단력이 있어야 한다. 무엇을 해야하는가는 알아도 우유부단한 성격 소유자는 適期에 결단을 내리지 못하는 경우도 많다. 또한 결단만 내리면 무엇하나? 그 다음에는 추진력이 요구된다. 방향을 새로 설정하기까지는, 소신을 가지고, 하고자하는 일이 성사될 때까지, 역경을 무릅쓰고 끝까지 전력투구하여 실천하는 추진력이 요구된다고 본다. 이런 점에서, 나는 당대에 국민에게 vision을 제시했고, 당대에 실천하여, 역경을 무릅쓰고 vision을 완수했던, 박정희 前 대통령을 위대한 사람으로서 존경한다.

내가 거주했던 알버튼의 내 침대 머리맡 탁자에는 '朴正熙 大統領의 指導理念과 行動哲學'(매일경제신문사, 1977.3.24) 초판 발행본이 있었다.

제안서가 왜 이렇게 늦어?

공장에서는, 필요에 따라서 크고 작은 기계를 사들이는 일이 항상 계속된다. 어떤 종류의 기계를 구입하는 것을 검토하기로 했는데, 제안서가 안온다.

"제안서가 왜 이렇게 늦어?"

알아보니, 결재 라인 중에 있는 한 사람이 해외출장 중이라서 그 사람이 귀국할 때까지 기다리고 있다고 한다. 한편 기안자의 의견에 반대라도 하는 자라도 결재 라인에 있다면 그 서류는 거기서 멈춘다. 지금이 석기시대인가? 아니면 철기시대인가?

초창기에 모든 社內 결재는 이메일로 한다고 원칙을 세웠는데, 이러한 문제가 발생하고 있었던 것이다. 나는 모든 결재단계를 2단계로 바꿨다. 기안자는 과장이 되고, 과장은 次(차)상급자 및 CEO에게 동일한 내용의 보고서를 동시에 이메일로 보낸다. 차상급자는 기안자의 의견에 대해서 동의를 하거나 혹시 다른 내용이 있다면, 의견을 정리해서 기안자 및 CEO에게 동시에 역시 이메일로 보내야 한다. CEO는 필요하다고 생각하면, 회의를 소집하고, 그렇지 않으면, CEO 결재번호를 부여하고, 역시 이메일로 알려준다.

차상급자는 게을러질 수 없다. 같은 보고서가 CEO에게도 동시에 보내졌다는 것을 알기 때문이다. 기안자가 서류를 차상급자에게만 보냈을 때에는 차상급자가 기안에 대해서 다른 생각을 할 경우에 심지어 몇 달씩 지연되던 일도 있었는데, 이런 일들이 모두 없어졌다. 규정에 따라 권한 위임을 했을지라도, CEO가 해야할 크고 작은 의사 결정들은 늘 있기 마련이다. CEO가 의사결정을 게을리해서는 안 된다. 지휘계열에 있는 자들의 의견도 즉시 받아보아야 할 것이다.

그 당시 한국에서는 Speed Management라는 말이 유행하고, 결재 단계를 3단계로 바꾼다, 팀장 제도를 수립한다라는 개선안들이 유행처럼 번지고 있었다. 내가 시행했던 방식은 비슷한 듯하지만 달랐다. 기안자가 차상급자와 CEO에게 동시에 보고한다는 점이 다른 점이다. 그리고 쌍방향 소통이 된다는 것이다. 나는 이러한 M-TEC만의 독특한 보고체계를 이중보고체계(Dual Reporting System)라고 이름 붙였다.

이 나라 사람들은 영어가 주요 公用語(공용어) 중의 하나다. 영어로 보고서를 주저하지 않고 쓴다. 그래서인지, 영어로 된 보고서의 분량이 많기도 하다. 글도 잘 쓴다. 많은 분량의 내용을 읽다 보면, 요점이 무엇인지 헷갈리기도 한다. 그런데 이들은 도표로 요약을 하는 데에는 왠지 익숙하지 못하다. 숫자화된 도표 한 개면 많은 분량의 정보를 표현할 수도 있을 텐데, 그러지를 못하고, 영어로 쓰는 것이 편해서인지, 중언부언 글로 쓰는 경우가 많았다.

그래서 One Page Report(한 장짜리 보고서)를 항상 보고서 첫 장에 붙이도록 했다. 아무리 긴 보고서 내용도 한 장으로 요점을 정리할 수 있어야 한다. 나는 그 한 장을 정독하고, 필요하다면 첨부된 서류들을 검토했다.

　對面 결재를 원칙적으로는 없앴다. 5개 공장이 각각 멀리도 떨어져 있는데, CEO 결재를 받기 위해서 공장장들이 늘 CEO의 동태를 살피고, 왔다 갔다 하면서 낭비하는 시간들을 일소했다. '필요한 경우에는 한다. 그러나 항상 對面 결재를 해야 한다'는 절차를 없앴다.

　반면, CEO의 방은 누구에게라도 개방한다는 선언을 한 적도 있다. 한 명 혹은 복수의 사람들이 필요하다면, 나를 방문해서 나와 함께 차를 마셔도 된다고 선언한 적도 있다. 이것에 대해서 인사부장은 질겁을 했던 기억이 난다. 그러다가 노조가 CEO를 만나야 한다고 떼를 쓰면 어떻게 하냐는 것이다. 듣고 보니 그 말도 일리는 있다. 그러나 그 후에 어느 노조도 내 방에 와서 나에게 떼를 쓰는 일은 없었다.

　종전에 백인이 CEO였을 때는, 1년이 지나도 종업원은 CEO가 누구인지, 얼굴이 어떻게 생겼는지조차 모르는 경우가 다반사였다고 한다.

　이 나라에서는 어느 공장이나 대개 여러 개의 노조가 있다. 예컨대, 전국노조, 지역 노조, 금속노조 등과 같은 것들이다. 5~6월 월급 인상철만 되면, 인사부장은 바빠진다. 각각의 노조 대표들과 협상을 해야 한다. 그것도 여러 번 만나야 한다. 그 중에는 강성노조도 많다. 듣자니, 옛날의 노조와의 회의에서는 더욱 살벌했다고 한다. 총을 쏘기도 했다고 하니, 이런 나라에 왜 투자를 했을꼬 하는 생각이 들기도 했다.

　나는 월급에 관한 나의 생각을 분명히 했다. '너희가 월급을 올려달라고 투쟁을 하지 않더라도 때가 되면, 최소한도 다른 회사들보다 다만 얼마라도 더 올려 주는 것이 나의 원칙이다. 그러니, 쓸데없이 시간 낭비하지 말고, 생산에 전념해라. 이익을 내면 성과급이 나오지 않느냐? 생산에 차질이 있어서 성과급이 못나오면, 너희들도 나와 똑같이 손해를 보게 되지 않느냐?' 이들은 나를 믿고, 동의했다.

기다리면, 신문에 기사가 난다. 우리로 말하자면, 전국노조와 경제인연합회 정도 되는 기관과의 회의 결과, 올해의 제조업체 임금인상은 몇 퍼센트로 하기로 했다는 기사가. 그러면 나는 즉시 여기서 아주 적은 수준이라도 추가해서 올려주기로 한다. 기분 문제다. 추가된 금액은 극히 적을지라도, 다른 同種(동종)의 회사보다 인상 비율이 더 높다는 점에 대해서 종업원들은 크게 만족한다.

다른 제조업체들은 왜 이렇게 못할까? 이렇게 해서 M-TEC은 내가 재임하는 동안, 다른 회사들의 연례행사인 월급인상 투쟁이 없는 유일한 회사가 되었다. 그래서 생산차질도 없었다. 다른 회사를 방문했을 때, 마침 노조가 집회를 하는 것을 본 적이 있다. 이들의 집회는 우리와 다르다. 우선 붉은 띠를 머리에 두르지 않는다. 노래는 부른다. 피켓도 있다. 그러나, 질서가 있다. 어느 한 사람의 지휘에 따라서 고성을 지르거나, 힘차게 주먹질을 해대는 행동도 없다. 회사 물건을 파손하지도 않는다. 이것이 강성노조 맞나?

해고만 되면 무조건 CCMA로 가는 것인가?

M-TEC은 5개의 공장에서 약 450명가량의 종업원을 운용하는데, 수시

로 종업원이 해고되고, 충원된다. 이러한 사항은 해당 공장장 결재사항이다. 해고 시, 필요한 절차를 거쳐야 하는 것은 당연하다. 종업원이 잘못한 경우에는 잘못할 때마다 경고편지를 보내야 하고, 잘못을 하는 일에 대한 교정 교육을 실시했다는 것이 서류로 증명되어야 한다.

그럼에도 불구하고 세 번을 초과하여 동일한 잘못을 하고, 회사로서는 이러한 절차에 관해서 서류에 하자가 없고 증명이 가능해야 비로소 종업원에 대한 회사의 해고 요건이 충족된다. 그러지 않을 경우에 종업원을 해고하면, 회사는 여러 가지 불이익을 겪게 된다. 통상 이 부분에 대해서 인사부서에서는 경험도 많고, 실수를 하는 경우가 거의 없다.

종업원에 대하여, 해고를 포함한 어떤 종류의 징계를 하기 위해서는 다른 부서의 부서장을 위원장으로 하는 非 상설 징계위원회가 열린다. 이것을 남아프리카공화국에서는 'Disciplinary Hearing'이라고 한다. 위원장은 이러한 일을 수행하기 위한 자격증이 있어야 한다. 참 절차가 많기도 한 나라다. 영국식이라서 그런가?

징계위원회가 열리면, 노조가 변호하고, 일을 잘못한 종업원의 부서장이 원고가 된다. 말하자면 위원장은 판사인 셈인데, 피고인 잘못을 저지른 종업원은 잘못된 일에 대해서 무조건 부인한다. 이러한 징계위원회는 동일한 건에 대해서 수시로 열리며, 언제 끝날지도 모른다. 그런데 이러한 경우에 처해있는 종업원이 여러 명이라고 상상해보라. 도대체 생산은 언제 하나?

그리고, 해고만 되면 무조건 CCMA로 가는 것인가? CCMA는 'Commission for Conciliation, Mediation and Arbitration'의 약어인데, 노동자의 이익을 보호해주고자 하는 취지의 노동법원으로 보면 된다. 거기 가보면, 항상 人山人海다. 노동자는 일체의 비용이 들지 않는다. 반면에 회사는 언제 끝날지도 모르는 재판에 성실하게 응해야 한다. 한 건이 몇 년씩 걸리기도 한다. 이러한 경우가 수십 건씩 있다고 생각해보라. 도대체 이 나라에서는 사람을 쓰면서 하는 일은 바람직하지 않은 것이다.

내가 이런 나라에 멍청하게 왜 투자를 하자고 했지? 그래서 대부분의 제조업체에서는, 이 경우에 해고된 노동자와 물밑에서 합의를 하고, 일을 종결시킨다. 회사가 잘못을 하지 않았을지라도 합의를 위해서는 돈을 준다.

나는 결심했다. 그리고 선언했다. 우리 M-TEC은 이러한 합의를 어떤 경우라도 절대, 절대로 하지 않는다. 아무리 많은 비용이 들더라도, 끝까지 간다. 실제로 나의 방침에 따라서 그렇게 했다. 이게 시간이 흘러 우리의 전통이 되면, CCMA로 가는 경우가 줄어들 것이리라.

우리는 해야 할 일과 하지 말아야 할 일에 대한 판단을 심각하게 해야 할 때가 있다. 힘든 일이라고 해서 기피하고, 일이 쉽기 때문에 하기로 판단하는 것은 잘못된 것이다. 일을 하고 안하고의 결정은, 그 일이 올바른 일인가, 또는 필요한 일인가 필요하지 않은 일인가에 대한 현명한 판단의 결과이어야 한다.

이것은 돈을 언제, 어떤 일에 사용할 것인가에 대한 판단과 흡사하다. 사용 예정 금액이 적으니까, 사용하기로 결정하고, 사용 예정금액이 크니까, 사용을 주저하는 것은 잘못된 것이다. 필요한 목적이 있으면, 금액이 크더라도 사용할 것을 결정해야 하며, 아무리 적은 금액이라도, 써야 할 필요가 없다면, 집행을 하지 말아야 하는 것이다.

한편, 나는 시말서 제도를 도입했다. 이것을 나는 'Apology Letter Policy'라고 불렀다. 잘못을 저지른 자는 우선 회사에 사과하고, 자기 잘못을 인정하고, 앞으로 이러한 잘못을 반복하지 않겠다는 다짐을 해야 한다. 대부분의 경우에 해당 공장장인 차 상급자는 역시 회사에 사과를 해야 하고, 관리 소홀의 책임을 인정해야 하며, 앞으로 이러한 일이 다시 생기지 않도록 하겠다는 다짐을 해야 한다. 이러한 서류 양식은 내가 직접 만들어서 시행했다.

어떤 것이 우리의 목적에 맞는 것인가? 나에게는, 종업원이 잘못하면, 이 것을 반성하게 하고 개선시켜서 일을 잘 하도록 하는 것이 목적이지, 잘못을 저지른 종업원을 벌주는 것이 목적이 아니다. 시말서 제도는 전자에 부응하고 'Disciplinary Hearing'은 후자에 맞다.

잘못을 저지른 자는 위의 두 가지 절차 중 하나를 선택하도록 했다. 내 취지를 종업원들이 이해하게 되었고, 시일이 경과할수록 Disciplinary Hearing의 경우와 CCMA에의 제소 경우는 현저하게 줄어들어서, 회사의 비효율은 크게 줄어들었다. 인사부장은 회사 역사상 처음 있는 일이라고도 했다. 그 후, 스스로 잘못을 인정하고 반성을 한다고 시말서를 쓴 자는, 시말서를 썼다고 해서 징계에 처한 일은 단 한 건도 없었다. 잘못을 반성하고 일 열심히 하면 된 것 아닌가?

전력케이블 공장은 올해도 적자인가?

인수 후, 회사 전체로는 매년 흑자가 크게 증가하는데, 전체 5개 공장 중에서 유독 매년 적자인 공장이 있었다. 전력케이블 공장이었다. 이 공장은 인수 전에도 적자를 냈었다. 그래서 여러 번 공장장이 교체되었고, 전년도에는 한시적으로 총괄공장장을 전력케이블 공장장으로 임명하고, 1년 후에도 또 적자일 경우에는 너는 회사를 떠나야 하고, 내가 전력케이블 공장을 직접 관리할 것이라고 했었다.

나는 말하는 대로 반드시 행동하는 사람이라는 것을 누구보다 잘 아는 그 자는, 죽을 힘을 다했다. 노력은 인정하나 결과는 좋지 않았다.

"전력케이블 공장은 올해도 적자인가?"

"그렇습니다. 써(Sir)."

그 자는 스스로 辭職(사직)하였다. 새로 공장장을 임명하고, 그 날부터 나는, CEO의 직위를 가지고 있는 작업자가 되었다. 다음 날부터 매일 아침 6~7시 경에, 나는 어김없이 전력케이블 공장에 나타났다. 작업자의 눈으로 모든 것을 처음부터 관찰하기 시작했다. 나중에 들은 이야기지만, 그 당시 전력케이블 공장에서 작업자들이 나에게 붙였던 별명은 쓰나미(tsunami) 였다고 한다. 쓰나미의 사전적 의미는, 바다 밑에서 일어나는 지진이나 화산 폭발 등 급격한 지각 변동으로 인해 수면에 파도가 생기는 현상을 말한다.

"여기 저기서 왔다갔다하는 저 젊은 흑인 여자들은 무엇들이야?"

"대학생들인데 통역입니다. 써(Sir)."

"저 여자들의 도움이 있어야 생산보고서를 쓸 수 있습니다. 써(Sir)."

"그럼 우리 작업자들이 글도 못 읽고 쓰지도 못한다는 말이야? 그러면 셈은 제대로 하나? 수시로 바뀌는 통역들이 작성하면, 그 보고서가 책임감 있게 써지나?"

"..."

"저기 가만히 앉아있는 매우 뚱뚱한 사람도 우리 작업자야?"

"옛써(Yes, Sir), 약 40년 간 일한 사람인데 뚱뚱해서 잘 움직이지 못하고 주로 가만히 앉아있습니다. 써(Sir)."

"왜 저기만 공정 재고가 저렇게 많아?"

"공정 단위별 생산이라 그렇습니다. 써(Sir)."

"그러면 짝이 안 맞으면 재고는 계속 생기겠네?"

"옛써(Yes, Sir)."

문제는, 작업자 개개인의 자질과 생산관리에 있다고 나는 판단했다. 공장장이 아무리 노력하면 무엇 하나? 작업자들 수준이 저 지경인데.

매년 年末에 받는 대한전선 다이어리에는, 1990년대 어느 해부터인가 첫 장에 내가 늘 써놓는 문구가 있었다. 독일의 前 수상 헬무트 슈미트가 金科玉條(금과옥조)로 여기던 좌우명이다.

"바꿀 수 없는 것은 포기할 수 있는 여유를 주소서. 바꿀 수 있는 것은 바꾸는 용기를 주소서. 그리고 이 두 가지를 판단할 수 있는 叡智(예지)를 주소서."

대한전선 입사 시절부터, 대한전선 다이어리의 첫 장에 붙여놓았던 복사본은 따로 있었다. 젊은 날, 내가 전방에서 박박 기면서 군대 생활을 할 때, 훗날 1988년도 이른 봄에 돌아가신 선친께서 나에게 보내주셨던 크리스마스 카드에 친필로 쓰셨던 다음의 내용이다.

"오늘은 괴로운 하루, 그러나 내일이 남아있다. 중요한 것은 얼마나 오래 사느냐가 아니라 어떻게, 또 무엇 때문에 사는가 하는 것이다. 그리고 무엇을 잃었느냐보다는 잃어버린 뒤 무엇이 남았느냐, 그 남은 것을 어떻게 활용하느냐가 중요한 것이다." (1978년 12월21일)

나는 진정한 군인을 좋아한다. 진정한 군인은 정직하며 명예를 귀하게 여기고, 죽음을 무릅쓰고 용기 있는 결단을 大義를 위해서 내릴 줄 안다는 점, 나아갈 때와 물러설 때를 잘 판단한다는 점이 아주 멋있다. 존경하는 더글러스 맥아더 장군이 쓴, 내가 거울삼고자 하는 내용인, 번역된 기도문을 여기에 옮겨본다.

아버지의 기도
내게 이러한 자녀를 주옵소서
약할 때에 자기를 돌아볼 줄 아는 여유와
두려울 때 자신을 잃지 않는 대담성을,

정직한 패배에 부끄러워하지 않고 태연하며

승리에 겸손하고 온유한 자녀를 내게 주옵소서

생각할 때에 고집하지 않게 하시고

주를 알고 자신을 아는 것이 지식의 기초임을

아는 자녀를 내게 허락하옵소서

원하옵나니 그를

평탄하고 안이한 길로 인도하지 마옵시고

고난에 직면하여 분투 항거할 줄 알도록

인도하여 주옵소서

그리하여 폭풍우 속에선 용감히 싸울 줄 알고

패자를 관용할 줄 알도록 가르쳐 주옵소서

그 마음이 깨끗하고 그 목표가 높은 자녀를

남을 정복하려고 하기 전에

먼저 자신을 다스릴 줄 아는 자녀를

장래를 바라봄과 동시에 지난 날을 잊지 않는

자녀를 내게 주옵소서

이런 것들을 허락하신 다음

내 아들에게 유머를 알게 하시고

생을 즐길 줄 알게 하소서

자신에게 지나치게 집착하지 말게 하시고

겸허한 마음을 갖게 하사

참된 위대성은 소박함에 있음을 알게 하시고

참된 지혜는 열린 마음에 있으며

힘은 온유함에 있음을 명심하게 하옵소서

그리하여 나 아버지는

어느 날 내 인생을 헛되이 살지 않았노라고

고백할 수 있도록 도와 주옵소서

　　　　　　　　　　　　　　- Douglas MacArthur

나는 결심했다. 전력케이블 공장의 無자격 작업자들은, 몇 명이든지간에 전원 교체하기로. 인사부장의 걱정은 태산 같았다. 노조의 저항이 너무 클 것이 확실하기 때문에, 회사의 피해는 상상할 수 없을 정도라고 했다. 더구나 여기는 남아프리카공화국이다.

그러나, 내 결심은 확고했다. 글을 읽거나 쓸 수 없는 자, 셈에 어두운 자, 몸이 뚱뚱해서 움직이기 어려운 자는 떠나고, M-TEC의 5개 전체 공장에서 최고의 학벌을 가진 자로 대체한다. 부족하면 외부에서 충원한다. 최소한 고등학교는 졸업한 자로 한다. 통역들은 모두 없앤다. 월급은 올라가도 좋다. 그리고, 그만두게 되는 자들에게는 내가 할 수 있는 최고의 혜택을 준다. 이것이 나의 조건이었다. 결국, 전력케이블 공장 총인원 80명 중, 51명이 교체되었다.

놀랍게도, 인사부장의 예상과는 달리 노조의 저항이 전혀 없었다. 전혀. 인사부장은 자기 평생에 이런 경우는 처음이라고 했다. 오히려 노조는 나에게 감사함을 표현했다. 회사를 그만두게 된 사람들에 대해서, 여러 가지를 세심하게 배려해준 점에 대하여 깊이(deeply), 감사함을 표시하였다.

해고로 인한 정신적 충격에 관한 치료비도 회사가 내준다고 했다. 퇴직 후 취득한 운전 자격증 복사본을 제출하면, 그 때까지의 비용을 모두 회사가 지불해주는 것도 약속했다. 향후 6개월간 의료보험료도 회사에서 내주기로 했다. 나의 약속에 대해서 조금이라도 의심을 하는 자는 단 한 명도 없었다. 생산관리에 있어서는, 공정별 관리에서 완제품 개별 관리로 바꾸었다. 그렇게 하려면, 대한전선의 안양공장에서 하듯이, '이동표'를 쓰도록 생산관리체제를 바꾸어야 한다. 안양공장의 생산관리팀장을 출장 오도록 하여, 우선 내가 배웠다. 그리고 공장장을 내가 직접 가르쳤다. 이해가 되도록 설명하고 또 했다. 말귀를 알아들은 공장장은 직접 모든 작업자들을 이해시켰다. 흑자전환을 목표로 설정한 나의 결심과 추진하는 노력은, 바뀌지 않을 것이다. 정당하고 확고한 의지를 가지고, 일관성 있게 추진하는 전략은 힘을 얻는다. 약 8개월 후, 전력케이블 공장은 드디어 흑자로 전환된다.

"M-TEC 종업원들은 10% 주주야"

매년 흑자가 계속되니, 내가 처음부터 계획했던 일 중의 하나를 시행할 때가 됐다고 판단했다. 그것은 종업원들과 회사 이익을 나누는 것이다. 주인이라는 말은 알겠는데, 주인의식이라는 말의 뜻은 이해가 안된다는 사람들에게 주인의식을 갖게 해주는 방편이었다. 나는 이렇게 말했다.

"M-TEC 종업원들은 10% 주주야. 실제의 주주는 자기 돈을 회사의 자본금으로 투자하고, 투자금 비율만큼 손해도 보고 이익도 가져가는데, M-TEC 종업원들은 금전적인 투자는 안하고 이익금만 나누게 되니 실제 주주보다 더 좋잖아. 여러분들은 대신에 노력을 투자해야 합니다. 목표를 달성 못하면 성과급은 없으니까."

분기별 사업부별 경영성과를 성과급과 연동시키는 분기별 성과급 제도규정(Quarterly Based Appraisal Reward Policy) 일체는 내가 직접 만들었다. 요점은 각 사업별로 생산과 영업을 한 사업단위로 묶고, 매 분기마다 CEO가 사업단위별로 稅前(세전) 이익 기준의 여러 개의 목표를 정해주고, 목표를 달성했을 때 약속한 비율의 성과급을 지불한다는 것인데, 목표 이름도 'Silver', 'Gold', 'Diamond'로 붙였다.

목표 및 성과급 비율 등 성과급 제도와 관련된 일체의 사항은 CEO의 단독 결정이며, 종업원 누구나, 혹은 어느 노동조합이라도 이에 대해서 異意를 제기할 수 없다는 규정도 만들었다. 또한 어느 누구라도 내가 만든 성과급 제도에 불만이 있으면, 요청에 따라 성과급 평가에서 제외될 수 있는 자유가 있다고도 했다. 종업원 100%가 나의 독재적인 성과급 제도에 찬성했다.

예컨대 목표별 성과급은, 실버에 도달하면 월급의 100%, 골드에 도달하면 150%, 다이아몬드에 도달하면 300%, 이런 식이다. 분기 목표를 상회할수록 성과급 금액은 가속도가 붙어서 많아진다. 하나의 목표를 정해주고, 여기에 도달하면, 얼마를 준다라고만 하면 초과되는 성과를 다음 달로 이월하는 행위도 있을 수 있지만, 우리의 성과급 제도에 의하면 그런 일이 안일어나고, 지금 당장 상위 목표에 도달하려고 발버둥치게 된다. 무조건 중단 없는 전진이다. 왜? 지금 당장 더 이익을 내면 성과급 금액에 가속도가붙어서 많아지니까.

이러한 구상은 보험회사의 가산 연금에서 힌트를 얻었다. 성과급 제도(Appraisal Reward System)에서의 이익 평가 목적을 위하여, 사업 단위별 회계를 시행하였고, 매 분기 초에는 지난 분기의 사업부별 경영 성과와확정된 성과급을 투명하게 고지하게 된다. 매 분기 말에는 다음 분기의 목표 및 목표별 성과급을 정해준다.

이 때, 나는 각 사업의 영업 상태를 염두에 두고, 성과급으로 지출되는경비보다 회사의 증가되는 이익이 훨씬 더 커지도록 그림을 그리되, 總 성과급 금액은 이익의 약 10%에 근접하도록 해야 하고, 목표는, 달성이 가능하

金東吉 교수님과 남아공 Alberton 집에서(2005년 5월).

나, 쉽지는 않도록 그림을 그려야 한다. 각 사업에 대한 이해를 확실히 해야만 할 수 있는 일이다.

이와는 별도로 CEO의 독단적인 판단에 따라, 간부들에 대한 연간 개인별 성과급을 주는 개인별 성과급 제도도 시행하였다. 이것은 나에 대한 충성 경쟁을 시키기 위해서다.

한편 CEO는 성과급을 한 푼도 받지 않기로 하고, 이 약속을 끝까지 지켰다. 성과급 책정을 CEO가 하기 때문에, 공정성 유지를 위해서 내린 결정이었다. 노조에서, 부서장에게는 목표가 높다 혹은 성과급이 적다 등등의 항의를 하다가도 '이것은 Kim의 결정이다'라고만 하면 논쟁은 끝나곤 했다.

이 제도가 있으니, 나는 종업원들에게 일 열심히 하라는 말을 할 필요가 없다. 자기들이 스스로, 결사적으로 노력할 테니까. 일을 할 줄 몰라서 못하는 부분이 있다면, 그것만 가르쳐주면 된다. 종전에는 영업부를 다그치면, 생산 핑계를 대고, 생산부를 다그치면 영업 핑계를 대곤 했는데, 성과급 목적 때문에 한 몸으로 묶어놓으니, 자기들끼리 협조도 잘 했다. 돈을 벌기 위해서. M-TEC의 성과급 제도는, 몇 년 후, 대한전선이 성과급 제도를 만들 때, 참고가 되었다.

임무를 마치고-한 사람의 힘

2006년 10월, 임무를 마치고 남아프리카공화국을 떠날 때, M-TEC 종업원들로부터 나는 많은 선물을 받았다. 수많은 감사편지와 함께, 나의 최측근이었던 백인 간부로부터는, 예쁘게 포장한 작은 상자를 받았다. 나중에 열어보니, 조그만 경찰차 모형인데, 이 자가 어린 시절부터 평생을 소중하게 간직했던 물건이라고 했다. 이 사람들은 선물을 이렇게 하는 모양이다.

종업원들은 나를 칭하기를 적자회사를 흑자회사로 만들어주어서, 월급과 성과급을 받게 해준 자기네들 최고의 hero(영웅)라고 했다.

2005년도 5월경에, 존경하는 김동길 명예교수께서, M-TEC을 방문하시고, 그날 한인교회에서의 연설에서, 나에 대하여 극찬을 해주셨다. 그 후 편지에서, 우리가 같은 대학 동문이라는 것이 자랑스럽다고도 하셨다.

이러한 인연으로, 내가 한국에 출장 왔을 때, 교수님의 대신동 자택에서 점심식사를 같이 한 적이 있었는데, 그 때 교수님께서는 나에게 조그만 링컨 상반신 모형을 선물하셨다. 젊은 시절 처음으로 미국 대학에 유학 갔을 때부터 간직했던 것인데, 내가 평생 간직하고, 그 다음에는 후손에게 물려주라는 당부와 함께. 위의 두 개의 선물은 지금도 내 방 책꽂이 한편에 놓여 있다.

나는 회사가 아무리 어려운 지경에 처할지라도, '한 사람의 힘', 즉 사장이 올바르면, 그 회사는 비틀거리면서라도 일어나서 새로운 기회를 맞이할 수도 있다고 본다. 그러나, 반대로, 회사가 아무리 건실해도, 그 한 사람이 올바르지 못하면, 결국 회사는 쓰러지게 되는 것이다. 그 '한 사람의 힘'은 실로 크다. 나는 회사 운명의 50% 이상은 사장의 책임이라고 본다.

견제와 균형도 바람직한 조직운영에 절대적으로 필요하다고 생각한다. 견제가 없는 상태의 조직일 경우에는, 경영자가 편견 또는 사리사욕에 따른 판단을 할 수 있는 가능성이 있기에, 회사를 위험한 상황에 처하게 할 수 있다. 특히 최고경영자에 대한 견제의 수단이 없는 경우에는 더욱 위험하다고 본다. 社主의 입장에서 볼 때, 전문 경영인 최고 경영자 혹은 높은 직위에 있는 사람들에 대한 힘의 균형을 이루도록 하여, 서로 충성 경쟁을 하도록 하는 것이 조직 운영에 있어서 요구되는 상황이라고 본다.

故 설원량 회장과 CY 중역은 나의 회사 생활에 대단히 큰 영향을 끼치셨던 두 분이었다. 薛 회장님으로부터는, 경영에 임하는 철학 및 올바른 사고에 대한 가르침을 받았던 것 같고, 해외 시장에 대한 이해, 일을 하는 방법 및 자세에 관해서는 CY 중역으로부터 오랜 세월을 같이 지내면서 배웠다.

이 두 분은, 내가 오직 일에만 몰두할 수 있는 분위기를 만들어주셨다. 직원을 격려하며 일에만 집중할 수 있도록 관리할 줄 아셨던 이 두 분은, 대단히 노련하고도 훌륭한 분들이었음에 틀림없다. 나는 이 두 분을 다함없이 尊敬(존경)한다.

SI 중역에 의하면, 薛 회장께서는, 社主는 목숨을 걸고 기업을 운영해야 하고, 기업이 망하면, 社主도 함께 죽는 것을 당연하게 생각하셨고, 기업은 실패했는데 社主는 잘 사는 경우를, 회장님은 결코 인정하지 않으셨다고 한다.

기업인의 사회적 책임을 말하는 사람은 많으나, 薛 회장님에게는 이것이 인생관의 중요한 부분이었다고 여겨진다. 이러한 뜻은, 2004년도에 유가족이 반포세무서에 상속세를 신고할 때에도, 나타난다. 회장님의 뜻에 따라 원칙대로 냅니다는 말과 함께 1355억 원을 신고했다. 국내 상속세 납부 사상 최고액이다.

務實力行(무실역행), 바른 것을 힘써 실천하고자 했고 약속은 꼭 지키고자 노력하셨던 설회장께서는, 우리가 열심히 하면, 자연히 남들이 알아준다고도 하셨고, 기업가는 사람들의 마음을 즐겁게 하는 반가운 손님이 되어야지 불청객이 되어서는 안된다고도 하셨다. 회장께서 소박하고 검소하신 분이라는 점은 업계에 널리 알려진 사항이다. 본인 편의를 위해서는 돈을 안 쓰셨다. 뵐 때마다, 지나가는 듯한 말투로 한 마디씩 던지셨던 말씀의 진정한 의미를, M-TEC을 경영하며 훗날에야 비로소 알게 된 것들이 많았다.

'짧은 만남.' 그렇다. 薛 회장님과의 만남은 짧은 만남이었다. 인생은 유한하다. 유한한 인생에서, 薛 회장님과의 만남은 매우 큰 의미를 지닌다.

薛 회장님은 우격다짐이 없다. 모든 점이 철저하게 논리적으로 이해가 되게 결론이 이루어져야만, 대화가 종결된다. 그냥 대충 넘어가는 적이 없다. 회장께서, 주변 사람들의 생각과는 다른 결정을 단호하게 하실 때, 이렇게 말씀하신다.

"여러분들이 나만큼 생각해 봤어? 생각들 해보고 이야기 해."

"자네, 월급쟁이라는 말 알지. 돈과 자기의 시간을 바꾸는 사람을 비하하는 말인데. 그런 사람은 좋은 사람이 아니야. 노예나 다름이 없어. 회사가 발전하려면, 자기가 회사의 주인이라고 생각하고, 소신을 가지고 일하는 사람이 필요해."

이 말씀으로 유추해볼 때, 회장께서 바라시는 직원의 모습이 바로 주인 의식을 가지고 소신껏 일하는 직원이 아닐까 하고 생각해 본다.

새로운 제안에 대해 회장님은, 다음과 같이 꼭 물어보신다.

"자네 여기에 들어가는 돈이 회사 돈이 아니고 자네 개인 돈이라면 그래도 자네는 해보자고 할 텐가?"

나는 회장님으로부터 꾸지람을 들었던 기억이 별로 없다. 薛 회장님의 눈에 나의 부족했던 점이 왜 없었겠는가? 그러나, 회장님은 꾸지람을 하지 않으셨다. 회장님께서는, 나를 무엇인가 열심히 생각하고 추구하는, 소신을 가지고 행동하는 직원으로 보셨기 때문이었다고 생각된다. 실제로 여러 사람들이 있는 자리에서 나를 지칭하시면서 다음과 같이 말씀하셨다.

"저 사람 말은 끝까지 들어보아야 돼, 말이 안되는 것 같기는 해도 저 사람대로의 논리는 있거든." 그리고 또 언제인가는, "자네는 정열이 있어, 나쁘게 말하면 고집이 세고, 좋게 말하면 집념이 강해. 그래서인지 책임감도 강해"라고도 하셨다. 한편 "저 사람은 남이 뭐라고 하든 저 하고 싶은 말은 다 하는 사람이야. 세일즈맨은 그래야 돼"라고 하신 적도 있다.

"M-TEC 경영 결과에 따라서, 자네가 평생 이룩했던 것이 모두 물거품 될 수도 있어."

"네, 각오하고 있습니다. 배수진을 치겠습니다."

"자네에게 제일 가까이 접근하는 자를 경계해야 하는 거야. 사기는 항상 아는 사람한테 당해."

"자네가 경영을 잘하면, 우리는 좋은 경영자 하나 생기는 것이고, 그렇지 못하면, 자네는 아프리카 사람 되는 거지 뭐."

'겸손하게 경영하게'라고 하셨던 음성도, 기억해본다. 우리는 안다. 무엇이 바른 생각이고, 어떻게 해야 바른 행동이라는 것을. 설 회장께서는 이것을 경영에 적용하셨다. 몸소 바른 경영을 실천하셨다. 나는 설원량 회장님을 존경한다. 나의 가슴 속에, 薛 회장님의 정신이 살아있는 한, 과거의 '짧았던 만남'은, 미래의 '긴 만남'이 되리라.

회장님,

불초 김진한, 회장님 靈前(영전)에서 엎드려 비옵니다.

회장님께서 주신 임무를, 약속드린 대로 마치고, 결과 보고를 드리는데, 회장님 지금 어디 계십니까?

부디 혼백이라도 있으시다면, 제 보고 받으시고, 대한전선을 굽어 살펴 주소서.

불초 김진한, 회장님 영전에서 간절히 비옵니다.

일은 혼자만의 노력으로 이루지지는 않는다. 주변에는 일이 잘 되게 하기 위한 조력자가 반드시 있는 법이다. SI 중역은 나에게 그런 사람이었다. 내가 남아프리카공화국에서 일을 할 때, 본사의 협조를 받아야 할 모든 일들에 대해서는, SI 중역이 도맡아서 그 일들을 했다.

나의 활동 상황에 대해서는 신이 나서 회장께 보고 드렸고, 회장님과 함께 즐거워했다. 머리 회전이 빠르면서도, 거짓말을 할 줄 모르고, 남에게 아부할 줄도 모르고, 배짱도 있고, 私慾 없이 정의롭기만 한 이 자를, 나는 동료로서 존경한다. 이러한 점들 때문에 회장께서도 SI 중역을 가까이 하셨으리라. 지금은 퇴직한 이 자의 앞날에 좋은 일들이 있기를 所望하며, 나는 이 자와 평생토록 우애를 나누고 싶다.

2000년도에 100억 원을 투자하여 지분 89%를 취득했던 M-TEC은, 2006년도에는 자본 및 잉여금이 400억 원으로 증가하고 매출은 두 배로 성장하여, 연간 1000억 원 가량이 된다. 이러한 연유로 나는 2006년도에 남아프리카공화국 'Corporate Research Foundation'에서 평가하는 산업계 Leader 60인에, 유일한 동양인으로서 선정된다.

대표적인 M-TEC 간부 직원들의 나에 대한 평가는, 'Corporate Research Foundation'이 2006년도에 발간한 〈South Africa's Leading Managers〉에 다음과 같이 실려있다.

(1) JJ VERMEULEN, MANAGER: HUMAN RESOURCES DIVISION

'You cannot measure the value or intangible asset of the trust relationship between Kim and myself, or that of the trust relationship between myself and my management team, built over years. Over and above the principles instilled in me by the CEO, to be acknowledged by him as one of his trusted managers, is an honor.'

(2) CM DU PLESSIS, MANAGER: AUDIT AND MANAGEMENT ACCOUNTING SECTION

'He is a strong business leader, always consistent in decision-making. He taught me 'to do what you say and say what you do' and keep it simple.'

(3) M BREDENKAMP, MANAGER: FINANCIAL ACCOUNTING SECTION

'Mr. Kim maintains a strong, principled leadership style that commands respect.

Transparency and practicality are key values applied in all

aspects of the business. Due to his excellent leadership qualities and vision, M-Tec has become a very successful company.'

맺음말

저는 30년을 수출에 몰두했습니다. '수출의 역군'이라는 사명감을 가지고 열정과 노력으로 전력투구했습니다. 대한민국에서 달러가 필요한 시기에, 30년을 수출에 종사했다는 점에 대해서 크나큰 보람을 느낍니다.

아프리카에서 죽을 고비도 세 번 넘겼습니다. 첫 번째는 비행기 사고, 두 번째는 외국인에 대한 우발적 총격 테러, 세 번째는 역시 총격에 의한 의도적 테러였습니다. 모두 다 지나갔습니다. 그러면서도 수출에 종사하는 것이 저를 위한 길이고, 가족을 위한 길이고, 회사를 위한 길이고, 나라를 위한 길이라고 생각했습니다.

저는 업무 스트레스라는 것이 무엇인지 모릅니다. 모두 다 제가 좋아서 한 일이기 때문에, 정말 신명 나게 일했습니다. 지금도 펄럭이는 태극기를 보면, 가슴이 뭉클합니다. 눈물이 찔끔 나기도 합니다. 30년 전에는 태극마크가 붙어있으면, 왠지 촌스러워 보이기도 했는데, 지금은 태극마크가 붙어 있으면, 質 좋고 귀해 보입니다.

제 아들은 해병대 소위입니다. 영국에서 대학을 졸업하고, 제 권유에 따라 해병대 장교를 지원해서 2014년 11월에 임관한 OCS 117기입니다. 저는 제 아들이 대견스럽습니다. 외국에서 생활한 기간이 한국에서의 기간보다 훨씬 긴데, 부모의 말도 따를 줄 알기 때문입니다. 연평도 포격과 같은 일이 다시 일어난다면, 대한민국 해병대가 피로 물들여 줄 것이라는 말에, 코끝이 찡해집니다.

제 딸은 말레이시아에서 디자인 대학을 졸업하고, 현재 사우디 항공의 승무원입니다. 이 아이는 자기가 버는 달러의 대부분을 나에게 줍니다. 한국에는 수시로 옵니다. 올 때마다 2~3일 머물다 갑니다. 아들 딸 모두, 남아프리카공화국에서 중고등학교 공부를 하다가, 제가 남아프리카공화국에서 철수하게 되니, 딸은 英연방인 말레이시아로 전학 가서 거기서 영국학교를 졸업하고, 대학을 나왔습니다. 남아프리카공화국의 교육은 영국식입니다.

30년을 회사 일 위주로 생활하던 저를 잘 이해해주었고, 어렵고 힘든 시절을 함께 했던 제 가족들에게는, 무한한 빚을 지고 있다고 생각합니다. 한편 열악한 환경 속에서 수출에 종사했던 제 바로 위 세대 수출인들에게는, 다함없고도 특별한 敬意를 表합니다.

金珍漢(1954~)

1954년 서울에서 태어나 미동국민학교, 배재중·고등학교를 거쳐, 연세대학교 사회학과를 졸업하였다.

수출에 뜻을 두고, 1980년도에 ㈜성일통상 수출부 직원으로 시작하여, ㈜대한전선에서 半平生을 아프리카 및 중동으로의 전선 수출에 종사하였다.

1990年代, 10년간 대한민국의 아프리카로의 銅통신케이블 전체 수출 실적의 90%가량을 대한전선에서 달성하는 데에 이바지 하였다.

아프리카 대륙의 최초 철강회사이자 전선회사로 1911년에 설립되었던 South Africa의 USKO (United Steel Cooperation)를 2000년도에 ㈜대한전선에서 인수한 후, 새로운 會社인 Malesela Taihan Electric Cable(PTY)Ltd(줄여서 M-TEC)의 初代 CEO로 취임, 남아프리카공화국 300大 기업 중 유일한 동양인 CEO로서, 적자회사를 흑자회사로 탈바꿈시켰다.

못살아 못 배운 서러움을 딛고 일어서다!

禹必亨 · 金永辰

'동인학교'의 1회 졸업식은 눈물바다였다. 울지 않는 사람이 없었다.
졸업식 노래와 교가도 슬프게 불렀다. 비가 오나 눈이 오나
風雪(풍설)을 이겨낸 야간 중학생들의 발자국 도장 3년은,
눈보라만큼 강파른 세월이었다.

못살아 못 배운 서러움을 딛고 일어서다!

1966년 삼복철, 인천 東인천경찰서(現 인천 동부경찰서) 보안과 소년계로 전근됐다. 청소년 업무를 담당하는 부서다. 그때 사십대 초반의 나이였다. 당시에는 도회지나 농촌이나 할 것 없이 보릿고개 넘기가 매우 어려운 때였다. 밥 굶는 사람들이 많았고, 국민 1인당 소득이 100달러가 채 안 되었다. 1960년대 정부의 최우선 정책은 "국민을 굶기지 않겠다"는 것이었다.

당시 우리나라의 중학교 진학률은 과반수에도 한참 못 미쳤다. 도시에서도 초등학교를 졸업하고 중학교에 진학하지 못하는 청소년들이 많았다. 중학교 근방에도 못 가 보거나 중퇴한 관내의 열너댓 살 먹은 애들이 골칫거리였다. 작은 사고를 치고 파출소를 거쳐 '소년계'까지 끌려오는 애들도 있었다. 오갈 데 없는 이 아이들은 길거리를 배회하며 패싸움과 음주, 흡연을 일삼았다. 자잘한 청소년 범죄가 증가해 소년계는 직원들 사이에서도 꺼리고 싶은 부서였다. 중학교를 못 다니는 선량한 어린 애들은 자리를 잡지 못하고 방황했다.

이 아이들은 구두닦이나 신문팔이, 껌팔이를 하기도 했다. 편부편모 슬하 가정에서 태어나 빈곤 등으로 학교에도 못 다녔고, 向學熱(향학열)만큼

은 누구에게도 뒤지지 않는 어린양의 심정을 알았다. 산꼭대기 무허가 판자촌 동네에 사는 애들이 그러했다. 이런 동네는 전기도 안 들어오고, 수도도 없었다. 물지게를 지고 100여m 떨어진 아랫동네 '공동 수돗가'에서 물 두 양동이에 20원씩 주고 사 먹었다.

가난 때문에 공부할 수 없고, 절망 속에서 좌절하는 선량한 소년·소녀들을 선도하고 보호해야겠다는 생각이 들었다. 이 사실을 이수영 경찰서장에게 보고했다. 李 서장은 기다렸다는 듯이 뜻밖의 지시를 했다. "야간 중학원을 열어봐요. 수원경찰서장 할 때 재건학교를 해봤더니 참 좋더라고. 경찰서 강당을 사용하면 되잖아." 그 무렵 '배워야 산다', '아는 것이 힘이다'라는 열기가 유행처럼 전국에 퍼졌고, 야간 무료 재건학교가 생겼다가 없어지곤 했다.

야간학교 '동인자매중학원' 개교

개교 준비 실무자로서 이런저런 잡다한 과정을 거쳤다. 1967년 2월8일 동인천경찰서 강당에서 야간 재건학교가 탄생했다. 학교 이름은 '동인자매중학원'이라고 지었다. 학교에 다니지 못한 불우청소년을 위해 좋은 일을 하게 됐다는 기쁨에 가슴이 벅차올랐다.

원장은 동인천경찰서 행정자문위원장 용이식 선생을 추대하였다. '원감'은 내가 맡았으나, 무보수로 자원봉사를 해줄 교사진이 문제였다. 적십자사 경기지사 이정겸 사무국장을 찾아가 도와달라고 했다. 적십자사 대학생 청년봉사단의 중앙대 김정화 학생을 추천받았다.

김정화 선생에게 교무를 맡겼다. 김정화 선생이 주변에서 많은 대학생을 설득하여 자원교사로 불러 모았다. 자원교사들은 구두닦이, 신문팔이 등을 하는 아이들을 일일이 찾아다니며 학교에 입학하라고 했다. 그리곤 학생으로 남녀 60여 명을 모집했다.

볼품없는 복장과 태도에서 학생의 자세를 갖추지 못한 애들도 많았다. 나이가 고등학교 고학년쯤 되는 청년티, 처녀티 나는 늦깎이도 많았다. 이런 아이들은 얼마 안 돼 학교에 나오지 못했다. 무슨 일이라도 할 수 있는 나이다 보니 무료로 가르쳐 주는 야학마저 다닐 시간이 없었다.

오후 6시부터 10시까지 수업을 했다. 칠판과 분필만 준비됐을 뿐 아무것도 없었다. 대학생 선생이 칠판에 글씨를 쓰면, 대부분 책이 없는 학생들은 열심히 베꼈다. 직장에서 일하고 온 애들은 수업 중에 고단하여 꾸벅꾸벅 졸기도 했다.

해가 바뀌어 1968년 3월, 신입생이 들어왔다. 강당이 콩나물시루처럼 돼 대책을 세워야 했다. 1, 2학년을 동시에 한 교실에서 가르칠 수 없었다. 〈인천신문〉에서 동인학교에 건물을 지어주기 위해 '시멘트 벽돌 모으기 운동'을 몇 달간 하였다. 모금 운동을 통해 50만 원 정도를 마련했다. 당시 시멘트 벽돌 한 장이 15원이었다. 도화동 65번지 '국군묘지' 건너편, 허허벌판 300~400평의 땅을 기증받아 건물을 지었다. 선생님과 학생이 모두 나와서 새 터의 땅을 고르고, 할 수 있는 일이라면 신이 나서 시끌벅적하게 함께 도왔다.

1회 졸업식 단체 기념사진(1970년 2월 경기도 청소년회관). 앞줄에 앉아 있는 사람들이 당시 선생님들이다.

1968년 따사로운 봄날 새 건물을 지어 이사하였다. 벽돌과 슬레이트로 지은 건물 한 동에 교실 두 칸을 만들고, 미군 부대에서 기증받아 콘센트 건물 한 동을 지었다. 인천의 가장 변두리로, 도로포장도 안 됐고 가로등도 하나 없는 황량한 市外(시외)였다.

전기와 수도, 전화도 안 들어왔고, 버스도 다니지 않았다. '동인' 학생들의 집은 산꼭대기 무허가 판잣집에 방 한 칸에서 살림하는 집이 대부분이었다. 학교에 전기가 들어오지 않아 가스등을 켜고 수업을 했고, 카바이드를 등에 넣고 불을 지피면 등불이 되었다. 겨울철 난방은 제재소에서 톱밥을 대줘 톱밥 난로로 해결하였다.

선인고등학교와 박문여고 학생들이 헌 교과서를 모아 보내오기도 했다. 학생들의 복장은 제각각이었다. 정규 중학교에서 중퇴하고 온 애들은 다녔던 학교의 교모에 교복을 입었고, 그렇지 못한 학생들은 구질구질한 복장과 머리였다. 校帽(교모)와 校表(교표), 배지를 만들고 교복을 입히니 단정한 학생이 됐다. 교복과 가방을 준비할 사정이 안 되는 애들은 교복을 장만하지 못하고, "공부해야겠다"는 굳은 마음가짐 하나로 졸업할 때까지 다니는 학생들도 있었다. '근면', '자립', '봉사'라는 교훈을 만들고 교가도 만들었다. 나중에 학교 앞길이 포장되고 15인승 새마을버스가 다녔지만, 학생들은 차비가 없어 학교와 집까지 왕복 40~50리의 길을 눈보라를 맞으며 걸어 다녔다.

한여름 장마철에는 학교 건물이 위태로워질 때도 있었다. 1968년과 1971년 여름이었다. 비가 쏟아지는 바람에 벽돌 교실에 금이 가 기울었다. "선생님! 학교가 무너지려고 해요!", "기울었어요!", "이대로 교실이 무너지면 공부 못 해요!" 복장 터질 걱정거리가 생겼다. 건물 기초를 시멘트로 단단히 하고 그 위에 벽돌을 쌓아야 하는데, 돈을 절약하기 위해 맨땅에 벽돌을 쌓아 지반이 튼튼하지 못해서 벌어진 일이었다.

눈물의 졸업식

선생님들은 애들 가르치는 일이 얼마나 즐거웠던지, 집에 자주 가지도 않고 라면을 끓여 먹으면서 교실 맨바닥에서 쪼그려 새우잠을 자기도 했다. 1969년 3학년 학생들이 고교 진학자격 검정고시에 응시하였다. 15명이 응시하였는데 12명이 합격해서 학교가 시끌벅적했다.

1970년 2월, 1회 졸업식을 했다. 35명이 3년 과정을 용케도 마쳤다. 그날의 졸업식은 눈물바다를 이뤘다. 졸업생과 재학생, 내빈 등 울지 않는 사람이 없었다. "빛나는 졸업장을 타신 언니께 꽃다발을 한 아름 선사합니다"

1969년 2월, 서울시민회관에서 열린 제3회 청룡봉사상 시상식 장면. 사진 우측 세 번째가 우필형 선생이다.

졸업식 노래와 교가도 슬프게 불렀다. 비가 오나 눈이 오나 風雪(풍설)을 이긴 나이 어린 야간 중학생의 발자국 도장 3년은 눈보라만큼 강파른 세월이었다. 이후 매년 졸업식 때마다 무슨 전통처럼 울음 바다를 이루는 게 '동인학교'의 졸업식 풍경이 됐다.

졸업하지 못한 중퇴자가 훨씬 더 많아 아쉬웠다. 나이가 조금 많은 애들은 제 밥값이라도 벌기 위해 직장 때문에 학교를 끝까지 다니질 못했다. 직장이라고 해봤자 이발소, 양장점, 양복점, 철공소 견습공이었다. 견습공은 아예 월급이 없었다. 오후 5시에 퇴근시켜줘야 6시에 시작하는 수업 시간을 맞추는데, 직장에서 빠져나올 수가 없었다.

나는 이 일로 1969년 2월, 〈조선일보〉와 경찰청에서 주는 제3회 청룡봉사상 '信상'을 받았다. 순경에서 1계급 특진도 했다.

1969년 4월 경기도 시흥시 신천리로 봄소풍을 갔을 때.

당시 우리 정부는 가난했다. 무료로 가르치는 재건중학원을 열라는 말은
권장사항일 뿐이었다. 1960년대 초 대구의 봉제공장에 박정희 대통령이 시
찰을 나갔다. 미싱 앞에 앉아 일하는 곱상한 소녀에게 다가가 "내게 꼭 할
말이 있으면 해봐"라고 했더니 수줍게 멈칫대며 울먹이면서 "공부 좀 하게
해줬으면 좋겠어요"라고 했단다.

그 말을 들은 대통령도 눈물이 핑 돌아 울컥했다는 신문기사를 봤다. 朴
대통령이 공장 사장에게 "저녁에 미싱대를 책상 삼아 중학교 과정 공부를
가르쳐 보라"고 한 것에서 야간 재건 중학교가 생기기 시작한 것으로 알고
있다.

학교 운영비를 나의 쥐꼬리만 한 경찰 봉급으로는 엄두조차 낼 수 없었
다. 1960년대 경찰 월급이라고 해봐야 쌀 한 가마니 정도였다. 오남매를 키

우고 가르치는 데도 무척 힘들었다. 자식들 굶기지 않고, 동인학교에 돈 보태겠다는 큰 기대를 하고 20년 가까이 한 경찰을 사직하고 월남 가서 돈을 벌겠다는 생각을 했다.

1969년 여름, 경찰 봉급의 서너 배를 받기로 하고 월남에 가기로 했다. 그러나 내가 도착하는 날 회사가 망해서 온데간데 없어졌다. 현직 경찰인 내게까지 취업 사기를 친 것이다.

한창 전쟁판인 월남에서 불법체류 외국인 단속반을 피해 다니는 신세가 됐다. 한국사람 몇 명이 방 한 칸 얻어 밥을 해 먹으면서 일정한 일터 없이 고생을 무척 했다.

나중에 주월 미국 대사관에 속해 있는 건설 기관에 전기 기술자로 취직했다. 집과 동인학교에 돈을 송금했다. 월남 패망 직전이라 景氣(경기)도 죽어있었고, 여기저기서 사람이 죽어가고 날씨는 한국보다 습하고 매우 뜨거웠다. 5년 만인 1974년 10월 빈털터리로 귀국했다.

집안 살림은 엉망이었다. 동인학교도 사정이 좋지 않아 문을 닫아야 할 형편이었다. 학교 터가 애초부터 남의 땅이라 地主(지주)가 비워달라고 졸라댔다. "학교가 정말로 없어져요?", "저희 학교 못 다니는 거예요?" 울어대는 여학생들 때문에 그 자리를 빨리 피하고만 싶을 만큼 내 가슴은 찢어질 듯 아팠다.

1975년 봄, 동인학교에 남아 있는 학생들을 某 중학교에 전학해주는 것을 주선했다. 전학시킨 뒤 집으로 돌아오며 나이 쉰에 직장조차 없는 내 무능을 탓하면서 가슴속으로 얼마나 울었는지 모른다. 처절하게 자신이 불쌍한 순간의 이야기는 내 가슴속에 비밀로 간직하고 싶었다. 이런 사실은 아직도 아무도 모른다. "아. 동인이여! 동인이여!" 기가 막혀 학교 앞에 앉아 학교를 우두커니 바라보며 밤늦은 시간에 혼자 앉아 울었다.

1965년 국민학교를 졸업하고 중학교에 진학하지 못했던, 매섭고 추웠던 절망의 눈물을 흘린 기억이 새록새록 난다. 서천중학교 입학시험에 합격하고 등록금 몇천 원이 없어 입학을 못했다. 우리 동네에서 서천中에 합격한 사람은 내가 최초였고 그 기록을 아무도 깨지 못하였다. 그만큼 가기 힘든 학교였다.

나무 지게를 지고 나무를 하는 '꼬마 나무꾼'이 됐다. 하루는 읍내 넘어가는 신작로 옆에서 나무를 하는데, 비인중학교에 입학한 비남국민학교 동기 동창 애들이 학교에 다녀오는 것이었다. 남학생은 금빛 찬란한 校帽(교모)의 校表(교표)와 금단추의 교복, 여학생은 단정한 단발머리에 하얀 운동화와 하얀 카라의 곤색 교복을 입고 종알대며 지나가는 것이었다. 근사한 교복을 나도 한 번만이라도 입어보고 싶었다. 무슨 큰 죄라도 진 사람처럼 나무 밑에 숨어 그들이 멀리 사라질 때까지 얼마나 울었는지 모른다.

3월 중순쯤 서천중학교 교장으로부터 한 통의 편지가 왔다. 추가 등록을 받아줄 터이니 등록하라는 것이었다. 편지 온 것을 부모님에게는 말도 하지 않았다. 나는 교장 선생님 앞으로 편지를 썼다. "입학금이 없어 입학을 못합니다. 하지만 서울에 가서 苦學(고학)하여 훌륭한 사람이 꼭 되겠습니다." 억장이 무너지는 눈물이 왜 그리 많이 나고, 슬프던지 많이도 울며 쓴 편지였다. 나무 지게를 내려놓고 곧장 상경 길에 올랐다. 어머니가 내 옷 보자기를 머리에 이고 솔밭 고부랑길을 울며불며 버스 정류장까지 배웅해줬다.

경기도 연천 전곡으로 올라와 아이스케키 장사, 전곡극장 처마 밑에서 뽑기 장사를 했다. 사격장을 다니며 고물도 줍고, 닥치는 대로 일을 했다. 밤에는 야간학교에 다녔다. 중학교라는 이름을 차마 못 부치고 중학원이라고 불렸다. 가방도 교모도 교복도 없이 아무 옷이나 입고 다녔다.

"입학금이 없어 입학을 못합니다. 하지만 서울에 가서 苦學하여
훌륭한 사람이 꼭 되겠습니다"

교회 마룻바닥에서 하는 '연천 직업 소년 중학원' 전곡 支署(지서) 뒷마당
에 천막을 치고, 통나무 의자에 앉아 '강의록'으로 수업하는 공짜 학교 '상록
중학원'이다. 조그만 간판조차 없는 학교다. 연천경찰서 보안과 김태봉 순경
이 하는 학교였다. 내가 일해 벌면서 방세를 내고, 학용품과 옷을 사 입고,
밥을 해먹다 보니 헌책조차 장만하지 못한 채 학교에 다녔다. 밥을 굶어 본
적이 한두 번이 아니다. 연탄이 없어 추운 겨울에 냉방에서 잔적이 이루 헤
아릴 수조차 없다.

다섯 번째 야간 중학교 '동인'

아무래도 공부를 계속하려면 큰 도회지로 가야겠다고 생각해 인천으로
객지 행보를 옮겼다. 동인천경찰서 안에 있는 '동인자매중학원'에 편입했다.
야간 재건중학교를 네 학교를 거쳐 다섯 번째 입학한 학교다. 차비도 없고,
바빠서 명절 때 3년간 고향집에 내려가지 못했다. 그러면서 학생회장을 두
학교에서 두 번을 했다.

야간 고등학교 때는 대학에 가겠다고 잠과의 싸움하며 야광충처럼 날밤
새우며 공부하였다. 낮에는 돈을 벌어야 하기 때문에 공부할 시간이 부족
한 야간 학생은 잠과의 싸움이 먼저다. 잠 안 오게 하는 약인 속칭 '아나뽕'

을 먹으며 잠을 쫓아냈다. 그러다가 영양실조에 걸려 체중이 40kg도 안 돼 죽을 뻔한 깔딱 고개를 넘겼다.

일 년 가까이 휴학하면서 부모님 찾아 고향집에 내려와 절망의 세월을 보냈다. 1972년 당시 김규동 시인이 경영하는 한일 출판사와 월간 〈성공〉이라는 잡지에서 手記 공모가 있었다. 苦學(고학) 수기를 투고하였다. 잡지에 크게 실렸다. 전국에서 격려편지가 쏟아져 왔다. 金 시인은, 고학하는 동안 하루도 빠지지 않고 쓴 일기를 궁금해하며 "학생! 학생이 쓴 일기장 내게 보여 줄 수 있겠어?"라고 물었다. 일기장을 통째로 넘겨줬더니 한참 후 뜻밖에 '시집'을 내어 주겠다는 연락이 왔다. 詩로 쓴 일기가 군데군데 있는데 그중 37편을 추려 내 호화로운 시집을 내어주었다. 내 인생에 반전의 천운을 맞은 것이다.

내용은 "춥다. 배고프다. 바쁘다. 가족이 보고 싶다" 등의 고학생의 어두운 애환이 주류를 이루는 시편이었다. 序文(서문)은 시인이며 영화감독인 藝總(예총) 회장 이봉래 선생님이 써주었다. 사주팔자에 타고 난 시인이라면서, 시집 이름을 《운명》이라고 지어 주었다. 신문에 나오도록 소개하여 신문에도 나왔다. 그때가 1973년 나이 23살 때의 일이다.

고생이 문학의 밑거름

나이 마흔이 넘어 동국대학교 문화예술대학원 文創科(문창과)에 입학하였다. 입학하고 화곡동 집에 오는 좌석버스에 앉아 차창 밖을 멍하니 바라보았다. 지난 곤궁한 세월이 영화처럼 아물아물 차창을 스치고 지나갔다. 가시 수풀 길을 헤매던 뜨거운 눈물이 집에 다 오도록 한없이 솟구쳤다.

대학원 입학하고

2003년 11월22일, 명동입구 중앙극장 건너편에서 최초의 미니 사은회가 열렸다.

돌아오는 차창가에 비치는
너의 눈보라 눈물을 나는 보았단다.
장하다 너는 해내고야 말았구나
눈물 금놀진 아침
사물놀이패 앞장세워
에미무덤 찾아와다오
하는숲 청산에 날라리 운다 _ 자작詩 '샛별의 노래' 중 일부

"엄니! 엄니한테 말 다 안 해서 그렇지. 절망스러울 때가 너무 많았어유.
집사람은 고단해서 곯아떨어져 잠들었어요. 나 혼자 막걸리 마셔유" 홀로
중얼중얼 대며 술 먹다가 고향 작은 어머니한테 전화를 했다.

"작은 엄니! 저, 지금 대학원 입학하고 와서 혼자 술 먹고 있어유" 작은 엄니는 시골 할머니답지 않게 금방 말을 알아들었다. "잘했다! 잘했어 영진 아! 너의 엄니가 살았더라면 얼마나 좋아 허겠냐! 어려서 객지 나가 공부하는 너 때문에 엄니가 얼마나 울었는지 아느냐? 돌아가신 엄니, 아버지가 널 돕는구나"라는 말을 들으니 눈물이 줄줄 여름철 장맛비처럼 쏟아졌다. 밤 새도록 저승부모 생각하며 술 한 잔에 눈물 한 종장으로 홀로 자축하였다. 대학원 숲 과정을 만점으로 졸업하었다.

재학 중 문둥이 시인으로 유명한 한하운을 연구하여 〈天刑(천형)의 靈歌(영가): 한하운論〉을 써서 문학평론가가 되었다. 15살에 객지에 나와 중학교부터 대학원까지 13년간 야간으로 눈물고개를 많이도 울고 넘으면서 학업을 마쳤다. 고생한 이야기 자체가 결코 자랑은 못되지만, 이것이 나의 문학의 밑거름이 될 것이다.

50년 전에, 돈이 있어서 서천중학교에 정상적으로 입학했더라면 오늘의 시인이, 문학평론가 못 되었을 것이다. '돈은 날아다니는 나비와 같다.' 돈이 없었기에 작은 성공을 이룰 수 있었다. 저 높은 정상을 향하여 남은 인생 열심히 공부하여 시인다운 시인이 되어야겠다. 먹고살 만하다고 해 자만에 빠져서는 안 되겠다.

우필형 씨의 手記

행복한 재회

斷腸(단장)의 아픔으로 恨 많은 '동인자매중학원'의 문을 닫은 뒤, 먹고 영진이한테 울면서 전화가 왔다.

"선생님 저예요! 이번 일요일에 찾아갈게요. 며칠만 기다리세요."

살기 위해 1970~1980년대를 어떻게 살았는지 모르게 정신없이 지나갔다. 버스에서 가끔 나를 알아보는 '동인'의 제자라는 청년, 아가씨들이 인사해 오기도 했다.

그것도 잠시뿐이었다. 환갑을 넘기고, 또 칠순이 넘도록 30년간 한 사람의 제자나 선생님과도 만난 적 없이 '동인'과는 완전히 인연이 끊어졌다. 찾아오는 사람도, 전화 한 통도 없었다. 꼭 만나야 할 일도 없었다. 1995년 1월, 내가 63세 되던 해엔 집사람과도 사별했다.

여든의 문턱에 선 2004년, 추석이 며칠 지난 뒤 운명적인, 이상한 전화가 한 통 왔다. 경찰서 경무과장인가 계장이라는 사람의 무뚝뚝한 전화였다. 다짜고짜 "시인이며 문학평론가인 김영진 선생을 아십니까?"라고 하는 것이다. 멀건 대낮에 이 무슨 꿈같은 말인가?

엉겁결에 "네. 네. 아는데요. 제 동인학교 제자입니다. 그런데 왜 그러시죠?" 더 물을 새도 없이 뭐라고 몇 마디 하더니 전화를 뚝 끊는 것이다. 내가 귀가 어두워 말하기가 답답한 것 같다. 아니면 내 귀가 耳鳴症(이명증)에 걸렸나? "별 싱거운 사람 다 보겠네!" 영진이 만난 지 30년이 훨씬 넘었는데, 가슴 방아가 찧기 시작했다. 영진이는 학생회장을 해서 정확히 기억나는 몇 명의 제자 중 더더욱 기억이 뚜렷하게 나는 제자다.

1969년 내가 경찰을 그만두고 돈 벌기 위해 월남에 갈 때 김포공항으로 배웅 나올 때 본 뒤로 한번도 못 보았다. 편지도, 전화도 한 통 없었다. 잠시 후 서울에서 영진이한테 울면서 전화가 왔다. "선생님, 저예요! 이번 일요일에 찾아갈게요. 며칠만 기다리세요."

며칠 후 1회 남녀 졸업생 예닐곱 명과 東인천역 앞 식당에서 만나 큰절을 받았다. 그들은 머리 희끗희끗한 완전한 장년의 어른이 됐다. 학교 다닐 적의 잔졸맹이가 아니었다. 무슨 말부터 어떻게 해야 할지 그저 꿈에서 채 깨어나지 못한 몽유병자가 된 것 같았다. 30여 년 만에 생각지도 못한 갑작스러운 재회였다. 목 울음 나는 것을 참느라 애먹었다.

그때는 총동창회도 없었고, 3회 졸업생들만 유일하게 10여 년 전부터 동기 동창회를 해 왔다고 한다. 2003년 말, 서울 을지로 명동 입구 식당에서 영진이와 명영덕 둘이서 열 세 분의 선생님을 찾아 '미니 사은회'를 했단다. 그 자리에서 나의 소식을 물으니 돌아가셨을 거라는 말만 나돌 뿐 아무도 나의 행방을 몰랐다고 한다.

혹시나 해서 KBS와 MBC의 〈TV는 사랑을 싣고〉, 〈꼭 한번 만나고 싶다〉라는 프로그램에 연락을 했고, 첫 사은회 행사를 보도해 달라고 방송사와 신문사에 보낼 보도자료를 준비했다가 그만뒀다는 얘기도 들었다. 야간학교 '동인' 졸업생이라는 걸 밖으로 크게 알려지는 것을 싫어하는 정서가 동문 사이에 있었다는 얘기도 들었다.

"얘들아! 모두 모두 잘 돼라! 고맙다!"

2004년 추석이 며칠 지난 뒤, 처음으로 1회 졸업생 제자를 만났고, 또 며칠 후 38년 만에 옛 상사를 만났다. 동인학교를 개교하는데 도움을 준 당시 이수영 동인천경찰서장과 상봉한 것이다. 李 서장은 우리 일행을 엄청나게 반가워했다. 李 서장은 동인을 개교해준 뒤 승진을 거듭, 부산시경국장까지 지냈다고 한다.

"부산시경국장을 하면서 釜馬(부마)사태를 맞았지요. 청와대 경호실장 차지철은 '그까짓! 대학생 몇 명을 왜 진압 못 하는 거야!'라고 욕설 섞인 전화 호통과 수모를 하루에도 수없이 해댔지요". 李 서장은 부마사태의 지휘 책임을 지고 박정희 대통령 서거하기 며칠 전 시경국장을 그만뒀다고 한다. 사실상 면직당한 거라고 했다. 이후 자민련 김종필 총재 비서실장을 지냈다고 한다.

2005년 5월 스승의 날에 동인학교 사은회가 인천 남동구 간석동 오거리 로열호텔에서 열렸다. 30여 년 만에 많은 선생님과 1회부터 7회까지 전체 동창이 한자리에서 감격스러운 재회를 했다. 강산이 서너 번이나 바뀐 세월이다 보니 누가 누군지, 얼굴도 이름도 잘 몰라 얼떨떨했다.

맨 처음 식순에 새로 만든 금빛 황홀한 '校旗(교기) 입장'을 하였다. '동인중학교'라고 쓰여 있었다. '동인자매중학원'이란 원래 학교 이름에서 '자매'라는 말이 빠졌고 '중학원' 대신 그냥 중학교라고 쓰여 있었다. 동창들이 '자매'와 '중학원'이라는 校名(교명)이 영 거슬린다는 이유에서였다. 교기가 단상으로 입장하여 오는데, 눈물이 울컥울컥 가슴에서부터 차올라 목이 메었다. 30년 전에 없어진 학교의 혼이 "혼 돌아오네! 혼 돌아오네! 동인이 돌아오네!" 학교가 살아 돌아오는 듯, 돌아가신 어머니의 혼이 오시는 듯 가슴이 울렁울렁했다.

내게 校旗를 넘겨줬다. 교기를 받아 쥐고, 몇 번이고 힘껏 흔들었다. 마음속으로 "얘들아! 모두 모두 잘 돼라! 고맙다!"고 외쳤다. '작고한 스승과 동문에 대한 묵념'에서 또 한 번 뜨거운 눈물이 흘러내렸다. 진혼곡의 음악 때문만은 아니다. 이 좋은 날 참석 못 하고 이 세상 사람이 아닌 제자가 너무 많았다. 확인된 제자만 열 명이 훨씬 넘게 죽었다. 1회 졸업생 중 5명이나 죽었다. 자살한 제자도 여럿이다. 불쌍한 녀석들…. 지지리도 복살 머리 없는 녀석들아! 춥고 배고프고 살기 힘든 시대였지만 너무 빨리 많이 草露(초로)인생처럼 죽었구나….

"빛으로 향한 배움의 열기는…"으로 시작되는 교가와 "스승의 은혜는 하늘 같아서 우러러볼수록 높아만 지네…"로 시작하는 스승의 은혜 노래를 목이 메어 제창하는 남녀 제자들과 선생님들의 눈이 모두 충혈됐다. 누군가 먼저 울어 버리면 떼 울음 바다가 될 것 같은 분위기였다. 선생님과 제자들이 손에 손을 잡고, 연회장을 몇 번이고 강강술래 하듯 몇 바퀴를 돌았다.

흥 많은 어느 선생님은 재밌는 뱃살 춤을 추고, 또 어느 선생님은 요즘 젊은이들이 잘하는 'K팝'인지 랩인지 하는 긴 노래를 몸을 흔들며 흥겹게 불렀다. 머리에 하얗게 흰서리 내린 제자들이 그 선생을 둘러싸고 춤을 추니 백 년 묵은 응어리, 천 년의 한이 속 시원히 풀어지는 듯했다.

어찌 눈물 없이 피는 꽃이 있으랴. 척박한 황무지에서 피는 꽃이 더 향기가 나고, 더 아름답다. 생명이 오래간다. 가난과 싸워 이기자고 열심히 살아온 죄밖에 없는 의리 있는 제자들아. 목마른 자에게 한 잔의 물은 생명수다. 우리 선생님들은 물 한 잔 정도 布施(보시)한 것뿐이다. 거창하게 무슨 은혜를 베풀자고 야학을 한 것이 아니다. 오늘 같은 행복한 재회가 있으리라고는 애당초 생각지도 못했다. '배워야 산다'고 너희를 가르친 것뿐이다. 고맙다. 고맙다.

요즘 같이 삭막한 인심에 참다운 스승 찾기가 별 따기고, 참다운 제자 만나기가 자갈밭에서 보석 찾기다. 정규 학교에서는 찾아보기 드문 일이다. 이러한 일을 보고 옛날 어른들은 흔히 신문에 날 일이라고 했다. 2006년 5월14일 제3차 사은회 행사를 〈조선일보〉가 취재해 5월15일 스승의 날

1회 졸업생 중 5명이 죽었다. 자살한 제자도 여럿이다.
불쌍한 녀석들…. 너무 빨리, 많이 草露인생처럼 죽었구나….

특집으로 대서특필하였다. A9면 사회면 지면을 '동인사은회' 기사가 가득 채웠다.

　사람은 오래 살고 볼 일이다. 命이 길어 죽었다고 헛소문까지 난 내가 팔십을 넘어 보고 싶었던 제자와 선생님을 만났다. 걸레스님 중광이 죽기 전 마지막 쓴 詩에서 "괜히 왔다 간다"고 싱거운 말을 했다지만, 나는 오래 살기를 참 잘했다는 생각이 들었다. 원수는 외나무다리에서 만난다 하였던가. 원수 지지 않고 살았기에 행복한 재회를 해 기쁘지만, 제자들에게 미안하다. 내 인생에서 그래도 좋은 일 한 것은 '동인학교'를 열어 애들을 가르친 것뿐이다.

"오늘의 이 모든 영광을 선생님께 돌립니다"

　나는 지금 서울에서 인천行 경인고속도로 차창가에 기대어 상념에 빠져 있다. 34년 전 동인학교 야학을 경영할 때의 선생님들, 제자 몇 명과 함께 가슴 뭉클한 특별한 행사에 초대받아 참석한 뒤 인천으로 돌아오는 길이다. 그때 가르쳤던 제자 김영진이 서울 세종문화회관 세종홀에서 '제30회 노산 문학상'을 받은 것이다. 노산 이은상 시인을 기리기 위해 만들어진 상이다.

2009년 6월6일, 충남 보령시 개화예술공원에서 열린 김영진 시인 詩碑 제막식 장면. 뒷줄 우측 첫 번째 서 있는 사람이 우필형 씨, 옆에 꽃다발 들고 서 있는 사람이 김영진 씨다.

2005년 12월14일 내 생애 팔십 나이에 가장 기분 짜릿한 가슴 너울이 휘몰아치는 날이었다. 제자의 여섯 번째 시집인 長시집 《심청가》로 받는 문학상이다. 시인들이 받는 문학상 중 40년의 전통과 권위가 있는 상이다. 화려한 화환과 꽃다발 속에 파묻힌 가운데 짤막한 수상소감 연설을 하는 제자의 당당한 모습에 엉겁결에 "만세! 만세!"하고 부를 뻔했다.

내로라하는 시인, 소설가, 교수, 박사 등 150여 명의 인사가 장내에 가득한 데 마이크를 잡고 가열차게 거침없이 이렇게 말하는 것이었다.

"저는 사주팔자가 기구하여 중학교 1학년부터 대학원까지 야간학교만 다녔습니다. 고향에서 중학교 시험에 합격하고, 돈이 없어 입학을 못 하고, 서울 가서 고학하겠다고 혼자 상경하였습니다. 인천에서 야간 중학교에 다녔습니다. 맨땅에 천막을 쳐놓고, 등불 켜고, 공짜로 가르치는, 학교라고는 할 수 없는 학교에 다녔습니다. 그때 저를 가르쳐준 동인자매중학원 선생님들이 이 자리에 오셨습니다. 선생님 감사합니다! 오늘의 이 모든 영광을 선생님께 돌립니다!"

뒤통수를 무엇으로 세게 두들겨 얻어맞는 충격이다. 돌아가신 어머니 이름을 크게 불러주는 초혼의 나팔 소리 같았다! 이런 자리에서 30년 전에 이미 없어진 한 많은 동인자매중학원이름이 대한민국 광화문 한복판 세종문화회관 마이크를 통해 불쑥 튀어나올 줄 생각도 못 했다. 눈물이 왈칵 솟구쳤다. 순간 옆자리의 '동인' 선생님들의 얼굴을 보았다. 오늘의 주인공을 직접 가르친 선생님들이다. 선생님 모두가 울먹이고 있지 않은가! 숨소리 하나 들리지 않고 경청하던 장내에 박수 소리가 인천 앞바다의 뱃고동 소리처럼 우렁찼다.

왜 좀 더 사랑해주지 못하였나…

오늘 노산 문학상 받은 제자가 선을 본 얘기가 나의 마음 들뜨게 하고, 웃음이 나고 가슴에 파도치게 했다. 경부고속도로 만들 때 서울—부산 중간 지점에 박정희 대통령의 임시 사무실인 안전가옥이 있었다고 한다. 제자와 선을 본 아가씨는 그 사무실 비서를 했다.

그후 朴 대통령이 '포스코'로 자리를 옮겨줬다고 한다. 포항 남구 효자동 포스코 산자락 속에 박태준 회장 사택 겸 집무실이 있고, 朴 대통령이 간간이 오시면 집무하는 '백악관', '청송대'가 있는데 그 '安家' 비서로 일하던 아가씨였다. 그 아가씨와 제자가 선을 본 것이다. 선보는 날, 두 사람 사이엔 대충 이런 대화가 오갔다고 한다. 어떻게 보면 봉창 두들기는 소리 같지만, 재미있다.

제자: 저는 苦學을 했어요. 중학교 때는 아이스케키 장사를 하면서 야간 학교에 다녔어요. 버스를 타고 사오십 리 길 연천의 민간인 출입통제구역 최전방만 다녔어요.

아가씨: 무슨, 총메고 싸웠서예?

제자: 아이스케키 통 메고 했어요.

아가씨: 진짜예요? 웃기려고 하는 얘기 아니지예? 참, 재밌서예. 중학교 국어 선생 히는 아는 인니한테, 선생님 시집을 보여 줬서예. 선볼 남잔데, 어떻겠냐고예? 그 언니가 한참, 책을 보더니 "스물셋에 처녀시집 내고, 스물여덟에 또 책 냈네. 니가 싫으면 날 소개해봐"라고 하기에 내가 "됐서예! 했서예"라고 했지예.

제자는, 처음 만난 그 자리에서 순간적으로 '아! 이 사람이구나!' 결심했단다. 깔깔대며 해맑게 웃던 그 아가씨가 지금의 부인이 되었다.

차는 경인고속도로를 흑백영화의 필름 돌아가듯 나무며 건물을 스치며 쏜살같이 인천으로 내려가는데, 왜 자꾸 눈시울이 뜨거워지는가. 왜 좀 더 '동인' 애들을 사랑해주지 못하였나… 내가 애들한테 해준 게 무엇인가? 가좌 인터체인지 근방을 지나며 어슴푸레 스치는 생각… 이 근방 인천교 옆에 우리 학교가 있었지.

그런데 1970년 3월인가 4월인가 밤 10시가 넘어 야간 수업을 마치고 귀갓길에 우리 '동인'의 꽃다운 여학생, 생때같은 네 명이 이 근방에서 차에 치여 즉사하였다.

가좌동과 가정동에 살았던 1학년 신입생 다섯이 걸음 동무 되어 나란히 손잡고, 인도도 가로등도 없는 까막 나라 어두운 밤길을 걸어가는데, 차가 그냥 깔아버린 것이다. 꽃도 피워보지도 못하고, 그 애들은 야간학교인 우리 학교에서 공부하고 가다가….

왜 자꾸 눈시울이 뜨거워지는가. 왜 좀더 '동인' 애들을
사랑해주지 못하였나… 내가 애들한테 해준 게 무엇인가?

한 여학생만 중상을 입고 天命(천명)처럼 살아남았다. 학교가 온통 울음
바다가 되었다.

東仁의 신화창조는 끝나지 않았다!

오십 넘은 장년의 제자들을 30여 년 만에 만나보니 걱정이 앞선다. 걱정
도 팔자라 했던가. 자기 사업을 잘하고, 출세하고 잘된 제자들은 고맙고 감
탄스러운데, 잘 안 풀리는 애들은 자격지심, 패배의식, 염세성이 심한 것 같
아 마음에 걸린다. 좀 더 밝고 맑게 낙관적으로 모든 제자들이 다 잘 풀렸
으면 좋겠다.

제자 중에 배곯고, 헐벗고 불운한 운명과 싸우며, 야간 중학교부터 야간
대학까지 졸업한 끈질기게 절망과 고난을 이겨낸 옹골찬 훌륭한 제자가 여
럿이다.

해당화같이 모진 풍파를 이겨내고, 신경숙은 야간 중고등학교를 졸업하
고 30년 만에 쉰이 넘어 방송통신대를 졸업했다. 명영덕은 철도고를 나오
고 방통대 졸업하고 다시 중앙대를 야간으로 졸업했다고 한다. 또다시 방통
대 대학원을 50대 후반의 나이로 마친 무섭도록 당찬 제자이다. 국민은행
동대문 지점장으로 정년퇴직하고 지금은 회사 중역으로 있다. 직장의 고위

2012년 5월11일, 인천로얄관광호텔에서 열린 제9차 사은회.

직에 오른 투지와 인내로 인간 승리한 제자가 많다. 불사조는 비바람 속에서도 하늘을 난다. 눈물도 슬픔도 고독도 참고 견디며 난다. 노력 없이 얻은 영광 없고, 공들이지 않고 쌓은 탑 없다. 그런데 제자 중 우리 학교에 나온 걸 창피하다고 쉬쉬하는 제자가 더러 있다. 자기 자신을 속이는 일이나 자기부정은 없었으면 좋겠다. 동창들이 모인다는 걸 알면서 아예 동창회도 사은회도 나오지 않고, 꼭꼭 숨어 버린다. 차창가에 기대어 눈감고 속으로 기도한다.

하나님 아버지 동인의 자매들 굽어 살펴어 주소서
모두 잘 되게 은총을 내려 주소서
절망하는 제자에게 용기를 내려 주소서

동인의 신화창조는 끝나지 않았다고,

이제 시작일 뿐 이라고 일깨워 주소서

팔십이 넘은 이 늙은이의 마지막 기도를 들어주소서!

인생은 流水(유수)와 같다더니 세월이 참 빠르다. 서울에서 인천까지 오는 시간밖에 안 되는 인생 여정이다. 서울 다녀오는 차창가에 기대어 이런저런 생각에 젖어들었다. 얼굴도 이름도 알듯 모를 듯한 소년 소녀적 제자들의 해맑은 눈망울이 아침이슬처럼 스친다.

김영진 씨의 手記

구두닦이 친구 종호

야간학교 동인의 동기동창 전종호는 학교에 다닐 때 나의 단짝 동무였다. 학교 다니면서, "다른 애들하고는 말발도 안서고, 말도 섞기 싫다"며 나하고만 어울렸다. 고향이 강화도 교동섬이다. 제때 돈을 못 내 교동중학교 1학년을 중퇴한 사연이 있다. 나와 함께 야간 중학교에 다녔다.

인천 동구 화평동 단칸방에서 형과 형수, 조카 둘과 살았다. 단칸방의 다락방이 제 방이었다. 마음새가 건들대지 않고 쟁반 같이 고았고, 머리도 좋은 친구다. 종호는 구두닦이였다. 길거리 다방 같은 데를 떠돌며 "신다으~! 신 닦아요! 구두 닦아요!" 떠돌이 구두닦이들이 1960~1970년대 우리 학교에 많았다.

구두통 메고 다니다 보면 자기 구역이라며 텃세 부리는 깡패 같은 애들한테 억울하게 두들겨 얻어맞기도 했다. 학교에서 은행이나 구청처럼, 사람이 많이 모이는 기관에 부탁해서, 자리 잡고 앉아서 안정적으로 구두닦이를 할 수 있게 주선해 주었다. 그중의 한 명인 종호는 東인천경찰서 구내에서 직원과 민원인을 상대로 구두를 닦았다. 나이가 다른 동급생보다 네댓 살 많은 중3 때, 만 스무 살이었다.

학교를 졸업하고 종호와 10년 동안 소식이 끊어졌다. 1980년 어느 날, 종호가 니의 직장으로 "동창 상헌이한테 네 전화번호 알았어. 中東에 가게 됐어"라고 전화가 왔다. 서울 사당동에서 과천 넘어가는 돌산 아래 '현대건설 중기부' 수위실에서 면회를 가서 만났다. "중동에 가려고 연수받는 중이여" 몇 마디 말만 하고는 금방 헤어졌다. 현대건설 중장비 기술자로 '중동'에 가기 위해서는 꼭 거치는 곳이란다. "최종학교 학력을 동인중학교 졸업했다고, 이력서에 써서 잘 합격했어"라고 했다.

그곳에서는 야간학교 다니지 말자

그후 25년간 아예 소식이 깜깜히 끊어졌다. 전화 통화 한 번 한 적 없이 속절없이 총알 같은 빠른 세월이 흘렀다. 모교가 없어지면서 학적부마저 잃어버려 종호의 본적지 주소조차 몰라 찾을 수 없었다. 동창과 선생님을 1년 동안 연줄로 어느 정도 찾아 눈물 나는 첫 사은회를 했다. 30여 년 만에 1회부터 막내 7회까지 전체 동창과 선생님이 한자리에서 처음으로 만났다.

가슴 미어지는 감격스러운 모임을 하고 난 직후 꿈에 종호가 생생히 나타났다. 경찰 제복을 입고 "휴전선 DMZ에 훈련받으러 간다"는 말만 남기고 사라졌다. 꿈이라지만 이상스럽게 생각했다. 아무도 종호의 행적은 물론

"종호 죽은 지 한 삼십 년 가까이 돼요…
  중동에 중장비 기술자로 가자마자 몇 달 만에, 폭격 맞아…."

이고 生死조차 아는 이가 없었다. 종호네 집으로 갔는데, 강화도가 고향인 1949년생 중장비 기사로, 동명이인이었다. 허사였다.

그 후에도 몇 번 꿈속에 나타나 걸쩍지근했다. 종호의 고향이 강화도 교동도라는 것만 알고, 어느 일요일 동기동창 넷이서 교동도에 종호를 찾으러 갔다. 교동도에 도착하니 가슴이 조마조마 불안했다. 꿈대로라면 살아있지 않을 것 같은 불안감이 발길을 재촉했다. 종호의 생가 자리를 찾았으나 집은 흔적조차 없었다. 생가터 이웃집에 일가가 된다는 어른을 찾았다.

"종호 죽은 지 한 삼십 년 가까이 돼요. 그때쯤 추석 때, 종호네 형 종목이가 성묘 와서 말했어요. 중동에 중장비 기술자로 가자마자 몇 달 만에, 폭격 맞아 그곳에서 죽었대요. 거기 가기 전에, 동거하던 여자가 있었다는데, 서울인가? 어딘가에서 살았다는데, 아이는 없고. 중동에 가서, 돈 벌어와 결혼식 올리겠다며…."

가난한 세월에 태어나 갖은 풍파 겪으며 고생만 하다 친구는 죽었다. 31살 젊디젊은 나이에 좋은 옷 한번 못 입어보고, 밥 한번 배불리 실컷 못 먹어보고 이역만리까지 가서 죽었다. 졸업한 지 삼십 년 지나 사은회·동창회 하겠다고, 다른 동창들 다 찾는데 너를 왜 안 찾느냐고, 꿈에 자꾸 나타났구나! 자신의 죽음을 '단짝'에게 확인시키고자 어리중천을 넘지 못한 것 같다.

"친구야! 선생님, 동창들에게, 네 소식 말해줄게. 종호야! 그곳에서는 야간학교 다니지 말자. 맘 놓고, 공부하자. 때가 되면 우린 만날 수 있을 거야. 진실한 친구의 우정은 죽어서도 이어진단다. 惡은 죽은 뒤에도 남으나 善은 뼈와 함께 묻힌단다." 그의 생가에 다녀온 후 종호는 꿈에 단 한 번도 나타나지 않았다.

그 당시 몇몇 학교는 제때 등록금 내지 못하면 인정사정없이 퇴학시켰다. 육성회비나 기타 雜費(잡비)를 못 내면 선생님이 학생을 벌주기도 했다. 집에 가서 돈을 가져오라고 수업시간에 집으로 돌려보내기도 하였다. 졸업을 한두 달 남겨놓고 졸업비를 미납하면 졸업예정증명서조차 발급해 주지 않았다. 졸업했어도 졸업장을 안 줬다. 세상에서 제일 인심 사납고, 야박한 곳이 학교였다. 1960~1970년대 어느 학교에서나 자주 있었던 아픈 추억이다.

선생님들의 헌신

동인학교가 다른 정규학교와 다른 것은 첫째 수업료는 물론 일체의 돈을 안내는 학교다. 입학하고 싶으면 어느 때나 받아주고, 환영하는 학교였다. 둘째는 대학생 선생님이 학생을 진심으로 사랑했다. 동인학교와 정규학교는 달라도 하늘과 땅만큼 달랐다. 동인학교를 설립하고, 폐교 몇 년 전까지 원장을 하신 용이식 선생님은 깨진 독에 물 붓기로 학교에 많은 돈을 쓰셨다. 그 당시 학교 운영비가 나올 곳이라고는, 용 선생님 주머니밖에 없었다.

다른 선생님들은 갓 스물 넘은 대학생이었지만, 원장 선생님은 연세가 많으셨고, 사업을 하셨다. 말년에 중풍으로 병석에 있을 때 병문안 한번 간 제자가 없다. 제자들로부터 한평생 카네이션 꽃 한 송이 받아 본 적이 없다. 가르쳐 줘서 고맙다고 막걸리 대접 한번 받아본 적 없다. 돌아가신 것도 첫 사은회를 하기 위해 찾던 중 처음으로 알았다.

'열매 맺지 않을 나무는 심어서는 안 된다'며 병석에서 얼마나 의리 없는 제자들이라 원망하시며 눈 감았을까! 학교를 졸업하고 뿔뿔이 헤어졌다가 30여 년 만에 처음으로 선생님과 동창들이 한자리에 모이기 3년 전에 안타깝게 세상을 떠나셨다. 몇 년 만 더 사셨더라면 제자들 잘되는 것을 보셨을 텐데…. 원장 선생님이 없었더라면 '동인' 자체가 생기지도 존재하지도 못하였을 것이다. 1967년부터 1975년까지 학교를 유지하는 동안 자원봉사한 대학생 선생님이 어림잡아 70여 명이 된다.

3년 이상 雪寒風(설한풍)을 인내하며 봉사한 선생님도 많다. 배움을 갈망하는 제자에게 희망의 등불을 밝혀 줬지만, 학교에서는 단 몇 푼의 버스비조차 선생님께 준 적이 없다. 자신이 좋아서 즐거운 마음으로 학교에 나와 학생들을 헌신적으로 가르쳤다. 은혜를 베풀어 사은 보시받겠다는 생각은 할 줄도 몰랐다. 청순한 총각·처녀 선생으로 학생들과 눈보라 길을 같이 했다.

김정화 선생은 개교하는 날부터 국어 선생으로 원감으로 동인에서 제자를 위해 거룩한 봉사 정신을 발휘했다. '동인'의 산 역사다. 별명이 '찐빵 선생'인 김정화 선생 친구 인하공대생 이기홍 선생은 개교 때부터 金 선생과 무슨 운명이라도 같이하는 것처럼 수학선생으로, 원감으로 학생들과 희로애락을 함께했다.

의정부에서 고등학교 선생을 하고 정년퇴직하였다. 두 분 다 3년 동안 軍복무를 한 뒤 다시 학교에 복귀하여 학생을 가르쳤다. 다른 선생님들도 軍복무 마치고 또다시 선생님으로 돌아온 분이 여럿이다.

東仁학교에 청춘을 바친 은사님들-

김정화, 이기홍 선생님과 함께 1~3회 졸업생을 가르친 중앙대 행정학과 학생 윤석만 선생은 公民(공민)을 가르쳤다. 포스코 사장을 거쳐 포스코건설 회장을 한 이 나라의 손꼽히는 전문경영인으로 성공하였다. 수학을 가르쳤던 인하공대생 기인종 선생은 맨주먹으로 기업을 일으켰다. 2008년 '1억불 수출탑'을 수상한 가멸찬 사업가다.

인하공대생인 수학 선생 이정호 선생은 수학 선생답지 않게 항상 웃음이 많고 은근히 웃겼다. 대학교에 자주 결석하면서 콧노래 부르며 학생들을 신바람 나게 가르쳐 줬다. 가난살이 어려운 시절에 힘겹게 대학을 다녔고, 자수성가로 사장이 되었다.

국어와 영어를 가르친 윤덕기 선생은 서울대 사범대를 다녔다. 빨리 졸업하여 정규학교의 선생이 되었더라면 봉급도 받고, 승진도 빨랐을 텐데, 무엇이 그렇게 동인학교가 즐거웠던지 동인학교에 발목 잡혀 휴학을 거듭하였다.

대학을 10년 만에 졸업했다. 1회 담임 선생님으로 1회 졸업식 때 졸업생을 붙들고 가장 많이 울었다. 스승은 죽어도 고지식해야 한다는 옛말처럼 참교육자의 길을 걸었다. "서울에서 고등학교 선생을 정년까지 했지만, 전화한 통, 찾아오는 제자 새끼 하나가 없다!"며 동인학교 제자들의 자식 결혼식까지 꼭꼭 찾아다닌다.

소채규, 김주남 선생도 학생들과 오랫동안 애환을 함께 하였다. 사서 하는 눈보라 눈물길을 걸었다. 젊은 청춘, 피곤 한 줄도 모르고 봉사하였다. 입대 영장이 나오면 학생들 가르치는 일이 더 급하다며, 입대 연기까지 하는 선생님도 있었다. 그들 선생님은 통행금지 시간에 걸려 집에 못 가고, 학

> 그때의 선생들은 '신들린 상록수'였다. 눈서리 칼바람에도
> 그들은 沈熏의 소설 《상록수》의 주인공처럼 열과 성을 다했다.

교에서 숙맥처럼 부엉이 잠을 자는 일이 다반사였다.

여선생 중에서 오정진, 심순옥, 이경숙 선생의 가슴 뜨락도 잊을 수 없다. 또한 형제간에 나온 김정화, 김종철 형제. 이기홍, 이기헌 형제 선생들도 있다.

그때의 선생들은 '신들린 상록수'였다. 눈서리 칼바람에도 흔들림 없는 사계절 푸르디푸른 沈熏(심훈)의 소설 《상록수》의 주인공 선생을 연상시키는 일이 동인학교에서 곱게 일어났다. '아는 것이 힘, 배워야 산다. 일하면서 배우자'의 열정이 불꽃 되어 '꽃불'로 빛났다. 가정교사라도 하면 용돈도 벌 수 있는데, 그들은 무슨 큰 사명감이라도 있는 듯 20대 초반 청춘을 학교에서 불태웠다.

그러한 선생님의 이름 석 자를 일일이 거론하려면 지면이 한이 없다. 송태은 선생은 유일하게 박문여고 현직 교사로 있으면서 1회 졸업생을 잠깐 가르쳤다.

김영자, 이덕용, 송인찬, 정영황, 고영남, 박영욱, 윤석우, 한기홍, 이인규, 김병록, 김일영 등 학교를 거쳐 간 선생님들의 순수와 열정 불타는 청춘을 기억한다. 중학교에 못 가고 방황하던 청소년들에게 절벽 같은 절망의 환경을 극복할 수 있게 한 것은 위대한 상록수 희생정신이 있었기에 가능했다.

총동창회 이름으로 드린 '孝婦賞'

1960~1970년대 정규 중학교에서는 졸업식이 있기 며칠 전에 책상 위에 하얀 백지를 깔아놓고, 떡, 과자 막걸리를 놓고 조촐한 사은회를 했다. 가난한 '동인'에서는 7회 졸업생까지 배출했지만 단 한 번도 사은회를 못하고 졸업했다. 그것이 恨이 되어 매년 5월15일 스승의 날에 12년째 눈물 달빛 같은 사은회 행사를 한다.

지금은 동기 동창회와 총동창회가 조직되어 활발히 움직인다. 동창들, 선생님들 자식 결혼식에 우르르 몰려다니며, 40~50년 전 과거사 꾸부렁이 길을 얘기하며 웃음꽃을 피운다.

학교생활 중 사춘기를 맞은 남학생은 일찍이 세파에 물든 아이답지 않게 별 문제를 일으킨 적이 없다. 하지만 여학생들은 좀 예민했다. 어느 총각 선생님과 여학생이 어쩌고저쩌고 자기들끼리 말을 지어내 소설을 쓰기 시작했다. 꽃나이 소녀라지만 사춘기 매화 바람 때문에 갓 스물 넘은 풋 총각 선생님들의 신경을 곤두세워야 했다. 달꽃 별꽃 같은 풋내기 짝사랑 이야기가 40년 세월이 지나고 보니 알알이 청산처럼 느껴진다.

2013년 5월11일 제10차 사은회 행사는 특별한 사연이 있는 날이다. 마당과 담장이 아예 없는 신흥동 산꼭대기 32평 단층 舊屋(구옥)의 우필형 원감 선생님의 집에서 열렸다. 그곳에서 禹 원감 선생님의 큰 며느리가 20년 가까이 홀시아버지를 지극히 부양했다. 며느리 '남옥현 여사'에게 감사하다며 사은회 자리에서 총동창회 이름으로 '孝婦賞(효부상)'을 줬다.

뚱딴지같이 그런 생각을 한 제자들의 알토란 심지를 고마워했다. 그런데 어찌하랴! 효부상 받은 지 석 달 후인 8월8일 화장실에 세수 하러 간 어머니가 영 안 나오는 걸 이상하게 생각한 손녀딸이 문을 열어봤다. "할아버지! 할아버지! 엄마가 쓰러졌어요!" 다급한 비명을 냈다. 효부는 심장마비로 손쓸 새 없이 말 한마디 못 남기고, 저 세상으로 갔다. 55년의 짧은 인생을 뒤로한 채 하늘나라로 간 것이다.

장하다 제자들아!

재건학교 '동인' 같은 작은 이야기가 모아 위대한 이 나라 조국 근대화 역사의 신화를 이루었다. 피와 땀은 거짓말을 하지 않는다. 역사 속에 묻혀 버려서는 안 될 유산이다.

'동인'은 문만 닫았을 뿐 우리 가슴에 영원히 살아있다. 이 나라가 부강하게 된 것은 '뜨거운 교육열'이 원동력이 되었다. 올해 나의 나이 90세다. 1925년생이다. 귀만 절벽일 뿐 신문도 읽는다. 정신도 생생하다. 다만 이런 긴 글을 쓰기에는 기력도 부족하고, 글 쓰는 재주도 없다. 동인 때 가르쳤던 제자가 있어, 제자의 첨삭지도를 받으며 제자와 함께 共著(공저)로 이 글을 맺는다.

스승과 제자의 위치가 뒤바뀌었다. 제자한테 배우는 입장이 되었다. 이얼마나 기쁜 일인가! 1960~1970년대 깜깜 절벽 같은 아리랑 고개 넘던, 가난살이 시절 '밥 굶는 설움보다 더한 설움은 없다', '가난과 시련은 미래의 위대한 사람을 만드는 하나의 필수과정이다.'

1950년대에 태어난 가장 불우한 세대 제자들에게 "하면 된다"고 야학을 열었던 결과가 지금에 빛을 발하게 되었다. '행복에는 항상 아픔이 동반된다. 행복의 절반은 눈물이다.' '가장 슬픈 것이 가장 아름다웠다.' 출세한 제자도 있고, 부자가 된 제자도 있다. 자랑스럽다. 내 사랑하는 민들레꽃 같은 '동인'의 제자들아!

禹必亨(1926~)

東인천경찰서 순경으로 재직하던 1967년, 형편이 어려워 학업을 잇지 못하는 학생들을 위해 재건학교인 '동인학교' 개교에 주도적 역할을 했다.

金永辰(1952~)

초등학교 졸업 후 가정형편 상 중학교 진학을 하지 못하고, 동인학교에 입학 졸업했다. 1973년 시인으로 등단, 시집 《운명》 등을 발표했으며 2005년엔 시집 《심청가》로 '노산문학상'을 수상하기도 했다.

우수상

'88세 老記者'의 치열했던 現代史

金 鍱

6·25전쟁에 참전, 父子가 입대해 아들이 戰死(전사)하는
기막힌 광경을 목도하고 살기 위해 인민군 행세까지 해야 했던
'이수근 越南' 특종기자의 현대사 체험記

'88세 老記者'의 치열했던 現代史

16세, 중학교 3학년 때 해방이 되었다. 日帝(일제) 식민지 때에도 공산주의니 민주주의니 하는 말은 듣고 있었지만 그것이 어떤 것인지 전혀 알지를 못했다. 하지만 해방이 된 지 보름도 안 되어 공산주의가 어떤 것인지 실감하지 않을 수가 없었다.

해방된 지 이틀 후인 17일 평양에서는 '건국준비위원회'가 조직되고 중학교 3년 이상 남학생들은 학생 治安(치안)대원이 되어 평양의 주요거리들에 배치되었는데 22일부터 소련군이 들어오기 시작했다.

USA 표시가 분명한 미국제 지프와 트럭을 탄 소련 군인들이 평양거리에 밀려들어오자 거리 곳곳에서는 '다와이(약탈)' 소동이 벌어지게 되었다. 어느 날 전차길이 있는 평양의 번화가를 걷고 있었는데 지프를 타고 접근해 온 소련군 장교가 내 손목시계를 가리키며 '다와이'를 연발하기에 그 시계를 벗어 줄 수밖에 없었다. 중학교 입학기념으로 아버지가 사준 '스위스 12석' 손목시계였다. 자기들이 해방시켜 주었다는 식민지의 중학생 손목시계를 '다와이'하는 이 장교를 보면서 '공산주의는 사람 못살 주의로구나'라고 직감했다.

손목시계를 '다와이' 당한 지 이틀 후, 나는 평양에서 가장 번화한 조선은행 앞 네거리에서 대낮에 소련군 병사들이 집단 강간을 하는 현장을 목격하게 되었다. 개가 交尾(교미)를 해도 구경꾼이 몰려드는 데, 번잡한 네거

리에서 한 여자를 뉘어놓고 5~6명의 병사가 집단 강간을 하고 있었다.

그곳에 사람들이 몰려들었는데 소련 군인 하나가 다발총을 하늘에 대고 드르륵 드르륵 쏘면서 고함을 치는 소리가 '카레스케 노— 야폰스키'(조선 사람 아니다. 일본 사람이다) 참으로 짐승보다도 못한 야만이었다.

소련 군인들의 집단 强姦(강간)소동은 일본인만이 아니었다. 밤에는 조선 인 거주지역에도 나타나기 시작했다. 때문에 큰 거리에서 주택가로 들어오 는 골목길 입구에는 나무판자와 철조망으로 바리케이트를 치고 작은 출입 구를 만들어 놓고 보초를 서게 되었는가 하면 한옥집 조선인 거주지역에서 는 소련 군인을 처음 발견한 사람은 부엌에 들어가 가마솥 뚜껑을 들고 나 와 두들겼다.

그러면 집집마다 가마솥 뚜껑을 부지깽이로 두드리게 되고 여자들은 숨 고 남자들은 골목 밖으로 나와서 침입해온 소련 군인들을 다른 곳으로 쫓 아내었다. 이래서 해방이 된 평양에서는 편하게 잠잘 날이 드물었다.

내가 다니던 평양사범학교의 경우는 수업시간에도 소련 군인들의 '다와 이' 소동이 일어나기도 했다. 우리 학교는 평양 비행장 옆에 있었던 탓으로 소련군이 점유한 까닭에 평양역 부근 일본인 소학교 자리로 옮기게 되었다. 2층인 이 학교의 아래층에는 만주에서 철수해 온 일본인 피난민들이 있었 고 우리는 2층에서 공부를 했다.

소련 군인들은 우리가 수업중인 대낮에도 이 피난민들을 습격했다. '마담 다와이(여자를 내놔라)'를 연발하며 소련 군인들이 들이닥치면 '○○옥상(부인) 야라렛요(당했다)' 등 비명소리와 함께 이리저리 도망치는 피난민들로 온 학교 건물이 소란스러웠다. 이래서 일본인 피난민 속의 젊은 여자들은 얼굴에 검댕이 칠을 하고 누더기 옷을 입고 있었다.

소련군인들의 행패는 일본 피난민만이 아니었다. 우리 학교 음악실에 있던 온갖 악기들을 한밤중에 몽땅 털어간 사건도 있었다. 이러니 '우리를 해방시켜주신 위대한 소비에트를 향하여 배우자'는 소련 앞잡이 공산주의자들의 말이 학생들의 귀에 담아질 수가 없었다.

'소련製 김일성'의 등장과 反蘇 학생운동

1945년 10월14일 '소련製 김일성'이 등장하면서부터 북한에서는 공산주의자들의 활동이 노골화되기 시작했다. 이날 모란봉 공설운동장에서는 평양시 군중대회가 열렸는데 처음에는 '소련군 환영 군중대회'라고 하더니 '김일성 장군 환영 군중대회'로 둔갑하였다.

이 군중대회에서 소련 軍政 장관 '로마넨코'는 30대 초반의 젊은이를 내세워 김일성이라고 하면서 '민족적 지도자요 절세의 애국자'라고 소개를 했다. 순간 군중들 속에서는 '가짜다…'라는 소리가 실망어린 한숨소리처럼 퍼져 나왔다. 평안도 지방에서는 '김일성 장군'이라는 항일투쟁 영웅에 관한 전설이 1920년대부터 널리 전해져 왔으니 30대 초반의 '소련製 김일성'을 가짜라고 하게 된 것은 당연했다.

'소련製 김일성'은 이때부터 이른바 '민주기지 노선'을 앞세우며 소련 군정의 지시에 따른 북한지역의 공산화 작업을 강행하게 되었는데 공산주의라

면 콩으로 메주를 쑨다고 해도 곧이듣지 않게 된 학생들과 충돌할 수밖에
없었다.

11월7일 함흥 '反共학생사건'에 이어 11월23일에는 신의주에서 反共反蘇
(반공반소) 학생의거가 대규모로 터져 나왔다. 맨 주먹으로 봉기한 중학생
들에게 인민위원회나 보안署(서) 공산 당사들에서는 처음부터 기관총과 小
銃(소총) 심지어 소련군의 비행기로 機銃掃射(기총소사)까지 감행했다. 무자
비한 무력진압으로 학생 23명이 피살되고 700여 명이 부상을 당했고, 1000
여 명이 검거되어 그 중 100여 명이 시베리아로 끌려갔다. 대규모 反共反蘇
학생시위는 1946년 3월13일 함흥에서 또 발생, 일반 시민들까지 학생 편에
가세하여 보안署와 공산당 그리고 소련군에 맞서 싸웠다.

하지만 평양학생의 경우는 신의주나 함흥과는 그 양상을 달리한다. 평
양에서는 소련군정이 左右同數(좌우동수) 인사로 구성되는 평남 인민정치
위원회(위원장 曺晩植)을 앞세우고 있었기 때문에 광복 초기에는 공산당과
학생들이 부딪치는 일이 별로 없었다. 하지만 민족진영과 함께 모스크바 3
相회의 결정인 신탁통치를 반대하던 공산당이 소련의 지시로 신탁통치 찬
성으로 돌변하자 판세는 급변했다.

신탁통치를 완강히 반대해 온 曺晩植을 고려호텔에 감금하고 공산당 一
色으로 '평남인민정치위원회'를 '평남인민위원회'로 개편했는가 하면, 김일성

을 위원장으로 하는 '북조선임시인민위원회'를 수립했다. '임시'字만 붙어있을 뿐 사실상의 '북한단독 공산괴뢰정권'의 시초다.

평양서 불붙은 학생운동

이로 말미암아 민족진영 인사들이 대거 38선 이남으로 넘어가게 되어 평양의 분위기는 매우 어수선 할밖에 없었다. 이 같은 변혁은 해방 이후 학생들의 첫 겨울방학 동안 있었던 일이다. 개학이 되자 각 학교의 학생 자치회 활동이 활발해지고 소련의 지시로 신탁통치 찬성을 선전하더니 토지개혁 등 공산화작업에 몰두하게 된 김일성 일당을 주시하게 된다. 여기서 당면하게 된 게 1946년 3·1절 행사이다. 김일성 일당은 해방 이후 첫 3·1절 행사를 북한 공산화 작업의 기폭제로 계획하고 있었다.

이들은 각 학교 학생들을 3·1절 행사에 동원할 것을 지시하면서 이날에 사용될 구호까지 배정했다. 그 첫번째가 '우리를 해방시켜주신 위대한 소비에트 만세'였고 두 번째가 '…스탈린 대원수 만세'로 20개에 달하는 구호가 모두 소련과 공산주의를 찬양하고 공산화 개혁을 촉구하는 것들이고 맨 마지막 하나가 '조선자주독립만세'였다.

각 학교 자치회가 분개했다. 우리의 선열들이 '소비에트 만세'니 '스탈린 만세'나 부르자고 3·1운동을 일으켰단 말인가? 3·1절을 하루 앞둔 2월28일 각 학교 자치회장들은 평양 神學校(신학교)에 모여서 3·1운동을 모독하며, 북한공산화에 狂奔(광분)하는 공산도당에 항거하기 위해 무기한 동맹휴학을 결의, 이날 오후 각 학교별로 즉시 단행했다. 이래서 평양 驛前(역전) 광장에서 열린 3·1절 기념행사에는 단 한 명의 학생도 참가하지 않았고 그 후 40일 가까운 동맹휴학이 계속되었다.

한편 3·1절 기념행사는 평양 驛前 광장에서 열려 김일성이 주석단에 등장하여 연설을 시작하자 한 反共청년이 수류탄을 던졌으나 아쉽게도 김일성은 처단하지 못하고 소련 군인 한 명만이 부상하는 사건이 있었다.

소리 없이 끌려간 학생들

4월 초부터 학생들은 동맹휴학에서 벗어나 학교에 나오기 시작했다. 그러나 날이 가도 보이지 않는 학생들이 있었다. 38선 以南(이남)으로 넘어갔는지 아니면 시베리아로 끌려갔는지 알 수가 없었다. 평양 학생들은 '공산당에 항거하는 동맹휴학은 했지만 신의주나 함흥에서처럼 공산당과 싸우는 행동은 하지 않았는데 시베리아로 끌려가기야 했겠는가'하고 자위하는 분위기도 있었다.

이러는 사이에 5월 1일 '메이데이' 행사에 동원되어 街頭(가두)행진을 하게 되었다. 학생들이 행진하는 평양거리의 요소마다 공산당이 배치한 선동원들이 학생대열을 향하여 親蘇공산구호를 선창하며 학생들이 이에 호응하도록 선동했다. 그러나 학생들은 마치 사전에 약속이나 한 듯이 전혀 호응하지 않고 묵비권 행진을 하였다.

행사 주최 측은 無言(무언)행진을 해온 각 학교 학생들을 평양시청 앞 광장에 집합시켜놓고 인민위원회 간부들이 격렬한 어조로 연설을 퍼부었다. 그리고 나서 구호들을 선창했다. 그래도 親蘇 공산구호에 아무도 따르지 않았다. 마지막에 한 간부가 '조선자주독립만세'를 선창했는데 이때는 모든 학생들이 시청광장이 떠나갈 듯한 우렁찬 함성으로 '조선자주독립만세'를 불렀다.

이런 일이 있은 후 공산당은 각 학교들을 그대로 두지 않았다. 사범학교

일선 기자 시절 13년 간의 취재현장인 판문점을 70대가 된 아내와 함께 둘러보고 찍은 사진(2003년 3월19일 촬영).

의 경우는 여름방학이 끝나자 강동군 보안서장을 하던 자가 교장으로 부임해 왔으며 교실마다 김일성 초상화를 걸어 놓았다. 낯선 전입생이 늘어나더니 공산당의 하부조직인 '民靑'(민주청년동맹)이 침투해 왔다.

1946년 가을부터 1947년 봄에 걸쳐 각 학교들에서는 소리 소문 없이 사라져 없어지는 학생들이 생기게 되었다. 각 학교들에는 학생들의 동호인 모임이나 서클이 있기 마련인데 反共反蘇(반공반소) 사상 경향인 서클을 탐색해서 소리 없이 한밤 중에 잡아가는 일이 생긴 것이다. 反共反蘇사상이 있다고 해도 아무런 행동이나 표현도 하지 않은 동호인 모임이나 서클에 가담했다는 것만으로 한밤중에 집단체포해, 소련군 軍犯(군범)재판에 넘겨 시베리아로 끌어간다.

나의 경우는 '희망단'이라는 이름의 서클에 가담하고 있었는데 10여 명

회원이 모두 反共反蘇 행동을 한 바 없고, 단지 공산당 때문에 세상이 어렵게 되고 있지만 희망을 갖고 살자는 취지일 뿐이었다. 우리 회원들은 아침에 등교하면 모이는 장소가 있었다. 밤새 안녕했는지 확인하기 위해서이다.

그런데 하루는 내가 등교를 해서 모임장소에 갔더니 아무도 나오지 않았다. 나는 큰일 난 사건을 직감하고 담임선생에게 조퇴를 하겠다고 알리고는 학교를 뛰쳐나왔다. 내 숙소이던 누님 집에 가려고 하는데 그 누님이 골목 앞에 나와 있다가 나를 보자 '어젯밤에 너 잡으러 왔었다'고 했다. 나는 그날 밤 숙소이던 누님 집에 가지 않고 친구 집에서 자고 학교에 나갔던 것이다.

10여 일이 지난 뒤 한 회원 집에서 소련군 통역관을 통해 알아본 즉 체포된 회원 모두가 '反動罪(반동죄)'로 7~8년 형을 받고 시베리아로 끌려갔다는 소식이다. 나는 생각 끝에 시골에 있는 내 유모 집에 숨어 있기로 했다.

'김집'에서 '김원휘'로 改名

나는 '어떻게 하면 잡혀가지 않고 북한에서 살아갈 수가 있겠는가'하고 고민할 수밖에 없었다. 1947년에 만 17세가 되는 나는 公民證(공민증)을 받아야 하기 때문에 유모집에서 그리 멀지않은 내 본적지의 面사무소를 찾아가 내 호적을 떼어 보았다. 나는 크게 놀랐다. 日政 때 '창씨개명'을 했던 석 자 이름이 그대로 되어있었다. '김집'이란 외자이름은 없어지고 '김원휘'라는 석 자 이름이다. 面사무소가 어떤 착오를 일으켰는지는 알 바 없고 나에게는 천우신조였다. 나는 그 호적을 근거로 공민증을 발급받아 '김원휘'로 행세할 수가 있게 되었다.

당시 북한에서는 學制(학제)개편이 단행되어 중학교 3학년과 4학년이 동시에 졸업을 하게 되어 1947년 여름에 졸업시험을 일제히 치르게 되었다. 학교에 다니지 않았다고 해도 졸업시험에 합격만 하면 졸업자격을 주게 되는데 졸업시험 문제집이 두 달 전에 배포되었다. 나는 4학년 졸업시험 문제집을 구입해 공부를 했다. 4학년 졸업시험에 합격하면 대학에 진학하든가 새로 생기는 고급 중학교 3학년에 진학할 수가 있다. 學制개편 덕택에 중학교 4학년 졸업시험을 쳐서 평양 교원대학에 입학할 수 있었다.

평양교원대학은 중국에서 온 공산당 연안파 두목 김두봉(한글학자)이 학장이었고 이름만 대학이지 실은 중학교 敎員(교원)양성소나 다름없었다. 나는 수학과를 선택했는데 1년 동안은 별 탈 없이 다닐 수가 있었는데 1948년 학년 초를 앞두고 문제가 발생했다. 대학 再배치 사업으로 평양교원대학이 황해도 해주로 나가게 되었는데 38선에 근접한 해주인 까닭에 학생들의 思想(사상)을 검열한다는 것이었다.

38선을 넘다

출신 성분부터 성장과정을 면밀히 조사하는 思想검열에 '김집'을 '김원휘'로 위장한 내가 위험할 수밖에 없었다. 마음이 조마조마하여 조심스럽게 학교에 나갔더니 학생과에 근무하는 내 친척이 다가와서 '보안부에서 네 일건서류를 갖고 갔다. 뛰라'고 했다. 이제는 38선 以南(이남)으로 도망칠 수밖에 없었다. 나는 급히 아버지를 찾아가 이남으로 넘어가자고 말씀드렸다. 한참동안 침묵하던 아버지는 '이북은 조선 땅이 아니냐? 日帝 36년도 견뎠는데 참아 보자꾸나…'고 하셨다. 더 이상 아버지에게는 말씀드릴 수가 없었다.

하지만 어머니는 달랐다. '너는 잡히면 시베리아로 끌려간다. 꾸물거리지 말고 빨리 뛰라'고 하셨다. 어머니는 본가집 친척이 초년 과부로 아들 하나를 키우며 살았는데, 광성중학교 3학년에 다니던 그 아들이 한밤 중에 잡혀가 시베리아로 끌려간 사실도 말해주었다. 어머니가 38선 안내비 등 급히 旅費(여비)를 마련해 주셔서 8월 한여름 밤에 38선을 넘었다. 그날은 황해도 청단의 장날이었는데 '가거라 38선' 노래가 구슬프게 반복되고 있었다.

개성수용소를 거쳐 서울에 왔다. 서울에는 내 오촌 숙부가 일정 때부터 살고 있었다. 서울 용산에서 材木商(재목상)도 하고 개성 부근의 인삼밭도 갖고 있는 부자였다. 해방 후에는 서울 역전에 있는 옛 총독부 館舍(관사)를 점유하고 있었다. 내 어머니도 서울에 가거든 네 오촌집에 가 있으라고 하며 주소도 가르쳐 주었다. 서울에 온 나는 오촌 숙부집으로 들어갔다. 숙부님은 외출중이고 숙모만이 있었는데, 숙부님의 처남이 공부하는 방에 들어가 숙부님이 귀가를 기다리고 있었다.

빨갱이 냄새를 맡다

나는 책장에 있는 책들을 보다가 깜짝 놀랐다. 이북에서 소련이 각 학교에 朝蘇(조소)문화협회를 통해 공급한 《볼세비키당사》와 《사회 발달사》 등 소련에서 우리말로 제작된 공산주의 포교用 책들이 있었기 때문이다. 소련의 책들이 이남에까지 배본이 되었다는 사실과 내 숙부님의 처남이 그 책을 꽤 열심히 공부한 흔적이 있었기에 나는 놀라고 충격을 받았다. 이 집에서 빨갱이 냄새를 맡은 것이다.

얼마 후 숙부님이 귀가했다. 나를 보자마자 '영보(본인의 兒名)야, 이북은 조선 땅이 아닌가? 왜 넘어왔냐?'고 했다. 북에서 아버지가 '이북은 조선 땅이 아니냐'고 한 말과 똑같은데 나에게는 몹시 서럽고 실망스러운 충격이었

다. 눈물이 나오려고 하기에 얼굴을 돌리며 '작은아버지 나는 이 집의 食客
(식객) 노릇하려고 온 게 아니요. 시베리아에 끌려가지 않고 조선 땅에서 살
려고 왔어요'라고 말하고는 현관문을 박차고 뛰쳐나왔다. 그 집에서 나와
서울역 쪽으로 맥없이 걸어가고 있는데 숙모님이 따라와서 호주머니에 얼마
간의 돈을 넣어주고 돌아갔다.

어디로 갈까? 생각 끝에 만주에서 고향에 왔다가 2년 전에 이남으로 탈
출한 외삼촌을 찾아보기로 했다. 그 외삼촌은 서울 숭인동에 살며 택시운
전을 하고 살고 있다는 소식을 평양에서 듣고 있었다. 그래서 숭인동에 가
기 위해 길거리에서 한 30代 청년에게 길을 물었더니 그 사람은 휙 돌아 하
늘을 쳐다보며 한다는 소리가 '저것들은 왜 자꾸 넘어와서 쌀값 올리지…'
내가 칼을 갖고 있었으면 그 놈의 배를 찢었을 것이지만 바로 그 말이 나 같
은 놈에 대한 서울의 민심이니 어쩌랴. 나도 하늘을 쳐다보며 쓴 웃음을 지
을 수밖에….

'사과 빨갱이'와 '수박 빨갱이'

이럭저럭 몇 날을 보낸 뒤 서울대학교 교수인 학교 선배를 찾아가 대학
에 들어가는 문제를 상의하게 되었다. 선배 교수님은 평양에서 넘어온 나와
같은 처지의 학생 두 명을 나에게 소개해 주었다. 그리고 나서 '지금 대학은
제대로 공부할 형편이 못 된다'고 하면서 우리더러 학과를 따질 것 없이 商
科(상과)대학에 가는 것이 좋겠다고 했다. 우리 3人 일행은 교수님의 말씀대
로 상과대학에 가기로 의견 일치를 보았고, 교수님은 우리를 상과대학 쪽에
연락해 놓았다.

그래서 우리 3人은 청량리 電車(전차) 종점에서 한참 걸어서 상과대학을

찾아갔더니, 학교 국기 게양대에는 인민공화국旗가 펄럭이고 있었다. 북한의 인민공화국이 아직 정식으로 수립도 되지 않았는데 북한에서 배포한 인민공화국 헌법초안에 있는 깃발을 이곳 빨갱이 학생들이 만들어 걸어 놓은 것이 분명했다. 우리 3인은 눈에 불이 나서 그 깃발을 끌어내려 갈기갈기 찢어 버리고 학교 사무실로 뛰어 들어가 "이 학교에는 태극기도 없소?"라고 고함을 질렀다.

우리는 태극기를 국기 게양대에 걸어놓고는 학교 입학에 관한 서류와 절차 등을 확인하고 나서 학교를 나와 청량리 전차 종점으로 걸어 나오고 있었다. 그런데 갑자기 10여 명의 학생들이 길을 막고 우리를 에워싸더니 몰매를 쳐서 우리는 땅에 엎드린 채 매를 맞게 되었다.

이 몰매 소동은 경찰이 호각을 불며 출동하자 끝났는데 학생들은 모두 도망을 쳐서 매맞은 우리 3인만이 경찰과 대면하게 되었다. 우리는 경찰관들을 향해 말했다. "이북에서 사과 빨갱이를 피해 이남에 왔는데 여기는 수박 빨갱이가 판을 치는구려."

제주 4·3 폭동 진압하러 입대

우리 세 명은 남대문 시장에서 장사를 하는 먼저 월남한 이북 출신들로부터 도움을 받아 회현동에 있는 敵産(적산)가옥의 방 한 칸을 얻어 자취를 하면서 苦學(고학) 준비를 하고 있었는데 그 와중에 麗順(여순) 반란사건이 터졌다. 제주 4·3 폭동을 진압시키기 위해 출동명령을 받은 여수 14연대가 남로당 세포분자들에 의해 반란을 일으킨 것이다.

군대에도 빨갱이들이 침투하고 있어 반란을 일으키니 누가 4·3폭동을 진압하겠는가? 게다가 반란군은 이북에서 나온 사람은 무조건 죽인다는 소문까지 돌았다. 우리에게는 도저히 참을 수 없는 충격이었다.

'우리도 총을 잡자― 제주 4·3폭동은 우리가 진압해야지…' 이심전심 뭉치게 된 38선을 넘어온 청년들은 反共의 대명사였던 서북청년회가 조직화해 제주行 집단 입대가 이뤄졌다. 나는 1948년 11월20일 140여 명의 조직 속에 끼어 제주港(항)에 상륙하여 9연대장 宋堯讚(송요찬) 소령(육군참모총장 역임)을 따라가 1900으로 시작되는 군번과 함께 일등병이 되었다.

우리는 군대경험이 있는 자를 소대장·중대장 견습생으로 선출하여 3개 소대로 중대편성을 하게 되었다. 일종의 자치적 군대조직이었다. 美軍의 군복과 군화가 보급되고 일본군이 쓰던 구구식 소총과 帶劍(대검) 그리고 실탄이 보급되었다. 군복과 군화는 나에게는 너무 커 작은 것으로 바꾸어 몸에 걸치게 하는데 약 1주일이 걸렸다. 구구식 소총의 경우는 제대로 쏠 수 있는 것이 소대에 3~4정뿐이었고, 彈子(탄자) 받침이 없는 게 대부분이고 심지어 격침이 부러져 있는 것도 있었다.

우리 중대의 구구식 소총들이 제대로 쏠 수 있게 보강이 되기까지는 약 보름이 걸렸다. 그리고 일제 때 학교에서 군사교련을 받은 경험뿐인 우리들에게 미국식 군사훈련이 시작되었다. 우리 중대는 해변마을인 월정리의 작은 소학교 건물에 주둔하게 된다. 중위와 소위인 두 명의 정식장교가 부임하게 되고 훈련 교관으로 5명의 하사관이 배치되었다. 하지만 우리들은 이들 장교와 하사관들을 믿을 수가 없었다.

당시 제주 9연대에서는 공비와 내통하고 있었던 장교와 하사관 등 남로당 세포 조직이 연대장을 암살했는가 하면 부대의 작전계획을 공비들에게 사전에 통고하던 사건 등이 발생했던 것을 우리는 알고 있었다. 이 같은 우리들의 장교와 하사관들에 대한 불신과 경계심은 1949년 초에 9연대가 우리 西靑(서북청년단) 부대들만 남겨두고 육지로 이동을 하고 대신 여순반란

우리 중대에 배치된 두 명의 장교와 5명의 하사관들….

나는 이 장교와 하사관들을 믿을 수 없었다.

사건을 진압한 제2연대가 와서 우리 중대에 새 장교와 하사관을 부임하게 함으로써 깨끗이 끝났다.

2연대가 들어온 이후 공비 토벌은 본격화되고 서청부대도 4개 중대로 증강되어 2연대 3대대로 편성되고 M1 소총을 새로 지급받았다. 봄이 시작된 1949년 3월부터는 제주도지구 전투사령부가 설치되어 劉載興(유재흥) 대령(국방장관 역임)이 전투사령관으로 부임했고 우리 3대에도 전투 대대장(고구명 소령)이 부임하면서 한라산 중턱의 교래리로 올라가 주둔하게 되었다.

군인도 배가 고파야 공비를 잡는다

4·3 폭동으로 한라산 중턱의 많은 부락들이 불타고 폐허가 되었는데 거기서 살던 주민들 대부분은 자연 동굴 등에 숨어살며 무장폭도들을 돕고 있었다. 軍의 작전은 이들 산간부락 주민들을 모두 하산시켜 피난민 수용소에서 생활할 수 있도록 함으로써 무장폭도들을 철저히 고립시키는 것이었다.

우리 부대도 이와 같은 작전계획에 따라 전 부대원을 3인조로 편성하여 교래리에서 동서남북 사방 10km 구역을 잠복 수색하게 되었다. 낮에는 100개 이상의 3인조가 제각기 흩어져서 밀림지대와 초원지대를 수색하고,

밤이면 공비가 나올 만한 자리에서 잠복한다. 때문에 우리 부대의 3인조 수색활동 구역에서는 공비들의 활동이 아주 어렵게 되었다.

우리 3인조 병사들은 휴대식량이 아주 부실했다. 그래서였을까? 배가 고프면 잘 발달된 후각 덕분에 공비소굴을 찾아내는 경우가 많았다. 3일 분의 식량으로 미숫가루 한 봉지(1일분) 넙적한 비스킷 1일분, 쌀이 1일분이었는데, 비스킷은 군것질로 먹게 되어 한끼 거리에 지나지 않게 되고 미숫가루는 습기가 많은 산 속에서 종이봉지가 터져서 주머니에 있던 담배가루 등과 범벅이 되어 먹을 수가 없게 되는 경우가 많았다. 그래서 이틀이 지나면 배가 고파서 공비소굴의 냄새를 잘 맡았다. 어떤 때는 수십 명씩의 비무장 공비를 부대까지 인솔해 오는 경우도 있었다. 호랑이도 배가 고파야 사냥을 하듯이 군인도 배가 고파야 공비를 잡는다는 말도 나왔다.

3인조 수색 잠복 전투가 시작되면서 교래리의 우리 부대 풀밭에는 피난민 천막이 서게 되고 군인들과 비무장공비였던 피난민들이 어울려서 오락회나 축구를 하는 광경도 벌어졌다. 피난민들이 많아지면 제주읍의 수용소로 후송하였다.

"비행기가 떨어졌다"

내가 속한 3인조 수색대는 4월 初, 어느 날 교래리 동쪽 방향으로 출동하여 물장오름 일대를 살피고 나서 방향을 돌려 밀림지대로 들어갔는데 뜻밖에도 표고버섯 재배장을 만나게 되었다. 관리자가 있을 리 없는 이 표고버섯 재배장도 봄기운에 표고버섯이 여기저기 꽤 많이 돋아나고 있었다. 우리는 표고버섯을 닥치는 대로 뜯어 모아 물이 있는 곳을 찾아가 반합으로 쪄서 맛있게 먹었다. 그리고 나서 초원지대로 다시 나와 많은 돌담들을 살피면서 우리 부대 방향으로 가고 있었다.

그런데 저 멀리 군복 입은 두 사람을 발견하게 되어 우리는 돌담에 의지해서 총을 겨누었는데 아무래도 공비는 아닌 것 같아서 내가 돌담 위에 올라가 총을 하늘 쪽으로 높이 쳐들며 "어이 거기 어디냐?"고 고함을 질렀다. 그런데 週間(주간)암호인 나의 총을 높게 든 신호를 아군이면 두 손을 좌우로 벌려서 응답해야 하는데 신호를 받지 못한 채 우리 쪽으로 걸어오고 있었다. 자세히 보니 한 사람은 철모를 쓰고 있어서, 철모를 쓴 공비는 없었기에 내가 "아군이다 쏘지 말라" 했다. 가까이 왔을 때 보니 그 철모에는 대령 계급장이 분명했다. 劉載興 전투사령관이었다.

우리는 뛰쳐나가 "각하 어찌된 일입니까?"고 했더니 "히코기가 오치다" (비행기가 떨어졌다)고 했다. 일본서 자라고 일본군 장교였던 유재흥 사령관은, 당시 우리 말이 아주 서툴렀다. 우리 3인조는 전투사령관을 호위해서 관음사 쪽에 있는 1대대를 갔다. 1대대에 도착하자 대대장과 장교들이 나와서 사령관과 조종사를 맞아들였는데 우리 3인조는 저녁거리로 잡아 갖고 있던 꿩 한 마리를 각하를 대접하라며 주고 나왔다.

이날 劉載興 사령관은 작전 명령서를 당시 '잠자리 비행기'로 불리던 연락기를 타고 관음사의 1대대 박격포 탄통에 넣어 떨어뜨리고, 교래리의 3대대로 가다가 밀림지대에서 불시착을 하게 되었다. 비행기가 나뭇가지 위에 떨어지자 비행사와 함께 빠져나와 초원지대로 나왔다가 우리 3인조와 만나게 된 것이었다.

그런데 사령관의 비행기 불시착 사건은 한라산 공비 토벌작전에 결정적인 작용을 하게 된다. 공비들이 그 나뭇가지 위의 비행기에 있던 작전 명령서를, 그들의 사령부에 갖고 가서 보고는 크게 겁을 먹어 무장공비들의 무기들을 회수하고 일반주민 피난민 속에 잠복하도록 했다는 것이고, 회수된

무기들은 기름칠을 잘 해서 방수포장을 해 한라산 개미고개 일대에 파묻었다는 정보였다.

각 대대에서는 개미고개에 출동하여 보물찾기 하듯 땅을 쑤시며 탐색을 해서 6~7개 뭉치를 찾아내어 소총 70정 가량을 회수했다. 이것은 무장공비들이 회수했다는 무기의 일부에 지나지 않았지만 무장공비들의 전투조직이 와해되는 계기가 되었다. 한라산 공비 토벌작전은 여기서 일단락이 되어 우리는 제주읍으로 철수하여 1년 늦은 5·10 선거를 하고 LST수송선으로 제주도를 떠났다.

보름간 지속된 신남 전투

목포에 상륙해서 화물열차로 짐을 옮기고 있을 때 '이동 중인 부대는 춘천으로 가라'는 명령이 떨어졌다. 춘천과 홍천에서는 8연대 1대대와 2대대가 대대장 지휘로 38선을 넘어 월북한 사건이 발생했다는 것이다. 1대대장 표무원 소령과 2대대장 강태무 소령은 軍內의 대대적인 肅軍(숙군)사업으로 남로당 세포인 자신들의 정체가 발각될 것이 두려워 북한간첩을 통해 북쪽 괴뢰군과 짜고 야간훈련이니 연대작전이라고 속여 부하들을 끌고 월북한 사건이었다. 이른바 '표·강 사건'이라는 우리 군대의 치욕적인 사건 때문에 우리 대대는 38선 접경인 춘천으로 가게 되었다.

춘천에 도착한 우리 대대는 월북한 8연대 1대대가 있던 소양강변의 막사를 점유하고 본격적인 군사훈련을 하게 되었다. 당시 춘천 북방의 38선은 경찰이 주요 통로들을 막고 경계하고 있었으나 곧 군대가 38선 경계를 담당해야 할 상황에 있었다.

제주에서 2연대 3대대였던 우리 대대는 춘천에 7연대가 들어오게 되자 7

연대 2대대로 편입되었는데 나와 10여 명의 동지들은 연대본부로 차출되었다. 연대 정보과 소속인 수색대로 조직돼 우리 연대가 담당하게 될 38선 구역의 요소들을 정찰하였고, 우리 군대가 38선 경계 임무를 직접 넘겨받게 되자 38선 접경 북쪽지역에 대한 정보수집 활동을 하게 되었다.

그래서 내가 맡게 된 38선 구역은 我軍(아군) 병력배치가 없는 약 4km의 산간지역인 춘성군 부귀리로 38선 북쪽은 오음리와 유천리 등 화천댐 남쪽 지역이었다. 육군 일등병인 내가 4km의 38선 산악지대를 감당해야 하는 중책이었는데 내 주변에는 화랑 공작대라는 민간 조직원 서 너 명이 무장을 하고 나를 도왔다. 수색대 본부는 춘천에서 양구 쪽으로 통하는 도로가 있는 내평리로 약 6km 후방에 있었는데 전화선도 없어서 산골마을 청년들이 도보로 연락병 노릇을 해 주었다.

당시 내가 맡은 이 산악지대 38선은 남북을 오고가는 보따리 장사꾼도 있었고 간첩도 넘나들었다. 나와 화랑공작대원은 가끔 산악통로에 잠복했다가 보따리 장사꾼을 만나 북쪽 정보도 입수하고 간첩도 잡아내야만 했다. 보따리 장사꾼 속에는 남북한 二重(이중)간첩 노릇을 하는 자도 있었다.

내가 부귀리에 자리 잡은 지 얼마 후인 1949년 8월 초에 우리 연대 담당 동쪽지역인 신남에서 큰 전투가 벌어져 우리 수색대도 전원 출동하게 되었다. 북한 괴뢰군 대대 병력이 38선 남쪽의 우리 7연대가 지키고 있는 고지를 한밤 중에 집중 포격한 끝에 점령하고는 38선 이남 신남 일대에 포격과 총격으로 제압하려는 도발을 해 온 것이다.

신남에 도착한 우리 수색대가 敵이 점령하고 있는 高地를 마주 볼 수 있는 고지로 접근하고 있을 때 敵의 82밀리 박격포탄이 수십 발 쏟아져 터졌으나 우리는 아무도 다치지 않고 그 고지에 올라가 적진을 향해 총을 쏘았다. 우리 수색대원들은 너나 할 것 없이 彼我(피아)간 포격과 총격으로 화약연기가 자욱한 전투광경을 난생 처음 경험하고 있었다. 이 신남 전투는 敵(적)이 점령했던 모든 고지를 탈환하고 끝내기까지 보름이나 걸렸다.

도망친 二重간첩

신남 전투가 끝나자 우리 수색대원들은 원 위치로 복귀하게 되어 나는 부귀리로 돌아와 내 구역 38선 접경을 점검하게 되었다. 신남전투 이후 적의 소규모 침투도발이 잦아지면서 남북을 오가던 장사꾼은 볼 수가 없게 되어 접경지대에 뭔가 이상이 있으면 첩자를 이용해서 확인해야만 했다. 나는 38선 북쪽마을에 살다가 남쪽으로 나와서 살고 있는 사람들을 포섭해서 첩자로 쓰고 있었다.

그런데 38선 접경에는 8·15 해방 이전에 남쪽마을에서 살다가 북쪽마을에 살고 있는 사람도 있어서 가끔 이들이 남쪽마을로 오는 경우도 있었다. 1949년 늦가을에 옛날 부귀리에서 살다가 북쪽마을로 간 40대의 남자가 남쪽 고향인 부귀리에 왔다는 것을 알게 되었다. 나는 그 사람을 마을사람들이 저녁이면 많이 모이는 옛 구장집에서 만나 북쪽마을 부근의 상황들을 물어 보았더니 꽤 솔직하고 자연스럽게 대답해 주었다.

내가 이미 알고 있는 사실들이었지만 말해주는 태도가 솔직하고 자연스럽게 느껴져서 "우리 따로 이야기를 합시다"고 하며 마루 쪽으로 자리를 옮겼다. 그리고 물어보았다. "북쪽마을에 38선 이남마을에 가도·좋다고 허가를 해 줄 사람은 없지 않습니까?"고 그랬더니 "그렇다"고 끄덕였다.

그래서 "어째서 위험을 무릅쓰고 여기에 왔느냐"고 했더니 "추수도 끝나고 고향생각도 나서 밤중에 나왔다"고 말하는 것이었다. '당신은 이 마을에

내가 포섭해 첩자로 쓰던 사람이 알고보니

二重간첩이었을 줄이야….

가까운 친척이나 조상묘도 없다고 하던데 누구를 보고 싶어 왔느냐?' 했더니 '같이 자라난 친구들이 여럿 있지 않습니까'라고 말하고 나서 뒷간(화장실)에 좀 가야겠다고 말하는 것이었다. 나는 좀 의심스럽기에 화랑공작 대원을 감시원으로 따라가게 하였다. 그런데 그 사람이 뒷간에서 감쪽같이 없어졌다.

따라갔던 감시원의 말인 즉, 뒷간 바주문(갈대, 싸리 따위를 발처럼 엮어 만든 門)에 허리띠를 풀어 걸쳐놓았기에 안에서 일을 보고 있는 줄만 알고 있었는데 아무리 기다려도 나오질 않아서 문을 열어 보았더니 감쪽같이 없어졌다는 것이었다. 뒷간의 앞문에 허리띠를 풀어서 걸어놓고는 뒷간의 뒤쪽 구멍으로 빠져나가 개울로 내려가서 도망을 친 것을 뒤늦게 알게 된 것이다.

그는 북쪽간첩으로 고향에 침투했었는데 나에게도 북쪽 정보를 주는 것으로 二重간첩 노릇을 할 것처럼 놀다가 내가 의심하고 뒷간까지 감시원을 붙이자 北으로 도망친 것이 분명했다. 이런 일이 있은 후 겨울이 되고 산과 들이 하얀 눈에 덮인 어느 날 내 연락원을 해주던 마을 청년이 노루를 잡았다고 하며 먹으러 가자고 나를 끌기에 따라가 어느 집으로 들어가려고 하는데 그 집 뒷산 능선에 하얀 옷들을 입은 20여 명이 서 있는 것을 발견했다.

20여 명의 敵과 交戰

敵(적)이다! 흰 위장복을 입고 침투해 온 敵이라고 나는 직감하고 그 연락원 청년에게 춘천 내평리에 위치한 본부로 빨리 가라고 지시, 그 집 돌담에 총을 걸치고 조준을 해서 M1 소총 여덟 발을 쏘았더니 한 명이 앞으로 고꾸라지면서 굴러 떨어졌다. 그후 나를 향한 집중 사격이 가해졌다. 나는 집 돌담과 산골 개울 등을 이용해서 총탄을 피하며 달아나 나의 숙소에 들러 수류탄을 주머니에 넣고 나와 내평리 쪽으로 가기 위해 언덕을 올라가는데 불과 15m 거리의 밤나무에 숨어있던 두 명의 敵이 나를 쏘았다.

나는 왼발에 총을 맞고 앞으로 엎드린 자세로 쓰러졌는데 내 총구가 나를 쏜 적을 향하고 있기에 쏘고 한 명은 도망치기에 연속사격을 퍼부었다. 단발소총을 갖고 나를 죽이려고 매복했던 적에게 나의 半(반)자동 M1 소총이 압도적 위력을 발휘한 순간이었다. 일어서 걸으려고 했더니 왼발이 허공을 짚는 것처럼 되어 쓰러졌다. 골절이니 걸을 수가 없어서 눈 위를 엎드려 기는 수밖에 없었다. 산 쪽의 敵이 나에게 집중 사격을 가해왔다. 거리가 꽤 있었던 탓으로 맞지는 않았는데 내가 기어가던 밭에 바위가 있어 나도 應射(응사)를 하려고 총을 들었다.

그런데 M1 소총 약실에 눈이 꽉 박혀있어 쏠 수가 없었다. 나는 敵을 속이기 위해 외투를 벗어 그 바위에 걸쳐놓고 잠바를 입은 등을 썰매 삼아 미끄러져 골짜기로 내려가 총을 눈 속에 묻어버리고 기어서 마을 입구의 외딴집 돼지 우리 속에 들어갔다.

아래 위 어금니가 딱딱거리며 온몸이 떨리기 시작해서 출혈이 심했음을 깨닫고 허리띠와 함께 갖고 있던 비상용 끈을 꺼내서 허벅지를 묶고 나뭇가지를 비틀어 지혈을 했다. 왼손으로는 나뭇가지를 잡고 지혈을 위해 비틀어 쥐고, 오른손으로는 수류탄을 쥐고 안전핀이 뽑히기 쉽게 해놓고 있었다. 돼지 우리 속에서 최후를 각오하고 있을 때 마을 청년 한 명이 다가와 빨리 나와서 자기 등에 업히라고 했다. 그는 나를 업고 내평리 쪽으로 달렸다. 나는 그의 등에 업혀가면서 뒷간에서 도망친 간첩 생각을 되씹고 있었다.

제대 준비하다가 맞은 6·25

내평리 수색대 본부에 도착한 나는 곧 춘천도립병원으로 후송되어 치료를 받게 되었다. 도립병원에서는 38선에서 부상당한 군인들을 치료하기 위해 병원 한 쪽에 단층 건물인 별관병동이 있었는데 치료 수준은 아주 낮은 편이었다.

나의 경우는 엑스레이로 골절부분을 잘 보면서 하퇴부의 가는 뼈와 굵은 뼈 모두 골절부위가 바르게 붙도록 하고 움직이지 않게 깁스를 해야 할 터인데, 엑스레이에 비추어 보지도 않고 손으로 주물러 뼈를 맞추며 副木(부목)을 대고는 붕대를 감았다. 총알이 빠진 상처 구멍을 소독 하고는 다이아친(해열제의 일종) 가루를 뿌리는 게 치료의 전부였다. 38선에서의 빈번한 敵의 침투로 갑자기 생기는 군인 부상병 치료가, 도립병원과 같은 공익병원에서는 부담이 되었던 것 같다.

그래도 병원에서 한 달이 가고 두 달이 가는 동안 총알구멍은 아물고 부러진 뼈는 부목에 동여맨 채 좌우로 움직거리게 되더니 1950년 3월 초 봄이 되자 붕대를 풀어 부목을 떼어내고 목발로 병원 안을 돌아다닐 수가 있게 되었다. 이 무렵 연대 정보참모 김동명 소령의 도움으로 온양에 있는 육군 온천요양소로 가게 되었다. 온천요양소에서는 골절된 뼈가 바르게 붙지 못해서 발생하는 발목의 부자유스러운 상태를 바로잡기 위해 뜨거운 온천

물에 들어가 왼발로 까치걸음을 하는 운동을 계속 했다.

1950년 5월이 되자 내 왼발에도 힘이 생기게 되고 지팡이 없이 걸을 때 약간 절고 불편은 하나 통증은 사라져 요양생활을 끝내고 원대 복귀를 하게 되었다. 내 소속이던 7연대 정보과로 갔더니 나는 이미 가평에 주둔하고 있는 11중대로 전보 발령이 난 지 1개월이 넘었다고 했다. 그 이유를 물었더니 그동안 복잡한 일들이 많아 정보과의 職制(직제)개편이 있었는데, 나의 경우는 어차피 제대를 할 몸이니 서울 왕래가 쉬운 가평 부대로 가게 했다는 설명이었다.

나는 가평의 11중대로 가서 전입신고를 했는데 중대장은 평안남도에서 월남한 인성훈 대위였고 중대 선임상사는 나와 제주도에서 같은 중대에 있던 친한 사람이었다. 그래서 나는 편하게 가평에서 서울을 왕래하며 제대 준비를 할 수가 있었다. 학기 초가 9월로 옮겨가고 있을 때여서 나는 7월 초에 제대할 계획이었다. 하지만 그 7월이 오기 전에 6·25 날벼락이 떨어졌다.

6·25 새벽의 對南 스피커 방송

"국방군 동무들−. 동무들은 100m에 한 사람 200m에 두 사람 꼴로 보초나 서고 있는 형편인데 우리 백만 인민군의 공격을 어떻게 막을 수가 있겠는가? 아까운 청춘의 생명을 헛되게 버리지 말고 인민의 품으로 내려오라."

1950년 6월25일 새벽 3시부터 가평부대의 38선 지암리 高地(고지) 전방에서는 우리 국군을 향해 투항을 강요하는 對南(대남) 스피커 방송이 시끄럽게 반복되었다. 지금까지 전례가 없었던 대규모 공격을 예고하는 방송인데 새벽 4시를 목표로 '30분이 남았다…', '20분이 남았다…' 등 카운트다운까지 하면서 투항을 재촉하다가 4시 정각에 砲(포) 공격이 시작되었다.

나는 발을 약간 절며 불편은 했지만 아프지는 않았다. 몸을 움직일 수 있어 가평 시내로 나가 숯을 운반하기 위해 들어온 트럭들을 징발, 부대로 끌어와 무기와 탄약과 취사도구와 식량 등을 싣는 등 부대 이동 준비를 했다. 가평 부대에는 당시 '스리쿼터'로 불리던 소형 트럭 한 대가 있었을 뿐이니 부대 전체가 이동을 하기 위해서는 열 대 이상의 트럭이 필요했다.

38선 일대에는 계엄령이 선포되었기 때문에 민간트럭을 징발하는 일은 무리 없이 진행되어 26일부터는 부대 이동을 시작할 수 있게 되었다. 가평 거리를 발 밑으로 내려다보게 되는 보납산을 점령한 인민군이 만세를 부르고 있을 때, 우리 가평 부대원들은 모두 차에 올라 철수를 시작했다. 이때 우리 육군본부의 L19 연락機(기)가 나타나 '가평 부대는 서울로 가라'는 작전명령을 내렸다. 그래서 가평의 2개 중대는 서울을 향해 달리고 있었는데 마석에서 우리 대대장인 인성관 소령을 만나게 되었다. 인성관 대대장은 서울에서 교육을 받던 중 6·25가 터져 원대로 복귀 중이었다.

인성관 대대장은 가평 중대에 대해 "지금 서울에 들어가면 모닥불에 날아든 부나방 꼴이 된다"며 "내가 육군본부에 가서 말할 테니 원대(7연대)를 찾아가라"고 지시했다. 대대장의 지시로 가평부대는 원주의 6사단 본부를 거쳐 횡성에서 홍천으로 넘어가는 사마치고개에서 원대인 7연대에 합류하게 되었다. 그러나 서울로 간 대대장은 돌아오지 못했다.

開戰 후 최고의 戰果 거둔 음성 무극리 전투

우리 연대의 主力은 단양을 거쳐 충주로 후퇴하고 우리 가평부대는 원주쪽으로 해서 충주로 가서 연대 주력과 함께 음성 방향으로 이동했다. 음성쪽으로 이동한 우리 연대는 음성 무극리에서 충주 주덕 부근까지 이어진 산줄기에 매복하고 있다가 일부 병력이 장호원 쪽에 있는 적을 자극 유인하여 충주를 향해 大병력이 나오도록 해서 일제히 기습 공격을 했다.

적은 野砲(야포)와 각종 차량을 학교 마당이나 도로에 세워 놓은 채 점심식사를 하려던 기회에 우리가 기습공격을 한 것이다. 敵은 수많은 시체와 함께 야포 3문과 포탄차, 각종 보급품을 실은 트럭 등 수십 대 그리고 장갑차와 기관단총을 장착한 사이드카 등을 버리고 도망쳤다. 그날이 7월8일 '음성 무극리 전투'이다. 승리감에 도취된 적이 장호원에서 충주 쪽으로 기세 좋게 나오는 것을 우리 연대가 매복공격을 해 6·25 開戰(개전) 이래 최대의 戰果(전과)를 올린 전투였다.

이날의 음성전투에는 강원도에서 우리 7연대를 따라 후퇴해 온 경찰도 매복공격에 참가했고 노획한 각종 자동차와 사이드카를 끌어내는데도 한 몫을 했다. 나는 적이 버리고 도망친 각종 차량에 서울에서 약탈한 옷감과 각종 상품이 가득 실려 있는 것을 보며 '이 전쟁은 우리가 이긴다'고 확신했다. 보급품을 실은 차량은 말할 것도 없고 야포탄을 실은 트럭에도 약탈한 저고리감, 치마감, 양복감 등 각종 옷감과 생필품을 빈틈없이 싣고 있는 꼴은 전쟁에서 승리할 수 있는 군대의 모습이 아니었다.

李承晩 대통령은 6·25 개전 이래 최대의 전과를 거둔 우리 부대를 치하하고, 연대장 이하 全 장병의 1계급 특진을 명령했다. 그래서 우리 연대는 괴산 쪽으로 후퇴하다가 도안초등학교 마당에서 모든 사병이 갈매기(v)나 작대기(-)를 하나 더 철모에 그려 넣었다. 나도 갈매기 하나를 더 부여받아 연대 최고참 일등병을 면하고 하사가 되었다.

우리 부대는 따라오는 적과 싸우며 괴산을 지나 문경 새재를 넘어 경상북도로 가는 길을 따라 후퇴를 했다. 우리를 지원해 온 6사단 포병 16대대는 음성서 노획한 북한의 인민군 야포로 인민군을 향해 쏘면서 싱글벙글해

했던 기억이 난다.

"국방군 동무, 부산이 몇 里 남았소"

우리는 전쟁이 시작된 지 40일 만인 8월3일 예천의 용궁 부근에서 낙동강을 건넜다. 이때 美 공군 제트기가 인민군 탱크와 보급차량을 로켓포로 때려 부수고, 보병에 기총소사를 퍼붓는 공중공격이 본격화되는 시점이라 인민군의 진격속도가 많이 둔화되고 있었다. 낙동강을 건넌 우리 중대는 의성군 부근에서 보충병을 받고 中隊(중대) 再편성을 하게 되었는데, 나는 2등 중사로 승진하여 중대 서무를 맡았다.

중대 서무는 병력 보충과 전사자와 부상자, 실종자 등 병력 피해를 파악·처리하는 임무를 수행해야 한다. 1등 중사 이상인 하사관들은 모두 소대로 나가 전투지휘를 하도록 재배치가 되었다. 우리 중대의 장교는 중대장을 포함해서 단 두 명뿐이었다.

인민군도 낙동강을 건너 우리를 따라오기 시작했다. 우리 부대는 의성과 군위 지역의 동서로 흐르는 낙동강 지류와 거기에 따른 고지를 이용해서 따라오는 인민군과 온종일 血鬪(혈투)를 하다가 밤이면 다음 산줄기로 후퇴하여 김칫독 하나 들어갈 정도의 개인호를 파야만 했다. 인민군의 야포공격은 여전히 강하고 하루에도 몇 번씩 돌격선까지 육박해 오곤 했다.

효령 부근 고지에서 밤새도록 개인호를 파고 전투 준비를 하고 있을 때였다. 날이 밝아오자 산 밑에서 "국방군 동무-. 부산이 몇 里 남았소?"라고 고함을 치기에 우리는, "네 놈들에겐 부산보다 지옥이 가깝다, 빨리 올라오라-"고 소리치며 총을 쏘았다. 이날 전투는 꽤 치열했다.

나는 중대 兵器(병기) 담당 중사에게 60밀리 박격포탄을 많이 高地(고지)에 올려 보내자고 했다. 수류탄은 안전핀을 뽑아 던지면 땅에 떨어져 몇 초가 굴러가다가 터져서 돌격선에 들어온 적을 잡기가 어려우니 떨어지는 즉시 터지는 60밀리 박격포탄이 필요했다.

이날 전투에서 우리 중대는 60밀리 박격포탄의 위력을 충분히 발휘했다. 산 아래에서 올라오는 적을 향해 산 위에서 60밀리 박격포탄을 던지는 일은 쉽고도 적중률이 높았다. 그러나 우리 중대 우측의 대대 OP고지에서는 수냉식 기관총 사수가 전사하자 대대장이 뛰어나가 그 기관총을 쏘다가 부상을 당하는 전투상황이 벌어졌다. 대대장 이남호 중령은 얼굴의 아래턱에 총상을 당해 말을 할 수가 없어 손짓으로 12중대장 유승원 소령에게 지휘권을 넘기고 후송되었다.

최후 방어선 '워커 라인'

이날 전투는 오후 3시쯤에야 끝나게 되어 조용해졌는데 우리 중대의 고지 밑에서 사람 우는 소리가 들려왔다. 내려가 보았더니 수류탄 2개를 두 손에 쥔 인민군 병사가 울고 있었다. 까닭은 서울에서 인민군에 징발되어 전선에 투입된 대학생인데 인민군 지휘관이 자기에게 수류탄을 쥐게 하고 안전핀을 뽑고는 국군 陣地(진지)로 올라가 던지라고 하고는 후퇴를 했다는 것이다. 그래서 이러지도 저러지도 할 수 없어서 울 수밖에 없었다는 이야기였다. 우리는 여기서 인민군도 병력 손실이 많아서 점령지인 서울에서 젊은이들을 마구 잡아들여 戰線(전선)에 투입한다는 사실을 확인했다.

우리 부대는 낙동강을 건너온 지 20여 일 동안 의성군과 군위군의 산봉우리마다 피로 물들이며 후퇴를 거듭한 끝에 영천 신령 부근 최후 방어선에 도달했다. '워커 라인'이라고 불렸던 이 최후 방어선이 무너지면 전쟁은

'워커 라인'은 우리가 절대로 물러설 수 없었던,

일종의 '결사 항쟁선'이었다.

끝장나니 절대로 물러설 수가 없는 일종의 '결사 항쟁선'이었다.

우리 중대가 배치된 곳은 신령에서 의성으로 통하는 고갯길 우측 능선으로 팔공산 정상이 바로 남쪽에 보이는 최후 방어선의 최북단이었다. 여기서 근 한 달 동안 하나의 고지를 놓고 하루에도 몇 번씩 敵과 我軍(아군)이 뺏고 뺏기는 혈투가 거듭되는 숨 막히는 상황이 연속되었다. 산 능선의 나무들은 포탄과 폭격에 부러지고 부서지고 불타기를 반복하여 흔적도 없이 사라지고 풀뿌리 하나 성한 것 없는 모래산처럼 되었다. 우박처럼 쏟아지는 포탄 파편을 막기 위해 벙커 지붕을 만들었다. 인민군 長銃(장총) 위에 비옷이나 개인천막을 씌우고 그 위에 인민군 시체들을 놓고 흙을 덮는 방식이었다.

전쟁이 낳은 기막힌 사연들

우리 중대에서는 사흘만 살아남으면 고참병이 되었고, 1주일을 견디면 新兵(신병) 2~3명을 거느리는 조장 역할을 해야 했다. 중대 서무인 나는 총 한번 잡아보지 못한 벼락치기 신병들을 매일같이 보충을 받아 M1 소총사격을 시켜 보고는 고지로 올라가 각 소대로 배치하고 전사자와 부상자를 파악하기에 여념이 없었다.

벼락치기 신병에는 까까머리 중학생(5~6학년)과 농촌 같은 마을의 아저씨와 조카들이 집단으로 지원해 왔는가 하면 피난길에 징발되어 온 아버지와 아들도 있었다. 중학생이나 아저씨와 조카의 경우는 서로 아는 사이니까 첫 전투에서 부상자나 전사자가 발생해도 파악하기 쉬웠지만 피난길에 징발되어 온 新兵들의 경우는 서로 姓(성)도 이름도 모르는 형편이기에 어려움이 많았다.

나는 어느 날 36명의 신병을 인수하고 M1 사격을 시켜본 후 高地의 3개 소총소대에 고루 배치하기 위해 1, 2, 3 번호를 붙이고 줄을 갈랐는데 한 줄에 12명씩 돼야 할 줄이 제각각이 되기에 다시 번호를 붙이고 줄을 가르며 살폈더니 한 사람이 다른 줄로 날쌔게 옮기는 것을 발견했다. 나는 그 사람을 불러냈다. 다른 신병들보다 나이가 훨씬 많아보였는데 까닭을 물었다. 이 늙은 신병은 눈물을 머금고 자기가 섰던 줄의 한 신병을 가리키며 "저, 저놈이 내 아들입니다. 죽어도 같이 있다가 죽고 싶으니 꼭 좀 같이 있게 해주십시오" 나는 깜짝 놀랐다. 그리고 눈시울이 뜨거워지는 걸 느낄 수 있었다.

아들과 피난을 하다가 아들이 軍에 징발이 되니 아버지도 따라온 것이 분명했다. 나이를 물었더니 43세. 나는 그를 열외로 빼고 대대 취사반에 인계를 할 수밖에 없었다. 나는 이 늙은 신병을 뺀 35명의 등에 페인트로 군번 끝자리 3字를 쓰게 하고는 고지로 올라갔다.

우리 중대의 고지에서는 적의 공격이 시작되었는지 적의 포탄이 집중적으로 쏟아지고 있었다. 포격을 당하는 고지를 보면서 능선을 잡아 올라가는데 우리 중대의 우측이 적의 돌격을 받아 무너져 내리고 있었다.

상황은 몹시 급박해 35명의 신병들에게 사격을 지시하고 이들을 무너진 방향으로 공격해 올라갔다. 첫 탄환을 장전한 여덟 발을 다 쏜 신병들 가운데서는 여기저기서 "총알이 안 들어갑니다. 이 총 좀 봐 주이소" 등등 비명 어린 소리들이 들려왔다. "총알을 개머리판에 쳐라"고 소리치며 돌격해 올라갔더니 인민군들은 도망치기 시작했다. 敵도 벼락치기 신병들을 마구 투입할 때이니 우왕좌왕하는 건 우리와 마찬가지였다.

전투가 끝나 신병들의 인원 점검을 했을 때에는 오후 4시가 넘어서였다. 35명의 신병 가운데 벌써 10여 명의 사상자가 나왔다. 부상자들을 후송하고 전사자의 屍身(시신)들을 골짜기로 끌어 내리고 신원을 확인하기 위해 등 뒤의 군번을 보았다. 흰 페인트가 채 마르기도 전에 전투를 했으니 모두 뭉개져서 글자를 알아 볼 수가 없었다.

하지만 전사자의 시신들은 매장하는 수밖에 없어서 골짜기에 구덩이를 파고 있을 때 주먹밥을 담은 탄약통을 지고 올라오던 취사반의 늙은 신병이 나를 보았다. 나는 무심코 "여보오, 이 전사자 중에 아는 사람이 있나 보오"라며 손짓을 했다. 한데 차마 볼 수가 없는 광경이 벌어지고 말았다. 이 늙은 新兵의 아들이 전사자의 시체 속에 있었던 것이다. 그는 핏기가 빠진 아들의 이마를 어루만지며 "이 놈이 5代 독자였소"라고 한숨 쉬듯 나에게 말했다.

9월 중순 전투가 약간 소강상태일 때 부상으로 후송됐던 우리 중대원이 치료가 끝나 원대 복귀를 해 왔다. 이름을 물었더니 '鄭○○'. 나는 깜짝 놀랐다. 전사자가 돌아온 것이다. 그는 아저씨와 조카들이 집단 입대를 한 칠곡군 약목의 鄭 씨 마을 출신인데 나의 실수로 전사자와 부상자의 이름이 바뀌어 전사자로 보고된 자가 살아서 온 것이다. 姓과 돌림자는 같고 나머지 한 글자가 뒤바뀐 사고인데 나는 난감했다. 전사자가 귀대했다는 보고는 할 수가 없기 때문이다. 돌아온 鄭 씨에게 진짜로 전사한 사람과의 관계를 물었더니 사촌 종형이 된다고 했다. 나는 한참 궁리 끝에 "당신은 부상자로부터 원대 복귀한 종형의 이름으로 살아야 하겠네… 전쟁이 끝나면 이름을 바로 잡을 수가 있지 않겠나…."

태극기 휘날리며

우리 부대(6사단 7연대)는 1950년 9월15일 역사적인 인천상륙작전으로 戰勢(전세)가 역전된 뒤인 9월22일 영천·신령의 최후방어선을 떠나 北進(북진)을 개시했다.

6·25 이후 후퇴해온 길을 따라 전광석화처럼 진격, 일주일 만에 춘천을 탈환했다. 38선 돌파 명령이 떨어지자 화천을 점령하고 김화, 철원, 평강, 금성, 창도, 호양을 거쳐 철령을 넘어 안변, 원산으로 진격했다. 敵의 저항은 거의 없었다.

원산에서는 평양을 향해 西進(서진), 마식령을 넘어 양덕을 점령하고 성천에 도달했을 때, 서부전선에서 평양을 점령했다는 쾌보를 접했다. 평양 점령 다음날인 10월20일 정오에는 평양 북쪽으로부터 약 100리 정도 떨어진 순천에 도달했을 때, 언덕으로 美軍 낙하산 부대가 降下(강하)하는 광경을 보았다.

우리 부대가 태극기 휘날리며 순천에 진입할 때 도로변 논바닥에는 평양서 후퇴해 온 인민군 병사들이 방한복을 뒤집어 입고, 우리를 향해 만세를 불러줬다. 나는 이때 민족통일을 확신케 하는 감격적인 열기를 느꼈다. 우리 대대(7연대 3대대)는 순천을 점령한 그날 밤 다시 100리 북쪽인 개천으로 진격했다.

개천에 도착했을 때, 우리 차량 대열이 인민군의 후퇴 차량인 줄 알고 지프차로 끼어들었던 인민군 총좌(우리의 중령과 대령 사이) 등을 생포했다.

> 중공군 개입으로 우리 부대는 후방이 막혀
> 자루 속에 든 쥐의 신세가 되었다.

이날 밤 敵의 군수물자를 가득 실은 화물열차도 두 대씩이나 우리가 개천을 점령한 줄을 모르고 개천역으로 들어왔다. 10월21일 아침이 밝았을 때 개천거리에는 'OO부대 강계로', '△△부대 강계로' 등 인민군 각 부대들이 강계로 집결한 것을 알리는 벽보가 무질서하게 붙어 있었다. 더 이상 우리에게 대항할 적은 없었다.

10월22일 개천을 출발한 우리 부대는 청천강을 渡江(도강), 단숨에 평안북도 희천을 점령하고 강계로 넘어가는 개고개에 진격했다. 그런 뒤 방향을 바꾸어 운산 온정리를 거쳐 양강리—풍장—고장—초산—압록강까지 쳐들어갔다. 그날이 10월26일이었다. 우리는 조국통일의 희열을 느끼며 들떠 있었다. 허나 이것은 잠시뿐이었다. 중공군 개입으로 우리 부대는 200리 후방이 막혀 자루 속에 든 쥐의 신세가 되었다.

역전된 戰勢

우리의 후속부대인 6사단 2연대가 평북 운산 부근에서 중공군과 遭遇(조우), 청천강 쪽으로 밀려났다는 소식을 압록강변에서 들었을 때 하늘이 내려앉는 것만 같았다. 우리는 압록강에 도달한 지 3일 후인 10월29일 약 600명의 인민군 포로(이중 80%가 귀순자)들을 '고향으로 가라'고 모두 방면한 뒤에 항공지원을 받으며 南下(남하)했으나, 국경에서 150리 남쪽인 풍장에서 도로를 차단하고 포진한 중공군의 야간공격을 받고 분산하게 되었다.

해질 무렵부터 구슬프게 피리를 불어대던 중공군이 야간에 갑자기 사격을 하며 "打(타) 打(타)" 고함을 치며 돌격해왔다. 대대·중대별로 산으로 분산되어 南下하다가 3일 뒤 1차 집결지인 회목동에 집결했을 때, 美 공군 헬리콥터(소형)가 공군 연락장교를 구출하기 위해 왔다.

美 공군장교를 태운 뒤 남은 한 자리에 美軍 고문관을 태우려고 했으나 본인이 거부, 부상병을 대신 태우고 하늘로 올라갔다. 그리고 3일 뒤 청천 강변 태평리 북쪽 분지에서 약 절반 가량 연대병력이 집결했을 때 美 공군 수송기 2대로부터 공중보급을 받았다. 나는 여기서 기관단총의 탄창 2개와 실탄 200발, 그리고 수류탄 2개를 확보할 수 있었다.

연대장은 나오지 못해 1대대장(김용배)이 지휘를 했다. "공격은 대대 서열순, 1대대가 먼저 나간다. 2대대는 뒤따르고 3대대는 후방경계를 하면서 오라" 敵陣(적진)돌파를 위한 총공격이었다. 태평리 뒷산 언덕을 단숨에 공격하고 태평리를 기습했다. 1대대는 청천강을 渡江(도강)하기 시작했고 2대대가 뒤따랐다. 태평리 도로 상에 있던 중공군 보급차량 등을 불사르며 전진하고 있을 때 左右 측면에서 중공군이 공격해왔다.

얼떨결에 한 인민군 행세

우리 3대대는 더 이상 나갈 수가 없게 되어 北으로 후퇴, 높은 산 쪽으로 들어갔다. 내가 소속된 11중대는 20여 명에 불과했고, 장교는 고사하고 상사 이상 계급자가 한 사람도 없어서 1등 중사인 내가 지휘를 할 수밖에 없었다. 우리는 4~5명씩 組(조)를 짜서 분산, 제각기 청천강 도강장소를 찾아 東北 방향으로 걸었다. 이틀 후 청천강이 내려다보이는 야산에 도달했다. 이 야산에는 우리 외에도 70~80명이나 여기저기 웅크리고 앉아 제각기 도강계획을 짜면서 밤을 기다리고 있었다.

우리 일행 5명은 바위틈의 가랑잎을 헤치고 썩은 도토리를 주워 먹었다. 이틀을 굶은 패잔병의 입에는 그 썩은 도토리가 꿀맛 같았다. 시계를 보았더니 오후 2시, 청천강 건너 묘향산 쪽을 바라보고 있을 때 난데없이 박격포탄이 쏟아졌다. 敵의 토벌작전이 시작된 것 같아서 우리는 바위틈에 숨어 전투태세를 취하고 있었는데, 砲(포) 사격을 멈춘 敵은 공격해 올라오지 않고 대신 확성기 소리가 들려왔다.

"국방군 동무들… 동무들은 포위돼 있다. 헛되게 죽으려 하지 말고 인민의 품으로 내려오라"는 위협적인 남자의 목소리에 이어 낭랑한 여자의 목소리가 들려왔다. "국군 오빠들이여 오빠들은 누구를 위해 아까운 청춘을 버리려고 하는 것입니까? 한줌도 안 되는 리×× 도당을 위해 굶주리며 공포에 떨고 있을 까닭이 무엇입니까? 어서 내려오십시오, 우리는 국군 오빠들을 위해 이밥에 고깃국을 해놓고 기다리고 있습니다."

'이밥에 고깃국'이라는 말은 굶은 패잔병들의 마음을 흔들어 놓았다. 우리 일행 중의 한 병사가 나에게 말했다. "중사님 어차피 죽을 거 밥이나 먹어보고 죽읍시다." 잠시 침묵이 흘렀다. 이 병사의 말은 절망에 빠진 자의 진실이었다. 하지만 투항할 수 없었다.

나는 일어나서 기관단총을 허공에 대고 두세 발 쏘았다. 그리고 나서 말했다. "아직 우리에게는 방아쇠를 당길 힘은 있다. 밥을 얻어먹기 위해 포로가 되고 싶은 자는 내려가라." 아무도 말이 없었다. 우리 일행은 모두 일어섰다. 그리고 북쪽으로 걸었다. 밤이 되어 청천강 상류인 희천 남쪽에서 도강하고 동쪽을 향해 걸었다.

얼마 후 한 마을이 나타났는데 집집마다 창문에 불빛이 있었다. 나는 좀 커 보이는 집으로 가서 북한식으로 "주인 동무 있소?"라고 하며 창문을 열었다. 인민군복을 입은 장교들이 한 방에 가득했다. 그 중의 하나가 나에게 "동무 뭐요"라고 묻기에 "청천강 부댑니다"고 했더니 "동무 들어오시오"라고 하기에 "대장 동무가 밖에 있습니다. 말씀 드리겠습니다."라고 대답하고는 문을 닫고 마당으로 내려와 우리 일행과 함께 빠른 걸음으로 그 마을을 빠져 나왔다.

내가 얼떨결에 인민군 행세를 한 것이었다. 우리의 차림새는 국군도 인민군도 아니었다. 우리는 여름옷 차림으로 北進을 시작한 이래 겨울옷이나 방한복을 지급받지 못해 노획한 인민군 방한복을 입고 그 위에 국군 작업복을 걸치고 철모나 헬멧은 벗어버린 맨머리였다.

이 마을은 우리의 예상과는 달리 인민군 패잔병들의 집결소였다. 우리가 개천에서 희천으로 북진할 당시 묘향산 쪽으로 도망쳤던 인민군 패잔병들이 중공군이 나오자 이곳에서 다시 집결하고 있었다. 우리는 이 마을을 벗어나 산맥 쪽으로 가면서 적당한 독립가옥을 발견하고 마당에 있는 강냉창자(옥수수대로 엮은 창고)에서 배낭 가득 옥수수를 훔쳤다. 우리 일행은 그날 옥수수를 씹으며 묘향산맥으로 기어올랐다.

칠성봉의 표범과 인민군 패잔병

우리는 천신만고 끝에 묘향산 비로봉에 당도했다. 비로봉 정상에는 두 평 남짓한 떡돌바위가 있었는데 거기에는 옛 등산객들이 쌓아놓은 돌탑들이 있었는데 그 속에는 내가 중학생 시절에 식물 채집班(반)으로 이곳에 와서 친구들과 쌓았던 돌탑도 있었다. 나는 그것을 보며 '해방은 무엇이고 독립은 무엇인가? 同族(동족)끼리 전쟁이나 하자고 내가 태어났던가?' 큰 소리로 통곡하고 싶은 심정이었다.

그러면서 나는 옛 기억을 더듬었다. 비로봉에서 칠성봉을 돌아 좀 내려가면 화전마을이 있었다는 생각이 떠올랐을 때 나는 걷기 시작했다. 칠성봉을 돌아가는 길에는 누운 잣나무의 밀생지대여서 누운 잣나무의 줄기 위로 길이 나 있었다. 누운 잣나무 줄기를 밟으며 걷고 있을 때 큰 바위를 감고 올라간 누운 잣나무의 큰 줄기 위에 커다란 표범이 우리를 노려보고 있어 깜짝 놀랐다. 자연 속에서 마주친 표범은 인간을 압도하는 위엄이 있었다.

나는 조용히 앉아 기관단총을 배낭에서 꺼내서 결합을 하고 나를 뒤따르던 일행은 등에 메었던 총을 내려 안전장치를 풀었다. 패잔병인 우리는 함부로 총소리를 낼 수가 없는 처지여서 숨을 죽이고 있는데 그 표범은 우리 처지를 알았던지 한 발이나 되는 굵은 꼬리를 쳐들며 바위 뒤로 도망쳐 주었다.

표범이 사라진 뒤 우리는 다시 걷기 시작했는데 약 100m 맞은편에서 長銃(장총)을 등에 멘 인민군 두 명이 우리 쪽으로 오는 것을 발견했다. 우리는 누운 잣나무 가지에 숨어 있다가 이들을 생포했다. 우리에게 포로가 된 이 인민군 병사들은 배낭에 감자를 가득 갖고 있었다. 뜻밖에 많은 감자를 노획한 우리는 그 인민군 포로와 함께 누운 잣나무 줄기 밑으로 내려가서 감자를 구워 먹었다. 모처럼 더운 음식을 배불리 먹었다.

그의 왼쪽 가슴에 내 총탄이…

우리는 인민국 유격대인 것처럼 행세하면서 산골집들에서 식량을 구하며 걸었다. 나는 순천을 점령했을 때 북한 돈 100원 짜리를 가득 실었던 트럭에서 10만 원 한 다발을 배낭에 집어넣고 있어서 산골집에 그 돈을 적당히 주곤 하였다.

어느 날 호랑령이라는 고개 마루에 도달했을 때, 날이 저물어 길에서 300m쯤 떨어진 곳에 있는 독립가옥인 너와집(구들장보다 얇은 자연석 집)을 발견하고 찾아갔다. 이 집은 전형적인 평안도式 가옥으로 아랫방은 두 칸으로 넓게 터있고 윗방은 한 칸인데 아랫방과는 작은 샛문으로 통하게 되어있었다.

우리 일행은 아랫방으로 들어가 윗방 벽에 총을 세우고 앉았다. 나는 군화발로 장판구들을 밟을 수 없어 창문턱에 발을 붙이고 기관단총을 오른쪽 겨드랑 밑에 놓고 그 위를 손으로 덮고 있었다. 윗방 샛문을 봤더니 약간 열려있던 문이 슬그머니 닫히기에 이상해서 주먹으로 그 문을 쳤더니 사람들이 바깥문으로 여러 명이 뛰쳐나가는 소리가 났다. 주인 아주머니에게 물었더니 "우리 큰 애예요"라고 했다. 나는 이 집 큰아들이 인민군에 끌려가지 않으려고 친구들과 숨어있던 것으로 알고, 아랫목에 있는 사내 아이에게 "나가서 형님을 모시고 오라… 우리는 잡으러 온 군인이 아니다"라고 하면서 그 아이를 내보냈다.

그랬더니 내 앞의 문이 벌컥 열리면서 내 가슴 앞에 총구를 들이대며 "손들어!" 나는 뒤에 있는 일행을 돌아봤다. 모두가 손가락 하나 깜짝 않고 나만을 주시하는 것이었다. 나는 내 가슴 앞에 있는 총의 방아쇠를 보았더니 오른손 검지가 방아쇠울 밖에 있었다. 단발식 총은 방아쇠 1단계를 당긴 상태로 "손들어"하는 것이 상식인데 이 자는 전투 경험이 없는 자가 분명했다.

나는 그 손가락을 주시하면서, 기관단총의 안전장치를 풀며 오른손을 방

> '쏜다'는 소리가 떨어짐과 동시에 내 기관단총이 불을 튕겼고,
> 그의 왼쪽 가슴에 내 총탄이 연속적으로 꽂혔다.

아쇠 쪽으로 살그머니 뒤로 빼면서 "우리는 이 집에서 밥을 먹고 나서 손들고 나갈 참이었어. 다른 동무가 있으면 들어와 우리 총들을 거두어 가시오…" 라고 말을 걸었다. 그랬더니 "군소리 말고 손들어— 쏜다"고 했다.

그 쏜다고 한다는 소리가 떨어짐과 동시에 내 기관단총이 불을 튕겼다. 그의 왼쪽 가슴에 내 총탄이 연속적으로 꽂혔다. 우리 일행이 세워 놓았던 총을 잡고 바깥쪽으로 일제 사격을 했다. 그 총소리에 천정의 종이가 터져서 먼지가 쏟아졌다. 나는 "엎드려—" 소리치며 수류탄을 바깥뜰 안에 던졌다. 수류탄이 터지는 소리와 함께 우리 일행은 모두 밖으로 뛰쳐나왔다.

최고의 만찬

부대가 해산되어 적의 포위망을 헤쳐 나와야 하는 패잔병이 된 지도 20여 일이 지난 어느 날 '도대체 어느 방향으로 얼마나 더 가야 我軍(아군)을 만날 수 있겠는가?' 고민하게 되었다. 무턱대고 남쪽으로만 계속 나갈 수도 없고 그렇다고 동쪽으로 가서 태백산맥을 타는 것도 문제가 아닌가? 지금 후퇴하는 아군이 언젠가는 다시 북진해 올 테니 이 산악지대에서 게릴라 생활을 할까? 이런저런 고민 끝에 잠들었다.

나는 평양에 있는 내 집에 있었다. 큰 방에 잔칫상 음식을 가득 차려놓

은 양 옆에는 집안 어른들이 줄지어 앉아있었다. 나는 차려놓은 음식이 먹고 싶은데 아무도 수저를 들지 않아서 참고 기다리는데 내 어머니가 나오면서 나에게 "야- 너는 갈 길이 바쁠 텐데 어서 가 봐라"고 하시었다. 나는 꿈에서 깨나면서도 그 음식들을 먹어보지 못한 것이 몹시 아쉬웠다.

헌데 내 귀에는 무슨 소리가 들렸다. 쿵쿵쿵쿵… 멀리서 들려오는 砲 소리였다. 나는 우리 일행들을 깨웠다. 그리고 소리를 들었다. 이 소리는 분명히 100리 안팎에 戰線(전선)이 형성되었다는 소리로 우리들은 결론을 내리고 걷기 시작했다. 걸으면 걸을수록 砲 소리는 점점 가까워졌는데 우리는 덕천 부근의 탄광지대로 들어가게 되었다.

밤이 되어 우리는 탄광 坑口(갱구)에 자리 잡고 주변을 살폈더니 중공군이 개울가에 큰 가마솥들을 걸어놓고 돼지다리 등을 삶고 있는 것을 발견했다. 가마솥 근처에는 아무도 없었기에 그 돼지다리를 훔치고, 옆에 있던 소금 그릇까지 들고 왔다. 패잔병 생활 중 최고의 만찬이었다.

다음날 새벽 그 중공군 가마솥이 있던 쪽을 보았더니 모두 철수하고 흔적도 없었다. 우리는 탄광이 있는 그 산 높은 곳으로 올라가 사방을 살폈는데 敵이건 我軍(아군)이건 보이지 않았다. 그래서 빠른 걸음으로 남쪽으로 걸어서 나무가 별로 없는 산비탈 길을 내려갈 때 그 밑에서 올라오는 군인들이 보였다.

我軍이었다. 만났더니 6사단 19연대였다. 우리는 29일 만에 敵 포위망을 헤치고 드디어 아군을 만난 것이다. 19연대의 한 장교의 말인즉 7연대는 지금 덕천 부근에서 집결 중인데 1개 대대 병력 이상 나오면 再편성이 되고 1개 대대 병력도 못 나오면 해산할 수밖에 없다는 말이 돌고 있다고 했다. 우리 일행이 집결지에 갔을 때는, 1개 대대 병력 TO 707명을 간신히 넘겼는데 우리 일행 5명이 더하게 되었고 이날 연대장(임부택)도 나왔다고 했다.

再편성 작업이 시작된 우리 연대는 덕천서 평양으로 후퇴하여 東평양에 자리잡고 신병 보충을 받았다. 12월1일 아침 나는 비행장 옆 옛 모교(평양 사범)를 지나 대동강변에서 모란봉을 바라보았다. 아침햇살을 받은 모란봉은 아릅답고 정겨웠다. 38선까지 후퇴 명령을 받고 있는 나는 모란봉을 바라보며 '간다, 간다. 나는 간다. 너를 두고 나는 간다'로 시작되는 도산 안창호 선생의 去國歌(거국가)를 떠올렸다.

용문산 전투

평양에서 철수한 우리 부대는 상원-수완-신계-연천을 거쳐 38선 이남인 동두천에 도착했다. 후퇴하는 과정에서는 연천 부근에서 인민군 패잔병들과 교전을 했을 뿐이었다. 동두천에 도착한 우리 부대는, 한탄강변에 防禦(방어)진지를 구축하고 중공군의 인해전술 공격에 대비하고 있었다. 1951년 1월1일 중공군은 우리의 좌측 서부전선 쪽의 고랑포에서 임진강을 건너 우리의 후방인 의정부를 점령했다. 결국 우리는 전투도 해보지 못한 채 한탄강 방어선에서 후퇴할 수밖에 없었다.

중공군의 大공세로 유엔군과 국군은 서울도 포기하고, 全 전선에서 37도 선까지 후퇴하게 되었는데 우리 부대는 충청북도 진천군의 광혜원으로 후퇴하였다. 광혜원에서는 신병 보충으로 부대 정비를 하고 나서 용인 방면으로 수색작전을 하고 있을 뿐 모처럼의 휴식이었다. 나는 중대서무로 6·25 이후 8월분까지 중대원 봉급 중에서 전사자와 실종자 등 지급할 수 없었던 돈을 보관하고 있었는데 중대장과 상의해서 그 돈으로 소를 사서 중대원들에게 영양보충을 시켰다(1950년 9월 이후는 봉급 신청조차 할 수가 없었음).

3월이 되자 우리 부대도 38선을 향해 北進(북진)을 시작했다. 중공군의

春界(춘계) 공세로 전선은 밀고 밀리는 일진일퇴를 거듭하다가 4월이 되면서 숯 전선에서 아군이 북진을 거듭해 38선을 넘게 되었다. 우리 부대도 춘천을 거쳐 38선을 넘어 화천으로 가다가 서쪽으로 방향을 돌려 사창리로 진입했는데 중공군 부대의 기습을 받게 되었다. 우리 부대(7연대)보다 먼저 사창리에 진입한 2연대가 북쪽 고지를 확보하려다가 그 고지에 매복하고 있던 중공군의 기습을 받아 무너져 내려 우리 부대 병력은 미처 차에서 다 내리기도 선에 敵의 공격을 받게 되어 남쪽 산을 넘어 가평 쪽으로 후퇴했다.

우리 사단(6사단)의 사창리 敗戰(패전) 때문에 진격 중이던 我軍(아군) 전선이 다시 남쪽으로 밀리고 우리 사단은 홍천강 남쪽 용문산까지 후퇴하여 방어진지를 구축, 결사 항쟁을 준비하게 된다. 사창리 패전의 시발이 된 2연대는 용문산 북쪽 3개 고지에 1개 대대씩 四周(사주) 방어 진지를 구축하고 전원 玉碎(옥쇄)를 각오한 방어태세를 갖추었고 사단 주력은 용문산 주봉 능선을 따라 主저항선을 설치, 철조망과 지뢰를 매설하고 전투 상황이 벌어지면 主저항선 50m 후방에 독전대를 배치, 후퇴하는 자는 무조건 사살할 태세를 취하고 있었다.

5월 하순에 접어들자 중공군 대부대는 그들의 장기인 야간공격을 해왔다. 우리 2연대의 사주 방어 高地(고지)들을 하나도 점령하지 못한 상태에서 용문산 主저항선을 공격해 왔다. 갈고리 장치를 한 긴 장대로 우리의 線(선) 지뢰의 뇌관줄을 긁어당겨 폭발시키며 올라왔지만, 조명지뢰가 여기저기서 폭발하여 그들의 병력이 노출되어 우리의 총탄세례의 효과만을 더했을 뿐이었다. 일부에서는 긴 줄에 소시지를 매단 것 같은 爆藥(폭약)장치로 우리의 철조망을 폭발시켜 끊어놓은 곳도 있었지만, 그 구멍으로는 인해전술 병력을 넣어 공격할 수는 없었다.

중공군 시체에서 금니 빼던 美軍들

중공군 大부대가 우리의 저항선을 뚫지 못한 상태에서 날이 밝자 우리의 총공격이 시작되었다. 우리의 主저항선과 중공군의 퇴로 쪽에 있던 사주방어 고지들에서 일제히 반격이 시작되자 중공군은 홍천강 쪽으로 도망을 치게 되었다. 이때 공군 제트기가 기총소사를 퍼부었다. 중공군의 인해전술이 유엔군의 화력戰 앞에 비참한 패배를 기록한 용문산 전투였다. 우리 6사단은 도망치는 敵을 계속 추격, 화천 발전소의 저수지 쪽으로 몰고 갔다. 청평과 춘천 부근의 敵도 유엔군의 공격으로 총 후퇴를 하게 되었다.

화천 발전소의 저수지로 퇴로가 막힌 중공군이 저수지 남서쪽에서 구만리 발전소로 통하는 꼬불꼬불한 저수지 통로에서 무질서하게 몰려서 후퇴하는 것을 우리 부대는 저수지 서쪽 山능선에서 사격을 하고 공군 제트기가 기총소사를 퍼부었다. 이래서 그 10리길이 중공군의 시체와 그들이 갖고 나온 노새, 당나귀 시체로 가득 메우게 되었다.

나는 저수지 서남쪽 유천리에 토금광 굴이 있다는 것을 1949년 연대 수색대 시절에 알고 있었기에 중대원들과 수색을 했더니 토금광 굴마다 중공군이 숨어 있었다. 우리는 이들을 포로로 잡았는데 300명이 넘었다. 이들 중에는 우리에게 옛 국부군(대만 장개석 군대를 지칭) 시절의 수첩을 보이며 자기는 팔로군(공산군)이 아니라고 하며 억울하게 끌려 나왔다고 하는 자도 몇 명 있었다. 중공이 옛 국부군 출신들을 인해전술의 소모품으로 내보냈다는 증거이기도 했다. 우리 부대가 300여 명의 포로를 잡게 되어 중공군의 포로 총 수가 1만 명을 넘게 되었다고도 했다.

미군 공병대가 불도저로 유천리와 발전소간의 도로에 있던 중공군 시체들을 저수지 쪽으로 밀어내어 도로가 개통된 뒤 나는 시체 썩은 냄새가 진동하는 이 도로를 통과한 적이 있었다. 도로에서 저수지 수면까지의 사이에 중공군 시체가 널려 있었는데 美軍 몇 명이 그 썩은 시체들을 뒤지고 있었다. 차에서 내려서 자세히 보았더니 뺀치로 시체 속의 금니를 빼고 있었다. 우리가 뭐냐고 고함을 질렀더니 "프리젠트(선물)…"라고 했다. 시체서 뺀 금니로 선물을 만들 모양이었다. 사람의 시체에 임하는 동·서양의 차이를 느꼈다.

금성천 전투에서 당한 부상

중공군의 인해 전술이 유엔군의 막강한 火力(화력) 앞에 무용지물이 되었다는 사실을 깨달은 공산군 측이 휴전을 제의해왔다. 우리 6사단은 밴플리트 장군의 美 9군단 소속으로 화천 동북방 북한강 줄기 서쪽을 따라 금성 방향으로 이어지는 고지들을 점령하며 서서히 북진하던 7월 초, 개성에서 휴전회담이 시작되었다는 소식을 듣게 되었다. 나는 크게 실망하여 온몸에서 맥이 빠져나가는 것 같았다.

'전쟁에서 이겨서 고향에 갈 수 있다는 생각으로 온갖 어려움과 고통을 참고 싸웠는데 휴전이라니…' 앞이 막막했다. 휴전 회담이 시작된 탓인지 7~8월 여름 동안은 전투가 거의 없어서 우리 중대는 모처럼 개울가에 내려와 목욕도 하고 전쟁으로 불타 없어진 산골마을에서 들개처럼 돼 버린 개들을 잡아서 보신탕을 끓여 먹기도 했다.

이때 몇 달 동안 심하면 1년 내내 머리 한 번 제대로 감아보지 못했던 병사들이 무거운 철모 속에 눌려있던 머리를 개울서 감게 되었는데 너나 할 것 없이 머리칼이 많이 빠지게 되었다. 이것을 본 종군 기자들이 군대에 납품된 비누가 나빠서 머리칼이 많이 빠진다며 '탈모비누사건'으로 보도하기도 했다.

여름이 가고 9~10월이 되자 금성 돌출부로 불리던 우리 전선에서는 다시 전투가 시작되어 우리 대대는 금성천과 금강천이 갈리는 북쪽 지점에 있는 800 몇 고지를 중공군과 백병전 끝에 점령하게 되는데 나는 이 전투에서 부상을 당해 병원으로 후송되었다. 나는 오른팔과 어깨에 수류탄 파편창을 입었으나 심하지는 않았다.

1952년 3월 충북 청주에서 제대

나는 육군병원에서 1949년 겨울 춘천 도립병원에서 관통 총창 골절이 된 왼발을 제대로 뼈를 바르게 접착시키지 못해 활처럼 휜 것을 再수술을 해서 바로잡으려 했으나 발이 더 짧아진다고 하기에 포기하고 제대를 결심했다. 그러나 한강 이북은 제대가 되지 않아 전우의 주소인 충청북도 청주시 주소로 제대 신청을 했다.

1952년 3월 명예 제대식이 끝나자 제대증의 기재사항 중 잘못된 것이 있으면 신고하라고 했다. 나는 "단기 4263년생인데 4261년생으로 잘못됐다"고 신고를 했더니 육군본부 관계관이, "지금 사회에는 나이를 늘리지 못해 환장을 한 사람들이 많은데 2년 늘어난 것쯤이야"라고 대수롭지 않게 말했다. 나중에 확인했더니 내가 1948년 제주에서 단체로 입대할 때 당시의 군대는 만 20세가 돼야 하는데 나는 만 18세여서 20세로 만들어 입대시킨 것을 알게 되었다. 당시 군대에 나가지 않으려고 나이를 늘리는 사람이 많았다지만 나는 군대에 들어갔기 때문에 나이가 두 살 늙어버렸다.

나는 38선 이남에 戶籍(호적)이 없었으니 제대증 나이를 공식나이로 할 수밖에 없었다. 기재사항을 확인한 제대증은 모두 회수되어 주소지에 도착한 뒤에 교부한다고 했다. 부산에는 상이군인 제대자가 너무 많아서 사회문제가 되고 있었기 때문에 취해진 조치였다.

다음날 아침 부산역에서 기차를 타고 조치원역에서 내려 화물자동차로 청주의 병사구 사령부에 도착했을 때는 오후 2시쯤이었다. 나는 제대증을 받아들고 갈 곳이 없어 중앙공원에 들어가 큰 은행나무 옆에 멍하니 서 있었다. 돈도 한 푼 없고, 나 혼자만이 이 세상에서 내동댕이친 외톨이가 된 것 같았다. 막막했다.

피난민統(통) 사무장이 되다

공원에서 멍하니 서 있는 내 모습을 지켜본 한 점쟁이 영감이 나를 불러 자기 돗자리에 앉으라고 하기에 나는 "돈이 한 푼도 없다"고 하자 "돈은 안 받을 테니 이야기나 좀 하자"며 나를 잡아끌었다. 그 영감이 내 신수를 봐 주겠다고 하기에 "신수는 볼 것 없고, 나는 오늘 군대에서 제대를 했는데 고향이 이북이라 당장 갈 곳이 없다"고 했더니 "걱정 마오 저기 보세요"라 며 손으로 공원 한 쪽에 있는 한 건물을 가리켰다. 그 건물은 '軍事(군사)원 호처'였다. 나는 곧 군사원호처로 갔다. 육군 중령이 앉아 있었는데 오른손 의 엄지와 검지부분이 절단된 분이었다. 그는 내 사정을 듣더니 나에게 쪽 지 한 장을 주면서 남문로 1가에 있는 석일여관으로 가라고 했다. 그 쪽지 는 3일 동안 숙박시키라는 내용이었다.

나는 그 여관에서 저녁을 먹고 잠을 자기 시작했다. 다음날도 아침, 점 심, 저녁을 먹고는 잠만 잤다. 3일째 되던 날 아침 여관집 주인에게 인사를 했더니 傷痍(상이) 군인회에 한번 찾아가 보라고 하기에 나는 그곳을 찾아 갔다. 상이군인회에는 나와 처지가 비슷한 제대군인 10여 명이 합숙하고 있 기에 나도 거기에 끼었다.

상이 군인회 합숙원들은 모두 관할 洞(동)에 있는 피난민통에 등록되어

멍하니 서 있는 날 보고 한 점쟁이 영감이 '저기 보세요'라고
한 건물을 가리켰다. 그 건물은 軍事원호처였다.

피난민 배급을 받고 있었다. 때문에 나도 피난민 등록을 해야 되므로 관할
동인 남문로 2가의 피난민 통장을 찾아갔다. 피난민 통장은 황해도 분이었
는데 나를 등록하자마자 "사무장을 좀 맡아달라"고 간청하는 것이었다. 나
는 갓 제대를 해서 아무것도 모른다고 사양을 했더니 알고 모르고 할 게 아
니라 전쟁으로 어려운 때인데 피난민을 위해 손잡고 함께 일하자고 하기에
수락을 했다.

사무장이 하는 일은 식량 배급 관계서류를 작성하고 구호물자가 나오면
말썽 없이 잘 나누어 주어야 하고 날마다 집단 수용건물과 관내를 돌며 살
펴야 했다. 특히 30여 세대가 집단 수용된 일제 때의 낡은 목조 2층 건물은
각 세대마다 살펴야 했다. 하루는 이 낡은 건물 속을 이 집 저 집 인사를
하며 돌고 있는데 2층 구석의 한 거적문을 열어 "안녕하세요"라고 소리치
며 얼굴을 들이밀었더니 방에 있던 부인이 내 목을 두 손으로 거머쥐며 악
을 쓰다 아기를 낳았다.

나는 놀라서 사람들을 불러 산모와 아기를 돌보게 하고 청주시청 사회
과로 가서 산모에 대한 특별배급과 출산용품 등을 받아 온 적도 있었다.
나의 피난민統(통) 사무장 생활은 휴전협정으로 서울 수복이 될 때까지 계
속되었는데, 청주 바닥에서 인사를 주고받을 사람들이 많아서 보람된 일
이었다.

취재 記者가 되다

서울에 올라온 나는 38선을 함께 넘고 제주에서 같은 중대 戰友(전우)인 소설가 곽학송 씨의 도움으로 〈민주여론〉의 취재 기자로 입사했다. 〈민주여론〉은 타블로이드 8면인 주간신문을 발행하고 있었는데 편집담당은 詩人(시인) 이형기였고 취재는 나뿐이었다. 일간 신문들도 대판 2면을 내던 때여서 타블로이드 8면을 내는 주간신문은 쉽지가 않았다. 〈민주여론〉은 당시 최고의 기업체로 꼽히던 조선방직의 강일매 사장이 社主(사주)였다.

나는 주로 유명인사와 정치인들의 원고 청탁과 기획물 취재를 하고 때로는 정치인들에게 보내는 강일매 사장의 심부름도 했다. 주간신문 취재생활이 익숙해지고 마음도 안정될 무렵이 된 1954년 봄 친구 곽학송 씨가 자기 여동생과 결혼을 하라고 하며, 그 여동생과 만나게 했다. 나는 어차피 결혼은 해야겠는데, 서로 처지가 같고 잘 아는 사이가 좋겠기에 결혼 약속을 하고 결혼 날짜까지 1954년 4월4일로 결정을 했다. 결혼식 청첩장을 내자 〈민주여론〉에서는 강일매 사장의 이름으로 광목 세 통을 주며 결혼 때 쓰라고 해 나는 그것을 장모님에게 전달했다.

휴전 직후인 당시는 광목이 꽤 값이 나갈 때여서 신혼용 이부자리를 만들고 일부는 팔아서 생활용품도 마련했다. 광목 세 통이 나의 결혼에는 큰 밑천이 되었다.

내가 결혼한 지 2~3개월이 지났을 때 편집담당이던 이형기 詩人이 일간 신문 기자로 자리를 옮기게 되어 내가 편집담당이 되었다. 편집담당으로 활자호수와 배수비율 등을 익히며 紙面(지면) 제작을 1년 넘게 하다가 나도 일간신문 기자로 옮기게 되었다. 당시 테러사건을 당한 〈대구매일신문〉의 서울주재 기자였다.

'신문사 노조위원장 제1호'의 惡名

대구로 내려가서 처음에는 2면을 담당하다가 1958년부터는 1면을 맡게 되었다. 그런데 자유당 정권의 말기 증상으로 정치정세가 날로 험악해졌다. 정부는 〈대구매일신문〉과 같은 가톨릭계 신문인 〈경향신문〉을 폐간했다. 〈경향신문〉이 폐간된 직후 대구 매일신문에 가해지는 권력의 압력은 지능적이었다. 자유당 권력은 대구 지방의 가톨릭 유력신자(주로 사업가)들을 포섭, 대구 매일신문의 社主(사주)격인 가톨릭 교구의 신부들을 설득해 신문사의 인사개편 공작을 했다.

그 첫째 대상은 정권 비판의 선봉에 선 崔錫采(최석채) 주필을 제거하는 것이었고, 편집국을 개편하는 것이었다. 이 같은 자유당 권력의 압력 공작 내용은 가톨릭 신자인 기자들에 의해 眞相(진상)이 全 사원들에게 알려져 편집국 기자들이 동요하기 시작했다. 그때는 이른바 '문지방 사령'과 민족이 동이 성행할 때이니 기자들의 불안과 동요는 심각했다.

게다가 경찰에 약점이 많아 親자유당 성향의 元老(원로) 언론인 이○○을 급조한 主幹(주간)이라는 직위에 임명하고 편집 제작은 주간이 관장한다면서 모든 기사는 주간의 결재를 받아야 한다고 했다. '차라리 경찰국장의 결재를 받으라고 하지….' 기자들은 격분할 수 밖에 없었다.

1959년 봄 편집국 기자들과 공무국 사원들이 야외인 용두방川에 모여 대책회의 끝에 낳은 것이 '〈대구매일신문〉 勞組(노조)'이다. 그런데 이 노조 위원장으로 용두방川 모임을 전혀 모르고 회사에 남아 그날 신문의 初刷(초쇄)를 보던 나를 선출한 것이다. 노조의 주동자들은 거의 모두 가톨릭 신자들인데 신부 사장과 가톨릭 교구를 상대로 나설 수가 없으니 상이군인으로 경찰에 약점 잡힐 것 없고 無종교인 나를 선출하게 되었다는 설명이었다.

이래서 나는 노동법이 생긴 이래 최초인 '신문사 노조위원장 제 1호'의 惡名(악명)을 얻었다. 하지만 〈대구매일신문〉社 노조는 노동운동이 아니라 권력의 압력으로부터 신문을 지키려는 기자들의 방어수단일 뿐이었다.

나누어준 특종

결국 〈대구매일신문〉을 그만둬야 했다. 당시 각 신문들은 增面(증면) 경쟁을 해 편집기자가 턱없이 부족한 때였다. 그런데 내 이력서를 받아주는 신문사는 없었다. 아마도 나에게 신문사 노조위원장 딱지가 붙어서 그런 것 같았다. 그래서 남대문 시장에 나가 장사라도 해야겠다는 생각을 하고 있을 때 부산의 〈국제신문〉 김형두 사장이 '아지프로(선전·선동을 목적으로 하는 활동)를 않겠다는 각서와 함께 이력서를 내라'고 했다. 이래서 〈국제신문〉 서울 취재부의 행정부팀으로 뛰게 되었다.

때는 朝·夕刊(조·석간) 시대였고 이승만, 자유당 부통령 후보로 출마한 李起鵬(이기붕)과 민주당 정·부통령 후보로 각각 출마한 趙炳玉(조병옥), 張勉(장면)이 대결하는 3·15 선거로 긴장된 시기였다. 나는 내무부와 내무부 별관에 있는 중앙선거관리위원회를 집중 취재하고 있었다. 入후보 등록마감 이후 민주당 대통령 후보 조병옥 박사가 사망했기 때문에 이승만 박사는 싱겁게 당선되고 개표는 부통령에 집중되고 있을 때였다.

온갖 부정투표에 이은 부정개표로 터무니없는 숫자들이 쏟아져서 후보자별 득표수를 집계하던 중앙선관委가 손을 들고 집계를 중단했다. 이때 내무부 관리 한 사람이 중앙선관委 간부들이 황급히 들어오더니 '후보별 득표수를 再확인 조정하라'고 지시했다. 이것은 유권자 수보다 이기붕 표가 많이 나온 선거구가 있을 정도로 부정 개표된 숫자를 줄이라는 減標(감표)

지시였다.

나는 선관위 직원들 속에 있다가 이 減標 지시를 목격했다. 엄청난 사건이었다. 나는 이 '減標 지시' 특종을 지방지인 〈국제신문〉 혼자만으로는 감당하기가 어려울 것 같아 중앙지 기자 두 명에게 특종을 나누어 주었다.

4·19 때는 경무대 입구 電車(전차) 종점에서 경무대 쪽으로 몰려가는 학생들에게 최초로 발포하는 현장을 취재하며 피 흘리는 부상학생들을 취재차로 병원에 이송하는 등 저녁 늦게까지 목숨 걸고 취재하고 계엄령이 선포된 광화문의 경찰 경계선을 두 손 들고 통과하는 등 밤 늦게까지 사진을 전송한 기사와 사진이 이튿날 신문에는 하나도 나오지 않았다.

탱크의 캐터필러가 짓밟고 간 자리처럼 鉛版(연판)을 끌로 깎은 자리가 전쟁터의 폐허와도 같았다. 나는 허망했다. 앞으로 무엇을 취재하고 무슨 기사를 써야 할지 막막했다. 하지만 산 위에 산이 있듯이 4·19 뒤에는 5·16이 있었고 '軍服(군복) 장관'들이 참신한 군인을 자처하며 부패언론을 말할 때에도 나는 취재를 하고 기사를 써야만 했다. 그래도 나의 언론생활 중 〈국제신문〉 시절이 가장 마음만은 편했다.

이수근 '越南' 특종

1964년 봄, 새로 개국하는 민간방송인 〈라디오서울〉에서 월급 1만2000원을 주려고 하니 중앙청을 담당하는 기자로 와 달라는 전화가 왔다. 나는 1만2000원이라는 월급액수에 끌리지 않을 수가 없었다. 당시 〈국제신문〉 월급은 6000원이었다. 두 배의 월급에 마음이 동했다. 신문기자로부터 방송기자로 옮겼다. 그때 나보다 먼저 신문에서 방송으로 옮긴 이정석 기자에게 신문과 방송의 차이는 무엇인가? 하고 물었다. 이정석 기자의 답은, "신문에서는 1분은 60초인데 방송에서는 1초 1초가 모여서 60초가 돼야 1분이다"고 했다. 신문과는 달리 방송은 시간을 초 단위로 쪼개먹고 사는 세상이란 말이었다.

나는 〈국제신문〉 서울 취재부에서 중앙청과 판문점을 담당하게 된 이래 〈동양방송〉에서 데스크로 들어앉을 때까지, 13년 동안 일선 취재 기자로 뛴 곳은 역시 중앙청과 판문점뿐이었다. 1960년 초, 개나리가 필 무렵에 나는 처음으로 판문점에 갔다. 판문점 버스에서 내리자 내 눈 앞에는 인민군 경비병들이 열 지어 걸어오는데 내 오른손이 나도 모르게 내 등 뒤를 더듬고 있었다. 총을 찾고 있었던 모양이다. 나는 혼자서 쓴 웃음을 지으며 여기는 총이 아니라 말로 싸우는 곳임을 되씹었다. 6·25 高地(고지)에서 본 인민군을 9년 만에 다시 보는 순간의 일이었다.

나는 판문점 취재 13년 동안 1967년의 이수근 탈출사건 독점 보도와 푸에블로號 승무원 송환 단독 중계방송 등 크고 작은 특종 보도를 한 바 있다. 그러나 내가 판문점에서 가장 기대를 하고 취재에 열을 올렸다가 실망한 것은 남북이산가족 찾기 적십자 회담이었다. 나도 이산가족이고 그 당시 내 부모님도 北에 살아계실 나이였기에 나의 기대는 클 수밖에 없었다. 하지만 몇 차례의 남북적십자 연락원 접촉 끝에 1971년 9월20일 판문점에 남북적십자 예비회담이 개최되는 순간 나의 기대는 산산조각이 나고 말았다.

적십자 회담 대표나 수행원을 비롯하여 취재기자들까지 모두가 김일성 초상 휘장을 가슴에 달고 나온 것을 보는 순간이었다. 동포애와 人道주의와 적십자 정신을 앞세운 남북적십자회담을 하자면서 지금까지 없던 김일성 초상 휘장을 일제히 달고 나온 것은 적십자 정신도, 인도주의도, 동포애도 아닌 '1人 독재 체제'를 앞세운 정치선전 대결을 하자는 것이 아닌가? 나는 실망할 수밖에 없었다.

김일성 초상 휘장을 일제히 달고 나온 것은
'1人 독재 체제'를 앞세운 정치 선전 대결을 하자는 것 아닌가?

북한은 이때부터 주민 모두가 김일성 초상 휘장을 가슴에 달고 다니게 되었다. 뿐만 아니라 북한은 남북적십자회담을 계기로 남북한을 말할 때 北南조선이라고 남북을 北南이라고 뒤집어쓰게 되었다. 결국 남북적십자회담은 非인도적이고 동포애가 사라지고 남북이산가족을 실망시키고 말았다.

정년퇴직과 뒤늦은 상이군인 등록

나는 KBS에서 1988년 4월1일 내 생일에 정년퇴직을 했다. 제주도에서 군대에 입대할 때 나도 모르게 내 나이를 2년 늙게 만든 덕에 60세 정년인 전문직인 내가 실제 나이보다 2년 일찍 정년퇴직을 하게 된 것이다. 내가 퇴직할 무렵 서울 거리에서는 데모를 하다가 죽은 연세대학생 이한열 군을 烈士(열사)라고 하면서 이른바 민주화 데모가 한창일 때였다.

이때 내 아내가 데모 소동에 열을 받아 나도 모르게 국방부를 찾아가, "데모하다 죽은 사람은 烈士인데 6·25 전쟁 때 敵과 싸우다가 부상을 당해 힘들게 세상을 살고 있는 사람은 뭡니까?"라고 했다는 것이다. 내 아내는 내가 전쟁 때 몸을 다쳐 불편하게 살고 있는데도 아무런 국가적 혜택이 없는데 대한 일종의 항의였다. 나는 상이군인이지만 취직을 해서 생활을 하면 됐지 국가의 援護(원호)를 받겠다고 손을 내밀 수는 없다는 생활태도로 살아왔고, 중앙청 출입기자로 나라의 재정형편도 알기에 상이군인 등록조차 하지 않았다.

하루는 집에 들어갔더니 아내가 "당신 軍番(군번)이 몇 번이요"라고 묻는 것이었다. 나는 당신이 내 군번은 알아서 뭘 하겠느냐고 했더니 "나 오늘 이한열 열사를 들고 나온 데모에 열 받아서 국방부에 갔다" 실토를 하는 것이었다. 그러면서 군번을 알아야 전쟁 때 훈장 받은 것과 육군병원에서 치료받은 기록을 확인, 국군통합병원에서 신체검사를 해 상이군인 등급을 받아야 상이군인 연금을 받게 된다고 했다. 그래서 내 군번 '1900705'라고 말해 주었다.

그 후 2개월쯤 지나 국군통합병원에 와서 신체검사를 받으라는 통지가 왔고 신체검사 결과 상이 6급 판정을 받았다. 몇 달 후 연금이 나왔는데 3만 원이었다. 6·25 전쟁 38년 만에 받은 연금이 3만 원인데 해마다 조금씩 올라서 2015년 현재 120만 원 선이 되었다. 나에게 상이군인 연금을 받게 한 내 아내는, 2014년 4월2일에 세상을 떠나서 결혼 60주년이 되는 회혼날인 4월4일, 火葬(화장)된 아내의 뼛가루가 든 유골단지를 받아 안았다. 뒤늦게 등록한 상이군인 연금으로 나는 지금 독거노인 생활을 하고 있다.

金鑅(1928~)

1928년 평양 출생으로, 1948년 단신으로 월남했다. 1955년 〈대구매일신문〉에서 기자 생활을 시작해 부산 〈국제신문〉을 거쳐 〈동양방송〉 기자로 재직했다. 1974년 KBS 對北방송 사회교육 전문위원을 지냈고, 1988년 정년퇴직하였다. 〈동양방송〉 기자로 판문점을 담당하고 있던 1967년 3월22일, 李穗根(이수근)의 북한 탈출 全과정을 생생하게 취재해 보도하는 역사적인 특종을 했다.

교육만이 나라의 희망이다

朴昌鎭

전쟁 중에 부모를 잃은 뒤 교사로 투신,
오직 사명감 하나만으로 교단에서 헌신한 女교장 출신의
감동스토리

교육만이 나라의 희망이다

假校舍(가교사) 교실 담벼락엔 예닐곱 명의 아이들이 말없이 해바라기를 하고 있었다. 쉬는 시간이나 점심시간에 아이들은 떠들고 뛰고 노는데 이들은 친구들의 노는 모습을 멍하니 바라볼 뿐, 놀지는 않는다. 戰後(전후) 전방지구에는 偏母(편모) 가정이 많았고, 고아들도 수없이 많았다. 국군으로 전쟁터에서 전사하고, 의용군(공산당에 의해 강제로 끌려가서 전쟁에 투입된 민간인과 학생들)에 붙들려가서 죽고, 납치되고, 폭격·총격·수류탄에 죽고 부모를 다 잃어 고아원에서 자라는 아이들이 한 반에 예닐곱 명은 보통이었다.

그 아이들은 어느 반에 가서나 쉽게 가려낼 수 있었다. 구호품을 입은 옷 때문이 아니라 하나같이 얼굴색이 누르스름하고 표정이 없었다. 보통 가정에서 자라는 아이는 반찬도 없는 꽁보리밥을 먹거나 죽을 먹는 집도 많았다. 그러나 내가 본 고아원의 식사는 원조를 받아 운영되기에 일반 가정보다 훨씬 나았던 것으로 기억된다. 옷도 보통 아이들은 해진 옷을 입었어도 구호물품을 받아 입히는 고아원 아이들은 때로는 예쁜 원피스도 입고 있었다.

왜 그들은 놀지 않는가? 무엇이 그들의 웃음을 거둬 갔는가? 어린이들에게는 그들을 보호해주고 보살펴주는 부모가 없다는 것이 단순히 배가 고프다거나 돈이 없다거나 이러한 문제가 아니다.

　아무도 나를 편들어주지 않는, 모든 것을 잃어버린 상실감, 그것은 무엇으로도 대체되기 어려운 것이다. 어린이에게는 아무리 배우지 못하고 가난한 부모일지라도, 부모는 내가 가장 의지할 수 있는 힘, 그 자체인 것이다.

　내가 사범학교를 졸업하고 母校(모교)로 첫 발령받아 담임했던 5학년 여자반의 모습이었다. 이 아이들을 보면서, 이 어린이들의 고통과 슬픔이 어떤 것인지를 알기에 나는 교사가 된 것을 감사했다.

　열한 살, 피난민의 대열에 끼어 갓 중학교에 입학한 나는(어머니는 適齡으로 들어간 나에게 두 번 월반시험을 치게 했고, 오빠는 5학년 때 중학 입시를 쳐서 갔다) 공부하던 서울에서 유학생 몇이 모여 걸어서 고향 집으로 내려올 때 한강 인도교가 끊어져 양수리 철교를 건너야 했다. 시퍼런 강물이 너무 무서워 다리가 후들거려 빠질 것만 같았다. 벌써 인민군은 사방에 들이닥치고, 사흘이나 걸어서 원주에 도착했을 때는 폭격으로 온 시가지가 불타고 있었다. 우리 집도 불탔다.

　원주는 그 뒤 1군사령부가 들어선 군사요충지였다. 어릴 적 몇 번 가 본 적이 있는 10여 리 떨어진 시골 농막에 다다랐을 땐, 우리를 애타게 기다리던 아버지는 피난이 늦어 공산군에 납치되고, 어머니는 그날 아침, 아버지 면회를 갔다가 돌아오지 못했다.

6남매를 남기고 떠난 부모

마흔둘, 마흔의 부모는 그렇게 떠나갔다. 6남매를 남겨두고. 제일 큰언니가 열일곱 살, 내 아래로는 여덟 살, 다섯 살, 두 살의 어린 동생들이 있었다.

이튿날, 열네 살의 오빠는 불타는 연기 속에서 종일 여기저기 시체 덮인 가마니를 들추어가며 어머니를 찾아냈다. 경찰서 앞에서, 죽음이 무언지도 모를 어린 나이에 우리는 그렇게 戰場(전장)의 한가운데에 서 있었다. 언니와 오빠는 낮에는 숨어 있어야 했다. 젊은이는 의용군으로 끌려가고 있었기 때문에 열한 살인 내가 동생들을 돌봐야 했다. 나는 동생들이 불쌍해서 잘 울었다. 밥도 해야 되고 빨래도 해야 하고 갑자기 바뀐 환경은 너무도 고통스러웠다.

힘이 겨워서인지 자주 아팠다. 두 살짜리 젖먹이는 이따금 허공을 향해 "엄마"하고 찾았다. 보채지도 않고 정말 순하고 귀여운 아기였다. 무엇에 체했는지 약은 없고, 제대로 돌보지 못해, 건강했던 아기는 점점 힘을 잃고 한 달쯤 지나 엄마를 따라 하늘나라에 갔다. 공습 때문에 불도 켜지 못하고, 물을 찾는 아기에게 끓인 물이 떨어져 찬 우물물을 떠 넣어주던 기억은 평생토록 마음을 아프게 했다.

이것이 열한 살의 눈으로 본 6·25전쟁의 참상이었다. 전쟁은 인간에게 전혀 예상하지 못한 삶을 가져다준다. 마흔 살의 짧은 삶을 살다 가신 어머니, 억류되어 모진 세월을 살아가셨을 아버지는 어린 자식들 생각에 痛恨(통한)의 일생이 되셨을 것이다. 이 모든 것을 다 아시는 주님, 사랑하는 부모님과 힘든 어린 날을 보낸 형제들에게 따스한 위로가 가득하길 이 아침 하나님께 기도드립니다.

오빠는 불타는 연기 속에서 시체 덮인 가마니를 들추어가며 어머니를 찾아냈다. 우리는 그렇게 戰場의 한가운데 서 있었다.

첩첩산중 평창 진부로 발령받다

1956년 춘천사범을 졸업하고, 모교인 원주국민학교로 발령받았다. 전쟁으로 학교도 불타 일부 남은 교실과 판자로 지은 假校舍에서 수업했다. 교과서도 원조를 받았다는 것이 책 뒷장에 찍혀있던 시절이었다. 가난하고 모든 것이 어려운 속에서도 교사와 학생들의 공부에 대한 열의는 대단했다.

아이들의 학력을 올리기 위해 그 무거운 철판을 들고 와서는 밤새 시험문제를 출제해서 原紙(원지)를 끊었다. 이튿날 5학년 여섯 개 반이 문제를 謄寫(등사)해서 시험을 보고 가르쳤다. 고학년들은 퇴근 후에도 교실에 남아 아이들을 가르쳤다.

중학교로 올라가는 '연합고사' 시험이 시작되었다. 교사도 학생도 추운 겨울에 내복도 입지 못했지만 배움에 대한 열정은 대단했다. 수업이 끝나면 합창지도를 했다. 교육은 어려운 여건 속에서도 안정되어 가고, 교육 현장에 새교육 바람이 불면서 연구협의회와 발표 등 활발한 학교생활이 이뤄졌다. 교직에 대한 보람도 커갔다.

5·16 이후 도시와 농촌 교사 간의 교류가 이뤄졌다. 나는 평창 진부로 발령받았다. 당시 진부국민학교는 막 道(도)지정 시청각 연구학교로 지정

미국에서 촬영한 가족사진.

되었을 때라, 도시에서 오는 교사라고 연구학교로 가게 되었다. 1960년대의 평창, 진부는 정말 첩첩산중이었다. 어디를 둘러봐도 온 천지가 산뿐이었다.

연구발표를 하기 위해 환경이며, 교수학습지도의 연구며 그 해 내내 방학도 없이 늦게까지 일했다. 나는 전교에서 한 학급이 공개하는 특정 연구수업을 맡았다. 학교 방송도 전교 어린이들을 상대로 하고 있었다. 수업을 어떻게 하면 보다 잘할 수 있을까? 나는 밤중에 빈 교실에서 혼자 수업을 해보기도 했다.

1960년대에 일반 학교에서는 구경도 할 수 없었던 영사기며 오버헤드며, 첨단의 시청각 자료들을 활용하는 연구발표였다. 교감 선생님과 器機(기기)를 잘 다루는 연구주임이 많은 도움을 주셨다. 수업을 공개하는 날 道內(도내)에서 연구발표를 참관하기 위해 오신 손님들로 교실 안 교단 앞까지 꽉 찼다. 들어오지 못한 선생님들은 창문을 열고 복도에서 참관했었다. 시청각

기기를 활용한 수업과 방송활동은 참관자들에게 큰 반향을 일으켰다. 모두가 노력을 기울인 만큼 성공적이었다. 강원도의 초등교육과장님이 참관하시고 좋은 평을 해 주셨다.

선생님들의 가장 중요한 책무

연구학교에서 수업공개와 학교 방송활동으로 춘천교대부속국민학교로 발탁되었다. 그때 나는 강원도연구소에서 나오는 월간 연구지에 교단 에세이 '그늘과 양지'를 연재하고 있었다. 평창국민학교에서 1년 근무할 동안 여름방학 때 관내 교사들의 연수가 있었다. 3일간 선생님들의 음악 강습이 나혼자에게 맡겨졌다. 20대의 젊은 나이에, 나는 이 기간 가장 효과적인 연수를 어떻게 할까 고민하다, 악기가 없어도 악보를 보고 누구나 노래할 수있는 '始唱(시창)'의 훈련을 확실히 해야겠다고 생각하고 훈련했다. 마지막날엔 차이콥스키의 '비창'의 主멜로디도 부를 수 있었다. 경험적으로 어린이들은 시창의 훈련을 하면 악보를 읽을 수 있고, 노래할 수 있다. 나는 그때마다 사범학교 때 음악을 가르쳤던 정대범 선생님께 감사했다. 내 同期(동기) 중에는 도내 여러 학교에서 음악 수업을 하는 친구가 여럿 있었다. 교육이란 그렇게 중요한 것이다.

서울 문리대 초대 학장을 지내신 권영대 박사님의 수필 속에서 "선생님은 왜 그렇게 어렵고, 재미없는 물리를 전공하게 되었는가"를 질문했을 때 학과장님은 "그렇게 재미없고, 어려운 물리를 그렇게 재미있고, 알기 쉽게 가르쳐준 중학교 때 일본인 물리 선생님 덕분이었다"고 쓰신 것을 읽었다. 선생님들에게 가장 중요한 책무는 '잘 가르치는 것'이다. 좋은 수업을 할 수있는 것은 끊임없는 자기研鑽(연찬)과 헌신, 애정이 있어야 가능한 것임을 느낄 수 있는 대목이다.

진부에서 1학년을 담임했을 때 학년 초, 학교에서 가정방문을 실시하기로 했다. 나는 집이 가장 먼 아이가 누구인지 알아보았다. 진부읍내(실은 面소재지임)를 제외하고 멀리 사는 어린이가 누구인지 하나씩 묻다가 '김운기'라는 아이가 그중 먼 것 같아 수업이 끝나고 그 아이와 같이 가기도 했다.

우리는 가난 속에서도 모두 공부를 했다

3월인데도 쌀쌀하고 추웠다. 어린이날에도 눈이 온 적이 있다고 했다. 해발 600m가 넘는 고산지대였다. 운기와 손을 잡고 가는데 산모퉁이를 돌기도 하고, 산을 넘기도 하면서 끝없이 갔다. 운기네 집에 도착했을 때는 산골이라 해가 지고 있었다. 어머니는 문도 달리지 않은 부엌에서 穀氣(곡기)라고는 잘 보이지 않는 시퍼런 나물죽을 쑤고 있었다. 운기 어머니는 해산한 지 며칠 되지 않아 얼굴이 부어 푸석했다. 운기는 동생이 셋이다. 산골이라 어느새 어두워져서 산짐승이라도 나올 것같이 무서웠다. 돌아오는 길엔 산을 두 개 넘을 때까지 운기 아버지가 바래다주었다. 나는 돌아오는 길에 운기와 그 어머니 생각에 눈물이 났다.

운기가 집에 가면 그 어두운 외딴집에 호롱불도 없이 등잔불을 켜고 저녁을 먹고 나면 고단해서 잠들겠지, 그리고 나서 새벽 멀건 죽을 먹고 학교로 오겠지. 그 아이에게 내가 해줄 수 있는 것은 무엇일까. 숙제 같은 것은 바랄 수도 없다. 학교에 오면 언 손을 녹여주거나 한 자라도 수업 중에 더 보살펴주는 것뿐. 교사도 학생도 가난한 것이 슬펐다.

어린 시절이 생각났다. 戰後(전후)에 부모를 잃고 어린 동생들과 등잔불을 켜고 공부할 때, 숨을 크게 쉬거나, 책장을 펄럭이고 넘기면 등잔불이 꺼지기 때문에 살살 넘기라고 하던 일들이 주마등처럼 지나갔다. 평생, 젊었던 부모님께 감사한 것은 '공부는 열심히 해야 한다는 것', '머릿속에 있는 것은 아무도 가져갈 수 없다는 것'을 가르쳐 주셨다. 우리 (남매)는 가난 속에서도 모두 공부를 했다.

친구 따라 사범학교로 진학

1939년生인 나는 1950년 만 열한 살 때 시골에서 서울 시험을 봐서 진명여중에 입학했다. 한 달 남짓 다녔을까. 전쟁으로 다시 시골로 내려가 원주여중에 피난민 학생으로 다녔다. 1953년 열네 살 때 어떤 고등학교가 일찍 시험을 본다기에 (당시 춘천사범학교가 피난와서 원주에 본교가 있었음) 그 학교가 선생님이 되는 학교인 줄도 모르고 친구를 따라가 시험을 보았다. 시험 볼 때마다 나이가 모자라 문제가 되었으나 입학 성적이 괜찮아 합격되었다.

사범학교 입시에서는 수석으로 입학해 특대생 장학금을 받았다. 그 돈으로 교복도 사고 교과서며 학용품을 살 수 있었다. 공부를 열심히 하면 돈이 없어도 학교를 다닐 수 있는 것은 얼마나 감사한 일인가. 사범학교 때 1학년과 3학년 두 번을 담임하셨던 정병시 선생님과 격려를 해주셨던 그 시절의 선생님들께 감사드린다. 졸업하고 더 공부하고 싶었지만 나는 동생들 학비를 도와야 했다. 시내에서 5년 근무하다 진부에 와서는 가정교사로 숙식을 해결하고 적은 월급은 공대에 다니는 동생의 기숙사비로 보냈다. 동생은 누나가 기숙사비를 보낸 날은 더 열심히 공부한다고 했다. 모두가 열심히 삶을 산 것에 대해 감사드린다.

나는 좀더 좋은 선생님이 되기 위해 스스로의 마음을 다잡았다. 각기 다른 환경의 아이들을 이해하고, 격려하고, 바르게 성장할 수 있도록 도와주는 그런 선생님이 되기를 간절히 소망했다.

1월에 아이 낳고 2월 개학 때 출근

교육대학과 사범대학은 대학 과정에서 실제 학교에 나가 수업을 참관하고 수업을 하며 교사로서의 경험을 익히는 과정이 있다. 교육대학을 졸업하면 초등학교 교사가 된다.

사범대학은 중등교사로 나가지만 학생의 성장 발달 과정을 알아야 하기 때문에 초등학교에서도 실습을 하게 된다. 나는 교사 생활 22년 동안 실습학교 근무를 14년간 했다. 교대, 사대 부속학교 교사는 초등이지만 전공과목의 교과 연구 실적이 있어야 한다. 실습생들에게 시범 수업을 항상 공개하기 때문이다. 춘천교대부속 시절엔 학급당 30여 명의 실습생이 1~2개월 계속하고 나면 거의 탈진 상태가 된다.

지도교사의 시범수업은 물론이고, 실습생들의 수업지도와 수업협의 평가 실습錄(록) 등을 보려면 전등을 켜고 하다가 미처 끝내지 못한 과제 등은 항상 집에 싸들고 와야 했다.

실습학교 지도교사의 사명은 실습을 통해 미래의 교사들에게 교사로서의 사랑과 헌신의 자세를 심어줄 수 있는 중요한 시기이기 때문에 실로 책임이 막중하다. 현장실습을 통해 아동에 대한 이해와 철저한 수업준비, 시간 관리이며 협의회를 통해 실습생들이 앞으로 교사로서의 올바른 가치관을 확립하고 나아갈 수 있도록 지도교사는 롤모델(본보기)이 되어야 한다.

과거 사범학교만 나오고 교사가 된 사람은 적어도 교대생과 학력이 같아야 하기에 방학마다 교대에 부설된 교육대학 과정을 이수하여 정식 졸업을 했다. 1950~1960년대엔 여교사는 결혼을 하면 대개 사표를 냈다. 춘천교대부속에는 결혼을 한 女교사는 없었다. 더욱이 출산한 여교사는 말할 것도 없다. 나는 그곳에서 결혼을 했고 어린 애 둘을 낳았다. 첫 아이는 1월에 낳고 2월1일 개학과 더불어 출근해서 아이들을 가르쳤다. 춘천은 겨울이 몹시 춥다. 産後(산후)조리를 제대로 못해 몸이 붓고 아팠지만, 방학에 출산하여 학교와 담임하는 반 어린이들에게 폐를 끼치지 않은 것만 다행이라고 생각했다.

교생실습 두 달이 끝나는 마지막 날, 수업 협의회를 마치고 나니 오후 3시경이었다. 1967년 7월15일을 토요일로 기억하는 것은 학교에서 집이 가까웠지만 몇 번씩 쉬어가며 겨우 걸어 왔기 때문이다. 저녁내 진통하고 이튿날 일요일 새벽(7월16일) 아들을 낳았다. 그리고 닷새 후 7월21일 방학식하는 날 학교에 나가 통지표를 나누어 주고 1학년이라 물놀이 등 안전지도를 하고 방학이라 한 달을 쉴 수 있어서 고마웠다.

그 시대는 나뿐 아니라 다 그랬다. 내 친구는 횡성 시골에서 근무할 때, 친구와 함께 퇴근하는데 진통이 와서 모르는 집에 들어가 사정을 얘기할 사이도 없이 어린애를 낳았다. 그때는 産前(산전) 휴가는 생각지도 못하고 우리는 낳기 전날까지 근무했다. 다리가 퉁퉁 부어도 앉아서 수업하지 않았다.

"선생님을 위해 빈자리를 채우지 않고 기다렸습니다"

아동문학가이시며 중앙도서관장, 문교부 편수관을 하셨던 춘천교육대학의 최태호 학장님은 실습기간 중 부속국민학교에 자주 나오셔서 지도교사의 시범수업이며 실습생들의 수업을 참관하시고는 수업이 잘 이루어지면 만족해하시고 격려해주셨다. 학장님은 방학이면 제자들이 근무하는 산간벽지이고 어디고 찾아가셔서 격려해주시는 참 스승님이시다. 학장님은 남편과 떨어져 있는 나를 안타깝게 생각하시어 서울로 보내주셨다.

1969년 12월에 갑자기 발령이 났기 때문에 김칫독을 파서 이사를 했다. 서울 매동학교로 발령이 났다. 매동학교는 서울교내의 代用(대용)부속이었다. 서울교대부속국민학교만으로는 많은 교대생을 다 수용할 수 없어서 서너 개의 공립학교를 선정하여 실습생을 받기로 했다. 교사도 선별해서 배정을 했다. 그러나 일반 공립학교의 교사는 실습학교 지도교사로서의 훈련이 되어있지 않아 처음에는 힘이 들었던 것 같다. 그 당시 매동은 代用부속 지정을 그해에 받았다.

발령장을 들고 교장 선생님께 갔더니 "교대부속에서 오는 선생님을 받기 위해서 9월부터 빈자리를 채우지 않고 기다렸다"고 말씀하셨다. 나는 열심히 하겠다고 했다. 1969년 겨울이었다.

이듬해 4~5월 4주간에 걸쳐 실습생이 나왔다. 나는 당연히 시범수업을 내가 해야 하는 줄 알았기 때문에 강당에서 200여 명의 교생을 모아놓고 두 차례 수업을 했다. 6월에 셋째 아이를 출산했으니 만삭의 몸이었다. 부끄러운 줄도 몰랐다. 어떻게 하면 수업을 잘할 수 있을까만 생각했다. 수업협의회에서는 단위 시간의 목표를 가장 효과적인 방법으로 달성하기 위해 수업者(자)는 끊임없는 연구를 해야 함을 강의했다. 한 번은 단위 시간의 목표를 16절지 한 장 가득 쓴 것을 잘 된 수업案(안)이라고 해서 놀랐다. 학습 목표는 그 시간에 꼭 이뤄질 수 있는 것을 한두 개 세워, 지도 방법을 연구해야 함을 실습생들에게 주지시켜 주었다.

만삭의 몸으로 실습수업을 두 차례나 했다.
부끄러운 줄도 모른 채, 수업을 잘할 수 있을까만 생각했다.

1학년 담임의 임무

다음 해는 1학년을 담임했다. 1학년은 길게 공부해야 하는 학교의 시작이다. 1학년 담임은 어린이들이 학교를 재미있는 곳, 아침이면 빨리 학교에 가서 선생님과 친구들이 보고 싶은 곳, 그리고 공부시간, 선생님과 즐겁게 공부할 수 있는 곳이라고 생각한다면 성공적인 1학년 담임이다.

1학년은 우선 한글을 다 알도록 해야 한다. 그런데 답답한 것은 경험이 많은 1학년 담임일지라도 '받아쓰기'만 잘하면 다 가르쳤다는 것을 볼 때, 그것은 교육 방법을 아무것도 모르는 사람도 불러주고 받아쓰게 할 수 있는 것이다. 서울시 교육위원회에서 '어떻게 하면 현장교육을 발전시킬 수 있을까'라는 의미에서 연구교사를 선정한다기에 나는 연구계획서를 내기로 했다. 2회째다.

나는 '1학년 아동의 語彙(어휘) 확충을 위한 학습지도의 연구'로 계획서가 통과되어 한 학기에 한 번씩 두 번 실제 수업의 검증을 위해 검증단이 나와 평가하고 11월에 연구 보고서를 제출했다. 물론 그 바쁜 중에도 교생 지도 수업은 계속했다. 1학년 아이들은 제법 긴 글을 쓸 수 있고, 독서량도 많아졌다. 그 공로로 국어과의 '금상'을 받고, 시교육위원회의 추천으로 서울사범대학 부속국민학교로 발령받았다.

예쁜 핸드백 대신 큰 남자 가방을 들고 다니다

나를 발탁해 준 이혜우 교장 선생님은 내 교직 생활에 가장 존경하던 분이다. 교사로서, 교감, 교장 관리직으로 근무하는 동안 어떤 일을 결정할 때에 '그분이라면 어떻게 하실까'를 늘 생각했다.

이혜우 교장님 아래서 사대 부속국민학교에 근무하는 동안, 나는 많은 것을 배우고 경험할 수 있었음을 감사하게 생각한다. 담임교사는 실습생이 있을 때는 항상 연구수업을 한다. 나는 실습을 철저히 시키는 편이다. 서울사대 교육과를 나온 남편은 '실습' 기간은 평생 교직 생활하는 동안 가장 열심히 하는 시기임을 강조한다.

담임교사는 실습으로 인해 많은 시간과 노력을 하는 동안 실습생들에게 얻는 것도 있다. 한 교생이 한 아동을 '사례연구'를 하게 하여 도움을 받기도 한다. 이때 미처 몰랐던 그 아동에 대한 이해를 깊게 하기 때문이다. 서울사대생들은 中等(중등)에 나가지만 初等(초등)에서도 열심히 실습에 참여하는 모습이 좋았다. 부속학교는 교생실습뿐 아니라 새교육과정을 개정하고 교과서를 바꿀 때 先학습을 통해 전국적으로 교과별로 공개하고 토론한다.

나는 교육부 '국어과 교육 과정 심의위원'으로 오랫동안 일했다. 학습량은 적당한가, 소재의 선택은 적절한가, 학년의 수준에 적합한가 등을 심의한다. 부속학교는 공립학교에 비해 업무량이 많은 편인데 모두 열심히 일한다. 교생실습이 끝날 즈음엔 입술이 부르틀 때가 여러 번 있을 만큼 전력투구를 해야 한다.

지나고 보니 교사일 때, 예쁜 핸드백을 들어본 적이 없고, 큰 남자 가방에 칠판 등을 넣고 들고 다녔다. 교직이야말로 사명이 없으면 감내하기 어려운 '職(직)'이다.

'심청전'으로 능력을 인정받아

서울사대부국은 격년으로 한 해는 체육대회, 또 한 해는 학예예술제를 개최한다. 附國(부국)생활 2년 차인 1973년 예술제의 총책임을 맡게 되었다. 국어과 담당이기 때문이다. 2년 전, 학교는 '백설공주' 오페레타를 성공적으로 공연했다고 했다. 나는 무엇을 선택해서 어떻게 할 것인가. 34세의 내 경험으로는 버거운 짐이었다. 나는 퇴근 후 국립극장에 가서 연극을 보기 시작했다. 어린이에게 적합해야 하고, 교육적인 시사점이 있어야 하고 가장 중요한 '감동'을 줄 수 있는 그 '무엇'을 찾는 것은 쉽지 않았다. 당시 유명한 극작가이신 辛奉承(신봉승) 선생님도 찾아갔다. 결재를 받으러 들어가면, 교장 선생님은 걱정스러운 모습으로 맞아 주셨다. '해낼 수 있을까'라는 불안감이 내게도 없지 않았다.

부속국민학교에 처음 발령받았을 때, 교장 선생님은 나에게 '선생님은 무엇을 잘하는가, 아니 하고 싶은 것이 무엇'인지 질문하셨다. 나는 '학교 방송'과 '문예지도'라고 했다. 교장 선생님은 교장실 옆에 '방송실'을 만들어 주셨다. 나는 '누가 누가 잘하나' 해설이 있는 음악 이야기 등 활기차고 재미있게 해 나갔다. 나는 교직 생활 중 무엇을 제안이나 지시받았을 때 단 한 번도 '못한다'는 말을 한 적이 없다. 교장 선생님은 학교가 활기있게 움직이는 모습을 만족스러워 하신 것 같다. 나는 고민하던 중 어린이의 심성에 '孝(효)'의 마음을 심어줄 수 있는 '심청전'을 하기로 결심했다.

결재를 받고 직원회에 발표를 했다. 史劇(사극)이라 무대 장치며 힘든 점이 있지만, 나의 의사를 존중해 '심청전'을 하기로 결정했다. 나는 여러 책을 읽고 어린이에게 맞는 오페레타 대본을 써내려 갔다. 대사와 노랫말로 작곡은 서울교육대학의 유덕희 교수님께 부탁했다. 음악 담당 선생님에게 합창지도를, 무용은 무용 담당 선생님께, 연극은 내 班(반) 아동의 삼촌이 연극하는 분이 있어 도움을 받았다. 어려운 무대 장치는 우리나라 국정교과서 4~6학년 사회과의 삽화를 그리고 있는 강태현 선생님께서 맡아주셨다. 배역에 맞는 아이들을 각 선생님의 도움을 받아 선발하고 연습에 들어갔다. 모든 선생님이 열심히 협력했다.

발표가 가까웠을 때는 거의 밤 10시까지 일했다. 나는 밤에 盲啞(맹아) 학교도 들려 자문을 구했다. 심청전을 선택한 데 대해 너무도 고마워했다. 나 자신도 처음으로 장애를 가진 이에 대한 아픔을 느낄 수 있었다.

드디어 공연 날이 다가왔다. 모두들 합심해서 노력한 덕분에 대성황이었다. 강당엔 학부모와 어린이들로 발 디딜 틈이 없었다. 나는 조명이며 연출을 하느라 이리 뛰고, 저리 뛰고, 가을인데도 속옷이 다 젖어 있었다.

심청이가 인당수에 빠지기 전 노래를 애절하게 부를 때 사람들은 눈물을 흘렸고, 청이가 황후가 되고, 아버지가 눈을 떴을 때는 우레와 같은 박수가 터졌다. 합창도 멋있고 배꾼도 잘하고 무대도 화려했다. 학부모님들은 그간 어느 때보다 감동적인 연극이었다며 학교의 예술제로는 아깝다고 했다. 교장 선생님께서 "수고했다"는 말씀을 하실 때 눈물이 났다. 모든 선생님들이 내 일처럼 할 마음이 되어 적극적으로 협력해 주신 데 대해 마음 깊이 진심으로 감사했다.

서른아홉에 군자국민학교 교감

1978년 9월 나는 서른아홉의 나이에 군자국민학교의 교감으로 승진 발령받았다. 교장님은 '과수원 길'을 작곡하신 김공선 선생님으로, 나의 사범학교 선배님이시기도 하다. 젊은 나이어서 교장 선생님도 얼마간은 걱정하

'심청전' 공연은 모두가 합심해서 노력한 덕분에 대성황이었다.
교장 선생님께서 "수고했다"는 말씀을 하실 때 눈물이 났다.

셨을 것이다. 주임 선생님 열두 분 중 제일 젊은 한 분이 나와 동갑인 것을 제외하곤 모두 나보다 연배가 높았다. 나는 출근하면 자리에 앉지 않고 서 있었다. 주임 선생님 말고도 연세 높은 분들이 많아 서서 인사를 주고받는 것이 편했다. 학생 수가 3000명이 넘는 큰 학교였다.

나는 업무를 하나하나 익혀가며 학교운영계획서를 작성하던 중 연수계획이 있었다. 학년에서 시범 수업자를 선정하는데 문제에 부딪혔다. 어떤 학년에서는 제비를 뽑고, 또 어떤 학년에서는 교대를 갓 졸업한 선생님을 선정했다. 재수 없이 걸리는 것이 연구수업이고, 경력이 적어 주임이 시키는 대로, 싫지만 할 수 없이 하는 것이 시범수업이었다. 나는 이렇게 선정하면 안된다고 했다.

선생님들의 '수업의 질'을 향상하기 위해 하나라도 배울 수 있는 시범수업이 재수 없어 걸리는 수업이어서는 안 된다. 경험이 없는 갓 졸업한 선생님에게서 무엇을 배울 수 있을 것인가. 당시 일본에서는 60대의 교사가 시범수업에 참여한다. 노련한 수업 기술을 젊은 교사들이 배울 수 있는 기회가되어야 한다.

1학년을 담임한 선생님이 내게 "교감 선생님은 부속국민학교에서 근무하셨으니까, 그곳 아이들은 똑똑하고 발표도 잘하지만, 이곳은 안 된다"고 했다. 답답했다. 교감의 말에 할 수 없이 시범 수업자를 경력이 좀 있는 선생님으로 바꾸어 보기로 하고, 모두가 못한다고 해서 난감해 하는 주임도 있었다. 나는 고민했다. 이 상황을 어떻게 개선해 나갈 것인가.

솔선수범

교장 선생님, 연구 교무주임과 함께 의논했지만, 관례가 그랬기 때문에 할 수 없지 않느냐고 했다. 나는 생각했다. 교감인 나부터 솔선수범한다면 재수 없어 걸리는 것이 연구 수업이라는 인식은 달라지지 않을까. 나는 시범 수업을 하기로 했다. 교생 실습 학교에서, 연구 학교에서는 수업을 공개했지만, 그때는 '내 班(반)'이었다. 그러나 수업은 수업자에게 달렸지, 아이들에게 있는 것은 아니다.

나는 1학년 국어과 수업을 하기 위해 수업案(안)을 작성하고 자료를 만들고, 학급 선택은 '이곳의 아이들은 안 된다'고 한 그 반을 선정하고 담임선생님께 좌석표를 붙여달라고 했다. 그리고 아이들에게 아무 말도 하지 말라고 부탁했다. 나는 다른 선생님이 우리 반에 오신다고 말했다. 나는 전교 선생님들과 함께 그 교실에 들어갔다. 나는 이름을 불러가며 발표를 잘했을 때 칭찬을 해주면서 재미있게 수업했다. 아이들은 즐거워하며 공부했다. 되도록 여러 아이들에게 칭찬을 해주었다. 수업이 끝날 때 한 학생이 "선생님 언제 또 와요?" 하고 물었다. 선생님들은 아이들과 내게 많은 박수를 보내주었다. 나는 학습지도안, 발문계획, 학습 자료를 1학년 선생님들에게 넘겨주었다. 선생님들은 모두 돌아가면서 자료와 학습지도안대로 수업을 했더니, 재미있게 잘되더라고 했다. 좋은 수업이란 철저한 준비다.

그간 연구수업에 대한 부정적인 시각도 있었다. 수업 평을 하기 위한 평이라던가, 연습수업이란 생각들을 한 면도 있었다. 수업은 소박하고 진실한 것이어야 한다는 것을 선생님들은 조금은 이해했을 것이다. 그 후 시범 수업자는 그 학년에서 수업을 제일 열심히 한다고 생각하는 선생님들을 선정했다고 했다. 그 변화가 고마웠다.

학생이 많아 2부제로 수업

2년 후 나는 동명국교로 전출했다. 6학년만 열여섯 반인 만큼 큰 학교였다. 1, 2학년은 각 열두 반인데 교실이 모자라 2부제 수업을 하고 있었다. 그 학교에서도 수업연구 선정은 前 학교와 다름없이 제비뽑기로 하고 있었다. 나는 동명에서도 한 학기에 한 번, 일 년에 두 번씩 시범수업을 공개했다. 그리고 학년의 수업자는, 과학은 과학 주임, 국어는 국어과 주임 등 중견 교사들로 지명을 했다. 선생님들은 기꺼이 받아들이고 열심히들 했다. 市교육위원회 장학 지도 때, 특정 수업을 연륜이 있는 중견 교사가 공개하는 데 대해서, 他 학교에서는 볼 수 없었다며 칭찬을 아끼지 않았다. 선생님들이 수업자로 지명되는 데 대해 자부심을 가질 만큼 변화되었다.

선생님들은 승진하려면 연구 점수가 있어야 한다. 전국대회에 '푸른기장 증'을 받거나 시도 연구대회에 출전하여 우수한 성적을 받아야 한다. 때마침 서울시 교육회에서 초중고 직급에 관계없이 교원 실기대회를 개최하여 우수한 작품에 따라 연구점수를 주고 있었다.

회화, 서예, 문예 등 세 부문이었다. 나는 선생님들을 독려하여 그림을 잘 그리거나, 서예를 잘하는 선생님은 물론, 문예는 누구나 가르치니까 나가자고 했다. 선생님들을 독려하기 위해 나도 詩(시) 분야에 참여했다. 선생님들도 세 분이 입상하고, 나 역시 1981년과 1982년 2회에 걸쳐 詩 부문 최우수 금상을 받았다.

사범학교만 졸업한 선생님들에게는 방송통신대학도 권유해 여러 명이 지원해서 공부했다. 교사의 연수는 수업 발전에 꼭 필요한 것이다. 1983년 교장 강습 수강 후 동부교육청 학무과장께서 관내 10개 학교의 선생님들께 국어과 연수를 부탁했다. 나는 가장 효과적인 연수로 무엇을 하면 좋을지 의견을 듣기로 했다. 우리 선생님들은 '수업'을 해주는 것이 가장 효과적이라고 했다. 나는 학습지도안과 자료 등을 준비해 두 분 선생님과 함께 학교를 방문해 수업을 했다. 저학년, 고학년 고르게 했다.

公職은 어느 분야든 책무를 철저히 해야

우리 학교에서와 같이 담임 선생님은 좌석표만 준비했다. 全교직원과 함께 교실에 들어가 수업을 하고 협의회를 통해 수업에 관해 질문도 받고 강의도 했다. 선생님들의 진지한 모습에 보람을 느꼈다. 그리고 자료와 학습지도안을 주고 활용해 보라고 했다.

교감의 일은 찾아서 하면 끝이 없다. 동명국민학교는 해방 전해인 1944년에 설립되었다. 학교에 수영장도 있었다. 그 당시 성동구 마장동은 어려운 지역이었다. 국민학교만 졸업한 사람은 軍(군)이 면제되어 학적기록을 떼러 오는 사람이 많았다. 그런데 학적계 선생님이 졸업생 생활기록부를 찾으러 가면 함흥차사다.

나는 이상히 여겨 학적장부가 있는 서고에 가보고 놀라지 않을 수 없었다. 역사가 오래된 학교에 학생 수가 많다 보니 학적부가 떨어지고 뒤엉키고 마구 나뒹굴려, 찾아오는 것이 신기했다. 철끈이 다 삭아 끊어지고 떨어졌다. 어떻게 정리해야 할지 엄두가 나지 않았다. 그 상황을 교장 선생님도 서무실도 알지 못했다. 나는 계획을 세우고, 서무실에 필요한 자료를 요청

학적부의 철끈이 다 삭아 끊어지고 뒤엉켜 있었다.

나는 선생님들의 협조를 얻어 정리에 돌입했다.

했다. 나는 출근하면 체육복으로 갈아입고 오전에는 1, 2학년 오후반 선생님 열두 분과, 오후에는 오전반 선생님 열두 분의 협력을 얻어 정리하고 표지까지 말끔히 처리하는데 근 2주가 걸렸다.

그 옛날에도 어느 한 해 철끈 대신 철사로 묶어 서류가 달아나지 않도록 한 교무 주임이 있었다. 학적계를 담당한 임 선생님이 "그동안 학적계 한 것이 억울해서, 내년에 다시 학적계를 달라"고 해서 웃었다. 공직은 어느 분야든 책무를 철저히 해야 함을 다시 한 번 깊이 느꼈다.

마흔여섯에 송파국교 교장으로

1985년 8월1일 신설된 '송파국민학교'로 승진 발령받았다. 신설학교란 校舍(교사)만 덩그러니 지어져 있지 어린이 책걸상 외엔 아무런 시설도 없고 나무 한 그루 없는 빈 운동장뿐이다. 당시 송파는 '86아시안게임'과 '88서울올림픽'이 열리는 곳이었다. 그 중심에 있는 학교를 개교하는 것이다. 신설 학교는 체육기구라든가, 사무용 책걸상 등 기본적인 것만 지원되지, 모든 것은 학교장 책임 하에 이루어진다.

새로 승진해 온 김을영 교감 선생님과 역시 처음 서무 책임자로 승진해 온 30세의 젊은 조상래 서무과장, 나 이렇게 셋이서 8월의 무더운 여름날,

학교의 모습을 갖추느라 밤낮없이 일했다. 송파는 중대국교에서 아이들을 받는데, 대개는 전임 학교에서 분반해 보내주는데 반해 우리는 그냥 받아왔다. 5학년 이하 전교생을 교감 선생님 혼자 밤새워 분반했다.

조상래 서무과장은 한 푼이라도 교비를 절약하기 위해 서무실에 앉아서 물건을 구입하지 않고, 을지로나 중부시장에 직접 나가서 구입했다. 교사용 책상과 의자를 사러 간 날은 해가 지고 밤이 되도록 돌아오지 않아 혹시 무슨 일이라도 있는 것일까 걱정이 되어 현관에 서서 기다리고 있을 때, 그는 트럭에 한가득 싣고 들어왔다. 그는 정직하고 일도 신속히 처리하고 성품이 좋아 선생님들과의 관계도 원만한, 보기 드문 유능한 젊은이다. 선생님들도 열심히 일했다. 학부모님들도 적극 협력했다. '松坡(송파)'여서 소나무를 심어야겠는데 너무 비싸 걱정하고 있을 때 올림픽공원에 조경을 한 부모님이 계셔 교실 2층보다 높은 소나무를 실비만 조금 받고 일곱 그루 심어주셔서 감사했다.

겨레의 희망이 여기 자란다

서울사대부국에서 함께 근무한 미술에 뛰어난 강태현 선생님은 校標(교표)를 도안해 주고 전교의 환경을 도와주셨다. 학교는 점점 틀에 잡혀가고 모든 선생님들의 협력으로 아름다워졌다. 현관에는 5학년 4개 반 全 아동의 활짝 웃는 대형 사진 위에 "겨레의 희망이 여기 자란다"를 걸었다. 모두가 멋있다고 했다.

내실 다지기 시작으로 전교생의 독서 지도를 했다. 내가 교사일 때 경험한 것으로 4학년을 담임했을 때 가장 많이 읽는 아동은 한 해에 단행본 80권을 읽어냈다. 무엇이든 새로운 것을 시도하는 데는 저항이 있다. 교육에 절대적으로 필요하다면, 학교장은 이를 설득하고 이해시키기 위해 노력해야 한다. 내용은 TV는 1시간 이내 보기, 하루 한 가지 착한 일 하기, 책 읽기(읽은 책과 페이지 수를 기록하기). 때로 내용은 조금씩 바뀔 때도 있지만, 독서만은 1년 내내 계속한다. 학부모 확인을 받고 선생님도 확인한다. 선생님은 재미있었는가 물어가면서 60명을 확인하는데 7분이면 족하다. 한 달에 한 번 반별로 카드를 걸어 교장도 확인한다.

예를 들어 국어 단원에 '월광곡'이 나왔다면 교과서에는 에피소드나 에센스(essence)만 나와 있지만 《베토벤 傳記(전기)》를 읽은 아동은 풍부한 감성을 가지고 수업에 참여하게 된다. 수업은 활기차고 저절로 된다. 역사, 과학 다 마찬가지다. 그리고 방학 과제는 중학년 이상 위인전기 하나, 과학, 역사, 창작동화 하나, 네 가지 종류의 독후감 과제를 주고 시상한다.

어린이들은 놀랍게 성장하고 발전한다. 5학년을 받아와서 6학년을 졸업한 1회 졸업생이 '가락중학교'에 갔는데(신설 학교라 타 학교에 비해 졸업생 수는 적었다), 시험을 봐서 반장을 선출하는데 12학급 중 송파교 졸업생이 10학급에서 반장이 나왔다고 해서 나도 놀랐다. 선생님들의 노고에 감사했다.

"처음으로 대접받으면서 연수한 느낌이에요"

신설학교는 부족한 것이 많다. 그중 과학 실험 기구는 수업 중 학급 숱 아동이 할 수 있게 갖춰주어야 한다. 선생님들은 방학에 한두 가지의 연수를 하게 된다. 나는 강남교육청에 과학 실험 연수를 우리 학교에서 하겠다고 신청했다. 대개 학교에서는 연수 장소로 결정되는 것을 반기지 않는다. 교장, 교감은 물론 자리를 지켜야 하고 많은 손님도 오가기 때문이다. 나는 실험기구가 부족했기 때문에 신청했다. 왜냐하면 선생님들이 연수에 사용한 모든 새 기구를 그 학교에 주기 때문이다. 우리는 쉽게 연수 장소로 결정되었다.

교감 선생님, 서무과장, 주임 선생님들과 몇 차례 회의를 하고 신설학교라 깨끗한 것은 좋지만 부족한 것이 많다 보니 우리들의 노력으로 최대한 보완해 보자고 했다. "어떻게 하면 선생님들을 좀 더 편리하게 수강할 수 있도록 도울 것인가"를 염두에 두고 계획해 나갔다. 그 숱한 연수를 받으면서 내가 불편했던 것을 한 가지씩 해결해 간다고 생각하면 되었다. '내가 불편했던 것'은 누구도 같은 느낌일 수 있다.

그 첫째가 화장실이다. 시범 연구학교 발표에 참관해서도 화장실이 냄새나고 청결치 못하면 그 인상은 흐려지고 만다. 적어도 하루 종일 연수하자면 화장실 사용은 모든 사람이 한 번 이상 너댓 번은 이용하게 된다. 이때 청결한 화장실과 화장지, 비누, 수건이 마련되어 있으면 화장실 출입이 기분 좋을 것이다.

다음으로 폭염에 시원한 물 한 컵을 마음 놓고 마실 수 있는 것이 마련되어야 한다. 그 다음엔 없어서는 안 될 전화의 설치 등이 고려되어야 했다. 우리는 즉시 잠실 전화국에 두 대의 공중전화를 요청했다. 아시안게임 관계로 공중전화 수요가 늘어 힘들다는 것을 연수일정 동안만 대여해줄 것을 사정했더니, 장거리도 할 수 있는 전화를 설치해주었다.

시원한 물 한 잔을 위해 예쁜 사기 컵과 유리컵 100개를 샀다. 플라스틱 컵은 어쩐지 손이 가지 않기 때문이다. 바구니에 '사용한 컵'과 '새 컵'을 구분해 놓아 계속 깨끗이 씻어다 놓았다. 물은 보리를 넣고 전기 온수 보일러로 끓여 큰 주전자 스무 개에 담아 우유 냉장고에 식혀서 주전자 가장자리에 뽀얗게 이슬이 맺히는 것을 교대로 내놓았다.

> 연수 장소 제공으로 느낀 것은 '봉사'에 대한 마음이다. 몇 사람의
> 수고로 수백 명을 즐겁게 할 수 있다는 진리를 다시금 깨달았다.

　시원한 보리차가 있어도 취향에 따라 커피나 사이다를 원하는 사람이 있어 연수 동안만 커피 자동판매기를 놓고 사이다, 콜라 등 음료를 연금매점 가격 그대로 판매했다. 학교는 냉장고 전기료와 운반비, 그 외 모든 수고는 우리가 봉사했다. 학교 아저씨 두 분은 아침 6시면 교실 창문을 모두 열어 후덥지근한 실내 공기를 식히는 일부터 시작해서 청소를 말끔히 해 놓는다. 수강 선생님들이 모두 끝나서 퇴근하면 화장실은 매일 물청소를 해서 깨끗했다.

　연수기간 동안에 교육장님을 비롯해 손님도 많이 오셨다. 여드레간의 연수 일정이 끝나는 날엔 수강 선생님들의 평가와 함께 설문지도 받았다. 설문 내용 중에 '연수 중 불편했던 점'이라는 항목이 있었는데 '점심'이라고 한 선생님이 서너 분 있을 뿐, 그 외에는 모두가 '없음'이라고 했고, 자유롭게 기술하는 난에 많은 선생님들이 학교의 배려에 진심으로 감사하다고 썼다.

　이번 연수 장소를 제공하고 느낀 것은 '봉사'에 대한 마음이다. 몇 사람이 수고해서 수백 명을 즐겁게 할 수 있었다는 평범한 진리를 다시 한 번 깨달을 수 있었던 점이다. 교감 시절 함께 근무했던 적이 있는 김계순 선생님이 마지막 날 내 방에 들러서 "이렇게 깨끗한 학교에서, 처음으로 대접받으면서 연수한 느낌이예요. 너무 수고 많으셨어요. 감사합니다" 하면서 예쁜 목

걸이를 선물로 주고 갔다. 선생님들의 '감사했다'는 그 말이 우리 모두를 기쁘게 했다. 나는 진심으로 열심히 봉사한 우리 직원들에게 감사했다.

나라 사랑의 마음으로

교문에 두 개의 크고 둥근 '송파' 교표를 銅版(동판)으로 달고, 국기게양대에는 국기에 대한 맹세를, 그리고 그 옆에는 나라꽃 무궁화의 꽃말을 나지막한 탑에 역시 동판으로 새겨 콘크리트에 붙였다. 학교 사랑과 나라 사랑의 마음을 길러주고 싶어서다. 전교 어린이들에게는 교가와 교표를 인쇄해서 주고 책받침에도 교포와 교가를 넣어 開校(개교) 선물로 주었다. 간직하고 들여다보면서 학교를 사랑하고 나라를 생각하는 마음을 싹 틔워주고 싶어서였다.

애국심은 무엇인가. 애국은 나라 사랑에 대한 도덕적 지식이나 이해가 아니라 나의 조국에 대해 사랑의 마음을 느끼는 것이며, 여기에서 우러나오는 행동이라고 볼 수 있다. 어버이에 대한 孝(효)가 지식이 아니라 부모에 대한 은혜와 사람의 마음에서 우러나는 행동인 것처럼 도덕 교육은 지식의 교육에 그쳐서는 안 된다.

도덕적 사태에 직면해서 마음으로 느끼고 생각하는 심성 교육이 되어야 한다. 애국심을 기르는 교육은 감정·태도 및 가치 교육, 즉 정의의 교육이라고 할 수 있다. 나라 사랑의 마음은 민족의 역사와 전통, 문화풍토 속에서 길러진다고 볼 때 어린 시절 가정에서 부모의 가르침과 특히 어린 초등학교에서 길러진다고 볼 수 있다.

학교 교육을 통해서 어떻게 어린이의 마음속에 참다운 나라 사랑의 마음을 길러줄 수 있는가 하는 것은 우리 교육의 중요한 과제라고 할 수 있다.

진실로 학교가, 교사가 아이들을 위해서 할 수 있는, 아니 해야 할 것이 무엇이며, 우리는 어떠한 마음으로 교육해야 할 것인가.

인간은 가장 존엄한 것이고, 교육은 바로 올바른 인간을 기르는 일이라고 볼 때, 우리는 참다운 인간교육의 실천을 통해 국가와 민족의 내일을 밝게 하고 보다 인간다운 삶을 살아가게 해야 한다. 6·25전쟁을 일으켜 수많은 목숨을 앗아가고도 아직도 전쟁의 야욕을 버리지 않고 핵으로 위협하며 인간성을 말살하고 있는 참혹한 북한을 보면서 어린이들에게 반공교육을 철저히 시키고 나라의 소중함을 일깨워야 한다. 애국심은 내가 태어나서 자라난 고향을 그리워하는 鄕土愛(향토애)이자 조국애이고, 나라의 발전을 기원하고 헌신하려는 뜨거운 마음이다.

우리 어린이들에게 일주일에 한 번씩 '국민정신교육' 과제를 주어야 한다. 어머니와 함께 생각해보는 가운데 어른을 공경하고 나라를 사랑하는 마음을 심어주기 위해서다.

평생을 교단에서 함께 보낸 부부

남편 또한 교직에 奉職(봉직)하고 있었다. 평생을 고등학교 현장에서 가르쳤고, 市교육위원회, 교육부 장학부서에서 보람 있는 날들을 보냈었다. 새벽에 출근해서 밤중에 퇴근하던 날들이 많았다. 어느 땐가 혼잣말로 "바지 벗고 맘 놓고 잠 한번 잤으면…" 하던 독백이 기억에 남는다. 그 시대의 교육자들은 누구나 어려운 환경 속에서도 그것을 사명으로 알고, 자기 직무에 열정을 다해 살았지 않았나 싶다. 그래서 고맙게 생각한다.

이제 살아온 인생 길목을 여기저기 되짚어 보면서, 남편과 함께 교직에 봉직하면서, 아이들을 기르고, 부끄럼 없이 살아왔다고 자부해본다. 그러나 아쉬움도 많다. "더 많이 아이들을 사랑하면서 더 많이 땀 흘리면서 살았어야 했었는데…"하는 아쉬움도 많이 남는다. 사랑과 열정이 넘치는 교육만이 나라의 희망이다.

朴昌鎭(1939~)
1956년 사범학교를 졸업하고 원주국민학교를 시작으로 교편을 잡았다. 이후 서울매동학교, 서울시 대부속국민학교, 군자국민학교에서 평교사 및 교감을 역임했다. 1985년 신설 송파국민학교 교장을 지낸 뒤 정년퇴임했다.

'5·16 革命軍' 출신의 드라마틱한 '인생역전記'

吳尙煥

젊은 시절의 고생이 약이 되어, 위기가 올 때마다

이를 기회로 역전시키는 삶을 살아왔다!

'5·16 革命軍' 출신의 드라마틱한
'인생역전記'

40여 년 만에 영화관에 가서 '국제시장'을 관람했다. 파란만장의 일생을 살아가는 주인공이 필자와 같은 연령대로서 마치 필자가 살아온 人生歷程(인생역정) 같아서 계속해서 눈물을 흘리며 관람했다. 한 평생을 가난과 배움의 굶주림 속에서 山戰水戰(산전수전) 온갖 고통을 감내하며 살아온 人生黃昏(인생황혼)의 들녘에서 서성이면서 手記를 엮어보려 한다.

1911년 生이신 나의 부친은 20세의 청춘 나이에 일본군의 徵用(징용)에 끌려가 일본 大阪(대판)의 미쓰비시 군수공장에서 1년 동안 賦役(부역)하신 후 우여곡절 끝에 대판의 철물상회에 점원으로 일자리를 구하셨다고 한다. 거의 10년 가까이 일본에 체류하시게 됨에 홀로 누님 두 분을 키우시던 어머님께서 무작정 두 자매를 이끌고 일본 대판으로 부친을 찾아가 합류해서 거주하게 되어 두 살 위의 형님, 그리고 나도 日本 오사카에서 출생하였다.

나는 1941년생이다. 일본에서의 나는 '넷소~짱'이라는 이름으로 불렸다. 일본 해군함대의 하와이 진주만 기습공격으로 제2차 세계대전이 발발하게 되어 나는 幼年時節(유년시절)에 전쟁을 체험하게 되는 운명이 된 것이다. 어렴풋이 기억에 남는 것은 누님의 등에 업혀 지하 방공호로 피난하던 일들, 높은 하늘에서 美 공군기와 일본 공군기의 전투장면들이 가물가물하게

떠오르기도 한다.

　점차 美 공군기의 폭격이 빈번해서 위험에 처하게 되자 해방 직전에 우리 가족은 모든 것을 내팽개치고 조국인 한국으로 피난길에 오르게 된다. 우리 나이로 다섯 살 때였다. 이후 부친께서 딱 한번 일본을 다녀오시었는데 우리가 살던 집은 폭격으로 폭삭 주저앉고 말았다고 한다. 피난길에 오른 탓에 우리 가족은 모두 무사할 수 있었다. 하지만 모든 家産(가산)을 일본에 두고 온 탓으로 우리는 가난에 시달리는 삶을 시작하게 되었다. 내 경우 겨우 일본말을 더듬거리며 배우던 중이어서 우리 한국말은 생소하여 아이들의 놀림감이 되기도 하였다.

　조국으로 돌아온 뒤에는 대전 근교에서 살다가 초등학교에 들어갈 무렵 大田으로 이사를 했다. 부친께서 초등학교 2학년이던 형님을 나와 함께 다시 1학년으로 입학을 시킨 탓으로 우리 형제는 같은 학년으로 학교를 다니게 되는데 이로 인해 여러 가지 난처한 일들이 많았다.

　대전 동광국민학교로 입학하였으나 다음 해에 分校(분교)가 되어 대전 자양국민학교를 다니게 되었다. 나의 1학년 성적은 반에서 45등으로 성적표를 보시는 부친의 안색이 굳어있음을 감지하고 부끄러운 마음이었다. 그때의 성적부진 원인을 생각해보면 일본에서 겨우 일본 언어를 배우다가 한국으로 나온 탓에 언어소통 등이 원인이었을 것이라고 추정해본다. 2학년 1

학기에는 5등으로 성적이 향상되었고 2학년 2학기부터 1등으로 거듭 뛰어서 6학년 졸업할 때까지 늘 1등을 차지하였다. 그래서 2학년부터 6학년 졸업까지 줄곧 학급 반장을 했다. 당시에는 공부 제일 잘하는 학생이 반장을 맡는 것은 마치 不文律(불문율) 같은 관행이었다.

敵 치하 대전 생활

1950년 6월25일 필자가 초등학교 3학년일 때 한국전쟁이 勃發(발발)하였다. 아무 대비가 없었던 우리 대한민국은 불시에 밀어 닥치는 북괴군의 남침으로 무저항 상태로 수도 서울을 내주고 벌떼처럼 밀어닥친 북괴군은 순식간에 大田도 함락했다.

우리 가족은 피난길에 올랐으나 도보로 피난 도중에 북괴군이 행진하는 모습을 도로에 나가 구경하게 되었는데 북괴군 1개 소대 병력인 듯 맨 뒤에 따라가던 북괴군이 내게 묻는 것이었다. 혹시 미군이나 국군을 보았는가? 철이 없던 시절이라서 아마도 미군이나 국군을 보았다면 가르쳐 주었을 터이지만 나는 모른다고 고개를 저었다. 미군을 비롯한 참전 UN군의 지원으로 낙동강까지 밀렸던 戰況(전황)이 호전되어 우리 군의 북진이 이루어질 때까지 우리는 공산치하에서 살았다. 전쟁의 참화 속에서 '북조선인민공화국'의 애국가를 배우던 기억도 남아있다.

敵(적) 치하에서 가장 명확히 기억되는 것은 아군인 미군기들의 폭격, 기총소사 등의 장면들이다. 프로펠러가 달린 F51 무스탕 전투기들의 폭탄 투하장면, '쌕쌕이'라 불리던 F86 세이버전투기의 기관총 사격장면 등이다.

내가 사는 집은 대전시 동구 가양동이었는데 그 당시에 시내로 가려면 정동 부근의 철로 아래의 보행자들이 다니는 지하 굴다리를 지나서 다녔

가장 기억에 남는 것은 美軍機들의 폭격, 기총소사 장면들이다.
철도 레일이 날아가는 실로 어마어마한 위력이었다.

다. 미군기가 날아오면 그곳은 防空壕(방공호)가 되어 많은 사람들이 대피소로 이용하곤 했다. 어느 날 어머님과 함께 문화동의 고모님 댁을 방문하고 나올 무렵 하늘 높이 美 공군의 B29 폭격기 9대가 날아와서 폭탄을 투하했다. 마치 삐라를 뿌린 듯이 수많은 폭탄들이 반짝거리며 지상으로 투하되어 폭발하자 천지를 진동하는 굉음을 내며 대전시내의 모든 가옥들의 유리창이 깨지는 등 실로 엄청난 위력이었다. B29 폭격기의 목표지점은 북괴군의 군수물자 이송용 철로를 파괴하기 위한 철로교량인 지하굴다리였다.

지하굴다리를 방공호로 이용했는데 이곳이 폭격을 당하니 아수라장이되어 수많은 인명이 살상되고 길바닥에는 과일 등 노점상들의 물건들이 팽개쳐 나뒹굴고, 철로의 레일이 수백m까지 날아갔다.

미군을 비롯한 유엔군의 참전으로 戰況(전황)이 호전되어 북괴군은 퇴각하기 시작하는데, 그들이 북으로 도망가는 장면들도 기억이 난다. 운송수단이 단순한 步行(보행)이었으며 간혹 騎馬兵(기마병)들이 말을 타고 퇴각하였다. 북괴군의 머리 위에는 미 공군기들이 비행했으나 그들을 향해 공격은 하지 않고 위협비행만 하는 것이었다.

남침 이후 3개월여 만인 1950년 9월15일의 맥아더 장군이 이끄는 유엔군의 인천상륙작전 성공으로 9월28일에는 수도 서울이 탈환되었다.

급우들이 月謝金 代納(대납)해 주기도

1953년 7월27일 휴전협정이 조인되어 3년여 간의 긴 전쟁이 종전이 아닌 休戰(휴전)을 맞게 되었다. 우리 집은 무어라 말로 표현할 수 없을 정도로 가난에 쪼들리는 나날들이었다. 일요일이나 방학 때에는 아궁이에 땔감이 없어 인근 민둥산으로 땔감을 구하러 산에 올라 낙엽이나 청솔가지를 낫으로 잘라 지게에 걸머지고 왔다. 온돌 아궁이에서 저녁밥 지을 때 불을 지피면 아랫목이 미지근할 정도의 난방이 되지만 밤이 되면 온돌방은 살얼음판으로 식어 양푼에 담아놓은 숭늉물이 얼어버리곤 했다.

농사지을 땅 한 평 없는 우리 집은 매일매일 끼니를 이어갈 식량이 없어 굶주림 속의 나날들이었다. 식량을 구하기 위해 어머님은 시장에 나가 고등어 등 생선을 사서 광주리에 이고 대전 근교의 시골마을로 생선 장사를 하러 가셨고 어린 나는 어머니를 따라 수십 리 길을 따라다니며 생선과 맞교환하는 고구마, 보리쌀, 밀가루 등을 등에 짊어지고 산을 넘고 들을 지나 집에 돌아오곤 했다. 어떤 날은 해가 저물면 남의 집 사랑방을 빌려 하룻밤을 새기도 하였다. 두 살배기 막내 동생은 집에서 아버님이 키우셨다. 이 글을 쓰면서 어머님의 그 당시의 고생하시던 모습을 돌이켜보면 눈시울이 뜨거워진다.

나는 공부는 잘하는 편이어서 2학년부터 6학년 졸업할 때까지 줄곧 학급성적이 1등이어서 학급반장을 도맡았다. 당시의 대전 자양국민학교는 매학년 2개 반의 학생 규모였는데 형님은 1반의 반장이었고 나는 2반의 반장을 맡았다. 그 당시엔 의무교육제도가 없어서 학생들이 月謝金(월사금)을 납부해야 하는데 몇 개월씩 체불을 하면 학급 급우들이 코 묻은 돈을 모아서 나의 월사금을 代納(대납)해주기도 하였다.

6학년 때의 일로 평생을 잊을 수 없는 악몽 같은 추억도 기억이 난다. 나의 학급 담임 선생님은 유별나게 잘사는 부잣집 아이들을 偏愛(편애)하셨다.

어느 날인가 담임 선생님이 가정방문을 하시는 날이었는데, 마침 선생님께서 우리 집에 오셨을 때에 우리 집에는 부모님께서 모두 不在(부재)중이었다. 선생님의 가정방문을 알고 계셨지만 저녁거리 쌀을 구하러 친척집으로 외출 중이었던 때문이다. 담임 선생님께서는 홀로 맞이하는 나를 보고는 매우 실망스런 표정으로 돌아가셨다. 다음 날 학교에서 선생님께서 나를 호명하시며 노발대발 화를 냈다. 담임선생이 가정방문하는 날에 어른들이 아무도 안 계시냐고 하시면서 "지금 당장 집으로 돌아가서 몇 개월 밀린 월사금을 가지고 오라"며 호령을 하시었다. 나는 치미는 서러움에 흐느껴 울면서 집으로 쫓겨나고야 말았다. 나는 그날 이후로 평생 동안 그 尹(윤) 모라는 스승을 증오하며 살았다.

수학 선생님의 칭찬

6학년 졸업을 앞두고 중학교 진학의 학교 선택에서 마음 속에 갈등이 초래되었다. 두 살 연상의 형님과 같은 학교에 진학하기 싫어 형님은 大田중학교로 나는 大田 한밭중학교를 선택해 진학했다. 그 당시 한밭중학교는 야구 명문학교로 소문이 나있었다. 중학교 2학년 시절로 기억한다. 어린 나는 이때부터 한국 정치에 관심이 있어서 신익희, 조병옥 선생의 대통령 선거 강연 유세장에 나가 강연을 듣기도 하였다. 뜻밖에도 국민의 존경을 받는 거물정치인이셨던 어른들이 命을 달리하시게 되어, 학교 조회시간에 교장 선생님께서 눈물을 흘리시며 弔辭(조사)를 말씀하시던 기억이 새삼스러워진다.

우리 집의 경제사정은 내가 중학교에 입학할 무렵부터 부친께서 조그마한 家內 手工業(가내 수공업)인 아교풀 공장을 차려서 동아연필 공장 등에 납품을 하시게 되어 조금씩 나아졌다. 나의 중학교 성적은 학급에서 5등 정도였는데, 특히 수학공부를 잘 했다. 3학년 당시 일제고사 시험이 끝난 며칠 후 수학 선생님께서 우리 학급에 들어와 내 이름을 호명하면서 칭찬을 하셨다.

"전교 3학년(주간 8개 반, 야간 2개 반, 각반 60명씩 합계 600명)에서 오상환 학생이 수학공부를 제일 잘한다. '피타고라스의 정리' 문제를 풀어 정답을 쓴 학생은 단 한 명뿐이다."

이날 수학 선생님의 칭찬의 말씀은 그 이후로 성인이 되어 40여 년간 獨學(독학)을 하는데 큰 힘이 되었다. 대개 수학공부를 잘하면 머리 좋은 학생으로 알려져 있으니 나는 어려운 난제들을 봉착할 때마다 부모님으로부터 받은 좋은 머리를 유산으로 생각하고 자신감 속에 긍정적인 思考(사고)로 어려움들을 극복해 나아갈 수 있는 힘을 얻었다고 회고해 본다.

중학교 시절 3년 동안 우리 집의 경제사정은 원활했지만 부친께서 하시던 사업이 사양길을 걷게 되어 다시 춥고 배고픈 가난이 찾아왔다. 고등학교 진학을 앞두고 중학교 담임 선생님의 지시로 특차인 대전 사범학교 및 前期(전기)인 대전고등학교에 입시원서를 제출했다. 그러나 가난한 우리 집 경제 형편을 고려해보니 훗날 대학입학 등 우리 두 형제가 같은 학년으로 진학하는 것은 이런저런 문제가 많다고 생각이 되어 고의로 꾀병을 부려 심한 감기몸살을 핑계로 고등학교 입학시험을 모두 기권하고야 말았다.

훗날 중학교 담임 선생님께서 이 소식을 듣고 부르셔서 나의 실정을 고백한 바, 선생님께서는 직접 나를 데리고 그 당시의 대전한밭상고 장학생으

로 입학하도록 배려해 주시었다. 하지만 나는 고등학교 교과서를 구입할 돈
도 없어 진학을 포기하고야 말았다.

아르바이트생으로 취업전선에 서다

1958년경으로 기억되는데, 고등학교 진학을 포기한 채 백수로 지나던 중
부친의 知人(지인)께서 경상남도 마산시에서 가내공업인 제과업을 동업자와
신장개업하는 기회가 있어 나는 아르바이트 직원으로 채용이 되어 난생 처
음으로 경상도 땅을 밟게 되었다. 제과공장의 위치는 마산시의 성호골로 올
라가는 인근이었다. 설탕, 계란 등을 넣은 밀가루 반죽을 홍두깨 방망이로
얇게 밀어서 과자 모형의 금형을 이용해 손으로 찍어내서 과자구이 철판에
깔고 숯불화덕에 넣어 구워내는 원시적인 가내공업 제품이었다. 이 빵을 자
전거에 싣고 마산시장의 도매상으로 배달하는 역할을 했다. 그 당시에는 자
전거 탈 줄도 몰라 처음에는 과자상자를 싣고 걸으며 자전거를 끌고 다녔
다. 자전거 타는 법을 숙달하느라 고생도 많이 했다. 경상도에서 처음으로
접해보는 경상도 사투리 등 마치 외국의 먼 나라로 移民(이민) 온 느낌의 생
활을 6개월 정도 경험했다.

마산에서의 제과업 창업은 원활하지 못해 모든 것을 접고 동업자 한 분
은 떨어져 나가고, 다시 서울 마포구 신수동 소재의 초가집 사랑채를 빌려
서 창업을 하게 되고 나도 합류했다. 2~3개월 후에 제과업 사장님은 친동
생에게 모든 것을 위임하고 대전으로 귀향했다. 이를 물려받은 동생은 나보
다 두 살 위의 대전한밭상고 선배였다. 그는 친형으로부터 배운 제과기술이
익숙해 과자를 만들고 나는 마포 공덕시장 등으로 자전거에 싣고 판매를
맡았다. 이 당시에는 해태제과, 오리온 제과 등 우리보다 규모가 큰 제과업

체들의 초창기 창업시대였는데 그들과의 경쟁에서 버티어 내지를 못해서 모든 것을 접게 되었다.

同苦同樂(동고동락)하던 선배와 작별하고 나니 당장 거처할 곳도 없었다. 마침 여름철이어서 종로의 파고다공원 벤치에서 마지막 날 하룻밤을 뜬눈으로 보내고 대전 집으로 귀가하는 방법밖에 없었다. 기차표를 살 돈이 없어 서울역에서 영등포역까지 가는 기차표를 구입해서, 일단은 대전행 야간열차에 몸을 실었다. 신탄진역에서 승무원에게 무임승차로 적발되어 역무원에게 인계되어 강제하차, 역 대합실에서 밤을 새우고 아침에 출근한 역장님의 준엄한 훈계를 받고 풀려나 대전 가양동 집까지 삼사십 리 길을 걸어서 귀가했다.

18세 때 논산훈련소로 自願入隊

앞길은 캄캄했다. 아무데라도 취업을 하려고 노력했지만 그 당시에는 소위 3D 업종이라는 일자리도 없었다. 어차피 군복무는 마쳐야 하는 의무이니 차라리 군복무라도 빨리 마쳐야겠다는 생각으로 自願入隊(자원입대)의 길을 알아보았다. 대전지방병무청에 들러 탐문해 보니, 이미 해·공군 지원병 모집은 끝나고 게시판에는 육군지원병 모집 공고문이 붙어있었다. 입영지원서를 접수시키고 간략한 시험을 보고 건강검진 후 입영일을 통보받았다.

그 당시 지원병은 논산훈련소까지 본인 스스로 입영하도록 되어 있었는다. 훈련소까지 가는 기차표 살 돈이 없어 어머님께 말씀을 드리니 어머님께서는 이웃집에서 가서 기차표 살 돈을 꾸어 오셨다. 요즈음 화폐가치로 5000원권 두 장을 주시는데, 한 장은 저녁거리 양식을 구입하시는데 사용하시라고 어머님께 되돌려드리니 눈물을 흘리시면서 그 돈을 받으셨다.

훈련소까지 가는 기차표 살 돈이 없어 돈을 꾸어 오신 어머님….
5000원 권 두 장 중 한 장을 되돌려드리니 그만 눈물을 쏟으셨다.

나의 입영일은 1959년 8월4일, 1056****의 군번을 부여받고 29연대에 배속을 받아 군 인사기록 카드를 받아보니 의아하게도 우리들 지원병의 인사기록카드 가장자리는 파란색으로 일반병과 달랐다. 이는 국가에서 직업군인의 增員(증원)이 필요하니까 본인 의사와는 무관하게 지원병 모두를 직업군인으로 지정한 것이었다. 우리는 속은 것을 깨닫고 모두 모여 훈련소 연대장님께 항의해 보았으나 소용이 없었다. 군 당국에 저항할 힘이 없었던 탓으로 시한이 없는 무기한의 장기복무 직업군인의 삶을 살게 되었다. 나는 만 18세의 어린 나이에 장기복무 직업군인이 된 것이다.

훈련복과 군화 등은 당시 미국에서 보낸 원조물자여서 우리 체격에 맞지 않아 바늘로 품과 길이를 줄여서 착용했다. 찌는 듯한 8월의 삼복더위에 고된 훈련을 받는 과정은 그야말로 고생이었다. 더욱이 그 당시의 훈련소 중대장님은 정기 육군사관학교 1기생 분이어서 원칙과 소신이 뚜렷한 매우 엄격한 분이었다.

대통령께서 논산훈련소를 순시오시는 날, 우리 훈련병들은 카빈 소총과 M1 소총의 노리쇠뭉치를 빼내고 모두 연병장에 집합해서 年老(연로)하신 이승만 대통령의 연설을 들었다. 훈련병들에게는 고향 부모님들의 면회가 있었지만 나는 부모님께 면회 날을 알려드리지 않고 홀로 외로움을 달래었다.

6관구 종합교육대에서 만난 朴正熙 사령관

논산훈련소에서의 고된 훈련 일정을 마치고 나는 경기도 인천 소사 인근에 위치한 제6관구 종합교육대로 배속되어 2개월간의 자동차 정비교육을 이수했다. 1959년 11월경, 내가 식사당번을 하는 날에 마침 제6관구 사령관이신 朴正熙 사령관(육군 소장)께서 순시를 나왔다. 담당교관(대위)으로부터 사령관님 점심식사를 차려드리라는 명령을 받고, 별도의 장교식사도 아닌 우리 훈련병들의 식사를 식판에 준비해서 벌벌 떨면서 사령관님께 올려드렸다. 다시 30분쯤 후에 식판을 수거해 오는데, 短軀(단구)에 검은 색 안경을 쓰신 사령관께서는 아무 말씀도 없이 벌벌 떨고 있는 나를 보시고 빙그레 웃음을 지으시기만 하셨다.

이렇듯 박정희 대통령과의 인연을 계기로 나는 보병 제33사단 근무 시 5·16혁명군으로 출동하는 체험을 하게 되고, 그 후에 베트남 전선에 파병되는 등 지금까지 박정희 대통령의 열렬한 지지자가 되었다. 〈조갑제닷컴〉이 출간한 《朴正熙 傳記》 13권을 구입해 耽讀(탐독)하기도 하였다.

탈영병이란 누명

제6군관구 종합교육대 훈련을 마치고 인근의 보병 제33사단으로 부대를 배속받았다. 부대복귀일까지 2일간의 여유가 있어 나는 군에 입영한 지 4개월여 만에 고향 부모님을 찾아뵙고 보병 제33사단 보충중대에 전입신고를 하였다. 1959년 12월9일로 기억한다. 저녁 6시경에 사단 보충중대에 들르니 轉入未着(전입미착)이라고 심한 꾸중을 듣고 산꼭대기까지 구보를 하는 기합을 받았다. 후에 확인한 바 전입미착의 탈영보고가 되고 이로 인해 중노동 3일간의 행정처벌도 받게 되었다.

부대 복귀일인 12월9일 밤 24시까지 입영하면 되는 것임에도 나는 저녁 6시경 입영했으나 억울하게 탈영병의 누명을 쓰게 된 것이다. 오후 4시께에 사단 보충중대와 사단사령부 부관참모부 인사 담당자간에 전화상으로 그날의 日報(일보·병력일일 변동사항)를 대조하는 관행이 있었다. 오후 4시 이전에 전입신고하지 않아 나는 보충중대에 체류 중임에도 불구하고 억울하게 탈영보고가 되어 탈영병이 되었다. 이로 인해 훗날 장교임관시험에 합격하고도 탈영 사실이 인사기록카드에 남아 실격되고야 만다.

참으로 나에게 官運(관운)은 불운의 연속이었다. 본인 의사와 무관하게 장기복무 직업군인이 되었는가 하면 탈영사실이 없음에도 탈영병으로 둔갑하는 軍 병영행정의 희생물이 되고야 만 것이다.

보병 제33사단 병기중대에 배속되어 처음으로 예하부대의 병영생활이 시작되었다. 나는 나이가 어린 탓으로 병기중대의 문서연락병으로 보직을 받아 각종 문서를 사단사령부의 각 부처에 전달하는 임무를 수행하였다. 그 당시 사단사령부 작전참모는 육사 8기 출신의 오학진 중령(훗날 5·16 혁명주체세력, 국회의원 역임)이었는데 그분께서는 나이 어린 나에게 당신의 당번병으로 근무할 의사가 없느냐고 물으시었지만 나는 성격상 그런 일은 하기가 싫어 정중히 거절하기도 하였다.

그 당시 군에는 태권도 吾道館(오도관·관장은 최홍희 소장이었는데 훗날 월북)이라는 무도관이 사단에도 있었다. 나는 군 입대 전에 대전역 인근의 무도관에 다닌 경험이 있어 일과 후에 도장에 나가 태권도를 연마하기도 하였다. 사단 태권도 요원들은 육군본부에서 태권도 승급심사를 받는 날, 나는 공수특전대대 장병과 대련심사를 받았다(5급에서 3급으로 승급). 심사 종료 후에 우리는 기념촬영을 하고 그 사진을 기념으로 받았다.

그 사진 속에는 훗날의 청와대 경호실장인 차지철 대위도 함께 同席(동석) 하고 있었다.

5·16 새벽의 출동

나는 장기복무 직업군인이었지만 이등병에서 일등병으로, 그리고 상등병, 병장으로 진급하면서 사단 병기중대의 서무, 인사담당 행정병으로 근무하게 되었다. 4·19혁명 후 민주화의 바람이 불면서 전국 방방곡곡에서 데모가 성행되어 우리는 데모진압을 위한 소위 폭동진압훈련을 수시로 실시하였다.

사단 CPX 훈련이 예정되어 있던 1961년 5월15일 밤 12시경 우리는 비상 사이렌 소리에 잠에서 깨어 철모, 배낭, 총기 등 군장을 차리고 연병장에 집합하였다. 연병장에 모였으나 지휘관이 나타나지 않고 웅성거리다가 해산명령이 내려져 모두가 병영으로 돌아가 다시 취침에 들어갔다. 다시 비상 사이렌이 울리고 연병장에 집합하니 수송부대의 차량이 집결하고 병기중대의 탄약고에서 실탄을 지급을 받고 차량에 승차해 어디론지 출발하여 달려갔다. 이때가 1961년 5월16일 새벽 3시경이었다.

우리는 이번 CPX 훈련을 실전과 같이 제대로 하는가 보구나 생각했다. 한강대교를 건너 서울역 뒤편의 아현동, 만리동 고갯길 큰 거리에 약 50여m 간격으로 배치되었다. 아침에 라디오 방송을 듣고서야 우리가 革命軍(혁명군)임을 깨닫게 되었다. 우리 33사단 출동병력은 102연대장이었던 이병엽 대령(육사 5기), 오학진 중령(작전참모·육사 8기) 등의 지휘 하에 출동했다. 하룻밤을 새고 나는 사단 병기중대의 인사담당 업무를 맡았던 탓으로 부대로 복귀했다. 며칠 후 우리 33사단 출동병력은 수도방위사령부 33대대로 편성이 되고 혁명이 성공하자 출동한 혁명군 모두는 1계급씩 특진이 되었으나 나는 여기에서도 일찍 사단으로 복귀한 탓에 혁명군 명단에서 누락이 되었다.

하사 진급 후 공병 정비중대로 轉屬

만 22세가 되던 해에 하사로 진급 후, 大田 인근에 위치한 제806공병정비중대로 전속이 되었고 보급부 선임하사의 보직을 받았다. 직속상사로 보급관인 육군 중위(29세)에게 전입신고를 했다. 그는 나의 학력이 중학교 졸업인 것이 못마땅했는지 내게 漢字로 '庶務係(서무계)'를 써보라고 하는 것이었다. 그 당시 나의 한자 실력으로는 쓸 수가 없었다. 지금도 그 때에 당한 수모를 생각하면 가슴이 두근거린다.

그날 이후로 지금까지 한평생을 살면서 漢字를 克服(극복)하려고 노력한 결과 지금은 웬만한 한자는 읽기도 쓰기도 할 수 있다. 한자능력검정시험 3급에 합격 후, 다시 2급 시험에도 합격했다. 공병 정비중대에서 근무하면서 나는 퇴근시간이 되면 태권도 靑道館(청도관)에 나가 훈련을 지속해 初段(초단)으로 승격되었다.

1년여가 지나 나는 다시 전방부대인 제237자동차대대 제832중대(제1군단 전교육대)로 전속되었다. 평생을 살면서 체험한 바이지만 우리나라 사람들은 새로 전입해오는 사람들을 따뜻이 포용하기보다는 텃세를 부려 골탕 먹이는 것을 즐기는 것 같다. 전입해 간 첫날 밤에 나는 내무반에서 누군가에게 모포로 뒤집어씌운 채로 몰매를 맞기도 하였다.

운전교육대의 차량정비부서에 배속된 나는 당시에 각종 차트용지 펜을 쓰는 일에 소질이 있어서 주로 중대장실에서 운전교육용 차트 만드는 일에 열중했다. 나는 역마살이 끼었는지 한 곳에 오래 머물기가 싫었다. 본의 아니게 시작된 장기복무에 불만이 많았던 탓일 것이다. 상급부대인 제505 輪運團 本部(수운단 본부)에 가서 마침 1964년도 12월경에 첫 월남파병부대인 비둘기부대의 파병에 지원하게 되었다.

파월명령이 하달되자 중대장께서 무슨 영웅 심리로 전쟁터에 가려고 하느냐고 꾸짖으면서 직접 상급부대로 달려가 나의 파월명령을 취소시켜 월남파병은 포기하게 되었다. 그 후 중대장님이 다른 부대로 전근이 되고 나는 다시 독수리부대 창설요원을 지원하여 전속명령을 받고 부산 대연동의 공병 基地廠(기지창)으로 내려가게 되었다.

장티푸스로 두 차례 大腸 수술

독수리부대는 나이키 地對空(지대공) 유도탄부대로 제222나이키유도탄대대 A포대에 배속이 되었다. 부산 공병 기지창에서 몇 개월 교육을 받고 1964년 12월20일 우리는 A포대 기지가 있는 경북 영일군 구룡포읍 대보면 구만리(호미곶·우리나라 지도의 호랑이 꼬리)으로 이동했다. 부대 이동을 한 지 며칠 후 나는 알 수 없는 몸살감기 같은 병환에 시달려 식은땀을 흘리는 등 앓아눕게 되고 10여 일 후에는 극심한 복통으로 새벽 1시경에 가까운 포항해군병원으로 후송됐다.

X레이 사진도 찍어보았지만 무슨 병인지 몰랐다. 나는 수술대에 올라 전신마취주사를 맞고 정신을 잃었다. 마취에서 깨어나니 담당군의관이 병세를 알려주는데 장티푸스였다. 응급대처가 지연되어 腸(장)이 벌집처럼 구명이 뚫려 30cm 절단 후 봉합하고 맹장도 절단해 내는 수술을 했노라고 설명해 주었다.

출혈이 심해 소속부대 장병 중에 O형 혈액을 가진 병사의 수혈을 받아 매일 교회 전도사님이 내 손을 잡고 기도해 주었다.

나는 살고 싶었다.

겨우 생명을 이어나갔으나, 1주일 후에 수술한 부위의 실밥을 뽑으니 수술 칼의 소독이 불량했던 탓으로 수술 부위가 곪아터졌다. 피고름을 거즈로 닦아내고 겉가죽이 붙지 않고 쩍 벌어진 곳을 반창고로 당겨 붙인 채로 매일 링거주사, 혈액수혈주사를 맞으며 지내던 중, 1개월 만에 해군병원에서 경주시에 위치한 18육군병원으로 후송되었다.

18육군병원으로 응급실에 도착하니 병원장님을 비롯한 군의관 7~8명이 나의 곁으로 모여 이런저런 논의들을 하는데 '김종대'와 비슷한 환자라고 하는 말을 들었다. 간호장교에게 '김종대'가 누구냐고 질문하니 나와 같은 장티푸스 질환을 앓던 환자가 보름 전에 사망했다는 것이었다.

매일 교회 전도사님이 오셔서 내 손을 꼭 잡고 기도를 해주는데 나의 죽음을 예측하는 것 같았으나, 나는 어떻게 해서라도 살고 싶었다. 고향에서 부친께서 내려오셔서 몇 개월간 나의 침실 옆에서 근심어린 눈으로 지켜보시면서 돌봐주시었다. 포항해군병원에서의 수술이 원활하지 못한 탓으로 나의 장은 꼬인 상태로 협착되어 재수술을 해야 했으나 환자의 기력이 쇠약한 탓으로 어느 정도 건강이 회복되도록 기다려야 했다.

약 반년 동안 침대에서 일어나지도 못하는 중환자로 지내다 점차 회복되어 첫 수술 11개월 만에 再수술대에 오르게 되었다. 재수술은 성공적이었다. 수술 후 15일쯤 지나 나는 자진퇴원을 요청해 부대에 복귀했다. 퇴원하는 날

담당군의관께서 禁酒(금주)를 권하여 이후로 술은 입에 대지 않게 되었다.

입대 후 9년 만에 中士 진급

퇴원 후 나는 수송부 선임하사의 보직을 받고 근무를 하였다. 수송부에서는 지프, 장교 및 하사관 출퇴근용 통근차인 스리쿼터, 보급물자 수송용으로 트럭, 그리고 구난용 레커차 등을 배차, 정비, 보급수송하는 등의 직무를 수행하였다. 공휴일에는 해변으로 나가 멀리 출렁이는 파도도 보고 해녀들과 담소를 나누기도 하였다. 바닷물은 西海와 달리 무척 파란 맑은 색을 띠고 있었다.

中卒의 하사관 중에서 특수 간부후보생으로 장교로 임관되는 과정의 시험이 있었다. 부산 1군수사령부에서 필기시험을 치르고 합격이 되었으나 앞에서 언급한 轉入未着(전입미착)으로 인한 탈영사실로 인해 불합격 처리되었다. 너무나 억울하다는 생각에 육군본부 감찰감실을 찾아가 감찰감님(육군 준장)께 탄원해 보았으나 부질없는 짓이었다.

1968년 1월21일의 김신조 일당의 청와대 침투기도 사건이 일어나고, 나는 1968년 10월1일부로 하사에서 中士(중사)로 진급이 되었다. 하사로 진급 후 만 5년이 경과되었고 군 입대 후 9년 만이다. 中士는 최말단 9급 공무원 수준의 급여를 받았다. 바꿔 말하면 9년간의 수습기간을 거쳐 말단 공무원이 된 것이다.

베트남 戰線으로 自願

본의 아니게 장기복무 직업군인이 되고 여기에 장교로도 복무할 수 없는 전입미착의 탈영병 누명을 쓴 나의 장래는 아무런 희망이 보이지 않았다. 이런 우울한 군 생활에서 스스로의 앞길을 개척한다는 것이 베트남 전선으로 가보겠다는 것이었다. 육군본부 부관감실의 파월담당부서를 찾아갔다. 같은 계급의 중사에게 월남파병을 원한다는 의사를 밝히고 군번과 성명을 알려주고 부대로 돌아왔다.

1개월쯤 후 토요일 오후 파월명령이 하달되었노라는 전갈을 받고 황망히 짐을 꾸려 강원도 화천군 오음리의 파월 보충대로 향하였다. 파월 보충중대에선 한밭중학교 동창이며 ROTC 2기로 이미 베트남 派兵(파병)을 마친 친구가 대위로 중대장 근무를 하고 있어 이런저런 도움을 받으며 훈련을 마쳤다.

부산행 기차에서 제222나이키유도탄대대 A포대에서 副포대장으로 근무하던 허영욱 대위님(육군사관학교 18기)을 파월동기로 상봉하니 반가웠다. 부산항에서 2만 톤급 미군 수송선에 몸을 싣고 4박5일간의 항해 끝에 1970년 4월 초에 맹호사단 주둔지역인 베트남의 퀴논항에 도착하였다. 나는 100군수사령부 제1군수지원단 제239자동차대대 제832중대에 배속되었다.

파월근무 1주일이 경과해서 나는 분대병력 12명을 인솔해 M16 소총 등으로 무장하고 온몸에 모기약을 바르고 부대 인근으로 하룻밤 매복근무를 하게 되었다. 조그만 호를 파서 몸을 숨기고 우리의 5m 전방에는 클레이모어도 설치했다.

클레이모어는 직사각형의 형태에 약간 휘어져 있고 적들이 지나다니는 길목의 땅에 세워 설치한다. 일반적으론 전기식 뇌관이나 비전기식 뇌관을 클레이모어에 설치한다. 이 기폭장치(도화선 라이터, 격발기)를 눌러 뇌관을 터트릴 시에 클레이모어 안의 C-4가 점화되면서 안에 들어 있는 약 700개의 쇠구슬이 전방을 향해 산탄총처럼 튀어나간다. 지뢰는 땅 속에서 폭발하기 때문에 폭발력이 감소하여 상대적으로 살상력이 조금 떨어졌지만 클레이모어는 땅 위에서 폭발하기 때문에 일반 지뢰보다 인명살상 규모가 더 커진다.

클레이모어는 앞방향이 움푹 파인 면이다. 반대로 하면 큰일이다. 파월 고참병들을 인솔하여 하룻밤 매복을 끝내고 아침에 철수준비 중에 나는 아연실색하고야 말았다. 클레이모어가 우리 쪽을 향하여 반대로 설치되었던 것이다.

맹호부대 호송 지휘관으로 근무

나는 제3소대 소속으로 트럭 20여대를 인솔해서 맹호부대의 각 연대 및 중대에 보급품 또는 탄약, 병력 등을 수송하는 호송지휘관으로 근무하게 되었다. 하루 전날 작전명령을 하달받고 다음날 아침 군용트럭 20여 대의 맨 앞 지프에 승차하여 목적지까지 호송지휘를 하는 임무이다.

때로는 보급품(식량, 의복, 탄약 등)을, 때로는 베트콩 소탕작전에 투입되는 병력을 수송하기도 한다. 내가 탄 지프에는 운전병, 그리고 기관총수까지 모두 3명이 탄다. 나는 권총으로 무장하고 운전병은 M16 소총, 각 트럭 운전병들도 M16 소총으로 무장한다. 아스팔트 포장도로를 지날 때보다 비포장도로에선 바짝 긴장이 되어서 방탄조끼까지 착용해 식은땀이 흐른다. 베트콩이 매설한 지뢰가 폭발할지 몰라 마음 졸이기 때문이다.

대부분의 운전병들은 비포장도로를 통과할 때에는 더욱 가속해 달린다. 지뢰가 폭발해도 빨리 통과하면 살아날 수 있으리라는 막연한 기대감에서이다. 무성한 수풀 속의 산길을 지날 때엔 혹시나 베트콩이 매복하여 우리를 습격할 수도 있기 때문에 위험지역에서는 맹호부대의 장갑차 두 대가 맨 앞과 뒤에서 우리를 엄호해준다. 장갑차는 수풀 속을 향해 기관총을 亂射(난사)하면서 달린다.

월남에서의 필자.

生涯 세 번의 전쟁 체험

나이키유도탄부대에서 함께 근무하며 나와 친교를 맺었던 전우(중사) 2명이 전역해서 이곳 퀴논의 '한진상사(대한항공의 모기업)'에 취업해서 근무하고 있었다. 그 당시 중사의 월급은 2만 원 정도인데 '한진상사'에서는 10만원을 받는다고 했다. 가끔 일요일에 이들 친구가 찾아와 함께 외출해 '한진상사'에도 들르곤 했는데 그때 본 趙重勳(조중훈) 회장님은 고생도 많이 하셨다.

유년시절에는 일본의 대판에서 제2차 세계대전을, 소년시절엔 한국전쟁, 그리고 청년시절에는 베트남전쟁 등 생애 세 번의 전쟁을 체험했다. 젊은 시절에 체험한 고생은, 강인한 정신을 갖게 되어 지금까지 수많은 어려움을 극복하는데 많은 도움이 되었다고 생각한다.

파월전선에서 7~8개월을 근무해보니 고향의 부모형제가 보고 싶었다. 이곳에서도 나의 장래는 어두운 암흑이었다. 지난날의 장티푸스 病歷(병력)을 핑계로 건강상 이유로 탄원해서 파월근무 8개월 후인 1970년 12월, 귀국선에 몸을 실었다.

사회인으로 복귀, 거듭된 실패

귀국해서 전방사단인 경기도 연천 부근의 모 사단의 병기중대에 배치되었다. 中卒 하사관 생활에 환멸을 느껴 전역지원서(장질부사 병력의 건강사유서 첨부)를 내고 1971년 3월29일부로 전역명령을 받고 약 12년간의 군복무를 마치고 사회인이 되었다. 퇴직금은 30만 원 정도로 기억된다. 軍에서 장기복무를 하고 사회에 적응하기에는 이런저런 어려움이 많았다. 취업의 길을 모색해 보았지만 군에 입대하기 10여 년 전과 같이 취업의 길은 만만치 않았다.

마침 이웃집에서 廢紙(폐지)를 수집해서 제지공장에 판매하는 폐지고물상을 운영 중이었는데 약간의 자본금을 투자하는 동업을 요청해서 그 일을 해보기로 결심했다. 이곳저곳의 고물상에서 수집한 폐지를 트럭으로 다량 수거해 제지공장에 넘겨주는 장사였는데 1년여를 해보았으나, 결국은 그도 폐업하고 말았다.

퇴직금 중 일부 남은 돈으로 그 당시 기아 자동차에서 생산되는 0.5톤 삼륜차를 사서 用達業(용달업)을 하게 되었는데, 우여곡절 끝에 충남 예산에 자리를 잡고 월세 방을 한 칸 얻어 살면서 해 보았으나, 이마저 실패했다. 무작정 부산으로 내려가 택시회사에 취업해서 택시운전을 하게 되었다.

기본요금은 90원으로 기억한다. 그 당시에는 휘발유 값이 저렴해서 이곳저곳으로 주행하면서 택시손님을 찾아다니며 영업을 했다. 승객을 찾기 위해 어느 시간대에 어떤 장소로 가야 하는지에 관한 영업기법이 우둔하니 잘 헤쳐 나갈 수 없었다.

어느 날엔가 서면 부근에서 신호위반으로 교통경찰에 적발되었다. 그 당시에는 현장에서 운전면허증을 회수해가고 부산市警(시경)에 출두해 하루 종일 교육을 받고, 과태료를 납부 후 운전면허증을 찾아가도록 되어 있었다. 나는 이 기회에 장래성이 없는 택시운전을 접겠노라 결심하고, 운전면허증 회수도 포기한 채 부산을 떠나게 되었다.

'보일러취급기능사 1급' 국가기술자격증 취득

우여곡절 끝에 서울 성동구 자양동, 잠실대교 인근 D 제지공장 보일러실에 취업이 되었다. 자양동에 월셋방을 얻어 살았다. 태어난 지 100일이 된 아들과 아내 세 식구의 단출한 살림이지만 밥상도 없어 사과상자를 활용했다. 아내는 김장철이 되면 김장독이 없어 김치를 비닐봉투에 담아 가마니에 넣고 땅 속에 묻는 기지를 발휘하기도 하였다. 제지공장은 24시간 풀가동되어서 나는 1주일 간격으로 3교대 근무를 하였다. 8톤짜리 水管(수관)식 보일러 운전을 배우면서 보일러 관련 국가기술자격인 '보일러 취급기능사 1급'을 취득하면 급여도 더 올라간다는 사실을 깨닫고 자격증 취득시험에 도전하기 위해 관련 서적을 구입해서 공부를 시작했다.

이때가 1974년, 우리 나이로 34세 되던 때였다. 공업고등학교 기계과라도 졸업했더라면 하는 원망과 탄식을 하면서 晝耕夜讀(주경야독)의 끈질긴 노력 끝에 약 10개월여 만에 시험에 합격했다.

당시에는 내무부에서 시험을 주관하고, 응시자격 서류를 시험 합격 후 제출하도록 되어 있었다. 응시자격은 전문대학교 졸업 이상의 학력증명서 또는 7년 이상의 관련분야 경력증명서를 제출해야 했다. 나는 중졸의 학력인데다 입사경력은 10개월뿐이어서 응시자격 서류를 제출함에 고심하던 중, 불현듯 생각이 머리를 스쳐 지나갔다.

제222나이키유도탄대대 A포대에는 병사들 목욕용 보일러가 설치되어 있었고 이를 군속이 관리하고 있었는데, 나는 신임하사관으로 책임 관리자로 되어 있었다. 근무했던 부대를 방문하니 마침 전에 副(부)포대장으로 함께 근무하다 월남파병도 함께 해서 맹호사단 정보참모부에서 근무했던 허영욱 대위님이 소령으로 승진해 砲隊長(포대장)으로 근무하고 있었다. 즉시 경력 증명서를 발급받아 와서 내무부에 제출해 '보일러취급기능사 1급' 국가기술자격증을 취득하였다.

공장 설비의 冬破(동파)

이를 바탕으로 보다 더 처우가 좋은 회사로 移職(이직)이 가능하게 되었다. '위험물취급기능사2급' 자격을 취득하고, 다시 대전 신탄진에 위치한 '한국이연'이라는 자동차부품 제조공장(피스톤 등 제조)에 工務係長(공무계장)의 직위를 받아 移職(이직)했다. 제지공장에서보다 네 배에 가까운 월급을 받았다. 이 회사에 근무하면서 둘째인 딸아이가 태어났다. 첫째와 다섯 살 터울이었다.

헌책방에서 고등학교 화공학 교과서를 사서 보일·샤를의 법칙, 아보가드로의 법칙, 화학분자식 등의 공부를 지속해서 '위험물취급기능사 1급' 및 '환경기사 2급' '열관리기능사 2급'을 취득하여 다시 충북 옥천에 위치한 경운기, 트랙터 등을 생산하는 '국제종합기계'라는 농기계공장의 공무과장 대리 직책을 받아 移職(이직)을 하였다. 2000여 명의 생산직 사원들이 근무하는 국내 굴지의 농기계생산 공장이었다. 나는 이곳 회사의 필수자격요건인 위험물취급기능사 1급, 열관리 기능사 2급, 환경산업기사 2급 등의 국가기술자격증을 갖고 직원 10여 명을 거느리고 보일러 시설, 위험물 시설, 폐수처리 시설, 대기오염 시설 등을 유지 관리하는 업무를 했다.

新正(신정) 5일간 공장 전체의 휴무기간이 종료되고 출근해보니 영하 20도의 혹한에 의해 공장 전체의 많은 설비들이 얼어서 冬破(동파)되어 있었다. 屋外(옥외)에 설비된 스팀배관 라인, 급수배관 라인, 급수펌프 등 모든 설비가 凍結(동결)되어 공장가동이 불가능하게 되었다. 이를 수리하여 정상 가동하기까지 1주일 동안 생산 공정이 정지되는 막대한 손실을 입게 되었고 나는 이로 인하여 징계위원회에 회부되었다. 공장장인 전무님을 비롯한 임원 및 각 부서장들이 참석하는 징계위원회에서, 나는 공무과장 대리직을 원활히 수행치 못한 책임을 물어 엄한 질책을 받게 되었다. 하지만 나 역시나 불시에 발생한 돌발사건에 관련해 억울한 누명을 쓰게 됨에 항변하였다.

"이는 천재지변이며, 손실을 입힌 시설물들은 옥외시설물들로서 또한 옥내에 설치된 각종 펌프시설들도 실내에 난방시설이 全無(전무)하며, 각 부서의 부서장들을 위시해서 모든 임원들은 책임이 없고, 과장대리에 불과한 저에게 모든 책임을 씌우는 것이 과연 적법한지 다시 한 번 돌아 생각해 보시기 바랍니다. 이와 관련해서 도의적인 책임을 지고 사직원을 제출하겠습니다."라고 발언을 하니, 회의장은 순식간에 숙연한 분위기로 바뀌고, 잠시 후 나에 대한 징계는 없었던 일로 하고 모두가 더 열심히 일하자는 공장장님의 훈시로 징계위원회의는 종료되었다.

辭職(사직)

나는 공장의 환경산업 기사로서 환경책임자로 선임되어 있어 특히 폐수 처리 시설 유지 관리에 심혈을 기울여야 했다. 농기계 생산 공정의 淘金(도금) 과정에서 흘러나오는 폐수는 산성폐수 및 시안폐수 등의 독성물질이 함유되어 배출허용 기준은 매우 엄격하였다. 폐수처리과정에서 배출되는 찌꺼기는 건조시켜서 중량을 축소시켜 자루에 담아 저장해 한 트럭 분량이 되면 폐수처리업체에 넘겨주는데 이 비용이 적지 않았다.

이와 관련 S법대 출신의 공장장이 원가비용을 절감하려는 생각에, 폐수 찌꺼기를 많은 비용을 들여 처리하는 과정을 원가절감 차원에서 이를 공장 내의 부지에 매몰 처리하라는 지시를 했다. 나는 폐수처리 관련 환경법에 위반되는 방법을 취할 수 없노라고 설득해 보았으나 그는 막무가내로 이런 저런 회유(승진)와 협박으로 나를 압박해 왔다. 나는 결국 辭職願(사직원)을 내고 회사를 나왔다.

다시 무직 상태로 지내다 마침 에너지관리공단에서 전국의 에너지관리실태를 점검하는 임시직원으로 약 1년여 동안 전국 방방곡곡으로 출장을 다니며 생산 공장의 열관리 실태를 조사하고 지도하는 업무를 했다. 2인 1조로 편성되어 출장을 나와 이틀간의 일정으로 2개 업체를 조사하는 일이었다. 나와 함께 편성된 S공대 화공과 출신의 네 살 연상의 지식이 다양한 존경스런 분을 모시면서 열심히 열관리 진단업무를 수행했다.

'열관리 기사 1급' 합격

당시 나의 가족은 대전에 거주하고 나는 서울 용산구 원효로 인근에 하숙방을 얻어 종로의 사무실로 출근했다. 1981년 여름 마침내 국가기술자격인 '열관리 기사 1급' 응시 원서를 내고 약 3개월간 시험공부를 했다. 합격자 발표 2~3일을 앞두고 에너지관리진단반원 직원이 한국산업인력관리공단에 친구가 있어 미리 합격 여부를 타진하겠노라고 했다. 우리 진단반원 중 응시자는 이공계대학 출신의 약 20여 명이었는데, 이들의 수험번호를 전화로 알려주고 1시간쯤 지나서 합격자 통보가 왔다. 공교롭게도 기라성 같은 이공계 대졸자들을 제치고 합격자로 통보된 이름은 중졸 학력의 오상환 뿐이었다. 축하를 받으며 나는 30여 명 동료들에게 커피를 샀다. 시험응시자 중에서도 제일 高齡(고령)이었다. 에너지관리공단의 열관리 실태조사기간이 종료되어 나는 다시 일자리를 찾아나서야 했다.

우여곡절 끝에 경기도 부천시에 위치한 작은 규모의 쇼핑센터에 총무과장 겸 설비과장으로 취업이 되었다. 이 건축물은 공사 마무리 단계에서 건설회사가 부도가 나 장기간 공사가 중단된 건축물이어서 마감공정을 마무리하는데 심혈을 기울여서 개장했으나, 건축주가 재력이 미흡하여 건물이 매각이 되어 다른 건축주가 인수를 하였다. 이곳에서 2년여를 근무하다가 다시 과천시에 소재한 새로이 開店(개점)하는 쇼핑센터의 설비과장으로 1년여를 근무 하게 되었다. 이곳은 국내굴지의 대형건설회사인 H건설에서 시공한 바 인수과정에서 H회사 건설인력의 소개로 다시 서울 강남에 위치한 G백화점으로 옮겨가게 되었다. 이때가 1985년, 어느덧 45세의 불혹의 나이를 훨씬 지났지만 中卒의 학력 탓으로 주임이라는 낮은 직급으로 입사했다.

氷蓄(빙축) 냉방설비 시스템 도입

그 당시 서울엔 백화점이 몇 군데밖에 없었다. G백화점은 대중사우나,

수영장, 볼링장, 당구장, 스포츠센터 등을 겸비한 판매유통시설이어서 개점하면서부터 고객이 많이 몰려와 매출이 급성장하였다. 당초 건축주가 백화점 상가를 분양 또는 임대 목적으로 설계해서 신축을 하였으나, 분양이 순조롭지 못해 건축주 스스로가 유통업을 직접 운영하게 되었다. 환기시설이 미흡하여 外氣(외기) 도입량이 절대 부족한 건물이었다. 겨울철인 1월에도 백화점 내의 조명 열과 많은 입점고객들로 붐비어 쾌적한 적정온도를 유지하려면 냉방시설을 가동하여야 할 정도로 실내온도가 높은 실정이었다. 더욱이 전반적으로 냉방용 냉동기 용량이 절대 부족하였다.

백화점의 공조냉난방, 급·배수 시설, 수영장, 대중사우나 등의 기계 및 소방 설비 유지관리 팀장으로서 냉동기 증설을 시급한 과제로 보았다. 증설하는 냉동기를 어떤 기종으로 할까 고심하였다. 당시 많이 사용 중이던 터보냉동기의 냉매는 오존층을 파괴하여 '지구 온난화'의 주범으로 인식되었다. 또한 여름철 냉방수요 증가로 한낮 피크타임에는 예비전력이 부족한 실정이었기에, 심야시간에 운전해서 얼음을 얼려 저장해두었다가 한낮에 냉방에 이용하는 '氷蓄熱 冷房設備(빙축열 냉방설비)' 시스템 도입을 계획했다.

국내 굴지의 냉동기 생산제조업체 영업담당자들과 협의를 해보니 모두들 우리나라에서는 아직은 시기상조라고 고개를 저었으나 나는 포기하지 않고 LG전선 중공업 영업부장을 설득해서 LG전선 중공업 설계팀과 함께 6개월여 동안 G백화점 실정에 적응하는 빙축 냉방 설비시스템을 설계 후 견적을 받아 품의서를 작성했다. 그 당시 약 7억 원의 공사비용이 소요되었다.

백화점의 오너(회장님)께서는 유럽이나 미국 등 선진국에서 실행 중이지만, 국내에서는 전연 생소한 처음으로 시행하는 '빙축 냉방설비 시스템'에 관해 신뢰하지 못하고 타사에서 먼저 도입해서 성공한 후에 그때 실행하자고 하시는 것이었다. 우여곡절 끝에 LG전선 중공업의 중역께서 직접 백화

‘빙축열 냉방설비’ 시스템 도입을, 영업담당자들과 협의해보니 모두 시기상조라고 했으나 나는 포기하지 않았다.

점 회장님을 방문해 나와 함께 동석한 자리에서 만약에 빙축 냉방설비 시스템을 도입해 실패하게 되면 공사 비용의 10배인 70억을 투입해서라도 재래식 냉방설비로 再施工(재시공)해 드리겠노라고 회장님께 약속하여 결재를 받을 수 있었다. 냉동기는 L중공업에서 개발생산하고 氷蓄槽(빙축조)에 설치되는 빙축용 코일(coil)은 미국 메릴랜드 주의 ‘볼티모어 에어 코일 컴퍼니’에서 수입하는 조건으로 L중공업과 계약을 체결했다.

美 볼티모어의 빙축열 생산공장 견학

계약 조건으로 빙축열 코일 생산 공장인 볼티모어에 위치한 ‘볼티모어 에어 코일 컴퍼니’社로 출장검수 및 미국의 쇼핑센터에서 운영 중인 빙축 냉방설비 견학을 하도록 되어 있었다. 나와 L중공업 영업부장과 설계과장 및 신축중인 Y백화점 건설 본부장 등 4명이 미국출장 검수를 진행하게 되었다. 우리 일행은 인천공항에서 LA행 항공기를 탑승해서 LA에 도착 후 다시 환승하여 볼티모어-워싱턴 국제공항에 착륙하니 ‘볼티모어 에어 코일 컴퍼니’ 사에서 검은색의 리무진으로 우리를 영접하여 회사에 도착하였다.

볼티모어는 메릴랜드주 최대의 공업도시인 동시에 江(강)에 접해 있는 항구도시이기도 하다. ‘볼티모어 에어코일 컴퍼니’ 사는 冷却塔(냉각탑·cooling tower) 등을 제조하는 세계적인 회사인데, G백화점의 빙축 열조에 시설되는 코일 발주비용은 약 10만 달러 정도였다. 공장의 생산 공정에 관한 브리핑을 듣고 생산현장을 돌아보았다. 그리고 뉴욕 주의 작은 도시인 시라큐스의 쇼핑센터를 방문하여 이곳에 설치된 빙축 냉방설비 시스템을 견학하였다.

출장 일정을 마치고나니 '볼티모어 에어코일 컴퍼니'社에서는 우리 일행에게 나이아가라 폭포 관광을 시켜주었다. 중역 한 분이 직접 운전하는 승용차에 탑승해서 안내를 해주었다. 우리는 캐나다 여권이나 비자가 없어 통과할 수 없어 미국 측 아메리칸 폭포를 관람하게 되었다. 雨衣(우의)를 입고 유람선에 승선하여 폭포를 관람하는데 낙하하는 물소리를 귀로 듣고, 또한 눈으로 보는 웅장함이란 壯觀(장관)이었다.

에너지 절약 공로로 받은 표창장

백화점 영업으로 모든 공조냉난방설비 등을 가동하면서 빙축 냉방설비를 시공하는 공사는 매우 난해하였다. 氷蓄熱槽(빙축열조·얼음 저장用 탱크)를 설치하는 장소 물색에서부터 영업이 중단되는 야간을 이용하여 공사를 진행하다보니 당초 예정했던 工期(공기)보다 훨씬 지연되었다. 약 2년간에 걸쳐 공사가 마무리되고 시운전에 돌입했다. 야간에 냉동기를 가동해서 빙축열조에 얼음을 얼려 저장해 두었다가 다음날 한낮 더위가 피크일 때에 빙축열조의 얼음을 녹인 냉수를 순환, 실내 냉방을 하는 시운전을 실시하면서 나는 가슴이 설레었다. 시운전은 성공이었다.

이 소식을 전해들은 한국전력에서 나에게 면담요청이 있어 방문하니 한전에서는 그 당시 심야전력 활용을 위한 심야전력제도 관련규정을 입안 중

美 볼티모어 에어코일 컴퍼니로 출장 갔을 당시 찍은 사진(가운데가 필자).

이었다. 한전은 선구자가 된 나를 칭찬하며 G백화점에 5000여 만 원의 지원금도 주었다.

당시 진념 동력자원부 장관께서 來訪(내방)하시어 나는 브리핑 보고를 드렸고, SBS 고희경 여기자가 현장을 방문하여 빙축열조를 견학하고 나와 인터뷰하는 장면이 다음날 아침 8시뉴스에 방송이 되기도 하였다. 에너지관리공단의 요청으로 빙축열 시스템 도입 과정과 관련한 강의를 하기도 하였다. 이에 더하여 G백화점 회장님께서 노태우 대통령께 전기에너지 절약사례를 직접 보고하는 계기도 마련되었다. 그 후 Y백화점 신축시에도 빙축냉방설비 시스템이 설계에 도입되어 LG전선 중공업에서는 20억여 원의 공사발주를 하는 등 빙축 냉방설비의 선두주자로 입지가 구축되었다. 김영삼대통령 취임 후 나는 에너지관리공단의 추천으로 상공부 장관으로부터 에너지절약 공로 표창장을 수여받았다.

한편 나는 노태우 정부가 추진한 200만 호 신도시(분당, 평촌, 일산, 산본, 중동) 건설 당시 안양시의 평촌신도시에 33평형 아파트를 분양 신청해 107대 1의 경쟁에서 당첨이 되어 난생 처음으로 내 집을 마련하게 되었다. 1992년이니까 내 나이 52세가 되어서야 월세, 전세를 돌다가 일부 대출을 받아 내 집을 장만하게 된 것이다. 승용차도 한 대 할부로 장만하였다.

백화점 증축공사와 에너지 절약

1995년에 G백화점 增築(증축)공사가 진행되었다. 연면적을 약 30% 정도 늘리는 공사였다. 나는 이 기회에 공조 설비의 문제점을 개선하는 큰 계획을 수립하였다. 10여 년 가까이 백화점 공조 냉난방 설비를 유지관리 운영해오면서 파악한 것은 공조 설비에서 外氣(외기) 도입량이 극히 부족하여 실내의 환기상태가 적정하지 못해 쾌적한 실내 환경 유지가 어려웠다. 실내온도보다 외기온도가 낮은 계절에는 다량의 외기를 도입해서 외기냉방은 물론 실내공기도 쾌적함을 유지할 수 있다는 생각이었다.

지금까지 건물 내의 단면적이 극히 작은 급·배기 PIT를 통한 환기량을 대폭 늘리기 위하여 각 공조실 외벽을 뚫어 매 층마다 별도의 급·배기 덕트를 설치하는 계획을 수립하여(공사비 1억 원) 품의를 상신하였으나 이 역시나 회장님의 결재를 얻기 어려운 일이었다. 에너지 절약을 위한 필수적인 공사임을 설득해 마침내 결재를 얻었다.

연면적 30%를 넓히는 증축공사로 또다시 냉동기 한 대가 증설이 되고 옥상에는 냉각탑도 증설해야 했다. 1995년 6월28일 우여곡절 끝에 증축공사가 완료되어 준공 필증을 수령하고 全館(전관) 개장했다. 그 다음날 아이러니하게도 삼풍백화점 붕괴 참사가 발생하였다. 사고의 원인 중에 옥상의 냉각탑 하중 문제도 있어서 나는 증축 과정에 옥상에 신설한 냉각탑과 관련해 감사원 감사를 받게 되었는데, 구조기술사

SBS의 한 방송에 출연, 빙축냉방에 관해 인터뷰하는 장면.

가 선정해준 위치에 시공한 관련서류를 제시하여 무난히 감사에 통과했다. 나의 임의대로 위치선정을 하지 않고 전문 구조기술사의 자문을 받은 것은 다행스러운 일이었다. 다음해 여름철에 전력요금을 결재하시던 회장님께서 증축 후의 전력요금이 전보다 훨씬 적게 부과된 원인이 에너지 절약을 위한 설비시스템 개선의 효과임을 비로소 확인하고 무척 놀라워하셨다.

관할소방서인 강남소방서의 G백화점 지도점검에서 수계 소방 설비인 소방펌프의 유지관리상 결함 사항을 지적받고 나는 팀장으로서 책임을 통감했다. 소방 전문지식을 습득하여야 하겠다는 생각을 하고 약 6개월여 동안 공부를 열심히 해서 '소방 기계 설비기사 1급' 국가기술 자격시험에 도전하여 합격했다.

12년 다닌 직장을 퇴직

나는 평생 동안을 내가 맡은 직무분야에 열과 성을 다해 열심히 노력을 기울여 왔다. 백화점에서 매일 밤 10시나 12시에 퇴근하는 일은 다반사였다. 내가 관리하고 있는 기계설비의 고장이나 급·배수설비 등의 누수현상

등 각종 장애가 발생하면 다음날의 영업에 막대한 지장을 초래케 돼 이를 밤새워 수리하여 정상화시켜야 하는 막중한 책임감 때문이었다. 항상 늦게 퇴근하시는 회장님도 이러한 상황을 자주 목격하시고 어떤 날은 수리가 완료되는 것을 확인하시고 퇴근하시기도 하였다.

빙축 냉방설비 시스템 도입은 물론 전기에너지 절약 등 큰 일들을 거침없이 해내는 나를 회장님은 신뢰했다. 반면 중졸 학력인 나를 질투와 시샘으로 회장님께 중상모략하는 직원들도 있었다. 그러다보니 부정행위를 한 것으로 오인하여 監査(감사)를 받기도 하였다.

IMF 초창기인 1997년 12월25일에 나는 勸告辭職(권고사직)을 받고 12년 동안 열심히 일하던 일터에서 쫓겨났다. 너무나 억울하고 분노가 치밀어 퇴임인사도 하지 않은 채로 회사를 떠났다. 주임으로 입사하여 12년 근무 후 퇴직할 때의 나의 직위는 기계설비 팀장(次長)이었다.

시립도서관에서 하루 10시간씩 공부

갑자기 불어 닥친 IMF 사태로 많은 사람들이 직장을 잃게 되었다. 자살하는 사람, 노숙자로 거리로 나가는 사람들도 부지기수로 많았다. 퇴직하면서 받은 약간의 퇴직금으로 당분간 먹고사는 것은 해결해 가리라는 막연한 생각으로 무작정 시립도서관으로 출근을 했다. 30여 년 동안의 기계 설비 분야에서 근무한 경력으로 감리회사의 취업문을 두드리니 '공조냉동 기계기사' 자격증을 요구하는 회사가 있어 약 10개월여 열심히 공부해 취득에 성공했으나 취업의 문은 열리지 않았다. 1996년도에 취득한 '소방 기계설비 기사' 자격증을 소지하고 있어, 이를 바탕으로 '소방 설비기술사'를 취득하면 再起(재기)할 수 있으리라는 막연한 희망을 품고 이에 도전하기로 마음을 굳혔다. 이때가 1999년 초이니 우리 나이로 쉰아홉이 되는 때였다.

'소방 설비기술사' 국가기술자격시험의 등용문은 무척 좁고 험난하다. 합격률이 2~3%대로매 시험의 1차 필기시험 합격자가 2~10명 안팎의 어려운 관문이었다. 응시자격은 대학 졸업 이상의 학력소지자 또는 국가기술자격 1급 기사자격 취득 후 해당 분야에서 4년 이상 실무를 경험하여야 된다. 나는 중졸 학력이었지만 열관리기사를 취득하고 4년 이상(18년)의 실무경력자이어서 응시자격은 충족되었다.

'최신 핵심소방기술'이라는 950여 페이지에 달하는 시험서를 준비하고 소방기술사 학원에도 나가 강의를 열심히 들었지만 강의를 들어도 소화해낼 수 있는 능력이 부족해 학원에 나가는 것을 포기하고 도서관에서 '최신 핵심소방기술'과 씨름을 계속했다. 1년여를 공부한 후에 다시 기술사학원에 나가니 강의를 들으면 이해가 되고 가끔은 난해한 질문도 해서 강사 선생님을 난처하게 해드리기도 하였다. 한글과 한자 혼용의 서브노트를 작성하는 과정에서 이를 5회에 걸쳐 수정작업을 진행했다. 서브노트를 읽고, 쓰기를 반복하는 혼신의 노력을 기울였다. 이른 아침 시립도서관 문을 개방하기 전에 맨 먼저 도착해서 1번으로 줄을 서서 기다렸다가 입장을 하는데 이는 매일 창가의 고정된 좌석을 차지하기 위함이었다.

휴식시간을 제외하고 책상에서 공부하는 시간을 1일 10시간 목표로 혼신의 노력을 경주하였다. 4년 6개월 동안(공조냉동 기계기사 준비시간 포함)에, 공휴일은 물론 설날에도, 추석날에도, 나의 환갑날에도 단 하루도 쉬지 않고 도서관으로 발길을 옮겼다. 명절날에는 시립도서관이 개방을 하지 않아 안양과학대학교 도서관으로 나갔다.

국가기술 자격시험은 매년 2회에 걸쳐 시행이 되었다. 나는 공부를 하면서도 이런저런 갈등으로 고뇌했다. 나의 머리 반쪽은 이렇듯 어려운 관문을

필자의 가족사진.

기라성 같은 젊은 후배들과 경쟁에서 고령과 중졸 학력 게다가 1965년 25세 때의 '장질부사' 질환으로 인한 2회에 걸친 腸(장) 수술, 다시 1990년도 (50세)에 담석증으로 쓸개를 제거하는 수술 등 세 번에 걸친 전신마취수술을 경험한 건강상태 등의 핸디캡을 극복할 수 있을까? 생각했다. 나머지 머리 반쪽으로는 '나는 중학교 시절 전교에서 수학공부를 제일 잘하는 학생이었는데' 하며 열심히 노력하면 극복해낼 수 있으리라는 의지로 버텨냈다.

'최신 핵심소방기술'이라는 950여 페이지의 내용을 거의 숙지한 후에 漢字混用(한자혼용)으로 작성한 서브노트를 20여 회 쓰기를 반복하는 노력, 그동안 사용한 볼펜을 모아두었는데 약 10여 만 원어치에 해당하는 물량이었다. 시험에 응시하는 날에는 하루 종일 논문식 시험지와 씨름하다 보면 기진맥진한다. 나는 한자혼용으로 된 서브노트 쓰기 공부가 몸에 배어 시

246

험서 작성에서도 한자를 많이 사용하였다. 학원 강사선생님께서 한자를 많이 사용하면 요즈음 채점위원들이 한자를 잘 몰라 채점에서 불이익을 받는다고 조언했지만 습관이 되어 시정하지 못했다. 1개월 후의 필기시험 발표를 행여나 하는 마음으로 기다리면서 계속해서 공부했다. 낙방하면 안 된다는 일념으로 지친 몸을 이끌고 도서관으로 갔다.

허리 인대 늘어나 學業 중단

어느 정도 목표지점의 9부 능선쯤에 와있던 2000년 봄쯤인 어느 일요일 아침에 도서관에 나가기 위해 기상하는 시간에 갑자기 허리 통증이 심해서 침대에서 일어날 수가 없었다. 구급차에 실리어 한방병원 응급실로 입원해 MRI를 촬영해보니 장시간 공부하는 과정에서 책상자세가 불량한 탓으로 허리 인대가 늘어나는 손상을 입은 것이었다. 침술 치료 등의 입원치료를 받는 등 1개월여의 기간 동안 공부를 중단하게 되어 시험도 결시했다.

학원 선생님께서는 거의 합격수준에 도달했다고 격려도 해 주시었고 아이러니하게도 내가 결시한 시험에는 총 14명이 합격했던 바 이 역시나 결시한 나의 不運(불운)이었다. 허리통증이 회복되고 다시 공부를 지속했다. 지성이면 감천이라던가? 드디어 2001년 가을에 총 4명이 합격하는 합격률 2.8%의 필기시험에 합격했다. 그러나 제2차 시험인 면접에서 苦杯(고배)를 마시게 되었다. 면접시험에서 나는 수십여 년 간의 실무경험과 탁월한 이론으로 달변의 답변을 했으나, 면접관 두 명 중 한 분의 교수님은 "고령에도 불구하고 이처럼 어려운 시험에 합격하시고 능숙한 답변이 대단하시다"고 침이 마르듯 칭찬을 하시는 반면 다른 한분의 면접관은 나의 답변에 불만족스런 태도였다. 훗날 알게 된 사실은 그는 中卒 학력으로는 소방기술사가 될 수 없다는 나름대로의 偏見(편견)을 가지고 있었던 것이다. 면접관 두 분 모두 만장일치로 합격점수를 주어야 통과되는 규정에 의해 중졸 학력은 여기에서도 작용하게 된 것이다.

두 번째 면접에서 드디어 합격

필기시험에 합격이 되면 2년간 유효해서 6개월을 대기하면서 시립도서관에 나가 다른 종목인 '건축기계설비기술사' 공부를 하였다. 이 종목은 내가 30여 년간 실무를 경험한 탓으로 쉽게 생각이 되어 처음 시험에 응시하고 합격되리라는 자신감으로 필기시험발표 날을 기다렸다. 공교롭게도 평소에는 30여 명씩 합격이 되었는데, 이번에는 합격자가 단 네 명에 불과했고 나는 落榜(낙방)했다. 그러나 소방 설비기술사 면접에서 당당히 합격했다.

두 분의 면접관께서는 나의 수십여 년의 실무경력과 이론을 겸비한 실력에 만족스러워하시었다. 이렇게 해서 산전수전 끝에 2002년 5월27일자로 '소방 설비기술사' 국가기술 자격증을 취득했다. 〈매일경제신문〉, 〈한국경제신문〉, 〈동아일보〉 등 주요 일간지에 기술사합격자 발표가 되고 나는 전국의 전 종목 기술사합격자 중에서 최고령 합격자로 신문기사에 실리게 되었다. 이공계 분야에서는 취득하기가 하늘의 별따기처럼 어려운 시험에 고령과 중졸 학력의 핸디캡을 딛고 우뚝 일어서게 되면서 화재·소방분야에서 立志傳的(입지전적)인 사람으로 소문이 나기 시작했다.

63세에 高卒 검정고시에 도전

'소방 설비기술사' 자격을 취득한 이틀 후 G종합건축사사무소에서 입사면

나는 하늘의 별따기처럼 어려운 시험에
고령과 중졸 학력의 핸디캡을 딛고 합격했다.

접을 치르고 다음날인 2002년 6월1일부로 출근하게 되었다. 위기를 기회로 삼아 4년 6개월간 동안을 불굴의 용기와 투지로 萬難(만난)을 극복하여 전화위복의 再起에 성공한 것이었다. 직급은 理事(이사)에 불과했지만 연봉은 부사장과 동급이었다. 이곳에서도 텃세가 심했다. 더욱이 중졸학력인 자가 연봉은 부사장과 맞먹으니 질투와 시새움의 눈초리들이 번뜩임을 느끼면서 눈칫밥 먹는 회사생활을 지탱해 나아갔다.

평생을 중졸 학력으로 살아오면서 진절머리 나도록 당하는 수모로부터 벗어나 이를 극복해서 내가 죽는 날 미소를 지으면서 生을 마감하겠노라는 결심을 했다. 63세의 나이에 안양시에 위치한 검정고시학원에 등록하고 열심히 공부한 결과 3개월여 만에 경기도에서 시행하는 고졸학력검정고시를 통과하였다. 다음해인 2004년 3월에 서울산업대학교(현재의 서울과학기술대학교) 안전공학과에 04학번으로 야간반에 입학을 했다. 안양시의 평촌 신도시에서 서울 노원구 공릉동의 학교까지는 먼 거리여서 안양 평촌 신도시의 아파트를 매각하고 서울 동작구 사당동으로 전세를 얻어 이사했다.

獨學士 학위를 받다

엔지니어로서 최고의 자격인 기술사를 소지하고서도 중졸 학력으로 인한 멸시와 수모를 곳곳에서 감내하면서 나는 몇 차례에 걸쳐서 회사를 옮겨 다녔다. 대학과정 1학기를 종료한 여름방학 중에 교육부 산하의 한국교육개발원에서 시행하는 학점은행제도에 의한 獨學士(독학사) 과정을 알아보니 학사졸업에 필요한 학점은 140학점이었다. 나는 여러 가지의 국가기술자격증을 소지하고 있어 그것으로 학점을 계산해보니 200학점, 그리고 1학기 중 취득한 학점 21점을 포함하면 합계 220점 정도가 되었다. 학점은행제에 의해 학사학위를 취득하려면 기본적으로 사이버대학에서 교양과목 18학점을 이수하여야 했다. 그리하여 지도교수님과 의논하여 독학사 과정을 밟기 위해 서울산업대학교를 자퇴하기로 했다. 이후 사이버대학의 인터넷 교육으로 윤리도덕 과목 18학점을 이수하고 한국교육개발원에서 2005년 2월17일, 비로소 건축설비공학 獨學士 학위를 받았다.

67세에 防災工學 석사

65세가 되어 독학사 학위를 받고 나는 다시 서울시립대학교 도시과학대학원 방재공학과 석사과정(야간반)에 입학했다. 동기생 중 고위직 소방간부가 '왕형님'이라 부르면서 나는 대학원에서 '왕형님'이란 호칭으로 불리게 되었다. 나는 충북 청주시에 위치한 40층 아파트에 소방감리원으로 근무하면서 저녁이면 승용차로 청주에서 중부고속도로를 달려 서울 청량리의 시립대학교로 등교하는 苦行(고행)을 2년6개월 동안 지속했다. 단 하루도 결석하지 않았다. 졸업에 필수시험과목인 외국어시험은 영어실력이 부족해 일본어를 택했다. 시험과 졸업논문도 통과되어 67세가 되는 2007년 8월22일에 석사학위를 받게 되었다.

석사과정 대학원을 졸업하고 보니 무언가 허전해서 퇴근시간에 청주 시내의 일본어 학원 회화반에 등록을 했다. 나의 출생지는 일본이며, 剋日(극일)을 하려면 일본어도 알아야 한다는 막연한 생각에서였다. 그러던 어느 날 대학원의 지도교수님과 몇 분이 함께 저녁식사하는 자리에서 뜻밖에도 교수님께서 재난과학 박사과정의 입학원서를 내라고 권유하시는 것이었다.

동시에 졸업논문 제목을 '소방방재 분야의 규제개혁에 관한 연구'로 정해 주시면서 이러한 제목의 논문을 다른 사람은 쓸 수 없다고 하시었다. 교수님의 권고에 처음에는 사양하다가 한편으로는 한평생을 살면서 중졸 학력의 설움과 수모를 겪어 온 과거를 돌아보며 마침내 원서를 제출하겠노라고 결심을 하게 되었다. 석사학위를 받고 1년이 경과된 2009년 3월2일 나는 69세의 나이에 대망의 서울시립대학교 일반대학원 재난과학 박사과정에 제3기로 입학했다.

현재까지 이공계에는 공학박사는 많이 배출이 되었으나 생소한 災難科學(재난과학) 박사라는 명칭에 매력을 느끼기도 하였다. 이때까지 국내에는 단 한 명도 재난과학박사는 존재하지 않았던 것이다. 나는 인천광역시의 송도글로벌대학캠퍼스 신축공사 현장과 청주시 복대동에 위치한 두산위브지웰시티 45층 아파트 신축공사장 등을 오가며 소방감리원으로 근무하면서도 장거리 대학원 통학을 멈추지 않고 공부를 지속하였다. 건축물 신축현장에서 일하면서 장거리 교통편 등 2년 6개월간의 통학 끝에 드디어 2011년 6월20일에 박사과정을 수료하였다. 그러나 졸업을 하기까지는 높은 장벽이 가로놓여 있었다.

3년 공부로 英語의 벽을 넘다

나의 영어실력은 밑바닥이다. 50여 년 전 중학교 시절 3년 동안에 배운 콩글리시 영어 실력이 전부였다. 토익 시험 750점 이상이거나 대학원 영어 강습반에 등록하여 2~3개월의 과정을 마치고 영어시험에 응시해 80점 이상을 취득해야 합격하는 엄격한 대학원 학칙으로 나는 고뇌의 늪에 빠지게 된다.

대학원 영어반에 등록을 하고 열심히 등교해서 강의를 들었으나 나는 눈 뜬 장님처럼, 난청환자처럼 무슨 내용인지 보이지도 들리지도 않는 막연함의 블랙홀 속으로 함몰되어 갔나. 마침 아들 녀석 대학동창인 여자친구가 미국 대학을 마치고 귀국, 영어학원의 강사로 일하고 있었다. 그 친구가 영어교재를 한글로 번역해준 뒤 택배로 보내 주어 그 번역교재로 영어공부를 진행하였다.

공휴일에 다시 도서관에 나가 중고등학교 학생들과 어울려 번역서가 때에 찌들어 번들거릴 정도로 공부했다. 웬만큼 자신감을 가지고 다시 영어반에 등록하면 영어교재가 다른 교재로 바뀌는 것이었다. 다시 바뀐 교재를 아들 녀석 여자 친구에게 번역을 받아 공부를 지속했다. 또 다시 영어반에 등록해 보니 교재가 또 바뀌었다. 중간고사와 기말고사 2회에 걸쳐 진행되는 영어시험에 80점 이상을 받아야 한다. 바뀐 교재였지만 약 3년여에 걸쳐서 공부한 나의 영어기초실력이 구축되었는지 나름대로 시험을 잘 마치었다.

영어교수님께서 강의 종료 후 잠깐 남으라고 하셨다. 영어교수님께서는 나의 영어실력을 잘 알고 계셨다. 밝은 미소를 지으시면서 "오 선생님 열정이 대단하십니다. 존경스럽습니다. 이번에 응시한 시험에 합격이 되시었으니 이제 학위논문을 준비하시기 바랍니다."

영어공부에 전념한 지 만 3년이 경과되어서이다. 영어시험에 합격했다는 소문이 퍼지니 지인들로부터 전화가 쇄도했다.

"형님 영어시험 합격을 축하드립니다. 과연 형님답습니다. 형님은 후배들

"형님, 영어시험 합격을 축하드립니다.

과연 형님답습니다. 형님은 후배들의 멘토이십니다."

의 멘토이십니다." 지도교수님께서도 매우 기뻐하셨다. 지도교수님께서 박사과정 지원을 독려한 마당에 수료를 하고도 졸업을 시키지 못하니 스스로도 많은 부담감을 가지고 계셨던 것이다.

소방 설비기술사로서 왕성한 사회활동

나는 국내의 화재, 소방분야에서 현업에 활동하는 最高齡(최고령) 엔지니어였다. 나이 많은 것은 오히려 장점이었다. 화재, 소방 관련학회(한국 화재소방학회, 한국화재감식학회, 한국화재정책학회, 한국소방 기술사회, 한국방재안전학회) 등에서 감사 또는 기술이사, 고문 등의 중책을 맡아 학회 내 비정상 행위를 정상으로 되돌리는 바른 말하는 어른으로서의 입지를 확고부동하게 지켜 나갔다.

한편으로는 소방방재청의 소방정책 및 제도나 운영상에서도 이런저런 助言(조언)을 아끼지 아니하였다. 때로는 소방방재청장님이나 각 시도 소방재난본부장님, 소방방재청의 국, 과장님, 관할 소방서장님을 비롯해서 관련분야의 국회의원님께도 직접 면담하는 등의 활동을 했다. 현대 한국 소방인물사 편찬위원회로부터 '대한민국 소방을 빛낸 현대 한국 소방 인물'로 선정되기도 하였다.

災難科學(재난과학) 박사학위를 받다

논문심사 규정에는 학회지 등에 1편 이상의 논문게재 실적이 있어야 했다. '한국 화재소방학회'로 '민·관간의 갈등 해소를 위한 소방제도 개선에 관한 연구'라는 제목으로 투고를 하였으나 소방제도 관련 논문심사위원은 학회편집이사인 고위직 소방간부가 심사하는 바, 논문내용에서 소방방재청의 아킬레스건을 과도하게 건드린 결과로 그만 탈락이 되었다.

나는 2002년 5월27일 소방 설비기술사를 취득한 이래 10여 년간 줄기차게 소방방재 분야의 규제개혁을 위해 심혈을 기울였지만 관계당국은 아랑곳 하지 않았다. 우리나라의 화재소방 관련제도 및 규제들은 곳곳에 개선되어야 할 요소들이 많다. 정권이 바뀔 때마다 규제개혁을 외치지만 오히려 국민이나 기업에 불편한 규제들은 더욱 양산되었다. 고심 끝에 나는 충북대학교 내의 '한국위기관리학회'로 '소방 설비분야의 책임감리 범위에 관한 비교연구'라는 논문을 투고하여 몇 차례에 걸쳐 수정과정을 거친 끝에 통과가 되었다.

당초 지도교수님께서 박사과정 대학원에 입학을 권유할 당시에는 논문 제목이 '소방방재 분야의 규제개혁에 의한 제도개선'이었다. 약 2년여 동안 이와 관련한 200여 페이지에 달하는 논문을 작성했으나, 심사위원회의 예비심사 과정에서 많은 지적을 받았다. 학위논문이라기보다는 저널지 등에 게재할 수 있는 자기 주장이라는 지적이었다. 지도교수님의 지도를 받아 10여 년간의 소방공사감리 현장 경험을 토대로 논문 제목을 '소방공사의 감리제도 개선에 관한 연구'로 수정했다. 선행 관련논문 사례들과도 비교분석하라는 지침을 받고 학위논문작성에 있어서의 여러 기법들을 재정립하여 224페이지에 달하는 논문을 완성하였다.

최종심사에서 심사위원님들로부터 훌륭한 논문으로 換骨奪胎(환골탈태)

되었다는 칭찬을 받았다. 나는 40여 년간의 磨斧作針(마부작침·도끼를 갈아 바늘을 만드는)의 노력으로 晩學(만학)의 끝자락에서 재난과학 박사학위를 수여받게 되었다. 2014년 2월21일 졸업식에서 학위를 받고 가족들과 기념사진도 찍었다. 함께 학위를 받은 재난과학박사는 모두 다섯 명이었다. 나는 서울시립대학교 일반대학원 재난과학박사과정 제3기로 입학하여 국내에서는 열세 번째로 만 73세의 재난과학박사로 탄생한 것이다.

행복한 老後

나의 가족은 아내와 아들, 딸 그리고 친손자 준휘(7세) 찬휘(4세)과 외손녀 현영(11세) 등 모두가 안양 평촌 신도시에 거주하고, 나는 충북 청주의 45층 아파트 신축현장 인근에 월세로 원룸에서 거주하며 주말에 집을 오가는 주말부부 생활을 하고 있다. 나는 이런저런 건축물 현장의 업무를 비롯한 여러 관련학회에서 사회활동을 하고 있어 바쁜 일상생활을 이어가고 있다.

주말이 가까워오면 귀여운 손자 녀석들이 무척 보고 싶다. 지난해 여름휴가와 추석 연휴에는 아내와 딸내미, 외손녀딸(현영)과 함께 베트남 다낭과 사이판여행을 다녀왔다. 여섯 살 때부터 원어민 영어유치원을 다닌 현영은 해외여행에서 영어소통이 원활한 것을 보니 언어교육은 어릴 때부터 하는 것이 최선이다. 아들 녀석은 10여 년 전에 조그만 회사를 창업을 해서 최근에는 어느 정도 정착되는 듯하고, 딸내미는 수년 전에 동업자와 함께 무선전력 관련 벤처기업을 창업했으나 아직도 정착하지 못하고 고전을 면치 못하는 실정이다. 그럼에도 나의 老後(노후)는 행복하다고 自評(자평)해 본다.

80세까지 現業에서 활동할 계획

나는 軍 생활 중에도, 사회생활에서도 제반 법규와 위계질서를 지키며 모범시민으로 살아왔노라고 自負(자부)한다. '젊어서 고생은 사서도 한다'는 속담처럼 나는 젊은 시절의 고생이 약이 되어 轉禍爲福(전화위복)의 계기가 되었고 위기가 올 때마다 이를 기회로 역전시키는 삶을 살아왔다고 생각한다. 나는 올해 우리 나이로 75세이다. 80세까지는 現業(현업)에서 활동할 수 있을 것으로 예상한다. 내가 매월 수령하는 국민연금은 56만1810원이다. 그리고 월남참전수당 18만 원을 합해서 74만1810원이다. 나는 人生黃昏(인생황혼)의 들녘에서 남은 여생동안, 죽는 날까지 건강을 유지하여 현업에서 일하며 노후의 생활비도 스스로 해결, 계속해 무딘 바늘을 갈고 닦을 것이다.

나는 30여 차례에 걸쳐 직장을 옮겨 다니느라 우리 아들 녀석은 초등학교를 다섯 곳을 옮겨 다녔다. 그러나 단 한 번도 위장전입을 하지 않았고, 더욱이 석·박사과정의 표절논문 시비에도 걸릴 일이 없다. 평생 월급쟁이였으니 탈세할 일도 없었고 돈이 없으니 투기할 능력도 없었다. 밑바닥 인생이니 그 누가 뇌물주는 일도 없어 청렴결백할 수밖에 없다.

吳尙煥(1941~)
33사단 복무 중 5·16혁명군에 참여. 이후 하사관이 되어 월남전에 참전했다. 제대 후 오직 일과 공부에만 매진, 검정고시를 거쳐 보일러취급기능사 1급·열관리 기사 1급·건축기계설비기술사·소방설비기술사·재난공학 석사를 따고 73세에 박사학위까지 취득했다.

영화 '국제시장'과 닮은 나의 생애

李範永

"어렵던 그 시절, 가난한 농부의 아들로 태어나서
제대로 배운 것도, 가진 것도, 집안 배경도 없었지만
나는 단 한 번도 가난했던 부모님이나 못 사는 우리나라를
탓하지 않고 젊음을 불태우며 살아왔다."

영화 '국제시장'과 닮은 나의 생애

20 14년 성탄절, 우리 가족은 영화 '국제시장'을 관람했다. 여느 사람들처럼 나도 영화를 보며 내내 눈물을 흘렸다. "저 영화는 주인공 덕수의 이야기가 아니라 바로 내 지난 일을 영화로 만들었구나!"하는 생각이 머릿속에서 떠나질 않았다. 덕수가 흥남철수 때 피난왔고 월남에 근로자로 간 것 말고는 나의 지난 경험과 똑같았기 때문이다.

나는 김포반도 최전방에서 피난을 왔고 월남에는 전투 보병으로 참전한 것이 다를 뿐 믿을 수 없을 정도로 영화의 줄거리가 내 삶과 똑같았다. 그래서인지 영화 상영 내내 남들보다 더 많은 눈물을 흘릴 수밖에 없었다.

나는 1944년 경기도 김포에서 출생했다. 가난한 농부의 9남매 중 여섯째로 태어나 지금 한국 나이 일흔 두 살이 됐다. 부모님은 그 어렵고 힘든 격동의 시대를 사시면서 우리 9남매를 하나라도 잃어버리지 않기 위해서 피나는 死鬪(사투)를 벌이며 그 시대를 사시다 결국 한쪽 눈을 실명하신 채 1986년 한 많은 세상을 뒤에 두고 떠나셨다. 그런 아버지의 희생과 자식에 대한 헌신적인 사랑으로 우리 9남매는 지금까지 온전히 살아남을 수 있었다. 당시 우리 가족은 끼니를 거르는 날이 다반사였지만 부모님은 큰형과 나를 중학교까지 공부를 가르쳤다.

왜 중학교 밖에 못 가르쳤느냐는 원망 어린 마음은 생각조차 해본 적이 없다. 오히려 그 어려운 난리 통에 자식을 하나라도 잃어버리지 않은 것만

으로도 대단하고 고마운 일인데 시골 깡촌에서 중학교에 보내준 부모님의 그 은혜는 아무리 생각해 봐도 하늘보다 더 높고 바다보다 더 넓은 은혜요 사랑이다.

중학교 졸업하자마자 생활 전선으로

중학교를 졸업한 이듬해 생활 전선에 뛰어들었다. 아버지는 생전에 "꿩 새끼도 알에서 깨어나면 어미가 돌보다가 자라면 스스로 살 길을 찾아서 어미 곁을 떠나가니 너도 이제 컸으니 아버지 곁을 떠나서 살아가야 한다."고 말씀하셨다.

나는 친지의 소개로 영등포에 있는 국립농산물 검사소에 들어가 관공서 給仕(급사)로 첫 사회생활을 시작했다. 어린 나이에도 官舍(관사)에서 자취하며 새벽 6시에 일어나 네 개의 사무실을 청소했다. 겨울에도 맨발로 물청소와 유리창을 반짝거리게 닦아 놓았다. 청소년 때라 그런지 추운 줄도 몰랐다. 검사소 소장님과 직원들은 그런 나를 보고 "李 군은 힘이 장사야, 이 추운 날에도 맨발로 일하니 대단한 놈이야!"라고 하셨는데 나는 그 소리가 싫지 않았다. 이렇게 하루하루 일하며 공부하는 것이 오히려 재미있고 즐거웠다.

나는 그때 월급으로 3000원을 받았는데 월급날이면 기분이 하늘을 날

맹호부대 제1연대 전투원이었을 때의 필자.

듯이 좋았다. 그 돈을 차곡차곡 모아 명절 때나 부모님 생신 때 술과 쇠고기를 사고 내복을 사 들고 고향에 가서 용돈도 드리면 아버지는 동네방네 다니시며 자랑을 하셨다. 그리고 나이 많은 어르신들을 모시고 우리 아들이 사온 것이라며 꼭 대접을 해드렸다.

그 모습에 어깨가 으쓱해져 한눈팔지 않고 더 열심히 일했다. 취직한 지 1년이 지나자 배운 것도 많고 요령도 생겼다. 급사에서 시험보조원으로 승급됐지만 하는 일은 같았다. 직원 월급이나 물품대금 수령 등 은행업무가 추가됐다. 새로운 임무가 주어질 때마다 믿어주고 인정해 주는 것 같아 기분이 좋았다. 그렇게 3년이 지나자 1965년 3월에 軍 입대 영장이 나왔다. 사표를 내고 검사소를 떠나는 날 직원들은 큰길까지 따라오면서 제대하면 또 만나 같이 일하자며 눈물로 배웅해 주었다. 그러고 보면 그곳에서 성실히 근무하고 떠난 것 같았다. 삼촌이나 큰형님 같은 분들과 근무하면서 관공서의 많은 업무도 배우고 책이나 신문을 닥치는 대로 읽으며 공부도 했다. 그 덕분인지 세상 돌아가는 일도 어느 정도 파악할 수 있게 된 것이 가장 큰 소득이라면 소득이었다.

입대, 월남行을 결심하다

1965년 3월23일 논산훈련소에 입대한 나는 본격적인 훈련에 임했다. 그렇게 훈련받던 어느 날 소문에 우리나라가 올해 중에 전투부대를 월남에 파병한다는 말이 파다하게 돌았다. 그 소문을 듣는 순간 가슴이 두근거리고 내 피가 끓어오르는 듯한 감정이 온몸을 감전시키는 듯했다.

전쟁영화에서 본 그 짜릿함과 통쾌감 그리고 흥분이 온몸에 전해오며 월남 전선으로 파병돼 가는 상상을 하기 시작했다. 나는 꼭 가야겠다고 마음속으로 결심했다. 그런 결심을 한 것은 反共(반공) 국가인 우리나라를 위한 것도, 월남에 가서 공산주의를 물리쳐야 한다는 그런 거창한 사명감은 아니었다. 오직 내 젊은 기백과 뜨겁게 끓는 혈기가 未知(미지)의 땅 월남 전선으로 내 몸과 생각을 스스로 따라가게 하고 있었다.

지금 생각하면 이해가 안 되지만 그때는 정말 그랬다. 월남파병을 결심한 뒤로 나는 더욱 열심히 교육훈련에 임했다. 무릎과 팔꿈치가 찢어져 피가 나도 이를 악물고 열심히 훈련에 임했다. 지금은 어떤지 모르지만, 그 당시 훈련소에서 교육받을 때 이른바 '빽(배경)'이 있는 훈련병은 '열외'라고 해서 다른 사람들이 볼 수 없는 곳으로 데리고 가서 훈련을 쉬도록 했다. 고위급 공직자 등 집안에 권력 꽤나 가진 사람들은 사돈에 팔촌까지 동원해서 그런 짓을 밥 먹듯이 했다.

하지만 나는 월남에 갈 생각을 이미 결심했기 때문에 모진 교육도 달게 받았다. 그 결과 사격에서 우리 소대에서 나를 포함한 단 두 명만이 만점을 받았다. 전투에서 敵(적)을 격파하고 이기고 살아남기 위해서는 그 길이 최선의 방법이고 또 그렇게 믿었기 때문이다.

그렇게 기본훈련 6주를 마치고 다시 제2훈련소로 가 보병으로서 꼭 받아야 하는 L.M.G 기관총, 그리고 3.5인치 對(대)전차 로켓포 사격 훈련을 모두 받았다. 모든 기본훈련을 받은 나는 같은 해 6월에 춘천 보충대를 거쳐서 전방 제12사단으로 배치돼 다시 교육 중대에 들어갔다. 다른 대원들은 또 교육훈련이 시작된다고 지루해했지만 나는 월남에 간다는 생각 때문인지 그들과 달랐다.

분대 전술훈련이나 소대 전술훈련 받을 때는 월남에서 전투하는 것처럼 생각하고 그런 자세로 교육훈련에 임했다. 그렇게 교육을 끝내고 自隊(자대) 배치를 기다리는데 후임 교육 신병들이 들어왔다. 중대장은 내 교육 성적이 좋다면서 신병을 교육하는 조교로 근무하라고 하였다. 그렇게 근무하는 중에도 파월 소식은 간간이 들려왔다. 그리고 초가을부터 시행된 연대 기동훈련을 하던 중에 사단장님이 오시더니 마이크로 전투사단 파월 지원자는 모이라고 외치셨다. 나는 이때라고 싶어 대원들을 두고 개울을 건너갔다.

논산훈련소 때부터 기다리던 派越(파월)부대 지원이 이루어지는 순간이었다. 그날 밤으로 제12사단에서 파월부대에 지원한 장병들은 홍천에 있는 맹호사단 1연대 3대대로 배치되고 나는 10중대 화기소대 57 무반동총 1분대에 편성됐다. 부대편성이 완료되자 즉시 파월을 위한 고된 훈련이 시작됐다. 모든 훈련은 실전을 가상한 훈련이라 참으로 힘들고 어려운 전투훈련이 계속 이어졌다.

우리 중대는 이날 수류탄 투척 훈련에서 강재구 중대장을 잃은 큰 사고가 일어났다.

姜在求 중대장의 殺身成仁

하룻밤 잠자는 시간이라야 3시간 정도지만 그것도 눈만 감았다 뜨는 잠이지 제대로 된 잠은 일요일 밤잠이 유일하였다. 모든 병사가 지원한 사람들이라 힘들고 고된 훈련이지만 낙오자는 나오지 않았다. 간혹 가족들이 어떻게 알았는지 부대에 찾아와서 못 가게 애걸복걸했지만, 거기에 넘어가는 병사는 거의 없었다. 그래서 팀워크가 일사불란하게 잘 다져졌다.

이렇게 몇 주간의 고된 전투훈련이 끝나고 출전할 날을 기다리던 중 일정이 지연되자 실탄사격과 수류탄 투척훈련을 숯 중대원이 하게 되었다. 우리 중대는 이날 수류탄 투척 훈련에서 강재구 중대장을 잃은 큰 사고가 일어났다. 내 분대원이 잘못 던진 수류탄을 되받아 던지려다 그만 실패하자 중대장은 당신 자신의 몸으로 수류탄을 덮쳐 수많은 중대원의 생명을 구해낸 후 殺身成仁(살신성인)의 숭고한 희생정신을 본보기로 남기시고 散華(산화)하셨다.

바로 내 옆에서 일어난 故 강재구 중대장의 살신성인은 생각할수록 안타깝고 슬픈 일이었지만 그분이 보여주신 희생정신은 나에게 군인으로서 책임과 희생이 무엇이고 어떤 것인지를 똑똑하게 보고 느끼게 해준 사건이었다.

그 사고가 계기가 되어 우리 제3대대는 그분의 숭고한 희생정신과 참 군인 정신을 기리고 계승하고자 '재구대대'로 命名(명명)되어 맹호사단 제1연대 '재구대대'로 새롭게 탄생하였다. 비록 같이 월남 전선으로 출전해 전투하진 못하지만 잠시나마 위엄 있고 인자한 큰형님 같은 참군인 강재구 대위를 중대장님으로 모셨던 나는 크나큰 자랑이 아닐 수가 없다.

우리 '재구대대'는 슬픔과 아쉬움을 뒤로 남긴 채 강원도 홍천 기지를 떠났다. 그리고 1965년 10월12일 모래바람이 불어대는 서울 여의도 비행장 드넓은 활주로 위에서 박정희 대통령과 내외 귀빈들, 수많은 서울시민을 모시고 장엄한 열병과 분열식을 거행하고 뜨거운 환송을 받으며 부산항을 향해서 아름다운 서울의 야경을 뒤로 하고 영등포역에서 열차를 타고 떠났다. 부산까지 가는 큰 역마다 수많은 국민들이 모여서 떠나는 맹호 용사들을 환송해 주는데 우리 부대는 목이 터지라고 軍歌(군가)를 부르며 그분들께 감사인사를 대신해 드렸다.

새벽에 부산에 도착한 우리 부대는 시민들의 뜨거운 환영을 받으며 거대한 美 해군 수송함에 乘船(승선)해 하룻밤을 잤다. 이날 이후 일주일간의 긴 항해 끝에 우리 부대는 10월23일 오전에 '퀴논항' 근처로 추정되는 모래벌판에 억수같이 쏟아지는 비를 맞으면서 역사적인 상륙을 했다. 그리고 차량과 열차를 번갈아 타고 어느 지역에 도착해보니 그야말로 말로만 듣던 처음 보는 정글이 우리를 기다리고 있었다.

"내가 죽을 곳에 찾아왔구나!"

중대장 명령으로 나지막한 정글 高地(고지)를 올라갔다. 한밤중이 되자 비는 더욱 쏟아지고 모기와 개미떼가 벌떼처럼 달려들기 시작했다. 전방 산

맹호 5호 작전을 앞두고.

간 계곡에서는 포탄이 날아와 터지는 소리가 계속해 들려오고 언제 敵(적)
이 나타날지 모른다는 불안감에 온몸에 소름이 끼쳐왔다. 순간 "이제 내가
죽을 곳에 찾아왔구나!"는 생각이 들며 "여기가 지옥이지, 지옥이 따로 있
는 게 아니구나. 아이고, 하느님. 내가 무슨 죄가 크다고 이런 지옥에 오도
록 했나요?"라며 엉뚱하게도 월남에 온 핑계를 보지도 못한 하느님한테 해
댔다. 그렇게라도 위안을 찾으려 했다.

　칠흑같이 캄캄한 밤중에 비는 계속 쏟아지고 高地(고지) 위에서 길을 잃
을 우리 소대는 막다른 공포 속에 빠져들었다. 설상가상으로 중대 본부에
서는 고지 아래로 원대 복귀하라는 명령이 무전으로 내려왔다. 터질 것 같
은 긴장 속에 60여 명의 소대원의 운명을 책임진 소대장의 비장한 한 마디
인 "우리 이렇게 된 이상 죽으면 같이 죽고 살면 같이 살자"는 말을 듣는 순

간 온몸에 다시 소름이 쫙 끼쳐오며 30발 탄창을 장전한 M2 카빈총을 꽉 잡은 손이 부들부들 떨렸다.

"아! 그래. 이것이 내 운명이구나. 하지만 어떡하랴. 내가 여기에 이렇게 와 있는걸. 하지만 여기서 이렇게 죽을 수 없지. 죽지 않으려면 내 앞에 닥친 이 현실을 뚫고 나가자. 나는 절대 죽지 않을 거야." 나는 나 자신에게 최면을 걸듯이 계속 말했다. 이런 생각을 하고 나자 두려움과 공포감이 다소 가라앉았다. 그리고 고국에서 힘들게 훈련받던 일들과 故 강재구 중대장의 흐릿한 영상이 스쳐 갔다. 그리고는 가슴 속에서 뜨거운 뭔가가 꿈틀거리는 듯한 느낌이 들면서 감정이 차분하고 대담해지는 듯했다.

베트콩과의 첫 전투

이렇게 시작된 월남전선 생활은 국가와 맹호부대, 특히 재구대대의 명예를 양 어깨에 짊어지고 내 젊은 혈기를 마음껏 발산하면서 하루, 이틀 그리고 일주일, 한 달이 지나갔다. 드디어 1966년 1월5일 밤, 베트콩과 첫 전투가 벌어졌다. 그동안은 전선 적응과 소규모 수색과 매복 작전에서 약간의 적과 우연히 만난 경우는 있었지만, 그날 밤은 중대 전술陣地(진지) 철조망까지 침투하려는 적과의 교전이었다. 수많은 기관총탄과 소총탄이 매서운 소리를 내면서 중대 전술진지 안으로 쏟아져 들어왔다. 비상나팔소리와 함께 숲 중대원들은 즉각 진지에 투입되어 치열한 총격전이 벌어졌다. 나중에는 화기 소대 60mm 박격포가 조명탄과 포탄을 발사해 적의 진지 침투를 물리쳤다.

그날 밤 적의 기습을 물리친 요인으로는 숲 중대원들의 즉각적인 應戰(응전)과 중대장의 신속한 상황 판단으로 아군 피해 없이 적을 물리친 것 때문이 아닌가 판단된다. 이날의 전투를 시작으로 우리 중대는 점차 작전 반경이 넓어졌고, 방어 중심에서 攻勢(공세) 중심으로 나가기 시작했다. 급기야 일주일이 지난 13일 밤에는 적의 82mm 박격포 공격을 받기 시작했다. 중대 전술진지 안으로 날아와 터지는 적의 박격포탄은 무시무시한 폭음과 흙먼지를 휘날리면서 작열했다.

우리 分隊(분대) 진지 가까이 날아와 터지는 포탄의 폭음으로 고막이 터지는 듯 그야말로 공포의 한순간이 계속됐다. 중대에 증강되어 온 아군의 81mm 박격포도 적의 예상 박격포 진지를 향해서 포격해댔다. 얼마간의 숨막히는 포격전이 계속되다 한순간 침묵이 흘렀다. 포격전이 끝나자 대원들은 그때야 서로 얼굴을 쳐다보며 "휴~! 이제 끝났나? 나는 살았구나!" 긴안도의 숨을 내쉬며 잠자는 벙커로 모여들었다. 이런 고비 고비를 넘기면서 나는 더욱 단련되고 용감한 군인이 되어갔다.

蔡命新 장군을 만나다

이렇게 전선 생활을 하는 사이 나는 나도 모르는 사이에 육체적으로나 정신적으로 강건해지고 대담해져 갔다. 이런 전투경험이 이어지는 상황이 간간이 계속되며 2월이 지나고 3월이 되자 대규모 공격 작전이 기다리고 있었다. 1966년 3월23일 드디어 우리 재구대대 전체가 파월사상 최대 규모인 사단급 작전인 '맹호5호' 작전에 주력으로 출전하게 된 것이다. 작전을 며칠 앞둔 어느 날 '재구대대'가 野地(야지)에서 집결해 만반의 출전태세를 갖추고 작전투입을 기다리고 있었다.

그때 주월한국군 총사령관이신 蔡命新(채명신) 장군이 적지 한가운데로 헬기를 타고 와 장병들을 격려했다. 우리와 악수하고 어깨를 두드려 주시면서 간단한 격려의 말씀을 하셨는데 대강 이런 말씀을 하셨다.

"장병 여러분은 모두 애국자다. 지금 여러 장병이 흘리는 땀과 희생을 누가 알아주지 않는다 해도 누굴 원망하거나 섭섭해 하지 마라. 언젠가는 지금 여러 장병이 흘리는 땀과 희생을 누군가는 반드시 알아줄 날이 올 것이다. 그리고 지금은 장병 여러분이 보상받지 못하겠지만, 훗날이라도 우리 후손들이 지금의 노고를 보상받을 날이 반드시 올 것이다. 또 장병 여러분이 받는 전투 수당을 헛되게 쓰지 말고 본국으로 송금해라. 그 돈이 우리나라의 빚을 갚고 나라 살림에 보탬이 되고 살이 찌니 1달러라도 아껴서 본국으로 보내라. 끝으로 국가와 국군의 명예를 지키는 용맹스런 맹호 용사가 되자!"

그 말씀을 듣는 순간 나는 가슴에 무언가 확 들어오는 느낌이 들었다. 젊은 혈기와 기백으로 멋모르고 월남 전선에 지원해 왔지만 내가 미처 생각 못 했던 임무와 그 결과로 조국의 발전에 이바지하고 있다는 사실을 알게 되니 가슴이 벅차 왔다. 사령관과 악수하고 격려의 말씀을 듣고 나자 대원들의 사기는 하늘을 찌르는 듯 높았다. 나는 이런 사령관 휘하에서 '맹호5호' 작전 같은 큰 전투에 참전하는 것이 자랑스럽고 영광이라고 생각했다. 내 목숨값과 같은 전투수당을 하루 1달러를 꼬박꼬박 모아 아버지께 보내드린 것이 집에만 도움이 된 것이 아니라 나라에도 도움이 되고 유용하게 쓰인다니 자부심도 생기고 기뻤다.

'맹호5호' 작전에 투입

두근거리는 마음으로 긴장된 밤을 지샌 3월23일, '맹호5호' 작전 D-day가 드디어 밝아왔다. 새벽 2시에 적진 침투가 은밀하게 시작되고 5시 넘어

> "지금 흘리는 땀과 희생을 알아주지 않는다 해도 원망하거나
> 섭섭해 하지마라…. 누군가는 반드시 알아줄 날이 올 것이다."

서 공격대기선에 도달했다. 우리 중대는 아군의 엄호 포격 속에 숨을 죽이며 공격 명령을 기다렸다. 날이 밝아오고 공격목표 지점이 눈에 들어 왔다.

그리고 6시, 중대장으로부터 "각 소대, 목표지점을 공격 점령하라!"는 명령이 떨어졌다. 나는 제1소대에 배속되어 소대 진출 방향으로 57mm 무반동직사화기로 사격을 시작했다. 소대별로 공격이 시작되고, 적과 치열한 총격전이 벌어졌다. 우리 중대는 맹렬한 아군 포격을 지원받으며 목표 지점을 향해서 한발 한발 전진해 들어갔다.

때로는 美軍의 폭격과 무장 헬기들의 엄호를 받기도 했다. 우리 분대 방향으로 적의 기관총탄이 수없이 날아와 내 주위 여기저기에 물방울을 튀기며 떨어졌다. 우리 57mm 분대는 논둑 밑에 납작 엎드렸지만, 오금이 저려왔다.

아군의 포격과 피아간 총격 소리로 땅이 뒤집히는 듯했다. 검붉은 화염과 매캐한 화약 냄새가 사방에서 뒤덮여 왔다. 공포와 두려움이 밀려왔지만, 목표지점에 명중탄을 쐈을 때는 통쾌감도 느껴졌다. 12사단 교육대와 홍천 훈련장에서 훈련받은 대로 우리 분대가 엄호사격을 하면 소대가 전진하고, 소대가 전진해 엄호사격을 해주면 우리 분대가 전진해 가면서 최초 목표지점을 점령했다. 그러나 거기가 끝이 아니었다. 다음 목표가 기다리고 있었다. 그야말로 숨 막히는 접전이 벌어지기도 하고 희생도 뒤따랐다.

지금 내가 치르는 이 전투가 국가를 위함도 아니요, 나라 살림에 보탬이 된다는 그런 생각은 할 틈도 없었다. 오직 공포와 두려움 속에 초긴장된 상태에서 살기 위해 명령에 따라 움직이는 군인일 뿐이었다. 밤이 되면 공포감이 더 커지고, 나도 戰死(전사)하거나 다치지는 않을까 하는 두려움에 사로잡혀 마음이 무겁고 고통스럽기까지 했다. 이튿날 해가 뜨면 그 두려움과 공포심은 가벼워지지만 대신 뜨거운 태양과 갈증이 우리를 괴롭혔다. 하루에 한 번 헬기로 공수되는 탄약과 식량, 食水(식수)가 오지만 식수는 턱없이 부족했다. 갈증을 해소하기 위해서 틈틈이 개울물과 야자수 물로 목을 축이며 버텨냈다.

무학여고 학생과 펜팔을 주고받다

이런 생사의 격전지에 보급 헬기편으로 위문편지도 함께 왔다. 나에게 위문편지가 배달된 날에는 언제 전투의 공포감과 두려움이 있었느냐는 듯 긴장감들이 눈 녹듯이 사라졌다. 전투 접전지로 배달돼 오는 편지 한 통이 그런 엄청난 힘과 역할을 해내다니 참으로 신기한 일이었다. 나는 파월 참전 2년 반 동안 무학여고 김동연이라는 학생에게 70여 통의 위문편지를 받았다.

김동연 양이 1학년 때부터 보내주었는데 나는 받은 것보다 더 많은 답장을 보낸 것 같다. 그녀의 위문편지의 예쁜 글씨와 수려한 문장은 나를 즐겁게 해주었고 내가 살아서 돌아올 수 있게 해준 힘이 되었다. 때로는 그림과 詩, 유머도 보내주었고, 엽서도 보내주었다. 나는 50년이 지난 지금도 그녀가 보내준 편지를 모두 보관하고 있다. 하루도 거르지 않고 쓴 진중일기와 그녀의 위문편지를 한데 묶어서 책이라도 만들어보면 어떨까 하는 생각도 든다. 이렇게 평생 소중하게 보관하고 있을 만큼 그녀의 위문편지는 내가 진중생활을 해 나가는데 절대적인 힘이 돼 주었다.

아마 지금쯤 동연 학생도 할머니가 되었겠지만 내가 월남에서 살아 돌아올 수 있는 힘이 되어준 세 분의 은인 중 한 분으로 생각하며 늘 마음 속에 담고 살아왔다. 이 자리를 빌어 정말 고마웠다고 꼭 전하고 싶다.

그 세 분의 은인을 말한다면, 첫 번째 분이 탁월한 지휘관 밑에서 근무한 것이고, 두 번째 분이 부모님과 가족들의 염려와 성원 덕분이고, 세 번째 분이 바로 무학여고 1학년 때부터 3학년 때까지의 위문편지를 보내준 김동연 양이다.

歸國 후, 다시 국가의 부름을 받다

나는 치열했던 월남 전선에서 크고 작은 전투 임무를 기적과 같이 무사히 마치고 1967년 4월에 귀국에서 同年 9월에 만기 전역했다. 막상 제대해 보니 집안 형편은 좀 나아진 듯했지만, 농촌에서 여유 있게 살기를 기대하긴 어려운 처지였다. 그러던 1968년 봄에 어느 기관에서 편지가 와 읽어보니 월남 참전 전투 경험자를 모집하니 빨리 응모하라는 내용이었다. 어디든 취직을 하려던 참이라 곧바로 가서 응모원서를 적어 냈더니 맹호부대 재구대대 출신이라고 그 자리에서 합격이 결정되었다. 원서를 낸 지 얼마 안 돼 소집 장소에 갔더니 철도청이었다. 그곳에서 철도청 소속 무장청원경찰이라는 직책을 받고 즉시 한강철교를 경비하는 임무를 부여받고 주야로 근무했다.

그 당시 국내 상황은 1·21 청와대 습격사건이 일어난 뒤라 전국에 무장 공비들이 남파되어 국가의 주요시설을 노리던 때였다. 국가에서는 그들을

베트남 푸캇기지의 57mm 무반동총 진지에서의 필자.

상대하기 위해서 파월 전투 경험자가 적격이라고 판단해서 예비역 참전 경험자를 모집하였고 나도 그중의 한 명이 됐다. 그렇게 선발돼 한강 철교를 경비하던 중 갑자기 경춘선 강촌 구간 철교와 터널을 지키라는 전출 통보를 받게 되었다.

예상 밖의 전출에 알아보니 '빽' 있는 사람들이 한강철교가 서울 소재지라고 근무하기 편한 A급 지역이라며 밀고 올라오는 바람에 나는 강원도 산골인 강촌 구간 철도 경비로 밀려나게 된 것이었다. 섭섭하고 분했지만 어찌하랴….

가진 것 없는 집안에 학벌도 없는 나로서는 당장 거기라도 가야 월급 6000원 받는 신세니 두말없이 가방 하나 달랑 들고 강촌으로 가야 했다. 막상 가보니 산골인 강촌 철교와 터널 구간은 눈뜨면 산과 계곡이 병풍처럼 펼쳐있어서 하늘만 보이는 곳이었다. 그래도 주말이면 경치가 수려해 관광객들이 많이 몰려와 그나마 위안이 되었다.

나는 전투경험이 많다고 대원 5명을 거느린 초소장을 맡았다. 지급받은 M2 카빈총 6정과 실탄 360발로 무장하고 주요지점에 호도 구축해 놓고 월남 전투를 경험 삼아 공비침투 예상 지점에 야간이면 잠복과 경계를 철저히 하며 경비임무에 최선을 다했다. 만약의 상황에 대비해 가까운 군부대와 파출소에 연락망도 구축했다.

어느 날 철도청장님의 초도순시가 불시에 닥쳤다. 그분은 파월 군수 참모장 출신이라 나는 군대식으로 준비해둔 5만분의 1 지도와 상황판을 들고 강촌 철교와 터널 경비 상황과 무장공비들의 예상침투로, 유사시 인근 군부대와 파출소에 지원 요청 방법, 무기 관리와 직원들의 군 출신과 참전 경력 등을 소상히 큰 목소리로 보고 했다.

보고가 끝나자 청장님은 깜짝 놀라시며 "야! 대단하다. 이렇게 준비하고 근무하다니 안심이 된다. 최고다! 지금껏 중앙선과 경춘선 순시하며 본부에서도 이런 상황판을 못 봤는데 이런 작은 초소에서 완벽하게 준비하고 경비하다니 놀랍다"며 침이 마르게 칭찬을 했다. 떠나실 때는 "이런 뛰어난 사람을 여기에 두지 말고 특채로 정식 직원으로 발령 내려라"고 동행한 방호과장에게 즉석에서 지시했다. 그 한 마디에 나는 뜻하지 않게 정식직원 특채 1호로 행정절차가 진행되는 행운을 안게 되었다.

派獨 광부 모집에 지원

행정절차가 진행되는 도중 어느 날 우연히 파독 광부 모집을 한다는 해외개발공사 명의로 된 신문광고를 보게 되었다. 관심을 가지고 서울에 가서 알아보니 당시 듣기로는 3년 계약 끝내고 오면 서울에서 새로 짓는 양옥집 한 채를 살 수 있는 큰돈을 번다는 것이다. 나는 고민 끝에 "이것이다" 싶어 특채를 포기하고 이왕이면 해외로 나가서 큰물을 먹어보자고 결심을 했다. 그때만 해도 일반 국민이 해외로 나간다는 것은 달나라 가는 것과 같이 꿈같은 일이었다. 젊어서 고생은 돈 주고 사서도 한다는데, 고생하며 일하는 광부면 어떠하랴. 돈 벌 수 있다는데, 돈 많이 벌어서 집안 살림에도 보태고 동생들 학비라도 대줄 수 있다면야 더 힘들고 험한 데라도 간들 어떠하랴.

나 또한 앞으로 결혼도 해야 할 텐데 지금의 월급 7000원으로는 살림은 커녕 방 한 칸 얻기도 턱없는 노릇인데 정말 돈만 많이 벌 수 있다면 광부건 뭐건 어디든 가야 할 판이었다. 당시는 많은 젊은이도 비슷했겠지만 내 현실은 더욱 절박했다. 천신만고 노력 끝에 해외개발공사에서 실시한 파독 광부모집에 응모해서 어렵게 합격했지만, 합격의 기쁨도 잠시였다. 이번엔 그 비용이 만만치 않게 들어가 은행 적금도 해약하고 그것도 모자라 여기저기 아는 집을 찾아다니며 구걸하다시피 돈을 꾸어야만 했다.

학력도 짧고 가진 것 없고 집안배경도 없는 나였지만 그래도 다행인 것은 군 생활과 월남 전투에서 단련된 육체적, 정신적 자산인 젊은 몸뚱이 하나는 가지고 있었다. 부모님이 물려주신 가장 큰 자산이 내가 가진 가장 큰 자산이고 힘이 아닌가.

1970년 7월, 36대 1의 경쟁을 뚫고 독일행 비행기에 올랐다. 일행 중 학력은 내가 꼴찌로 대부분이 대졸이고 고졸이 약간 명이었는데, 경력도 다양해서 공무원 출신에 軍장교 출신들도 있었다. 나중에 알았지만 가는 도중 비행기에서 통역을 한 사람이 '재구대대'에서 보급관으로 근무한 분이셨다. 얼마나 반가운지 독일 가서도 한 광산에서 근무하다가 나중에 그분은 대한민국 땅덩어리를 넓힌다며 南美(남미)로 이민을 떠났다.

뒤셀도르프 공항에 도착해보니 우리나라와는 너무 큰 차이를 보인 독일에 충격을 받았다. 천국이 따로 있는 것이 아니라 여기가 바로 천국이 아닐까 싶었다. 말로만 듣던 선진국이란 바로 이런 나라구나. 그래도 그렇지 우리나라와 이렇게 차이가 나다니 부럽기도 하지만 한편으로는 시기심 아닌 질투가 났다.

"내가 또 다른 지옥에 왔구나!"

우리 일행은 독일 함보른(Hamborn)에서 지상교육과 독일 생활 적응교육을 받고, 함보른 인근의 있는 딘스라켄 지역의 '스테어크라데' 鑛山(광산)에서 본격적인 일을 시작했다. 여기서도 2주간의 교육을 받고 드디어 지하작업에 들어갔다. 850m를 내려가니 또 하나의 지하도시가 나타났다. 강원도 도계광업소 탄광과는 비교도 할 수 없는 시설과 장비에 또 한 번 놀라움과 충격을 받았다.

거기서 다시 복선으로 깔린 철길을 달리는 광차를 타고 1200m를 더 달려가서 또 걸어서 500m를 걸어가니 막장이 나왔다. 몸은 이미 막장에 들어가기도 전인데 벌써 땀으로 푹 젖어 버렸다. 감독관의 지시에 따라 선임작업자를 따라서 금방이라도 무너질 듯한 막장 안으로 들어갔다. 벌써부터 후끈거리는 열기가 숨을 꽉꽉 막히게 했다.

採炭機(채탄기·호벨)가 돌아가자 작업이 시작되는데, 독일인 선임자는 보라는 듯 60kg짜리 스템펠(쇠 받침대)과 30kg짜리 카페(암반이 무너지지 못하게 걸쳐주는 쇠 서까래)를 능숙하게 처리하면서 나보고 그렇게 하라고 손짓을 하며 "슈넬! 슈넬!(빨리 빨리해)"이라고 소리 지른다. '호벨'이 한번 지나갈 때마다 마치 육중한 탱크가 지나가듯 굉음을 내면서 단단한 단층을 파고 지나가면, 앞이 안 보일 정도의 먼지와 뜨거운 열기로 온몸은 끈적이는 땀으로 시커멓게 범벅이 된다. '호벨'이 지나가면 탄이 깎인 만큼 공간이 생기고 그 자리를 뒤편에서 해체한 '스템펠'과 '카페'를 끌어와 빠르게 세워 줘야 한다.

그래야만 낙반을 방지하고 기계가 연속으로 돌아간다. 처음 작업이라 서툴긴 하지만 있는 힘을 나해서 따라 했다. 하지만 시간이 지날수록 점점 힘이 달렸다. 문득, 이런 생각이 머리에 스쳐 지나갔다. "아이고. 월남 전쟁터가 지옥인 줄 알았는데, 내가 또 다른 지옥에 왔구나. 이 지옥에서 과연 내가 3년을 버텨낼 수 있을까?"

어쩌다 가난한 나라, 가난한 자식으로 태어나서 지옥 같은 곳만 또 오게 되다니. 이것이 내 운명인가보다 싶었다. 힘든 것은 어떤 말로도 표현할 수가 없었다. 먼지와 熱氣(열기) 때문에 목이 아프고 눈조차 뜨기 어려웠다. 나 같은 동양 사람의 체력으로는 도저히 감당하기 힘든 일이 주5일 내내 계속됐다. 일주일이 지나면 또 일주일이 닥쳐왔다. 입술에는 물집이 생겨나고 기숙사에 오면 핏빛 소변이 나왔다. 벌써부터 병가지가 나왔지만 그래도 이를 악물고 하루하루를 버티고 버텨냈다. 내가 월남 전쟁터에서도 살아왔는데 여기서 이대로 죽을 순 없다. 죽더라도 돈이라도 끌어안고 죽지, 그냥 죽지는 않겠다고 마음속에서 다짐하고 또 다짐하면서 힘든 고비를 버티며 견뎌 냈다.

차츰 일하는 요령도 늘어가고 숙달되어가니 처음보다 조금씩 일하기가 수월해져 갔다. 힘든 고비가 닥칠 때마다 고국에 계신 찌든 가난에 주름진 부모님과 동생들 모습이 눈앞에 아른거리며 떠올랐다.

그리고 "여러분이 열심히 잘해야 더 많은 후배 광부들이 독일에 갈 수 있

어쩌다 가난한 나라, 가난한 자식으로 태어나

지옥같은 곳만 보게 되다니… 이것이 내 운명인가보다 싶었다.

다"고 신신당부하던 개발공사 담당자의 말이 귓속에서 앵앵거리며 들려오는 듯했다. 이런 생각에 힘들 때마다 더욱 이를 악물었다. 미처 일을 못 따라갈 때면 먼저 일 끝낸 독일인 동료가 도와줘서 작업 페이스(속도)를 맞춰 갔다.

이렇게 힘들게 일하고 첫 월급으로 700마르크 조금 넘게 받았다. 추가로 2000마르크를 가불해서 고국에서 떠나올 때 빌려 쓴 돈과 부모님 농사자금 쓰시라고 모두 한국으로 송금했다. 빌려 쓴 돈은 4부 이자를 계산해서 고마웠다는 편지와 함께 송금해 드렸다.

막장서 일해 번 돈 送金하고 흘린 눈물

은행에서 송금하고 나오는데 눈시울이 뜨거워지며 절로 눈물이 흘러나왔다. 공원 벤치에 한동안 그리운 먼 고국 하늘을 바라보면서 더 울었다. 한편으로는 부모님에게 조금이나마 도움을 드리고 동생들 학비도 보탰다는 생각에 기쁘고 흐뭇했다. 월남 가서도 그랬고 독일 와서도 부모님과 가족들에게 조금이라도 도움을 줄 수 있다는 사실에 나는 아주 만족스러웠고 그 이상 바라지도 않았다. 내 젊음과 내 능력만으로 힘은 들지만 이렇게 큰 돈을 벌 수 있다는 사실이 기뻤다.

파독 광부 시절 지상으로 올라왔을 때의 필자.

내가 처음 독일 간다고 아버지께 말씀드릴 때, 광부로 간다는 것도 모르신 채 온 동네를 다니시며 "우리 막내아들이 돈 벌러 독일 간다고 하네"라고 자랑하시던 모습이 생각났다. 아버지가 송금된 돈을 받으시고 기뻐하실 모습을 상상하니 자식으로서 흐뭇한 마음이 들기도 했다. 이렇게 4개월을 버티며 막장일을 하는데 이러다가는 정말 내가 쓰러지겠다는 생각이 문득문득 들었다.

그렇게 버티며 일하던 중 마침 회사에서 반 년 치 휴가를 쓰라고 권해서 잘됐다 싶어 휴가를 받아 뮌헨으로 고종 4촌 누이동생을 찾아갔다. 동생은 간호사로 독일에 왔다가 임기를 끝내고 당시 한국에서 온 산업연수원생 교육을 위해서 전자회사인 지멘스社에서 통역을 맡고 있었다. 몇 년 만에 독일 땅에서 만나리라고는 생각도 못했던 일이라 무척 반갑고 오래간만에 푸짐한 한국 음식을 해줘 잘 먹고 휴식을 취하고 나니 몸도 회복되고 좋아졌다.

"내가 미친 게 아니라 네가 미친 것"

2주간의 휴가를 끝내고 다시 광산에 출근하니 감독관이 '당신은 체격이 작아서 막장일에 적합지 않으니 오늘부터는 '슐러써(기계공)'로 근무하라고 하였다. 그리고는 폴란드 출신 마이스터(선임기술자) 밑에서 일을 배우라고 하면서 직책을 채탄부에서 기계공으로 바꿔줬다.

사람이 살아가면서 죽으라는 법은 없다더니 잘됐다고 생각했다. 그런데 일을 배워보니 급료가 확 줄어드는 것이 흠이면 흠이었다. 광산에선 힘든 일을 할수록 임금 단가가 높고 비싼지라 많은 일당을 못 받는 것이 못내 아쉬웠지만 하는 일은 막장일보다 쉬웠다. 그렇게 '엔덴만'이라는 마이스터를 따라다니며 고장난 기계도 수리하고 새 설비도 설치하는 일을 열심히 배워갔다.

그런데 생각 외로 잔업이 많이 생기고 휴일 근무도 매주 있었다. 어떤 날은 오전 일이 끝나고 지상에 잠시 나와 한 시간 쉬고 다시 지하로 내려가는 소위 '더블 근무'도 했다. 그러자 한 달에 1200마르크까지 받는 달이 많아졌다. 어떤 달에는 1600마르크까지 받을 때도 있었다. 임금을 많이 받게 되자 일 배우는 것이 재미있었고 힘든 줄 몰랐다. 그러자 동료들이 내 자리를 넘보기도 했지만 '엔덴만'은 나를 '클리이네리(작은이)'라 부르며 손발이 잘 맞는다고 다른 사람은 절대 받아들이지 않았다.

나는 현장에 도착하면 어떤 일을 할 건지 파악하고 마이스터가 시키기 전에 일을 찾아서 했다. 연장과 기계부품을 미리미리 준비해 그가 찾기 전에 손에 쥐여 주고 눈앞에 대령하니 마이스터가 좋아할 수밖에 없었다. 잔업이 생겨 연장 근무를 하게 되면 나는 끝까지 남아서 해결하고 지상으로 나와 감독과 마이스터에게 보고하고 퇴근했다. 이렇게 2년이 지나고 3년 차에 접어든 어느 날, 감독이 "당신도 그동안 기술을 익혔으니 오늘부터 독자적으로 일하라"고 하면서 한국에서 새로 온 후배를 보조원으로 붙여 주었다. 아마도 감독은 한국 사람끼리 일하면 더 잘할 거로 생각했나 보다.

맡은 임무는 새로 만드는 막장에 설비를 넣어주고 연결해 주는 일이었다. 평소 '엔덴만'과 일하며 배운 대로 무난히 해나갔다. 그런데 문제는 새로 온 한국 후배가 너무나 따라오질 못했다. 어떤 때는 살살 달래가며 일을 가르쳐줘도 뒤처지기만 했다. 다른 사람들은 내 파트에 잔업이 생기면 서로 하겠다고 나서는데 후배는 막무가내로 못한다고 가버렸다.

작업 중 빵 먹는 시간에 후배가 나한테 하는 말이 더 가관이었다. "선배님 일하는 거 보면 마치 미친 사람 같아요. 보는 사람도 없는데 좀 쉬엄쉬엄 하시면 안돼요? 여기서 누가 알아주는 것도 아닌데…" 그러면서 자기는 어느 일류 고등학교를 나와서 육군사관학교 다니다가 적성이 맞지 않아 그만두고 외국에 나가기 위해 여기를 왔다는 것이다. 정말 그의 손가락에는 육사 생도들이 끼는 반지가 끼어 있었다. 나는 반지 착용은 광산 작업규정 위반이니 당장 빼라고 충고를 했다.

그리고 속으로는 "내가 미친 것이 아니고 네 놈이 미친 거야. 내가 너라면 어떻게 해서든 육사를 졸업해 한국 땅에서 잘 살지, 이 지옥 같은 곳에서 광부로는 절대 안 오겠다. 이 미친놈아"라며 욕을 해댔다. 이런 나태한 사람과 일한다는 것은 능률도 안 오를 뿐만 아니라 무거운 쇳덩어리를 만지는 일이라 매우 위험하다고 판단이 되어 결국 2주 만에 그를 다른 데로 보내고 감독에게 말해 터키 사람으로 교체해 썼다.

3년간 無결근, 無병가

그는 힘도 좋고 내가 시키는 일이라면 뭐든 잘 이해하고 잘했다. 이렇게 3년 계약 기간 동안 일하면서 나는 단 한 번도 결근이나 병가 없이 3년 만근을 했다. 내 자랑 같지만 아마 단언하건대 전체 파독 광부 중에 3년 동안 무결근 무병가 근무자는 내가 최초요, 나 하나뿐이 아닐까 생각한다. 어찌 보면 미련한 기록 보유자가 아닌지 모르겠다. 내가 왜 이토록 미련스럽게까지 근무했을까? 그때 듣기로는 광산 경영자가 노조위원장에게 다른 나라 사람과 비교하면 한국 근로자들의 병가율이 높다고 말했다는 것이다.

아마 나만이라도 그런 소리를 안 듣기 위해서 버틴 것 같다. 또 개발공사 담당자가 말했던 대로 "많은 한국 광부들이 독일에 갈 수 있도록 현장에서 성실히 근무해 달라"는 당부를 맘속에 담고 일했기 때문에 더욱 노력하지 않았나 생각한다. 그 간부의 말은 많은 근로자를 파독시키면 그만큼의 외화가 들어온다는 뜻이다.

내 개인적인 신념도 그랬지만 派獨(파독) 직전 외환은행 국장이 와서 이런 말을 한 적이 있었다. "지금 우리나라는 외화가 절대 부족하다. 파독되어 임금을 받으면 아끼고 아껴서 많은 돈을 송금하시라. 여러분이 힘들게 일해서 버는 외화는 국내로 들어오면 외국 차관도 갚아가고 아주 긴요하게 쓰인다." 그분이 얼마나 엄숙하고 진지하게 말하는지 듣고 있던 우리는 한 순간 숙연해지는 분위기가 되었다. 그때 우리나라가 얼마나 살림이 절박했으면 광부로 떠나는 우리에게까지 와 그렇게 간절하게 부탁을 했을까?

나는 늘 그런 생각을 하며 한 푼이라도 더 아끼며 3년을 보냈다. 그러고 보니 파월 됐을 때도 작전 중 蔡命新(채명신) 사령관께서 오셔서 그와 비슷한 말을 하신 적이 있었다. 하여간 그런 마음가짐으로 근무한 것이 3년 無병가 無결근이었다. 처음부터 그렇게 의도한 것은 아니지만 3년 계약 기간이 지나보니 그렇게 됐다.

나는 그런 결과에 늘 자부심을 가졌고 스스로 자랑스럽게 생각했다. 나중에 알게 된 일이지만 파월 장병들이 보내온 외화가 우리나라 경제발전에 지대한 공헌을 한 종잣돈이 됐다는 말을 듣고 나도 그 일부를 기여했다는 생각에 늘 뿌듯한 자부심을 가지며 지냈다. 한해 두 해 발전해가는 조국의 모습과 뉴스를 신문을 통해 접할 때마다 기쁘고 흐뭇하고 애국심이 절로 생겨났다.

독일에서 만난 배우자

그렇게 3년의 계약이 끝나고 나는 내 앞길을 생각해 보기 시작했다. 그간 고국에 꽤 많은 돈을 송금했고 부모님은 그 돈으로 작은 밭도 사시고 빚도 청산하고 동생들 학비와 혼수를 장만했다고 하셨다. 하지만 내 手中(수중)에 남은 돈은 내가 자립하기에는 턱없이 부족했다. 그래서 이제부터 나는 나를 위해서 돈을 벌어야겠다고 생각했다. 지긋지긋하고 지옥 같은 광산 일이지만 돈을 더 벌기 위해 광업소 측에 근무 연장 신청을 요청했다. 노조위원장과 광업소장은 내 3년간 근무성적표를 보더니 깜짝 놀라면서 그 자리에서 허락하고 市 노동청에 추천서를 써주어서 3년간(1년씩 세 번) 취업 연장 승인을 받았다.

우리 광산에서 3년 연장 승인은 내가 처음이었다. 시 노동청에서도 계약 끝난 사람은 귀국시키는 것이 원칙이었는데 내 취업 3년 연장은 매우 이례적인 조치였다고 노조위원장이 말했다. 나한테는 행운이 된 셈이었다. 그렇게 파독 4년 차 근무는 새로 오는 후배 광부를 교육하거나 보조 통역도 하면서 전보다 나은 환경에 근무할 수 있었다. 지하에 들어가는 날보다 사무실에서 근무하는 날이 점점 많아졌다. 그리고 1975년 10월에 동료의 소개로 만난 간호조무사와 결혼을 했다.

대사관 노무관을 주례로 모시고 한국 동료와 독일 동료들의 축하 속에 결혼한 우리 부부는 아기자기한 신혼살림을 차렸다. 정말 꿈같은 이런 날이 나에게 오리라고는 상상도 못 했던 일이었다. 우리 둘은 더욱 열심히 일하고 아끼며 꿈같은 나날을 보냈고 1년 후에는 예쁜 딸까지 얻어서 남부러울 것이 하나도 없었다. 그렇게 둘이서 일하며 아이 돌보며 파독 6년 차가 되자 살림 밑천이 어느 정도 모여 우리 부부는 과감히 귀국을 결심했다.

喪妻

살림을 정리해 배편에 이삿짐을 부치고 1977년 2월에 귀국을 했다. 귀국한 지 3개월 후에는 점포가 달린 이층집을 사서 한국에서 제2의 생활 전선에 뛰어들었다. 서투른 한국생활이었지만 돈 되는 일이면 뭐든지 하려고 했다. 그러는 사이 아이도 하나 더 생겨 우리는 네 식구가 되었다. 아이들의 앞날을 위해서도 열심히 일하며 돈을 모았다. 조그만 식품점을 시작으로 생맥주 치킨점을 해 목돈을 만들고 부동산 붐이 일어나자 건축업에 뛰어들

같이 일하던 독일인 광부들과 함께.

어 적지 않은 돈을 벌었다. 사업 욕심이 일을 크게 벌이다 큰 손실을 보기도 했지만, 아이들 대학 학자금과 노후 준비는 어느 정도 해 놨다. 큰 욕심 부리지 않고 이제 살만할 때가 되었나 싶었는데 뜻하지 않게 아내에게 病魔(병마)가 찾아왔다.

대학병원에 가 검진하니 의사 말이 6개월 시한부 췌장암 판정을 받고 눈앞이 캄캄해졌다. 정말 한눈팔지 않고 목숨까지 내놓으며 열심히 살아왔는데…. 이제 좀 편하게 살 수 있을까 했는데 어찌 이런 일이 생긴 건지…. 하늘이 야속하게 느껴졌다. 일반 의료보험이 없던 때라 병원비가 많이 들어갔지만 포기하고 싶지 않았다. 그동안 고생한 아내를 어떻게든 살려보겠다고 아이들 학자금에 모아둔 노후자금까지 탈탈 털어 모두 대가며 최선을 다해봤지만, 아내는 "여보. 미안해…." 그 말을 남기도 다시는 돌아올 수 없는 먼 길을 떠났다.

슬프고 원통해 한동안 어찌할지 방황했다. 그러나 간 사람은 간 사람이고 남은 아이들과 살아갈 내 처지가 막막해 길이 보이지 않았다. 남은 건 겨우 25평 아파트 한 채가 전부였다. 다시 마음을 잡고 친척 집이나 아는 사람 가게나 사업체에서 닥치는 대로 악착같이 일하고 생활비와 아이들 학비를 벌었다. 그 흔한 관광여행 안 가고, 옷 한 벌 안 사 입고 버텼다. 그렇게 눈물 없는 세월을 보내며 빚 없이 아이들 대학을 어렵게 졸업시키고 나도 再婚(재혼)을 했다. 지금도 前妻(전처) 제삿날이면 전 아내와의 지난 세월을 회상하고 감회에 젖곤 한다.

조국 근대화에 젊음을 불태웠다는 자부심

어렵던 그 시절, 가난한 농부의 아들, 딸로 태어나서 제대로 배운 것도, 가진 것도 집안 배경도 없었다. 그러나 나는 단 한 번도 가난했던 부모님이나 못사는 우리나라를 탓하지 않고 그 어렵고 힘들었던 한 시대를 불태우며 살아왔다고 감히 말하고 싶다. 이제 서서히 사라지고 잊히는 우리 세대지만 질병과 굶주림, 그리고 6·25 戰亂(전란)의 아픔과 고통의 한 시대를 이겨내고 자라나서 영광스런 조국 근대화의 초석을 다지는 데 우리가 젊음을 불태우며 미력이나마 기여했다고 생각하니 자부심과 더불어 여한은 없다. 또한, 사랑하는 나의 조국 대한민국이 있었기에 나라에 보은할 기회가 있었고, 존경하는 우리 부모님이 계셨기에 외국에 나가 돈 벌 수 있는 기회가 우리한테 주어져서 우리는 젊음을 불태우며 그 시대를 살았던 것이 아니었던가!

자! 이제 과거는 고이 간직하고 가자. 다가오는 저 미래의 앞날에 희망이 보이지 않는가! 조국통일의 위업이, 아들딸 너희 시대 앞에 다가오고 있는 것을 가슴 벅차게 받아들여라! 그리고 감사하며 기억하라! 젊음을 불태워 연기처럼 사라진 아버지 어머니의 청춘이 지나간 역사 속에 묻혀 있다는 사실을….

李範永(1944~)

경기도 김포의 가난한 농가에서 태어나 중학교 졸업 후 국립농산물 검사소에 들어가 給仕(급사)로 일했다. 그 후 월남전에 참전해 2년간 복무하면서 각종 전투에 참여했다. 1970년 파독 광부에 지원, 독일 탄광에서 7년간 근무한 뒤 귀국했다.

이젠 독일이 부럽지 않다!

高永淑

派獨 간호사 생활을 하며 느낀 조국에 대한 감정은 가난과 그리움이었다.
그러나 이젠 대한민국이 너무 자랑스럽다. 이 글을 쓰면서도 신난다.
어느 나라가 우리나라만큼 도약했을까?

이젠 독일이 부럽지 않다!

19 45년 6월 부모님은 인왕산이 뒤로 보이는 서울 종로구 고풍스러운 동네에서 친인척과 옹기종기 모여 살았다. 지금은 모두 돌아가셨지만 부모님은 이웃해 살며 늦은 나이에 인사동 큰 절에서 新式(신식) 결혼식을 올리셨다.

신부는 하얀 한복 저고리 치마에 가슴에 난초꽃을 한 아름 안으셨고, 너울(면사포)을 발아래까지 드리우신 모습의 사진은 지금 보아도 어색함 없이 멋져 보였다. 아버지는 일제 강점기 머리 모양으로 까까머리에 동그란 안경에 연미복을 입고 가족사진을 찍으셨다. 결혼식 날에도 하늘에는 쌕쌕이(B-29) 비행기가 굉음을 내며 머리 위를 요란스럽게 날아다녀 하객들도 엎드려 있다가 다시 일어나 사진 촬영을 했다고 한다.

여름날 들마루(평상의 경상도 방언)에서 들려주셨던 이야기는 신부가 미용실에서 화장하고 나오니 새 신랑이 계산했다고 해 "유행을 따르는 신식 사람들"이라고들 했단다. 그 시절 어머니는 흰 저고리 발목까지 올라오는 검정 치마에 납작 구두를 신고 친구들과 화신백화점으로, 봄날엔 남산으로, 여름엔 뚝섬으로 놀러 다니셨다고 했다. 일본 사람들과 섞여 함께 살다 보니 의식주 생활에도 변화가 많았을 것이다.

부모님 忌日(기일) 날 비행기로 기차로 각지에서 모인 우리 육남매는 옛날 살던 집 앞에서 더 늙기 전에 흰 머리카락을 날리며 추억 사진 한 장을 찍

어 나눠 가졌다. 광복 후 일본인들이 쫓겨가고 고즈넉한 마을에도 아들, 딸 낳고 어른 봉양하며 평화롭게 살아들 가는 잔잔하고 소박한 일상이었다. '당크(일본식 바지)' 바지에 목이 긴 가죽 구두 장식 소리는 멀리서도 아버지가 집에 들어오심을 알렸다고 한다.

완장 찬 지방 빨갱이가 아버지를 돕다

행복하고 안정된 생활을 할 즈음 6·25전쟁이 터져 서울 시민들은 피난을 가야 하나 말아야 하나 라디오에 귀 기울이며 술렁였다. 어제까지만 해도 체면을 중시하고 우물물을 함께 먹으며 오순도순 살던 이웃이 돌변하여 피도 눈물도 없이 팔에 완장을 두르고 악마 같은 모습으로 돌아다녔다. 어머니 말씀은 어느 사람이 흰 까마귀이고 검은 까마귀인지 알 수 없어 혼란스러웠다고 한다.

아녀자들은 아이들을 안고 캄캄한 방공호에서 불안에 떨며 지냈고, 이유도 모른 채 사람들을 끌고 나갈 때는 새파랗게 질려 무서웠다고 했다. 아이들 울음소리가 굴속을 가득 채웠다고 한다. 아버지는 용두동에서 목재소(재제소)를 운영하셨는데, 마을 사람들이 내려오면 남녀노소 누구나 국밥도 함께 먹고 이야기를 주고받는 사랑방이었다고 하셨다.

다정한 아버지는 늦게 태어난 나를 데리고 紫霞門(자하문) 밖 능금을 자루에 가득 담아 내 손을 잡고 내려올 때였다. 빨리들 학교 마당에 모이라고 닦달을 해 그곳에 가니 많은 남자가 감시를 받으며 줄을 서서 오도가도 못하고 있었다고 한다. 나는 배고프다고 집에 가자고 보챘고, 국밥을 함께 먹었던 동네 아우가 지방 빨갱이가 되어 완장을 두르고 있었다. 빨갱이들은 절대로 예외가 없는데, "형님, 이 남자들 전쟁터에 의용군으로 끌려갑니다" 하면서 증명서 한 장을 만들어 줬고 "농무, 아이를 집에 두고 오라"고 명령하면서 이곳을 빠져나가면 멀리 도망가라고 일러줬다. 아버지는 그 길로 숨어 도망다녔다.

훗날 자하문 밖 능금 자루와 만딸 때문에 살았다고 자하문 고갯마루 쌀가게 친구와 이야기를 하셨다. 하나밖에 없는 삼촌은 휴가를 보내고 계셨다. 군인들은 방송을 듣는 즉시 부대로 귀대하라는 명령을 받고는 혼담이 오가던 처자와 형님 가족을 남겨두고 인사도 하는 둥 마는 둥 허겁지겁 떠난 후 다시는 돌아오지 못했다.

삼촌이 휴가 오시면 23년 만에 태어난 조카를 무척 귀여워했다. 강냉이를 다른 사람들이 먹을까 봐 감춰두고 조금씩 주셨다고 한다. 마당 넓은 안채로 들어오면 사시사철 피는 꽃들과 담벼락에는 봄에 피는 개나리가 있었고, 여름밤 평상에 둘러앉아 봉숭아 물을 들이고 사대문 안에 있는 학교에 다녔다. 모든 것이 정들고 익숙한 수채화 그림 같은 마을을 두고 피란을 떠나야 할 일이 더 시급했다.

피난길에 어린 조카를 버린 이모

어른들은 《정감록》이란 책의 秘訣(비결)을 믿고 전쟁이 끝나기만 기다렸다. 많은 사람이 끌려가고 잡혀가고 사라졌다는 소문이 무성했다. 방공호 속에 숨어, 먹지도 씻지도 못한 사람들은 불안하고 숨이 막혔다고 한다.

중공군이 내려온다는 소식을 듣고 피란길에 올랐다. 친인척 중 한 팀은 충북 보은 쪽으로, 다른 팀은 경북 김천으로 길을 잡고 떠나기로 약속했다. 한강에 도착했을 때는 이미 한강철교는 폭파되어 끊겼고, 한꺼번에 밀려온 피란 인파와 자동차, 우마차가 뒤엉켜 '아비규환'의 아수라장이었다.

울면서 보았던 영화 '국제시장'의 비참한 흥남철수와 같은 '서울 탈출'이었을 것이다. 나룻배를 타고 한강을 건너는 사람들과 조급한 마음에 드럼통을 타고 강을 건너다 빠져 허우적거리는 것을 눈뜨고는 볼 수 없었다고 한다.

서울 여자 이모는 일본 징용에 끌려가 고생하다 살아 돌아온 잘 생긴 부산 남자한테 시집을 갔는데, 평소 생활은 선비인데, 술을 마시면 울면서 가족을 괴롭혀 아들을 두고 혼자 서울 친정에 왔었다. 전쟁이 터지니 급한 마음에 언니는 가족을 남겨둔 채 男裝(남장)을 하고 뒤도 안 돌아보고 부산으로 내려갔다.

훗날 아버지는 처제에 대해 "저승길 가다가 만나도 안 반갑다"고 하시면서 언니와 어린 조카를 두고 혼자 살겠다고 부산으로 먼저 갔느냐고 두고두고 곱씹어 말씀하셔서 우리에게도 傳受(전수)됐다.

엄마는 고생 끝에 기차역에 도착했는데, 도와줄 남편도, 동생도 없어 사람들의 도움을 받아 나를 기차 창문으로 먼저 밀어 넣고 놓칠까 봐 죽을 힘을 다해 기차를 탔다고 한다. 몸 하나 옴짝달싹할 수도 없고 여기저기서 끼여 죽는다고 아우성이 들렸다. 젖은 기저귀는 허리에 걸어 말려 다시 사용하니 엉덩이 발진은 말할 것도 없고, 감기가 들어 열이 나도 살면 살고 죽으면 죽고 함께 있는 것만이라도 다행스럽게 생각했다고 한다.

기차 꼭대기에서 떨어져 죽는 사람, 엄마 손을 놓쳐 울부짖는 아이들, 철도가에 버려진 아이들, '천태만상'의 현실이 눈앞에 펼쳐졌다고 한다. 넋을 잃고 쳐다볼 수밖에 없고 기차는 계속 달렸다고 한다.

힘들었지만 부모님과 함께 해서 행복

우리 세 모녀는 목적지 부산까지 못 가고 먼 친척이 살고 있다는 경상도 어느 마을에 내렸다. '살아있는 입에 거미줄 치겠냐. 집도 절도 없는 곳에 내려 살았는데, 난 어려서 전혀 기억에도 없지만 어떻게 살았는지 상상할 수가 없다.

아버지는 아버지대로 쫓기고 숨어다니면서 품 속에 가족사진과 시민증을 꼭 챙기셨다고 한다. 우리 육남매는 작년에 어머니가 돌아가시고 어릴 적 추억을 USB에 담아 나눠 가졌다. 아버지는 배고픔은 말할 것도 없고, 가족 生死(생사)가 걱정이었지만 서로들 살아서 만나기만을 바랐다고 한다. 꽁꽁 얼어버린 한강을 건널 땐 미끄러지지 않게 신발에 새끼줄을 묶어 건넜고 흑석동에 도착하니 피란을 떠나 동네가 텅 비었다고 했다.

먹을 것을 찾아다녔고 두꺼운 겨울옷을 뒤져 끼어 입고 새우잠을 자며 발이 불어터지도록 걸어서 南으로 南으로 내려와 가족과 극적으로 합류했

필자의 부모님 결혼사진.

다. 철없는 우리는 행복했지만, 부모님은 하루하루 삶의 무게가 얼마나 혹독했을까! 정든 이웃도 손때 묻은 세간도 논도 밭도 없는 농촌생활을 아버지는 가족을 위해 살 길을 열심히 찾으셨다.

누가 나보고 다시 태어나라고 한다면 손사래 치면서 인생살이 한 번으로 족하다고 단호히 말하고 싶다. 아버지가 불린 메주콩을 맷돌에 갈아 콩물을 종이 위에 문질러 콩기름을 먹이면 노란 장판색이 나왔다. 부모님이 함께 계셔 나는 행복했다. 동생이 태어나면 엄마의 몸조리는 아버지와 맏딸인 내가 도왔다. 아버지는 미역국도 잘 끓이고 몸이 약한 어머니를 위해 집안일을 많이 도와줬다. 남자가 포대기에 아기를 업는다고 흉을 보기도 했다.

전쟁이 멈추고 의사도 약도 귀한 시절 엄마는 빈혈이 심했다. 싱싱한 소간을 참기름에 소금을 뿌려 입을 막아가며 삼키셨다. 소고기는 귀하기도 하고 비싸서 자주 먹을 수 없고 대신 토끼고기를 먹었는데, 닭고기처럼 담백하고 맛있다. 그 맛을 잊지는 못하지만, 지금은 먹을 일이 없다. 엄마가 '토사곽란'이라도 일어나면 한밤중에 병원으로 달려가 의사 선생님을 모셔오기도 했다. 그땐 의사 선생님들이 왕진을 다니셨다.

삼촌의 戰死

우리집에도 삼촌이 戰死(전사)했다는 비보가 날아왔다. 아버지의 통곡 소리는 가슴이 찢어졌고 숨이 막혔다. 삼촌의 죽음은 가족의 슬픔으로 아직도 남아있다. 6사단 보병인 삼촌은 北進(북진)을 성공적으로 했는데 중공군 개입으로 후퇴하면서 포위망을 뚫지 못하고, 38선 어디쯤 산골짜기에서 굶어 돌아가셨다고 同苦同樂(동고동락)했던 전우가 멀리 피란지까지 찾아와서 말해 주었다.

아버지는 꺼억꺼억 또 우셨다. 어린 우리도 함께 울었다. 삼촌은 실종자가 아닌 전사자로 확인돼 국군묘지 지하 位牌室(위패실)에 계신다. 내 나이 70이 되어도 삼촌이 그립고 자랑스럽다. 6·6일 현충일 위패실엔 꽃다발이 발목까지 올라와 지려 밟고 가야 한다. 우리집과 같은 사연을 가진 가족들이 많은가 보다. 부모님 살아생전에는 현충일 날 밥을 수북이 떠 놓으시고 눈물을 흘리신다.

어린 시절 早失父母(조실부모)하고 형제가 서로 의지하며 살다가 전쟁터에서 굶어 죽어 가면서 얼마나 형을 보고 싶어 했을까! 두 번 다시 있어서도 안 되는 '민족상잔'의 비극이고 아픔이다. 6월이 되면 가요무대에서 들려주던 '비목', '전선야곡', '전선편지'를 들으면 애잔함이 밀려온다.

국민학교 입학

1954년 전쟁이 시작된 지 4년 후, 눈물 콧물 닦는 하얀 손수건을 왼쪽 가슴에 달고 초등학교에 입학했다. 어수선한 혼돈의 시절이라 입학 연령도 어린 학생에 언니 같은 아이들도 있다. 의무교육이라고 하지만 月謝金(월사금)이 없는 가난한 아이들과 남의 집에서 살기 하는 아이들은 학교에 못 다녔다. 아버지는 서울을 자주 왕래하셨다.

나는 등에 매는 사각 가죽 가방에 예쁜 구두를 신고 입학했다. 아이들은 낯선 나를 보고 서울내기, 다마(양파)내기, 서울 깍쟁이, 고향이 없는 아이라고 놀렸다. "너네 아버지 목소리는 간지럽다"며 흉도 보았다. 戰後(전후)라 아이들이 산이나 들에서 불발탄을 갖고 놀다가 크게 다쳐 부모들 마음을 아프게 하는 일도 있었다.

교실 마룻바닥은 군데군데 구멍이 뚫려 있었고, 겨울엔 찬바람이 숭숭 들어와 판자(나뭇조각)로 때웠다. 울퉁불퉁한 책상은 앉은키에 맞으면 다행이고, 키가 큰 아이들은 발을 옆으로 두고 앉아서 공부했다. 우리는 그런 교실 바닥을 양초를 발라가며 손에 나무 가시가 박혀도 열심히 닦고 쓸고 청소하고 광을 내 후배들에게 물려줬다. 학교 화장실은 그야말로 국민학생에게는 공포의 대상이었다. 칙칙한 시멘트 바닥에 투박한 나무문은 어둡고 깊어 무서웠다. 잘못하면 발이 빠져 사고가 난다. 겨울에는 '펌프' 물을 퍼올려 떠온 물로 청소하는데 청소가 끝나면 젖은 신발을 신고 단정히 서서 선생님한테 검사를 받아야 집에 갈 수 있었다.

미국에서 보내온 '구호물품'인 가루우유는 물에 타서 학교 가마솥에 사정없이 팔팔 끓여 나눠줬다. 사카린을 넣어 달달하고 고소한 맛이 허기도 달래주었다. 가루우유 자루 속에는 다양한 색깔의 머리핀이 들어 있어 여자

아이들을 기쁘게 했다. 한 학급이 70명 정도였으니 콩나물 교실이 따로 없었다.

교실 정면 철판 위쪽 좌측엔 태극기가 우측에는 級訓(급훈)이 걸려있었다. '애국', '성실', '정직'이라고 쓰여 있었다. 일 년 동안 어린 마음들은 성실히 지키려고 노력했다. 맏딸들은 살림 밑천이라고 했던가! 농번기엔 동생들을 데리고 와 옆자리에 앉혀 놓고 공부를 했다. 월사금이 밀리면 집으로 돌려보내 가져오게 했다. 나도 등에 동생을 늘 업고 고무줄놀이도 하고 숨바꼭질도 했다.

우리 때까지도 일본 교육의 잔재가 남아 있어 더우나 추우나 사계절 운동장 조회가 있었다. 교장 선생님의 긴 말씀 때문에 여름엔 더워서 털썩 쓰러지는 아이들이 많았고, 칼바람 부는 겨울엔 제대로 된 속옷이 없어 추위에 떨었다. '구호물품' 담았던 棉(면)자루를 양잿물에 삶아 만들어 입던 시절이라 얼마나 추웠는지 상상만 해도 덜덜 떨린다.

새학기엔 새로운 교과서를 주는데, 몇 권은 새책이지만 어떤 과목은 헌책을 물려받아 사용했다. 흰 종이는 무엇이나 공책(노트)이 되었다. 全科(전과목 지침서) 한번 빌려 보려면 10리 밖 친구집에 걸어가야만 했다. 새학기 새로운 기분으로 노란 플라스틱 필통 하나 가지려면 며칠을 졸라야 살 수 있었다.

여름엔 창문 열고 공부를 하고 겨울엔 '火木(화목) 난로'를 오전만 피워 공부했다. 난로 위에 점심 도시락은 데워 밥과 반찬을 섞어 흔들어 먹으면 꿀맛이었다. 입는 것, 먹는 것, 생필품이 부족한 시절이지만 학교생활은 즐거웠다.

소풍 가는 날엔 나일론 새 원피스를 벽에 걸어두고 쳐다보며 날을 새워 기다렸다. 사이다, 삶은 계란, 과자를 보자기에 싸서 들고 가는데, 친구보다 많아 보이게 하려고 꽤 허세와 요령을 부렸다. 검정 고무신을 신고 흙먼지 풀풀 날리는 신작로 길로 20리를 걸어가면서 뜸북새 논에서 울고 '오빠 생각'을 불렀다. 즐거운 날에도 명랑한 노래보다는 구슬픈 노래를 불렀다.

소풍날 맛있는 과자, 계란, 사이다는 오로지 나만 먹을 수 있었다. 손수건 돌리기, 보물찾기를 하며 우리는 세상 모르게 즐거워했다. 국민학교 졸업 여행지 경주 불국사에서는 온종일 비가 내려서 만들어 입은 곤색(남색) 세라복의 시퍼런 물이 빠져 두들겨 맞아 멍든 아이 같았다. 참 웃지 못할 추억이었다.

부모님은 전쟁의 상처로 후유증이 남아있어 엄마는 서울로 다시 안 간다고 하고, 아버지는 어영부영 세월을 보내셨다. 모내기 철엔 모도 심어주고 들판 새참도 얻어 잡수시고 가을엔 메뚜기 잡아 쪄서 말려 반찬도 했다.

세월은 흘러도 보이지 않는 양반 상놈의 편견은 남아 있었다. 친척이 없는 피란민, 옛날에 소외당했던 직업을 가졌던 사람들, 시장에서 사는 사람들을 상스럽다고 은근히 멀리했다.

아버지께서는 '명절이 외롭고 쓸쓸하다'면서 삼촌이 살아 있었으면 너희도 작은 집 사촌들과 어울려 다닐 텐데 하시며 우리를 위로해 주셨다. 門中(문중)이 있는 아이들은 명절에 집성촌을 돌며 세배도 하고 맛있는 음식도 나눠 먹고, 家風(가풍)도 익히며 천자문도 배우는 것이 부러웠다. 나는 친

바이올린을 켜는 아버지(1941년 4월 경).

구 따라 '풍양 조씨' 문중에서 한문을 익혔다.

세배드릴 곳이 없는 나는 외국 수녀님 계신 곳을 찾아 정원의 꽃도 구경하고 유치원 수녀 선생님을 만나면 배고픈 우리 자매에게 큼지막한 사과를 주시면서 꿈도 심어주셨다. 지금 생각해 보니 나의 '멘토(Mentor)'이셨다.

중학교에 진학 못 하는 아이는 목 놓아 울어

1959년 초등학교 졸업식은 눈물바다가 되었다. 친구들과 이별도 아쉽지만, 중학교에 갈 수 없는 아이들은 목 놓아 울었다. 가난해서도 진학을 못했지만 男兒(남아) 선호사상이 남아 있어 여자아이는 한글만 깨우치면 된다고 생각했다.

상급학교 진학은 남자 수가 많았다. 초등학교 때 校門(교문) 청소를 하다가 하얀 칼라에 검은 교복 입은 언니들이 지나가면 빗자루를 세워두고 넋을 잃고 부럽게 쳐다봤다. 그 멋진 언니들을 매일 볼 수 있는 고풍스러운 학교에 입학했다. 하복 준비하기 전 3개월 정도는 하얀 저고리 검은 치마를 입었는데 학교에 못 간 아이들의 부러움의 대상이었다.

그 후 뜻있는 청년 언니들이 夜學(야학)을 세워 진학 못한 친구들을 공부할 수 있게 도와줬다. 산업화되면서 그 친구들은 도회지(도시)로 하나둘 떠났다.

태어난 곳에서 편히 사는 사람도, 피난민으로 사는 우리도 늘 배고픈 '보릿고개'를 힘들게 넘겨야 했다. '춘궁기'엔 쌀이 귀해 보리가 한 되면 쌀은 두홉 넣고 밥을 지어 아버지와 남동생은 밥에 쌀이 좀 들어가고 나머지 식구들은 보리밥을 많이 섞어 먹었다. 여동생은 유난히 보리밥을 싫어했다. 학년이 올라갈수록 창피해서 꽁보리 점심 도시락을 안 가져들 왔다. 점심시간에 책도 보고 수돗물도 마시고 놀면서 점심시간을 때웠다.

젊은 아빠들은 생산적인 일거리가 없으니 원정 도박꾼이 돼 각지를 돌아다니며 불안정한 생활을 하는 사람들이 많았다. 그들의 예쁜 부인들은 아이를 업고 빈둥빈둥 놀면서 동네 참견하고 말을 만들어 내며 그냥 놀았다. 농한기엔 낮이나 밤이나 술, 담배, 화투로 날밤을 새우는 사람들이 많았다. 미래가 보이지 않는 암담한 시절이었다.

나는 아버지를 따라 새까만 증기기관차를 진종일 타고 친인척을 만나러 서울에 올라왔다. 사람도 많고 차도 많아 놀랐다. 효자동, 필동, 혜화동, 명륜동을 두루 돌아다니며 인사를 드렸다. 그때까지도 한옥들이 많이 있었다. 창경원에 구경하러 가서 아이스케키도 사 먹고 용두동을 돌아 밤엔 언니들과 자하문 성곽도 올라가 보았다. 지금은 '갤러리'가 많아졌다. 학교 마당에서는 미국에서 만든 위생 계몽 만화를 보여줬고, 조미령 씨가 주연한 '시집가는 날'도 상영했다. 내가 투박한 사투리로 말을 하면 신기하게 쳐다보며 '박장대소'를 했다. 친척들은 '오라버니, 언제까지 여자아이를 시골에 둘 것이냐'고 되묻기도 했다. 서울은 낯설고 불편했다.

'안네의 일기'에서 안네가 갇혀 살면서도 꿈이 있는 소녀였듯 우리도 가난했지만, 배우들 사진을 벽에 붙여 두고 그들과 동일시도 해보고 도시를 동경하고 꿈도 키웠다.

나라에 재난이 있을 때나 계몽할 때는 상부의 지시가 학교까지 내려오면 학생들을 동원했다. 나라를 위해서는 남녀노소가 따로 없었다. 비행기 기름으로 사용한다고 풀씨를 따기 위해 산과 들로 몰려다니며 각자 할당량을 채워 제출했다.

위안부였던 영자네 새엄마

내가 살아가는 마을은 작지만 해방부터 6·25전쟁까지 별별 사연이 모여 있어 어린 눈으로 가까이서 봤다. 우리 가족은 피난 와서 기차역에서 제일 가까운 영자네 집에 세 들어 살았다.

영자의 새엄마는 일본 전쟁의 희생자인 위안부였다고 한다. 자그마한 키에 예쁘고 조용하고 단정한 옷매무새에 알뜰한 살림 솜씨는 물론이고 친절하기까지 했다. 설탕이 귀한 시절 물엿을 집에서 고아 우리에게 주셨고 영자의 옷도 언제나 깔끔했다.

해방되어도 돌아오지 않는 남편을 기다리는 젊은 여인인 그는 비만 오면 빗물이 떨어지는 처마 밑을 돌아다니며 중얼거렸다. 아들은 창피하다고 말렸지만, 영자네 새엄마는 그저 먼 산을 멍하니 바라보았다.

영자의 새엄마는, 자기 몸을 자양분 삼아 새끼를 먹여 살리고
자신은 죽는 '살모사의 어미' 같았다.

어디서 왔는지 모르는 영자네 남매는 언제나 서로의 손을 꼭 잡고 늘 밖에 나와 있었다. 남매 엄마의 모습은 행주치마 두르고 알뜰살뜰 살림만 했을 평범한 여인이었다. 하지만 '매춘'을 하며 두 남매를 먹이고 학교 보내고 한 곳에 오래 머물지 않고 어느 날 훌쩍 떠나고 없었다. 흔히들 3일만 굶으면 남의 담장을 넘는다고 했다. 누가 이 여인에게 돌을 던질 수 있는가! 도덕의 잣대냐 먹고 사는 것이 먼저냐? '병아리와 닭의 논리'일 것이다. 상황에 따라 다르다고 생각한다.

내가 나이 70이 되어 세상이 조금 보이니 어딘가에 나이 들어 살아가는 남매를 생각하면 슬픈 눈물이 난다. 그 어머니는 殺母蛇(살모사) 어미다. 살모사는 새끼를 낳으면 자기 몸을 자양분 삼아 새끼를 먹여 살리고 자신은 죽는다고 했다.

강한 우리 어머니들은 살모사 어미처럼 전쟁통에도 자식을 업고 뛰었고 가슴에 품고 살았다. 장터 피난민촌에는 선하고 정다운 이모 같은 꽃다운 여인들이 아이를 데리고 서로 의지하며 살아갔다. 개울 건너 외딴곳에 사는 자매는 姓(성)도 모르는 아이를 키우며 동네와 단절된 생활을 했고 소문만 무성했다.

먼 친척은 늦은 나이에 업둥이 아기를 낳았는데, 아기에게 줄 쌀죽이 식을까 봐 끓인 쌀죽을 가슴에 넣고 장사해 가면서 길렀다. 그 업둥이는 사범

학교를 졸업하고 교사가 돼 엄마에게 효도했다.

전쟁터에서 남자들은 팔다리가 잘려 고향으로 돌아왔고, 여자들은 가난을 이기며 가정을 이끌어야 했다. 장터 장날에는 어김없이 술에 취한 상이(부상자)군인들이 몰려다니며 고래고래 소리를 질렀다. "그래. 나 병신 돼서 왔다 어쩔래! 어쩌란 말이냐!"고 하며 허탈하게 울고 웃었다. 동서남북 시비를 걸어 싸우고, 義手(의수)가 없어 '쇠갈고리' 팔을 휘두르며 물건을 찍고, 깨고 행패를 부리면서 사람들에게 손가락질과 욕을 했다. 사람들은 놀라 달아났을 뿐 절망하고 절규하는 그들을 위로하는 '賢者(현자)'는 아무도 없었다.

그들을 위로하고 감싸기엔 너도나도 지치고 고달팠고 마음의 여유가 없었다. 자식들은 그런 아버지가 창피하고 부끄러워 학교도 결석하고 기가 죽어 다니고 희망의 끈을 놓아 버리면서 가난의 악순환이 대물림됐다. 바라보는 가족들은 얼마나 참담했을까! 나라가 폐허가 됐으니 누가 무엇으로 그들을 달래주고 따뜻하게 안아주겠는가?

부모의 애정에 굶주린 수많은 전쟁고아의 애절한 눈빛들을 보며 꽁보리밥을 먹어도 부모님 울타리 속에 산다는 것은 행운이었다. 세상을 원망하는 남자들의 가정폭력에 시달리는 여인들은 슬픈 나날의 연속이었다.

전쟁이 남긴 슬픔

아버지는 전쟁터에서 죽고, 팔자 고치라고 친정으로 돌려보내 떠밀려 떠난 엄마와 조부모 밑에서 아빠 엄마를 그리워하며 기죽어 살아가는 遺腹子(유복자)들…. 교문 모퉁이에 숨어서 먼발치에서 자기 아들을 훔쳐봐야 하는 그림자 엄마! 살아있는 비극 중의 비극이다. 결혼 풍습에 처가에서 식을 올리고 1년 묵는 풍습이 있었는데, 전쟁터에서 새신랑이 전사해 시댁에 신행도 가지 못하고 아이와 친정에 살아가는 가련한 새색시뿐인가! 어릴 적 북에서 남쪽으로 외갓집에 왔다가 38선이 생겨 집에 못 돌아가고 살아가는 동갑내기 매점 아가씨. 눈물 흘리며 나에게 꿈같은 이야기를 한다.

부자들은 4代가 조부모 밑에서 살던 대가족이 많았다. 결혼하고도 分家(분가)하지 않고 부인과 자식을 두고 서울로 유학을 갔던 친구의 아버지가 북으로 가버리는 바람에 큰집 눈칫밥을 먹으며 공부하던 친구는 공무원이 돼 어머니를 모시고 분가하려고 했다. 하지만 '연좌제'에 묶여 절망했던 친구였다. 이산가족 찾기에도 끝내 안 나타난 아버지를 그리워하면서도 원망했었다. 운전기사를 하며 엄마를 모시고 살았다. 어떤 말로도 그 친구를 위로할 수 없었다.

기예를 닦은 기생들도 큰 기와집에서 세상 변화에 힘겹게 살아갔다. 이름도 예쁜 매화 도화 아주머니들이 있었는데, 남의 집 소실(작은 부인)로 들어가 자식에게 희망을 걸며 큰집, 작은집 사이좋게 살아갔다.

산속 마을에서 내려온 깽깽이 할아버지는 시끄럽다고 면박을 해도 동냥을 얻고는 말없이 돌아갔다. 깽깽이는 우리 고유 악기 '해금'이었다. 배고픈 시절이니 '해금'도 무시를 당했다.

장독 속에 쥐가 빠져 죽어 있어도 건져내고 본인이 먼저 마시고 장터에 내다 팔아서 먹을 것을 장만했다고 한다. 잘생긴 움막집 거지 패거리는 매일 이 동네 저 동네 옮겨 다니면서 "작년에 왔던 각설이가 죽지도 않고 또 왔네!" 하며 대문이 큰 부잣집이나 잔칫집을 돌며 밥 달라고 소리치며 구걸했다.

지금은 '품바'로 인기도 있고 향수도 달래지만 그땐 밥을 얻어먹기 위한 최소한의 재주였다. 그것이 예술로 승화된 것이다. 부엌 칼소리(난타)가 예술 속으로 들어왔듯이….

장터 끝자락 청소를 도와주며 밥을 얻어먹는 삼팔따라지(거지)는 술 한 잔 걸치면 연극배우처럼 어머니! 부르며 신세 한탄을 땅이 꺼지도록 하며 울어댔다.

일본징용에 끌려갔다가 살아온 '지게꾼' 아저씨는 술에 취해 저녁나절 집에 들어가면서 구슬프게 '아리랑'을 부르는데 다음날 비가 온다고들 했다. 어딜 가나 日帝잔재와 전쟁의 상처가 곳곳에 남아 애처롭게 했다.

고아원 제도권 안에도 못 들어간 아이들은 밥이라도 얻어먹기 위해 여자아이는 식모로, 남자아이는 머슴으로 들어가 노예처럼 일만 해도 두들겨 맞곤 했다. 부모가 없다는 것이 그렇게 불행했다. 법으로도 어쩔 수 없는 인권의 死角(사각)지대였다. 그땐 비일비재한 日常(일상)이었다. 그들은 친구도 없고 자기 이름 석 자도 모르고 살았다. 옷은 남루하고 손은 언제나 퉁퉁 부어 있었다. 너무 불쌍했다.

4·19가 일어나다

4·19가 일어났다. 어른들 말로는 라디오에서 학생들이 거리로 뛰쳐나와 데모한다고 했다. 어릴 적 연애편지 심부름시켰던 언니, 오빠들이 大處(대처·도회지)에서 공부하다 집으로 돌아오고 시끌벅적했다.

시골 우리 학교도 하늘 같은 선배 언니들이 교실에 들어와서는 "이리로 나오라, 저리로 가라"고 하면서 줄 세우고 친구들의 언니들은 그 와중에도 결연 맺은 동생들에게 인정을 베풀었다.

"나라가 위기인데, 안일하게 공부하느냐"고 하면서 앉아 있는 학생들에게 돌도 던지고 물도 뿌리고 신발을 내다 버리고, 시비도 걸며 싸움도 해

고아원에 못 들어간 아이들은 밥이라도 얻어먹기 위해
여자아이는 식모로, 남자아이는 머슴으로 들어가 노예처럼 일했다.

야단법석이었다. 선생님도 속수무책 살벌한 상태를 그냥 보고만 있었다. 신문에는 부상 학생과 죽은 학생도 있다고 전했고, 아직도 세상은 어수선했다.

일본과 수교 전, 密船(밀선)을 타고 일본을 왕래하는 선원들이 있어 재일교포들은 친척들에게 옷, 학용품, 돈을 보내줬다. 일본 물건은 모양도 좋았지만, 품질도 월등했다. 가계에도 큰 도움을 줬다. 일본과 수교가 되고 엄마의 작은 아버지도 마음 놓고 '88올림픽'도 구경하러 오셔서 서울에 오시면 롯데호텔에 묵으신다고 말씀하셨다. 어려운 시절에 우리를 도와주셨다고 눈물을 흘리며 고마워하셨다.

5·16 때는 부산 수학여행 중이었다. 또 전쟁이 난 줄 알고 놀랐다. 라디오 아나운서 목소리는 낮고 간결했고 우렁찼다. 그야말로 비상시국이었다. 학교 규율도 엄격했다. 그래도 우리는 희망을 품고 학업에 열중했다. 남자들은 고등학교를 졸업하면 군대도 가고 國費(국비)로 공부할 수 있는 곳이 있었지만, 여자들은 없었다.

몇 년 후 간호사관학교가 생겼다. 우리나라는 아직도 가난을 벗어나지 못했다. 4H클럽이 생겨 청년들은 농촌계몽운동도 하고 마을길도 넓히고 우리도 잘살아 보세! 하며 생산적인 활동이 전개됐다. 술에 취해 횡설수설하는 사람도 줄었다.

대구로 공부하러 가다

겨울밤 공부하려고 하면 찾아오는 불청객이자 피난 후유증인 발의 凍傷(동상) 때문에 발가락이 붓고 가려워 고생했다. 민간요법으로 마늘대를 삶아 발을 담그고 산배(돌배)를 삶아 찜질도 했다. 어느 날 깨끗이 나았다. 기나긴 겨울밤에는 군불 땐 온돌방에 동네 사람들이 모여 입담 좋은 서울 양반 아버지가 옛날이야기 보따리를 풀어 놓으셨다. 가을에 잡아서 말려둔 메뚜기 볶음도 나오고 얼음 동동 동치미 국물도 마시며 정담도 나눴다.

1967년쯤 나는 종교단체의 도움을 받아 대구로 공부하러 내려왔다. 학비 걱정, 숙식 걱정 없는 좋은 기회였다. 그러나 맏이로서 내가 집을 떠나면 동생들이 안 될 것 같은 책임이 나에게 항상 있었다.

부모님도 타향살이 18년 만에 살던 곳을 정리하고 서울로 올라오셨다. 아침 새벽, 시 외곽 과수원에서 사과를 팔기 위해 시장으로 들어오는 아스팔트 길 위 소달구지 발굽 소리가 덜커덕 들리면 시계가 귀한 시절 새벽 시간임을 짐작할 수 있었다. 참 옛날이다. 공부는 마음 놓고 했지만, 친구들과 여유롭게 지낼 시간은 없었다. 방학 때도 일을 했다.

천주교에서 운영하는 병원 모퉁이에는 피(혈액)를 사는 곳이 있었다. 잘 먹지도 못하는 사람들이 자기 몸 속 피를 팔기 위해 아침 일찍 줄을 서 기다렸다. 나는 그곳을 지날 때마다 민망하고 불쌍한 마음에 죄인처럼 고개를 숙이고 지나갔다. 농촌에는 보따리상들이 긴 머리카락도 사들이러 다녔다.

나는 졸업과 동시에 자격시험을 봤고, 서울 집에 돌아왔다. 부모님은 年老(연로)하셨고 동생들은 한창 공부를 했다. 등록금 버스표까지 챙겨야 할 시기였다. 서울엔 인구가 많아 대구와 달리 출근 시간에 만원 버스 속으로 손님을 밀어 넣는 '푸시맨(Push Man)'이란 직업도 있었다. 빽빽한 버스를 타고 서서 출근들을 했다. 중구에서 동작구 집까지 한강 다리를 걸어가 건너며 퇴근할 때도 있었다. 처음 직장에서 인사할 때 서울 출생이라고 했는데, 경상도 말씨에 결혼도 안 한 미혼인 내가 멋도 안 부리고 생필품을 사는 모습을 보고 이상하게들 여겼다고 한다. 독일로 떠나기 전 동료들에게 식사 대접을 우리 집에서 했는데 그제야 이해들을 했다. 동생들이 잘생겼다고 덕담도 했다.

독일 온 지 6개월 만에 피부병 사라져

1963년부터 1970년대는 독일로 일하러 갈 광부, 간호사를 모집했다. 직장 동료들도 모이면 독일 이야기였다. 전쟁 때 태어나 나처럼 옮겨 다니며 많은 것을 보고 경험한 사람도 그 시절 드물 것이다. 독일로 가기 위해 시험도 치고 신체검사도 해야 하는데 몸무게가 살짝 부족해 돌멩이 하나를 주머니에 넣고 통과했다.

훈련 기간 동안 獨語(독어) 공부도 하고 나라 사랑도 간직하며 독일 문화도 익혔다. 어릴 적 독일 신부님, 수녀님한테 사랑받았기에 낯설지 않았고, 고등학교 때 독어를 선택했기에 왠지 친숙했다.

1973년 봄 우리 일행들은 독일 프랑크푸르트 국제공항에 내려 각자 근무지로 이동했다. 근무지로 오는 동안 날씨가 개었다가 흐렸다가 비가 왔다. 셀 수 없이 변덕을 부렸다. 유럽날씨답다. 비가 내리는 창밖을 보니 괜한 생각이 들었다. 우리나라가 잘 살았다면 머나먼 이곳 낯설고 물설고 말도 안 통하는 독일에 일하러 왔겠는가! 생각하니 우울도 했고 처량하기도 했다. 그래도 내 인생에 좋은 기회로 삼았다. 나의 근무지는 북쪽 눈이 많이 내리는 스키 고장이었고, 아름다운 휴양지 강원도 같은 곳이었다. 크리스마스 카드 속 그림 같은 마을이었다.

지역 신문에는 예쁘고 기술이 뛰어나고 성실하고 친절한 세 명의 간호사가 우리 고장에도 왔다고 환영 기사와 함께 사진도 실어 주었다. 잘 사는 독일답게 깨끗하고 1인 1실, 냉온수가 나오는 샤워 시설에 공동 냉장고, 드럼 세탁기室이 있었다. 그때도 독일은 사람이 오면 불이 켜지고 없을 땐 꺼지는 자동 전기 절약형 시설이 있었다.

귀한 고기와 소시지는 식탁에 자주 올랐고, 美製(미제)로만 구경하던 잼, 빵은 말할 것도 없었다. 포장이 예쁜 유제품은 고급스러워 먹기도 아까웠다. 나에겐 어릴 적부터 따라다니던 피부병이 6개월 만에 싹 없어졌다. 인종차별도 있었지만, 대화가 익숙해지면서 불편을 못 느꼈다.

근무시간 분담은 독일사람답게 철저했고 다양한 혜택과 보험 가입은 근무하는 동안 도움이 많이 됐다. 우리를 통역해준 분은 광부 생활이 끝나고 크라우스탈 공대에서 공부하고 있던 키가 자그마한 양 선생님이었다. 동포로서 친절하게 알뜰히 챙겨주셨다. 세월이 흐른 지금 만나 밥 한 끼 대접하고 싶어도 만날 길이 없다. 만나 뵙고 싶다. 그때 독일은 경제 부흥이 한창 일어날 때라 노동력이 많이 필요했다.

잘사는 독일이 부러웠다. 개개인은 무척 검소했고 커피 한 톨, 소시지 한쪽도 버리는 예가 없어 식탁 위에 음식이 남으면 집에 가져갔다. 우리는 체

派獨 간호사 시절의 필자.

면 때문에 남아도 부끄러워 그냥 두고 왔다.

평소엔 '니베아' 크림만 바르고 근무하는 사람들이 파티나 즐거운 날엔 몰라보게 화장을 한다. 때와 장소가 분명한 사람들이다. 예쁘게 꾸민 거실엔 항상 꽃이 탐스럽게 담겨 있다. 처음엔 우리를 보고 왜소한 체구로 어떻게 일을 할까 걱정했지만 능숙한 기술로 친화력 있게 일을 했다.

우리는 미국식 간호를 공부했기에 독일식 간호는 익숙지 못했다. 처음엔 이상했지만, 우리나라가 추구하는 '포괄적 간호'를 실천하고 있었다. 미국식 간호도 장점이 많겠지만, 독일식 간호는 인간적이고 따뜻했다. 이들은 동양에서 온 우리에게 궁금한 것이 많았다.

돈을 벌면 공산 국가라 의무적으로 보내야 하는 줄 알고 있고, 아직도 전쟁 중인 줄 알고 있었다. 북한과 남한을 잘 몰랐다. 동생들 학비를 보낸다고 하면 게으른 사람이 된다면서 극구 말리며 이해할 수 없다고 했다. 황새가 까마귀 속을 어찌 알겠는가….

여유롭고 풍요로웠지만 검소했던 독일 생활

티(tea) 타임이나 식사 시간의 그들 대화는 '차를 바꾼다'. '부엌을 새로 꾸민다', '휴가는 스페인으로 떠난다' 등 우리에겐 딴 세상 이야기였다. 기숙사엔 사과, 배나무, 꽃이 있는 넓은 정원도 있었지만, 시간적 여유가 생기면 자전거를 타고 멀리 나가기도 했다. 어린이도 타는 자전거를 어렵게 배워 타는 나를 보고 응원도 보내줬다. 동양 여성들은 운전도 못 하고 춤도 안 추고 연애도 안 하고 外食(외식) 때 와인 한 잔에 취해 얼굴이 빨개졌다. 돈은 집으로 보내니 무슨 재미로 사느냐고 가끔 물어온다. 서양 남자와 연애하면 감옥 가느냐고 놀렸다. 경제적인 속박에서 자유로운 기숙사에 있으면서 하고 싶은 것이 많은 세 명의 처자들은 외로움에 고독을 씹으며 살았다.

대도시에 근무하는 광부·간호사들은 결혼도 한다는 데 한창 때 몸도 건강도 정신도 생활력도 강한 청춘 남녀가 당연한 것 아닌가 응원을 보냈다. 티 타임 시간에 자기 차례가 되면 예외 없이 커피를 내려야 하는데, 한국에서 커피 추출기를 본 적이 없으니 배워야 했다. 지금은 커피 마니아지만 독일에서는 커피를 마시지 않았다.

봉급은 한국과 비교할 수 없이 많았고 물건도 풍족했지만 나도 독일인처럼 검소하게 살았다. 독일은 어느 도시를 가도 아름다운 붉은 벽돌집 창가에는 '줄리엣'이 나올 것 같은 레이스 커튼과 꽃이 있었다. 나를 위한 것도 있겠지만 지나가는 他人(타인)을 위한 배려이기도 했다. 개울물엔 물고기가

봉급은 한국과 비교할 수 없이 많았고 물건도 풍족했지만,
나도 독일인처럼 검소하게 살았다.

놀고, 넓은 들판엔 초록 밀밭이 바람결에 파도쳤다. 붉은 들양귀비 꽃은 풍
경화 그림처럼 피어있고 숲 속은 요들송이 들리는 듯 새소리가 여유롭고 산
천이 풍성하고 아름다우니 시인, 음악가, 철학자가 독일에서 많이 나왔나
싶다. 패전국이라 하기엔 너무 안정적이고 잘 살았다. 이런 독일이 부러워
한국에 안 가고 싶은 적도 있었다. 돌아오는 사람보다 남아 있는 사람들이
더 많았다.

나이 많은 獨身(독신)은 세금을 많이 내고 어려운 결혼을 했거나 부양할
식구가 많으면 세금을 적게 낸다. 봉급날만 되면 독일은행으로 가서 첫째는
가족을 위해 나를 위해 돈을 쓰고, 둘째는 내가 잘해야 다음 사람들이 독
일로 올 수 있다는 책임감과 애국심이었다. 여름엔 호수에서 수영도 즐기고
겨울엔 실내 체육시설에서 눈 내리는 창 밖을 보며 선진국 독일에서 여유를
즐겼다.

노동자들은 철저한 노동법에 의해 여행을 하며 휴식을 취했다. 휴식은
생활의 멋이기도 하고 건강도 챙기고 자기를 성찰할 수 있는 값진 시간이
아닌가 싶다. 내일 걱정은 내일 하고 나도 모든 걸 잊고 여행을 떠났다. 교
과서에 나오는 '미라보' 다리가 있는 파리도 여행하고 작은 나라 '바스코'도
다녀오고 가톨릭 聖地 '루르드' 샘물도 오래 살려고 마셔보았다. 스페인에서
는 '돈키호테' 동상과 '가우디' 건물도 만나봤다.

나에게 자신감을 준 독일 생활

독일은 나에게 풍요로움도 주고 넓은 세상을 경험할 기회와 앞으로 살아가야 할 용기와 자신감도 주었다. 명절 특집 독일 편 '가요무대'를 보면서 나는 그리움에 울었다. 며느리들은 시어머니의 젊은 날이 안쓰러워 울었다. 우리는 함께 울었다. 많은 것을 얻고 배우고 왔지만 끝없는 자기 관리와 인내가 필요한, 결코 쉽지 않은 외국 생활이었다.

1976년 서서히 우리나라도 가난으로부터 벗어나기 시작했다. 경제인들은 외국으로 눈을 돌렸다. 노동자들도 해외로 떠나는 길이 열렸다. 파독 광부들의 뜨거운 지하에서 퍼 올린 검은 눈물의 마르크, 간호사들의 인내의 눈물 젖은 마르크, 월남 전쟁터에서 피 흘려가며 부쳐온 달러, 中東 근로자들의 기름 묻은 사막의 모래바람 돈, 모두 사랑하는 가족과 애국심으로 열심히 일해 본국으로 송금했다. 대한민국 사람들이라 가능했다고 자부한다.

귀국하던 날 엄마가 공항에 나오셨다. 무사히 돌아온 딸이 반가워서도 우셨지만, 독일로 갈 때 입었던 옷을 그대로 입고 내리는 것을 보고는 "맏이야 미안하구나!" 했다. 여동생은 언니가 보내준 돈으로 결혼도 했다고 고마워했다. 내가 보낸 독일 봉급은 適期(적기)에 마중물이 되어 가족에게 필요한 돈이 돼 몇 배로 돌아왔다. 그래서 행복했고 아무 조건이 없었다!

아 대한민국! 그리고 결혼

결혼이란 혼자 살 때보다 힘들고 어깨의 돌이 아니라 의무가 하나 더 추가돼 쇳덩어리가 돼 더 무거웠다. 독일에서 편리했던 생활이 한국에서는 불편했다. 다시 연탄을 갈아야 했고 대가족 大小事(대소사)도 챙겨야 하고 출산의 기쁨보다 男兒(남아), 女兒(여아)를 먼저 따졌다. 모든 생활이 불편하고 후회스러웠다. 편리한 독일로 다시 가고 싶었다.

남편 될 사람은 베트남 전쟁터로 가려고 준비하던 중 終戰(종전)이 됐다고 한다. 홀어머니에 집안을 이끌기 위해 최선을 다하는 책임감이 강한 영화 '국제시장'의 주인공 덕수 같은 장남이었다. 나이 차이가 크게 나는 동생들의 공부는 물론이고 짝을 찾아 시집 장가갈 때까지 뒷바라지하고 나니 우리 자식들도 중고등학교에 다니는 가족 확대기가 되어 있었다. 어렵고 힘들지만 '덕수', '덕순'이가 돼 힘차게 용감하게 숨막히게 살았다. 아직도 우리나라는 가족을 위해 아침밥을 먹이고, 초여름 오이지 냄새가 풍기고 겨울엔 김장을 하는 어머니의 힘이 살아 있는 나라다.

우리나라도 가정마다 세탁기로 빨래하고 냉온수가 나온다. 가정마다 차가 한두 대씩 있고 배고픔은 기억에도 없어 보인다. 살찐다고, 비만이 된다고 호들갑 떤다. TV마다 잘 먹고 잘사는 프로가 인기이고, 고기도 품질을 따져서 먹으니 그야말로 격세지감이다. 해외여행도 자유롭고, 먹는 음식도 입는 옷도 고급스러워 보인다. 우리나라는 의·식·주 문화도 깊고 수준도 매우 높은, 품격있는 나라다. 한국에 와 결혼을 하고 장성한 자녀들은 하나둘 짝지어 집을 떠났고, 자식보다 더 귀여운 손자들이 재롱을 부린다. 우리 부부는 兩家(양가) 맏아들 맏딸로 만나 책임을 다하려고 노력했다.

대한민국에 태어나 자랑스럽고 행복하다

숟가락 하나 없이 가난을 극복하고 근검절약하면서 집을 장만했다. 인생살이 짐도 무거웠지만, 일상적인 행복도 누렸고, 아들딸을 낳아 사회적 기본 의무도 요령 부리지 않고 충실히 이행했다. 몇 년 동안 자유롭게 알찬

취미 생활도 해봤고, 이젠 어머니가 아닌 할머니로 할 일이 또 남아 있다.

젊은 자식들이 일터로 가면 손자·손녀도 돌봐야 하고 제삿날을 기막히게 기억하는 치매 어머니도 많이 몫으로 남았다. 이 나이에 나만 해야 하나 짜증도 나고 억울도 하지만 고생해본 맏이가 참고 해야지 누가 하겠는가?

우리나라 사람들은 어느 나라에 가서도 적응도 잘하고 부지런히 살아간다. 독일 이민 1세대는 열심히 일해 어느 외국인들보다 잘살고, 외국인 2世들도 사회 적응도가 높고 훌륭하게 살아간다고 하니 우리나라의 資産(자산)이 아니겠는가. 대한민국 만세다!

1945~1955년생들은 전쟁에 죽지 않고 살아남아 자기 몫을 열심히 했다. 배고픔의 상징인 '보릿고개'도 극복했고 민주화도 이뤘다. 위기극복 능력은 우리나라를 따라올 나라가 없다! 미국 가루우유를 받아먹던 나라에서 주는 나라가 되었다. 글 쓰면서도 신난다. 어느 나라가 우리나라만큼 도약했을까. 누구나 갈 수 있는 가까운 문화센터, 40년 전 독일에서 살다가 한국 올 때 수영장과 문화센터를 갖고 오고 싶었는데 이젠 독일이 부럽지 않다. 역동하는 대한민국에 태어난 것이 자랑스럽고 행복하다. 국가에 감사한다.

高永淑(1947~)
6·25 때 삼촌을 잃고, 戰亂(전란) 중 이모가 아들을 버린 채 피난가는 장면을 목격했다. 1973년 派獨 간호사 모집에 지원, 독일에서 간호사 생활을 했다. 귀국 후 결혼, 아이를 낳고 지금은 손자·손녀를 보는 재미에 살고 있다.

'벼 育種史'의 새 역사를 쓰다!

金鍾昊

벼 품종 보급에 헌신한 수많은 사람들의 뜨거운 땀은,
우리나라 쌀 자급과 농업기술 발전의 楚石(초석)이 되었다.

'벼 育種史'의 새 역사를 쓰다!

가을 햇살이 뜨겁게 내리 쪼이는 1979년 10월 중순경의 작물시험장 벼 품종 育種圃場(육종포장)이다. 1만여 개의 系統(계통·품종으로 命名 이전 육성단계의 잡종)이 성숙단계에 접어들면서 숙기의 早晚(조만)과 키가 크고 작고 벼 알의 大小(대소) 등 다양한 특성을 보이면서 넓은 시험답에 전개되어 있다.

논둑 여기저기 野帳(야장)을 왼쪽 옆구리에 끼거나 손에 들고 바삐 움직이는 동료 직원들의 모습은 벼에 가려 상반신만 보인다. 가을철의 벼 성숙기는 육성중인 계통에 대한 年中의 최종평가 시기로서 작물시험장과 호남작물시험장 및 영남작물시험장의 벼 육종 담당자들에게 한시가 바쁜 심신이 피곤할 때다.

이들은 밥맛과 미질이 미흡한 통일벼를 새로 육성한 양질의 統一型 品種(통일형 품종)으로 대체하고 국가의 쌀 자급시책 추진에 앞장섰다. 그리고 생산자와 소비자 모두가 선호하는 보다 다수성이고 양질의 품종을 선발하기 위한 노력을 끊임없이 지속하고 있다. 나는 논둑에서 계통의 특성을 조사관찰하면서 특이한 個體(개체)가 눈에 들어오면 물이 질퍽한 논 속으로 바로 들어간다. 보다 우수하고 특출한 개체를 선발하여 품종화하기 위한 욕심 때문이다.

이 때문에 장화는 나에게 계통의 특성조사나 선발시의 필수장비다. 딥

지만 장화를 신고 긴소매 셔츠에 작업모를 깊숙이 눌러쓰지만 얼굴은 햇살에 탄 깡마른 농사꾼이다. 언제나 계통의 선발 시에는 오른손의 인지와 모지의 끝마디로 벼 알을 손쉽게 벗겨 쌀알의 투명도 여부를 필히 확인하는 것은 나만의 양질米의 선발 방법이다. 이 때문에 작업속도는 좀 늦다. 통상 쌀알의 투명도 평가는 실내에서 계통별로 벼 종자를 건조 후 인접기로 벼 껍질을 벗긴 후 육안으로 검사 평가한다.

정근식(지금은 故人이 되심) 과장과 이종훈 박사는 간혹 쌀알의 투명도를 즉석 평가하고 선발 여부를 구분하는 내 방법을 흥미있게 지켜보기도 한다. 李 박사는 손마디가 어떻기에 마르지 않은 벼 알을 그렇게 쉽게 벗기냐고 하면서 내 두 손가락 끝에 박힌 군살을 유심히 쳐다본다. 오른손 손가락 마디에 군살이 붙기 시작한 것은 1960년대 말부터 印度型(인도형) 품종을 이용하여 통일형 품종을 육성하면서부터다.

손마디에 군살이 붙기까지는 까락에 찔린 아픔을 견뎌가며 상당 시일이 지난 후부터다. 남풍벼는 내가 작물시험장에서 이러한 과정을 거쳐 선발한 품종중의 하나다. 쌀알이 소립으로 투명하고 밥맛이 우량한 통일형 품종이다. 1971년부터는 통일벼가 보급되었고 1975년부터는 통일벼의 대체 품종으로 밥맛과 쌀 품질이 월등히 개선된 통일형 품종이 농가에 급속히 보급되었다. 쌀 자급 때문이다.

"벼는 휴일 없이 쉬지 않고 자란다"

이들 품종을 육성한 작물시험장 등 3개 시험장의 육종포장에는 365일 내내 無休(무휴)의 날이 오래 전부터 계속 이어졌다. 작물시험장의 육종포장 곳곳에는 최현옥 場長(장장)의 발길이 빈번하다. 그는 거의 하루도 빠짐 없이 공휴일과 일요일의 오전 9시경에는 육종포장으로 출근한다. 포장을 둘러본 후 곧바로 챙겨 보는 것은 두 연구관이다.

水稻育種科(수도육종과)는 과장 1명과 2명의 연구관 그리고 7명의 연구사로 구성되어 있다. 그는 연구관들이 안보이면 그 넓은 육종포장 사방을 향하여 "李 박사! 李 박사(이종훈)!" 하고 불렀다. 이때 "예" 아니면 "여기 있습니다" 하는 대답이 있을 때까지 큰 목소리로 불렀다. 다음 차례는 金 연구관(김종호)이다. 역시 "예, 여기요" 하고 대답을 들을 때까지 불렀다. 이렇듯 두 연구관을 챙겨보는 것은 육종은 현장에서 승패가 좌우되기 때문에 현장은 사무실이라는 그분의 육종철학 때문일 것이다.

그가 사무실로 돌아간 뒤 나와 李 박사가 만나서 하는 말은 "최 장장님 목소리가 대단하네요"하면서 웃었다. 과장은 챙기지 않았다. 일요일 오전에는 교회를 가는 독실한 기독교 신자였기 때문이다. 1969년에 세워진 세대촉진 온실은 연중 내내 수시 교배작업과 연중 2회의 육성계통의 세대촉진 재배로 육종 담당자들을 더욱 바쁘게 만들었다. 게다가 수시로 급한 업무나 속결 처리해서 보고 해야 할 일은 밤낮이 없다. 벼 수확시기부터 다음해 봄철까지는 시험결과의 정리를 위하여 야근은 일상이다.

1970년대 초까지는 계량적인 시험결과의 산출에 수동계산기가 활용되었다. 늦은 밤까지도 계산기의 조작음이 이곳저곳의 시험실에 가득하였다. 이러한 일상 업무가 장기간 반복되면서 며칠 정도의 연중 1회의 휴가마저 없

작물시험장 水稻育種科 연구관으로 재직할 때 촬영한 사진(1976년 1월). 필자와 처, 장남 창영(우측), 장녀 가진(좌측), 차녀 혜령이 전북 남원읍 동충리의 처갓집을 방문해 장독대 앞에서 촬영한 사진이다.

는 것은 물론이다. '벼는 휴일 없이 쉬지 않고 자란다'는 선배들의 말이 전해지듯 벼 연구진은 연중무휴의 전통이 깊이 뿌리내려 왔다. 따라서 일요일 공휴일의 無休는 언제부터인지 당연한 것으로 거부감 없이 구성원들의 체질 속으로 깊이 동화되었다.

통일벼나 통일형 품종은 하루 밤만 자고 나면 문제가 나타나고 내일은 또 다른 문제로 벼 육종 및 재배기술 인력을 끊임없이 괴롭혔다. 관련 병해충 防除(방제) 인력도 빈발하는 문제로 대책을 찾기 위하여 바쁜 나날을 보냈다.

한편 통일형 품종의 농가 보급지도를 담당하는 일선 市郡(시군) 지도요원들은 신바람 나게 농촌의 마을길과 논둑을 누비기도 하였지만 통일형 품종의 재배상의 어려운 문제로 農家(농가)의 원망을 밥 먹듯이 들어야 했다. 이유는 단순했다. 低溫(저온)에 취약했기 때문이다. 이들 품종의 저온 반응은 다양하게 나타나 품종을 직접 육성한 육종 담당자들도 당황하고 마음을 졸였다. 생소한 열대성인 통일형 품종의 재배상의 문제는 다양했다. 열대성으로 재배가 불가능하다는 溫帶(온대)권에서 재배를 가능하게 한 것은 벼 연구팀을 위시한 관련 여러 분야 인력의 각고의 노력과 시련의 산물이다.

"이번에도 森 연구관이 좀 나가 주어야겠네"

나는 호남작물시험장에서 1974년 통일벼의 대체 품종으로 '유신'을 선발 육성하고 이후 작물시험장으로 자리를 옮겼다. 이때부터 1981년까지 거의 매년 봄철부터 가을철까지는 작물시험장 벼 육종포장에서 품종선발을, 겨울철에는 필리핀에서 多收性(다수성) 양질품종의 종자 생산 업무를 수행하면서 베틀의 북처럼 온대권과 열대권을 오갔다. 겨울철이 없는 생활 패턴이 반복되면서 때때로 나이가 더해가는 것도 잊었다. 몇 살이냐는 질문에 머뭇거리는 경우도 간혹 있었다. 집에서는 집안일과 일상용품의 비치장소를 모르는 하숙생처럼 되면서 휴일의 출근 이유와 언제나 늦은 퇴근사유를 묻지도 않았다.

이날도 오후의 선발작업을 한참 하고 있었는데 함영수(지금은 故人이 되심) 농촌진흥청 시험국장의 호출연락을 받았다. 바로 그의 집무실로 갔다. "지난번에도 수고를 많이 했는데 이번에도 森 연구관이 좀 나가 주어야겠네" 하기에 바로 "예 알겠습니다" 했다. 벌써 몇 차례에 걸쳐 쌀 자급을 위하여 필리핀에서 벼 다수성 품종의 종자 생산 업무를 수행하면서 그분의 말씀이 무슨 말인지 바로 알아들을 수 있었다. 계속 이어져온 필리핀에서의 통일형 품종의 벼 종자 생산 때문이다.

우리나라에서 필리핀의 마닐라 남방으로 약 60km 지점에 위치한 국제미작연구소(IRRI)에 도착한 것은 1979년 11월8일이다. 농촌진흥청장이 연구소장 앞으로 벼 우량 종자 생산에 관한 사전 협조요청 공한은 보냈지만 짐을 내려놓고 바삐 찾아간 곳은 연구소의 소장과 부소장 그리고 각 행정부서장 및 육종과장과 농장과장이었다.

연구소 인근에 있는 농가의 논 20ha를 차지해서 통일형 품종 '서광벼' 등 5개 품종의 종자 생산을 위하여 지체 없이 파종작업 준비를 서둘러야 하기 때문에 연구소의 협조지원 요청이 곧바로 필요했다. 차지해야 할 논 20ha는 농장 과장과 직원들의 신속한 농가와의 접촉 교섭으로 두 곳의 후보지 중에서 내가 원하는 장소인 빅토리아 지역에서 어렵지 않게 구할 수가 있었다. 도착 시점이 종자 파종 시한까지 10여 일 정도의 여유밖에 없어 종자생산을 위한 논을 확정하고 못자리를 만들고 관련 작업 준비를 급하게 추진하였다.

나와 같이 일할 이영희 연구사는 약 20여일 후 도착하는 것으로 예정되어 있어 홀로 파종 작업을 준비하면서 동분서주하는 바쁜 일정이 계속되었다. 연구소에서 남쪽으로 약 9㎞ 떨어진 빅토리아의 논에서 20ha에 이앙할 못자리 1ha의 조성을 위한 정지작업과 제초와 施肥(시비) 그리고 구획작업 등 때문이다.

이른 아침에 나가 해가 진 뒤에야 숙소로 돌아오는 것이 일과다. 낮일의 피곤에 지쳐 저녁밥 생각도 없었다. 옷을 입은 채 잠시 누워 있다가 스스로 놀라 반사적으로 벌떡 일어났다. 연구소의 농장과 창고에 있는 종자가 머릿속에 떠올랐다. 우리나라에서 가져온 서광벼 등 약 300㎏의 벼 종자를 전날 저녁 9시에 휴면타파(수확된 종자를 곧 파종하는 경우 벼 껍질에 함유된 휴면물질로 발아장해가 있어 휴면물질을 掃去하는 처리)를 위하여 질산 용액에 담가 놓았기 때문이다. 휴면물질 소거를 위한 질산용액에 담가두는 시간은 24시간이다. 24시간이 되는 밤 9시까지는 볍씨를 꺼내서 물로 질산용액을 완전히 씻어내고 깨끗한 물로 浸種(침종·씨를 뿌리기 전에 물에 담가 불리는 일)을 해야 하는데 벌써 저녁 7시경이 되었다.

칠흑 같은 밤에 웅덩이로 떨어지다

바쁜 일과 중에서도 머릿속에 깊이 새겨 두었지만 해야 할 일이 한두 가지가 아니어서 피곤함에 깜빡 지나칠 뻔했다. 숙소를 나와 지프니(Jeepney·필리핀의 영업용 승합차) 한 대를 대절해서 연구소의 농장 사무실로 급히 갔다. 오늘 아침 연구소 농장과 사무실에 들러 농장과장 비서인 엘렌에게 퇴근하면서 種子(종자) 침종 창고 열쇠를 내 책상 위에 놓고 가라고 했다. 그러나 열쇠는 보이지 않았다. 그녀가 잊어버리고 퇴근해버린 것이다. 그의 집에 전화가 없기 때문에 집으로 찾아가는 길밖에 없었다.

집 위치도 정확하게 모르고 대강 어느 근처라는 것만 알고 있는 것만으로도 다행으로 여겼다. 일과시간이 지난 야간이라 연구소까지는 통행차량이 끊겨 사무실에서 한참을 걸어 나와 지프니를 탔다. 마음이 조급했고 일각이 바빴다. 엘렌 집 근처로 보이는 2차선 차도 갓길에서 내려 조심스럽게 왼편으로 차도를 횡단했다. 차를 내린 곳은 도로변에 人家(인가)가 없기 때문에 차도 주변은 칠흑같이 어두웠다. 더욱이 연구소의 인근 마을 주변에는 가로등이 없다.

마음은 급했지만 차도를 걷지 않고 차도 바깥 비포장도로인 희미한 좁은 갓길을 더듬듯 조심조심 걸었다. 컴컴한 차도 옆길을 따라 약 50m쯤 걸었

몸이 공중으로 붕 떴다가 부딪히면서 배를 짓누르는 듯
'으윽'하는 신음소리를 내뱉으며 어디론가 처박히는 느낌이 들었다.

을까, 순간 나는 몸이 갑자기 공중으로 붕 떴다가 무언가에 부딪히면서 배를 짓누르듯 "으윽" 하는 의식·무의식중의 신음소리를 내뱉으며 어딘가에 처박힌 듯한 느낌이 들었다. '얼마나 지났을까.' 나는 내 자신이 처박혀 있음을 알았다.

암흑 같은 어둠 속에서 겁이 났고 무서웠다. 그러나 손발이 쉽게 움직이지 않았다. 잠시 후 정신을 차렸지만 주위가 컴컴해서 사방에 분간이 전혀 안 되었다. 억지로 힘을 다해 일어섰다. 발 앞에 장애물이 있는 것 같았다. 손을 위로 올려 보니 내 키보다 깊은 큰 웅덩이에 빠진 것이다. 팔을 힘껏 뻗어 손바닥에 닿는 감촉이 평평한 시멘트 콘크리트 바닥임을 알았다. 양손의 손바닥을 밀착시키고 두 손의 손가락에 온 힘을 주고 양 엄지발가락 끝으로 시멘트 콘크리트인 듯한 벽면을 힘껏 밀치고 버티면서 겨우 기어 나왔다.

죽지 않고 뼈가 안 부러진 것만으로도 다행

나와 보니 어둠 속에서도 내가 빠진 곳은 길 옆 맨홀이었다. 손과 발이 움직이는 것으로 보아 뼈가 부러진 것 같지는 않았지만 허리와 손발이 묵직하고 결리는 느낌이 들었다. 혼자 힘으로 겨우 올라왔는데 그때까지 어

국제미작연구소(IRRI)의 시험답에서(1970년 12월). 다수성 벼 품종의 조속한 선발을 위해 2000여 계통을 世代促進栽培(세대촉진재배) 하는 모습이다.

느 누구 하나 지나는 사람도 없었다. 혼자 당한 돌연한 사고를 스스로 수습하고 몸을 털고 곧바로 일어섰다. 그리고 무엇보다도 종자를 물로 씻어내는 일 처리가 더 급했다. 더 이상 이리저리 손발을 다시 주물러 볼 겨를도 없이 발걸음을 재촉하여 다행히 엘렌 집을 쉽게 바로 찾았다.

열쇠를 받아 쥐고 연구소 창고까지 급하게 갔다. 다행히 질산용액에서 볍씨를 건져낼 약간의 시간적 여유가 있어 안도의 숨을 내쉬었다. 시간에 맞춰 볍씨를 물로 깨끗이 씻어내고 침종작업을 모두 무사히 마쳤다. 그러나 볍씨를 씻으면서 젖은 옷 속의 다리와 손목이 왜 그리 쓰리고 아팠는지는 숙소에 와서 잠자리에 들면서야 알았다. 작업 중 그리 밝지 않는 전등 탓도 있었지만 다섯 품종의 종자가 실수로 混種(혼종)되지 않을까 주의를 집중해야 하는 일로 아픈 곳을 들여다 볼 여유를 못 가졌다.

오른편 얼굴이 살짝 깎였고 왼쪽 발 정강이와 무릎 그리고 오른 손목이 보기 싫게 깎여 있었다. 다시 손과 발뼈와 등뼈를 대충 주물러 봐도 뼈가 상한 것 같지는 않았다. 홀로 겪었던 일로 누구에게 하소연할 곳도 없었지만 죽지 않고 뼈가 안 부러진 것만으로도 다행으로 여겼다. 천만 다행이라는 생각에 깊은 심호흡과 한숨을 길게 내뿜었다. 이날 밤은 무척 덥기도 하였지만 온몸이 쓰리고 후끈거리고 아팠다. 홀로 고독감에 젖어 이 생각 저런 생각에 여기 온 것을 후회하기도 하면서 잠을 설쳤다.

지나간 일이지만 여기에 오기 전 咸 국장께 이번에는 다른 사람에게 하면서 사양은 고사하고 "예" 하는 모양새가 되었으니 이 사고를 겪으면서도 스스로 할 말이 없었다. 특별한 사정이 없는 한 상사의 직무상 명령은 언제나 "예"로 대답하는 것이 일상화되고 생활화된 장기간의 公職(공직) 생활 탓도 있다. 이 사고로 피부가 깎인 팔 때문에 한동안 긴 소매 셔츠를 입어야 했다. 주위 누구에게 이야기할 사람도 없었고, 몇 번이고 아찔했던 그 순간을 되새겨 보았다. 그리고 천만 다행이었다는 말을 몇 번이고 입에 담았다.

다음날 내가 빠졌던 곳을 필히 보고 싶었다. 아무리 바빠도 나를 아찔하게 하고 불행으로 빠트릴 법했던 맨홀 현장 상황을 확인하기 위해서다. 이른 아침 곧바로 현장으로 갔다. 차도 바로 바깥쪽에 가로 세로 약 1.2m의 정사각형 콘크리트 맨홀이었다. 바닥은 얕은 요철상태의 흙바닥으로 몇 포기의 풀이 있었고 말라 있었다. 깊이는 약 1.8m로 낮에도 위험한 덮개가 없는 깊은 맨홀이다. 아스팔트 밖의 비포장 옆길 폭은 약 50cm로 이 갓길과 옆 도랑이 내가 빠진 맨홀과 맞닿아 있다. 그렇지만 맨홀 덮개는 찾아볼 수가 없었다.

맨홀이 일정간격으로 있을 것 같아 다음 맨홀도 덮개가 없는 것인지 확인하기 위하여 갓길을 따라 약 70m 올라갔더니 똑같은 크기의 맨홀이 있었고 역시 덮개 없이 방치되어 있었다. 또 빠졌던 맨홀 아래쪽으로 내려오면서 똑같은 구조의 맨홀에 목제 각목으로 제작된 맨홀 덮개가 덮여 있었고 각목의 반 정도는 썩어서 밟으면 밑으로 꺼져버릴 것 같았다. 大小(대소) 인명사고로 이어질 위험한 덮개 없는 맨홀은 한두 곳이 아닌 것 같았다. 허술한 이러한 맨홀 관리는 어려운 이곳 살림살이를 전해 듣는 것 같았다.

그렇지만 사고를 당한 내가 조치할 수 있는 일이라고는 아무것도 없었다. 속 터지는 일을 당해도 참고 견디면서 혼자 풀어야 하는 곳이 내 나라 아닌 異國(이국)이다. 빠졌던 맨홀을 다시 멀찍이 바라보면서 불행하게 내가 골절상을 당했다거나 그 이상의 사고가 없었던 것만으로도 다행으로 여겼다.

種子를 생산해 한국으로 移送하는 과정

매년 3월 말경부터 4월 초경은 필리핀 마닐라 지역의 乾季(건계) 벼 수확 시기다. 11월 중순경부터 다음해 4월 중순까지는 건계로 비가 거의 내리지 않고 비록 비가 온다 해도 지나가는 비로 보는 시기다. 인근 기상관측소의 기록에도 비가 거의 없는 시기가 이 무렵으로 되어있다. 물론 건계에도 비가 전혀 안 내린 것은 아니고 소나기가 세차게 내리다가 곧 그친다. 비가 그치면 언제 비가 내렸는가 할 정도로 맑은 날씨가 되면서 빗물은 흔적 없이 말라 버린다.

이러한 降雨(강우) 여건상 이 무렵에 수확한 벼는 거의 논에서 햇볕에 건조하는 것이 이곳 벼 농가에서 일반화되어 있다. 해가 지기 전에 건조 중인 벼는 명석 중심부에 모아 밤이슬에 젖지 않도록 명석으로 덮어둔다. 대체로 종자를 생산해 한국으로 보내는 과정은 간단하지 않다.
종자의 純度 유지와 혼종방지를 위한 철저한 조치가 필요하다.

3일 정도만 건조하면 수분함량은 15% 이하가 된다. 이렇듯 수확 후의 생산물은 강우 없는 이 시기에 쉽게 처리한다.

그러나 이곳에서 종자를 생산하여 우리나라로 보내는 경우는 처리과정이 단순하지 않다. 종자의 純度(순도) 유지와 혼종방지를 위하여 전 생산과정을 통하여 철저한 조치가 필요하다. 자생적으로 자라서 나타난 이형품종이나 雜穗(잡수·잡종 이삭)는 보는 즉시 논 안으로 들어가 제거한다. 이 작업은 수확할 때까지 반복적으로 계속한다. 그리고 수확 후 종자의 건조와 精選(정선)을 마치고 국제규약상의 소정의 병해충 방제 약제를 벼 알에 고루 처리하여 麻袋(마대)당 45kg을 포장한다. 이어서 필리핀 당국의 수출허가와 종자검역 증서를 발급받고 화물 수송기의 도착 2~3일 전에 운송업체의 창고에 대기 보관한다.

이상의 과정 중 가장 촉박한 기간은 종자 수확 후 소정의 작업과정을 거쳐 운송업체의 마닐라 창고에 대기 보관하기까지다. 이 기간은 약 15일이다. 운송과 창고 대기보관 일수를 제외하면 12일 정도다. 20ha의 수확과 정선 작업에 약 6일, 건조 및 포장 작업에 5~6일이 소요되기 때문에 마치 기계처럼 작업을 추진해야 한다. 20ha가 되는 이번 종자의 처리도 현장인 논에서 종자를 陽乾(양건·볕에 쪼여 말리다)한 후 이어서 약제를 처리하는 것으로 하였다. 그러나 100톤 정도의 방대한 종자 양으로 무방비 상태의 논에

작물시험장 벼 육종포장의 우량 품종 선발현장에서(1976년 10월). 일본인 오가다 박사(가운데)와 구치부시 박사(우측에서 두 번째), 정근식 수도육종과장(좌측에서 두 번째), 필자(우측).

서 예상 외의 강우에 노출되는 우려를 전혀 배제할 수는 없었다. 그렇지만 시기적으로는 乾季로서 이곳의 여건과 종자 수송 일정상의 제약으로 다른 선택의 여지가 없다고 판단되었다.

乾季(건계)의 돌발성 폭우

1980년 3월 말경의 이날 오후 수확작업 종료 4시경의 남쪽 하늘은 용두운의 뭉게구름이 치솟아 오르면서 비가 올 듯 검은 구름으로 덮여갔다. 논에는 서광벼 6ha를 탈곡한 후 비료포대 40개를 연결해서 만든 약 7m×8m의 크기의 벼 건조용 비닐 포대 멍석 30여 개 위에 약 37톤의 탈곡된 종자가 햇볕에 건조 중이었다.

그 외 4ha의 논에는 탈곡을 위하여 전날 베어 눕혀놓은 서광벼가 깔려 있었다. 먹구름의 날씨는 걱정스러웠지만 논에서 일을 도와주고 있는 인부들 모두는 건계의 지나가는 소나기성 비로 여겼다. 이곳에서 나서 벼농사를 생계수단으로 오랜 기간 살아온 이들이 異口同聲(이구동성)으로 걱정할 필요가 없다는 것이다.

1970년과 1971년의 두 차례에 걸쳐 나와 동료들이 국제미작연구소에서 이 시기에 수행한 통일벼의 종자 수확 시에도, 필리핀 농가 논에서 1975년 유신과 1977년 만석벼 등의 대량 종자수확 시 비가 없었다. 그렇지만 혹시나 많은 비가 아닐지 하는 불안은 떨쳐 버릴 수가 없었다. 오후 5시만 되면 어둠으로 덮이는 곳이기에 필요한 조치를 하고 싶어도 방대한 작업량에 손을 쓸 수도 없었다.

논일을 종료하고 걱정을 안고 숙소로 돌아왔으나 날이 어두워지면서 더욱 불안했다. 걱정한 대로 저녁을 먹는 중에 빗방울 소리가 세차게 들렸다. 그리고 점차 거센 暴雨(폭우)로 변했다. 이 비는 밤새 그치지 않았다. 예상 외의 돌발성 폭우였다. 이 밤중에 해결방안이 있을 수도 없었다. 간혹 세찬 비바람에 주택의 함석지붕 위에 야자수의 코코넛이 떨어지는 "쿵" 하는 소리도 귓가에 들리는 듯 마는 듯, 그러나 논에 널려 있는 방대한 양의 건조 중인 종자와 베어 눕혀놓은 벼 걱정에 가슴속이 탔다. 밖의 빗소리에 귀를 기울이며 일어섰다 누웠다 뜬 눈으로 새벽이 되기를 기다렸다.

장대비는 아니지만 아직도 비가 세차게 내리고 있는 어슴푸레한 이른 새벽녘, 픽업트럭 기사가 출근하기 몇 시간 전이어서 차 없이는 걸어가기 힘든 곳이기에 서둘러 지프니 한 대를 잡았다. 논에 건조중인 탈곡된 종자는 아주 못 쓰게 되는 것 아닌지, 베어 눕혀 놓은 볏단은 어떻게 되었을까, 멍석 위의 종자는 엉망진창으로 되어 있을 텐데, 멍석 위로는 물이 얼마나 차올라 있을까, 초조하고 조급함에 현장 상황이 어떨지 애가 탔다. 마음속으로 한 가닥 별 일 없기를 빌었다.

온 천지가 회백색의 물바다

큰 도로에서 논 입구까지 약 2.8km의 小路(소로)는 빗물로 곳곳이 잠겨 있었지만 양 옆으로 물을 가르며 차를 달렸다. 차가 논 입구에 도착 후 차에서 내린 나는 "아이고 이게" 하는 외마디 소리를 내고 얼이 나가 버렸다. 이때 눈앞에 보인 것은 온 천지가 회백색의 물바다였다. 회백색의 흙탕물 이외는 저 멀리 산 밑 야자수만이 군데군데 보일 뿐 아무것도 보이지 않았다.

10여 일 후면 우리나라에서 파종해야 할 벼 종자 약 60톤이 물 속에 잠겨 버린 것이다. 종자를 생산한 논 20ha와 인근의 논 수십 ha도 비 내리는 물 속에 말없이 잠겨있었다. 이 참담한 광경에 나는 기가 막혀 말문이 막혔다. 미칠 것만 같은 심정이었다. 미칠 것 같은 그 이상의 형언할 수도, 종잡을 수도 없는 절망적인 깊은 수렁 속에 심신이 빠져버린 듯싶었다.

눈을 감았다 다시 떠 보았다. 역시 눈앞에는 온 천지가 흙탕물로 가득하였다. 내 옆에 누가 있었다면 틀림없이 나를 실성한 사람으로 보았을 것이다. 어떻게 해야 할지 가슴은 새가슴처럼 뛰었다. 얼마 동안 비를 맞으며 무릎을 세우고 앉았지만 뛰는 가슴은 쉽게 진정되지 않았다. 일어서서 논을 다시 살펴보았다. 20ha의 논 안을 갈라놓은 구불구불한 논둑과 150여 개의 논다랑은 분간할 수도, 보이지도 않는 마치 거대한 흙탕물의 평원이 되어 있었다. 홀로 탄식만 한다고 될 일도 아니고 주위에 사태수습을 상의할 사람도 없었다.

"인부 100여 명을 비상 동원하라!"

그러나 순간 나를 이 지경으로 어렵게 만든 무심한 폭우에 반감과 傲氣 (오기)가 생겼다. 어떻게 해서라도 이 사태를 수습해야겠다는 용기가 치솟 았다. 마음이 차분해지기 시작했다. 그리고 우선 일처리의 완급을 머릿속 에 그렸다. 조속히 사태를 수습해야겠다는 동력이 생기면서 자신감과 활력 이 되살아났다. 마침 農監(농감)인 파시오(Pasio)도 걱정스러운 표정으로 일찍 나와 말없이 내 옆에 섰다. 파시오에게 이것저것 물어볼 필요도 없었 고 인부 동원 지시부터 했다.

"통상 인건비에 특별 수당을 지급하겠다. 인부 100여 명을 긴급히 비상 동원하라"

얼마 후 평상시의 작업시간보다 1시간여 빨리 나온 60여 명의 인부들과 함께 비를 맞으며 벼가 널려 있는 논으로 다가갔다. 흙탕물이어서 논둑인지 논바닥인지조차 전혀 분간할 수가 없었다. 이리저리 발을 옮기며 논 안으로 들어갔다. 비에 젖어 물에 빠진 생쥐가 다 되어버렸다.

흙탕물이 수심 50여cm로 무릎 위까지 닿았다. 어디에 벼가 널려 있는지 전혀 분간할 수가 없었다. 작업은 전혀 불가능했다. 온몸은 비에 젖어 반소 매 셔츠 차림에 寒氣(한기)가 찾아들기 시작했다. 이후 약 3시간 정도 지나 서야 빗줄기가 가늘어지고 물이 빠지면서 물 속에 비닐 멍석이 널려있는 벼 와 논둑이 희미하게 보였다. 다행히 멍석 위에 건조중인 종자는 그대로 있 고 탈곡 후 精選(정선)하면서 날려버린 벼 쭉정이는 물에 뜬 채 두서너 군 데에 크게 자리잡고 있었다.

바로 옆 10ha의 논에서 며칠 전 건조 후 약제처리까지 마친 旱生種(조생 종)인 태백벼 등 네 품종의 52.7톤은 마닐라 창고로 수송이 완료된 상태였다. 물 속에 잠긴 종자와 베어 눕혀놓은 것은 모두 10ha의 서광벼다. 생산될 종자는 약 60여 톤의 서광벼 한 품종의 종자로 다른 품종의 종자와 混種(혼종)의 염려는 없었다. 그러나 고온으로 물에 잠긴 종자의 發芽(발아)나 부패가 큰 걱정이었다.

10여 명이 한 조가 되어 종자가 물 속에서 유실되지 않도록 멍석 가장자리를 조심스럽게 일제히 물 위로 들어올린 상태로 물 반 종자 반을 마대에 담았다. 종자가 담긴 마대는 마대 입을 묶어 물 속에 담가놓고 들어 올린 멍석 위의 종자는 또 다른 마대에 담았다. 종자가 담겨진 마대를 길 쪽으로 옮겨 가기 위하여 마대를 들어 올리면 마대자루에 담겨진 물이 빠지면서 "쏘-악" 하는 소리만 여기저기서 들렸다.

손전등 비추며 볏단을 들어 옮기다

사태의 심각성 때문이었는지 누구 하나 말하는 사람도 없었다. 종자가 담긴 마대는 국제미작연구소의 화력 건조장으로 쉴 틈 없이 운반하였다. 비가 계속 내리기도 하였지만 카메라를 등에 메고도 사진을 찍을 잠시의 여유마저 못 가졌다. 박천서 박사와 이영희 연구사는 국제미작연구소의 화력건조기 6機(기)를 전량 가동하면서 종자 도착 즉시 건조할 수 있도록 준비를 하고 있었다.

종자는 철야작업으로 건져 올리면서 건조기도 쉬지 않고 돌아갔다. 처음 연구소의 큰 트럭을 이용했으나 그 후 두 대의 소형 픽업트럭을 이용한 운반 작업은 다음날까지 철야 이어갔다. 이렇게 급한 작업은 우선 끝냈다. 그러나 3.5ha 논바닥에 베어 눕혀놓은, 서광벼 볏단은 일손이 돌아가지 못해 하루 종일 물 속에 잠겨 있었다.

> 물에 젖은 볏단을 안고 약 70m의 물 속으로 점벙점벙 지나
> 경사진 언덕으로 옮긴다는 것은 문자 그대로 惡戰苦鬪였다.

물이 빠지면서 다음날 볏단이 햇볕에 드러났다. 낮은 지대의 약 0.5ha에 널려있는 볏단은 30cm 안팎의 물 위에 반쯤 떠있는 상태로 계속 물에 잠겨 있었다. 철야작업을 해서라도 물 속의 0.5ha의 볏단을 경사진 논둑에 펼쳐 놓는 일이 시급했다. 벌써 오후 5시가 좀 지나 해가 지고 어둠이 찾아왔다. 깜깜한 어둠 속에서 물 속에 잠겨 있는 볏단을 한 아름씩 안고 경사진 넓은 논둑으로 옮기는 작업이 시작되었지만 작업 속도는 극히 느렸다.

논바닥의 깊은 흙 속으로 빠진 발을 빼기가 쉽지 않았다. 물과 반죽이 된 차진 논흙의 특성상 주저앉아서 이리저리 발을 비틀어야 발을 뺄 수가 있었다. 나는 칠흑 같은 어둠 속에서 손전등을 비추면서 인부들과 함께 온몸이 물에 흠뻑 젖은 흙투성이가 되어 작업을 독려 강행하면서 볏단을 가슴에 안고 옮겼다. 물에 젖은 볏단을 안고 약 70m의 물 속을 점벙점벙 지나 경사진 언덕으로 옮긴다는 것은 문자 그대로 惡戰苦鬪(악전고투)였다.

"30분간 휴식"

30여 명의 인부들과 함께 볏단을 옮기는 작업진도는 말이 아니었다. 얼마나 작업을 했을까. 새벽녘이 가까워온 듯 몸에 한기가 돌고 지칠 대로 지친 몸은 제대로 움직이지 않았다. 그렇다고 내가 먼저 지쳐 주저앉을 수는

없었다. 얼마 후 인부들도 춥다면서 작업을 중단하고 하나 둘씩 물 속으로 벌렁 누워 버린다. 지쳐버린 것이다. 나도 물 속에 주저앉아 버렸다. 물은 배꼽 위까지 닿았다.

물 속에 주저앉아 버리니 한기도 가시고 훈훈한 물 溫氣(온기)가 돌았다. 전신에 온기가 느껴지면서 잠시 피곤이 가신 것 같았다. 오히려 물 속에 잠긴 탈곡된 벼 종자를 끌어올리는 작업은 볏단을 옮기는 작업보다는 훨씬 쉬웠다. 2일차의 철야작업으로 나는 심신이 지칠 대로 지쳐버렸다. 이 고생을 안하고 물 속에 잠겨 있는 0.5ha의 베어 눕혀놓은 볏단은 모두 포기해 버릴까도 했다. 내 벼농사라면 생각 없이 포기해 버렸을 것이다.

그러나 김포공항 화물 터미널에 8개 道(도)의 농촌진흥원 간부 요원들이 20여 대의 트럭과 함께 종자 인수차 대기하고 있을 모습이 머릿속에 떠올랐다. 어떻게 해서라도 그들을 실망시키지 않기 위해서라도 한 알의 종자라도 더 건져보는 것이 내가 할 수 있는 최선이고 사명이라고 생각하였다.

물 속에서 벌떡 일어섰다. 인부들에게 30분간 휴식을 하도록 했다. 모두들 머리만 들고 흙탕물 속으로 온몸을 눕혀 버린다. 만약 낮에 이 작업을 했다면 아무리 피곤해도 흙탕물 속으로 눕지는 않았을 것이다. 말이 흙탕물이지 밤새 운반 작업으로 반죽이 된 이곳 특유의 화산회토의 흙탕물은 일보 전의 팥죽상태임을 손전등으로 알아 볼 수 있었다. 이들은 이구동성으로 평생 처음 철야작업을 해 본다고들 했다.

전세화물기 세 편에 실어보낸 種子 104톤

걱정거리가 생겼다. 휴식 후에는 지친 이들이 뿔뿔이 흩어져 하나둘 집으로 가버릴 것 같았다. 그래서 휴식 후에는 '산타크루즈'에 가서 원하는 통

필리핀 라구나성 빅토리아 지역의 못자리 앞에서(1979년 12월). 20ha의 논에 심겨질 1ha의 못자리에서 '서광벼' 등의 묘가 자라고 있다. 혹시 모를 상황에 대비하고자 우리를 적극 도와준 現地人 파시오가 왼쪽에 서 있다.

닭 튀김과 빵을 먹고 싶은 대로 사주겠다고 했다. 휴식시간 후 약속대로 픽업 한 대에 30여 명을 태우고 10여 km 떨어진 '산타크루즈'의 철야 영업 중인 곳에 가서 더 이상 못 먹겠다고 손사래를 칠 때까지 흡족하게 먹었다. 그들의 노고를 생각하면 아까울 것이 아무것도 없었다.

이들은 이날 아침 교대조가 나올 때까지 강행군의 볏단 옮기는 작업을 계속 하였다. 농촌진흥청에서 누가 현장에 나와 이 일을 목격하였다면 제발 포기하라고 했었을 것이다. 나는 이 글을 쓰면서 당시의 몸서리칠 정도의 어려움을 극복한 스스로를 대견하게 생각하면서도 몇 번씩이나 쓰던 글을 멈추고 그때의 어려움을 되새겨 보았다.

물에 잠긴 볏단과 종자를 건져 올리기 위해 이틀간 철야작업을 했다. 연속 3일간에 걸쳐 약 150명의 인부 투입으로 소기의 작업은 거의 완료하였지만 기온이 높아 늦게 건져 올린 벼 이삭에서 싹이 나오는 穗發芽(수발아)는 불가항력이었다. 비온 후의 날씨는 불볕 같아서 경사진 곳에 펴놓은 볏단은 건조하는 데는 별 문제가 없었다. 이 악몽 같은 3일 동안 나는 하루 빵 몇 개로 끼니를 이었다. 그러면서도 배고픔을 잊은 채 인부들과 함께 작업에 뛰어들어 땅 속에 묻어버릴 종자를 무사히 건져 살려 냈다. 그리고 예정된 계획에 따라 화물전세기 세 편으로 우리나라에 104톤의 종자를 보내 예정된 농가의 4월 파종작업에 차질이 없도록 모든 힘을 다했다.

쌀 自給을 위해 필리핀을 선택

벼 종자의 건조작업 중 예상 이외의 폭우로 악전을 치른 이곳은 서광벼 10ha, 청청벼 4ha, 태백벼 4ha, 한강찰벼 1.5ha, 백운찰벼 0.5ha 등 20ha의 통일형 품종의 종자 생산 현장이다. 필리핀 라구나省 빅토리아 지역의 마사팡 마을이다.

열대지역에 위치한 필리핀은 더운 날씨 때문에 1년에 두 번의 벼농사를 할 수 있다. 이에 비하여 우리나라는 온도의 제약으로 단 한 번의 벼농사를 한다. 쌀 부족 해소를 위하여 새 품종이 만들어지면 바로 농가에 보급하여 왔다. 그렇지만 보급 초년도는 제한된 종자量 때문에 농가에 보급하지 못하고 종자의 생산용으로 활용한다.

우리나라는 벼농사 1년 1作 체제로 아무리 빨리 서둘러도 당해에 만들어진 품종은 다음해에 종자를 생산하고 그 다음해인 2년차에 농가에 종자 보급이 가능하다. 그러나 필리핀의 벼농사 체제하에서는 다음해에 곧바로 농가에 종자를 보급할 수 있다. 한시가 급한 쌀 자급을 위하여 1974년 이래 농촌진흥청 산하 벼 품종육성 기관인 작물시험장 등 3개 시험장은 우리 논 아닌 필리핀의 異域(이역) 논에서 벼 종자를 대량으로 생산하여 우리나라에 수송하여 農家(농가)에 곧바로 보급하여 왔다.

벼 품종개량 사업이 10여년 이상 뒷걸음 친 이유

우리 국민 거의 모두는 1970년대와 1960년대 그리고 그 이전에도 쌀 부족으로 어렵게 살아왔다. 1900년 초 이전에 정부의 농작물 개량사업이란 아예 없었다. 벼 품종의 쌀 수량도 10a당 100kg을 훨씬 하회하는 낮은 수량의 재래종(예부터 품종 개량 없이 전래되어 온 품종) 재배와 하늘만 쳐다보면서 짓는 것이 벼농사의 전부다. 낙후된 원시형태의 영농기법과 재배환경 하에서 벼농사는 농가 스스로 알아서 지어왔으니 수량의 多寡(다과)를 따져볼 여유마저 없었을 것이다.

일본의 침략과 함께 1906년에 일본에 의하여 수원에 권업모범장(후에 농사시험장, 작물시험장, 現 국립식량과학원)이 설립되면서 근대화 벼 품종개량의 초석이 놓아졌다. 일본으로부터 다수 도입된 개량종과 1930년에 설립된 농사시험장 남선지장(후에 호남작물시험장, 現 국립식량과학원으로 2015년 통합)에서 육성된 품종의 보급으로 획기적인 쌀의 생산증가를 이루었다.

日帝의 기록에 의하면 1910년부터 1914년까지의 우리의 쌀 생산기록은 170만2000톤으로, 24년 후인 1935년부터 1937년까지의 평균 생산량은 307만6000톤으로 181%가 증가하였다. 그렇지만 증가해야 할 1인당 쌀 소비량은 1910년대에 약 78kg이던 것이 1930년대에는 68kg으로 오히려 감소하였다. 이러한 증가 없는 감소의 주요인은 1945년까지 지속적인 일본의 쌀 수탈 때문이다. 먹거리가 풍족하지 못한 쌀을 주식으로 하는 나라 사람들의 1인당 연평균 쌀 소비량을 180리터로 보면 약 60~70kg 이상의 부족량은 스스로 감내하면서 자구책을 강구하고 살아야 했다.

일본이 설립한 농사시험장은 1945년 2차대전 패전으로 퇴거할 때까지 일본인 전문가에 의하여 일본을 위한 벼 품종개량사업을 수행하여 왔다. 쌀은 수탈해 가면서도 우리의 벼 育種(육종) 전문가나 중견인력은 단 한 사람도 양성하지 않았다. 보조 인력으로 활용했을 뿐이다. 1945년 8월 이들의 퇴거에 따라 혼란과 건국의 격동기 속에서 우리나라는 건국 이후 처음으로 인력 불모지의 벼 육종 기반을 조성 중이었다.

그러나 1950년 북한 김일성의 6·25 남침은 벼 품종개량 사업의 초창기의 기반을 다시 황무지로 만들어 버렸다. 이는 우리나라 벼 품종개량 사업을 10여 년 이상 뒷걸음을 치도록 발목을 잡았다. 1950년대 후반인 1955년부터 1959년까지의 농가의 10a당 평균 쌀 수확량은 265kg에 불과했다. 이에 따라 1950년대 말경까지 품종 육성 기반을 재정비 조성하고 1960년대 초경부터 새 품종 육성보급을 본격화하였다.

벼 育種(육종) 전문가들의 고뇌

농광, 진흥, 재건, 신풍, 호광, 풍광, 관옥, 팔금, 농백, 만경 등의 우량 품종을 육성 보급하는 한편 농림29호, 김마제, 구사부에, 사도미노리 등 생산력이 높은 일본 도입 품종을 다수 선발 보급하면서 쌀 증산에 진력하였다. 1960년대의 10a당 농가의 평균 쌀 생산량은 1950년대 후반의 생산량과 비교하면 약 15% 증가한 304kg으로 나타났다. 그리고 이후 점차적인 수량의 증가를 기대했다.

그러나 1960년대 10년 동안의 쌀 수량은 증가 없는 정체가 지속되었다.

마치 비탈길을 오르기 시작한 자동차가 서버린 상황에 비유되는 수량 증가
의 정지 현상을 보인 것이다.

1960년부터 1964년까지의 평균 10a당 농가의 평균 수량은 302kg으로
1965년부터 1969년까지의 평균 수량 306kg과 비교하면 전혀 수량 증가라
고 볼 수 없는 수량 정체의 늪에 빠진 것이다. 그렇다면 우리나라 농가 재배
환경에 적합한 벼 품종의 생산구조상의 개선이 미흡하였다고 보지 않을 수
가 없다. 그리고 현재 재배되고 있는 벼 품종의 생산구조 개선의 여지가 전
혀 보이지 않았다면 이 무렵의 비교적 키가 큰 일반 벼(학문적으로는 일본
형 품종으로 분류) 품종의 稻體(도체)구조 하에서는 생산력 증가를 기대할
수 없는 한계점에 달했다고 볼 수밖에 없다. 이것이 벼 육종 전문가들의 고
뇌였다.

3톤 적재량의 트럭에 그 이상의 짐을 실으려면 4~5톤의 트럭으로 바꾸
어야 하듯이 4~5톤의 생산구조를 갖는 품종의 개발로 전환이 불가피한 것
으로 보아야 할 것이다. 한편 생산성을 저해하는 稻體의 생산구조상의 가
장 큰 취약점은 長稈(장간·길쭉한 벼)에 의한 倒伏(도복·쓰러짐) 피해다.

따라서 도복 피해를 최소화할 수 있는 短稈(단간) 草型(초형)에 이삭 길
이가 길고 입수가 많으며 입중이 큰 우수한 생산구조를 구비한 초형개발에
도전하는 길이 유일한 대안으로 보았다. 통일벼 유형의 단간 다수성 초형구

국제미작연구소의 전면 입구와 필자(1980년 12월). 통일벼와 통일형 벼 품종 육성으로 농촌진흥청의 벼 육종연구팀과 상호 공동협력연구의 産室(산실)이 된 연구동이 우측에 있다. 우리의 벼 육종 및 관련 분야의 많은 연구 인력이 쌀 자급을 위하여 흘린 뜨거운 땀방울이 곳곳에 서린 곳이다.

조로 전환하고 그 위에 도체조직의 유연성과 쌀 품질이 우수한 것이면 이상적인 초형 모델이 될 것이다.

한편 재배품종 중 생산력이 우수한 일반 벼 품종을 단간화하고 長穗化(장수화)하기 위한 많은 노력을 경주하였다. 그러나 단간화하면 短穗化(단수화)되는 경우를 수없이 목격하고 체험하였다. 육종적으로 결코 쉬운 과제가 아니었다. 일반 품종 중에서 단간품종으로 재배되어온 일본 도입품종인 천본욱이나 김마제와 작물시험장에서 육성한 '삼남벼'가 있다. 그러나 이삭 길이는 모두 짧았다. 1950년대 말경 일본에서 육성된 단간품종 구사부에와 시라누이 등은 우수한 초형 구조로 개선되었으나 多收性(다수성) 품종으로는 보완의 여지를 보였다.

이러한 여러 여건 위에 급격히 증가한 400여만 명의 해외동포 유입과

6·25 전쟁 시의 다수의 월남민, 그리고 전쟁으로 영농을 포기한 일부 황폐화된 농지 등으로 식량부족은 점차 심화되어 갔다.

예산과 인력만 낭비한 사례들

부잣집 이외의 대부분은 잡곡이나 분식은 물론 저녁은 쑥 버무림이나 시래기 밥과 죽이 끼니를 대신하는 경우가 많았다. 죽은 주로 활동시간대가 아닌 저녁끼니로 돌렸다. 살림살이가 좀 나아 보이는 사람들도 여유 없는 밥 때문에 자기 몫의 밥을 먹고도 흡족한 표정을 찾아 볼 수 없는 것이 식구들의 일상이다. 길거리에서는 굶주림으로 얼굴이 부어있는 사람들을 쉽게 볼 수 있었다. 먹고 살기 어려운 대부분 가정주부들은 저녁 이전의 새때에 이웃집에서 빌려온 쌀보리나 잡곡 등을 치마폭에 담아가는 모습은 일상적인 일이다.

오래 전부터 식량이 부족한 시기를 살아온 사람들로부터 전해 온 보릿고개와 草根木皮(초근목피)라는 말은 식량 부족의 어려움을 극복하고 살아온 사람들의 恨(한)이 가득 서린 말이다. 이 말은 아마도 1925~1945년에 출생한 연령층과 이보다 더 고령층 어르신들의 추억 속의 이야기이면서도 어려웠던 그때를 살아온 사람들에게는 잊을 수 없는 큰 아픔이었다. 지금도 그 아픔은 가슴 속 깊이 살아있을 것이다.

1963년부터는 쌀 부족 대책으로 11만9000톤의 쌀 수입을 시작으로 이후 1984년까지 총 837만6000톤이 수입되었다. 농가에서 農酒(농주)로 애용되던 쌀 막걸리의 임의 제조를 엄격히 통제하고 잡곡과의 혼식과 분식을 강력히 권장하면서 쌀 소비를 최대한 억제하였다. 전국 어느 곳이든 연중 쌀 증산 플래카드가 걸려있어 쌀 부족의 심각성을 한눈에 볼 수 있었다.

1966년, 정부는 이집트로부터 나하다, 기자 159호를, 베트남에서 카라디40을, 터키로부터는 코리나를, 이탈리아에서는 바리나 등의 5품종을 도입하였다.

외국에서 다수성이면 우리나라에서도 다수성이라고 확신한 것 같았다. 작물시험장 등 3개 시험장과 남부지역 농촌진흥원의 검정 결과 그들의 기대는 여지없이 빗나갔다. 倒伏(도복·작물이 비바람 따위에 쓰러짐)과 바이러스, 미성숙 등의 피해로 수량이 낮아 우리나라에서는 전혀 재배할 수 없다는 결론이었다. 1969년에도 일본의 장려품종인 미네히카리, 야마비고, 계곤, 아키바레 등의 종자 1.27톤을 급하게 도입하여 3개 작물시험장에서 평가하도록 하였지만 역시 우리 품종 대비 생산력이 낮은 것으로 나타나 예산과 인력만 낭비하는 웃음거리가 되었다.

도입된 품종 중 아키바레와 미네히카리는 1968년 이전에 농가의 손에 의하여 도입되었고 시험 기관에 입수되어 평가검정을 거친 품종이다. 이러한 일련의 실패사례는 농촌진흥청도 쌀 부족책 타결을 위한 뚜렷한 대책과 해결책 제시나 방향 없이 우왕좌왕하고 있었음을 보여주었다.

통일벼 탄생 과정

그러나 벼 육종을 전담하고 있는 담당자 모두는 벼 수량의 정체의 원인이야 어디에 있든 쌀 부족을 타개해야 할 무거운 책무는 벼 육종을 전담한 자신들에게 있음을 깊이 공감하고 있었다. 그리고 쌀 부족 해소를 위한 다수성 품종 개발에 강한 의욕과 열정으로 가득차 있었다. 틈만 나면 하는 이야기 중의 하나는 주먹만한 쌀알을 갖는 다수성 품종을 기필코 개발하겠다는 결연한 의지를 보였다. 나도 이들과 같은 생각을 갖는 구성원중의 한 사람으로서 농촌의 어려운 살림살이를 도맡아 걱정을 했다. 또 잊지 않고 나라 걱정을 하면서 다수성 양질 품종육성을 위한 투철한 사명감이 은연중 몸 속에 깊이 자리잡고 있었다.

1966년 작물시험장의 故 정근식 박사가 국제미작연구소에서 연수 후 귀국하면서 1965년 이곳에서 개발한 IR8의 종자와 IR262 등 200여 인도형 단간 다수성 계통을 가져왔다. 시험포장에서 검정 결과 IR8은 極晚生種(극만생종)으로 미숙상태였으나 IR262 등은 생육상태가 좋았다. 역시 같은 해 초에 군산 주둔 美 공군으로부터 IR8과 유사한 단간 다수성인 IR5의 종자 500g을 호남작물시험장에 보내왔다. 나는 이 품종을 적기에 파종하고 조사 검정에 임했다. 포장검정 과정 중 왕성한 초세를 보여 관심의 대상이었으나 IR8처럼 미숙이었다. 두 품종 모두 우리나라에서 극만생으로 출수는 못했지만 벼 단간화의 조류는 빠르게 우리에게 다가왔다.

이 무렵 서울 농대의 허문회 박사(지금은 故人이 되심)는 IR8을 母本(모본)으로 일본의 조생 耐冷性(내냉성) 품종인 Yukara와 대만의 TN1을 교배하고 잡종 1세대를 양성 후 잡종 2세대를 파종하고 귀국하였다. 이후 국제미작연구소 육종과장인 비쳴(지금은 고인이 되심)씨가 잡종2세대의 집단개체를 양성하고 개체를 선발하여 1967년 초에 잡종 3세대가 될 IR667의 1000여 개체의 종자를 작물시험장으로 보내왔다. 벼 품종 육성을 전담하고 있는 작물시험장의 벼 육종 팀은 잡종 3세대 계통육성을 시작으로 육종방향을 인도형 단간 다수성 품종 육성으로 급히 전환하였다.

이후 여름철에는 육종포장에서 겨울철에는 세대촉진 온실에서 세대를 촉진하면서 단간의 우량 계통을 선발하는 작업을 이어갔다. 1970년 생산력이 우수한 수원 213-1호를 최종 선발하고 1971년 통일로 명명함과 동시에 장려 품종으로 결정하였다. 통일로 명명되기 이전 6개의 계통을 압축 선발하고 다시 3개의 계통 중에서 최종적으로 1계통을 선발하는 과정은 단순하지 않았다.

작물시험장과 호남 및 영남작물시험장의 全 육종 인력과 전국 9개道의 벼 연구 담당인력 및 농가의 집단재배와 전시포 재배 관여 인력이 총동원되는 사상 초유의 평가 검정사례가 되었다. 평가검정 결과 1971년 수행된 550개소의 대단위 집단재배단지의 10a당 쌀 수량은 501kg으로 비교품종 398kg에 비하면 103kg의 큰 증가로 나타났다.

그러나 재배과정 중 냉해에 약한 취약점을 보인데다 수확 후 쌀을 본 농가의 반응은 냉담하였다. 기대 이외의 시장성이 없는 밥맛과 품질로 농가는 크게 실망하였고 외면함으로써 통일벼는 실패한 것이나 다름없는 궁지에 빠진 것이다.

이러한 농가의 외면은 통일벼의 재배 기피로 이어졌다. 그러나 농촌진흥청은 국가적으로 쌀 부족 해소를 위해서는 시장성이나 질적인 문제에 앞서 양적인 생산을 우선시 하였다.

그리고 1974년까지 18만여 ha를 농가에 급속히 보급시켰다. 통일벼는 보급 품종으로서는 생산자와 소비자의 선호도를 외면하고 성급하게 보급시킴으로써 농가의 결정적인 원성의 사유가 되었다. 이렇듯 생산자와 소비자 모두가 외면한 사정이라면 통일벼의 농가 보급은 잠정적으로 과감히 중단해야 했다.

통일벼의 단점 개선을 위한 품종육성 사업

한편 김인환 농촌진흥청장(지금은 故人이 되심)도 양적 생산 우선임을 강조하면서도 통일벼의 생산자나 소비자의 부정적인 반응을 간과할 수는 없

통일벼의 품질이 떨어지는 것으로 나타나자 농촌진흥청은,
통일벼의 단점 개선을 위한 품종 육성 사업을 추진하였다.

였다. 이에 따라 1971년부터는 농촌진흥청 산하의 벼 품종 육성기관인 작물시험장, 호남작물시험장 및 영남작물시험장의 벼 육종 연구진을 주축으로 벼 재배생리분야 연구진, 농업기술연구소, 9개道 농촌진흥원의 관련분야 인력이 총 투입되는 농촌진흥청 사상 최우선 순위 대형 핵심과제로 통일벼의 단점 개선을 위한 품종육성 사업을 추진하였다.

그렇다면 후속 품종이 육성되기를 인내를 가지고 기다려야 했다. 그러나 이후 1973년까지 3년차를 보내면서 가시적인 아무런 성과도 없었다. 4년차가 되는 1974년 가을, 통일벼의 단점개선 연구의 성과 1번으로 호남작물시험장에서 '維新(유신)'을 선발하였다.

유신은 다수성으로 밥맛과 쌀 품질이 통일벼에 비하여 월등하였고 쌀알도 일반 벼처럼 소립형이다. 또 늦게 移秧(이앙)해도 상대적으로 출수지연이 없는 만식성이 큰 장점을 가졌다.

유신 육성을 가장 반겼던 사람은 故 金 청장이다. 통일벼의 확대 재배를 고집스럽게 추진하면서 직면한 수많은 난제로 고심했던 그에게 유신은 통일벼를 대체할 수 있는 유일한 돌파구가 되면서 큰 용기와 자신감을 안겨주었다. 그리고 통일벼의 대체가 한시가 급한 때이기에 유신의 대량 확대 보급을 위하여 우리나라 동절기에 벼 재배가 가능한 필리핀에서 103.5톤의 종자를 생산 증식하여 1975년부터 농가에 보급하였다.

지금도 나는 간혹 故 김인환 청장이 유신을 선발한 시험답 앞에서 내 설명을 들으며 유신을 보고 흡족하고 만족하게 여기는 그의 즐거워하는 표정을 떠올려 본다.

만약 통일벼의 취약점 개선을 위한 통일벼의 단점개선 사업이 4년차가되는 1974년이 될 때까지 유신이 선발되지 않았다면, 또 그 위에 1~2년이 무위로 지나갔다면 어떻게 되었을까. 농가의 원성은 물론 관련 정부부처의 질책과 비난은 밀물처럼 밀어닥쳤을 것이다. 통일벼 보급을 전면 중단하라는 또는 재고나 재검토 조치가 있었을 수도 있다. 故 金 청장도 할 말을 잊었을 것이다. 그러나 이러한 어려운 국면을 타개하게 만든 것이 바로 유신이다.

한 마디로 그동안 우울했던 농촌진흥청의 숨통을 확 터놓은 것이다. 그리고 활기를 불어 넣었다. 이러한 상황을 뒤돌아보면 유신의 선발 육성은 통일벼에 의한 농가의 불만을 잠재우고 각계의 입막음은 물론 통일벼의 대체를 위한 '유신'의 기여도는 막중한 것이었음을 새삼 되새겨 보게 한다.

故 김인환 농촌진흥청장의 공로

故 김인환 청장은 통일벼나 통일형 품종의 최고 책임자로서 이들 품종의 보급과정에서 빈번하게 나타난 농가의 허다한 문제점에 봉착하면서도 그때그때 잘 선처해 나갔다. 그리고 품종의 보급을 강력하게 추진하여 나갔다. 그가 농촌진흥청장을 퇴임한 후 국제미작연구소에 약 3개월 체재하는 동안 나는 자주 그를 만났다.

이들 품종 보급 시에는 한 밤중에 자다가 비오는 소리만 들어도, 찬 기운만 살며시 느껴도, 벌떡 일어나 밖에 나가 하늘을 쳐다보며 잠을 설치며 마

필리핀에서의 종자 생산 현장(1977년 3월). 故 金寅換 농촌진흥청장이 앉아서 종자 성숙상태를 확인하고 있다. 뒤편에 업무를 수행중인 필자. 金 박사가 농촌진흥청장으로 부임하면서 통일형 품종 보급을 성공적으로 이끌어 우리 민족의 숙원인 쌀 자급을 성취했다.

음을 졸였다고 쌓였던 고애를 이야기하기도 하였다. 쌀 자급이라는 큰 일을 추진했던 10여 년의 긴 과정 속에서 발생한 허다한 문제로 그도 어느덧 심신 모두가 지친 듯하였다.

만약 그가 농촌진흥청장으로 부임하지 않았다면 통일벼는 얼굴도 내밀지 못하고 작물시험장 수도 육종 포장의 보이지도 않은 구석에서 소리 없이 사라졌을지도 모른다. 쌀의 자급성취란 말은 한낱 공염불이 되었을 것이다.

故 이태현 청장(故 김인환 청장의 전임)은 통일벼 관련이야기는 자기 앞에서는 꺼내지도 못하게 했을 뿐 아니라 통일벼의 육성중인 계통마저도 작물시험장 육종포장에는 일체 들여 놓지 못하게 하였다. 이 때문에 작물시험장 벼 육종연구진은 통일벼 계통을 故 이 청장의 눈에 띄지 않는 육종포장

의 구석진 곳에 배치하고 1967년부터 1968년까지 대외비로 관리하면서 외부 노출을 금기시 해왔다.

배고픈 세상을 배부른 세상으로

유신의 육성 보급을 계기로 1970년대 중반경까지 통일벼, 유신, 밀양21호, 밀양23호, 조생통일, 밀양22호, 영남조생, 통일찰, 금강벼, 황금벼, 만석벼 등을 육성하고 이들을 주력품종으로 보급하여 1977년 우리들의 오랜 숙원인 쌀 자급을 성취하였다. 이때 보급된 통일형 품종의 보급면적은 약 66만ha로 전국 논 면적의 54.6%에 달했다. 통일형 품종의 10a당 농가의 평균 쌀 수량은 553kg으로 나타났다.

기존의 일반 벼 품종의 수량 423kg에 비하여 통일형 품종은 131% 증가로 130kg이 더 많았다. 통일형 품종의 확대재배로 전국의 10a당 쌀 평균 생산량은 494kg으로 증가함에 따라 전국 쌀 총생산량은 596만 5000톤으로 우리 農政(농정) 사상 초유의 최다 생산 기록이 되었다. 이 생산량을 통일형 품종 보급 이전인 1965년의 생산량 346만4000톤과 1970년의 390만 7000톤과 대비하면 172%와 153%의 획기적인 증가다.

이후 1978년까지 통일벼를 밥맛과 쌀 품질이 개선된 통일형 품종으로 완전 대체하고 1980년대 초반까지 한강찰벼, 서광벼, 남풍벼, 백양벼, 풍산벼, 밀양30호, 삼강벼 등 총 40개 품종을 육성 보급하여 완벽한 쌀의 자급 기반을 구축하였다.

약 3000여년의 긴 우리나라 벼 栽培史(재배사)를 통하여 단 한 번도 재배한 바 없었던 인도형인 통일형 품종의 성공적인 재배 기록도 남겼다. 통일형 품종은 밥맛이나 쌀 품질이 우수하다고 알려진 몇 개의 일반 품종에 비

1980년대 초반까지 총 40개의 품종을 육성·보급하여
완벽한 쌀의 자급 기반을 구축하였다.

하면 미흡한 것으로 평가된 것도 사실이다. 그러나 이들 벼 품종의 보급 이후의 파급효과는 긍정적으로 여러 분야에 걸쳐 지대한 플러스 효과를 남겼다. 일시에 귀한 쌀을 흔한 쌀로 바꾸어 놓았다. 또 배고픈 세상을 배부른 세상으로 탈바꿈 시켰다.

사람이 살아가면서 겪은 많은 서러움 중에서도 가장 큰 서러움은 배고픈 서러움이라고 전해지고 있다. 배고픔의 서러움에서 탈피하고 쌀 걱정을 시원하게 날려버리는 쌀 걱정이 없는 세상을 만든 일대 쾌거를 안겨준 것이다.

그리고 쌀 자급은 우리 산업 발전의 큰 원동력이 되었다. 더 나아가 쌀의 양적 충족을 도약대로 하여 질적으로 우수한 품종의 육성과 쌀의 안정적인 생산 계기가 되었다. 뿐만 아니라 저온에 약한 통일형 품종의 재배를 통하여 개발된 저온회피 재배기술은 밭작물 및 채소 원예작물 재배와 과수재배에 획기적인 발전을 가져온 것이다.

農政의 일대 도약을 가져오다

저온에 약한 인도형 통일형 벼 품종의 저온회피를 위한 비닐피복재배 기술은 밭작물의 가뭄해소를 통하여 발아와 생육촉진의 견인차가 되면서 전

천후화 재배의 시발이 되었다. 생산력향상과 품질향상은 물론 적기 파종과 잡초방제에 결정적인 큰 기여를 하였다. 채소 원예작물의 백색혁명을 유도하여 周年生産(주년생산·한 해에 몇 번이고 심어서 생산하는 것)을 가능하게 하면서 대형 비닐하우스 재배로 발전하였다.

이에 따라 생산량 증가와 품질향상을 기하면서 수확 및 출하시기의 탄력적인 조절로 농가 소득 증대의 큰 기반이 되었다. 한편 비닐피복 재배는 과일의 품질향상과 출하시기 조절에도 큰 기여를 하였다. 쌀이 남아도는 벼 단작체제는 다각적인 영농형태로 발전하였다. 또 농한기가 없는 바쁜 경쟁체제로의 대전환과 함께 농가의 소득 구조를 크게 변화시켰다.

이와 더불어 국제미작연구소와의 활발한 협력연구는 통일벼의 육성이 계기가 되었다. 그리고 통일형 품종의 육성과 종자생산 등으로 확대되면서 쌀 자급으로 이어지는 실질적인 협력연구로 발전하였다. 한국에서 이룩한 벼 육종의 성과는 동남아에 위치한 국제 쌀 연구기관으로서 국제미작연구소의 존재 의의를 크게 부각시키는 계기도 되었다.

더 나아가 통일벼와 통일형 품종의 육성 성과는 국제미작연구소의 성과가 되는 긴밀한 협력연구로 상호 원원(win-win)하는 생산적인 국제 공동 연구의 모델이 되었다.

육성된 다수의 통일형 품종은 국제미작연구소를 통하여 필리핀, 중국, 부탄, 베트남, 태국, 캄보디아, 인도네시아 등의 동남아 미작국가에서 새 품종 육성을 위한 중간 모본으로 기여하거나 그 나라의 품종 명으로 명명되어 활용되는 성과를 거두었다.

또 밀양 46호는 중국에서 1대 잡종의 稔性回復親(임성회복친·3계통법 종자생산을 위한 임성회복종)으로 선발되어 크게 활용되기도 하였다. 한편 통일벼와 통일형 품종육성을 위한 국제 협력 연구의 활성화와 성공적인 사례는 관련 분야는 물론 타 식량 및 원예작물, 과수와 축산 수의 분야에 대한 국제협력연구의 촉진과 활성화를 위한 촉매제가 되었다.

벼 育種史(육종사)의 새 이정표

또 하나의 파급효과로서 통일벼는 適地(적지)에 재배되면 용이라도 뛰어나올 듯한 역동적인 다수성 초형으로 벼 육종가를 위한 큰 선물이 되었다. 이러한 매력적인 초형에 압도되지 않는 벼 육종가는 한 사람도 없을 정도로 통일벼의 초형은 선발 대상 1호의 초형이다. 나는 통일벼의 생산구성 요소를 종합해 보면서 다수성 품종의 기본적인 표준 초형 모델에 거의 근접했다고 보았다.

물론 통일벼는 우리나라 재배여건이나 생산자와 소비자를 만족시킬 정도의 종합적인 다수성 품종으로는 크게 미흡했다. 통일벼의 다수성 표준 초형모델은 향후 벼 육종가에게 다수성 품종 육성의 지표로서, 다수성 新品種 육성을 위한 도약대로 활용이 기대된다. 그 위에 통일벼는 초다수성 품종 육성을 위한 동인과 동력을 제공함으로서 초다수성 품종 육성의 지름길을 터 놓았다.

한편 통일형 품종은 쌀 자급 이후 쌀 품질의 미흡에 따른 쌀 수요의 감소로 1987년부터 개발이 중단되었고 1990년 장려품종에서 삭제되었다. 그렇지만 우리의 벼 育種史(육종사)에 벼 품종의 초형전환의 새로운 이정표가 되었다. 이와 함께 통일벼와 통일형 품종 육성보급을 위하여 불철주야 심혈을 기울인 참여 인력 모두가 흘린 고귀한 땀방울은 우리 땅을 적시고 이 땅을 넘어 필리핀의 국제미작연구소의 들과 시험답 그리고 이역 땅의 논과 논둑마저도 흠뻑 적셔 놓았다.

이들 인력이 흘린 땀 못지않게 우리 농촌의 마을길과 논둑이 닳도록 때로는 신바람 나게, 때로는 농가의 원망 속에서도 희생적으로 품종 보급에 열성적으로 헌신하신 인력 및 재배단지의 관련 인력과 재배농가 여러분이 흘리신 뜨거운 땀은 오늘의 풍요로움을 안겨준 우리 쌀 자급과 농업기술 발전의 초석이 되었다.

金鍾昊(1934~)

농촌진흥청에 들어가 최말단의 試驗手(시험수)를 거쳐 호남 및 작물시험장 연구관, 작물시험장 水稻育種(수도육종)과장, 국제미작연구소 파견 주재관, 농진청 열대농업 및 국제협력 담당관, 호남작물시험장長을 역임하였다. 1960년 농진청 입문 이후 1995년 퇴임할 때까지 벼 품종개량 및 쌀 증산연구의 최전선에서 활동하였다.

32년의 軍생활, 20년간의 愛國운동

金重光

누님 덕에 어렵게 학교를 마친 나는 軍門에 투신,
대통령 전용 항공기 등 VIP 전용기를 관리하며 박정희 대통령을
지근에서 모실 수 있었다. 대령 전역한 지 20여 년이 넘었지만,
국가를 사랑하는 마음에 지금은 애국운동에 몸을 던지고 있다.
힘이 닿는 한 이 일을 계속할 것이다.

32년의 軍생활, 20년간의 愛國운동

나는 두메산골 중에서도 가난히고 낙후된 경상북도 달성군 옥포면 김 흥리 124번지에서 김의법·석복조 부모님의 장남으로 1942년 5월8일 태어났다. 3남 3녀 중 둘째로 위로 누님 한 분이 계시고 남동생 2명과 여동생이 2명이다.

내가 태어난 김흥리는 비슬산이라는 1000m 정도 되는 산자락에 자리잡고 있고, 서쪽으로는 낙동강이 굽이굽이 흘러가는 아름다운 고장이었다. 특히 옥포면에서 서쪽으로 조금 내려가면 고령군과 현풍면이 나오는데 요즈음 국제적인 천연늪으로 유명해진 우포늪이 있다. 지금은 대구시가 발전을 거듭하여 현풍면에 테크노폴리스가 들어서고 첨단산업단지를 조성하여 대구·경북 발전에 기여하는 산업지역으로 변모하고 있다.

반송초등학교 2학년에 다니던 여덟 살 때 6·25 전쟁이 일어났다. 북한의 기습적인 남침이었다. 어렸지만 지금도 그 시절이 내 기억 속에 생생히 기억되고 있다. 동네 뒷산은 300m 高地(고지)였는데 이곳에 유엔군의 전투지휘소가 설치되었다. 낙동강 방어선이던 낙동강철교, 고령대교와 인접했다. 유엔군이 위치한 동네 뒷산 전투지휘소에 소요되는 장비 및 전투지원용품을 동네 노인들이 지게로 지고 운반하여 주었다. 우리들은 유엔군을 뒤따라 다녔고 유엔군은 우리에게 전투식량인 과자류와 껌, 통조림 깡통을 주었다.

피난을 떠나던 날이 기억난다. 동네 상공으로 작은 비행기(L-19)가 돌면서 비행을 계속 하였다. 얼마 뒤 스피커로 안전한 지대로 피난을 떠나라는 연락을 받고서 시골동네를 떠나 피난을 갔다. 피난 때 내게 맡겨진 일은 동생을 업고 다니는 것이었다. 여덟 살 어린애가 더 어린 동생을 업고 부모님을 따라 험한 陸路(육로) 4km를 걸었다. 옥로면 옥연지 냇가에서 며칠간 피난생활을 했다. 밥을 짓고 반찬은 된장과 소금으로 식사를 하였다. 그 후 화원과 월배를 거쳐 대구시내 대명동 친척집으로 피난을 갔다.

우리가 살던 옥포면은 낙동강 전투가 치열하게 전개되던 낙동강 서부전선에 가까워 모든 가옥들은 파괴 또는 화재로 인하여 동네의 모습이 사라졌다. 공산군은 開戰(개전) 초기에 파죽지세로 밀어붙였고 낙동강이 최후의 방어선으로 선정되었기에 너무도 큰 전투가 1950년 8월과 9월에 벌어지게 되었다. 인민군의 8월 공세와 9월 공세에 반격을 가한 국군과 유엔군 간의 한 치도 양보할 수 없는 처절한 전투가 벌어진 것이다.

초등학교 6년, 중학 3년간 개근상

초등학교 시절, 미국의 원조로 대형 드럼통에 가루우유를 넣고 물을 부워 대형솥에 끓인 우유를 점심대용으로 먹었다. 초등학교 졸업 시 6년 개근상을 받았다.

옛날 시골은 지금보다 훨씬 추웠다. 난방도 잘 안되고 따뜻한 물은 상상도 할 수 없었다. 동절기에 몸을 제대로 씻는 것이 어려워 소 가마솥에 물을 끓여서 들어가 몸을 씻기도 했다. 몸을 씻다 가마솥 끝부분에 부딪쳐 몸과 팔에는 상처도 많이 생겼지만 치료할 약도 없었다.

1955년 3월, 우리 동네에서 초등학교를 같이 졸업한 친구는 8명이었다. 4명은 중학교에 진학하게 되었고 나머지 4명은 가정 형편상 신학하지 못하였다. 나는 중학교 입학시험에 합격하여, 어려운 환경에서도 진학을 하게 되었다.

달성군 화원면에 위치한 달성중학교는 우리 동네에서 8km 이상 떨어졌기 때문에 등교시간은 편도 2시간 이상이 걸렸다. 하절기에 비가 많이 내리면 개울의 물이 불어 건너지 못하여 등교가 어려워졌다. 이때는 뒷산길을 이용하여 학교까지 가야 했는데 3시간 또는 4시간이 걸렸다.

나는 대구에 있는 사범 병설고등학교로 진학해 초등학교 교사가 되기로 결심하고 부모님의 허락을 받았다. 대구시내 대명동에 위치한 사범고등학교에 특차로 응시원서를 제출, 1차시험에는 합격하였다. 2차로 미술과 음악에 관한 예능시험을 보았는데 시험에 낙방했다. 사범고등학교에 진학하려면 사전에 예능과목을 별도로 공부해야 된다는 것을 알았다. 후회한들 어쩔 수 없어 방향 전환을 하였다.

대구 대명동에 위치한 영남고등학교에 응시해 합격했다. 그러나 학교 입학금과 수험료를 준비할 수 없어서 걱정을 할 때에 대구시내에 결혼해 살고 계시는 외사촌 매형의 권유로 영남고를 포기하고 봉덕동에 위치한 대성고등학교에 입학했다. 중학교 학업성적이 우수하면 입학금과 수험료를 면제받을 수 있다는 말씀대로 입학금과 수험료를 면제받았다. 중학교 시절 편

외사촌형과 물지게를 3km 정도 교대로 지고 오면,
두 통 중 한 통은 흘리기 일쑤였다.

도 8km가 넘는 길을 도보로 다녀야 했던 나는 3년 동안 하루도 결석하지
않아 졸업식에서 3년 개근상을 받았다.

누님이 客地에서 번 돈으로 학교 다녀

대성고등학교의 학급 수는 4학급이며 열심히 공부하는 학생들도 있지만
대부분 학업을 소홀히 하는 분위기였다. 1학년을 마친 나는 입학금을 면제
해 주겠다는 고등학교로 전학하기로 하고 대명동의 영남고등학교 야간부 2
학년으로 轉學(전학)했다. 고등학교 야간부에서 학업성적이 좋으면 주간부
로 옮길 수 있다고 하여 나는 1년 동안 열심히 공부했다. 3학년 1학기에 주
간부로 옮겼다.

고등학교 시절도 가정환경이 어려워 한 학년이 높은 외사촌형님과 대명
동에 방 한 칸을 월세로 얻어 자취생활을 했다. 하절기에 가뭄으로 수돗물
이 부족하여 우물샘물을 길어다 생활하는 등 물 부족으로 고생도 많이 하
였다. 물 한 통을 받으려면 50~80명이 대기하고 있으므로 물을 구하기 위
해 밤잠을 잘 수가 없었다. 물지게를 지고 3km를 외사촌형과 교대로 지고
오면 두 통 중 한 통을 길에 흘리기 일쑤였다. 이렇게 고생스런 자취생활을
3년 동안 하였다.

이 시기는 나쁜 학생들도 많고 깡패들도 많아 잘못 걸리면 가지고 있는 돈과 시계 등을 빼앗기고 구타를 당하기도 하였다. 나는 고등학교 1학년 때부터 대구시 대신동 달성공원 옆의 태권도(무덕관 최남도 사범) 도장에 나갔다. 1년 6개월 만에 초단으로 승단했다. 그 무렵부터는 나쁜 학생들과 깡패들도 겁나지 않았다. 계속 태권도를 수련하여 대학 1학생 때 무덕관 2단으로 승단했고 1965년 4월엔 무덕관 4단으로 승단했다.

내가 고등학교 1학년 때 집안일을 돕던 누님은 경기도 안양시의 금성방직에 취업하게 되었다. 누님은 어린 나이에 고향을 떠나 먼 곳에 가서 직장생활을 하며 동생이 학교를 다닐 수 있도록 등록금을 마련하여 주었다. 누님 덕에 학교를 다닐 수 있었던 나는 지금도 고마움을 잊지 않고 있다.

공군 副士官으로 입대

가정환경이 어려워 대학진학은 포기했다. 軍입대 관련 홍보물을 보니 軍에 입영하여 軍 병역 의무를 필하고 공군 부사관으로 임관되면 야간대학을 다닐 수 있다는 공군 부사관 운영 제도에 대한 홍보내용이었다. 시험에 응시하여 합격했다.

1961년 4월 공군 부사관 제14기로 대전기술교육단 항공병학교에 입교하여 4개월간 군사 기초훈련을 받게 되었다. 군사기초훈련을 마치고 특기 병과는 항공기 분야 금속가공 특기로 부여받아 김해비행학교 기지인 공군 기술학교에서 4개월 동안 실전과 같은 교육훈련을 받았다.

항공기 금속가공 특기를 부여받은 동기생은 10여 명이었다. 대구 제1 전투훈련 비행단으로 배속을 희망한 동기생이 많았으나 나 혼자만 배속되었다. 1961년 11월 대구공군기지, 제1전투훈련 비행단 군수부 야전정비대대에 배속돼 제작중대 자재관리 담당업무에 종사했다. 1963년 1월에 부사관으로 임관하였다. 대학 진학을 위해 시험에 응시하여 합격하고 대구시 신천동의 청구대학 기계공학과에 입학했다. 부대에서는 학교를 다닐 수 있도록 평일 저녁 6시부터 11시까지 트럭 또는 버스로 교통편을 제공하여 주었다.

中士 진급 누락⋯ 참모총장과 담판

1963년 공군 부사관으로 임관한 동기생들 중 30%는 중사로 진급되었으나 나는 누락되었다. 특기병과인 금속가공 분야에 중사의 공석이 없어서였다. 광주 비행단 각 병과별 총 진급 대상자는 100여 명, 내가 10% 이내의 우선진급 추천자로 선별되었지만 진급을 못한 것은 군의 진급제도가 잘못된 것으로 판단해 공군 진급제도를 혁신하기로 하였다.

제1전투비행단 인사참모가 주무담당 참모라 개인면담을 하였으나 별다른 성과가 없어 비행단장(준장 손재권)님과 면담하였으나 역시 성과가 없었다. 위로 휴가를 일주일 받아서 서울에 있는 공군본부의 참모총장(중장 장지량)과 면담하기로 결심하고 상행길에 올랐다. 이튿날 새벽 서울 영등포역에서 하차하여 대방동에 위치한 공군본부를 방문하였다. 참모총장 전속부관 장교는 광주시 비행장 제1전투비행단에서 근무 당시 알고 있던 대위 분이었다. 방문 내용을 보고드릴 무렵 장지량 총장님께서 출타하신다고 문을 열고 나오셨다. 간단히 사정을 말씀드렸더니 총장께서는 전속부관에게 "행사에 좀 다녀오는데 1시간 정도 소요되니 金 부사관을 아무도 접촉하지 못하도록 하고 편하게 쉬고 있게 하라"고 했다.

1시간 후에 참모총장님이 집무실로 돌아와 개인면담을 하게 되었다. 총장께서는 내용을 듣더니 인사참모부장(김영배)과 인사처장(기갑표)을 불러 금년도 부사관 진급 심사관련 자료와 진급추천자 종합명단을 확인했다. 이어 "이렇게 우수한 자원을 중사로 진급을 시키지 않는다면 누구를 진급시키느냐"고 반문하였다. 나는 중사 진급추천 대상자 중 전체 5% 이내의 우수자원으로 기록돼 있었다. 총장님으로부터 다음 진급 시기에는 반드시 진급시켜주겠다는 확답을 받고서 귀대하였다.

이 사건 이후 공군본부에서는 각급부대의 지휘관을 보좌하는 주임상사 세도가 부활 및 도입되었다. 하급부대의 사병 및 부사관들의 애로 및 상부 건의사항을 개별로 면담하고 파악하여 부대지휘관에게 보고 드리고 예방대책을 수립하는 임무였다.

1968년, 공군 學士장교로 임관

1966년에 대학을 졸업하고 공군학사장교 후보생 제56기로 시험을 치러 합격해 1967년 12월1일 대전 공군기술교육단 항공병학교 장교후보생 대대에 入校(입교)하였다. 동절기여서 많은 고통을 받으면서 4개월간 교육과 훈련을 받았다.

1968년 4월1일 공군 학사장교 제56기 공군 소위로 임관했다. 항공기 정비 초급장교로 임명돼 대전기술교육단 공군 기술학교에 교육입교를 하였다. 교육과정은 6개월로 교육입과하여 4주간 교육을 받는 과정에서 맹장염이 발생하여 대전기술교육단 기지병원에서 수술하고 1주일간 입원진료를 받았다. 4주간 교육받은 과정에 대한 중간교육평가시험을 치르게 되었는데 성적이 나쁘면 다음 후배들과 재교육을 받아야 했지만 다행이 무사히 통과하였다.

항공기 정비장교 초급교육과정은 營外(영외)에 거주하면서 다녀야 했기에

귀빈用 항공기로 도입되었던 HS-748 항공기.

대전시 중구 선화동에 하숙을 정하고 출퇴근했다. 정비장교 초급과정의 동기는 10여 명이었다. 교육수료 후 배속지를 희망하는데 나는 대구공군기지인 공군 군수사령부로 배속을 원했다. 同年(동년) 10월에 대구공군기지 군수사령부로 배속, 예하비행단인 공군 제5전술공수비행단으로 배속되었다. 군수부 야전정비 대대 정비중대 정비장교로 장기취역항공기인 1942년도 제작된 C-46D 항공기 기체를 해체하는 업무를 수행했다. 다음 보직은 야전정비대대 행정계장(부관장교)으로 공군 중위로 진급하였다.

오키나와 美 공군기지 출장

1969년 5월15일 대구시 대명동 전영문 장인의 無男獨女(무남독녀)인 전연성과 대구시내 대신동 원예예식장에서 결혼식을 올렸다. 당시 나는 기상 정비장교 교육과정을 6개월간 수료하고 수송항공기 기상정비장교로 활동하였다.

1969년도 10월 항공기 엔진 空輸(공수)를 위하여 오키나와 美공군기지로 1주일간 출장을 다녀왔다. 공군본부 작전처장(대령 김상태) 일행이 함께 갔다. 이때 항공기 내부에 골프가방 10개 정도를 서울 김포공항까지 공수하였다. 골프가방은 그때 처음 보았다.

출장중 부대 정비대대장(중령 김철호)에게 텔레비전 한 대를 구매하여 오겠다고 보고드리고 내셔널 17인치 흑백텔레비전을 항공기로 공수했다. 결혼 후 대구시 대명동 처가댁에 있었는데 매일 저녁 때가 되면 텔레비전 방송을 보려고 집안 마당과 울타리에 동네 주민들 수십 명이 모여들었다. 저녁 때가 되면 텔레비전을 아예 집마루 밖으로 내놓았다.

1970년 2월26일 장녀(미림)가 출생하였다. 산모는 출산 중 출혈이 심해 많은 고통을 겪었다. 그해 4월1일부로 중위에서 대위로 진급되었다. 1971년 7월13일 둘째(미영)가 태어났다.

일주일 후에 서울 김포국제공항 공군 제 256비행대대의 정비대장으로 부임했다. 나는 병사들과 영내에서 생활을 같이 하기로 하였다. 항공기는, 정비 지원하는 정비사와 機人同體(기인동체)·機人一體(기인일체)가 되어야 한다. 그래야 適期(적기)에 필요한 정비대책을 수립, 지원함으로써 항공기가 제대로 관리될 수 있다.

보임 1개월 후부터는 항공기 정비지원 상태가 좋아져 부대 상관으로부터 칭찬도 많이 받았다. 당시 귀빈공수 항공기 및 VIP 항공기 운영은 대구공군기지 제5전술 공수 비행단에서 운영, 지원하고 있었는데 헬리콥터 항공기는 공군 군산기지에서 운영하고 있었다. 이렇게 2개 기지에서 운영 지원하

항공기는, 정비 지원하는 정비사와 機人同體 · 機人一體가
되어야 제대로 관리될 수 있다.

던 것을 서울 김포공항에 비행지원 부대를 창설하여 수송기와 헬리콥터를
같이 운영하는 공군 제257 공수비행대대가 창설되었다. 나는 귀빈 항공기
운영정비대장으로 추천 선발되어 1972년도 1월에 부임하였다. 귀빈공수 항
공기 1호기는 C-118 항공기(#661)이었고 2호기는 C-54 항공기(#201)이었
다. 헬리콥터 1호기는 항공기 UH-1N(#505)이었고 2호기는 UH-1N(#507)
이었다.

C-54 항공기 3대를 공군참모총장 전용기와 VIP 항공기로 운영하였다.
나는 귀빈용 항공기 및 VIP 항공기와 헬리콥터 UH-IN에 대한 정비 지원
을 위해 최선을 다하여 공부하였다. 정비지원 절차도 중요하지만 항공기 운
영부대에서 항공기 운영에 종사하는 정비요원의 개인별 능력과 신상파악
및 정비지원 요원의 선별운영도 중요하다.

내 신상은 항상 청와대 경호실에서 파악 관리하고 있으며 매분기별 특별
신원조회를 하고 있었다. 私的(사적) 용무로 고향을 방문해 親知(친지)를
만나서도 내 업무를 알리지 않았다. VIP 항공기 운영의 정비지원관리대장
직무를 맡은 후엔 언제 어떠한 임무가 있을지 알 수 없기 때문에 항상 임무
대기를 하여야 했다.

귀빈 항공기 駐機場(주기장)과, 관련 지원요원의 사무실은 보안업무 관
련 사항으로 외곽군부대 울타리와 항공기 일반 주기장에 제한구역 울타리

UH-1N 항공기.

가 있으며 귀빈 항공기 주기장은 통제구역으로 설정되어 공군 경호경비대가 경계했다.

新기종 귀빈 항공기 도입

1973년 4월에 귀빈 항공기 HS-748(#713, #718) 2대가 영국항공기 제작사(호크시들리)에서 도입되었다. 4개월간 시험가동훈련 후 청와대 차지철 경호실장과 공군본부 옥만호 총장 등 VIP 요원이 탑승하여 성능을 평가받고 정상적인 임무 비행을 하게 되었다. 2주 후 귀빈 항공기는 박정희 대통령이 탑승하고 김포국제공항에서 대구공항으로 첫 비행을 했다. 대통령께서는 비행기가 좀 작다며 機種(기종)선정이 잘못되었다고 지적했다.

이 때문에 공군본부 작전참모부 차장이 보직 해임되고 전역했다. 종전 운영되던 귀빈용 항공기는 국무총리 전용항공기와 공군참모총장 전용항공기로 바뀌었다.

귀빈 항공기와 VIP 항공기 정비지원 관리대장을 맡은 나는 서울 김포공항 주변인 공항동으로 거주지를 옮겼다. 장녀는 대구 처가댁에서 장모님이 보살피기로 하고 아내와 둘째와 같이 새로운 삶의 터전을 마련하였다.

1974년 1월, 방이 다섯 개 되는 집을 구입하였다. 두 개는 우리 가족이 사용하고 세 개는 전세로 주고 그 돈을 합쳐 집을 샀다. 그해 2월23일 3녀(미란)가 태어났다.

김포공항 기지는 귀빈 항공기와 VIP 항공기 주기장이 군사보안상 제한구역과 통제구역으로 설정 운영하고 있지만 외부노출로 인하여 항공기 관리 보안상 취약점이었다. 이를 시정하기 위하여 서울 공군기지(성남)로 부대를 이동하기로 했다.

서울 공군기지는 항공기와 주기장이 은폐되어 항공기 운영과 정비지원이 원활하게 되었다. 항공기 1, 2호기와 헬리콥터 1, 2호기는 콘크리트로 만든 이글루에 격납하게 되어 보안 및 정비지원 관리에 많은 도움이 되었다.

1976년 4월에 대위에서 소령으로 진급했다. 직무는 그대로였다. 귀빈 항공기는 출동 2시간 전에 점검을 완료하여야 한다. 항공기 내외부를 점검하고 항공기 탑승시 대통령 좌석을 점검한다. 좌석이 좌우, 상하로 움직임 상태가 이상 없는지 확인하고 대통령 표식 봉황 커버를 의자에 직접 세우고 깨끗한지를 정비지원 관리대장이 직접 확인한다. 이렇게 7년 동안 귀빈 항공기와 VIP 항공기를 정비 지원하고 관리했다.

1979년도에 공군대학 고급지휘관 및 참모과정 교육에 입과했다. 교육입과 후 졸업하게 되면 대령으로 진급하는 데 도움이 된다고 하였다. 6개월 동안 새벽 2시 이전에는 취침을 한 적이 없이 오직 최선의 노력으로 공부에 열중했다. 공군대학 고급참모과정 졸업일자는 1979년 10월27일인데 10월 26일 대통령 시해사건이 일어나 졸업식에 참석하지 못하고 부대로 복귀하였다. 8년간 모신 대통령께서 逝去(서거)해 서운하고 괴로운 마음을 어떻게 표현해야 할지 가슴이 터질 것 같았다.

동절기 작전 위한 創案으로 받은 상금 200만 원

1980년 4월 소령에서 중령으로 진급하고 귀빈 항공기와 VIP 항공기 및 헬기 탐색구조 항공기, 특전부대 공수낙하훈련 지원항공기 등을 정비 지원하고 관리·운영하는 통합정비대대장으로 취임하였다.

군수사령부 무기관리실장으로 補任(보임)된 지 2년이 되는 1982년 10월께에 전에 근무한 부대에서 C-123k 항공기 추락사고가 발생했다. 특전사령부 특전요원 공수훈련 중 청계산에 항공기가 추락해 훈련요원 49명과 비행승무원 4명을 포함하여 53명이 순직했다. 참모총장(김상태 대장)께서 공군 전체 정비장교 서열 명부를 보고 직접 나를 군수사령부 보급관리부 무기관리실장으로 임명했다. 밤 12시에 대구시 대신동 중국집에서 轉屬(전속)회식을 하였다. 전속하는 부대는 서울 공군기지이지만 소속된 부대는 김해기지 제5전술공수 비행단으로 이튿날 오후 5시까지 김해비행단에 가 비행단장께 신고하고 당일 밤열차로 서울공군기지에 도착하여 정비대장으로 취임했다.

정비대대장 직무를 수행하면서 동절기 작전을 위해 創案(창안)을 해서 국방부 장관 표창과 상금 200만 원을 받았다. 헬리콥터 UH-IB 항공기는 난방 히터가 없어 동절기 탐색구조 작전을 하지 못했다. 나는 고속버스용 히터를 개조해 항공기에 장착해 작전에 투입했다. 2년 후인 1987년 1월엔

권영각 국방부 차관(右)으로부터 국방부 장관 표창 및 부상을 수여받는 필자.

항공작전임무 능력을 확대하고 경제적 軍운영과 예산절감으로 국방부 장관 (이기백) 상여금 510만 원을 받기도 했다.

1986년 6월에 김해공군기지 제5전술공수비행단 군수전대장으로 중령에서 대령급으로 상위보직을 임명받았다. 부임 후 바로 경북 달성, 고향의 부친을 뵈옵고 김해공군기지로 전속돼 왔다는 인사를 올리게 되었다. 부친은 고향 가까이 왔다고 반가워하셨지만 1개월 후인 7월4일 부친께서 별세하셨다. 1987년 국군의 날을 맞이하여 보국훈장 광복포장을 받았다.

국가기술자격증에 도전

나는 군생활을 통하여 언제나 시간이 허락되면 개인의 발전역량을 넓히는데 최선의 노력을 다하였다. 국가기술 자격증에 끝없이 도전했다. 각종 국가기술 자격증을 소지한 것은 진급이 누락되면 전역할 때 산업현장에 취업하기 위해서였다.

▲1979년 4월12일(대위 시절) 대한민국 교통부 장관이 발급한 항공정비 정비사 자격증을 취득하였다. ▲1982년 12월20일(중령)에는 한국산업인력공단 이사장이 발급한 자동차 정비 산업기사 국가기술자격증을 취득하였다. ▲1984년 7월20일(중령)에는 한국산업인력공단 이사장이 발행한 위험물관리 기능사 국가기술자격증을 취득하였다. ▲1985년 12월20일에는 한국산업인력공단 이사장이 발행한 특수 전기용접 기능사 국가기술자격증을 취득하였다. ▲1986년 12월20일에는 한국산업인력공단이사장이 발행한 고압가스 취급 기능사 국가기술자격증을 취득하였다.

1993년 2월에 공군본부 군수참모부 군수계획처장으로 임명되었다. 군수참모부 계획처장은 공군이 항공작전에 소요되는 모든 물자와 장비를 확보추진 및 소요관리 계획수립과 확보 수요를 관리하는 업무다. 그해 10월 국군의 날에 보국훈장 삼일장을 받았다. 同年 11월엔 공군교육사령부(진주) 기술학교 교장으로 부임했다. 공군기술학교의 교육 입과 요원은 將·士兵(장·사병)을 포함하여 평균 1500명이며 공군항공작전 지원에 기초가 되는 정비지원 요원의 기술능력 향상과 장비관리 등 기초교육훈련을 맡고 있다.

나는 공군기술학교 교장직을 마지막으로 1995년 6월 말로 32년 군복무로 마치고 공군 예비역 대령으로, 명예로운 轉役(전역)을 하였다.

1995년 4월17일 육해공군해병대 예비역대령연합회가 실추된 군의 위상 제고에 앞장서기 위하여 예비역 대령 167명이 발기하여 대령연합회가 구성되었다. 나는 7월부터 예비역 대령연합회 회원이 되었다.

32년 간의 軍 복무 후 공군 예비역 대령으로 명예로운 轉役,
애국운동에 투신하다.

護國의 주역, 대령연합회 활동

호국의 주역 육해공군해병대 예비역대령연합회는 각군 예비역 대령 168
명이 발기하여 1995년 4월17일 연합회를 출범시켰다. 연합회의 중요한 활동
은 6·25전쟁 중 조국을 위해 散華(산화)한 사실조차 인정받지 못하고 病死
(병사) 또는 단순사망으로 처리되었거나 실종 처리된 4만여 명에 대한 명예
회복을 해주는 일이었다. 1995년 5월부터 관련부서를 찾아다니면서 근거를
찾고 官의 협조를 구한 결과 1996년 2월에 동작동 국립묘지 묘비에 病死
또는 단순사망으로 잘못 기록되어 있던 1600여 명에 대하여 전사자로 명예
회복할 수 있도록 하는 결정적 역할을 했다.

1997년 5월 연합회는 재향군인회 산하 친목단체로 등록하여 회원 상호
간의 친목도모는 물론 軍의 위상제고에 노력하는 한편 주요국가 안보문제
에 관하여는 견해를 분명히 표명했다.

1998년 후반기부터 육군 4200여 명, 해군 600여 명, 공군 700여 명의
명단을 확보하여 1999년 12월30일, 예비역 대령 인명록을 創軍(창군) 이래
처음 작성했다. 나는 육해공군해병대 예비역 대령연합회 공군 회장으로 '인
명록 발간' 편집위원으로 활동했다.

2000년 6·15 선언이 발표됐다. 내용을 살펴보니 '낮은 단계의 연방제'는

적화통일을 의미하고 있었다. 대한민국을 敵(적)과 통일하겠다는 음모가 담긴 선언문으로 판단했다. 同年 12월 말 육해공군해병대예비역 대령연합회 명의로 〈국민의 정부'는 더 이상 국민을 우롱하지 말고 그 정체성을 밝히라〉는 성명서를 발표했다. 살아있는 권력에 대한 최초의 선전포고였다. 오로지 국가를 위한다는 마음뿐이었다. 언론과 기자회견 및 집회를 통해서 많은 국민들의 호응을 받았다.

예비역 대령들만 애국하고 일반인은 참여하면 안되느냐는 국민들의 요청에 따라 국민행동본부(당시 親北좌익척결국민행동본부)가 만들어졌고 현재에 이르게 되었다. 2000년도부터 국민행동본부에 자원봉사자로 상근하기로 결심하고 국민행동본부의 실내외 행사 및 준비활동 등 오늘에 이르기까지 봉사활동을 하고 있다.

국민행동본부는 지난 20여 년간 국가안보를 다지는 각종 행사를 주도했다. ▲2003년 6월21일 反核反金·한미동맹 강화 6·25 국민대회, 건국 55주년 反核反金 8·15 국민대회 ▲2004년 10월4일 국보법死守 국민대회 ▲2010년 3월26일 천안함 폭침과 대북풍선 날리기 ▲2004년에서 2014년까지 통합진보당 해산운동 ▲2015년 5월2일 광화문 동화면세점 앞에서 태극기 방화 세월호 난동 규탄 애국시민 궐기대회 등 행사를 열어 국민의 안보의식을 고취시켰다. 그중 2004년 '국보법死守 국민대회'와 2005년 '맥아더 동상 사수 국민대회' 2010년 '천안함 폭침에 따른 대북풍선 날리기'는 국민행동본부의 대표적 애국 활동이었다.

국보법死守 국민대회

2004년 10월4일 노무현 정권 출범 후 최대규모 反정부 시위였던 '국보법

사수 국민대회'가 열린 서울시청 광장을 30만 명의 국민들이 가득 메웠다. 일반시민, 보수단체 회원들, 기독교인들이 모여 국보법을 폐지하려는 親北 反美 세력을 규탄했다. 행사 후 참석자들 중 일부가 청와대로의 행진을 시도하자 경찰이 물대포를 쏘며 진압에 나섰고 경찰의 과잉진압에 항의하던 국민행동본부 간부가 구속되고 참전용사와 애국시민들이 방패로 얼굴이 찍히는 등 부상을 당했다.

이 대회를 위하여 각종 행사현수막 준비, 시민들에 배포할 태극기[手旗] 준비, 홍보배포물, 서명록 준비, 후원함 등을 준비했다. 행사시 시민들에게 직접 전달할 자원봉사자 확보 등 행사 진행을 감독했다. 행사에 필요한 현수막 걸기, 시민들에게 태극기 나누어주기, 홍보 유인물 배포, 서명운동 현장을 사전에 챙겼다. 행사 후에는 행사장 주변에 부착 및 걸어놓은 현수막을 철거하고 유인물과 쓰레기 등을 쓰레기봉투로 수거하고 태극기는 별도로 수거하여 국민행동본부 사무실로 옮겼다. 태극기의 40% 정도는 再(재) 사용할 수 있었다.

맥아더 銅像 사수

인천 자유공원에 있는 맥아더 동상이 가지는 의미는 결코 작지 않다. 한국전쟁의 가장 빛나는 작전인 인천상륙작전을 기념함은 물론 韓美동맹에 대한 감사의 표현이다. 한국 좌익세력에 의해 훼손 위협을 받았을 때는 미국 내에서 본국으로 移轉(이전)해 가려는 여론도 일었다.

2005년 7월15일 국민행동본부는 육해공군해병대 예비역 대령연합회 회원 30여 명과 함께 전투군장으로 인천 자유공원에 나갔다. '맥아더 장군 동상이 무너지면 대한민국이 무너진다'는 현수막을 걸고 기자회견을 했다.

국민행동본부 공군회장으로 활동하면서 對北 풍선 날리기 등 애국운동에 헌신했다.

뒤이어 노무현 정권의 비호 하에 69일 동안 맥아더동상 철거를 주장하며 인천자유공원에서 불법농성중인 '연방통추' 강○○ 일당을 10여 분 만에 쫓아냈다. 이날 집회엔 인천 시민 600여 명이 모여 국민행동본부와 행동을 같이 했다. 한국전쟁을 어린 나이에 겪은 나는 누구보다도 이날 행사에 적극 참여했다.

천안함 폭침과 對北풍선 날리기

2010년 3월26일 천안함 폭침 후 이명박 대통령은 5월24일 특별담화를 통해 김정일 정권을 테러주범, 전쟁범죄자, 민족반역자로 규정하면서 對北(대북)제재를 선언하였다. 대북제재를 발표한 후 정부 각 부처는 물론이고 국방부에서도 대북 심리전을 강화한다고 발표했다. 대북 심리전에는 대북 방송 및 대북전단도 포함되어 있다.

국민행동본부는, 북한의 천안함 폭침을 규탄하는 평화적 항의 차원으로 대북전단을 살포하였다. 천안함 폭침 희생자를 추모하고 유가족을 위로하는 뜻도 담겨 있었다. 북한은 아직도 천안함 폭침과 연평도 포격사태에 단 한 마디도 사과하지 않고 있다. 이같은 상황에서 국민행동본부는 매년 3월 26일 천안함 폭침을 전후하여 전사한 46용사의 원혼과 그 유족을 위로하고, 천안함 폭침을 응징 규탄하는 대북풍선을 보내고 있다.

국민행동본부가 지원해 북한으로 날린 대형풍선은 2015년 현재, 572개이고, 여기에 매달아 보낸 삐라는 3432만 장이다. DVD 800장 1달러 지폐 1600장도 달아 보냈다.

10년에 걸친 통합진보당 해산운동

국민행동본부는 2004년 6월23일부터 2013년 4월8일까지 총 네 차례에 걸쳐 통합진보당 해산을 청원했다. 2004년 6월23일 첫번째 違憲(위헌)정당 해산청원서를 제출한 이후 무려 9년 만인 2013년 11월5일 법무부는 통합진보당에 대한 위헌정당 심판청구를 헌법재판소에 제출했다.

황교안 당시 법무부 장관은 해산청구 이유에 대해서 통합진보당은 강령 등 그 목적이 헌법의 자유민주 기본질서에 반하는 북한식 사회주의를 추구하는 것이라고 설명하였는데 이는 국민행동본부가 제출한 위헌정당 해산청원 내용과 그대로 일치하였다. 국민행동본부는 통합진보당의 해산을 촉구하는 全국민 서명운동을 주도하였다. 2013년 9월10일 1차분 10만9628명, 同年 10월29일 2차분 14만2135명 등 총 25만1763명의 통합진보당 해산촉구 서명자료를 제출하였다. 2014년 12월19일 헌법재판소는 통합진보당 해산 및 소속의원 5명의 의원직 상실을 확정 발표했다.

좌파정권을 종식시키는 데 앞장선 국민행동본부는 대한민국의 헌법수호를 목적으로서 오늘도 애국활동을 하고 있다. 앞으로는 종북세력 잔당을 완전히 척결하는 것을 목표로 두고 있다. 그래야만 진정한 통일이 가능하며 경제발전도 기대할 수 있다고 생각한다.

32년간 군인으로 국가에 충성하고 轉役(전역) 후 20여 년을 자원봉사 애국운동으로 살아온 나는 힘이 닿는 한 나라를 지키고 바로잡는 일을 계속할 것이다.

金重光(1942~)

경북 달성군 출생으로, 대구 영남고를 졸업한 뒤 공군 부사관으로 입대했다. 그 후 장교 시험에 합격해 대통령 전용 항공기 등 VIP 전용기를 관리·정비하는 업무를 담당했다. 1995년 공군 기술학교장을 끝으로 전역한 뒤엔 애국운동에 투신, 20여 년간 좌파세력 척결에 奮鬪(분투)했다. 현재 국민행동본부(본부장 徐貞甲)의 공군회장으로 있다.

가 작

6·25가 앗아간 나의 血肉이여…

金智泰

식량 구하러 간 아버지는 실종, 큰형은 백마고지에서 戰死…
6·25는 우리 가족에게 씻을 수 없는 상처를 남겼다.
교사가 된 나는 아이들이 올바른 국가관을 가질 수 있도록 했다.
나라가 있어야 내가 있고, 내가 있어야 부모도 자식도 민족이 있기에….

6·25가 앗아간 나의 血육이여…

1941년 5월20일 늦은 오후 아버지 김종철 옹과 어머니 방귀동 여사의 4남 2녀에 넷째 아들로 태어났다. 이름은 仁(인) 義(의) 禮(예) 智(지)의 가르침으로 인태, 의태, 예태, 지태의 아들과 딸 수연, 수옥의 육남매로 자랐다. 우리는 형제가 많아 어려서 잘 다투었고 싸우면서도 즐겁게 살았다. 언젠가 우리 형제는 누룽지 때문에 서로 많이 먹겠다고 싸우다가 울면 어머니와 고모님께서 "순사 온다. 순사 온다"며 놀려댔다.

우리 형제들은 어린 나이에도, 일본이 망하고 해방이 되자 아버지가 그려준 태극기를 들고 "만세, 만세" 소리 지르며 골목에서 시장에서 떼를 지어 몰리어 다니며 그 수많은 사람이 서로 얼싸안고 웃고 울고 날뛰던 그때가 지금도 생각난다.

해방의 기쁨도 잠시 나에게는 전쟁의 고통이 다가오고 있었다. 1950년 6월28일로 생각된다. 이날도 나는 형과 함께 학교에 갔다. 얼마를 놀다 보니 교문 밖에는 수많은 사람이 아들 딸을 찾으며 아우성이다. 나는 허둥대며 형을 찾아 집으로 오려는데 담임 선생님이 우리를 물끄러미 보시더니 "지금 북한 공산군이 우리나라에 쳐들어 왔다. 빨갱이들이 공격해 왔으니 빨리 집에 가서 부모님과 함께 피난을 가서 죽지 말고 다시 만나자"고 하시며 우리 몇 명의 머리를 쓰다듬어 주시고 교무실로 급하게 가셨다. 선생님은 검은 얼굴과 큰 키에 고향이 북한이라 하셨는데 나중에 국군에 입대하셨다는

소식을 들었으나 이후로는 만나지 못하였다.

나는 형을 찾아 집으로 달려왔다. 전쟁이 무엇인지 '빨갱이', '피난'이란 말 자체를 모르면서 집에 오니 그것이 좋았다. 고무신을 벗어들고 맨발로 신나게 집에 오니 아버지께서는 지게에 쌀과 이불을 짊어지시고, 어머니는 동생을 업으셨다. 누나와 형과 함께 시장으로 나오니 수많은 사람, 소를 몰고 아이를 업고 등짐에 머리에 이고 지고 아이들 손을 잡고 나도 걸었다.

공산 치하, 완장 찬 사람들이 등장

친척 집으로 避難(피난)을 갔으나, 상황이 여의치 않아 다시 집으로 돌아왔다. 세상이 바뀌었다. 피난 20여 일 만에 집에 오니 너무나 변했다. 산과 강과 물은 변하지 않았는데 사람들은 변했다. 농사도 장사도 관공서도 학교도 문을 닫고 사람들의 행동도 달라졌다. 푸른 군복과 모자에는 흰 줄로 × 표를 하고 바지에는 붉은 줄을 붙인 군복과 권총, 따발총에 장화 같은 검은 구두를 신고 야수와 같은 눈빛으로 집집이 다니며 인구조사를 하고 다녔다.

어제까지도 공손하게 인사하던 사람들이었는데 갑자기 남의 집 머슴꾼 소작인 농부 건달들이 붉은 완장을 차고, 또 젊은 여성들은 여성동맹이란 붉은 완장을 차고 인민군들의 앞잡이가 되어 날뛰었다. 이제는 새로운 세상이 되었다. 누구네 집은 형제가 몇 명, 재산은 얼마이고 무슨 일을 하며 논밭, 소·돼지·개·닭 등 그 집의 내력을 일러바치며 무섭게 설쳐댔다.

아버지께서는 그 소문을 듣자 큰 형님들을 '팻골'이라는 산 속으로 데려가 숨겼다. 주천강을 건너 산 속에 토굴을 파고 나무를 베어 움막같이 집을 짓고 숨어 지내시기로 하였다. 아버지께서는 우리에게 누가 물어도 어머니가 속병을 앓고 있어서 큰형들을 강원도 횡성군 안흥면 마른골 외갓집에 갔다고 말하라고 철저히 교육을 시켰다. 지방 빨갱이들이 오랫동안 같이 살아왔기에 누구네 집하면 그 내용을 잘 알고 찾아온다. 인민군 앞잡이들이 동네 청년 누구누구 붙잡아 인민군의 의용군으로 보냈다는 소문이 나돌고 여성동맹 여성들은 붉은 완장을 차고 집집이 다니면서 이제는 해방되었으니 왜 아들과 딸들을 군에 보내지 않느냐고 야단들이다. 이것을 피하는 사람은 반동분자로 잡아 처형한다고 위협을 했다.

공산 치하 생활은 공포와 무서움 그 자체이다. 국군이 곧 돌아온다는 소문도 있었다. 낙동강 전선에서 미군이 참전하고 유엔군도 함께 와서 공산군을 물리치고 北進(북진)하여 온다는 소식이 입에서 입으로 전해진다. 그러나 누구도 말을 함부로 했다가 놈들의 귀에 들어가면 큰일이다. 그러나 놈들은 더욱 우리를 못살게 했다. 동네의 소문은 이웃에 누구누구도 놈들이 잡아다 죽이고 끌고 갔다는 소문이다. 이제는 친척도 친구도 믿을 수가 없다. 언제 누가 신고할까 두렵기 때문이다.

아버지와 큰형님은 산 속에서 생활

8월이 되자 미국 비행기(속칭 '쌕쌕이') 수십 대가 머리 위로 소리를 내면서 북쪽으로 수없이 날아갔고, 어른들은 "제발 이곳에 비행기가 와서 폭탄

아들 대신 아버지를 끌고 간 인민군… 공산 치하 생활은
공포와 무서움 그 자체였다.

을 떨어뜨렸으면" 하고 빌었다. 인민군들은 남자들을 붙들어 인민군들의 낙
동강 전선에 쌀을 보내야 한다고 하면서 하루에도 몇 번씩 우리 집을 찾아
왔고, 우리 집을 '반동분자의 집'이라고 떠들었다. 아버지가 아들을 데려오지
않으니 인민군들은 큰아들 둘 대신 아버지를 강제로 붙들고, 쌀 서 말씩 등
짐에 지게한 뒤 강제로 안동으로 동네 사람과 함께 끌고 갔다.

형들은 우리 때문에 아버지가 죽게 되었다고 울부짖으며 형들이 가겠다
고 했지만 잘못하면 아버지도 아들들도 함께 죽을지도 모른다 하여 형들은
다시 산 속에 숨었다. 그런데 아버지께서 인민군 쌀을 지고 가신 지 23일
만에 밤중에 오셨다. 꿈인지 생시인지 너무나 놀라고 반가웠다. 아버지께서
많은 사람과 함께 낮에는 비행기의 폭격 때문에 가지 못하고 밤에만 걸어
서 갔는데, 제천과 단양, 충주를 거쳐 음성과 괴산 쪽으로 가던 중 비행기
폭격으로 쌀을 던져버리고 수많은 사람이 흩어져 밤낮으로 일주일을 걸어
서 집으로 도망쳐 오셨다는 것이다. 그러나 큰일이다. 이제는 아버지도 형님
들과 같이 숨어 살아야 한다.

아침 일찍 어머니께서 밥과 반찬을 싸 주시면 우리 어린 형제는 그 밥을
지게에 지고 산속에 숨어 계시는 아버지와 형님들께 드렸고, 올 때는 나무
를 하여 그 나뭇짐 속에 밥그릇을 넣고 집으로 왔다. 열 살, 열두 살 우리
두 어린 형제의 일과가 됐다. 우리 형제는 끝까지 아무도 모르게 우리가 맡

은 일을 용감하게 잘 해내고 있었다. 아버지의 근심과 걱정은 말할 수 없었고 형님들은 산 속에서 숨어 지내는데 몸도 마음도 지쳐 있었다.

공산 치하의 공포 속에서도 학생들에게 학교로 나오라고 위협하였다. 학교는 선생님도 피난으로 헤어지게 됐고, 피난을 가지 못한 사람이나 가지 않은 사람도 많았다. 학교에 나오라고 연락을 받고도 나가지 않으면 어떤 처벌을 받을지 몰라 형과 나는 학교에 갔다. 학생들은 얼마 오지 않았다. 선생님들은 한 사람도 없었고 바지에 붉은 줄을 내린 군복을 입은 인민군 장교가 우리를 모이라고 했다.

애국가 부르자 죽도록 맞은 친구

김일성대학을 나왔다는 인민군들이 "우리는 남조선을 해방하려고 왔다. 이제는 통일되었으니 동무들은 김일성 장군 노래와 우리의 지시에 따라야 한다"면서 노래를 가르쳤다. '장백산 줄기줄기 피어린 자국 / 아침은 빛나라 이 조선 / 날아가는 까마귀야 시체보고 울지 마라 / 몸은 비록 죽었으나 혁명 정신 살아있다' 등 이상한 노래를 배웠다.

무섭고 떨리고 긴장되어 노래를 배우고 운동장에 모여 북한 국기를 그리고 노래도 불렀다. 한 번은 우리 친구 한 사람을 불러내어 노래하라고 시키자 그 어린이는 멋도 모르고 "동해물과 백두산이 마르고 닳도록 하느님이 보우하사 우리나라 만세"를 불렀다. 그 정치장교는 그 학생을 발로 차며 "이 반동 새끼 아바이 오마니가 누구냐"고 하면서 죽도록 때린 일도 있었다. 그 후로는 그 아이는 다시 볼 수가 없었다.

형과 나는 무엇인지도 모르고 시키는 대로 했다. 공부 가르쳐 준다고 해서 학교에 가면 공부는 하지 않고 어린 것들이 삽과 괭이로 땅을 파서 잔디

생전에 어머니를 모시고 영월 단종제 때 찍은 사진(1970년).

를 덮고 깃발을 만들어 꽂고 훈련도 하였다. 지금 생각해보면 전쟁 때 쓰는 개인호 같았다. 비가 오면 그 정치장교들은 한 사람씩 나와서 자기 집을 발표하도록 하였다. 부모님 이름과 직업, 재산 형제들을 발표하였다. 나도 형과 같이 나와서 "아버지는 쌀 지고 안동으로 가셨고 어머니는 아프다"고 하였더니 그 장교는 "동무네 형제는 최고"라고 칭찬하였다. 그러나 우리는 무서웠다. 큰 형님들을 산 속에 숨겨두고 아버지는 쌀을 짊어지고 안동으로 가시다가 도망쳐 지금은 아버지도 형님들과 함께 숨어있는데 누군가 그것을 말하면 정말 큰일이다.

1950년 음력 추석 전인 8월20일로 기억된다. 인민군들의 행동이 더욱 거칠고 무자비해졌다. 동네 사람 누구도 북으로 끌고 갔다고 하고 또 누구는 붙들려 죽었다는 소문이 돌았다. 동네 사람들을 한곳에 모이게 하고 다섯 명씩 조를 짜서 1~2조는 주천1리, 3~4조는 주천2리 식으로 가축 수와 논밭에 가서 곡식알도 세었다.

벼와 콩·팥 등도 한 포기 한 이삭을 세어서 논 전체의 포기 숫자로 센 다음 곱해 계산하고 땅의 넓이와 평수를 곱하면 생산량을 알 수 있다. 수확철이 끝나면 집집이 그 배당량 전체를 바쳐야 했다. 배당량을 채우지 못하면 돈을 줘서 채우거나 책임량을 못 내면 사상 비판을 받는다. 그것이 인민재판이고 공개재판이라고 우리는 배웠다. 많은 사람을 모아 놓고 자기 자신을 반성한다. 한두 사람이 "옳소" 하면 거기에 따라 박수치고 '반성', '자기비판' 등 온갖 형벌이 주어지는 것이다. 검사도 변호사도 재판 과정도 없는 것이다.

국군의 진격

추석이 얼마 남지 않았다. 8월14일(음력) 추석 전날 밤이었다. 붉은 완장을 찬 사람들과 젊은 여성동맹들은 인민군과 함께 다급한 행동으로 아버지와 형님 찾기에 혈안이 됐다. 누구는 의용군에 끌고 갔고, 누구는 잡혀서 죽었다는 말도 있었다. 우리 집에 큰아들은 왜 데려오지 않느냐고 하면서도 아버지가 공산군 쌀 지고 갔다고 용서해준다는 것이다. 그러나 비밀이 새면 우리는 다 죽는다. 불안과 무서움에 떨던 밤, 우리 고장에도 처음으로 비행기 폭격이 시작되었다. 폭격 소리와 사이렌 소리, 대포 소리에 놀라 아버지가 파놓으신 집 뒤 안 밤나무 밑에 파놓은 방공호 안으로 들어갔다.

동생은 울어대고 폭격 소리에 방공호의 흙이 쏟아져 내려 정신없이 눈과 귀를 막고 숨었다. 얼마를 지난 후 조용하다. 우리는 밖으로 나왔다. 한길에 나와 보니 사람들이 많이 모여 있었다. 뜬눈으로 밤을 새우고 시장으로 나갔다. 수많은 사람이 모이고 온 시내가 술렁이자 형과 나는 뛰어다니면서

국군이 진주한다는 소식에 모두 뛸 듯이 기뻐하며
여기저기에서 만세를 불렀다.

이곳저곳 살폈다. 煙草(연초)조합, 초등학교 앞, 시장 몇 군데가 폭격을 맞
았다. 땅이 파이고 건물이 무너지고 먼지와 폭탄 껍데기가 보였다. 시체도
가마니로 덮혀 있다. 그런데 이상도 하다. 그렇게 날뛰던 民靑 위원도 여성
동맹도 인민군도 없었다.

무서움도 없다. 두려움도 없다. 호국군으로 큰형님과 같이 훈련받던 호국
군 소대장 이경용, 이승우, 김영배 등 많은 청년이 모여와 오늘 국군이 제천
에서 온다는 것이다. 모두 뛸 듯이 기쁘고 벌써 만세 소리가 여기저기에서
들렸다. 산 속에 숨어있던 아버지와 형님들도 와계신다. 반갑다. 서로 손을
잡고 울고 웃고 수많은 사람이 모였다. 산 속에 숨어있던 청년들이 모여 긴
몽둥이를 들고 지방 빨갱이와 여성동맹을 잡으러 다녔다. 그런데 바로 주천
강 다리 건너 국군 차가 군인들을 태우고 총과 철모에는 풀과 나무를 꽂고
시장 안으로 수백 수천 대의 국군이 우리 앞을 지나간다. 만세를 부르며 손
을 흔들고 우리는 사과, 배, 밤, 떡 모든 것을 군인 차에 던져 주고 외쳤다.

국군들의 그 용감하고 씩씩한 모습에 모두가 모여 애국가 부르고 평창
쪽으로 달리는 국군들이 통일을 이루고 평화가 올 것이라고 모두 좋아했
다. 하늘에는 제트기가 흰 연기를 뿜어 대며 북쪽으로 날고, 벌써 주천 지
서와 면사무소에는 태극기가 바람에 날리고 있다.

우리 마을에도 질서가 잡히고 청년들이 스스로 모여 지방 자치 경찰대를

조직하여 지방의 질서를 유지하는 데 도움을 주었으며 우리 형과 사촌 형들도 이에 앞장섰다. 우리 집도 흩어졌던 가족이 모이고 큰형님도 면사무소 앞에서 장사를 다시 하면서 일상으로 돌아왔으나 민심은 흉흉하고 서로 믿지 못하며 불안한 생활을 하였다. 그러나 우리는 열심히 일하고 다시 평온을 되찾아 삶을 이어갔다.

우리 고장 주천에도 질서가 잡히고 국군과 경찰이 와서 평소의 생활이 유지되는 줄 알았다. 그러나 공산 치하 3개월 동안의 갈등은 너무도 컸다. 공산 치하에서 협조하였던 빨갱이를 찾아 처리하는 것이었다. 민청 단원이라고 날뛰던 사람과 여성동맹에서 활동한 사람, 인민군에게 강제로 끌려가 가축을 조사하고 논과 밭에 벼와 콩, 팥 등 곡식알을 세러 다니던 사람, 남녀노소 할 것 없이 지서에 끌려와서는 허리띠와 양말을 벗고 조사를 받았다.

우리 집에 매일 찾아와 형님들 숨겨놓은 곳을 말하라고 했던 선생님 둘은 북으로 갔다고 하여 소식을 알 수 없었다. 어느 날 아버지도 지서로 나오라고 하여 가셨다. "경찰들에게 매를 맞지나 않을까?" 하여 온 집안이 근심 걱정으로 지냈다. 아버지께서 前後(전후) 사실을 말씀하셨다. 아들 대신 인민군 쌀을 짊어지고 가다가 비행기 폭격으로 도망쳐 나온 사실을 적은 일기장을 보여줬더니, 경찰과 군인은 고생했다면서 애국자 집안이라고 칭송까지 했다.

아버지 몸에 묶은 줄 잡고 1·4 후퇴

평화도 잠시 난리(전쟁) 난다는 소문이 무성하다. 나라에서는 젊은 청년들을 모아 '청방'이라는 군대 조직을 만들었다. 앞으로 국가가 위급할 때에 국군으로 대체하기 위하여 만든 것이다. 전쟁이 터져 우리 큰 형님 두 분과 사촌 형님 등 수많은 젊은이를 데리고 남쪽으로 떠났다.

중공군이 몰려온다고 하여 가족 모두 피난민을 따라 걸었다. 여름 피난 때는 날씨가 더워 고생은 덜하였는데 1월은 너무나 춥다. 고무신을 신고 미끄러운 길을 가야 하는데 사람과 사람이 엉키고 몰리고 밀치고, 총소리와 대포 소리까지 가깝게 들렸다. 눈길에서 아우성치며 다친 사람, 업혀 가는 사람, 발이 얼고 凍傷(동상)에 걸려 배고파 우는 사람 등이 있었다. 우리는 아버지 몸에 줄을 매고 줄과 줄을 잡았다. 그 줄을 놓치면 헤어져 다시 찾지 못한 것을 여름 피난 때 배웠기에 죽기 아니면 살기로 걸었다.

충북 제천을 지나 충주 쪽인데 어딘지도 모르고 무조건 피난민을 따라 갈 뿐이다. 밤길을 가는데 아버지께서 길 옆으로는 보지 말고 앞만 보고 걸어야 한다고 하셨다. 열한 살 어린 나이에 아버지께서 보지 말라는 길 옆을 보니 길가에 흰 눈덩어리 같은 것이 서 있기에 손으로 툭 쳐 보니 힘없이 넘어진다. 깜짝 놀라 다시 만져보니 길에서 벌써 얼어 죽은 사람들의 시체였다. 수없이 많이 있다. 무섭지도 않다. 모두가 그랬다. 아무 말 없이 걸어갈 뿐, 물어보는 사람도 관심도 없다. 얼마를 걸었는지 몇 날을 갔는지도 어디까지 왔는지도 이곳이 어딘지도 모른다. 신작로 길에는 수많은 군인을 태우고 남쪽으로 가는 차량과 대포 같은 것을 태우고 가는 이상한 차도 많았다.

너무나 배가 고프고 발이 얼어 힘들어 어느 집에 들어갔다. 집주인은 이미 피난을 가고 빈 집이다. 아무 집이고 들어가면 된다. 피난민들이 방마다 꽉꽉 찼다. 방이 없으니 부엌에도 마루에도… 마당에서 울타리 나무를 뜯어 불을 피우고 밤을 새운다. 우리도 어느 방으로 밀고 들어갔다. 아기가 있어 남보다 먼저 방으로 갈 수 있었다. 사람이 많아 너무나 좁다. 불을 때고 그 방에서 나는 아버지 무릎에 안겨 밤을 보냈다. 이 밤이 아버지와 마

고등학교 3학년 때의 필자.

지막 밤이 될 줄 누가 알았으며 영원한 아버지의 품 안이라고 생각이라도 했겠는가?

동생을 살린, 수원서 온 한의사

우리는 그 집에서 몇 날 쉬어서 가기로 하였다. 날이 밝았다. 배가 고프다. 먹을 것이 없다. 나는 형과 같이 옆 동네에 갔다. 모든 집은 모두 피난을 떠나 빈 집뿐이다. 동네에 사람이 많이 모여 무엇을 가지고 간다. 우리도 뛰어갔다. 그곳에는 큰 창고가 있는데 군인들이 차를 세우고 쌀과 고기를 차에 싣고 있다. 군인들이 쌀을 싣고 창고에서 피난민들에게 쌀을 주고 있다. 나도 형과 같이 "국군 아저씨, 저도 쌀 좀 주셔요"라고 했다. 국군이 "이리 오라"고 해서 가 보니 쌀가마니를 던져주며 가져가라고 했다. 너무나 좋아서 형과 둘이 그 쌀을 나누어 메고 집으로 오는데 국군 장교 같은 사람이 "너 어디서 피난 왔니?"라고 물었다. 강원도 영월에서 왔다고 하니 건빵도 두 봉을 주시기에 "고맙습니다" 인사하고 왔다. 지금도 그 국군 장교의 얼굴 모습이 생각난다.

지칠 대로 지쳐버린 우리는 해가 넘어갈 때 어느 동네의 빈 집에 들어갔다. 강원도 사람도 많았다. 그날 밤 사랑방에서 두 살 먹은 여동생이 병이 났다. 열이 나고 애가 죽을 것만 같았다. 약국도 병원도 의사도 없다. 우리는 피난민들 틈에서 사람 살려 달라고 소리쳤다. 경기도 수원에서 피난 왔다는 한 노인이 와서 동생에게 침을 코에도 입술에도, 손과 발에 놓고 나서 '영사'라는 반짝 빛나는 작은 덩어리를 주시면서 물에 녹여 먹여 먹고 머리에 발라 주면 괜찮을 것이라고 하고 갔다. 어머니는 숟갈에 물을 넣고 흔드니 풀리면서 빨간 물감같이 되어 동생에게 먹이고 머리에 발라주었다. 한 잠을 자고 나더니 동생이 열이 없고 웃으며 놀고 있지 않은가? 너무나 고맙다. 그러나 줄 것은 아무것도 없다. 고맙다고 말할 수밖에… 이 난리 통에. 이 죽음의 혼란 속에서도 침놓는 의사를 만나다니 지금 생각하면 하느님같이 고마운 분을 만난 기적 같은 일이었다.

고아가 될 뻔하다

피난민 대열 속에서 무조건 남쪽으로 가야만 살겠다는 생각으로 무서움과 배고픔에도 우리는 또 어디로 가는지도 모르고 걸었다. 어느 곳에서 전쟁을 하는지 알 수도 없지만, 국군을 태운 차량과 처음 보는 미군과 흑인 군인들도 탱크와 대포 실은 큰 차가 끝이 없이 북쪽으로 간다. 모두 표정도 웃음도 없다. 말도 없다. 얼마 동안 정신을 차리고 앞을 보니 그 자리에 형이 없다. 아버지도 어머니 누나 동생도 없다. 형을 찾았다. 불러보았으나 대답도 없다. 주위에 피난민도 없다. 나는 무작정 형을 찾아 앞으로 달렸다. 형을 찾고자 형을 불러댔으나 대답이 없다. 가족을 잃은 사람도 나와 같이 찾으며 울고 헤매는 어른도 애들도 많았다. 엄마를 찾다 얼마를 뛰었는지 어디인지도 모르고 뛰며 형을 부르고 이름을 부르며 찾는데 어느 강가 다리 밑에서 형이 나를 찾으며 서 있는 것을 보 왔다. 형도 나를 봤다. 나는 형에게 달려가 형을 안았다.

나머지 가족은 어디 있는지 모른다고 했다. 우리 형제는 서로 손을 잡고 수많은 피난민이 있는 곳으로 찾아 나섰다. 오던 길을 다시 뛰고 앞으로도 달렸다. 미친 듯이 이 사람 저 사람을 보며 이곳저곳 찾으며 달렸다.

아침에 총포 소리에 놀라 헤어졌는데 벌써 저녁 때가 되어간다. 춥고 떨리고 배가 고파도 마을까지 뛰어갔다. 집도 많이 있는 큰 동네 마을이다. 그 마을 큰길가에 아버지와 어머니가 우리를 찾고 있는 것이 아닌가. 분명히 아버지다. 어머니도 그 옆에 서 있다. 우리 형제는 아버지를 찾고 어머니도 동생 누나도 찾아 어느 빈 집을 찾아 그곳에서 쉬기로 하였다. 아버지도 우리를 찾고자 얼마를 헤매고 다니셨다고 했다. 그날 나는 형과 부모님을 잃고 고아가 될 뻔하였다.

오늘도 국군 차량은 수없이 북쪽으로 가고 있다. 우리가 손을 흔들면 같이 웃고 흔들어 줬다. 철모를 벗어 흔들어 주는 국군, 총을 높이 쳐들고 고함치는 국군, 가고 또 가고 끝이 보이지 않도록 국군 차가 온종일 간다. 오늘은 이상하게도 초라하고 힘없는 수십 명이 터벅터벅 걸어왔다. 젊은 사람들이 수일 동안 북쪽으로 걸어온 것이다. 아버지께서 그 젊은 사람들을 만나서 물어보았다. 청방(청년향토방위대)에 끌려갔다가 온다고 한다. 우리 형님도 청방에 가셨는데, 아버지는 우리 아들도 이 길로 오지 않을까 생각하셨다. 젊은이는 집이 원주라고 했다. 반가워서 물어보시자 그 젊은이는 경북 영천까지 갔다가 뿔뿔이 흩어져 지금 온다는 것이다.

이럴 수가 있단 말인가? 수많은 젊은이를 데려다 이렇게 고생만 시키다 보내다니. 아버지는 큰 종이에 '강원도 영월군 주천면 주천에서 피난 온 김종철 이곳에 있으니 우리 아들도 이곳을 지나가다가 보고 찾으라'고 써서 신작로 길 미루나무에 붙이고 기다렸다. 그런데 어떤 군인 같기도 한 젊은 사람 몇 명이 와서 우리가 붙여놓은 그 종이를 들고 험악한 표정으로 "누가 김종철인가?" 하며 찾기에 우리는 무서워 말도 못하고 모른다고 하였다. 하루에도 많은 피난민이 오고 가는데 그들은 찾다가 가버렸다. 우리는 이곳에 있다가 발각될까 봐 떠나기로 하였다. 몇 날 밤을 걸어서 충북 제천 양화리에 있는 고모네 집으로 왔다. 산과 강을 건너 몇 번의 죽을 고비를 넘기면서 이곳에 오니 고모네도 피난 갔다 온 지 얼마 되지 않아 식량도 부족하였다.

아버지와의 이별

국군들이 지나간 후 우리도 다시 집으로 향했다. 아버지와 함께 많은 피난민이 주천으로 가는 길 언덕 고개 밑 큰 바위에서 쉬고 있었다. 그때 많은 피난민이 주천에서 이곳으로 다시 오면서 말한다. 어젯밤에 주천에서 큰 전쟁을 하여 오늘은 누구도 못 간다고 하는 것이다. 미군과 국군이 길을 막아서 자기들도 가지 못하고 돌아온다는 것이다. 갈지 말지 고민하는 사이에 아버지는 어머니와 우리가 있던 집으로 갔다. 아버지 혼자 집에 가서 먹을 식량을 갖고 집도 돌보고 저녁 때 일찍 오신다고 하고 피난민들과 사람들과 함께 가셨다.

형이 아버지를 따라 같이 가겠다고 하니 아버지께서 야단을 치시기에 가지 못하고 우리는 보따리를 짊어지시고 가시는 아버지의 뒷모습을 보았다. 고무신을 신고 걸어가시는 아버지 양말 뒤꿈치에 구멍이 난 것을 꿰매어 드리지도 못하고…. 피난길에 지친 아버지와 우리 가족의 마지막이 될 줄 누가 생각이라도 했을까? 그날이 1951년 음력 4월19일이다. 어쩐지 어머니께서 그렇게도 혼자 가시지 말라고 말렸는데도….

여기에서 주천까지 8km 정도인데 약 20리 길, 밤이 되어도 날이 새도 온종일 기다리고 이틀 사흘이 되어도 아버지는 소식이 없다. 우리는 아버지와 헤어진 그 바위로 가 사람들에게 물어보고 찾았으나 사람마다 모른다고 하면서 아버지께서 가시던 날 주천에서 전투가 벌어져 많은 사람이 죽고 다쳤다는 말을 들었다.

우리는 더 기다릴 수 없어 죽음을 각오하고 주천 집으로 갔다. '공순원' 고개를 넘다 보니 시신이 많았다. 길가에도 논밭에도 산에도 많았다. 무섭지도 않다. 그냥 보고 지나쳐 갈 뿐이다. 두려움과 집에 간다는 생각, 아버지를 찾겠다는 마음으로 주천으로 갔다. 강이 보인다. 그런데 강에는 없던 다리가 놓이고 강변에는 군인 천막과 총을 멘 미군과 군인들로 꽉 찼다. 제방 둑에 오르자 시장 안의 건물은 폭격으로 모두 부서지고 파여 장사하던 집은 기둥 하나 없이 없어졌다. 집으로 뛰어갔다. 기역字 모양의 큰 집은 폭격으로 반이 무너졌고 그 자리에는 폭격으로 큰 구덩이가 파이고 철모와 피 묻은 군복 같은 헌 옷과 쓰레기가 나뒹굴었다. 먹이던 돼지와 개도 없다.

아버지의 소식은 모른다. 아버지가 오시다가 전쟁으로 돌아가셨다는 말, 전쟁 때라 미군이 남쪽으로 보냈다는 말, 어디 숨으셨다가 오신다는 말, 소문과 말만 무성하다. 어디에 가서 누구에게 물어볼 수도 없다.

어머니께서는 아버지가 죽었으면 시체라도 찾아야 한다고 열세 살 형에게 가마니에 삽과 종이를 넣고 전쟁을 했다는 곳으로 가셨다. 전쟁했다는 곳으로 가서 죽은 사람들의 사체를 파 보시고 산골짜기 개울가, 밭, 길가에 무수한 시체를 보았어도 아버지는 아니었다.

온전한 것은 하나도 없었다. 허물어진 방의 흙과 물건을 우리의 힘으로는 어찌할 수가 없었다. 전쟁 전에 쓰던 책, 옷가지, 가구, 항아리에 있던 쌀 곡식도 모두 없어지고 아무것도 없다. 우리가 키우고 같이 놀아주던 개도, 돼지도 없다. 세 살짜리 여동생은 배고프다고 어머니만 졸졸 따라다니면서 울어댄다. 어머니께서는 동생을 덜렁 안고 논으로 가셨다. 논농사 지으려고 갈아놓은 큰 흙덩이를 들어내고 그 안에 동생을 넣고 "죽으라"고 오신 것이다. 어머니의 마음이 오죽하셨을까? 나는 가서 동생을 업고 친척 집에 가서 밥을 얻어 먹이고 왔다.

두 형의 귀환과 입대

그러던 중 청방으로 끌려가셨던 큰형님 둘이 오시는 것이 아닌가? 몇 달 만인가? 얼마나 많은 고생을 하셨을까? 우리는 반가워 안으며 아버지 잃은 슬픔으로 울고 만났으나 형님들의 초라한 모습이 완전한 병자와도 같은 모습이다. 형님들은 청방대원으로 가면서 낮에는 비행기 폭격 때문에 산속에 숨고 밤에만 걸어서 경북 영천까지 갔으나 제대로 대접도 받지 못하고 먹지도 못하고 고생만 하시다가 뿔뿔이 흩어져 목숨 걸고 집으로 왔다는 것이다.

우리 가족은 아버지의 屍身(시신)도 거두지 못하고 제삿날도 알지 못한 채 아버지 생신날 집에서 제사를 지낸다. 명절날 조상의 산소에도 가지 못하는 만고의 불효자로 살아가고 있다. 형님들이 집에 오시자 얼마 되지 않아 고열과 두통과 헛소리를 하는 무서운 병으로 누웠다. 병원과 약국이 어디 있으며 있다 한들 무슨 돈으로 치료를 받을 수 있는가? 당장 온 식구들이 먹을 양식도 없는데 걱정 끝에 이웃집에는 전쟁 중에도 피난을 가지 않고 숨어 계시다 살아계신 중국집 노인 내외가 있었고 그분이 韓方(한방)을

태어나고 성장했던 옛집. 6·25 때 공산군과 빨갱이들이 오면 낮에는 울타리 구멍에 숨었고, 밤에는 저 밤나무 위에 숨었다.

하시므로 살려달라고 간청을 하여 노인께서 오셔서 침과 약으로 우리 형님들을 치료해주셨다.

　형님께서 병이 완쾌되자 나머지 우리 어린 형제들도 전체가 똑같은 병에 걸렸다. 그중 내가 제일 심하게 앓아 침을 맞아도 약을 먹어도 효과가 없어 高熱(고열)과 헛소리 전신마비 두통이 왔다. 그 병은 장티푸스, 그때는 옘병이라고 하였다. 형님들과 가족들의 건강이 회복되자 큰 형님은 다시 장사하시고 작은 형님도 중학교를 중퇴하고 먹고사는 문제 해결을 위하여 제천에서 물건을 사다 팔아 생활을 도왔다.

　우리 어린 형제는 논과 밭에서 농사를 지으며 나무를 하면서 생활에 안정을 가져 왔다. 큰 형님은 제천에서 형수를 맞아들였다. 아버지 없는 슬픔으로 구식 결혼식을 올린 그 행복도 얼마 가지 못했다. 1951년 음력 11월19

일, 입대 영장을 받고 새벽 추운 바람과 함께 부모 형제와 사랑하는 형수님을 두고 주천 시장에서 트럭에 올라타고 우리를 떠났다. 형님은 제주도에서 훈련을 받으시고 곧바로 육군 보병 제9사단 28연대로 전쟁에 참가하셨다. 어머니께서는 큰형님을 특히 사랑하셨으므로 집 뒤 밤나무 밑 장독대에 상 하나 놓고 정화수 한 그릇을 떠다 놓으시고 1년 365일 하루도 빠짐없이 비가 오나 눈이 오나, 춥거나 더워도 소복 입으시고 엎드려 절하며 우리 아들 무사히 돌아와 달라고 기도하며 빌었다.

농사가 무엇인지도 모르면서 산에 불을 놓아 태우고 그곳에 땅을 파서 火田(화전)으로 조, 감자, 옥수수 등을 심었다. 춘궁기에는 먹을 식량이 없어 쑥과 나물을 뜯어 먹었다. 전쟁 중이라 정부에서 배급도 없어 인심은 사납고, 어느 기관이나 단체, 누구 하나 도와주는 곳도 없었다. 큰형님의 입대로 인한 아픔이 가시기도 전인 1953년 음력 5월, 작은 형님도 군에 입대하였다. 형과 함께 농사를 짓고 살고자 했는데 형님들이 다 가시고 보니 어머니와 열세 살, 열다섯 살의 아들 열일곱 살, 세 살의 딸 등 우리 다섯 가족이 살아갈 방법도 힘도 없다.

그래도 우리는 죽을 수도 없다. 배가 고프다. 우리는 주천 다리 공사판에서 일했다. 네모난 큰 상자에 돌과 모래를 머리에 이고 지게에 져서 채우면 도장을 찍은 표를 받았고, 그 표로 옥수수, 밀가루를 받아 생계를 유지했다. 누나는 모자 만드는 공장에 다니며 생활을 보탰고 어머니는 남의 밭에 김도 매시고 품도 파시면서 그 품값으로 목숨을 연명해 갔다.

백마고지에서 戰死한 큰형님

1953년 4월 어느 날, 경찰관과 면사무소 직원, 이장과 반장이 흰보자기에 네모나게 싼 것을 양손에 들고 왔다. 큰형님의 유골함이다. 큰형님이 백마고지에서 공산군과 싸우시다 전사하셨다. 전사 통지서는 작은 형님 군에 가시기 전에 이미 왔는데 작은아들 모르게 하려고 지금 가져 왔다는 것이다. 어머니의 울부짖음, 하루도 빠지지 않고 정화수 떠놓고 빌고 빌었던 어머니의 실망과 분노, 물그릇을 내던지며 쓰러져 울며 한탄하시는 모습과 원망의 외침, 우리는 멍하니 허공을 보고 눈물을 씻을 뿐 기대와 희망도 모두가 없어졌다.

군에 계신 작은 형님에게는 알리지 않았다. 동네 사람들이 모여 유골함을 산에 묻었다. 큰형님의 형수는 아들을 낳았으나 젖이 나오지 않아 쌀로 미음을 만들어 먹여야 했다. 쌀도 곡식도 없어 제대로 먹지도 못한 큰형님의 아들은 '김영길'로 이름을 지었고, 죽은 형님께 편지로 보냈을 때도 그렇게도 기뻐하셨다. 답장 편지에 통일되면 가서 꼭 안고 춤을 추겠다고 하셨는데 말 한마디 없이 산에 묻힌 것이다. 너무나 전쟁의 아픔이 컸다.

"어머니 안녕히 계세요" 하고 마지막 절을 올리고 떠나는 형수를 말리지도 못하고 헤어진 지도 벌써 60년의 세월이 흘러 지금은 어디에서 어떻게 살고 계시는지 알 수 없다.

어머니와 나는 큰 망태기를 허리에 매고 굶주린 배를 움켜쥐고 주천의 논과 밭은 물론이고 무릉리, 도천리 등지로 가서 보리이삭과 밀이삭, 감자, 옥수수 등을 주워 먹었다. 나물과 쑥으로 끼니를 돕고 밥은 생각도 못하였다. 돼지감자를 먹고 온 가족이 배탈로 고생하기도 했다. 산에 가서 칡을 캐 그 뿌리를 돌 위에 놓고 망치로 쳐서 흰 물이 나온다. 그 물을 그릇에 담으면 앙금이 생겨 햇볕에 말리면 흰 가루가 된다. 그 가루로 반죽해서 손바닥 같이 빚어 떡을 만들면 검은색 개떡이 되어 먹었다. 어떤 때는 배가 고파 뽕나무 오디를 따 먹고 산에 가서 소나무의 껍질을 벗겨 그 물을 빨아 먹고 살았다.

우리 가족은 배고픔 속에서도 농사를 지으려면 논을 갈고 밭을 갈아야 하는 데 어린 것들이라 어떻게 할 힘도 방법도 몰랐다. 570평의 논과 800평의 밭에 곡식을 심고 거름도 주어 가꾸어야 하는데 너무나 힘이 들었다.

주변에 많이 도와주신 덕분에 어머니와 우리 어린 형제는 정말 열심히 일하였다. 산에 가서 풀과 나뭇잎을 베어서 논의 거름으로 쓰고, 밭에는 비료 살 돈이 없어 밤이면 중학교 변소에 가서 대변과 소변을 훔쳤다. 어머니는 이를 머리에 이고 우리는 지게로 밭에 뿌려서 농사를 지었다. 아무리 열심히 농사를 지어도 병충해의 방제법도 몰라 가을 수확량은 적고 밭농사도 잘 되지 못하여 벌써 음력 12월이면 식량이 떨어져 배고픔은 계속되었다.

형은 머슴살이, 어머니와 나는 구걸 동냥

배고픔은 끝이 없다. 먹을 양식도 하나 없이 우리 다섯 식구가 살아가기는 너무나 힘들었다. 삼촌 딸은 중학교에 다니고 아들도 초등학교에 다니며 우리보다 형편이 좋았으나, 큰 집인 우리는 형이 있어야 농사도 해야 해서 학교에 가지 않았다. 삼촌도 고모도 일가친척이 다 필요 없었다. 언젠가 동생을 업고 친척 집에 밥을 얻어 먹으려고 갔다. 방문을 열고 들어갔는데 왔느냐는 말 한 마디도 없고, 동생은 밥 달라고 칭얼거려도 밥 한 그릇 주지 않기에 그냥 방문을 열고 나오면서 동생 궁둥이를 때려 울리고 나온 일도 있었다.

어머니께서는 열네 살 먹은 형을 주천 도가집(막걸리를 만들어 판매하는 집)에 머슴으로 보내었나. 가기 싫어도 가야 하기 때문에 특히 그 집의 아들이 형과 같이 학교 다니던 동창생 집에서 머슴으로 사는 것이다. 아침에 그 집에서 밥을 얻어먹고 신일리 마수 고개를 넘어 산에서 나무를 하려다가 어린 마음에 나무에 목을 매어 죽으려고 했다고 한다. 산에 오르던 어른들이 보고 급히 끈을 풀어 놓고, 젊은 놈이 그 정도의 고생도 못 참고 죽으려고 하느냐고 호통을 쳐 죽지도 못하고 마음을 다시 먹고 그 머슴 집에서 뛰쳐나온 일도 있었다. 우리는 도저히 살아갈 방법이 없었다.

어머니와 나는 동냥 구걸로 나섰다. 자루 한 개와 깡통을 들고 집집이 다니면서 전쟁으로 모든 것을 잃었으니 살려달라고 애원했다. 당시에는 굶주리는 사람이 많아서 한 집에 하루에도 몇 번씩 얻으러 오는 사람이 많았기에, 얻어먹고 사는 것도 힘이 들었다. 시골이라 옥수수, 콩, 팥, 감자를 얻었다. 아들이 없고 두 노인네만 사는 집이 있었는데, 그 집에 수양아들로 들어가 머슴과 같이 농사일을 하라고 나를 그 집에 주었다. 밤새도록 엄마와 같이 울면서 자고 헤어지기 싫은 어린 막내아들을 맡겨놓고, 몇 되의 식량을 얻어 머리에 이고 주천 집에 남아있는 자식들을 생각하시며 흰 머리에 굽으신 허리로 홀로 가셨던 어머니의 심정은 어떠했을까.

2개월 넘도록 머슴을 살았다. 6일 만에 장날이 오는데, 장날이 되면 주천으로 장을 보러 간다. 나도 집에 가고 싶어 머슴 사는 집의 아저씨와 같이 주천 시장으로 장을 보러 같이 왔다. 시장을 가려면 우리 집 앞을 지나간다. 나는 같이 오다가, 집으로 와서 숨어버렸다. 죽어도 가지 않겠다고 발버둥을 쳤다. 죽어도 어머니와 형제들과 내 고향에서 살겠다고 했다. 아저씨는 기다리다가 혼자 가셨다. 굶어도 어머니의 품이 나의 평화로운 꿈같은 보금자리 행복이고 형제들과의 만남이 즐거움이었다. 우리는 열심히 일했다. 농사짓고 나무하고 공사판에 가서 일해 화전 밭에 조와 감자를 심었다. 쑥과 나물 무엇이든지 돈이 되면 뜯고 모아서 팔았다. 다시는 형제가 헤어지지 말자며 함께 굳게 살았다.

나라에서 주는 배급쌀을 받다

우리는 항상 배고픔이 마음에서도 떠나지 않았다. 아침도 쑥죽으로 때우고 형과 나는 다리 공사하는 미군이 있는 곳으로 갔다. 키가 크고 총을 멘 미군들이 천막 앞에 다리 놓는 일을 했다. 미군들은 어린이들에게 껌과 과자 같은 것을 던져 줬다. 나도 형과 같이 뛰어가서 손을 내밀었다. 미군들은 우리를 보면서 손가락짓을 하며 과자를 던져주었다. 나는 재빨리 엎드려 껌 두 개, 과자 한 통을 주웠다.

어린이들 속에서 누군지도 모르게 "헬로 기브 미(Hello give me)", 하기에 나도 "헬로 기브 미"하면서 미군을 따라 다녔다. 미군들은 우리를 보면서 무엇이라고 떠들며 웃고 담배를 피웠다. 나는 너무나 좋아서 집으로 달려와 깡통 한 개를 칼로 쪼개어 보니 동그란 과자가 10개가 있어 동생과 누나 어머니와 같이 나누어 먹었다. 껌도 씹었다. 깡통 한 개와 껌 두 개 맛이 정말 좋았다. 지금 생각하면 그 과자는 시레이션(전투식량) 같았다.

나라에서 배급 쌀을 준다고 했다. 너무나 반가워 어머니와 함께 면사무소에 갔다. 많은 사람이 모였다. 배급은 미국에서 주는데 수수쌀이었다. 가난한 사람 중에서도 가장 어렵고 군에 가서 戰死(전사)하신 집을 뽑아서 형편대로 준다는 것이다. 아버지와 큰아들이 전쟁에 돌아가셨기 때문이다. 어머니 이름을 부르자 자루를 들고 달려가니 수수쌀 다섯 말과 밀가루 한 포 옥수수 가루 한 포를 줬다.

우리는 뛸 듯이 기뻐 집으로 가져와서 오랜만에 밥을 해서 배불리 먹었다. 수수쌀이, 찰 것이 아니라 끈기도 없어 미국에서는 사료용이라고 하는데, 수많은 우리 국민의 목숨을 구해준 귀중한 식량이었다.

4년 만에 다시 학교에 나가다

열네 살의 형이 어머니에게 "나는 초등학교도 졸업을 하지 못하여 그것이 恨(한)이 되는데 동생까지 농사꾼으로 만들 수 없으니 어머니와 내가 조금 더 일하고 동생을 학교에 보내자"고 했다. 나는 형이 너무나 고맙고 또 미안하였지만, 학교에 가기로 마음먹었다. 마침 고모네 집에는 학교 선생님 세 분이 하숙하고 있었기에 선생님을 따라 4년 만에 학교에 갔다. 나와 같이 다녔던 학생들은 벌써 중학교 1학년인데, 이제 4학년에 들어가니 키도 제일 크고 조회 때는 맨 뒷줄에 서야 했다. 창피하기도 하였지만 몇 년간 책을 멀리하다 책을 보니 학업 수준도 뒤지고 따라가지 못하지만 참고 열심히 공부하고 학교 생활을 익혀 학년 말에 2등 성적으로 마쳤다. 나이가 많아 4학년에서 6학년으로 越班(월반)하라고 하셨다.

초등학교와 중학교는 6·25 때 폭격으로 모두 파괴되고 처음에는 운동장에 돌멩이나 종이를 깔고 공부하다가 비가 오면 뒷동산 밤나무 밑에서 공부했다. 비가 많이 오면 집으로 갔다. 收復(수복) 후 미군이 물자를 주어 판자로 임시 학교로 지어 판자 마룻바닥 교실에서 공부했고 드럼통을 쪼개어 난로를 만들어 불을 피웠는데, 나무가 없어서 선생님과 뒷동산에 가서 나무를 하여 불을 때고 공부를 하였다.

현재의 필자.

나무를 하여 불 때다 보면 교실 전체가 그을음과 연기로 선생님과 고통을 참던 일도 많았다. 다행히 미국에서 우윳가루가 나오면 마당에 솥을 걸고 우유에 물을 넣어 끓여서 한 사발씩 떠주면 맛있게 먹었고, 여선생님들은 솥에 불을 때 우유를 끓여서 흰 저고리가 까맣게 되는 것도 많이 보았다. 가장 어려웠던 것은 사친회비를 가져오라고 하는 것이었다. 매일 아침 장부를 갖고 와서 사친회비를 제때에 안 낸 학생을 불러 집으로 가 가져오라면서 복도로 내몰고는 집으로 돌려보냈다. 부모님은 돈도 안 주시고 학교로 가라고 할 때 중간에서 책보 싸들고 울면서 학교도 못 가고 집에도 못 가서 방황하며 울고 가슴 치며 공부를 했다. 가난을 원망할 때도 너무 많았다.

休戰 후의 집안 살림

배움의 열정은 깊어갔다. 중학교에 입학하여 공부에 힘을 쏟았지만, 살림은 어려웠다. 학교에서 오면 교복과 가방을 던져버리고 거름을 지고 밭에 가서 해가 질 때까지 밭을 매고 거름을 주고 밤이면 호롱불 밑에서 늦도록 공부하였다. 언젠가 똥지게를 지고 좁은 논둑길을 가는데 우리 반 여학생들과 이성희 담임 선생님을 마주쳤다. 좁은 길이라 피할 곳도 없이 학급 반장이었던 나는 창피하여 얼굴을 숙이고 물이 있는 논바닥으로 들어가 몸을 숨기자 선생님과 여학생들이 지나가면서 코를 막고 뛰어갈 때 너무나 미안하기도 했다.

학교 갈 때와 올 때도 영어 단어장을 손에 들고 외우며 학급 급장으로 선생님의 사랑을 많이 받았다. 형님도 농사짓는 것으로 살 수 없어 주천 시장에 있는 신신 이발관에 나가 물 길어다 손님 머리 감겨주며 심부름을 했다. 이발 기술을 열심히 배워 이발사 자격증을 따서 이발관을 새로 차리는 것이 꿈이었다. 형님은 마침내 이발사 자격증을 따시고 얼마 안 되는 월급으로 내 학교 등록금과 월사금도 내주고 학용품도 사주었다.

1953년 휴전이 되고 삶의 길이 우리 집에도 오는 듯했다. 둘째 의태 형님이 대구의 육군 군악대에서 복무하시다 제대하시고 결혼해 따로 살림을 차렸고, 누나도 충주 비료공장에서 일하는 사람과 결혼했다. 나는 어머니와 여동생과 살게 됐다. 1959년 2월 고등학교에 진학하였지만 살아갈 길이 막막하였다.

당시 이승만 대통령의 3·15 부정선거로 우리 학생도 데모로 시간을 보내었다. 선거를 다시 하자고 학교별로 데모하느라 공부도 제대로 하지 못하고 중·고등학교 전체 학생들이 모여 시골 시장을 누비며 8명씩 스크럼을 짜고 경찰과 충돌했다. 사회가 혼란하였다.

1961년 5월16일 박정희 장군이 군사혁명을 감행했다. 세상이 바뀐 듯 평소와 같이 학교에 등교하였는데 선생님들의 얼굴에는 긴장감이 느껴졌고, 재건복에 명찰을 달고 짧게 자른 머리와 총총 걷는 발걸음에 무엇이 변하고 있음을 느꼈다. 학교에도 학도호국단이 생겨 학생들을 소대, 중대, 대대, 연대로 편제하여 고등학생에게는 목총을 갖고 훈련교관으로부터 열병 분열 사열 군사훈련을 받았다.

먹고 살기 위해 백방으로 뛰어다니다

고3 때, 대학교에 가야 하는데 나는 갈 수가 없다. 돈 때문이다. 친구들은 대학을 간다고 하지만 나에게는 먼 이야기였다. 모든 것을 포기하였는데 오세형 담임 선생님께서 교무실로 부르시더니 당시 서울 숭실대학교에서 장학생 추천으로 선발하였으니 대학을 가라고 하셨다. 너무나 고맙고 좋았으나 당장 차비도 없는데 유학비는 상상도 할 수 없어 갈 수 없었다. 선생님도 나의 형편을 잘 알고 계셨기에 아무 말씀도 없으셨다. 마침 강원도 농업협동조합에서 도내 농업고등학교 졸업생들에게 학교별 두 명씩 선발하여 농협 직원으로 시험을 보게 되어 시험을 보았으나 떨어졌다.

시골 농업학교라 작업을 공부 시간으로 대치하고 교과서는 반 정도만 배울 뿐 영어 수학은 많이 뒤졌기 때문이다. 3년간 학업을 마치고 졸업을 하게 되었다. 졸업하려면 밀린 교납금과 졸업비와 사진비 등 4000원이 꼭 필요했다. 우체국장의 도움으로 졸업할 수 있었다.

졸업 후 살 길을 찾아야 하므로 직장을 얻고자 방황하였다. 아는 사람도 없고 부탁할 데도 없었다. 영월군 상동면 녹전리에 있는 옥동광업소에 가서 일하기로 하였다. 만경 탄광 갱내에 들어가서 탄차를 끌어내는 일을 하였다. 수십 킬로미터에 탄차를 타고 들어가면 막장에서 탄을 캐서 탄차, 일명 구루마에 1톤 정도 담으면 된다. 하지만 2인 1조로 탄차를 밀고 나오다 경사 길에 빠른 속력에 걸려 넘어져 팔과 허리에 다쳤다. "젊고 앞길이 창창한 사람이 왜 여기로 왔느냐"고 말리기에 나도 도저히 할 수 없어 겨우 14일 일하고 쌀 서 말과 돈 2500원을 벌고 나왔다.

입대 영장이 나왔다. 추운 겨울 군대에 가야 되는데 친구들은 군대 간다고 잘 먹고 잘 대접 받으며 모여서 술도 먹고 기분도 내는데. 나는 군대 가기 전에 영장을 받고 하루도 빠짐없이 산에 가서 나무를 열여덟 짐을 해서 한 짐에 100원씩, 열 짐을 팔아 어머니에게 600원 드렸다. 주변에서 100원을 더 받아 500원을 팬티 속에 넣고 헝겊으로 단단히 꿰매고, 1963년 입대하였다.

나는 최전방을 희망하여 5군단 1사단 15연대 1대대 1중대에 배속되었다. 밤이면 일등병으로 최전방 초소에서 보초를 섰다. 북한의 對南(대남) 방송에 "고향 집을 떠난 남조선 국군장병 얼마나 고생하느냐. 살기 좋은 북한 땅으로 넘어오라"고 하며 흘러간 옛 노래가 들려온다. 불효자는 웁니다, 목포의 눈물 등 노랫가락이 시작된다. 나는 큰형님이 戰死(전사)한 저 백마고지에서 앞에서 敵彈(적탄)에 돌아가신 원한을 떠올리며 열심히 복무하였다.

제대 후 공민학교 敎師가 되다

군에서 제대 후 집안일을 돌보며 직장을 얻고자 열심히 뛰어다녔다. 아는 사람도 없고 경제적으로 여유도 없었다. 신문의 구직광고란을 보며 당시 부산의 유명한 김지태 사장의 이름이 나와 같아 영등포의 고무신 공장을 찾아갔으나 출입문에서 거절당했다.

농사를 지으며 나무도 하고 어머니를 모시고 살았다. 셋째 형님도 제대하고 평창에서 이발소 직공으로 다녔다. 삶이 어려웠다. 대학도 나오지 못한 처지에 직장 얻기란 너무나 힘들었다. 때마침 당시 원성군(원주시) 신림면 황둔리에 고등공민학교를 설립하고 교사를 선발한다 하여 찾아가 면담하고 교사로 채용되었다.

사회과를 맡아 수업하였다 先行 학습을 하여 학생들에게 가르치며 같이 배웠다. 2년간 졸업생을 내어 검정고시에 합격하도록 하면 원주 대성고등학교와 육민관 고등학교에도 입학시켜 배움의 길을 닦게 해줬다. 그러나 시골 농촌이라 학생들에게 학비를 받아 교사와 학교를 운영해야 했기에 넉넉하지 못했다.

나는 다시 평창군의 신앙촌에서 운영하는 시온 고등공민학교로 가서 근무했지만 교사의 신분이 없는 곳에는 장래가 없었다. 당시 국민학교에는 교사 부족으로 교사 모집한다는 말을 듣고 영월군 교육청에 선배님이 장학사로 계신다는 것을 알고 직접 찾아가 문의하고 자세한 내용을 알고 공부하여 시험을 보았다. 고등학교 성적과 표창내용 서류를 제출하여 논술고사와 면접시험을 보고 합격이 되어 단기 교육을 받고 영월군 하동면 주문리에 있는 모운국민학교에 임시 교사로 부임했다.

이 학교는 軍에 가기 전 내가 일했던 옥동광업소가 있던 곳으로 아동 900여 명 되는 큰 학교였다. 4학년 2반 담임을 맡고 열심히 지도하였다. 밤이면 하숙집으로 어린이들이 몰려오면 공부를 지도하고 낮이면 학교에서 학부모를 모시고 연구 수업도 하여 학부모와 아동들에게 사랑과 존경을 받으며 일했다. 직업의 소중함을 갖게 되었다.

월급은 1만 원, 하숙비를 제하면 6000원 정도였다. 이것도 나에게는 소중하고 고마웠다. 월급을 절약하여 여름 방학 때 어머니 환갑을 해드렸다.

필자의 가족사진.

어머니 옷을 맞추고 쌀과 밀가루를 사서 음식과 떡을 하고 이웃집과 집안 어른들을 모시고 잔치를 베풀었다.

누구의 도움도 받지 않고 혼자 했다. 형님들도 왔다 갔다. 어머니께서 좋아하셨다. 그러나 대학을 나오지 못하고, 그것도 임시 교사란 이유로 무시와 차별도 많이 받았다. 당시 학벌은 사범학교(고등학교 수준) 출신이 대부분이었고 교육대학 2년 졸업생을 최고의 학벌이라 대단하게 여겼다. 초등학교 출신 교사도 많았다. 나는 고등학교를 나왔어도 임시 교사라 학벌의 차별이 대단하였다.

춘천교육대학에 임시 초등학교 교원양성소가 설립되어 나도 4개월간 교육대학 과정 교육을 받고 삼척군 하장면 상사미리에 있는 벽지학교인 미동국민학교로 발령받았다. 임시 교사에서 準(준)교사로, 다시 정교사가 됐다.

벽지인 강원도 태백(황지)에서 6학년을 2년간 맡은 뒤, 어머니가 계시는 고향의 주천초등학교로 왔다.

결혼하고 자녀 넷을 키우다

6·25 때 인민군에게 당했던 옛날을 생각하며 6학년 담임을 하였다. 학교 앞에 조그마한 집도 마련하고 학부모님의 소개로 대전 출신의 여성과 결혼도 하였다. 결혼은 내가 직접 모든 것을 준비하고, 모든 손님도 내가 다 모셨다. 간소하게 반지와 옷, 식장비도 모두 내가 냈다.

대학을 나오지 못한 恨(한)을, 마침 한국방송통신대학이 생기자 초등교육과에 입학하여 밤이면 라디오 방송을 들으며 3년 만에 2년 과정의 초등교육과를 졸업하였다. 호봉도 올랐다. 초등교육과정 4년 학사 과정이 생겨 또 입학해 4년 과정도 마쳤다.

자녀들이 커갔다. 시골에서는 자녀를 대학에 보내기 어려워서 춘천 봉의초등학교로 전입해 왔다. 딸 셋과 아들은 강원대와 상지대를 졸업했다. 큰딸은 유아교육과를 나와 결혼 후 어린이집 원장으로, 둘째는 상지대 관광학과를 졸업 후 서울 신라호텔에서 근무하다 결혼했다. 셋째는 강원대 불어과를 졸업 후 고용노동부에 근무하고, 아들은 강원대 경영학과를 졸업 후 중앙농협에 근무하고 있다.

학교 다닐 때 月謝金(월사금)을 내지 못해 받은 고통을 알기에 자녀 교육비만큼은 제때에 챙겨주었다. 나의 교육 가치관은 국가관을 갖게 하는 것이다. 나라가 있어야 내가 있고, 내가 있어야 부모도 자식도 민족이 있는 것이다.

교사란 인재를 키우고 그 인재가 나라와 국민을 위하여 일할 수 있도록 여건과 환경을 조성하여 주는 것이 우리 기성세대가 할 일이다. 교실에서 풍금을 치면서 아동과 함께 부르던 동요가 새롭게 생각난다.

해맑게 웃으며 노래하고 그림 그리고 뛰면서 어린이들과 함께 생활하다 세월을 다 보낸 나는 교감·교장 승진도 못 하고 38년의 초등학교 평교사로 정년을 맞았다. 62세로 퇴직하여 지난 일들을 뒤로 하고 조용히 살고 있다.

金智泰(1941~)

6·25 전쟁 때 부친과 형이 목숨을 잃고 어머니를 봉양하며 동냥과 머슴살이로 苦學을 했다. '동생까지 농사꾼으로 만들 수 없다'는 형의 배려로 학업을 겨우 마친 뒤 교직에 투신, 38년간 초등학교 교사로 봉직했다.

가 작

공산주의가 만든 피 묻은 家族史

金亨佐

"좌익들은 兄의 두 눈을 꼬챙이로 뺀 채 개처럼 끌고 와
산 채로 매장했다"

공산주의가 만든 피 묻은 家族史

1934년 生인 서는 전북 김제군 봉남면 대송리 출신입니다. 4남 2녀 중 3남으로 태어나 기독교적 교육을 받고 자랐습니다. 유아 세례를 받고 주일학교 초등반과 고등반까지 충실하게 다녀 주일학교 교사가 되어 어린이들을 가르치기도 했습니다. 주일예배는 물론 새벽기도회나 수요예배에 빠짐없이 교회에 출석하는 등 철저한 보수 신앙교육을 받았습니다. 중학교에 들어갈 무렵, 저는 대송리 교회(現 김제 대송교회)에서 둘째 형 김형배(당시 집사)와 함께 교회일을 돌보았습니다.

공산주의가 만연하다

1945년 해방이 되니까 세상은 左右로 양분되었습니다. 저는 형배 형의 심부름으로 이런저런 일을 많이 했는데, 그중 하나가 '신탁통치 반대'라고 쓰인 간판을 동네 여기저기에 붙이는 것이었습니다. 당시 형배 형은 대동청년단 간부(부단장으로 기억)로 일했습니다. 저와 형은 面民(면민)들이 많이 모이는 곳에 간판을 붙이고, 그 곳에서 신탁통치 반대 집회를 하기로 했습니다. 그런데 신탁통치 반대파와 지지자들 간에 난동이 벌어졌습니다. 처음엔 신탁통치 반대를 외치던 주민들이 갑자기 신탁통치 지지로 돌변하는 일도 있었습니다.

　제가 살던 부락에서도 공산주의와 민주주의로 갈라서 '너는 어느 편이야'라고 물으면, 좌익들은 '나는 共(공)이야'라고, 민주주의를 믿는 사람은 '나는 民(민)이야'라고 답했습니다. 당시에 80% 이상은 좌익이었다고 봐야 할 것입니다.

　좌익들은 밤마다 모여 工作(공작)하고 공산주의 노래를 배우는 등 공산주의가 만연한 분위기였습니다. 기독교인들은 눈치로만 말하고, 모여서 이야기도 못할 정도로 삼엄했습니다. 학교 선생들 대부분도 좌익이었습니다. 학교에 가면 선생님들은 '민중의 旗(기) 붉은旗는 천사의 시체와 싸운다 높이 들어라 붉은 깃발을'이란 혁명가를 부르는 경우도 있었습니다.

'청년면려회'가 '공산당滅死會'로 둔갑

　그러던 중 6·25전쟁이 터졌습니다. 전쟁이 발발한 직후, 제가 출석했던 대송리 교회에서 김응규 담임목사님과 저까지 총 네 명이 주일 예배를 드렸습니다. 공산군이 쳐들어오면 순교하자고 했던 주일학교 교사들은 모두 도망치고 없었습니다.

　인민군은 대송리 교회까지 쳐들어왔습니다. 교회는 인민군 소년단 집회소로 전락했고, 담임목사님 사택은 소년단 사무실로 활용되었습니다. 인민군과 좌익들은 聖經(성경) 등 목사님이 보시던 책을 불태워버렸습니다. 벌벌 떨며 쭈그려 앉아계시던 목사님 내외 분의 모습을 생각하면 아직도 몸서리쳐질 정도로 마음이 괴롭습니다. 인민군들이 기독교인들을 색출한다는 소식이 전해지자 어느 교인 중 한 명은, 밤에 몰래 찾아와 세례교인 명부에서 자신의 이름을 삭제해 달라고 애원하기도 했습니다.

당시 교회 안에는 여러 단체가 있었습니다. 그 중 하나가 '青年勉勵會(청년면려회)'란 단체인데, 좌익으로 추정되는 누군가가 사진사와 공모해 '청년면려회'란 명칭을 '공산당滅死會(멸사회)'로 이름을 몰래 고쳤습니다. 그 때문에 교회 업무를 담당하던 제가 잡혀가는 일이 발생했습니다. 주일학교 교사인 강 선생이란 사람은, '공산당滅死會가 맞다'고 거짓증언을 하기도 했습니다.

탈출

제가 끌려간 곳이 보안서 옆의 창고였는데 우익 성향의 주민들이 많이 보였습니다. 그 사람들 중 대부분이 얼굴에서 피가 흐르고 있었습니다. 아마도 인민군이 총개머리판으로 구타한 것 같다는 생각을 했습니다. 저는 그들에게 맞을까봐 바닥에 흐른 피를 얼굴에 바르는 등 일부러 얻어맞은 행세를 했습니다.

얼마 안 있다가 낯익은 사람이 보안서 창고로 끌려오는 것을 목격했습니다. 바로 김응규 목사님이었습니다. 인민군과 좌익들은 창고 앞에서 큰 드럼통에 물을 끓인 후 金 목사님을 그 물에 넣어 처형하려고 했습니다. 목사님이 체념한 듯 제 손을 붙잡고 '하늘나라에서 만나자'며 기도를 하셨습니다. 그런데 바깥에서 오토바이 소리가 나더니 누군가 金 목사님을 부르는 인민군과 좌익들은 드럼통에 물을 끓인 후 목사님을 그 속에 넣어 처형하려고 했다. 그런데 바깥에서 오토바이 소리가 나더니….

것이었습니다. 목사님을 부르던 사람은 다름 아닌 목사님 아들이었습니다. 목사님 아들이 좌익으로 넘어가 제 아버지를 구한 것이라고 들었습니다.

당시는 여름이라 창고 안에 모기떼가 많았습니다. 모기를 피하려고 창고의 쌀겨 속에 파고 들어가 밀대모자로 덮고 자는 버릇이 생겼습니다. 그러던 어느 날, 평소처럼 자고 일어났는데 갇혀 있던 사람들이 하나도 없었습니다. 너무 이상해 '혹시 내가 천국에 왔나' 하면서 주변을 둘러봤지만 역시 아무도 없었습니다. 그래서 무조건 뛰어 달아났습니다. 연못으로 뛰어 들어가 몸도 씻고, 배가 고파 연못 속의 잉어도 잡아 먹었습니다. 나중에 들어보니 저랑 같이 갇혀 있던 사람들이 인민군들에 의해 다 학살됐다고 들었습니다.

'형좌라도 희생시켜야 한다'

집에 가보니 아버지께선 친척들도 다 좌익으로 넘어갔다고 했습니다. 아버지는 제게 돈 얼마 있으니 소의 정강이 하나 사다가 교회 쌀로 쌀밥 한 끼 먹고 다 함께 순교하자고 하셨습니다. 참 기가 막히다고 생각했습니다. 소 정강이를 사서 집에서 삶고 있는데 보안서에서 아버지를 잡으러 왔습니다. 아버지는 그들에게 한 시간 정도 엄청나게 매를 맞았습니다. 이마가 빠개질 정도로 얻어 맞아 피가 솟구쳤습니다. 그걸 보고 있자니 가슴에서 피가 솟구쳐 도무지 참을 수가 없었습니다. 어머니도 끌려가 매를 맞았는데, 어머니는 손이 부러진 상태로 오셨습니다. 누나 두 명도 전기고문을 당했는지 들것에 실려 왔습니다.

그러던 중 큰아버지께서 저희 집을 찾아 오셨습니다. 당시 큰아버지와 사촌들은 좌익이었습니다. 큰아버지가 아버지께 '동생, 동네 인민위원회에서 자네 식구를 나보고 다 죽이라고 한다'고 했습니다. 큰아버지는 '형배가 대동청년단 간부로 있는데, 형배가 안 잡히니 형좌라도 하나 희생시켜야 할 것 같네. 온 집안이 다 죽는 것보다 낫지 않은가'라고 했습니다.

각서

대동청년단 간부였던 형은, 6·25가 터진 후 인민군을 피해 부산으로 도망간 상태였습니다. 아버지께서는 '형님, 세상이 뒤집어졌다고 해서 어떻게 조카를 죽인다는 것입니까'라고 하소연했습니다. 이때 제가 '큰아버지 좋습니다. 내 몸 하나 죽어 온 식구가 산다면 제가 죽겠습니다. 갑시다. 한 번 죽지 두 번 죽겠습니까'라고 자청해 인민재판소로 끌려갔습니다.

인민재판소에는 약 100명 정도가 모여 있었습니다. 교회 교인도 더러 보였습니다. 내가 죽을 이유가 없는데 이왕에 죽을 바에야 내가 무슨 죄로 죽는 것인지 묻고 죽어야겠다는 생각이 들었습니다. 저는 재판 도중 '큰아버지 말에 의하면 형님이 안 잡혔으니까 代理(대리)로 죽는다고 하는데 인민공화국에선 代理로 죽는 법도 있습니까'라고 했습니다. 그러자 주변에서 '저 놈은 저러니까 죽어야 한다'고 하더군요. 마치 예수님의 심판과 같단 생각이 들었습니다.

서울시 송파구 방이동의 한 빌라의 지하에서 검소한 생활을 하는 필자.

그런데 잠깐 심리전을 써야겠다는 생각이 들었습니다. 인민재판위원장은 친구 유○○의 아버지셨습니다. 제가 가끔 가서 어깨와 등을 주물러 드리고, 식량이 없으면 쌀도 퍼주고 했습니다. 그랬던 분이라 말을 잘하면 구해줄 것 같아서 마지막으로 '10여 일만 참아주세요. 내가 수습해서 형님 계시는 곳을 알려드린다'고 했더니, 위원장이 '그러면 각서를 쓰라'고 해서 각서를 쓰고 나오게 되었습니다.

두 눈이 뽑힌 兄

그러던 중 형(김형배)이 김제로 끌려왔습니다. 나중에 알고 보니 형님께서 친구들과 부산으로 가는 길에 차에 펑크가 나, 전주 고모집에 숨었다고 했습니다. 그런데 저희 교회에 있다 그만둔 교인이 형이 있는 곳을 인민군에 密告(밀고)했다고 합니다. 형은 좌익들에 의해 두 눈이 꼬챙이로 뽑히고, 낭심이 터진 상태로 끌려왔습니다. 그들은 형을 산채로 모래사장에 파묻었는데, 그 일에 제 사촌도 가담했습니다. 좌익에 가담한 친척들의 말로는 좋지 않았습니다. 6·25 후에 사촌형 한 명은 자살하고, 큰아버지는 급사하고, 그 손자는 산에서 일하다가 돌에 치여 죽었습니다. 큰아버지 자손 중 좋게 사는 사람이 드물었습니다.

당시 빨치산으로 있던 제 이종사촌에 대한 이야기를 해보겠습니다. 저보다 한 살 위인데 밤이면 1시경에 支署(지서)를 습격하는 등 저와 교전까지 벌인 적이 있습니다. 먼저 교전을 하게 된 경위부터 적어보려 합니다.

저는 인민재판소에서 풀려난 뒤 조○○이란 사람과 특공대를 조직했습니다. 그를 대장으로 하여 30여 명으로 조직해 인민군들이 점령하고 있던 지서를 습격하기도 했습니다. 당시 좌익 주민들과 인민군들은 지서 주변에 토담을 약 4m 정도 쌓아놓고 사방에 초소를 만들어 놓았는데, 초소를 지키는 빨치산들 전부가 다 아는 사람이었습니다. 그 중 한 명이 제 이종사촌이었던 것입니다.

이름은 윤○○인데 교전 시에 '○○이형, 자수하시오'라고 하면 그 형은, '형좌야 우리에게 넘어오너라. 큰 대우를 해줄게'라며 회유한 적이 있습니다. 몇 년 전 빨치산 추모식에서 축사까지 했다는 말을 들어, 인터넷으로 검색해보니 정말 환영사를 했더군요. 그를 집안 손자 결혼식에서 만난 적이 있습니다. 제가 '우리 형배 형을 살릴 수 있었는데 어떻게 그렇게 죽였는가. 빨치산 추모식에서 환영사를 하고 이게 무슨 짓이냐'라고 따졌습니다. 윤○○은 '시대가 그러니 어쩔 수 없었다'고 말하더군요. 얼마 전 그도 담낭암으로 세상을 떠났습니다.

무참한 살육

저희 형과 비슷하게 최후를 맞이한 사람도 있었습니다. 하치호, 김성두 란 사람이었습니다. 두 사람은 저희 형이 생매장되었던 모래사장에서 시신 으로 발견되었습니다. 얼굴은 다 망가져 있는 상태라 옷을 보고 겨우 두 사 람의 신원을 확인할 수 있었습니다. 자기 형이 육군 대령이었던 권태술이란 사람도 좌익들에 의해 목숨을 잃었습니다. 좌익 성향의 주민들과 인민군들 은 '실탄과 무기를 내놓으라'며 권태술 씨를 개처럼 끌고 갔습니다. 김일천 이란 사람은 反共주의자로, 빨갱이들을 잡아다 고문을 한 적이 있다고 합 니다. 그는 피란을 가지 못한 채 저들에게 잡혀 권태술 씨와 함께 시신으로 발견되었습니다. 김일천 씨의 시신은, 전깃줄 비슷한 것으로 공처럼 동그랗 게 묶여 생매장된 것 같았습니다.

대송리 교회 정기봉 장로란 분이 있었습니다. 그 분의 부인은 집사님이었 습니다. 두 분 다 교회 섬기는 일에 헌신하는 羊(양) 같은 분이셨습니다. 인 민군들은 보안서 담 안에서 정기봉 장로님을 몽둥이로 마구 때렸고, 결국 정 장로님은 돌아가시고 말았습니다. 부인은 남편이 맞는 소리를 보안서 담 너머로 다 들었고, 도중에 혼절하고 말았습니다.

고순동 씨란 분은 봉남면 유지였습니다. 高 씨를 포함한 가족들이 모두 우익 성향으로, 반공정신이 강했던 것으로 기억합니다. 面 발전을 위해 지 원금을 내기도 했습니다. 그래서 좌익들의 미움을 받았던 것 같습니다. 좌 익들은 고순동 씨 며느리에게 高 씨의 목에 밧줄을 걸도록 시킨 뒤, 자녀들 이 꽹과리를 치며 묶여진 高 씨와 함께 동네를 돌도록 시켰습니다. 후에 고 순동 씨를 김제경찰서로 압송한다고 데려갔는데, 나중에 봉남면 도장리 고 개 산 중턱에서 시신으로 발견되었습니다. 발견되었을 당시 그의 시신은 머리가 깨져 있었습니다.

초등학교부터 지금까지 좌익과 싸워왔기에 죽을 때까지 순교·순국정신으로 살아갈 것입니다. 저는 애국단체 사무총장으로 15년 간 활동하고 있습니다. 국민통합운동본부 본부장으로 매주 수요일 오후 2시부터 4시30분까지 서울 종로5가 기독교연합회관 13층에서 집회를 열고 있습니다. 참석자는 30~50명에 불과하지만 열심히 일하고 있습니다. 깊은 생각없이 몇 자 써서 드립니다. 감사합니다.

金亨佐(1934~)
전북 김제에서 태어나 해방 이후 공산주의자들에 의해 친형이 무참히 살육되는 장면을 목격했다. 형뿐 아니라 같은 교회에 다니던 교인들이 참혹하게 희생되는 장면도 보았다. 현재는 애국운동에 투신, 국민통합운동본부 본부장을 맡고 있다.

하느님! 두 사람 중 한 사람 좀 데려가 주세요

朴金子

6 · 25 전쟁 때 부친을 잃고, 고된 시집살이 속에 아이 셋을 키운
평범한 女性의 이야기

하느님! 두 사람 중 한 사람 좀 데려가 주세요

저는 전쟁을 겪은 한 사람으로서 전쟁의 참상을 알리고자 이 글을 씁니다. 저는 강원도 춘천에서 자란 77세의 할머니입니다. 전쟁이 나기 전 열 살까지는 행복한 가정에서 자랐습니다. 아버지는 公職(공직)에 계시면서 쌀가게를 하셨기에 비교적 여유로운 생활을 했습니다. 언니와 오빠, 아래로는 남동생과 여동생이 있었고 오빠는 귀한 운동화도 신었습니다. 살림살이로는 재봉틀, 유성기, 부엌에는 일제 그릇이 쌓여 있었습니다. 아버지는 음악을 좋아하셔서 가끔 유성기를 틀어 주시며 행복해하셨습니다. 그래서 그런지 저는 지금도 음악을 좋아합니다.

춘천에서는 기와집 동네라고 하면 잘사는 동네로 알았습니다. 아버지는 자식들을 유난히 사랑하셨고, 특히 저를 사랑하셔서 아직도 아버지의 모습이 생생합니다. 어머니는 동네 아주머니들 사이에 부러움의 대상이었고, 아버지는 모범 청년이라고들 칭찬을 하셨습니다. 그러던 어머니는 전쟁이 나면서 제일 불행한 사람이 되었습니다.

1950년 6월25일 일요일, 밖으로 나가 어른들의 말을 들으니 보통 일이 아닌 것 같았습니다. 동산 너머에 지성 병원이 있었는데, 그곳에 포탄이 떨어졌다고 했습니다. 어린 나이에도 무서웠습니다. 행복했던 저에게 1차 비극은 시작되었습니다.

아버지는 잠시만 피하면 되니까 이불하고 쌀 조금, 고추장과 멸치를 가

겨가 며칠만 피하자고 하시더니 갑자기 재봉틀 생각이 나셨는지 귀한 재봉틀을 살려야 한다고 하셨습니다. 다락에 큰 항아리를 갖다 놓으시고는 재봉틀을 항아리에 숨기고 목화를 잔뜩 넣고 목화 몇 개를 바닥에 흘려 놓았습니다. 누가 와서 항아리를 뒤져본 것 같이 하기 위해서였습니다. 집에 오자마자 항아리를 뒤져보니 재봉틀이 그대로 있었습니다. 그 재봉틀이 우리 다섯 식구의 생명줄인 줄 누가 알았겠습니까!

5남매와 부모님은 짐을 싸들고 홍천으로 피난을 갔습니다. 남동생은 아버지를 잠시도 떠나지를 않고 항상 아버지 곁에만 있었고, 잠도 항상 아버지 곁에서만 잤습니다.

한밤중 인민군에 끌려간 아버지

피난을 가다가 빈집에서 잠을 자는데 칠흑 같은 밤중에 사람 비명이 들리니 아버지가 식구들을 깨워서 정처 없이 가다 보니 날이 밝았습니다. "아버지가 안되겠다"고 하시며 집으로 가자고 하셨습니다. 아버지는 낮에는 숨어 지내시고 밤에만 집으로 몰래 오시는 일을 반복하셨습니다. 아버지 혼자 떠나시려고 했지만, 가족을 두고 가실 수만은 없다고 하시며 묘안을 생각해내셨어요. 뒷마당에 방공호를 파기 시작하셨는데, 방공호만 파면 안 되니까 통발을 세워서 방공호가 무너지지 않게 해야 안심할 수 있다고 하셨습니다.

오늘 밤만 자면 내일은 떠나야겠다고 하시며 잠이 들었는데, 요란한 소리에 놀라 방문을 열고 나가 보니 벌써 인민군 세 명이 총을 겨누며 아버지를 꿇어 앉히며 "당신 뭐 하던 사람이냐?"고 하기에 아버지는 "나는 농사꾼이오"라고 했습니다. 인민군이 권총으로 손을 탁치며 "이게 농사꾼 손이야!" 하며 잠깐 어디 좀 가자고 하면서 아버지를 데리고 갔습니다. 식구들에게는 "나는 아무 죄가 없으니까 빨리 보내줄 거야!"라고 하시면서 가시던 모습이 눈에 선합니다.

아버지가 아무 죄도 없으면서 왜 끌려가셨는지 알고 보니 우리 쌀가게를 맡아서 하던 아저씨 형이 있었는데, 그 사람이 아버지에게 보증을 서달라고 하는 걸 거절한 적이 있었습니다. 그 사람이 거기에 앙심을 품고 있다가 전쟁이 나니까 지방 빨갱이가 돼 나쁜 짓을 하고 다녔다고 합니다. 나중에 알고 보니 우리 집 변소에서 신호탄이 올라갔다고 합니다.

직장 생활만 하던 아버지가 신호탄이 뭔지 어떻게 알겠습니까. 어머니는 미친 듯이 밖으로 뛰어다니며 인민군만 보면 "우리 애들 아버지는 어디 있느냐"고 물어봤고, 이들은 무표정하게 "저기 잘 있다"고만 했습니다. 어느 날엔 인민군들이 소를 잡아와서는 삶아 달라고 해서 어머니는 애들 아버지만 찾아주면 그렇게 하겠다고 했지만 그놈들을 믿을 수가 없었습니다. 아궁이 앞에 조그만 남자 아이가 불을 쬐며 눈물을 흘리더니, "나는 아랫동네에 사는데, 인민군한테 잡혀가니까 나중에 자기 부모님 만나면 말 좀 잘 해달라"고 했습니다. 옆집에 老부부가 살고 있었는데, "죽기 전에 고기 좀 먹었으면 좋겠다"고 인민군한테 말을 하니 인민군은 "그렇게 하라"고 했습니다. 고기를 老부부에게 드렸더니, 잡수시고 며칠 만에 돌아가셨습니다.

필자의 가족사진.

열 살 소녀의 눈에 비친 전쟁

어느 날 밤에 잠을 자는데 어머니가 식구들을 깨우며 "얘들아 큰일 났다. 빨리 방공호로 가자"고 하시길래 밖을 보니 보름달 같은 게 여러 개가 하늘에 떠 있었습니다. 그게 떨어지면 불바다가 되는 줄 알았습니다. 나중에 알고 보니 조명탄이었다는 것을 알았습니다. 인민군들은 낮에는 숨어 지내다가 밤이면 활동을 했습니다. 인민군들은 민간인 행세를 하느라고 흰옷을 입고 다녔습니다.

하루는 비행기 소리가 요란해서 밖을 내다보니 조그만 비행기가 우리집을 빙빙 돌더니 따발총으로 막 쏘았습니다. 놀라서 방공호로 뛰어가다 보니까 비행기 조종사 얼굴이 보일 정도로 낮게 비행하고 있었습니다. 사람들이 보이니까 인민군인 줄 알았나 봅니다. 그래서 낮에는 절대 길에 다니지를 못하게 하고 맷돌질도 못 하게 했습니다. 맷돌 소리가 비행기 소리 같다고 했기 때문입니다. 동네 사람들은 피난을 다 가고 우리만 있으니 인민군들이 지나다가 우리집에 들어와서 놀다가 갈 때도 있었습니다.

인민군 장교가 지나가다가 우리 집에 왔습니다. 장교복에 빨간 견장을 달고 탄광 바지에 빨간 줄이 있었는데 어린 나이인 제가 봐도 멋있게 보였습니다. 하루는 심각한 얼굴로 자기가 안익태 동생인데 항상 자기를 감시한다고 말했습니다. 후퇴를 하면 자신을 먼저 후퇴시킨다고도 말했습니다. 정말인지는 모르지만 그 장교가 안 보이더니 며칠 있다가 후퇴를 했습니다.

하루는 동네 사람들이 웅성거리며 중공군이 올 거라고 말했습니다. 우리들은 중공군이 사람 잡아 먹는 동물인 줄 알았습니다. 막상 보니 두꺼운 솜바지 저고리에 꼭 짐승 같아보였습니다. 그 사람들은 사람을 해치지는 않았는데 먹을 것만 보면 무조건 빼앗아 갔습니다. 먹을 것이 귀할 때라 먹을 것이 생명과도 같았습니다.

인민군이 후퇴를 하고 며칠 있으니 사람들이 함성을 지르며 태극기를 들고 우리 국군을 환영하러 나갔습니다. 나도 동생을 업고 달려 가다가 갑자기 눈물이 나면서 아버지 生死(생사)도 모르는 판에 뭐가 좋아서 이렇게 달려가나 하고 눈물을 흘리며 집으로 왔던 기억이 납니다.

어머니와 함께 삯바느질과 돼지 키워

동네 사람들은 전쟁이 끝났다고 한 집 두 집 모여 들기 시작합니다. 동네 사람들은 서로 안부도 묻고 무사히 돌아온 걸 환영하며 반가워들 했습

다른 형제들은 아버지 생각을 안 하는데 왜 나만 이렇게

아버지가 그리운지! 지금도 아버지 생각을 하면 눈물이 납니다.

니다. 우리만 아버지가 안 계시니까 너무나 가슴이 아팠습니다. 차라리 돌아가셨으면 모든 걸 포기할 텐데 생이별은 너무나 가슴 아픈 일이었습니다. 아버지와 헤어진 지 60년이 넘었어도 왜 이렇게 아버지 생각이 나는지 모르겠습니다. 다른 형제들은 아버지 생각을 안 하는데 왜 나만 이렇게 아버지가 그리운지! 지금도 아버지 생각을 하면 눈물이 납니다.

휴전 협정으로 일단은 전쟁이 멈춘 상태여서, 어머니는 정신을 차리고 5남매와 살아야겠다는 생각밖에 없으셨습니다. 전쟁통에도 재봉틀이 살아남아서 삯바느질을 시작하셨는데, 하루는 일곱 살짜리 남동생이 어머니가 울고 있나 하고 살펴보니 어머니가 눈물을 흘리고 있었답니다. 이를 보고 동생이 아버지를 부르며 대성통곡을 했습니다. 그러니 어머니 마음은 어떠셨겠습니다. 지금 이 대목을 쓰면서 눈물이 북받쳐서 잠시 쉬려고 합니다.

유난히 아버지를 따르던 동생이 있었는데 우연히 병이 나더니 몇 달 안가서 죽고 말았습니다. 그때는 고생스러운 생활이었기에 슬퍼할 겨를도 없었습니다. 전쟁 후라서 땔감이 부족한 때였는데, 마침 동네에서 좀 떨어진 곳에 제재소가 있었습니다. 그곳에서 톱밥을 얻어다가 대문 밖 길에다 바짝 말려서 풍구로 돌려서 밥을 해먹었습니다.

어느날 한꺼번에 많이 가져올 욕심에 톱밥을 큰 자루에 담아서 머리에

이고 집으로 오는데, 교회에서 만난 친구 오빠와 딱 마주치고 말았습니다. 그때는 쥐구멍이라도 들어가고 싶었습니다. 성장기에 무거운 걸 많이 이고 다녀서 그런지 다른 사람들보다 목이 짧은 것 같습니다. 목이 긴 사람을 보면 부러운 마음이 듭니다.

땔감이 진화되면서 연탄을 때서 편해졌는데, 그렇다고 방이 따뜻해지지는 않았습니다. 무슨 돈으로 연탄을 펑펑 때겠습니다. 얼마나 아끼면서 살았는지 밤에 잘 때는 다락에서 이불을 꺼내서 덮으면 사람이 이불을 의지하는 게 아니라 이불이 사람 덕을 보려고 했습니다. 한참을 덜덜 떨다가 잠이 들었습니다. 오죽하면 방에서 물이 얼 정도였습니다. 물도 귀해서 500미터나 되는 곳에서 물지게로 길어와 먹었습니다. 저는 물지게도 잘 진답니다.

삯바느질로는 생활이 안 되니까 돼지를 키우기 시작했습니다. 지금은 사료로 키우지만 옛날에는 음식 찌꺼기로 키웠습니다. 집집에 빈 그릇을 갖다 놓고 매일 어머니와 함께 음식물을 걷어다가 돼지를 키우고 팔고, 새끼를 사다가 또 팔고 했습니다. 그런데 여름에는 괜찮은데, 겨울에는 돼지가 먹을 것들이 얼어서 연탄불에 이걸 녹여야 해서 힘들었습니다. 그렇게 해서 다섯 식구가 온건히 살았습니다.

어머니의 發病

그러던 중에 어머니가 병이 나셔서 死境(사경)을 헤매고 계셨습니다. 그때 저는 중학교 3학년에 진학해야 하는데, 어머니가 많이 아프시니, 학교를 가겠다는 말이 나오지 않았습니다. 언니가 저보다 일곱 살이 많았는데, 어머니보다 언니가 적극적으로 저를 학교에 못 가게 했습니다. 가정 형편이 그러니까 저도 굳이 가겠다는 말을 못했습니다. 그래서 獨學(독학)을 시작했습니다. 영어와 한문 공부를 열심히 했습니다. 신문 읽기를 좋아해서 옆집에서 빌려다 보기도 했습니다. 음악을 좋아하는데 라디오는 없었습니다. 옆집에서 음악 소리가 나면 담장에 붙어서 들었습니다. 그때의 한문 공부 덕에 지금도 한문은 자신 있게 읽을 수 있습니다.

어머니 곁에서 내가 제일 많이 도와드렸습니다. 제가 십자수를 잘 놓았는데, 이웃 아주머니가 보시더니 자기네 집에 걸어둘 '횃대보'에 십자수를 놓아 달라고 하셨습니다. 횃대보란, 옛날에는 전쟁 중이라 가구가 없으니까 벽에다 못을 박은 다음 옷을 걸고 큰 광목에다 수를 놓고 먼지가 앉지 못하게 걸어 두는 것을 말하는데, 한때 유행이었습니다. 십자수로 큰 공작새를 수놓으면 정말 멋있었습니다. 손 뜨개질도 잘해서 옷을 뜨개질해서 입고 다녔는데, 사람들이 부탁하면 옷을 만들어 주기도 했습니다. 돈을 조금씩 모아서 결혼할 때 어머니의 힘을 덜어드렸습니다.

그런 와중에도 언니가 결혼 생활 4년 만에 이혼을 하고 친정에 와 있었는데, 집안일은 하나도 안하면서 사사건건 잔소리에 욕설에 매일 같이 괴롭히는데 정말 살기 싫었습니다. "가만히 있는 동생을 왜 괴롭히느냐!"고 어머니가 말하시면 그때는 어머니와 싸우기도 했습니다. 언니가 척추 결핵을 앓았는데, 약도 변변치 않으니까 제가 척추에 뜸도 많이 떠주고 주사도 놔주고 했습니다. 빨리 결혼이라도 해서 이런 생활에서 벗어나고 싶었습니다.

오빠 친구와 결혼

두 살 많은 오빠가 있었는데, 오빠 친구가 항상 붙어 다녔습니다. 대학 1학년부터 4학년까지 우리집에 매일 오다시피 했습니다. 어느 날 오빠 친구가 군대를 간다고 하기에 그런가 보다 했는데, 얼마 있다가 어머니께서 편지 좀 하라고 말하시며 "형제도 없고 얼마나 외롭겠냐"고 하셨습니다. 저는 할 수 없이 편지를 보냈는데, 나중에야 그때 위문 편지가 너무 좋았다는 생각이 들었습니다. 생각없이 편지를 보냈는데, 제대를 하고도 여전히 우리집에 자주 오고 밥도 같이 먹고 스스럼없이 친오빠와 같았습니다. 눈 다래끼도 짜주고 등목을 해줘도 누구 하나 이상한 눈으로 보는 사람이 없었습니다. 우리는 아무 사이도 아니었기 때문입니다.

그러던 어느 날 오빠가 하는 말이 "너, 내 친구 어떻게 생각하니? 너만 좋다면 수일 내에 결혼을 하고 싶어 한다"고 말했습니다. 저는 깜짝 놀라서 "어떻게 친오빠 같은 사람하고 결혼을 하느냐"고 했습니다. 그랬더니 "오빠 같은 사람하고 결혼 못할 게 뭐 있느냐"고 했습니다. 그런데 곰곰 생각해 보니, 집에서는 언니한테 시달리고 몇 년 동안 우리집을 오가는 동안 情(정)이 들었는지 싫다는 말이 안 나왔습니다.

어머니는 반대를 하셨습니다. 아버지가 계셨으면 그런 데로 시집을 안 보낼 거라면서 눈물을 보이셨습니다. 그도 그럴 것이 오빠 친구는 좋은 조건이 하나도 없었습니다. 시어머니가 계셨고, 남편감은 27세에 몸도 약하고 아직 학생이었으며, 가진 거라곤 하나도 없었습니다. 나중에 알고 보니 우리 오빠가 친구를 매부로 삼고 싶어서 더 적극적이었습니다. 제겐 오빠 친구가 똑똑하고 인간성이 좋다고 말했습니다.

그 사람은 대학 4년 동안 장학생이었고, 아르바이트로 생활을 하다 보니 우리와 비슷하게 넉넉하지 않았습니다. 1962년 12월24일로 결혼 날을 잡았는데, 드레스는 시누이한테 빌리고 신부 화장은 동네 아주머니가 해주셨습니다. 혼수는 말할 것도 없고, 예단도 없이 이불 한 채와 옷 몇 벌에 심지어는 장롱도 없었습니다. 사정이 이러하니 남편 친구들이 돈을 모아서 캐비닛을 사주었습니다. 결혼을 하고 알게 됐는데, 남편 親家(친가)는 평범한 집이 었지만, 시외가쪽은 엄청난 부자였고, 외숙모님은 저명한 인사였습니다. 온 식구가 대학 안 나온 사람이 하나도 없고, 나 같은 사람이 남편과 결혼을 했으니 무시당하는 것은 말할 것도 없었습니다. 특히 시누이들의 시샘도 있었습니다.

고된 시집살이의 시작

어렵게 살아도 시외할아버지는 한 푼도 보태주지 않았습니다. 신혼여행도 못가고 신혼 생활 3개월쯤 남편이 하는 말이 "어머니 혼자 주무시는 게 안됐다"면서 "없는 살림에 두 방에 연탄을 때느니 한 방에 살면서 연탄을 아끼자"고 했습니다. 저는 그러자고 했지만 살다보니 불편한 점이 한두 가지가 아니었습니다.

시어머니와 한 방에 살다보니 남편하고는 대화할 시간이 없고, 일요일이면 학교도 안 가고, 어머니는 교회를 가시니까 둘이 오붓한 시간을 갖겠구나! 하면 어머니는 나를 꼭 교회에 데리고 가시려고 했습니다. 둘의 시간은 가질 수가 없었습니다.

우리가 사는 집은 춘천시에서 좀 떨어진 곳이라 전기도 들어오지 않고 뒷동산에는 假墓(가묘)가 있기 때문에 밤에는 무서워서 못나갔습니다. 어느 날 밤에 어머니가 배가 아프시다고 해 남편이 그 무서운 밤에 나보고 약을 사오라고 했습니다. 무서워서 못 간다고 하니까 남편이 느닷없이 뺨을 때리는 거였습니다. 시어머니와 한 방에서 자야 효자고, 어머니 앞에서 뺨을 때려야 효잡니까? 얼마나 울었는지 모릅니다.

결혼한 지 3개월이 됐을까, 시어머니가 절 보시더니 왜 아이가 없느냐고 하셨습니다. 그러면서 친정 동네에 가서 인공수정을 알아보라고 하시는 거였습니다. 아들 내외하고 한 방에서 살면서 무슨 손자를 바라시는지 두고 두고 생각해 보면 시어머니보다 남편이 더 원망스러웠습니다. 그 고통은 당해보지 않은 사람은 모를 겁니다. 시댁 친척이 많아서 오는 손님마다 방에서 같이 자고 며칠씩 묵어가는 사람도 있었습니다.

특히 시외할아버지는 상주하다시피 하셨습니다. 그때는 다 못 살던 시대니까 그렇지만 지금 생각하면 있을 수가 없는 일입니다. 그 분은 富者(부자)였음에도 생활에 보탬을 안주셨습니다. 하루는 남편에게 왜 나하고 결혼했냐고 물었습니다. 남편은, 내가 언니의 구박도 잘 참아내고 마음씨도 좋고 해서 우리 집에 시집오면 남을 배려할 줄 모르는 괴팍한 어머니와 외아들의 고집을 잘 이겨낼 거라 믿고 나와 결혼했다고 말했습니다.

맹물로 끓여준 미역국에 젖도 잘 안 나와

시어머니는 나를 처음부터 탐탁치 않게 여기셨습니다. 교회에 다니는 아가씨가 며느리가 됐으면 했는데, 남편이 우기고 저랑 결혼하니까 항상 트집을 잡으셨어요. 그러던 중에 임신을 했는데, 먹고 싶은 게 많았지만 말도 못했습니다. 밭에서 오이를 따먹고, 무도 뽑아 먹었습니다. 시어머니는 임신

아이들과 시어머니와 함께 국회의사당에서 촬영한 사진(1976년).

사실도 기뻐하지 않으셨던 것 같습니다. 게다가 첫 아이가 딸인 걸 아시고 더 못마땅해 하는 눈치였습니다. 미역국도 맹물에 끓여주셨습니다. 가뜩이나 입맛도 없는데 도저히 먹을 수가 없었고, 젖도 잘 안 나왔습니다.

하루는 미역국을 갖다 주시며 옆집에는 아들을 낳아도 미역국을 못 먹었다고 하시니 제가 무슨 낯으로 미역국이 넘어가겠습니까. 아기도 밤낮으로 울면서 生後(생후) 한 달이 되어도 크지를 못하고 그대로였습니다. 産母(산모)가 제대로 먹지를 못하니 젖이 안 나와서 그런 걸 몰랐었습니다. 친정에 갔는데, 어머니는 금방 알아보시고 없는 살림에 우유와 젖병을 사다가 먹이니까 일주일 만에 살이 올랐습니다. 지금도 미역국을 자주 먹는데 이렇게 맛있게 끓여줬으면 젖도 잘 나왔을 텐데 하며 옛날을 회상해 봅니다.

공무원이 된 남편

그즈음 남편은 대학을 졸업하고 공무원 시험을 봤습니다. 시험관하고 말다툼을 해서 기대는 안 한다고 했습니다. 하루는 작은 아버님이 오시더니 남편에게, '네가 합격을 해서 〈강원일보〉에 네 이름이 나왔다'고 하셨습니다. 발령이 언제 날지 모르는데, 대구로 발령이 날 가능성이 있다고 해서 아무 연고도 없는 대구로 미리 가게 됐습니다.

학생 때부터 화학 선생으로 아르바이트를 했기에 그걸 토대로 혼자 떠났습니다. 하숙 생활을 몇 달 하던 중에 대구로 발령이 나서 아이만 데리고 셋방을 가보았더니 방 하나에 부엌도 없고 툇마루에 연탄 아궁이만 있었습니다. 비만 오면 아궁이에 물이 가득 찼습니다. 찬장은 사과 궤짝이 전부였습니다. 막상 출근을 하려는데 옷도 변변치 못해서 약혼반지를 팔아서 겨우 바지만 사서 입고 첫 출근을 했습니다.

1년 정도 다니다가 다시 청주로 전근을 가게 됐는데, 시어머니를 모셔 와서 네 식구가 됐습니다. 셋방을 급히 구하다 보니 기찻길이 방 옆이었습니다. 낮에는 그런대로 참겠는데, 밤이면 너무 무섭고 잠을 설칠 때가 많았습니다. 어느 날 새해 첫날이라서 나는 잘한다고 시어머니께 세배를 드리니까 '네가 얼마나 잘 났다고 옷도 안 갈아 입었는데 세배를 하냐'고 역정을 내셨습니다. 나 자신이 부끄럽고 억울했습니다.

청주에서 다시 신탄진으로 전근을 갔는데, 그곳은 황무지와 같은 곳에 큰 공장을 지었기 때문에 셋방 얻기도 힘들었고, 길은 진흙 천지고 병원도 약국도 변변치 않았습니다. 우물이 하나 있었는데, 두레박으로 한 조롱 받는데 약 30분 정도 퍼올려야 했습니다. 집도 언덕에 있었고 햇빛은 보지도 못하고 비가 많이 오던 날 부엌이 무너져서 몽땅 땅에 묻히고 말았습니다.

딸만 낳은 죄로 불 때달라는 말도 못했습니다.
추운 방에서 *産後* 조리도 할 수 없었습니다.

둘째딸 낳자 養子 얘기 꺼낸 남편

그런 집에서 둘째를 낳게 되었는데, 주변에 세 사람이 임신을 같이 했습니다. 다른 사람들은 딸을 낳아도 상관없지만 나는 아들을 낳아야 했습니다. 그런데 다들 아들을 낳고 나만 딸을 낳았으니 시어머니는 말할 것도 없고 남편은 아예 '우리는 養子(양자)를 어디서 데려와야 하는 것 아니냐'고 어머니한테 물어보았습니다. 참 기가 막혔습니다. 내가 딸을 다섯, 여섯을 낳은 것도 아닌데! 그렇다고 나이가 많은 것도 아니었습니다. 겨우 스물다섯 살이었습니다. 가끔 그 얘기를 남편한테 하면 그런 말 한 적이 없다고 딱 잡아뗍니다.

딸만 낳은 죄로 불 때달라는 말도 못했습니다. 추운 방에서 *産後*(산후) 조리도 못했습니다. 지금도 다리가 시려서 잘 때는 긴 양말을 신고 자야 합니다. 좀 더 나은 집으로 이사를 하게 되었는데, 방이 두 개라도 시어머니는 꼭 우리와 한 방에서만 주무시려고 했습니다. 어머니는 괜찮겠지만, 젊은 부부는 얼마나 불편한지 모르시는 것 같았습니다. 어떤 날은 이런 말을 한 적도 있었습니다. 손녀딸 둘씩 데리고 다니기가 창피하시다고요.

나중에 알고 보니 여자가 좋아서 결혼하면 딸만 낳는다는 식으로 이야기했습니다. 몇 년 후에 또 임신을 하게 되었는데, 딸을 또 낳으면 어떡하나 걱정하는 마음도 많았습니다. 어떤 날은 남편 친구가 저를 보고 먹으라고 귤을 사니까 남편이 딸만 자꾸 낳는데 뭘 그런 걸 사느냐고 말렸다네요! 자기는 아무것도 사다 준 적이 없으면서 말입니다.

진통이 와도 남편은 아무 말 없이 출근을 하더니 産婆(산파)를 보내 주었습니다. 아들이었는데 이루 말로 할 수 없이 기뻤습니다. 그런데 남편이 퇴근을 해도 아이를 볼 생각을 안하니까 어머니가 "얘, 아들이야"해도 대꾸도 안하고 나한테는 좋아하는 기색도 없었습니다. 아들 낳았다고 호강 한 번 못 해 보았습니다. 나중에 들은 얘기로는, 외숙모님이 하시는 말이 아들 낳았다고 잘해주면 콧대가 높아진다나. 한 일주일 정도 되니까 남편의 좋아하는 모습이 보였어요.

엘리베이터 없는 7층 맨 꼭대기 집

아들도 낳고 승진도 하고 집도 사서 서울로 이사를 하고 보니 집 장사가 지은 집이라 몇 년 만에 팔고 다시 셋방살이를 하게 됐습니다. 식구가 많다 보니 깨끗하고 좋은 집은 피해서 허술한 집을 고르게 되었는데, 셋방을 전전하다 보니 불편한 점이 많아서 아파트라도 사야겠다고 생각하던 중이었습니다. 그때 남편은 나와 의논 한 마디 없이 친구하고 술자리에서, 그것도 집도 안 가보고 계약을 했다는데 막상 가보니 엘리베이터도 없는 7층짜리 맨 꼭대기 층이었습니다. 한심했습니다.

다른 식구들은 하루에 한 번만 오르내리면 되지만, 주부인 나는 항상 물건을 사서 들고 다녀야 하니 보통 힘든 게 아니었습니다. 여름에는 유난히 더웠고 겨울에는 더 추웠습니다. 냉장고도 없어서 남편은 더위를 타는 사람이라 이웃에서 얼음을 얻어다가 남편만 주곤 했습니다. 밤에 자는데 이

불 위로 물이 떨어져서 일어나 보니 천장에서 비가 새는 거였습니다. 옥상에 가 봐도 어디서 비가 새는지 알 수 없어, 그냥 천장에 깡통을 매달고 살았습니다.

하루는 남편이 얼굴이 핼쑥해서 들어오더니 폐결핵이 再發(재발)했다는 겁니다. 눈앞이 깜깜했습니다. 고생 끝에 결핵은 나았지만 시름시름 앓으니까 한약이라도 달여주면 시어머니는 못 마땅해 하셨습니다. 교회에 돈을 바치고 기도를 하면 낳을 텐데 왜 약만 먹느냐고 하는 겁니다. 약이 떨어지면 또 지어오고 시어머니는 또 못 마땅해 하시니 저만 곤란한 적이 많았습니다.

큰 딸이 고등학교 다닐 때도 뒷바라지를 못 했습니다. 우유도 하나 못 사주고 밤새 공부를 하고 나와도 먹을 것이 없어서 물만 한 그릇 먹고 또 공부를 했습니다. 지금도 그때를 생각하면 미안한 마음뿐입니다.

수술 대신 기도원 가라는 시어머니

그러던 어느 날 남편이 좋은 직장을 버리고 사업을 하겠다고 했습니다. 사무실이 이웃에 있었는데 점심 비용을 아끼기 위해 직원들 점심을 집에서 해주면 어떻겠느냐고 했습니다.

그렇게 하라고는 했지만, 매일 장을 봐야 하고 7층을 오르내리다 보면 정말 힘들었습니다. 어느 날 먼 시장에서 장을 보고 머리에 이고 7층에 올라와서는 그냥 쓰러지고 말았습니다. 무슨 병인지 모르니까 여러 병원에 가봤지만 별로 효과가 없었습니다.

어떤 아는 분이 산부인과에 가보자고 해서 갔더니 자궁근종이니 수술을 하라고 해서 수술 날짜를 받고 집에 와서는 얼마나 울었는지 모릅니다. 그

때는 수술이 얼마나 무서웠는지. 시어머니는 기도원에 가서 기도를 하면 나을 텐데 무슨 수술이냐고 하셨어요. 우기고 수술을 했더니, 어머니는 의사한테 속아서 그런 짓을 했다고 두고두고 말씀하셨습니다. 잠시 누워 있으면 내 말을 안 듣고 수술을 하더니 그런 것 아니냐고 하시니 일을 계속할 수밖에 없었습니다. 그래서 그런지 회복이 빨리 안됐습니다.

어느 날 남편 당숙 아저씨가 아들을 데리고 와서 우리집에 좀 데리고 있어 달라고 했습니다. 아저씨 아들이 외아들인데 나쁜 친구들과 어울리는 게 싫으니 네가 야단을 쳐도 좋고, 때려도 좋으니 사람만 만들어 달라고 하는 것이었습니다. 너한테 맡겨야 안심이 되겠다고 말을 했습니다.

엘리베이터 있는 48평 아파트로

우리집은 엘리베이터도 없는 7층에다가 맨 위층이었고, 18평에 방은 세개지만 화장실은 하나고 우리 식구만 해도 좁은 집이었는데 지금 생각하면 너무 하다 싶은 생각이 듭니다. 제일 힘든 일은 도시락 싸는 일이었습니다. 친시동생도 아니고 사촌도 아닌 6촌 시동생이라니…. 말도 안 되지만 그렇다고 반대도 할 수 없었습니다.

그 와중에 큰딸이 학력고사 시험을 잘 봤습니다. 워낙 공부를 잘 해서 기대는 했었습니다. 선생님께서는 서울대를 쓰라고 하셨지만 남편은 무슨 서울대냐며 장학금 주는 학교로 가라고 우겨서 아버지 말에 따르기로 했습니다. 시동생도 대학을 가고 생활이 나아져서 선망의 대상이던 엘리베이터가 있는 옆 동네의 48평짜리 아파트로 이사를 가게 됐습니다.

좋은 것도 잠시, 아들이 잔병치레로 나를 힘들게 하더니 고등학교 2학년 때는 심한 축농증으로 수술을 했습니다. 30년 전이라 수술을 해도 완치가 안 되고 학력고사 점수도 좋지 않았습니다. 시어머니는 제 탓을 하시며 기도라도 열심히 했으면 좋은 대학을 갈 텐데 하시면서 나를 나무라셨습니다. 집 근처 S교회로 옮기시면서 교회에 대한 盲信(맹신)은 날이 갈수록 더해지셨습니다.

금비녀와 금반지를 교회에 바친 시어머니

회갑 때 금비녀와 금반지를 해달라고 하셔서 해드렸더니 우리한테는 의논 한 마디 없이 파마를 하시곤 교회에 다 갖다 바쳤습니다. 용돈은 드리는 즉시 교회에 몽땅 헌금을 하시고는 친척들이 놀러 오시라고 하면 차비가 없어서 못 간다고 하니 자식들이 보기에 얼마나 창피한 일이었겠습니까? 밤에 잠을 자는데 방문을 세게 열면서 "이놈아 용돈 떨어졌는데 왜 안 주느냐?"고 하시는데 얼마나 놀랐는지 모릅니다.

하루는 남편하고 말다툼을 하길래 말렸더니 나한테 대들면서 욕을 있는 대로 하시는 겁니다. 아이들은 아침밥도 못 먹고 학교에 가고 집이 난장판이 됐습니다. 남편한테는 당신하고는 한 방을 못 쓰겠다고 한 뒤부터 각 방을 쓰게 되었는데 그때가 45세쯤이었습니다.

큰 딸은 큰 상을 받아와도 당연하고 아들은 작은 賞이나마 받아오면 온 식구가 좋아할 텐데 그걸 못했습니다. 그때부터 아들을 미워하더니 지금까지도 못 마땅해 합니다. 남편은 공직에 있을 때 朴正熙 대통령으로부터 녹조근정훈장까지 받았기에 승진도 빨리 된다고 믿었는데, 퇴직을 하고 사업을 하다 보니 자금도 달리고 건강도 안 좋아 사업 지탱을 잘 못했습니다.

그러던 중 딸한테 중매가 들어왔는데, 서울대 출신에 박사 학위까지 받은 사람이라 남편은 좋아했지만 당사자인 딸은 좋아하지 않았습니다. 시댁에서도 콧대가 높았습니다. 그래도 결혼을 해서 3남매를 낳았습니다.

둘째 딸 덕에 미국 구경

둘째 딸도 결혼과 동시에 미국으로 이민을 갔고, 몇 년 후에 미국에서 박사 학위를 받았습니다. 딸이 미국에 사니까 미국 구경은 잘하고 다녔습니다. 남편은 여행만 가면 괜히 짜증을 부려서 여행이고 뭐고 다 귀찮을 때가 많았습니다. 남편의 건강이 좋지 않아 공기 좋은 전원주택으로 이사를 가게 됐습니다. 그런데 어머니 건강이 차츰 안 좋아지니 이상하게도 남편의 건강이 돌아왔습니다.

어머니에게 치매가 오면서 변 묻은 기저귀를 문간에 넣지를 않나, 어떨 때는 전자레인지 안에 넣을 때도 있었습니다. 식성은 좋아서 식탁에 있는 음식도 손으로 막 집어 먹고 양주도 병째로 막 마셔도 탈이 안 났습니다. 한 번은 설사를 너무 하셔서 화장실로 데리고 가야 되는데 내가 허리가 아파서 질질 끌다시피 해도 남편은 한 번도 거들어 주지를 않았습니다. 그때는 너무 힘들어서 "하느님! 두 사람 중 한 사람 좀 데려가 달라"고 기도를 했어요.

결혼 석 달 만에 이혼한 아들

1년을 고생하시다가 돌아가셨는데 사실 그때 제 가슴은 뻥 뚫리는 것 같았습니다. 그렇기도 하겠지요! 38년 동안을 시집살이를 했으니 그럴 만도 하지요! 어머니 살아 계실 때에는 다정하게 옆에 앉아 본 적도 없고, 따뜻한 말 한 마디 들어 본 적도 없습니다. 어머니가 돌아가시면 남편이 변할 줄 알았는데 습관이 돼서 그런지 여태까지 무덤덤합니다. 동네 여자들과 이런 저런 얘기 끝에 나의 경험담을 말했더니 "어떻게 살았냐"면서 오늘부터 반성하며 살아야겠다는 사람이 여럿 있었습니다.

시어머니 시집살이뿐 아니라 남편은 툭하면 고래고래 소리를 지르지를 않나, 자기 맘에 안 들면 열흘이고 한 달이고 말을 안합니다. 어떤 때는 무슨 영문인지도 모른답니다. 자기는 할 말 다 하면서 나보고는 말을 하지 말고 살라고 합니다. 음식도 남편 위주로 하지 내가 좋아하는 음식은 못 하게 됩니다. 큰딸한테 하소연을 하면 아버지 성격은 못 고치니까 엄마가 참으면서 살라고 합니다. 참는 것도 한계가 있는 것 아닌가요! 시어머니 시집살이도 끝냈으니 이제는 편히 살아야지 했지만 남편 시집살이는 끝이 없습니다.

또 한 가지 문제점은 기대했던 아들이 지방대를 나왔고 취직도 잘 안되니까 아버지가 보기에도 못 마땅한 게 많을 겁니다. 늦은 나이에 중매로 결혼을 하더니 3개월 만에 헤어지고 말았습니다. 이유야 어떻든 이혼하는 사람은 참 싫어하는 사람인데 아들이 그 지경이니 아버지 마음이 어떻겠습니까. 친구들 만나기도 창피해 밖에 나가기도 싫다는 겁니다. 나는 중간에서 남편 눈치 보랴 아들 눈치 보랴…. 아들은 혼자 객지 생활을 하는데 남편은 아들 안부 한 번 안 묻습니다. 밉기도 하고 불쌍하기도 합니다. 혼자 마음을 졸이며 눈물을 흘릴 때가 많습니다.

10년 넘게 전원생활을 하는데 텃밭이 넓어서 힘들 때가 많습니다. 여러 가지 채소도 심고 김장 배추를 대략 80포기 정도는 심어야 합니다. 딸과 같이 김장을 하지만 사돈도 줘야 하고 가까운 이웃도 주고 하려면 많이 해야 하기 때문입니다. 특히 남편은 포기김치는 안 먹어서 조선 배추를 심어야 한답니다. 알타리 김치까지 포함해 김장을 세 번 하는 셈입니다.

일복(福) 많은 인생

저는 人福(인복)은 없고 일복이 많은 사람인가 봅니다. 어느 날 갑자기 남편이 소리를 지르기에 무슨 일인가 하고 물으니 자기가 먹는 김치에 소금을 많이 넣어서 짜다고 하는 겁니다. 그러면서 나를 짜게 먹게 해서 빨리 죽게 하려고 김치를 짜게 했다고 말하는 겁니다. 여태까지 병 수발에 음식 수발까지 들며 힘들게 살았는데, 그 말 한 마디에 공든 탑이 무너지는 것 같아 얼마나 울었는지 모릅니다. 딸이 그 말을 듣더니 아버지가 이상하다고 하는 겁니다. 맨정신으로 어떻게 그런 말을 할 수가 있느냐면서요.

멀리 떠나고 싶지만 몸이 불편하니까 마음만 있지 그것도 쉽지가 않았습니다. 10년 전만 해도 여유 있는 생활이었는데 株式(주식) 투자를 하는 것은 알았는데 하루는 나한테 와서는 엄청난 돈을 잃었다는 겁니다. 자기가 잘못한 게 아니고 運(운)이 나빠서 그랬다고 말합니다. 그렇게 큰 돈이 있는 줄도 몰랐습니다. 돈이 많을 때는 친구들도 잘 만나더니 이제는 외출도 잘 안합니다.

나는 그렇게 큰 돈을 잃었어도 말 한 마디 안 할 겁니다. 지금 사는 집은 텃밭이 큰 집이지만 집도 변변치 않아서 연료비가 적게 드는 연탄을 때고 있기 때문입니다. 불편하게 살고는 있지만 마음이 편하면 된다고 생각합니다. 다만 아들 문제에 대해서는 독불장군인 남편 때문에 항상 긴장하고 살고 있습니다.

그런 와중에도 음식에는 항상 신경을 씁니다. 인스턴트 음식은 피하고 아침에는 고기, 저녁에는 생선으로 매일 머리에 식단을 짠답니다. 또 사시사철 죽이 있어야 합니다. 남편은 저의 이런 노력을 모르는 것 같습니다.

음악과 배구 관람이 樂

저 나름대로의 돌파구도 있습니다. 음악을 좋아해서 서울 살 때는 세종문화회관과 예술의전당에도 갔습니다. 지금은 교통도 안 좋고 몸도 안 따라 주니까 CD를 사다가 집에서 듣는 편입니다. 남편은 음악을 좋아하지 않아서 남편이 없을 때만 듣습니다. 좋은 음악을 듣고, 가슴이 찡하다고 하면 남편은 저를 보고 이상한 사람이라고 합니다. 음악이 없다면 살기가 힘들었을 겁니다. 외롭게 살아서 음악에 빠진 것 같습니다.

스포츠도 좋아하는데 특히 배구를 좋아합니다. 직접 배구장에 가서 관람을 하다 보면 스트레스가 확 날아가 버립니다. 음악회도 혼자 가고 배구 경기장에도 혼자 갑니다. 제 취미는 다양해서 올드 팝송, 클래식, 자전거, 배드민턴, 탁구 등이 있습니다. 신문도 꼼꼼히 읽는 편이라서 이런 경험도 해 봅니다.

이런 글을 쓰게 된 동기는 이렇게 억울한 삶을 살았는데 알아주는 사람 하나 없고 이렇게나마 나의 답답한 마음을 털어 놓고 싶어서입니다. 포기하려고 했지만 아쉬움이 남을 것 같아 이런 글을 쓰게 됐습니다. 그래야만 恨

(한)이 풀릴 것 같습니다. 딸이 수정을 해 주겠다고 했지만 나 혼자의 의지로 써야 될 것 같아서 딸의 도움을 조금도 안 받았습니다. 이런 시련이 언제까지 될지 모르지만 꿋꿋이 살려고 합니다. 두서없는 글이나마 읽어 주셔서 감사드립니다.

朴金子(1940~)
공무원인 남편과 결혼해 시어머니를 부양하며 고된 시집살이를 겪었다. 현재 용인의 전원주택에서 거주하고 있다.

自由에로의 여정은 험난했다!

吳允根

'慶州냐, 釜山이냐'를 두고 갈려진 나의 인생,
의사를 포기하고 교사가 될 수밖에 없던 사연

自由에로의 여정은 험난했다!

동족상잔의 6·25 전쟁이 터지던 날, 그 날의 일은 65년이 지난 지금도 어제 일처럼 기억이 생생하다. 그 날은 일요일이었다. 마침 학년 말 시험 기간이었기에 전날 밤 시험 준비를 한다고 책장을 뒤적이다가 늦게야 잠자리에 드는 바람에 아침에 늦잠을 자고 말았다. 귀청을 찢을 듯한 요란한 소리에 그만 잠을 깼다. 街頭(가두)에 설치한 확성기에서 흘러나오는 軍歌(군가) 소리였다. 벽시계는 8시 반을 가리키고 있었다. 주섬주섬 옷을 걸치고 마당에 나섰다. 하늘엔 잿빛 구름이 낮게 깔렸고 잔뜩 찌푸린 날씨는 금방이라도 폭우가 쏟아질 기세였고, 확성기에선 여전히 노래가 흘러나오고 있었다.

"나가자 인민군대 용감한 전사들아"

"태백산맥에 눈 내린다. 총을 들어라 출전이다."

戰意(전의)를 북돋우는 이런 노래들이 짜증스럽게 되풀이되고 있었다. 그러던 노래가 갑자기 멎었다. 긴급 뉴스를 전하는 아나운서의 격앙된 목소리가 떨리고 있었다.

"조선민주주의인민공화국 인민군총사령부의 보도, 금일 04시를 기해 남조선 괴뢰군은 38선 전역에 걸쳐 우리 인민군에 기습공격을 가함으로서 북침을 도발하였다. 기습에 밀려 2km 정도 후퇴한 우리 군은 전열을 가다듬어 반격에 나서 적을 38선 이남으로 격퇴하고 계속 南으로, 南으로 진격하

고 있다."

　이런 보도를 노래 사이사이에 반복하여 방송하고 있었다. 그럴싸한 말로 남침을 북침으로 둔갑시키는 보도였다. 이 보도를 듣는 순간 "드디어 올 것이 오고야 말았구나. 이제 전쟁이 일어났으니 온 겨레가 그토록 바라는 통일은 이룰 수 있지 않겠는가" 하는 생각이 머리를 스쳤다. 신탁통치를 반대하고 한반도 문제를 논하는 강대국들의 회의가 별 소득 없이 끝나자 북한의 많은 사람들은 전쟁만이 통일의 길이라고 생각하고 있었다.

　해방 후 북한에는 38선을 넘나들며 남한에서 물건을 사다 북한에서 파는 보따리 장사꾼들이 많았다. 38선에는 길을 안내하는 길 안내원이 있어 돈만 주면 그들의 안내를 받아 안전하게 38선을 넘나들 수 있었다. 북한에는 없거나 귀한 물건인 페니실린 주사약, 아스피린, 구아니딘, 다이아진 같은 의약품과 미군 PX에서 흘러나온 초침이 긴 손목시계, 사아지(serge)천으로 된 미군 군복 정장 등을 사다가 팔았는데, 꽤 이문이 남는 장사였다고 한다. 그 중에서도 페니실린 주사약은 그 효능이 탁월하여 인기가 대단했다. 세균 감염으로 인한 질병에 신통한 효과가 있어 북한에선 만병통치약이라고 불렸다. 폐렴이 악화되어 고열로 숨을 몰아쉬며 死境(사경)을 헤매는 환자도 주사 한 대면 씻은 듯이 나으니 과연 만병통치약이라고 불릴 만했다. 그런데 약값이 장난이 아니었다. 당시 공무원 월급이 1000원, 쌀 한 말에 250원인데, 주사약 한 병에 750원이나 한 것이다.

이들 보따리 장사꾼을 통하여 남한의 실정과 미군에 대하여 단편적이나마 들을 수 있었다. 그들이 전하는 바에 의하면 남한에는 정당 사회단체들이 난립하여 좌우 이념 대립이 심각하여 사회가 몹시 혼란스럽다는 것과 남한의 미군은 경제 강국, 군사 대국의 군인답게 풍요롭고 자유로운 군 생활을 하고 있고, 최첨단 무기, 풍족한 보급, 세계 최강의 군대답다는 것이 있다. 그러니 미군의 지원 하에 창설된 한국군 또한 막강할 것이라고 생각하고 있었다. 한편 해방 초기 북한에 들어온 소련군은 영 딴판이었다. 가는 곳마다 시도 때도 없이 저지르는 그들의 만행은 상식을 초월하였다. 부녀자를 겁탈하고 시계, 만년필, 향수 등 화장품, 아름다운 문양의 천들을 훔치고 빼앗고 하는 그들에게선 강대국 군인다움을 찾아 볼 수 없었다.

광복 소식도 뒤늦게 알아

내 고향 함경북도 鍾城(종성)에 소련군이 처음 들어온 것은 일본이 항복한 지 한참 지난 8월24일로 기억된다. 1945년 8월15일은 일본이 항복한 날인데, 그런 사실을 아는 사람이 당시에는 한 사람도 없었다. 신문도 없고 라디오도 없어 세상 돌아가는 소식을 알지 못하니 국내외 정세가 어떻게 돌아가는지 알 도리가 없었다. 식민지 지배에서 벗어났다는 사실도 깜깜이었다. 그러니 광복의 감격도 해방의 환희도 있을 수 없었다.

그런데 이상한 일이 일어나 모두를 어리둥절하게 하였다. 8월16일인가 17일이 되자 모든 관공서의 일본인 관리들이 자취를 감추었다. 일본인 경찰, 한국인 경찰 할 것 없이 모두 사라져 버렸다. 뒤따라 그들 가족, 특히 여자와 어린이들은, 몸만 빠져 南으로 떠나고 말았다. 그리하여 관공서의 업무가 중단되니 행정과 치안의 공백 상태가 벌어졌지만 별 문제는 생기지 않았고 치안상의 문제도 없었다. 행정 공백은 지역마다 자치위원회가 결성되고 치안대가 조직된 9월 중순에야 해소되었다. 1946년 2월, 북한 전역에 걸쳐 실시된 선거로 각급 임시인민위원회가 구성되어 행정업무를 관장하게 되자 자치기구들은 해체되었다.

시간이 흐르면서 정세가 알려졌다. 38선을 경계로 남북이 갈라졌다는 것과 북에는 소련군, 남에는 미국이 주둔하게 된다는 것을 알게 되었다. 해방 후 일주일쯤 지났을까 레닌 모자를 쓴 낯선 사람들이 마을에 나타나 설치고 다니더니 현수막이며 벽보들이 나붙기 시작하였다.

"세계 근로 대중의 위대한 영도자 스탈린 대원수 만세"

"세계 약소민족의 해방자 영웅적인 소련 붉은 군대 만세"

"토지는 농민에게"

"일하지 않는 자는 먹지 말라"

"능력에 따라 일하고 필요에 따라 보급 받는 지상 낙원 건설"

"오빠, 마우재가 오고 있대"

고향 마을에 소련군이 들어오던 날, 나는 방에서 낮잠을 자고 있었다. 그런 나를 여동생이 깨웠다.

"오빠, 오빠 빨리 일어나. 마우재가 오고 있대. 빨리 큰길에 나가봐"

함경도 지방에서는 을사년(1905)의 러일 전쟁 때부터 러시아 사람을 '마우재'라 불러왔다. 코가 큰 사람을 마우재 코, 눈이 오목한 사람을 마우재 눈, '마우재 도둑질', '을사년 마우재' 이런 말들이 생겨났었다. 혹자에게 어원을 물었더니 말이나 소같이 미욱하다는 뜻의 馬牛者(마우자)가 와전된 말이라는데, 확실치는 않다.

큰길에 나갔더니 많은 사람들이 구경 나와 서성거리고 있었다. 이윽고 마을 어귀에 소련병사 10여 명이 나타났다. 수색대원으로 보이는 그들은 따발총을 받쳐 들고는 주변을 경계하며 올라오고 있었다. 일본군 패잔병의 기습을 경계하는 듯하였다. 그런데 일본 군부대들은 8월 초순경 이미 마을을 지나 남쪽으로 이동하고 난 후였으니 패잔병들은 있을 리 없었다. 사방을 살피며 다가오던 병사 한 명이 내게로 걸어오고 있었다. 섬뜩한 생각에 피할까도 생각하였다. 그러나 "위대한 붉은 군대라는데 설마 무슨 일이야 있겠는가" 하고 허세를 부리며 버텨 보았다. 점점 다가와 내 앞에 와서 선 이 병사는 시계를 찬 내 왼팔을 잡았다. 이 놈이 몇 시인지 알려고 그러는 줄 알고는 시계를 그의 눈앞에 들이댔다. 그는 시계를 찬 내 팔을 비틀어 시곗줄을 풀고 자기 손목에 찼다. 그의 팔목에는 이미 세 개의 시계가 채워져 있었다.

고등학교 입학 기념으로 아버지께서 사주신 재산목록 제1호인 스위스제 손목시계를 '영웅적인 붉은 군대'에게 빼앗기고 말았다. 기분이 더럽고 정말 씁쓸하였다. 이것은 그들의 만행을 알리는 序曲(서곡)에 불과하였다. 가끔 병사를 태운 군용 트럭이 지나가면 이 또한 주민들에겐 공포의 대상이었다. 멀쩡히 지나가다가도 길가에 큰 기와집만 있으면 멈췄다. 타고 있던 병사들이 내려서는 떼지어 그 집으로 들어갔다.

낮이라 남자들은 일터로 나가고 여자들만 있는 집에 소련병사들이 몰려오니 집에 있다가는 무슨 봉변을 당할지 모르니 뒷문으로 피해 도망갈 수밖에 없었다. 그러니 집은 텅텅 빈다. 빈집에 들어간 병사들은 마음대로 뒤져서 훔쳐가니 이런 노략질을 '마우재 도둑질'이라고 불렀다.

3·13 함흥 反共학생 사건

소련군의 노략질을 규탄하는 학생 시위도 있었다. 1946년 3월13일 함흥에서 학생들이 소련군의 만행을 규탄하는 가두시위를 벌였다. 3·13 함흥 반공학생 사건으로 1945년 11월23일의 신의주 반공학생사건 다음으로 규모가 큰 사건으로 알려져 있다.

해방되던 해 북한에서는 식량이 부족하여 식량난이 심각하였다. 태평양전쟁을 일으킨 일본은 엄청난 군량미 를 충당하기 위하여 供出(공출)이라는 명목으로 농가에서 양곡을 수탈하여 갔다. 농지 면적에 따라 적게는 10여 가마 많게는 40여 가마씩 수탈하여 갔으니 식량이 부족할 수밖에 없었다. 식량이 부족하여 근근이 버텨야 하는 정말 힘든 고난의 시기였다. 그런데 흥남 부두에선 소련 화물선이 쌀을 소련으로 실어 나르고 있었다. 이 사실을 알게 된 함흥 시내 중등학교 학생들과 의대 학생들이 들고 일어났다.

"소련으로의 쌀 반출을 즉각 중단하라!"

"학생에게도 식량을 배급하라"

구호를 외치며 학생들이 거리에 나섰다. 거기에 시민들까지 가세하니 시위는 걷잡을 수 없이 확산되었다. 결국 주둔 소련군 부대가 출동하고서야 진압되었다. 소련 병사들에게선 예절이나 타인에 대한 배려 등 도덕심 같은 것은

1951년 12월 강원도 인제군 관대리에서 촬영한 사진. 가운데가 필자. 필자 왼쪽이 이범은 씨.

찾아 볼 수 없었다. 개인 보급품도 빈약하였고, 입고 먹는 것도 초라하기 그지없었다. 실상이 이러하니 소련군의 지원 하에 창설된 인민군은 대단한 군대는 못 될 것이어서 남한 국군의 적수는 못되리라고 생각하고 있었다.

이런 생각을 뒷받침하듯 남한의 군 고위 인사들이 방송에서 허풍을 떠는 것을 들은 적이 있다. 1949년 가을 어느 날 친구의 집에서 이불을 뒤집어쓰고 몰래 남한 방송을 들었다. 국방장관인가 참모총장인가 하는 인사가 허풍을 떨고 있었다.

"각하께서 북진 명령만 내려주시면 우리 군은 아침은 평양에서 점심은 원산에서 저녁은 청진에서 먹겠다"고 떠드는 허풍을, 많은 북한 사람들은 액면 그대로 믿고 있었다. 이런 터무니없는 생각을 하다니 얼마나 정세에 어두웠는지를 말하여 준다.

인민군 입대 지원서를 강제로 받다

1950년에 들어서자 전쟁의 조짐이 나타나고 있었다. 북한 전역에서 대대적인 인민군 募兵(모병)이 진행되었다. 당시 북한에서는 형식상으로는 지원병 제도를 택하고 있었다. 4월이 되자 병력과 무기를 실은 열차가 꼬리를 물고 南으로 달리고 있었다. 함흥에도 인민군 1개 사단이 주둔하고 있었는데 6월에 접어들자 사단 병력은 자취를 감추고 1개 소대 병력만이 남아 텅 빈 병영을 지키고 있었다. 상황이 이러하니 북한에서는 삼척동자도 무슨 큰 변이 일어날 것을 예감하고 있었다. 그런데 한국정부는 아무 대비도 하지 않고 있다 당하였으니 알다가도 모를 일이다.

전쟁이 터진 6월25일 김일성이 라디오 연설을 하였는데, 요지는 '전쟁 승리를 위하여 국민은 총궐기하자' 내용이었다. 다음날 대학에서는 김일성 장군 연설 지지 궐기 대회가 열렸다. 개회 선언에 이어 위원장의 정세 보고가 있었고, 다음으로 연단에 오른 토론자는 입에 거품을 물고 열변을 토하였다.

"지금 이 순간에도 戰線(전선)에서는 우리 용사들이 피 흘리며 싸우고 있다. 이런 國難(국난)의 시기에 안일하게 교실에 앉아 학업을 계속 할 수는 없지 않은가? 나는 이 자리에서 우리 모두가 군 입대를 지원할 것을 제의한다."

토론이 끝나고 결의문이 채택되었다.

"궐기대회에 참석한 우리 일동은 이 자리에서 인민군에 지원할 것을 만장일치로 결의한다."

회의가 끝나자 학생들은 강의실에서 대기하라는 지시가 있었다. 영문도 모르고 강의실에서 대기하고 있는데 정치보위부 요원으로 보이는 사람 두 명이 들어왔다. 용지를 나누어주고는 작성을 마치면 제출하고 귀가하라고 하였다. 그리고는 한 사람은 앞 출입문을 또 한 사람은 뒷문에 가서 지키고 섰다. 용지를 받아보니 입대 지원서였다. 선뜻 작성하지 못하고 서로 눈치만 보고 있었다.

아무리 머리를 굴려봐야 빠져나갈 구멍은 없어 보였다. 앞뒤 문을 지키고 서 있으니 강의실을 몰래 빠져 나갈 방법은 없었다. 고민 고민 하다가 결국 모두들 지원서를 작성해 제출하고야 말았다. 이리하여 모두가 입대를 지원하였으니 필요에 따라 소집할 수 있게 되었다.

'함흥의대'와 '평양의대'

당시 북한에 의과대학으로는 함흥의대와 평양의대 두 학교뿐이었다. 두 대학 모두 일제 때 3년제 의학전문학교로 설립된 것으로, 해방이 되자 의대로 승격되었고 修學 年限(수학 연한)도 타 대학 보다 1년 많은 5년으로 되었었다. 공산 치하에서의 학교생활도 예외는 아니었다. 학생을 민주청년동맹이라는 조직에 얽매어 놓고는 일거수일투족을 통제하고 감시하며 사소한 언행일지라도 구미에 맞지 않으면 자아비판이나 징계의 대상으로 삼으니 꼼짝달싹 못하는 숨 막히는 생활의 나날이었다.

1948년 12월 중순의 몹시 추운 날이었다. 함경도 지방의 추운 겨울날에는 기온이 영하 20도 이하로 떨어지기 때문에 방한모나 귀마개 없이 나다니다가는 귀가 동상에 걸리기 일쑤였다. 그 날 아침 8시30분에 시작되는 첫 강의에 늦지 않으려 일찍 등교하여 강의실에 들어갔다. 강의실에 난로가 있기는 한데 연탄 난로여서 달아오르지 않아 있으나 마나였다. 강의실이 하도 추워서 다들 자리에 앉아 있지 못하고 외투를 입고 장갑을 낀 채 움츠리고 서서 서성거리고 있었다. 그 때 한 학생이 칠판 앞으로 나가 백묵을 집더니 일본어로 무엇인가를 쓰기 시작했다. 해방된 지 시일이 꽤 지났음에도 일본어가 쉽게 튀어 나오곤 하였었다.

口 動かば 唇 寒し 冬の風(구치 우고카바 구치비루 사무시 후유 노 가제·입을 놀리면 입술이 시려오는 겨울바람이여)

일본 詩(시)의 한 장르로서 5·7·5 조로 된 하이쿠(俳句)였다. 그 때의 강의실 분위기를 적절히 묘사한 시라고 모두는 감탄하고 있었다. 그런데 이 詩가 북한 체제를 비판하는 시라고 民青 학교위원회에 문제를 제기한 학생이 있었다. 이후 이 詩를 反체제적인 시로 규정해 이 시를 쓴 학생을 퇴교 처분했다.

북한은 소련학제를 본떠 가을학기제를 택하고 있었다. 9월1일에 학년이 시작되어 6월30일에 학년이 끝나고 7~8월은 여름방학이다. 졸업식은 학년 말인 6월30일에 거행하는 것이 정례화 되어 있었다. 그런데 그 해에는 아무 설명 없이 졸업식을 6월20일로 앞당겨 거행하였다. 졸업식 다음날 근무지를 배정한다고 졸업생들을 소집하여 道(도) 군사 동원부(병무청)로 끌고 가 군의관 총위(대위와 소령의 중간계급)로 임관하여 부대에 배치하였다. 졸업식을 앞당긴 것도 6·25전쟁 준비 때문이었음은 더 말할 필요가 없을 것이다.

인민군에게 있어 가장 시급한 문제는 턱없이 부족한 군의관을 충당하는 문제였다. 그래서 생각해낸 임시 방편이 의과대학 재학생을 군의관으로 임관하도록 한 것이었다. 전쟁이 나고 며칠 후 의대생들은 군의관으로 임관되어 부대에 배치되었다.

전쟁이 터진 후 도피하지 않고 학교에 출석하던 학생들은 이렇게 하여 인민군에 끌려가게 되었다. 4학년 수료생은 군의관 대위로, 3학년 수료생은 군의관 중위로, 1학년 수료생은 평양 군관학교에서 20일간의 훈련을 거쳐 보병 소위로 임관하여 전선에 투입하였다. 그런데 2학년을 수료한 우리의 처리가 문제였다. 군의관이 크게 부족하지만 임상경험이 없으니 군의관으로 임관하기도 그렇고, 그렇다고 2년씩이나 의학을 공부한 학생을 보병장교로 임관하기도 그렇다는 것이었다. 그래서 생각해 낸 것이 실습경험을 쌓게 하자는 것이었다.

결국 우리는 시내 국·공립 병원에 10여 명씩 분산 배치되어 9월30일까지 임상 실습을 하게 되었다. 이렇게 되어 우리는 9월30일까지 군대에 끌려갈 걱정 없이 자유롭게 지낼 수 있게 되었으니 정말 운이 좋았다.

전쟁이 곧 끝날 것이라는 기대

7월에 들어서면서 전쟁이 점점 치열해져 감을 느낄 수 있었다. 후송되어 오는 인민군 부상병들이 늘고 있었다. 어디론가 끌려가는 미군 포로들도 목격되었다. 하늘에선 美 공군기의 공습이 기승을 부리고 있었다. B-29 폭격기는 高空(고공)에서 철교나 군 시설물을 폭격하고 무스탕 전투기와 그라망 전투기는 低空(저공)으로 비행하면서 기차역과 달리는 기차, 자동차에 기총소사를 퍼부으며 혼을 쏙 빼놓고 있었다.

헬리콥터와 세이버 제트기도 번질나게 나타나 공습에 가세하였다. 헬리콥터는 이착륙하는 모습이며 생김새가 잠자리를 닮았다고 잠자리 비행기라 불렀고, 제트기는 '쌕~'하는 폭음과 함께 나타났는가 싶어 하늘을 쳐다보면 어느새 '쌕~'하는 폭음만 남기고 저 멀리 날아가는 속도가 하도 빨라 '쌕쌕이'라고 불렀다. 그리고 쌕쌕이는 이승만 대통령의 처가인 호주에서 온 것이라고 엉뚱한 말을 사람들은 하였는데 그것은 '오스트리아'를 '오스트레일리아'로 잘못 알았기 때문이었을 것이다. 어떤 노인은 잠자리 비행기가 흥남비료공장의 높은 굴뚝 꼭대기에 앉아서 쉬다가 날아가는 것을 똑똑히 보았다고 너스레를 떠는가 하면, 추녀 끝에 닿을 듯 아슬아슬하게 날아가는 그라망 전투기의 미군 조종사가 집안에 있는 자기를 보고 미소 짓고 손을 흔들었다고 능청스럽게 말하는 등 터무니없는 우스갯소리가 떠돌았었다.

이제나 저제나 하고 졸이는 마음으로 戰況(전황)이 반전되었다는 소식만을 기다리고 있던 차에 그토록 기다리던 반가운 소식을 9월15일 접하게 됐다. 감격하여 가슴이 터질 것만 같았다. 그 날 친구를 만나러 거리에 나갔다가 공습 경보가 울리자 방공호를 향하여 필사적으로 뛰었는데, 느낌이 이상하였다. 비행기에서 폭탄이 투하되면 폭탄에 장착된 안전핀이 풀리게 되어 있다. 안전핀은 바람개비가 달린 장치였다. 바람개비가 돌면서 '앵~' 하는 소리가 난다는 것은 다들 알고 있었다. 하루에도 수없이 공습을 당하다 보니 터득하게 된 사실이었다.

그런데 그 안전핀이 풀리는 소리가 들리지 않는다. 이상한 생각이 들어 걸음을 멈추고 하늘을 쳐다보았다. 이게 웬일인가? 폭탄이 아니라 전단지가 바람에 날리며 떨어지고 있었다. 골목에 숨어서 전단지가 떨어지기를 숨죽이고 기다렸다. 한 장 주워 펼쳐보고는 눈을 의심하였다. 그토록 바라던 일이 드디어 일어났으니 가슴이 벌렁거리며 심장이 멎을 것만 같았다. 인천 상륙작전의 성공을 알리는 전단지였다.

전단지에는 한반도 지도가 그려져 있었고 미군이 지도의 한가운데를 가위로 자르는 그림이었다. 전단지 상단에는 '9월15일 유엔군 인천상륙작전 성공'이라고 쓰여 있었다. 유엔군이 인천에 상륙하였으니 이제 전세는 反轉(반전)될 것이고 전후방을 차단당한 인민군은 낙동강 오리알 신세가 아니겠는가? 전쟁은 곧 끝날 것이고 통일도 멀지 않았다는 벅찬 감격에 가슴이 두근거렸다.

군의관 입대 後 탈영

시간이 흘러 우리의 병원 실습이 끝나는 9월30일이 되었다 실습을 끝마친 우리는 학교에 집결하였다. 그 날 오후 군의관인 대위 한 명이 학교에 왔다. 함흥과 북청에 서른이 넘는 장년들을 소집하여 경비연대를 창설하는데 군의관이 필요하다는 것이었다.

면접을 통하여 각 연대에 11명씩 22명이 선발되었다. 나는 북청연대에 배정되었다. 1950년 9월30일 밤 11시, 우리 11명은 군 트럭으로 북청을 향하여 출발하였다. 북청까지는 200여 리, 서너 시간이면 갈 수 있는 거리였건만, 차가 老朽(노후)하여 도중에 고장으로 지체되는 바람에 북청 부대에 도착한 것은 다음날 아침 해 뜰 무렵이었다.

인민학교 校舍(교사)를 징발하여 막사로 쓰고 있었다. 운동장에선 삼사십 된 장정들을 훈련시키고 있었다. 인사담당 장교가 앞으로의 일정에 대하여 설명하였다. 신병 훈련이 끝나면 대대로 편성하는데 그때에 우리의 부대 배치도 결정되니 그때까지 장교 식당에서 숙식하며 대기하라는 것이었다.

이리하여 우리 11명은 군복도 보급받지 못하고 학생복 차림으로 신병훈련이 끝날 때까지 별다른 제약 없이 자유롭게 지낼 수 있었다.

북청부대에 끌려온 지 일주일 되던 날 아침, 친구 범은이가 어렵게 나에게 도피계획을 털어 놓았다. 그는 흉금을 털어놓을 수 있는 유일한 친구로서 해방되던 해에 서울의 보성고등학교를 졸업하고 함흥의대에 들어온 다재다능한 수재였다. 그가 탈영하겠다고 하니 과연 그다운 결심이라고 생각하였다. 이곳에서 도피하여 집에 가서 숨겠다는 그의 결심은 단호하였다. 이제 곧 유엔군이 들어올 터이니 그때까지만 무사히 넘기면 될 것이니 집으로 도망가겠다면서 나도 자기 집에 같이 가서 숨자고 했다. 그의 고향 이원까지는 北으로 100리밖에 안 되니 능히 걸어서 갈 수 있는 거리였다.

둘은 몰래 부대를 빠져나와 북으로의 걸음을 재촉하였다. 도중 농가에서 하룻밤을 지내고 다음날인 10월8일 집 근처의 고갯마루에 이르렀다. 밤이 되기를 기다려 사람들 눈에 띄지 않게 몰래 집에 숨어들었다. 이렇게 우리의 도피 생활이 시작되었다. 절대 집밖에 나가서는 안 됐다. 이웃사람들의 눈에 띄어 아무개가 집에 왔다는 소문이 퍼지는 날엔 말짱 도루묵이고 도로 아미타불이 되고 말기 때문이다.

열성분자들은 다 도망가고…

숨어 지낸 지 15일 만에 드디어 그 날이 왔다. 10월24일 유엔군과 국군이 이원에 들어왔다. 사람들이 태극기를 들고 거리로 쏟아져 나왔다. 군 입대를 피해 산 속에 움을 파고 숨어 지내던 젊은이들도 거리로 몰려 나왔다. 몇 달씩 햇빛을 보지 못하여 창백해진 얼굴의 젊은이들이 해방되었다고 자유를 찾았다고 서로 얼싸안고 감격의 눈물을 흘리며 만세를 부른다. 흥분의 도가니였다. 마을은 온통 축제 분위기였다. 앞날에 대한 부푼 기대로 한껏 흥분한 마을 사람들은 격앙된 감정을 주체 못하고 구름 위를 걷는 듯 들뜬 기분에 젖어 있었다.

시간이 지나면서 흥분이 점차 가라앉았다. 사람들도 日常(일상)으로 돌아갔다. 자치위원회가 조직되고 치안대가 편성되었다. 대한청년단도 창단되었다. 공산정권에 빌붙어 완장차고 거들먹거리던 부역자를 단죄한다고 날을 세운다. 당한 만큼 갚아주겠다며 잡아들이기 시작했다.

그런데 정작 단죄되어야 할 극성스럽게 날뛰던 열성분자들은 모두 도망가고 없었다. "나야 괜찮겠지" 하고 남아 있던 자들이 잡혀와 조사를 받으니 "이게 옳은가" 하는 의구심을 지울 수 없었다. 힘없는 백성이 家長(가장)으로서 가정을 지키며 편히 살아가겠다고 시키는 대로 따랐을 뿐인 그들에게 思想(사상)의 굴레를 씌워 단죄하는 것이 옳을까? 과연 그들에게 사상이나 이념 같은 것이 있었을까. 국군이 들어오면 '빨갱이'를, 인민군이 들어오면 '반동분자'를 처단한다고 법석을 떨며 이렇게 죽이고 저렇게 죽었다. 이보다 더한 비극이 또 있을까?

越南 결심

11월에 들어서도 국군과 유엔군의 北進(북진)은 계속되고 있었다. 신문도 없고, 방송도 듣지 못하니 정세가 어떻게 돌아가는지 알 도리가 없었다. 11월이면 이미 중공군이 압록강을 건너 참전하여 장진호 전투에서 인해전술로 유엔군과 국군을 괴롭히고 있었을 텐데 우리는 그런 사실도 까맣게 모르고 통일 소식만을 애타게 기다리고 있었다.

국군이 들어오면 '빨갱이'를, 인민군이 들어오면 '반동분자'를
처단한다고 법석을 떨며 이렇게 죽이고 저렇게 죽였다.

그러던 중 12월6일 청천벽력같은 소식에 그만 넋을 잃고 말았다. 중공
군 개입으로 전세가 불리해진 국군과 유엔군이 밤새도록 南으로 철수하였
다는 것이다. 자치 위원회도 치안대도 남으로 떠났고 미처 피난 못한 주민
들이 우왕좌왕 허둥대고 있었다. 우리도 피난 가야 한다. 또다시 공산 치하
에 남아 있을 수는 없다. 가야 하는데 어떻게 갈 것인가? 기차도 자동차도
없다. 걸어서 가기에는 너무 멀고 위험하다. 그래서 갈 수 있는 방법은 오직
배뿐이니 차호로 가서 배를 마련하기로 하였다. 차호까지는 30리. 서둘러
차비를 갖추고 길을 나섰다. 길에 나서니 차호로 가는 피난민이 줄을 잇고
있었다.

차호에 사는 친구 범은이의 숙부께서 배를 소유하고 있어 그 배로 가기
로 하였다. 배라고 해봐야 고기잡이 범선으로 40여 명 탈 수 있는 작은 배
였다. 배가 마련되었으니 이제 배를 몰고 갈 선장과 선원 두 사람을 구해야
하는데 가겠다는 사람이 없다. 설득해봤자 요지부동이었다.

선장을 칼로 위협

자기들은 하루 벌어 하루 먹는 처지니 가족 때문에 절대 갈 수 없단다.
더군다나 노동자 농민이 주인이 되는 지상낙원을 건설한다고 떠벌리고 있으

니, 이들이 과연 피난 갈 필요성을 느꼈겠는가. 가족 때문에 못 간다는 그들에게 "지금의 유엔군 퇴각은 작전상의 후퇴이니 맥아더 장군은 틀림없이 반격하여 올 것이다. 그러면 우리는 피난 갔다가 곧 돌아올 수 있을 것이니 넉넉잡고 석 달이면 고향에 돌아올 것이니 걱정할 것 없다"고 설득하였다 그러면서 배로 갈 사람 한 사람당 쌀 한 가마씩 40여 가마를 모아 주기로 하고야 겨우 동의를 얻을 수 있었다.

이제 피난길 만반의 준비가 갖추어졌다. 모두의 얼굴에 비로소 화색이 돌았다. 차호항에는 150여 척의 작은 어선들이 남한으로 떠날 준비를 갖추고 정박하고 있었다. 12월8일 18시에 일제히 떠나기로 결정했다. 치안대 경비선이 항구 내를 계속 순찰하고 있었다. 유엔군이 북한에 진주하자 쫓겨 도망갔던 공산 분자들의 기습이 염려됐기 때문이다. 멀리서 들려오는 총성에 모두가 긴장하고 있었다.

12월8일 저녁 무렵 모두가 배에 올라 선원들이 오기를 기다렸다. 시간이 되자 배들은 한 척, 두 척 항구를 빠져 나가는데 우리는 선원이 오지 않아 떠나지 못하고 있었다. 이러다가 못가는 게 아닌가 하는 두려움에 모두는 말이 없었다. 바로 그때였다 선원 둘이 나타났다. 그렇게 반가울 수가 없었다. 그런데 선장이 오지 않으니 떠날 수가 없었다. 항구에 정박해 있던 그 많은 배들은 다 빠져 나가고 우리 배만 덩그러니 홀로 남아 있지 않은가?

멀리서 들리던 총성이 점점 가까워지고 있었다. 다들 공포에 질려 얼굴이 창백하다. 무작정 기다릴 수만은 없는 절박한 상황이었다. 그 곳 사정에 밝은 청년 셋이 부엌칼을 몸에 품고는 선장을 찾아 나섰다. 선장은 마침 집에 있었다. 죽어도 못 간다는 그를 칼로 위협하고 힘으로 제압하여 강제로 끌고 왔다. 어렵게 고비를 넘기고 드디어 배가 움직이기 시작하였다.

"벗으라면 벗을 것이지 피난민 주제에…"

바로 그 때였다. 부둣가 광장에서 만세소리가 요란하게 울려 퍼졌다. 쫓겨 도망갔던 공산분자들이 돌아왔다. 만세소리에 모두는 질겁했다. 큰일이 아닌가? 우리 배는 아직도 항구를 벗어나지 못하였는데 큰일이다. 그들에게 들키는 날엔 모든 게 끝이 아닌가? 모두 死色(사색)이 되어 떨고 있었다.

그런데 요행일까 그들은 미처 거기까지에는 생각이 미치지 못했던 모양이었다. 무사히 항구를 벗어나 동해바다에 나와 돛을 올리니 이제 살았구나 하고 모두는 안도의 한숨을 내쉬었다. 그런데 바다날씨가 심상치 않다. 눈발이 날리더니 진눈깨비로 변했다. 뱃머리에 부딪히는 파도가 점점 거세지고 있었다. 배가 파도에 출렁일 때마다 속이 뒤집혀 구역질을 하며 토했다. 밤새도록 파도에 시달리며 토하다 보니 다들 파김치가 되어 축 늘어졌다.

날씨가 이러니 과연 부산까지 예정대로 일주일 안에 갈 수 있을까들 걱정이었다. 날씨가 이래서는 20일도 더 걸릴 것이라고 한다. 1주일분 식량만 준비하였으니 그걸로 20일을 버텨야 하니 배고픔은 피할 수 없게 되었다. 월남하려고 차호에 모여든 피난민들 중에는 배편을 마련하지 못하여 안달복달하는 사람들이 많았다. 그런 사람을 한 사람이라도 더 태워야 한다고 식량을 최소한으로 줄여 1주일분만 배에 실었다. 그러니 양식이 달릴 수밖에 없었다.

출항 첫째 날에는 풍랑에 시달리며 밤새도록 토했다. 구토를 계속하다 보니 나중에는 쓴 열물까지 토했다. 둘째 날에도 멀미는 여전하여 물 한 모금 못 마시고 하루 종일 굶었었다. 셋째 날이 되자 멀미가 다소 가라앉았다. 그제야 비로소 배가 고파왔다. 배불리 먹어야 하는데 양식이 달린다고 배식 양을 줄이니 배가 고파 참을 수가 없다. 정승도 사흘을 굶으면 도둑질 생각을 한다더니 사흘을 굶었더니 배가 고파 견딜 수가 없다. 자나 깨나 먹는 생각 뿐 배불리 먹을 수만 있다면 아무 짓이라도 할 것 같은 마음이었다. 사람이 겪는 고통 중 배고픔보다 더한 고통이 없음을 절실히 느꼈다.

차호항을 떠난 지 10여 일 만에 식수를 보충하기 위하여 속초에 들렀다. 흙을 밟으니 살 것 같았다. 장형, 범은이, 나. 이렇게 셋은 시내 구경을 한다고 거리로 나왔다. 국군 상사가 소대를 인솔해 지나가고 있었다. 그러던 그 상사가 우리 앞으로 다가와 서더니 장형더러 다짜고짜 신고 있는 신을 벗으라는 것이다. 장형이 새 부츠를 신고 있었기 때문이다. 못 벗겠다고 버티는 장형을 윽박지르면서 "벗으라면 벗을 것이지 피난민 주제에…" 하고 눈을 부라린다. 북한에서 온 것이 죄라도 되는 듯 주눅이 들었다. 빨갱이로 몰리지나 않을까 겁에 질려 꿀 먹은 벙어리가 됐다. 장형이 엉겁결에 구두를 벗었고, 그 상사는 다 떨어진 농구화를 벗어놓고는 그 구두를 신고 가버렸다.

젊은 여인의 수난

눈감으면 코 베어가는 곳이 서울이라는 말은 들었어도 눈 뜬 사람의 구두를 빼앗으니 이보다 더 황당한 일이 또 있을까? 장형은 분이 풀리지 않는 듯 배에 돌아와서도 투덜대며 씩씩거리고 있었다. 배에서의 불편한 생활로 환자가 생겨났다. 소화불량으로 고생하는 사람, 감기에 걸려 심한 기침을 하는 사람들로 응급약이 필요하여 구급약을 사기 위하여 강릉에 들렀다.

배가 부두에 닿자 군복차림의 청년이 올라탔다. 계급장도 부대 표식도

1970년 속초여고 영어교사 재직 시 학생들과 함께.

없는 것으로 보아 정보원 끄나풀 같았다. 검문한다고 이 사람 저 사람 붙들고는 딱딱거리더니 젊은 여자 앞에 가서는 겁주며 몰아세운다. 이것저것 따져 묻더니 사무실에 가서 더 조사해야 한다며 내리란다. 내리게 해서는 안되겠다고 여럿이 거들고 나섰다. 배가 곧 떠나야 하니 제발 사정 좀 봐달라고 애걸하였다. 그러나 그게 통할 리 없었다. 내리라면 내릴 것이지 "빨갱이 같은 놈들. 아직도 정신 못 차리고 까분다"고 호통을 치며 눈을 부라리니 기가 꺾여 움츠러들 수밖에 없었다. 그 틈을 타 그는 여자를 데리고 내려 버렸다.

배가 떠나야 하는데 그 여자가 오지 않았다. 한 시간 가량 기다렸을까 그 여자가 힘없는 걸음으로 나타났다. 배에 올라 자기 자리에 가서 앉더니 얼굴을 가슴에 묻고 울고 있다. 그 놈이 그 여자를 데리고 가 무슨 짓을 하였는지 짐작이 갔다. 자유를 찾아 떠나온 피난길, 부모 형제도 다니던 직장이나 학업까지도 미련 없이 내던지고 떠나온 피난길에서 이런 억울한 일을 당하다니. 인권의 사각지대에서 울분을 참아야만 하는 피난민은 이방인이란 말인가. 울화가 치밀고 분통이 터질 노릇이었다.

배는 삼척군 앞 바다를 지나고 있었다. 모처럼의 화사한 날씨였다. 따사로운 햇살이 거울 같이 잔잔한 바다 위를 비추니 봄날 같이 포근했다. 불현 듯 고향 생각에 가슴이 저려온다. 자식의 생사조차 알지 못하여 눈물과 한숨으로 잠 못 이루시고 노심초사 하실 부모님 생각에 목이 멘다.

바로 그때였다. 갑자기 배가 돌기 시작한다. 앞으로 나가지 않고 제자리에서 팽이처럼 빙글빙글 돌기만 한다. 잽싸게 선원이 돛을 내렸다. 그래도 배는 계속 돌고 있다. 선장의 말에 의하면 배의 밑바닥에 배의 평형을 잡아주는 '따리'라는 장치가 있는데, 그것을 고정하는 나사가 풀려 배의 균형을 잡아주지 못하기 때문에 배가 돌고 있다는 것이다. 바람이 없고 파도가 잔잔하니 망정이지 바람이 세거나 파도가 높아지면 배는 바로 뒤집힌다니 절체절명의 순간이다. 사방을 둘러봐도 도움을 청할 어선 한 척 없는 고립무원의 절망의 처지다. 모두는 사색이 되어 사시나무 떨 듯 떨고만 있다. 체념한 듯 초점을 잃은 눈빛이 공허하다.

12월 찬 바다에 뛰어들다

아무리 궁리를 거듭하여 보아도 살아날 길은 보이지 않았다. 자유를 동경하여 떠나온 피난길에서 꼼짝없이 水葬(수장)될 처지에 놓였으니 두려움과 허탈한 마음을 어찌 말로 표현할 수 있었겠는가? 겁에 질려 굳은 표정으로 체념한 듯 얼빠진 듯 넋두리를 늘어놓는 사람, 기구한 운명을 한탄하

우리를 재워준 집의 큰아들은, 우리가 간첩이나 공비일지도
모른다고 판단, 몇 가지를 따져 묻기 시작했다.

며 대성통곡하는 사람, 간절한 심정으로 기도하는 사람 등 죽음의 문턱에
선 사람들의 절박한 심정은 여러 형태로 나타나고 있었다.

그런데 한 선원이 옷을 훌훌 벗더니 12월의 차디찬 바다에 뛰어들었다.
풀린 나사를 펜치로 조이겠다고 배 밑으로 잠수해 들어갔다. 이윽고 배가
멈췄다. 선원이 물 위로 솟구쳐 올라 배에 탔다. 그가 그렇게 고맙고 위대하
게 보일 수가 없었다. 생명을 구해주었으니 우리 모두는 새 생명을 얻어 새
로 태어난 기분이었다. 조심조심 노를 저어 정라진港(항)에 들어가 배를 수
리하고서야 항해를 계속할 수 있었다.

차호港을 떠난 지 20일 가까이 지났다. 좁은 배에서의 새우잠, 심한 배 멀
미, 부실한 식사에 모두는 몸도 마음도 지쳤다. 정말 견디기 어려웠다. 이제
38선을 넘었으니 여기는 대한민국. 차라리 배에서 내려 부산으로 걸어가는
것이 낫겠다고 범은이와 나는 뜻을 모았다.

12월28일 점심 무렵 배가 구룡포에 들렀다. 배에 탄 일행에게 작별을 고
하고 내리려는데, 마른 오징어 다섯 축을 준다. 가다가 팔아서 점심이나 한
끼 사먹으란다. 북한 돈이야 있어봤자 남한에서야 휴지조각이니 있으나 마
나였으니, 오징어 다섯 축, 그게 나와 범은이의 순재산이었다. 배에서 내린
후 범은이와 나는 줄곧 행동을 같이 하여 왔다. 지금까지도 그와 나는 변함
없는 우정을 이어가고 있다.

50代 중반 여인의 厚意

배에서 내려 한 사십 리쯤 걸었을까. 당도한 곳이 경북 영일군 지행면이었다. 해는 서산에 기울고 집집마다의 굴뚝에선 저녁 짓는 연기가 피어오르고 있었다. 하룻밤 묵을 집을 찾아야 하는데 용기가 나지 않는다. 문전걸식을 해야 하다니 처지가 너무나 비참하다. 산기슭의 큰 기와집이 시야에 들어왔다. 사랑채가 달린 규모가 큰 농가였다. 그 집에 가서 사정하기로 하였다. 대문 앞에 서서 주인을 찾았다. 후덕한 모습의 50 중반의 부인이 나왔다.

"북한에서 오는 피난민인데 하룻밤 묵어 갈 수 없을까요?"

목소리가 기어 들어간다. 부인은 말없이 우리를 바라보고만 있었다. 우리의 몰골이 측은하게 보였을까. 온정의 빛이 눈에 어린다. 사실 우리의 꼴이 말이 아니었다. 입은 채로 배에서 20일을 뒹굴었으니 옷은 형편없이 더러워졌고 목욕은 고사하고 세수도 제대로 못하였으니 머리는 부스스하고 수염은 덥수룩했다. 그런 모습으로 매서운 바닷바람에 떨고 서있는 모습에 아마도 母性愛(모성애)가 동했을 것이다. 우리보고 들어오란다. 그리하여 우리는 문간방에 들어갔다. 빈 방에 들어간 둘은 말없이 우두커니 앉아 있었다. 말할 기분도 말할 기운도 없었다.

한 서른쯤 된 젊은이가 들어왔다. 큰아들이었다. 문간방에 피난민이라는 젊은이를 들였는데 혹시 피난민을 가장한 간첩이나 공비는 아닌지 신원을 확인하여 보려고 들어온 모양이었다. 인사를 나누고 나자 따져 묻기 시작한다.

"어디서 오는가?"

"함흥에서 옵니다."

"북한에선 무엇을 하였는가?"

"학생이었습니다"

"무슨 학교에 다녔는가?"

"함흥의과대학에 다녔습니다."

그는 더 이상은 묻지 않고 나가버렸다. 나중에 들은 바로는 우리가 의대생이라는 말에 "옳지 잘 걸렸다. 너희가 의대생인지 아닌지는 내 아우가 의대생이니 금방 밝혀질 것이다. 만약 거짓으로 밝혀지면 학생을 가장한 공비나 간첩이 틀림없을 것이니 바로 경찰서에 신고할 것이다"고 하였단다.

둘째 아들이 확인하러 들어왔다. 그는 서울대학교 의과대학 4학년에 재학하는 정심적 씨로, 1951년 2월에 졸업이 예정돼 있었다. 우리는 북한과 남한의 실정에 대하여 이야기를 나누었다. 특히 그는 소련 과학 아카데미 회원인 오파린 박사의 코아세르베이션(coacervation) 이론에 관심이 많았다. 그날 밤은 그 집에서 오랜만에 편한 잠을 잘 수 있었다.

'방이 없어 재워줄 수 없다'

길은 다시 계속되었다. 몸은 천근만근 체력의 한계를 느낀다. 고달픈 떠돌이 신세, 언제나 끝을 낼 수 있을까. 백년설이 불렀던가. 〈나그네 설움〉의 가사가 생각난다.

"오늘도 걷는다마는 정처 없는 이 발 길 지나온 자국마다 눈물 고였네."

이게 바로 우리의 처지가 아닌가? 부산에 간다지만 부산에 간들 뾰족한 수가 있을 것도 아니겠고, 가야 하는데 갈 곳도 오라는 데도 없는 유랑의 신세, 처량하고 막막하기만 하다. 암울한 현실 앞에 왜소한 내 모습이 너무도 무력하게 느껴졌다. 하늘이 무너져도 솟아날 구멍은 있는 법이라고 귀에 못이 박히도록 일러주시던 할머니 말씀이 떠올라 스스로를 곰곰 되돌아보았다.

한 칠십 리 걸었을까. 점촌에 이르렀다. 날이 저물어 간다. 잘 집을 찾아야 하는데 겁부터 났다. 초가집이 50여 채가 옹기종기 모여 있는 작은 어촌, 큰 기와집이라곤 보이지 않는다. 과연 저 가운데 우리를 재워줄 집이 있을까? 50여 채 되는 집을 빠짐없이 돌며 사정하여 보았다. 그러나 예상대로 방이 없어 재워 줄 수 없단다. 북한의 가옥은 겹집으로 되어 있어, 작은 집도 방이 네 개는 있다. 남한의 농가 구조도 북한 집과 외관상 비슷하여 방이 네 개는 있을 것으로 보이는데도 방이 없다니 믿어지지 않았다.

　겨우 받아주는 집을 찾았다. 집에 들어가 보고서야 방이 없다는 말이 빈말이 아님을 알았다. 안방과 웃방 방 두 개뿐이니 손님을 재울 수 없는 구조였다. 저녁을 먹고 나자 주인이 따라오라며 마당에 나가더니 장작 네 개비를 새끼줄에 묶어 들고는 앞장선다. 간 곳은 마을회관이었다. 부엌 아궁이에 장작 네 개비를 지피고 여기서 자란다. 방에 들어갔더니 방바닥이 얼음장 같다. 겨울 내내 사람이 기거하지 않았으니 그럴 수밖에…. 침구라곤 없다. 있는 것이라고는 목침뿐이다. 방바닥을 만져보니 溫氣(온기)라곤 없다. 피곤하여 졸리니 눈을 붙여야 하는데 을씨년스럽다. 추워서 몸이 덜덜 떨리니 잠들 수가 없다. 추위에 떨며 날밤을 새자니 죽을 맛이었다. 빨리 날이 밝기나 하였으면 하는 생각이 간절했다. 동지섣달 긴긴 밤이라더니 너무나 길다.

인생의 갈림길에서 慶州로 향하다

　점촌을 뒤로 하고 길을 나서기는 하였는데 잠자리 구할 걱정이 태산 같다. 하는 수 없다. 이제부터는 파출소에 찾아가 염치불구하고 잘 곳을 주선하여 달라고 떼써보기로 하였다. 그날 저녁 무렵에 포항 양포읍에 이르렀다. 마침 길가에 파출소가 있어 들어갔다. 형사가 홀로 사무실을 지키고 있었다. 사정을 말하였더니 친절하게 대해준다. 자기도 고향이 평양이라며 동정적이다.

어디에 갈 것인가 묻기에 부산에 갈 것이라 하였다. 부산엔 친척이라도 있는가 하는 물음에 없다고 하였더니 그러면 왜 하필이면 먼 부산에 가려 하는가? 하고 묻는다. 북한에서 의대를 다녔으니 부산의 병원에서 조수로라도 일하다가 유엔군이 북진하면 따라서 고향에 갈 것이라고 하였다. "그렇다면 부산까지 갈 것 없이 여기서 고개 하나만 넘으면 경주인데 경주에는 제 15, 16, 18 육군병원이 주둔하고 있어 일자리 구하기가 쉬울 테니 경주에 가는 게 낫지 않겠는가"하고 충고하여 준다. 우리는 결국 그의 충고를 따르기로 하였다. 부산으로 가려던 발길을 경주로 돌린 것이다.

함흥의대생들도 월남, 서울의대 졸업

이것이 인생의 갈림길임을 그때는 미처 생각하지 못했었다. 전쟁이 터지자 서울대학교는 부산으로 피난하여 開校(개교)했다. 전쟁 중이라는 이런저런 이유로 결원이 많아 편입학의 길이 있었다. 함흥의대에서 교수로 재직하던 분들도 1·4후퇴 때 부산으로 피난을 와서 개업하거나 軍병원에서 도와주고 있었다. 그분들이 보증해주면 의대 학생임을 인정받아 청강생으로 한학기 수강한 후 정규 학생으로 등록하여 서울대 의대를 졸업할 수 있었다. 이렇게 졸업한 동기생이 20여 명은 된다. 우리는 경주로 발길을 돌리는 바람에 인생길이 달라졌다.

양포를 떠나 험한 고개를 넘어 해질 무렵에 덕촌이라는 작은 농촌마을에 도착하였다. 경주까지는 20리밖에 안 된단다. 그 곳 농가에서 하룻밤 신세지고 다음날 정오경에 경주에 도착하니 1951년 1월1일 설날이었다. 우선 경주 경찰서로 찾아갔다. 공휴일이라 당직 경찰관이 찾아오는 피난민들에게 피난민 증명서를 발급해주고 있었다.

별다른 조사나 심문 없이 불러 주는 대로 기입하고는 경찰서장의 직인을 찍어 교부해주고 있었다. 너무나 쉽게 발급하여주니 이래도 되나 의아스러웠다. 근처 피난민 연락소에 들러 등록을 하였더니 구호품으로 안남미 쌀 두 되씩, 담요 한 장 씩을 준다.

친구가 사준 우동 네 그릇

연락소를 나왔으나 갈 곳이 없다. 점심 때가 훨씬 지났으니 배가 고프다. 설날이니 점심은 먹어야 하는데 돈이 없다. 그나마 가진 것이라고는 오징어 뿐이니, 오징어를 팔려고 시장을 찾았다. 오징어 한 축에 2200환씩 다섯 축에 1만1000환을 받았다. 구호품 쌀도 파는 수밖에 없었다. 한 말에 3000환씩 쳐서 넉 되에 1200환을 받았다. 이게 총재산이니 아껴야 했다.

이제 점심도 먹었으니 남한의 시장 풍경이 궁금하여 시장을 돌아보기로 하였다. 돈이 없으니 잠도, 밥도 공짜로 해결해야 하는 막막한 처지인데도 한가하게 시장 구경이나 하려 한다고 철딱서니 없는 철부지라고 나무랄 수도 있을 법하다. 그러나 그것은 철없이 구는 치기도 무모한 만용도 아니다. 젊은이기에 가질 수 있는 자신감에서 오는 여유로움이라고 이해하는 게 옳지 않을까?

시장은 피난민으로 북새통을 이루고 있었다. 북한에서 온 피난민들, 서울 등지에서 온 피난민들, 부산으로 가는 도중에 들린 피난민들로 붐볐다. 사람들 틈에 끼어 밀려가다가 그 많은 사람들 틈에 아는 얼굴을 발견했다. 학교 친구 김신현이 아닌가? 미군 군복을 입은 그는 몰라보게 변한 모습을

친구 김신현은 호주머니에 있는 양담배, 껌, 캔디, 돈을 꺼내
전부 우리에게 주는 우정을 보여주었다.

하고 있었다.

그는 함흥에서 미군부대 통역으로 근무하다가 부대와 함께 경주로 철수
하였단다. 점심을 사준다고 우동 가게에 들어갔다. 한 그릇에 300환 하는
우동 네 그릇을 주문하여 두 그릇씩 먹으란다. 허겁지겁 먹고 있는데 그는
호주머니에 있는 것을 모두 꺼냈다. 양담배, 껌, 캔디, 돈을 꺼내서 전부 우
리에게 주었다. 그의 우정에 고마움을 새삼 느꼈다. 우리는 다시 만나기로
하고 헤어졌다.

美軍 부대 통역으로 일하며 北進을 기대했으나…

그때 경주에는 북한에 진주하였다가 철수한 미군 군단 본부가 주둔하고
있었다. 얼마 후 그 친구의 주선으로 미군 부대에 일자리를 얻었다. 나는 美
10군단 제4통신대 통역으로, 친구는 美 10군단 CIC 통역으로 일하게 돼 정
말 다행이었다.

1월 말에 부대가 충주로 이동하였다. 충주에 한 달 가량 머물다가 2월 말
에 제천으로 옮겨 갔다. 제천에 5개월 가량 주둔하다가 홍천을 거쳐, 1951
년 10월 말경에 강원도 인제군 관대리로 이동하였다. 피난민들은 신이 났
다. 이런 속도로 북진하면 고향 갈 날도 머지않았다고 흥분하였다. 기대에

1997년 중국 도문 여행 중. 왼쪽부터 필자의 여동생. 필자의 친구. 필자. 필자 남동생.

부푼 모두의 얼굴에는 웃음이 넘쳤다.

그러나 戰況(전황)은 그렇지가 않았다. 관대리에 눌러 앉은 부대는 요지부동이다. 단 한 뼘도 움직이지 않는다. 시간이 흐르자 휴전에 대한 이야기가 떠돌더니 마침내 판문점에서 휴전회담이 개최되기에 이르렀다. 피난민의 시름은 점점 깊어만 가고 있었다. 기어이 고향에 돌아갈 수 있기를 바라는 피난민의 간절한 소망은 점점 멀어져만 가고 있었다.

1953년 7월에 휴전이 되니 넉넉잡고 석 달이면 돌아갈 것이라고 믿고 떠나온 피난길이 영영 돌아갈 수 없는 불귀의 길이 되고 말 것 같으니 실향민의 심정이야 오죽하였을까?

1954년 2월, 홍천농업고등학교 영어 교사로 발령 받아 교단에 서게 됐고, 교직이 나의 천직이 되었다.

휴전이 되어 총성은 멎었으나 전쟁이 할퀴고 간 傷痕(상흔)은 너무도 크고 깊었다. 전쟁과 함께 모든 것이 사라져 버렸다. 삶의 터전이 송두리째 허물어졌으니 먹을 것도 입을 것도 부족했다. 하루하루 끼니를 이어가기가 버거운 힘든 삶의 연속이었다. 미국이 구호물자로 보내온 안남미, 보리쌀, 밀가루, 옥수수 가루, 우유가루가 아니었다면 아마 굶어 죽는 사람이 속출하였을 것이다. 미군용 담요 한두 장 없는 집이 없었다. 입을 것이 없어 미군 군복을 염색하거나 탈색하여 입었다. 구호물자 양복 한 벌 얻어 입으면 그게 최고의 나들이 옷이었다.

생활이 어려워 슈샤인(shoe-shine) 보이로 나서는 소년들은 구두닦이통을 메고 미군을 찾아다니며 구두를 닦아 가계를 도왔다. 미군 천막이나 숙소에서 청소하고 심부름 하는 하우스보이로 일하며 살림을 돕는 소년들, 시장에서 미국 달러를 사고파는 암달러상이나, 단속의 눈을 피해가며 양키 물건을 암거래하여 가계를 근근이 꾸려가는 억척 주부들, 다방이나 음식점을 돌면서 고사리 같은 가냘픈 손으로 껌을 팔아 끼니를 이어가는 어린이들, 철부지 꼬마들은 '깁미 껌(Give me gum), 깁미 쪼코레트(Give me chocolate)'하며 미군을 쫓아다녀야 했다. 이보다 더 가슴 아픈 일이 또 있을까?

의사 대신 교사로서의 삶

교육 여건도 열악하기는 매한가지였다. 교실이 부족하여 일부 학생은 미군용 천막에서 수업을 하니 여름에는 더워서, 겨울에는 추워서 고역이었다. 점심 시간에는 도시락을 싸오지 못한 아이들이 수돗가에서 주린 배를 물로 채워야 했으니 1인당 국민소득이 100불도 안 되는 가난한 나라의 국민이기 때문에 겪어야 할 숙명치고는 너무도 가혹했다.

이런 일도 있었다. 아침 학급 조회시간에 교실에 들어갔다. 한 학생이 벌건 얼굴로 앉아있다. 수상하여 불러냈더니 술 냄새가 난다. 술 먹고 버젓이 학교에 오다니 발칙한 놈이라는 생각에 화가 났다.

"술 먹었어?"라고 하니 "술 안 마셨습니다."라고 답한다. "술 냄새가 나는데도 안마셨어?" 오리발을 내민다고 화가 나서 언성을 높였다. "술 냄새요? 정말 안마셨습니다. 술 냄새가 난다면 아마 술지게미 때문인가 봅니다. 밥이 없어 어머니께서 이웃에서 얻어온 술지게미를 먹었더니 술 냄새가 나는 것 같습니다"라고 답했다. 미안하고 죄송한 마음에 말문이 막혔다.

석 달마다 돌아오는 分期末(분기말)이 되면 수업료 때문에 학생들 마음에 상처를 주는 일을 해야 하니 마음이 무거웠다. 경제사정이 어려워 수업료 미납자가 많아 학교 운영이 어렵다고 납입을 독촉하라고 선생들을 닦달한다.

미납한 학생을 집에 돌려보내란다. 돌려보내 봤자 소용없다는 것을 알면서도 학교 방침이니 따를 수밖에…. 교실에서 열심히 수업을 받고 있는 학생을 집에 돌려보낸다는 것은 교사에겐 내키지 않는 정말 하기 싫은 일이었다. 그래도 배움에 대한 학생들의 학구열은 뜨거워 식을 줄 몰랐다. 그들의 배움에 대한 뜨거운 열정이 겨레의 희망이며 험하고 고된 삶을 견디어 내게 하는 버팀목이었다.

교사의 처우도 말이 아니었다. 1954년 2월에 첫 봉급을 받았다. 一金 4300원, 무상으로 주는 쌀과 보리쌀 서 말씩, 학교 기성회에서 주는 기성회 수당 6000원, 이게 전부였다. 정말 쥐꼬리만한 보수였다. 당시 쌀 한 말에 4000원이었다.

그래도 보수가 적다고 처우가 나쁘다고 누구 하나 불평하는 사람은 없었다. 어려운 고비를 넘겨 이렇게 살아남아 가르칠 수 있다는 것을 큰 행운으로 생각하며 열심히 가르쳤다. 지긋지긋한 가난에서 벗어나는 길은 노력뿐임을 알기에 모두는 허리띠를 졸라 맸다.

피난민들의 원통하고 허망한 마음을…

결국 우리는 기적을 만들어 냈다. 이는 우리의 성실함과 근면함에 대한 하늘의 보답 아니겠는가? 그런데 칠천만 겨레가 그토록 바라는 통일은 언제쯤 이루어질까? '통일은 대박'이라고 하는데 그 통일 대박을 우리는 언제쯤 이룩할 수 있을까? 피난민에겐 통일은 오매불망 못 잊어 하는 혈육을 만나는 날이 될 것인데….

고향을 떠난 지 65년, 그 긴 세월 동안 어느 한 순간인들 부모형제를 잊은 적이 있었던가? 피난 초기엔 할머니 생전에 돌아가야 하는데 하고 조바심 내며 기다렸으나 허사였다. "느긋하게 기다리자"고 마음을 달래었다. 아무렴 부모님 생전에야 돌아갈 수 있겠지 하고….

그러나 그 바람마저도 허물어졌다. 마지막 남은 소망은 살아서 고향 땅 밟아 부모님 산소에 술 한 잔 올리는 날이 오기만을 기다리며 살아온 한 평생인데 이제 그것마저도 버려야 할 것 같다. 내 나이 90이 되어 가니 버릴 수밖에 없지 않은가?

인생은 空手來空手去(공수래공수거)라 하였으니, 이제 나도 모든 바람 내려놓고 빈 손으로 가야 할 것 같다. 기다리고 기다리다 지쳐버린 피난민 1세들, 잊을 수 없는 혈육의 그리움을 간직한 채 유명을 달리하고 있는 이 애절한 현실을 공감하는 이가 과연 얼마나 될까?

결코 잊을 수 없는 한 맺힌 사연들이 풍화되어 잊혀져 가는 현실에 피난민들의 마음은 무너져 내린다. 뼈에 사무치는 혈육에의 그리움 떨쳐버리지 못하고 힘겹게 붙잡고 매달려 내려놓지 못하는 피난민들의 원통하고 허망한 그 마음 어찌 할꼬….

吳允根(1926~)

함흥의대 재학 중 인민군 군의관이 됐다가 탈영해 美軍 통역이 되었다. 전쟁이 끝난 후인 1954년, 홍천농업고등학교 영어 교사를 시작으로 교직에 투신, 강원도 내 여러 학교를 전전하다가 1968년 3월, 속초여자고등학교로 발령을 받으면서 속초와 인연을 맺었다. 정년퇴임 후 속초문화원 부원장을 지내며 지역사회 발전에 기여하는 등 꾸준한 對外 활동을 해오고 있다.

사랑하는 후손들아, 大望을 가져라!

李東權

나의 손녀 이소야! 할아버지가 전 세계를 돌아보면서 느낀 결론은,
이 세상을 긍정적으로 바라보면 그야말로 천국이 될 것이고,
부정적으로 바라보면 지옥이 될 수도 있다는 것이다.

사랑하는 후손들아, 大望을 가져라!

'**나**의 뱃생활 이야기'는 2009년부터 쓰기 시작한 외손녀의 '육아일기'에서 일부 발췌해 정리했다. 내가 세계를 순방하면서 보고 느꼈던 바를 현재 우리의 남북문제, 우리 사회의 문제점 등에 대해서도 일기 내용을 일부 보완해 후손들에게 남기기 위한 목적으로 쓴다.

육아일기를 쓰게 된 동기는 아래와 같다. 할아버지는 4남 1녀 중 막내로 태어났지만, 兩家(양가) 조부모님에 대한 기억이 전혀 없다. 당시는 해방과 6·25전쟁을 겪으면서 너무나 어려운 시기여서 먹고 사는 일에 급급했다. 특히 우리집에는 두 삼촌네 식구들과 함께 살면서 가족이 17~18명에 달해 '育兒(육아)'란 개념 자체가 없었고, 자기 운명대로 자랐다고 보아야 한다.

그러다 보니 아이들의 재능이나 희망 같은 건 전혀 고려되지 않았고, 흔히들 그 시대의 생활상을 말해주듯, '발을 신발에 맞추며' 살아왔었다. 그래서 너와 네 외사촌 오빠들을 생각하면서 너희들에게 뿌리를 알리는 한편 각자의 재능을 최대한 살릴 수 있도록 오랜 경륜을 쌓은 우리가 도와야겠다고 생각했다.

요즘 아이들은 자라면서 문화의 혜택을 많이 받아서인지 총명하고 무熟(조숙)하기는 하나, 자기중심적이다. 가족 및 공동체 의식과 자립심, 우리 민족에 대한 역사 인식 등에서 우려되는 점이 많다. 이런 문제는 결국 가정

에서의 '人性(인성)교육'이 부족해 일어난다고 생각돼 네 육아일기를 쓰려고
마음먹었다.

운동권에 빠진 외삼촌

오늘은 내 아들이자 너희 외삼촌의 대학 시절 학생운동 이야기를 하려
고 한다. 네 외삼촌은 서울대 공대 88학번인데, 당시는 군사정권에서 민주
화 시대로 넘어오는 거의 막바지 단계로, 웬만한 대학생들은 학생운동을
할 때였다. 그때 나는 외항선을 타면서 이탈리아 '사모나港(항)'을 母港(모항)
으로, 유럽·중동·리비아 등을 오갔다.

그런데 할머니가 전하기를 "외삼촌이 대학 입학 후 수시로 MT에 강제
차출돼 며칠씩 집에 들어오지 않고 이념 교육을 받는 것 같다"고 했다. 나
는 그 이야기를 듣고 "학창 시절에 얌전히 공부만 하기보다 한 번쯤은 학생
운동을 경험해 보는 것도 먼 인생을 살아가는 데 좋은 경험이 될 것이다"고
하였다. 그러면서 해방 직후 지식층 간 左右(좌우)대립 때의 유명한 교훈을
이야기해주었다. "20대 때 좌익운동 한번 못해보면 사나이로서 바보요, 그
런데 30~40대 이후까지 이를 계속하면 더욱 바보다."

특히 이 학생운동은 자기 자신에게는 물론 국가와 민족에 대하여 폭력

적·파괴적으로 흘러서는 안 되고, 생산적·타협적이어야 한다는 '전제조건'을 붙였으며, 나는 아들을 믿는다고 하였다.

6·25는 南侵이 아니고 北侵?

그런데 내가 휴가 때 네 외삼촌과 대화해보니 "6·25는 南侵(남침)이 아니고 北侵(북침)이다"라는 것이다. 당시 나는 너무도 어이가 없고 황당하여 "이놈아 나는 열 살 때 6·25를 직접 겪은 사람이다. 동족끼리 아무 선전포고도 없이 갑자기 남침했다. 북침했다면 어떻게 며칠 만에 빨갱이들이 낙동강까지 점령했겠느냐?"고 6·25 전쟁의 실상을 이야기해주었으나 별로 먹히지 않았다. 그때 나는 "내가 이 고생하며 배를 타고 있는데, 겨우 공산주의 신봉자를 키우는가?"라며 그때의 회의와 허탈감은 너무나 컸었다.

그 후 나는 공산주의에 관한 책을 구하여 공부하기도 했다. 나는 "일부 진보세력이 군사정권에 항거하여 민주화하려는 사회개혁과는 전혀 다른 문제이다"라고 확신했다. 이 상황에서 네 엄마가 다시 90학번으로 서울대 산업디자인학과에 들어갔고, 외삼촌은 공대 3학년이었다.

당시 학생운동은 NL과 PD로 양분돼 있었는데, 외삼촌은 서울대 PD의 대표였다. 네 엄마도 오빠를 따라 자연스럽게 PD 계열이 됐고, 나중에는 학과 회장도 하였다. 그때 '박종철 사건'으로 치안국(경찰청) 앞에서 데모하다 며칠간 구류를 살고 나왔고, 할머니가 울면서 두부를 먹이기도 했다.

"코리아는 멀지 않아 일어서고, 소련은 얼마 못 갈 것"

나는 1980년대 중반 '해우프론티어'란 新造船(신조선)을 거제도 조선소에

해우프론티어號 전경.

서 인수하여 이탈리아 西北(서북)의 小항구 사보나港(항)에 인도한 바 있다. 이 배는 당시 320톤을 인양할 수 있는 최신 중장비선인데, 대우가 리비아 '벵가지 市' 건설의 약 30억 달러 공사를 거의 끝내고 난 뒤, 공사에 투입된 장비 약 6000대를 중동 등지로 철수시키는 임무를 갖고 있었다.

나는 이 배의 인수 선장으로서 많은 애착을 가졌다. 인수 초기에 정비 유지를 잘해야 배의 수명을 오래 유지할 수 있기에 신경을 많이 썼었다. 배는 통상 수명이 30년 정도인데 정비 노력에 따라 10년 이상은 더 운용할 수 있다. 배는 항구에서 언제나 화물 작업이 진행되고, 항해 중에는 계속되는 흔들림과 파도 때문에 정비 작업이 쉽지가 않다.

그래서 母港(모항)인 '사모나'에서 인부들이 작업 중 점심·저녁마다 각 두 시간을 이용해 정비 작업을 하도록 선원들과 합의했고, 이에 따른 특별 보너스도 지급했다. 그런데 이 소문이 항구 주변에 널리 퍼졌고 '한국 사람은 일벌레'라든가 "캡틴 리(Lee)가 선원들을 너무 혹사시킨다"는 등의 소문이 자자했다.

그런데 당시 사보나항은 港費(항비)가 저렴하여 소련 등 동유럽 배들이 많이 들어와 있었는데, 이들은 대부분 가족을 대동하고 시내 구경이나 쇼핑에만 관심을 가졌을 뿐 배를 효율적으로 정비하거나 운항 능률 향상 등에는 별로 관심이 없었다.

이때 항구 부근의 이탈이아 사람들은 우리 선원들이 열심히 일하는 모습을 보고는 매우 감동한 것 같았고, 자연히 동구권 배들과 비교가 됐다. 그러자 "코리아는 멀지 않아 일어설 것이고, 소련 등 동구권들은 얼마 못갈 것이다"는 이야기를 자주 들었다. 그 후 불과 몇 년도 안 돼 동구권이 붕괴됐다. 역시 여론은 현실을 잘 반영하는 것 같다.

海士 들어갔으나 한때 방황

나는 집안 형편상 해군사관학교에 들어갔으나, 처음에는 軍 생활에 적응이 잘되지 않아 젊은 시절 한동안 방황한 바 있다. 결국 숙명은 피할 수 없다는 결론을 내렸고 흔히 그 시대 상황을 말해주듯 나도 '발을 신발에 맞추자'며 마음을 가다듬고 앞으로의 내 인생을 설계해 보면서 오랜 고심 끝에 스스로 지켜야 할 '생활신조'를 정하였다. '건전하게 살자, 최선을 다하자, 인내하자'

이 생활신조는 나의 젊은 시절 하나의 길잡이가 되었고, 모든 행동은 나도 모르게 이에 부합되도록 살았다고 해도 과언이 아니다. 내 주위의 많은 사람들이 나를 평가할 때는 내 생활신조에 맞게 평가함을 많이 들었다.

이러한 생활신조를 정함에는 먼저 "나는 누구인가?"에 대한 해답을 얻어야 한다. '자신'은 자신만이 가장 잘 알기 때문에 자신의 성격상 장단점, 생활환경, 꿈과 희망 등이 고려돼야 할 것이다. 어떤 사람은 터무니없는 생활신조나 인생 목표를 설정하고는 나중에 運(운)을 탓하거나 세상을 비난하는 경우를 종종 보게 된다. 세상을 살다 보면 때로는 좌절이 따르고 그러면 인생 목표도 부득이 조정이 되겠지만, 생활신조는 그동안 살면서 나의 피와 살이 되었기 때문에 변할 수가 없다. 끝으로 내가 평소 가장 강조하고 싶은 말을 남기고자 한다.

천국과 지옥을 구분하려면 긍정적 시각 가져야

세상을 살아가는 데 긍정적인 시각으로 살아가느냐, 아니면 부정적인 시각으로 살아가느냐는 그 사람을 평가하는 가치 기준에서 매우 중요하다. 긍정적인 시각은 건전한 사고를 가져야만 가질 수 있고, 어떠한 사안에 대하여 '균형 있는 판단'이나 '正道(정도)'를 기대할 수 있다. 특히 인간관계에서 중요한 점은 긍정적인 사람일수록 신뢰를 받을 수 있기 때문에 남들이 쉽게 접근 가능하나, 부정적이거나 매사에 삐딱한 사람은 나의 善意(선의)가 곡해 받을까봐 접근을 꺼리게 만들어서 결국 소외되거나 외로움을 자초하게 된다.

내가 75년을 살아오면서 느낀 바 매사 삐딱한 시각이 체질화된 사람은 어떤 계기로 한순간 화려함을 경험할지 모르지만, 결국 운명의 神은 이들에게 행복한 末路(말로)를 주지 않는다는 것을 나는 주위에서 수없이 보아왔다.

이소야! 할아버지가 전 세계를 돌아보면서 느낀 결론은, 이 아름다운 세상을 네가 긍정적으로 바라보면 그야말로 천국이 될 것이고, 반면 종북좌파나 극렬 시위자처럼 부정적으로 삐딱하게 보게 되면 그야말로 지옥이 될 것이다. '긍정적인 시각'은 일반적으로 자라면서 가정에서의 人性 교육과 주위 환경 그리고 무엇보다도 너 자신의 수련에 의해 형성된다.

할아버지는 아빠·엄마·외삼촌에 대한 이념 논쟁 때문에 이렇게 쓰는 게 아니란다. 어른들의 성장 과정을 교훈적으로 쓰며, 앞으로 너희들에게 밑거름이 되었으면 하는 바람 때문이다. 할아버지가 보기에는 아빠·엄마·외삼촌이 학창 시절에 젊은이로서 그 시대 상황에 걸맞는 이념적 방황과 깊은 고뇌를 한때 겪었으면서도, 결국 긍정적인 시각으로 자신의 길을 훌륭하게 걸어가고 있으므로 할아버지는 지금 기쁜 마음으로 이 글을 쓰고 있다.

오늘은 내가 외항선을 타면서 가장 안타까웠던 일을 들려주마. 1990년대 중반에 인도 동부 벵골만 연안에 자리잡은 방글라데시에 관한 이야기이다. 이 나라는 세계 문명의 한 발상지이며 인도의 어머니로 불리는 '갠지스 강'의 하구 삼각지에 자리잡은 나라이다. 면적은 한반도의 3분의 2 정도이나 인구는 1억9000만 명이다.

'最貧國' 방글라데시에서 겪은 일

이 나라는 해마다 벵골만을 덮치는 사이클론(Cyclone·인도양의 태풍) 때문에 때로는 수만에서 수십만의 인명피해를 내고 있었다. 이 때문에 국민들은 굶주림에 흉흉해 하던 시기였다. 세계에서 구호품을 보내는 때였는데, 당시 우리 배는 독일에서 제공하는 '구호 밀'을 네덜란드 '앤트워프'에서 싣고 이 나라 최대 항구인 '치타공'에 하역했다.

배는 화물倉(창)이 다섯 개로, 각 창에 인부 50여 명이 들어가 포대를 만들어 부두에 하역하는데, 인부들은 작업에는 별 관심이 없고 이상한 주머니를 미리 만들어 와서 밀을 훔쳐 넣고는 화장실에 간다는 핑계로 나가 知人(지인)에게 인계하는 게 主관심사였다.

이때 내가 선장실에서 내려다보니 일부 감독이 작업 부실한 인부들에게 무자비하게 후려치며 감독하기에 이를 제지시키곤 하였다. 그런데 배에서 부두로 하역 도중에 밀 일부가 흐르게 되고, 흙 속에 뒤섞여 있었다. 이를 여자들과 아이들이 다투어가며 바가지로 쓸어 모아 가는데, 반 이상이 흙이었다.

그중에 한 滿朔(만삭)인 젊은 여인이 두세 살 된 아기를 업고 4~5세 된 아이를 옆에 세워두고 이 흙이 섞인 밀을 쓰레받기로 열심히 쓸어 담는 것을 보고는, 나는 어떤 분노가 솟아올랐다. "이 나라 위정자들은 도대체 어떻게 자기 백성들을 이렇게 굶주리게 하는가?" 마침 점심 때라서 그 여인과 아이들을 데려다 밥을 먹게 했다.

그 며칠 뒤에 비가 왔는데, 나는 계약상 화물을 젖게 할 수 없어서 작업을 중단시켰다. 그랬더니 그 지역 사령관이란 사람이 참모들과 와서는 비가 와도 상관없으니 계속 하역하라는 것이었다. 그러나 우리는 화물을 깨끗한 상태로 인계해주어야 할 책임이 있으므로 거부했더니, 사령관이 권총을 뽑아 나를 겨누며 "저기 밖에서 비를 맞으며 배급받으려는 사람들이 보이지 않느냐? 지금 폭동이 일어날 지경이다"는 것이다. 나는 일등 항해사(화물담당)를 불러 "화물이 雨天(우천)으로 손상됐더라도 본선 측 책임이 없다"는 확인서를 받고는 작업을 계속시켰다.

그런데 다음날 새벽에 보니 밤새 船首(선수) 繫留索(계류삭·hawser) 몇 가닥을 끊어 갔다. 다행히 새벽 순찰자가 발견하여 조치했으나 자칫 强潮流(강조류)에 배가 떠밀릴 뻔했었다.

그 다음 航次(항차), 두 번째로 치타공에 갔을 때이다. 우리는 강 한가운데에 정박하고 작업하였다. 우리는 前航(전항)에서 겪은 계류삭 절단 사건을 고려해 船首尾(선수미)에 도난 당직을 강화했는데, 저녁 늦게 船尾(선미) 아래쪽에서 이상한 소리가 들린다는 것이었다. 보트로 확인해보니 도둑들은 이미 도망갔으나 배의 추진기 날개(Propeller)를 잘라가려 했었다. 너무나 어처구니없었다.

이 추진기는 銅(동)합성물로 날개 한 개가 사람 키 정도인데 이를 잘라가려 했던 것이다. 바로 신고했더니 지역사령부에서 방문하여 정중히 사과하였다. 그런데 얼마 전에도 똑같은 사건이 일어나, 배추진기를 작동하도록 지시하여 그 도둑들을 죽였다고 한다. 도저히 상상할 수도 이해할 수도 없는 일이 이 현대사회에 벌어지고 있었다.

태평양에서 만난 荒天

1980년대 후반부터 1990년대 중반까지 7~8년간 한국과 北美(북미) 간의 곡물을 수입하는 곡물선을 탈 때의 이야기다. 이 美洲(미주) 항로는 비행기와 마찬가지로 지구 표면을 최단 거리로 가는 '大圈航法(대권항법)'을 이용하는 관계상 주로 북태평양 항로를 이용하는데, 이 항로는 전 세계에서 거칠기로 소문이 나 있어 선원들이 가장 기피하는 항로이다.

우리는 통상 35~40일 간격으로 미국 캘리포니아江 주변의 포틀랜드와 캐나다 밴쿠버 등 북미를 왕래하는데, 그때만 해도 기상관측 수단이 그렇게 발달되지 않아서 봄과 가을이면 매 항차에 태풍 등 荒天(황천·기상이 나빠 바다가 거칠어져 있는 상태)을 서너 개나 만나고, 특히 가을과 봄에는 시베리아에서 발달한 고기압의 영향으로 강력한 황천을 만난다. 그 위력이 태풍 이상일 때도 있다.

다만 늦봄 얼마간은 조용한 편이나 이때도 짙은 濃霧(농무)로 인해 아주 위험하다. 年中(연중) 조용한 날이 거의 없다. 강력한 황천을 만나면 대양 한가운데서 波浪(파랑) 때문에 속력을 올려 피하기도 어렵고, 특히 荒天 이동과 우리 배가 같은 방향으로 이동할 때는 우리 배를 덮칠 위험이 있으므로 더욱 위험하다.

한번은 거의 3일을 뜬 눈으로 보낸 일이 있다. 우리 뒤를 하루 정도 떨어져 따라오던 컨테이너선이 황천에 침몰했다는 통보를 받았기 때문이다. 당시 우리는 흔들림 때문에 취사는 불가하고 빵과 건빵 등 비상식량으로 해결했다.

원래 컨테이너선은 주로 고가품을 싣고 다니면서 항구별 계획된 일정에 맞추려고 부득이 고속 이동하게 되고, 황천시 위험 부담이 크지만 영업 목적상 무리한 항해를 하게 된다. 이럴 경우 황천 操船(조선)은 선장이 직접 해야 한다. 때로는 대형 파도가 20m를 넘기기도 하는데, 약 200m 되는 선체를 때리면 그 파랑이 船橋(선교·대형선의 경우 20~30m 높이)를 뒤덮기도 하고 그 충격에 선체는 船首-중앙-船尾가 제각각 요동하며 진동한다.

배가 금방이라도 절단될 것 같아 보인다. 이때 선원들은 불안에 떨며 선장 얼굴만 쳐다보게 되는데, 이럴 때 선장은 의연하고 침착한 모습으로 리더십을 발휘하여 황천 操船을 하여야 한다.

이 항로에서 수많은 배가 조난당한 바 있고, 우리 회사 배도 사고를 많이 당했다. 한번은 전임 선장이 캘리포니아 강 입구에서 도선사를 태우려고 선원 두 명이 舷側(현측)에 사다리를 설치하다가 큰 파도가 갑판을 덮쳐 실종된 사고가 있었다. 그때 배가 목포에 귀항했는데, 전임자는 도착하자마자 내려버렸고, 내가 후임자로 승선했다가 유족들에게 멱살 잡혀 살려내라며 큰 고역을 당한 바 있다. 이 사건으로 미국에서 황천 때는 導船士(도선사)가 헬리콥터로 승선하는 제도가 마련되었다.

金泳三과 金大中, 기독교와 불교 논쟁

이 문제는 종교·정치와 관련된 이야기이다. 배는 옛날 콜럼버스 시대부터 적도와 일보변경선(경도 180도)을 지날 때 용왕님께 안전 항해를 기원하는 '적도祭(제)'를 지내는 오랜 전통이 있다. 그 취지는 옛날 미지의 태풍·암초 등에 대한 불안 때문에 선원들의 사기를 진작시키고 화합하는 데 목적이 있다. 그래서 船橋(선교)에 돼지머리·떡·과일 등을 차려놓고 선장이 祭文(제문)을 읽으며 안전한 항해를 기원한다. 이러한 형식적인 절차가 끝나면 윷놀이·팔씨름·단체 줄다리기 등을 하게 된다.

그런데 당시 기독교 신자인 통신장이 참석하지 않겠다고 하여 "절은 안 해도 좋으니 그냥 뒤에 서 있기만 하라"고 했으나 끝내 참석지 않았다. 불교 신자인 기관장이 "그냥 두십시오" 해서 통신장만 제외하고 계획된 행사를 하였다. 그런데 그 며칠 전 기관장과 통신장 간에 종교 문제로 한바탕 토론이 있었는데, 내가 "종교인은 中東(중동) 문제에서 보듯 서로의 종교를 존중해주는 것이 세계 평화에 중요하다"면서 중재하였다.

그 후 불교 신자들은 그동안 주말 예배를 하지 않았는데, 기관장이 예배 신청을 해 와서 정식으로 허가해줄 수밖에 없었다. 그 동안 기독교 신자들만 매 주말에 선원 라운지에서 찬송가를 부르며 예배를 보았다. 그 이후 매 주말은 기독교 신자의 찬송가와 불교 신자의 법문 소리가 온 船內(선내)를 진동하였다. 그런데 마침 그때가 김영삼·김대중 씨의 大選 때여서 선호하는 후보에 대한 정치적 갈등이 심하던 때였다.

나는 선장으로서 船內에서 종교·정치적으로 너무 분파적인 갈등을 보인 것은 선내 화합에 좋지 않다는 결론을 내렸다. 나는 '선내생활수칙'을 정해 공포하였다.

첫째: 정치·지역 이야기를 하지 말자

둘째: 종교 이야기를 하지 말자

셋째: 동료의 사생활 이야기를 하지 말자.

이 수칙은 상당한 효과를 보았고 특히 주말 예배 시는 예배 소리가 문 밖에까지 크게 들리지 않게 하라고 엄명을 내렸다. 이 원칙은 지금 내가 관여하고 있는 몇 군데 모임에서도 주장하고 있는데, 대부분 수용하고 있다. 이런 문제는 정치·종교를 떠나서라도 지성인이면 기본적으로 지켜야 할 상식이라 할 수 있다.

한치 두 마리

그 얼마 후 우리 배가 곡물을 滿載(만재)하고 귀국 항해 중 베링해(알래스카 캄차카)를 지나던 중 기관이 고장나 표류(Drifting)하면서 기관부 전원이 수리할 때다. 당시 겨울 파도가 심해 배가 좌우로 20~30도씩 흔들리고 있었다. 선원들이 황천 바다를 쳐다보며 불안해하고 있는데, 마침 큰 파도가 현측 난간(Bulkhead)을 넘어 대량으로 쏟아져 들어왔다. 배가 반대로 기울 때 보니 팔뚝만한 크기의 한치 두 마리가 난간에 걸려 못 나가고 있었다.

얼른 붙잡아와 회를 만들어 먹고 기관실에도 보냈다. 농담이지만 통신장이 "배 수리 천천히 하고 한치를 계속 잡아먹었으면 좋겠다"고 하였다. 나는 그 소리를 듣자 "야! 네가 간부 선원으로 말이 되는 소리를 하느냐"고 호통을 쳤더니 슬그머니 내려가 버렸다.

우리는 항로에서 바다와 싸우는 것 외에도 '시차적응 문제'와 싸워야 했다. 통상 미주에서 화물적재 기간은 2~3일 정도이고 한국과 미주의 시차는 8~9시간인데, 낮과 밤이 뒤바뀌어서 조금 적응하려고 하면 출항해서 반대 시차에 적응해야 했다. 이외에도 곡물선은 각종 안전검사가 선장을 괴롭혔다.

특히 미국과 캐나다는 '甲'으로서 매우 엄격한 船艙(선창) 검사를 하는데, 선창 내 벌레, 쥐똥, 前항차 곡물 잔류물, 구석 철판에 녹슨 곳 등에 대해 고도의 등산 장비를 갖추고 구석구석 올라가 검사한다. 오물 한 점이라도 발견되면 불합격된다. 그 외에도 선내 위생상태, 油類(유류) 오염처리, 폐기물처리 조난 및 화재 대책 등 수많은 안전규칙을 일일이 까다롭게 검사하고 있다.

우리는 이에 대비해 약 보름간 편도 항해 중 웬만한 황천 중이라도 10m 이상의 줄사다리를 타고 흔들리면서 선창 정비 작업에 임해야 한다. 만약 이러한 검사에 불합격하면 재검사를 위해 2~3일이 지체되는데, 당시 배의 하루 운항 비용이 3000~5000만 원이었다. 주로 기름값이 차지하는데, 큰 배는 하루 30톤 이상을 소비한다.

뱃사람에게는 하나의 불문율이 있다.

"술 먹고 저녁 늦게 후갑판에 나가지 말라"는 것이다.

"술 먹고 저녁 늦게 後갑판에 나가지 말라"

단 한 사람의 조그만 실수나 나태함으로도 배 전체는 물론 全 선원이 목숨을 잃을 수 있다. 나는 선원에게 뱃사람의 가장 중요한 요건으로 "매사에 철두철미하고 세심해야 한다"는 것을 수없이 강조했다. 만약 그렇게 할 자신이 없는 사람은 배에서 내려 다른 길로 가라고 설파하였다. 흔히들 사회 통념상 인생살이 최후의 보루로는 '뱃사람, 광부, 막노동꾼' 등을 말하는데, 배 생활을 이겨내지 못한다면 더 이상 갈 곳이 없다는 점을 강조했다.

이러한 뱃사람의 억압된 환경과 생활 때문에 선원들은 그 울분을 풀려고 상륙하면 술을 마시고 때로는 무절제하게 놀지만, 이런 사람일수록 배에서는 그냥 순박한 어린 양일 뿐이다. 특히 이런 사람일수록 오랜 배 생활로 인해 대부분 가정생활이 원만하지 못하고 이런저런 사연도 많아 혼자 끙끙 앓다가 가족과 사회로부터의 소외감 등을 느껴 술로 회포를 푸는 경우가 많다.

뱃사람에게는 하나의 불문율이 있다. "술 먹고 저녁 늦게 후갑판에 나가지 말라"는 것이다. 船尾(선미) 燈(등) 아래 프로펠러(추진기)에서 내뿜는 연두색 아이스크림 같은 물줄기를 쳐다보고 있노라면 어떤 恨(한)이 회오리치

베링해에서 필자.

며 나도 모르게 빨려들면서 뛰어내리고 싶은 충동을 느끼게 된다. 배에서 행방불명이 되는 경우가 가끔 발생한다.

악몽

흔히들 수평선에 지는 바다의 일몰을 보며 詩興(시흥)을 느끼는 바다라 표현하고, 선원들은 세계를 돌아다니며 관광하고 낭만적인 생활로 보이지 만, 그 험한 파도와 끊임없이 싸우고, 계속되는 고독과 시차적응, 운항 능 률을 위한 고심 등을 어찌 필설로 다하겠는가. 특히 북태평양 항로는 荒天 (황천)시 대피할 곳이 없기 때문에 최대한 속력을 낮춰 견뎌야 한다.

나는 이 항로를 7~8년 정기 운항했지만, 나중에는 너무 지치고 힘들어서 이번에 귀국하면 "배를 그만둬야지. 차라리 시골에 들어가서 농사나 짓는 게 낫겠지!"하고 몇 번이나 다짐하곤 했으나 막상 귀국하여 할머니·엄마·외삼촌을 쳐다보면 그냥 또 말없이 돌아섰다. 나는 이렇게 "피할 수 없다"고 투덜거리며 술 한 잔 하고는 배로 향했다.

나는 64세 때 뱃생활을 마감했는데, 배를 내린 후 1~2년 동안 악몽에 시달렸다. 가끔씩 자다가 몽유병처럼 나도 모르게 고함을 질렀고, 할머니가 자다가 놀라서 내 가슴을 눌렀다고 한다. 뿐만 아니라 동기생끼리 1~2박 정도의 원정 등산을 자주 했는데 그때도 내가 가끔씩 자다가 고함을 지르고 해 동기생들의 잠을 설치게 했다. 다들 나를 걱정해줬다. 아마 오랜 뱃생활에서 쌓이고 쌓인 스트레스가 갑자기 풀려서 오는 '생활 변화' 때문인 것 같았다. 그러나 점차 시간이 지나면서 안정을 되찾았다.

31년 '無사고'

나는 어떠한 사연으로 1983년 초, 해군을 떠나 외항선을 탔다. 나는 주로 대형잡화선(Bulk Carrier·2만~9만 톤)를 탔다. 이 화물선은 화물을 따라 다니게 되나, 高유가 때문에 화물을 하역하면, 가능한 가까운 항구에서 다음 화물을 수배하여 싣게 된다. 나의 외항선 생활 22년 중 全 세계의 나라는 가지 않는 곳이 거의 없었다.

이러한 운항 특성 때문에 어떨 땐 지구를 한 방향으로 계속 이동하는데, 통상 지구를 두 바퀴 반 정도 돌면 대략 10개월이 지나며 휴가를 맞게 된다. 이럴 때 大沆(대항) 항해를 하게 되면 태풍 등 수많은 황천 속을 헤쳐 나가야 한다. 배의 堪航性(감항성·배가 안전하게 항해할 수 있는 최적의 상태)과 社益(사익), 화물 손상, 선원들의 士氣(사기) 등을 고려해 황천 항해를 최소로 단축해야 하기 때문에 그 결심은 매우 어렵다. 이러한 것은 회사의 어느 누구도 관여할 수 없는 선장의 고유 권한으로 바로 그 선장의 '리더십'의 발로이다. 당시 범양상선(PAN OCEAN) 100여 명의 선장 중 海士 출신은 오직 나 혼자였고, 주로 노후선을 많이 탔기 때문에 더욱 어려움이 많았다. 나는 해군 함정을 포함해 31년의 뱃생활을 했으나 '無事故(무사고)'의 기록을 세웠다. 이것이 내 인생에서 가장 큰 '자부심'이다.

'우크라이나'가 1991년 자유화된 2년 후에 동양 배로는 처음으로 이곳에 갔을 때의 일이다. 우리는 이 나라의 두 항구에서 철제품을 滿載(만재)하여 사우디·중국 등에 운송했다. 우크라이나는 흑해 북방에 있는데, 면적이 한반도의 세 배에 달했지만 인구는 당시 약 4850만 명이었다.

우크라이나에서 만난 체르노빌 피해자

첫 항구는 이 나라 중앙을 흐르는 드네프트강 중간쯤에 있는 드네프트페트롭스크港(항)으로, 인구 110만 명의 최대 공업단지였다. 소련 때는 흑해 함대의 母기지였다. 당시도 대형 전함들이 지난 위용을 자랑하듯 괴물 모양으로 군데군데 정박해 있었다. 특히 6·25전쟁 때 우리가 압록강까지 진군했을 때, 바로 이곳에서 소련 비행기가 출격하여 폭격을 가하기도 했다.

입항했을 당시, 입항 수속하는 관리는 대부분 여자였는데 남자는 대부분 국방 및 건설 분야에 차출되고 후방 업무는 대체로 여자들의 몫인 것 같았다. 이 같은 현상은 舊 공산권 국가에서 노동 인력의 극대화를 위한 정책으로 대부분 비슷한 현상이었다. 동구권 여성들은 생활력이 강하고 활발해 보였으며 동양권에 비해 '남녀평등'도 훨씬 확립된 것 같았다.

그때 항만청에서 여자 컴퓨터 팀장이 당시 신형인 우리 배의 컴퓨터(5대)

를 견학하고 싶다기에 소개했는데, 자기 항만청에는 전부 11대가 있다고 했다. 그런데 이튿날 팀장이 보드카 한 병을 들고 와서는 사례를 하면서 6~7세 된 아들을 데리고 왔는데, 비쩍 말랐고 계속 기침을 하면서 얼굴에 핏기가 없었다. 혹시나 좋은 약이라도 있으면 얻고 싶어 했으나 별다른 약이 없어서 기침약 정도를 주었다.

그 후 우연히 신문을 보다가 1986년에 발생한 그 유명한 '체르노빌 원전 누출 사고'의 피해자가 6700명이었다는 것을 알게 됐다. 당시 태어난 아이들이 위와 비슷한 증상을 보였고, 원전 누출이 벌어진 체르노빌도 이곳에서 불과 얼마 안 되는 거리임을 알게 됐다.

크림반도에서 만난 고려인

다음 항구는 크림반도의 세바스토폴港(항)이었다. 이곳에서 야채와 과일을 시장에서 구입하다가 고려인 부인을 만났다. 우리말을 할 줄 알아서 도움을 많이 받았다. 한 핏줄이라는 동족 의식이 친밀감을 주었다. 그런데 출항 며칠 전에 부인의 딸이 결혼한다기에 축하하러 갔었는데, 아주 반갑게 맞아주었고, 집 마당에서 하는 초라한 결혼식이었다. 우리 옛 조상들이 하는 혼례와 많이 닮았는데, 닭·과일 등을 상 위에 올려놓고 신랑·신부가 마주 보며 맞절을 한 후 소련말로 혼인 선언을 하는 것 같았다. 신랑은 외관상 고려인 같았으나 터키와 고려인 2세라 하였고 식장에는 고려인이 몇 사람 보였으나 초라해보였다.

우리는 이들 고려인들을 보면서 감회에 휩싸였다. 나는 이들을 보며 '國力(국력)과 안보'가 얼마나 중요한지 뼛속 깊이 스며들었다. 우리는 언제인가 정부 차원에서 이들에게도 조국이 잊지 않고 있다는 것을 보여주며 어루만져주는 정책을 폈으면 한다. 특히 우리로서는 조국이 발전하면 이들에게도 자긍심을 심어줄 것이고, 그들 사회에서도 조국의 발전에 힘입어 위상이 더욱 높아지며 더욱 분발할 것이다.

당시 우리 배는 그리스 회사에서 傭船(용선·Charter)을 받았는데, 이 회사의 社主가 바로 오나시스였다. 미국 케네디 대통령이 오스왈드에게 저격당한 후 그 영부인 재클린 여사가 오나시스와 재혼하여 세기의 화제를 모았던 그 사람이다.

"캡틴 리를 다시 보내달라"

우리는 이곳에서 철제품을 만재(약 3만5000톤)하고 출항할 준비를 하고 있는데, 일등항해사의 보고에 따르면, 화주 측에서 보낸 화물량을 실어보니 상당한 차이가 있었다. 약 400톤 정도가 초과돼 부득이 우리는 나머지 분에 대하여 적재를 거부했다. 그러나 貨主(화주) 측에서는 이 화물이 설비화물로써 세트 전부를 일괄 실어 보내야 할 처지였다. 그러자 화주 측 부회장이란 분이 즉각 전세 비행기로 도착한 후 잔여 화물을 실어주도록 나와 일등항해사를 계속 설득했다. 그러나 우리는 로드라인(LoadLine·국제만재흘수선) 초과 문제를 고려하여 계속 거부했다. 그러자 대리점을 통해 타협(봉투)을 제의해 왔다.

이때 일등항해사는 자신의 책임 때문인지 타협을 받아들이자는 것이다. 현실적으로 다음 항구인 사우디까지 기름·청수·여분의 평형수(ballast) 등을 조정하면 나머지 400톤 정도는 수용 가능하나 단지 출항 시 '흘수' 요건 상의 문제였다. 그러나 나로서는 국가 대 국가, 특히 과거 공산권 종주국과이 자존심과 명예 문제였다. 나는 저녁 내내 고민하다가 결국 어려운 결심을 하였다. "우리는 명예를 지키자"면서 조건 없이 잔류 화물을 전부 실었다. 특히 우리 배가 또 이 회사에 용선될 가능성이 많으므로 이를 고려해야된다면서 오히려 일등항해사를 설득시켰다.

한번은 '수에즈 운하'를 통과할 때였다. 그리스 용선주 측 대리점에서 승선하여 두툼한 봉투를 주면서 "이 돈은 캡틴(선장)이 알아서 써라. 수신 사인도 회사에 보고할 필요가 없다"면서 그냥 놓고는 도망가듯 가버렸다. 나는 개봉도 않고 일등항해사와 기관장을 불러 처리하게 했다. 그런데 나는 이 항차가 끝나고 집에서 휴가를 보내고 있는데, 회사에서 연락이 왔다. 그리고 용선주 측에서 "캡틴 리를 다시 그 배로 보내달라"면서 "그래야 용선계약을 다시 하겠다"는 것이다.

내가 내린 후 젊은 선장이 인수받았는데, 용선주 측과 다툼이 많았고 특히 배의 운항과 관련해 선장이 약간만 융통성을 발휘해 주면 용선주 측에 상당한 영업 이익을 줄 수 있는데도 양보하지 않아서 상당히 불편한 관계였다고 한다. 나는 가끔 선원들에게 용선주에 대한 우리의 자세로 "용선주에 잘해야 또 우리 배를 빌려줘서 회사 영업 이익을 올릴 수 있고, 우리도 그만큼 이익이 돌아온다"는 점을 강조한 바 있다. 나는 휴가를 마치고 다시 이 배를 탔고 다시 그리스 회사에 용선되었다. 돌이켜보면 이때가 나의 전성기였던 것 같다.

수에즈 운하 지날 때면 식욕도 잃어

나는 中東을 수없이 방문했고, 중동 대부분의 나라를 가보았다. 중동에 가려면 '수에즈 운하'를 통과하는데, 그전에는 아프리카 남단 희망봉을 지나 동서양의 해상교역이 이뤄졌다. 수에즈 운하 덕분에 시간과 비용 등에서 획기적인 효과를 보았고 세계의 역사를 변화시키는 계기가 됐다.

수에즈 운하는 길이가 약 160km이나 이를 통과하는 데는 18~20시간이 소요된다. 이를 통과하려면 나는 며칠 전부터 식욕을 잃게 된다. 導船士(도선사·선박의 이동방향을 안내하는 사람) 등 관리들이 수십 명이 드나들며 안전 검사 등을 핑계로 끊임없이 우리를 괴롭히기 때문이다. 특히 도선사의 경우 4~5명이 교대로 배를 導船(도선) 하는데, 원래 세계도선법상 '도선사'란 그 항구의 지리적 특성을 잘 아는 자로서 설령 실수로 배가 사고가 나녀라도 그 책임은 '선장의 감독 不徹저'로 규정돼 있다.

따라서 선장은 도선사에게 배가 안전 운항하도록 접대, 편의 등의 매우 신경을 쓰며 최대한 협조해야 한다. 이러한 선장의 약점을 이곳 도선사들은 잘 알기 때문에 선장을 괴롭혀서 최대한의 접대와 편의를 받으려고 한다.

8년 만에 다시 만난 북한 여성

뱃생활 중 선원들이 가장 선호하는 식품이 미국산 소고기이다. 특히 LA 갈비를 좋아한다. 나는 미국에 입항하면 5~6개월분씩 사들여 비축하곤 했다. 나는 미국과 캐나다를 수없이 다녔지만, 그곳 농장의 그 광활한 초원 위에서 아무 스트레스 없이 평화롭게 풀을 뜯는 소들을 보았다. 이런 소들은 대체로 기름기가 적고 육질은 다소 질기겠지만, 영양 면이나 건강 면에서 더 좋지 않을까 생각해본다. 미국산 소고기는 촛불 시위 이전에도 우리 식탁에서 대유행이었고, 누구나 미국에 가면 미국산 소고기를 거리낌 없이 먹어왔다.

우리 배는 1990년대 중반 중국 남부 황푸(黃浦)에 들어갔다. 이곳은 홍콩과 마카오 사이를 강을 따라 3~4시간 들어가는데, 그 옆에는 중국 남부의 최대 도시인 광저우(廣州)와 심천(深圳)이 있었다. 이때가 김일성이 사망한지 수개월 후인데, 여기서 우리는 부식 구입 및 관광 안내를 맡은 두 여인을 만났다. 이들은 북한 외화벌이 꾼이었다. 한 여인은 30대 후반으로 여기 나온 지 5~6년 됐다고 하고, 젊은 여인은 갓 서른 정도로 1년 정도 됐다는데, 나이 많은 여인이 젊은 여인에게 이곳 생활을 가르치고 있다고 한다.

하루는 이 여인들의 안내로 시내 관광을 하는데, 우리 젊은 士官(사관)들과 김일성·김정일 그리고 이북에 대한 토론이 벌어졌다. 그러자 처음에는 두둔하는 척하다가 자기들 위에는 감시조가 있는 듯한 모습을 보이므로 내가 그런 문제는 서로에게 실례라며 중단시켰다. 그런데 젊은 여인이 바로 한 달 전에 이북을 다녀왔다고 했다. 당시 북한은 홍수·기근 등으로 민생이 극도로 악화하여 사상자가 수십만 명이 발생하던 '고난의 행군' 때이다. 그 여인은 가면서 쌀과 생필품을 많이 가져갔으나 이웃에 대부분 나눠주고는 자기 부모님에게는 미국 달러 몇 푼만 쥐어주고 왔다면서 이북의 비참한 실상을 말하며 눈물을 글썽이며 우리 선원들의 모습을 부러워했다.

8년 후 또 이곳을 갔는데, 그 나이 많았던 여인이 또 우리 배를 찾아왔었다. 아마 40대 중반일 텐데, 60대의 할머니처럼 나이 들어 보였다. 젊은 여인의 안부를 물었더니 이북에서 호출돼 들어갔다고 하며 그때야 자신은 '탈북자'로 여기에 남았다고 밝혔다. 자세한 사연은 알 수 없으나 그동안 많

터키의 다르다넬스 해협을 통과하며.

은 변화와 고생을 한 흔적이 얼굴에서 보였고, 정말 동족으로서 측은한 생
각이 들었다.

불가리아 교민회장의 개인史

한번은 소련이 붕괴한 직후인데, 소련 극동함대의 軍事 기지인 '나호드카'
에 갔을 때다. 당시 생필품이 부족해 계란을 사기 위해 수백 미터나 줄을
서던 때였다. 입항 후 여자 식품 검역관이 우리 식품 창고를 보더니 너무 호
화로운 식품이라며 아주 부러워했다. 특히 커피를 보더니 그 앞을 떠나지
않았다. 내가 두 봉지를 주었더니 돌아서 속옷 안에다 넣고는 얼굴이 빨개
졌다. 내가 웃으며 어깨를 토닥여줬다.

이곳에는 이북이 러시아와 합작으로 '대동강'이란 큰 음식점을 운영했는데, 러시아는 건물만 제공하고 운영은 이북에서 재료를 直送(직송)한다고 했다. 女종업원도 10여 명 보였다. 총지배인은 김일성대학 출신이라며 풍채가 아주 좋았고, 가격이 저렴해 당시 3~4명이 30~40불을 내면 고급 요리와 술을 실컷 먹을 수 있었고, 저녁에는 안내자를 배에 보내기도 하였다.

1990년대 초반 흑해 서편에 있는 불가리아에서의 일이다. 우리는 이 나라 최대 항구인 볼가스에 입항했다. 이때 수화주 측 대리점으로 한국 사람이 왔었는데, 김○○이라는 탈북자였다. 당시 불가리아의 교민은 약 80명이었는데 교민회장인 이 탈북자는 김일성대학을 다니다 불가리아로 유학을 왔었고, 유학 중 불가리아 여학생과 연애를 했는데, 여자가 임신했다. 그러자 그 사실이 북한에 알려져 북한으로 압송되던 중 탈출하여 다시 불가리아로 돌아왔다고 한다. 당시 장인이 유력 인사여서 은밀히 숨어서 은둔 생활로 보냈다고 한다. 동구권이 무너지면서 이 분도 자유를 얻어 교민회장까지 맡고 있었다.

大望을 가져라!

1965년부터 약 10년간 연인원 32만 명이 월남에 파병됐다. 나도 최초 파병 때 LST(Landing Ship Tank·상륙 작전용 함정) 갑판사관으로 1년간 파병된 바 있다. 월남 파병은 우리 경제에 60억 달러의 기여 효과가 있었다고 분석되고 있다. 선원들의 해외 진출도 활발했다. 1960년대부터 해외로 나간 우리 선원들이 1988년에는 4만2000명 정도로 불어났다. 이들이 송금한 돈이 4억7000만 달러에 달했다. 중동 근로자 역시 연인원 250만 명에 달한다. 월남엔 군인 외에 근로자들도 많이 나갔고 戰後(전후) 그들이 세계로 퍼져나가 '글로벌 코리언'이 되었다.

나는 오랜 해상 생활을 통해 수많은 외국 문화를 접하면서 대체로 선진국일수록 엄숙하고 恨(한)스러운 분위기보다는 명랑하며 유머러스한 분위기가 사회를 지배하고 있다는 것을 느꼈다.

1983년 초 이탈리아에 처음 가서 유적·유물을 보면서 그 수준과 규모에 너무나 놀라 나의 감성체계가 마비되는 것 같았다. 오늘날 이들 후손은 조상 덕분에 관광수입 등으로 '恨'을 모르고 밝고 편안한 삶을 실고 있다고 봐야 한다. 이들은 선조들에 대하여 절대적인 신뢰와 긍지를 가지면서 보수적인 경향이 많았다. 우리 대리점주 중에는 자기 할아버지가 쓰던 줄 달린 주머니 시계를 찬 사람도 있었다. 1940년대에 만든 차를 자랑스럽게 몰고 다녔다.

역사에는 영원한 强者(강자)도 弱者(약자)도 없다고 한다. 사랑하는 우리 후손들아 大望(대망)을 가져라. 이젠 너희가 세계의 주역으로 나설 때가 됐다!

李東權(1941~)

해군사관학교 졸업하고, 1983년부터 외항선을 타며 세계 곳곳을 돌아다녔다. 1980년대 중반 '해우 프론티어'란 320톤급 배의 선장이 되어 이 배를 이탈리아에 인도한 바 있다. 선장으로서 선내규칙을 정하는 등 규율 강화에 힘쓰기도 했다. 손녀 김이소 양이 태어난 2009년부터 부인과 함께 손녀를 위한 육아일기를 써왔다. 이 글은 그의 육아일기 중 일부이다.

공수부대 신임 소위가 겪은 '光州사태'

李正湜

시민들의 저항에 공수부대는 공황상태에 빠졌고,
결국 구타로 진압할 수밖에 없었다.

공수부대 신임 소위가 겪은 '光州사태'

갑자기 하늘에서 못을 박는 듯한 울림이 들려왔다. 쿵쿵쿵. 이내 잦아지는 타닥거리는 총소리⋯. 넘어온 함성을 향해 타들어 간 불꽃. 그해 5월은 유난히 더웠다.

1980년 5월21일 오후 1시경 광주 금남로 전남도청 앞에선 수십 만의 군중과 1000여 명의 공수부대 간의 대치가 아침부터 계속되고 있었다. 철수시간을 넘기자 폭도들은 화염병 투척과 동시에 차량으로 돌진해 군인을 깔아 죽이는 상황까지 발생했다.

약 50m 뒤에 포진하던 63대대와 戒嚴司(계엄사)에서 파견된 장갑차 (APC)에서 중기관총(M2 Cal. 50)이 먼저 발사됐고, 이어 M-16의 사격이 시작되었다. 이 사격의 성격이 정당한 방어 사격인지 아니면 시민을 살해한 蠻行(만행)인지를 밝히는 것에 '방점'을 찍으면서 이 글을 전개하고자 한다.

위로금

1979년 봄, 저는 홍익대를 졸업하고 ROTC 17기로 임관 후 광주 보병학교로 갔습니다. 초급간부 교육은 여러 교관으로부터 배우는 군사 지식과 다양한 체험으로 유익했던 성장의 시기였습니다. 독도법 시간 중 야외훈련이 있을 때 分隊員(분대원) 전원이 푸릇푸릇한 보리밭을 지나며 가곡 보리

밭(윤용하 곡)을 합창하기도 했습니다. 그때 본 南道(남도)의 봄 언덕과 밭 풍경들은 그림처럼 아름다웠습니다.

3개월간 교육이 끝나는 마지막 주에는 自隊(자대) 배치가 이루어집니다. 공수부대는 自願(자원)과 差出(차출), 두 가지 경로가 있는데 보병 병과 1800여 명 중 약 90명이 선발됩니다. 이 중에 50명 정도가 차출되니 '운이 없으면 끌려가는' 경우가 생깁니다. 같은 방을 사용하는 1개 분대가 8명인데 당시 이런 억울한 차출을 위해 보험을 만드는 게 관례였습니다. 즉 1인당 1000원을 내어 공수부대로 가는 장교에게 8000원을 만들어 위로금으로 지급하는 것이었습니다.

저는 차출되었지만 전부터 막연하나마 갈 수도 있겠다는 생각도 하고 있었습니다. ROTC 15기였던 같은 科 2년 선배도 차출된 적도 있고, 또 2년 후에는 후배가 차출되기도 했습니다. 중대 산악구보에서 4등으로 들어온 것도 한 이유가 되었을 거란 추측을 합니다. 2주에 걸친 유격 훈련 중 막바지에 실시하는 완전 무장 산악구보는 훈련 이상의 의미가 있었습니다. 이 성적이 좋을수록 공수부대로 차출되는 비율이 높아진다는 소문이 있었습니다. 그래선지 구보 당일, 산 정상에서 필요 이상 오래 휴식을 취하는 건장한 동료들을 많이 보았습니다.

퇴교 전날 밤에 알게 된 특전사 차출자 명단을 보니 우리 분대는 8명 중

4명이나 가게 되었습니다. 보험금도 2000원으로 줄고 위로를 받아야 할 사람이 너무 많아 각자 스스로 위로하고 말았습니다.

공수부대 11여단 62대대에 전속

1979년 가을쯤 特殊戰(특수전) 교육을 마치고 11여단 62대대에 배치됐습니다. 전입된 지 채 한 달도 안 돼 4주간에 걸친 야외 유격훈련이 있었습니다. 마지막 일주일은 千里(천리)행군으로 부대에 복귀하는 것이었습니다. 천리행군 도중에 철책선 근처에 무장공비 출현이란 돌발 상황을 맞아 긴급 복귀 명령으로 3일치 행군을 이틀 만에 끝냈습니다. 마지막 코스인 춘천에서 화천으로 넘어가는 고개를 도로가 아닌 계곡을 따라가게 되었습니다.

그 날은 대대장님도 군장을 메고 앞뒤로 다니면서 행군을 독려하고 있었는데 자정이 지나자 지친 병사들이 많아 隊伍(대오)를 유지하지 못할 정도가 되었습니다. 이틀간 잠을 자지 못한 탓도 있고 좁고 어두운 길에서 부대원이 섞일 수밖에 없었습니다. 비몽사몽 길을 걷다 간신히 고개 정상에 도착했지만 내리막길에선 가도 가도 제자리걸음만 걷는 듯했습니다.

아침이 오고 부대 막사가 멀리서 신기루처럼 보이기 시작했습니다. 여단에서 보내준 군악대와 군인 가족들의 환영을 받으며 연병장에 정렬하게 되었습니다. 부대원들은 다 끝났다는 안도감에서 와자지껄 정신줄을 놓고 있었습니다. 대대장님이 사열대에 올라왔는데도 여전히 바닥에 주저앉는 사람, 옷을 벗고 떠드는 사람 등 거의 난장판 비슷한 수준이었습니다. 그때 대대장님이 육사 출신 대위인 선임 중대장을 불러올리더니 '엎드려 뻗쳐'를 시킨 다음 지휘봉으로 엉덩이를 때리기 시작했습니다. 갑자기 주위가 조용해지더니 베레모를 바로 쓰고 줄을 정렬하고 한마디 말도 하지도 않았는데 부대가 훈련 출발 前 부대로 돌아와 있었습니다. 아마 제가 대신 맞았다면 그런 효과가 나지 않았겠지요.

1980년 봄이 되면서 폭동 진압훈련이 시작되었는데 개인적으론 하루 8시간 태권도 하는 것보단 수월한 교육이었습니다. 전문 교관이 가르치는 것이 아니고 각 지휘관이 敎範(교범)을 봐가면서 즉석 교육을 했습니다.

포승줄을 맬 때는 어떻게 한다는 수준이었지, 포승을 거부하고 반항할 때 조치에 관한 건 교육해 본 적도 없고 잡아들인 폭도에 대한 관리 같은 건 아예 교범에도 없는 것이었습니다. 대규모 군중을 상대로 편제를 유지한 대형 훈련이나 선동에 대한 심리적 방어훈련 같은 건 생각해 본 적이 없었습니다. 지역대 단위 대형을 이뤄 진압하는 훈련은 했지만, 돌이 날아오면 그에 대한 방비나 분산 이후 再編成 관한 것도 전혀 없었습니다.

장비도 지급되지 않아 진압봉은 산에 가서 물푸레나무를 구해 춘천에 있는 목공소에서 주문 제작했습니다. 안면을 보호하는 防石網(방석망)도 철공소에서 만들었는데 비용은 모두 개인 부담이었습니다. 부대유지비를 서서 장구를 마련할 경우 손실·분실에 대한 책임 문제가 발생하기 때문입니다.

방석복이나 방패는 생각지도 못할 장비였습니다. 훈련이나 장비, 전술구사 면에선 전투경찰 수준도 못되었던 게 사실이었습니다.

육군 중위로 복무할 때의 필자.

광주行 특급열차

서울 근처로 이동하여 공수1여단에서 며칠 대기하다가 5·18이 확대되자 동국대로 진입하게 되었습니다. 학교 곳곳에 걸려있는 현수막엔 붉은 페인트로 전두환을 비난하는 큰 글씨들이 피 흘리듯 쓰여 있었습니다. 동국대는 학생들과 큰 마찰이 없이 조용하게 접수했습니다.

오후가 되니 광주가 조용치 않다고 해서 61대대는 비행기로 62, 63대대는 기차로 이동했는데 중간에 한 번도 멈추질 않았던 특급이었던 것으로 기억합니다. 기차를 타기 전에 집에다 공중전화로 광주로 가게 됐다고 알렸습니다. 안 알리는 게 나을 뻔했습니다. 광주 뉴스가 있을 때마다 온 가족이 저를 걱정하느라 노심초사했다는 것을 나중에 알았습니다.

새벽에 광주에 도착한 후 조선大에 군장을 풀고 자는 둥 마는 둥 아침을 맞게 됩니다. 아침에 한 트럭 당 20여 명을 태우고 시내로 威力(위력) 시위를 합니다. 차가 여러 곳을 돌아서 충장로에 이르자 일단의 대학생들이 投石(투석)하기 시작합니다. 방석망이 없는 선두 차량인 대대장 차에 돌이 날아들자 대대장 이재원 중령이 지휘봉으로 뒤에 따르던 저희에게 "잡아라"하고 명령했습니다. 갑자기 막연하지만 쉽게 끝날 것 같지 않은 불안감이 스쳐 갔습니다. 이때 폭도를 진압해야 한다는 것만 알고 있었지, 그 구체적 방법은 내려온 적이 없었습니다. "때려라" 혹은 "절대 때리면 안 된다"란 것 중 어느 쪽의 지침도 없었던 것입니다.

구타로 대응할 수밖에 없었던 이유

트럭에서 내렸지만 제가 저의 대원을 장악하기도 전에 대원들은 뿔뿔이 흩어지게 되었습니다. 이것도 고의로 2, 3명씩 조를 짜서 푼 게 아닙니다. 학생들도 군인들이 달려오자 도망을 갔습니다. 그들은 이곳 지리를 잘 아니까 쉽게 도피하였습니다. 그 와중에 시민들이 2층 창문에서 군인들에게 욕과 야유를 했습니다. 광주 시민 입장에선 전날 공수7여단의 과격 진압을 경험해 보아 분노를 숨기지 않았지만, 11여단은 오늘 새벽에 도착한 것이었습니다. 투입된 지 10분도 안 되었고 아무런 행동도 하지 않았음에도 욕을 먹는 것에 기분이 좋을 리 없었습니다.

여관으로 달아난 한 학생을 따라가 보니 입구에서 일하는 청년들과 다투고 있었습니다. 공수부대원은 여관 안으로 달아났다고 말하나, 그쪽에선 학생들이 들어온 적이 없다 하니 거짓말한다며 구타를 하고 하기도 했습니다. 그러다 보니 정작 대학생들은 못 잡고, 일하는 청년들만 다그치고 일부는 거리로 끌고 나오게 된 겁니다. 근처 시민이 말리거나 비명을 지르면 그쪽도 때리게 되는 상황으로 전개되었습니다. 다방에 들어간 학생을 따라갔을 때도 주변의 손님들이 수색에 대해 非협조적이었으며 오히려 비난과 항의로 반발할 때 공수부대가 할 수 있는 건 구타 밖에 없었습니다.

공수부대원들은 국가안전에 마지막 보루라는 사명감을 갖고 있었기에, 광주 시민들의 반응을 두려워하기보단 그들의 냉소와 비난에 대한 분노도 어느 정도 있었습니다. 너희 때문에 우리가 고생한다는 원망이 뒤섞여 무고한 시민 남녀노소를 막론하고 주변을 무차별 구타한 적도 있었습니다. 그것은 술기운이나 약 기운 탓은 아니었습니다. 그 이면에는 이런 난폭함에 겁을 먹고 사태가 진정되길 바라는 단순하고 일방적인 목적이 있었을 것이라 봅니다. 그러나 일부 과격 학생들의 시위는 이미 구타로 통제하기엔 그 수위를 한참 넘고 있었습니다.

"아저씨, 광주 시민 다 죽이러 왔죠?"

점심 시간쯤에 조선大로 철수했습니다. 점심을 먹고 있을 무렵 시내에서 시위대의 방화로 건물이 불타오르자 밥도 대충 먹고 다시 출동하게 됩니다. 이때는 부대를 유지했습니다. 오전과 마찬가지로 저항하는 학생과 폭력을 휘두르는 시민들의 색출이 다시 시작되었습니다.

상황은 오전과 달랐습니다. 시민들의 반응이 더욱 사나워진 걸 느꼈습니다. 욕설과 비난은 물론이고 投石도 심해졌습니다. 개인행동에 제한을 느낄 정도로 적대적인 감정을 느꼈습니다. 저녁에 길바닥에서 밥을 먹고 있는데 장독대에서 어린 학생이 내려다보며 "아저씨 광주시민을 다 죽이러 왔죠"하고 묻길래 시민이란 말이 거슬려 우리는 국민이 보내서 왔다고 말했습니다. 계엄군과 시민들간의 상호불신의 온도 차는, 어른과 아이를 막론하고 크게 느껴졌습니다. 그날 밤은 조선大로 못 돌아가고 체육관에 모여 잤습니다. 당시 기록된 수첩을 보면 지휘관들의 무능한 대처를 탓하는 대목이 많지만, 저 자신을 포함한 장교들도 그럴 수밖에 없었던 것은 敵이라고 규정하기 어려운 시민에게 총이 아닌 무기로 싸워 보긴 처음이었기 때문입니다.

반 년 전에 있었던 釜馬(부마)사태는 해병대가 진압할 수 없었던 곳에 공수부대가 투입되어 과격한 폭력으로 진압에 성공했을 뿐, 그것이 광주에서도 통한다는 보장이 있는 것도 아니었습니다. 무엇보다 그렇게 해서 진압이 안 되었을 때 대비할 수 있는 차선책은 전혀 준비가 안 되었습니다. 아울러 폭도를 敵으로 규정하거나 발포를 포함한 모든 조치에 책임감과 도덕적 비난을 감내할 만한 명령권자가 없었다는 점도, 무능한 작전을 할 수밖에 없었던 이유입니다. 공수부대가 전투경찰보다 못한 작전을 하게 된 배경은 목표도, 과정도, 책임도 존재하지 않았습니다. 이는 광주를 손봐야겠다는 신군부의 계획이 없었음을 反證하는 것이기도 합니다.

5월20일은 가능한 폭력 행위를 삼가고 금남로를 중심으로 사람들의 통행을 차단한다는 명령이 있었습니다. 과격한 구타를 한 지 단 하루 만에 宥和(유화) 작전으로 돌아선 것입니다. 일부 시민들은 박쥐 마크(11여단)는 좀 덜하다는 식의 말을 걸기도 했습니다만 그것은 "왜 갑자기 부드러워졌지?"라는 뜻도 있었던 것 같습니다.

그날 우리 地隊(지대)는 우체국과 농협을 중심으로 차단작전을 실행했지만, 大路(대로)가 아닌 길 안쪽으로 들어가면 화난 시민들이 노골적인 공격을 서슴지 않았습니다. 공수부대원이 대여섯 명 몰려있으면 몇 십 명이 둘러싸고 발길질하는 경우도 있었고, 오토바이로 군인을 치고 달아나면 둘러싼 군중들이 박수를 치기도 했습니다.

공수부대의 도덕적 책임

저녁이 되었지만, 식사가 오지 않는 것을 보고 상황의 심각성을 추측할 수 있었습니다. 저녁을 각자 해결해야 하니 밥을 사 먹는 대원도 있었으나, 어떤 식당은 판매를 거부하기도 했습니다.

밤이 되면서 금남로는 시위대와 공수부대 간에 대결을 벌이게 됩니다. 그들은 投石(투석)과 자동차를 앞세우고 수백 명씩 돌진하는 등 일진일퇴를 거듭하는 싸움이 계속되었습니다. 數的(수적)으로 우세해 휴식을 취하면서 공격하는 시위대와 빈 총을 들고 진압봉 하나만으로 버티는 공수부대원과는 사기에 있어 많은 차이가 났습니다.

저도 돌진했다가 옆 골목에서 갑자기 나타난 시위대에 갇혔다가 간신히 빠져나온 적이 있었습니다. 밤이 깊어 소강 국면에 이르자 서로 소리만 크게 치는 양상이 되었습니다. 밤에는 소리만 전달되니 진압봉이 부러졌을 정도로 쓰레기통, 드럼통을 두드리다 탈진이 되고 말았습니다.

5월20일 저녁까지 시민군 측은 사망자 4명과 다수의 부상자 있었다고 합니다. 그러나 5월18~19일까지 군인들의 일방적 구타에도 불구하고, 사상자가 적었다는 것은 머리가 터지고 칼에 찔렸다는 표현이 난무했던 것에 비하면 예상 밖이라 생각합니다. 저는 군인들이 着劍(착검)한 것은 보았어도, 시민군을 겨냥해 帶劍(대검)을 사용하는 건 보지 못했습니다.

이○○ 목사은 자신의 手記에서, 중사 한 사람이 20명을 찌른 뒤 자랑했다는 식으로 써놓았습니다. 그게 그렇게 흔한 일이었다면, 刺傷(자상)에 의한 사망자 수가 많이 나왔어야 할 것입니다. 5·18 숲 기간 동안 刺傷으로 인한 시체는 10구 내외로 알고 있습니다.

여기까지는 공수부대가 原罪(원죄)처럼 마음의 짐을 지고 있는 부분입니다. 하나는 성공하지 못한 작전으로 인해 구타가 사태를 악화시켰다는 것이고, 다른 하나는 폭력을 施展(시전)한 것에 대한 도덕적인 책임입니다.

구타 명령 받은 적도, 내린 적도 없다

5월19일 공수부대원의 폭력 행위는 각자 의식과 판단에 따른 것으로, "강압에 의한 마지 못한 행위"였다는 것은 핑계에 불과합니다. 폭력이 필요하다고 생각한 사람은 구타를 했을 것이고, 반대로 필요하지 않다고 생각한 사람은 하지 않았을 것입니다. 저 역시 누구에게도 구타 명령을 받은 적이 없습니다. 그러기에 구타하라고 명령을 내린 적도 없습니다. 이런 변명이 군인으로 책임 회피처럼 보일지 모르지만, 사실입니다.

누구는 이같은 일종의 放任(방임)이 고도의 계산된 것이라 할지 모르겠으나 병사들이 뿔뿔이 흩어지게 된 것과 무차별 폭력 행사는 의도된 게 아니었습니다. 물론 공수부대원이 일반인보다 거칠 수는 있지만, 폭력으로 생활하는 깡패 집단은 아닙니다.

최소 학력이 고졸이며 같이 참가한 ROTC 16기 선배 이○○ 중위는 부친이 미국 대통령과 사진을 찍을 정도로 유수의 집안 출신이었습니다. 저와 미혼 장교 숙소(BOQ) 룸메이트였던 송○○ 중위는, 조선대학교 부속 고등학교와 조선대를 졸업한 단축 마라톤 선수였습니다. 그는 충장로에서 아는 사람이 너무 많아 인사하고 다니기 바빴습니다. 조직적 학살 음모가 있었다면 이들 중 누구는 지금쯤 양심선언을 할 수도 있겠습니다. 그러나 그런 사례가 있다는 걸 저는 들어본 적이 없습니다.

5월21일 새벽이 됩니다. 광주사태를 생각하면 잊을 수 없는 사람이 떠오릅니다. 5·18의 꽃이자, '東學(동학) 亂의 전봉준'과 대비되는 전 모 여인이 등장합니다. 확성기를 통해 가두방송을 했던 바로 그 사람입니다.

제 생각엔 그 여인이 없었으면 5·18은 釜馬사태처럼 데모의 주동자인 학생들이나 反체제 정치인, 일부 불만을 가진 시민들의 참여로 흐지부지 끝날 수밖에 없었다고 봅니다. 실제로 금남로에서 공수부대의 과격진압에 대한 항의로 10만 명이 이상이 모였습니다. 그러나 5월21일 공수부대의 발포로 더 많은 사람이 죽었음에도 이에 대한 항의 집회는 대규모로 이뤄지지 못했습니다.

그것은 공수부내가 떠난 탓도 있겠으나 전○○와 같이 시민을 모을 만한 사람이 없었다는 것도 주된 이유 중의 하나일 것입니다. 마치 화약이 타들어 가도 뇌관이 없으면 폭발하지 못하는 것이라고 해야 할까요? 文人들이 즐겨 표현하는 '금남로에서 자유와 민주 시민 물결'은 전○○의 개인 작품이라 해도 과언이 아닐 것입니다. 그녀에게는 군중을 끄는 힘이 있었습니다. 이것은 본 사람만이 알 수 있습니다.

5·18과 '북한군 특수부대 침투'는 무관

전○○가 광주 시민이 생각했던 것처럼 북한에서 내려온 간첩이었다면, 북한의 특수군 침투를 사실로 볼 정황 증거가 될 수 있을 것입니다. 하지만 5·18은 북한과 직접 연관이 없다고 보는 게 상식입니다.

5월22일 이후부터 광주에선 계엄사 소속 보안부대원들의 宣撫工作(선무공작)이 있었습니다. 그들은 지금도 자기 신분이 노출되는 걸 바라지 않을 것입니다. 물론 우리와 마찬가지로 북한의 지령을 받는 고정간첩이나 미리 南派(남파)된 요원의 정찰, 상황보고, 유언비어 살포 등 보이지 않는 지원과 선동이 있었을 것입니다. 보이지 않는 두 집단 간의 활약 차이에서, 보안부대는 사태를 줄이려고 작전했지만, 북한에서 파견된 사람들은 사건의 확

> 광주사태를 일으키기 위한 목적으로 파견된 북한 특수군이
> 한 명도 없었다는 쪽에 손을 들어주고 싶습니다.

대에 있었을 것입니다. 개인적 판단으론 공수부대와 한 번도 접촉하지 않은 특수군-광주사태를 일으키기 위한 목적으로 파견된-의 존재를 600명씩이나 인정하기보다는 아예 한 명도 없었다는 쪽에 손을 들어주고 싶습니다. 실제로 그런 정황은 본 적도 발견된 적도 없었습니다.

태극기 덮은 시체 앞세워 선동

새벽 무렵 시민들은 손수레에 태극기를 덮은 시체 두 구를 앞세우고 등장합니다. 장비라곤 보조하는 사람 몇 명과 앰프, 손에 든 마이크가 전부였습니다. 공수부대가 포진하고 있는 전면 10m 앞에서 광주 시민을 깨우기 시작합니다. 태극기를 덮은 시체를 보니 제 자신도 우리가 잘못한 것처럼 당혹스러웠습니다. 누가 애국자인지 누가 폭도인지 혼동이 오기 시작했습니다. 전○○로 추정되는 여인은, "강릉으로 약혼여행 중이었지만 동생이 시위 도중 맞아 죽었다 해서 이렇게 나오게 되었다"고 말했습니다. 마음이 매우 아팠습니다. 당시는 약혼여행 같은 걸 잘 가지 않을 때라 별로 의심하지 않았습니다. 저도 누나가 있기에 '만약 내가 죽었으면 우리 누나도 그랬겠지'라는 생각이 들었습니다. 그리고 "아파트 5층에 애기가 우유를 먹다가 최루탄 연기에 질식했다", "지금 공수부대원이 광주 사람을 다 죽이고 있으니 궐기하라"고 시

민군이 만들어 내는 즉석 멘트(약간은 선동에 가까운)는 사실을 기반으로 하는 것처럼 보였고, 이는 시민들의 마음을 움직였습니다. 활화산 같은 시위대의 에너지는 주저하는 자에게는, 시위에 참여해야 할 것 같은 욕구를 불러일으켰습니다. 마치 죽은 사람도 일으켜 세울 수 있을 정도로 강력했습니다.

이런 선동이 약 10시간 이상, 오후 1시까지 계속되었습니다. 시간이 지나자 사람이 모여 들기 시작, 100명에서 1000명, 만 명을 넘어 10만이 됩니다. 차량도 수백 대 규모로 불어나고 폭도들은 군인들을 향해 힘으로 위협을 가했습니다. 몇몇 학생과 시민들은 폭도와 공수부대원들에게 먹을 것을 주고 있었습니다.

12시를 넘어서자 군중은 10만을 넘어 거친 파도처럼 넘실거리고 있었습니다. 이때 전○○는 공수부대를 지켜주는 방파제가 되어 언제 넘쳐날지 모르는 쓰나미를 막아내고 있었습니다. 그때 대규모 群集(군집)의 우레와 같은 함성은 10만 개 이상의 축전지가 되어, 폭도라는 선풍기를 돌려 그 앞의 모든 것을 쓸어내려 하고 있었습니다. 폭풍과 쓰나미의 조합 앞에 공수부대원은 육체적·정신적으로 이미 지쳐 있었습니다.

인간의 야수성

여기까지는 '민주화 운동'으로 인정할 수밖에 없습니다. 당시 전○○와 시민들은 원하면 무엇이든지 이룰 수 있었습니다. 市長(시장) 나오라고 하면 시장이 나와야 했고, 道知事(도지사) 나오라고 하면 도지사가 나와야 했습니다. 그들 중 누군가 시민 쪽으로 들어가 버렸습니다. 사람들은 환호했고, 그들은 목숨을 건 베팅을 시민 쪽에 다 걸었습니다. 짧은 순간이었지만 공직자인 그들이 비겁하다는 생각이 들었습니다.

514

공수부대장 나오라면 선임 61대대장(安富雄 중령)이 나와 최선을 다해 임무를 수행했습니다. 주된 것은 조선대학교 內에 억류된 시위자 석방과 공수부대 철수에 관한 것이었는 데, 시위대는 이미 다 석방되었을 때이고 병력 철수 문제는 여단장(崔雄 준장)이라 한들 마음대로 정할 수 없었습니다.

당시는 말 한마디 잘못하면 폭발하는 상태라 중압감이 많았을 텐데 당당하게 잘 대처했습니다. 그들이 원하는 철수 문제를 상부에 전했지만, 대답을 기다리고 있는 동안 철수 요구 시간인 12시를 넘기고 말았습니다. 계엄사령부는 진압을 포기하고 철수할 수도 없었고, 무엇보다 현장이 얼마나 급한지 실감을 못 하는 것 같았습니다. 그도 그럴 것이 도청 앞은 수 만의 시위대로 인해 헬기 이외엔 출입이 안 될 정도로 고립된 상황이라 단편적인 無電(무전) 정보로는 적절한 판단을 하기 힘들었을 겁니다.

대원들은 물도 제대로 마시지 못했습니다. 폭도들은 트럭 위에서 얼굴에 치약을 바르거나 숯을 칠하고, 두건을 쓴 채 긴 막대기에 쇠갈고리, 낫, 식칼 등을 묶어서 눈만 뜨고 졸고 있는 공수부대원 머리 위를 향해 휘두르고 있었습니다. 거기에 맞서 빈 총을 들고 있는 초라함은 상대방이 도발하도록 자극하는 꼴이었습니다. 약하게 보이면 용서를 하는 게 아니라 밟게 되는 인간의 야수성이 나타나는 건 당연했습니다.

시민군 장갑차의 등장

이와는 별개로 양쪽 건물에서 계속 던지는 돌멩이를 피하고자 뒤로 후퇴를 거듭하고 분수대 쪽으로 계속 밀리고 있었습니다. 광주 주변 도시에서 사람들이 트럭을 타고 도착할 때마다 소개를 하고 군중들은 환호를 외쳤습니다. 드디어 아세아 자동차 공장에서 탈취한 장갑차와 군용 트럭이 등장합니다. 처음에는 정규 군인이 참여한 것으로 오해, 무척 당황했습니다. 언제부터인가 시민들과 공수부대와 폭도 사이에 앉아서 완충지대 노릇을 하던 대학생 그룹은 사라졌습니다.

1시가 넘어서자 도로 우측 나무 위에서 화염병이 날아와 우리 측 장갑차 상단에 맞아 불이 붙었습니다. 운전병이 장갑차 안으로 들어가 갑자기 後進(후진)을 했습니다. 그 빈틈 사이로 폭도들의 장갑차와 군용트럭들이 몰려왔습니다. 이것은 누가 시켜 사례대로 일어난 게 아니었습니다. 파도가 흐르듯 자연스레 덮쳐들어 온 것입니다. 前列(전열)에 있었던 61대대, 62대대 요원들 약 500명은 차를 피해 양쪽 옆 건물 쪽으로 피하게 되었습니다. 바닥에 돌이 많아 제대로 걸을 수 없었고 최루탄 연기로 앞도 안 보이니 방독면도 벗어젖힌 후 서로 밀치며 대피해 아수라장이 됐습니다.

장갑차에 머리 눌린 공수부대원

도청 쪽에서 갑자기 큰 총소리가 들렸습니다. 처음에는 하늘을 향해 쏜 후, 나중에는 직접 장갑차를 향해 쏜 것입니다. 곧이어 M-16 소리가 처음에는 두세 명이 쏘던 것에서 여러 명이 쏘는 소리로 들렸습니다. 그 틈에 도로를 따라오다 보니 공수부대원 한 명이 장갑차에 머리가 반합 크기만 하게 눌려 있고, 그 주위로 피가 나와 검게 굳어져 있었습니다. 흘러나온 피는 금세 검붉은색으로 바뀌었고, 아스팔트 열기로 달걀부침 같이 두텁게 익어버리고 말았습니다. 시체를 치울 생각은 하지도 못했습니다.

담벼락 아래로 피한 후 실탄 한 클립(10발)을 손과 손을 통해 전해 받았습니다. 무척 빠른 속도로 장전 후엔 마음속으로 이젠 살았다는 안도감을 가졌습니다. 그 사이 장갑차가 분수대를 돌아 다시 돌진했고, 트럭과 버스들의 돌진도 여러 차례 있었으나 차량에 대한 중기관총 사격이 있고 난 후 공격행위는 상당히 줄어들었습니다. 전방을 보니 63대대 대원들이 부처님 오신날 봉축 광고탑을 쓰러뜨린 후, 수십 명이 應射(응사) 하고 있었습니다. 분수대 쪽으로 이동하여 분수대 물로 얼굴과 손은 물론, 군화를 벗고 발까지 씻었습니다. 누군가 지친 몸을 물가로 데려가 쉬게 하는 듯 시원하고 산뜻했습니다.

63대대 출신 이○○ 목사의 手記를 보면, 5월21일 도청 앞에서 장갑차가 돌진할 때 공수부대원은 서 있지 않아 다친 사람이 없었고, 죽은 공수부대원은 군인들의 장갑차에 당했다는 구절이 있습니다. 반면 시민군이었던 이○○ 씨 手記를 보면 "왕창 밀었다"는 표현을 합니다. 밀려면 밀어야 할 대상이 있는 게 맞을 것입니다. 63대대는 後衛(후위)로 도청 쪽에 있어 前方(전방)에 있던 61, 62대대 상황을 정확히 알 수 없었을 것입니다. 자기의 증언 내용이 사실인 양 주장하는 것은 그 증언의 동기를 의심하지 않을 수 없습니다. 이○○ 목사 手記는, 개인 감상이란 점도 문제지만 사실에 입각한 다른 증언을 무력화하는 데 종종 인용되었다는 점에서 문제의 소지가 있습니다. 공수부대원들의 증언도 많이 있었음에도, 목사라는 직분이 주는 신뢰감 덕분에 手記 내용이 양심 고백을 넘어 진실처럼 각인된 것입니다. 이런 문제는 다른 곳에서도 발견됩니다.

예를 들면 폭도에 의한 교도소 습격이 당시 부대 日誌(일지)에도 기록된 사실임에도, 이후 교도소장의 否認(부인)이 있으면 사실 여부와 별개로 교도소 습격 사건은 軍에 의한 조작으로 치부되는 것입니다.

理想적인 대응이 불가능했던 실제 현장

잠시 후 높은 건물이 많은 곳에서 낮은 곳에 포진하는 게 위험하다 느껴

지역대는 가까운 수협 건물로 올라갔습니다. 건물 속에서 四周(사주) 경계를 하면서 쌍방의 사격이 시작되었습니다. 이는 일제 사격이 있고 난 후 1시간이 채 지나지 않았을 때입니다. 시민군의 총기 발포는 군인들 발포 이후에, 총기 탈취는 오전 쯤 防産(방산) 물자를 탈취할 무렵 시작된 듯합니다. 그렇지 않았으면 이렇게 짧은 시간 안에 반격할 수 없었을 것입니다.

5월21일 도청 앞 발포로 생겨난 사상자 가운데 M-16으로 인한 사망자가 수십 명에 그친 것은 그나마 설제된 사격의 결과라 말할 수 있습니다. 100m도 안 되는 거리에서 10만의 군중을 조준사격만 했다면 몇 배의 사상자가 나오는 게 정상일 것입니다.

혹자는 돌진하는 차량에만 사격해야지 무고한 시민에게 발포는 학살이라는 데, 이건 마치 미국이 原爆(원폭)을 터뜨려 일본 국민을 죽인 걸 비난하는 것과 별반 차이가 나지 않을 듯합니다. 군인만 죽이고 군사시설만 폭격해야 함에도 민간인을 겨냥해선 안 된다는 말도 있습니다. 그건 실제 전쟁의 잔혹함과 의외성이 무엇인지 모르고 하는 소리에 불과합니다.

'죽음의 소리', '구원의 소리'

전남도청 앞 발포사건도 그러합니다. 시민에 대한 무자비한 조준사격이라는 관점도 있고 갑작스러운 폭도들의 공격으로 국가에서 파견된 군인들이 죽어난 경우일 수도 있습니다. 그날 울린 총소리가 시민의 생명을 빼앗은 것일 수도 있지만, 저의 할머니 귀엔 외손자의 목숨을 구한 구원의 종소리일 수도 있습니다. 정말 종소리에 점 하나를 찍으면 총소리가 되는 묘한 울림이 있는 순간이었습니다.

5·18에 대한 광주 시민의 심리적 자부심의 근거는 10만 이상의 군중의

결집해 시위한 점과 200여 명의 사상자에 대한 책임 요구로부터 나온다고 봅니다. 하지만 5월21일 발포사건에서 발포 책임자를 찾을 수 없다는 조사 결과가 도청 앞 발포 사건의 정황을 한마디로 말해주고 있습니다. 그것은 달리 말해 對峙(대치)의 긴장을 깨뜨린 후 군인을 깔아뭉개고 사태의 판을 키운 건 폭도들에게 책임이 있다는 걸 보여주는 증거라 생각합니다.

즉, 200여 명 사상자가 발생한 직접 원인과 책임은 화염병을 던지고 차량 공격을 시도한 폭도들의 경솔함에 있는 것입니다. 이런 주장이 잘못된 것이라면 발포 책임자와 발포자를 찾아내 처벌하여 '정의가 강물처럼 흐르는 세상'을 보여줘야 할 것입니다.

5월21일 오후의 금남로 앞 상황

그러나 천천히 보면 그 당시 차량 공격이 없었어도 시위대는 아무런 피해가 없었을 것이지만, 반대로 방어사격이 없었다면 다수 공수부대원의 피해가 있었을 것입니다. 이 차이가 대량 인명손실에 대한 책임소재를 가릴 수 있는 부분입니다.

'궁지에 몰린 공수부대원의 이유 없는 총질에, 분노한 군중이 무장 대응으로 맞서는 용기'라든지 '어떻게 군인이 민간인에게 총질할 수가 있는가'하

필자가 직접 그린 1980년 5월21일 오후 1시쯤의 전남도청 앞 상황도.

는 것들은, 시위대와 공수부대원 간에 최전선에서 어떤 일이 일어났는지 모르는 데서 오는 반응입니다.

의아한 것은 그 주위엔 제법 많은 수의 내·외신 기자가 있었는데, 중요한 현장인 5월21일 오후 1~2시를 담은 현장 사진이 한 장도 없다는 것입니다.

제가 오후 1시 상황을 기억에 의존해 다음과 같이 그려봤습니다. 개략도이기에 생략된 부분이 없진 않지만 상상화는 아닙니다. 흔히 볼 수 있는 전날(5월 20일) 사진이나 5월21일 오전 사진보다 더 정확한 묘사라고 할 수 있습니다.

금남로는 중심도로고 兩(양) 옆에는 많은 좁은 도로가 연결되어 있어 차량이나 인원이 쉽게 모이고 사라질 수 있습니다. 차량시위 때도 뒤에 있는 차들은 돌아 앞쪽으로 이동하곤 했습니다. 장갑차를 비롯한 군용 트럭들이 제일 나중에 도착했음에도, 맨 앞쪽으로 나설 수 있었던 것도 옆 도로를 통해 들어왔기 때문입니다. 전남도청 앞은 분수대를 중심으로 한 로터리이기에 장갑차가 돌진한 다음 한 바퀴를 돌아 다시 제자리로 온 뒤 재차 돌진했습니다.

5·18기념재단이 주장하는 '10시30분에 실탄 받은 대원 맨 앞으로 교체', '애국가가 울리면서 일제사격'과 같은 내용이 사실인 양 계속 유지되는 이유가 무엇일까요? 차량 돌진 당시 공수부대의 혼란 상황을 공식적으론 '장갑차 1대 도청 광장으로 기습 진출'이라 썼는데, 이런 한 줄로 다 설명할 수 없는 恐慌(공황)이 공수부대 내부에 있었습니다.

공수부대를 휩쓴 10만의 격랑

한 예로 62대대 5지역대 6중대장이 심각한 위협을 느낀 나머지 民家(민가)로 잠입 피신한 적이 있습니다. 이후 약 3주간 광주 시민이 그를 보살펴주었고 광주가 완전히 평정된 뒤에 부대로 복귀하게 됩니다. 또 병사 1명은 무등산 軍부대로 피신했다가 1주일 뒤에 복귀했습니다. "장갑차 한 대가 기습 진출했다"는 내용과 "중대장과 병사가 현장을 이탈했다"라고 하기보다는 이미 사기가 瀕死(빈사) 상태에 이른 시점에 10만 명의 激浪(격랑)이 쓰나미처럼 공수부대를 쓸었다는 표현이 더 적절할 것입니다.

그들이 느꼈던 공포와 혼란에 대해 "이게 무슨 당나라 군대야?"라고 이 비웃을 수만은 없을 겁니다. 이와 관련해 상부에선 戰場(전장) 이탈이나 지휘 소홀에 대해 책임 추궁이나 처벌을 하지 않았습니다. 당시 군인들이 도망칠 수밖에 없었던 불가항력적 상황을 참작해주었던 것 같습니다.

1시30분경 차량 돌진이 뜸해진 가운데 100m 정도 떨어진 곳에서 시위대 중 한 명이 두 팔로 욕을 만들어 하자 누군가 사격을 해 고꾸라졌습니다. 옆에 있던 사람들이 기어 나와 쓰러진 사람을 부축해 들어갔습니다. 평상시 같으면 있을 수도 없는 일입니다. 누구는 그런 非이성적인 행동은 自衛(자위)를 넘어선 범죄라고 말할 수 있을지 모릅니다. 그러나 그렇게 비판하는 사람들도 그 자리에 있었다면, 총을 쏘고도 미안하다는 생각이 안 들었을지 모르겠습니다.

"이 선생, 사람 죽여 봤어요?"

제가 중학교에서 교편을 잡았을 때 일입니다. 아버지뻘 되는 윤리 선생님이 저에게 묻습니다.

"이 선생, 광주 다녀왔죠."

"예."

"사람 죽여 봤어요?"

"선생님이라면 그런 경우 죽이겠습니까?

"아니, 제가 왜 죽여요?

"선생님이 안 죽일 거라면, 저는 왜 죽인다고 생각하세요?"

"아이! 그때 사람이 많이 죽었다니까 그러는 거죠."

많은 사람은 자신은 善하고 이성적이어서 그런 상황에서 객관적 입장을 견지할 수 있을 거라 생각하지만, 막상 현실에 처하면 생각과는 달리 혼돈의 연속이 될 것이라 생각합니다. 당시 모두는 그 자리에 각자의 맡은 역할에 충실한 것이다.

5월21일 오후 공수부대는 수협 빌딩에서 조선大로 이동하면서 작은 골목길을 건너면서도 위협사격을 하며 철수합니다. 몇몇 대원들의 공포와 분노가 서린 총질이었으나, 막는다고 시민들이 들을 단계는 이미 지난 뒤였습니다. 그건 광주 시민을 시민에서 폭도, 폭도에서 敵으로 간주하는 순간처럼 보였습니다. 저녁을 먹고 조선大를 이탈한 후 안전지역을 향해 출발했지만, 목적지의 地名(지명)도 좌표도 몰랐습니다. 대대 작전참모가 지도 한 장 가지고 자기만 따라오라는 데, 그것도 밤에 산길을 1열 종대로 300여 명이 이동하는 흔치 않은 일이 일어났습니다. 단지 2~3시간 행군하면 도달할 거리라고 해서 군장도 대충 꾸려 가벼운 마음으로 출발했습니다.

저녁 10시 쯤, 계획에 따르면 이미 목적지에 도착해야 할 시간임에도 行軍(행군)이라기보다는 멈춰 대기하는 시간이 더 많아진 탓에 진도를 나갈수가 없었습니다. 그러다 제 바로 앞의 병사가 총을 배낭에 걸어둔 채 앉다가 실탄이 장전된 총이 땅에 닿는 충격으로 발사되었습니다.

내 귀에서 1m 정도 거리에서 하늘로 발사된 총소리에 근처에 있었던 대원 모두가 놀랐습니다. 우리의 위치가 폭로되자 잠시 후 산 아래서 차량 소리가 나더니 우리 쪽을 향해 기관총을 무작위로 쏘는 소리를 들었습니다. 멀리 있어 보이지 않았기에 應射(응사)는 하지 않았습니다. 얼마 후 폭도들의 차량이 철수한 뒤 행군이 계속되었으나, 그건 행군이라기보다는 조별 각개 약진이었습니다. 목적지도 모르는 밤길 기차놀이는 작전참모와 대대장님마저 각각 분산되었습니다.

敵이 추적해오는 긴박한 상황은 아니었지만, 주변의 敵이 어디쯤 있는지 모르는 상황에서 행동은 제약이 많았습니다. 또 심리적으로 위축되는 이유는 낮에 있었던 발포로 인한 당혹스러웠던 충격이 다 가시지 않은 탓인 듯했습니다. 대대장님도 본인이 월남전도 참전해 봤지만 이런 황당한 경우는 처음 겪는다고 했습니다.

피신 가던 학생들

개인적으론 이날의 철수과정이 광주에서 수행한 작전 중 가장 미숙하고 부끄러운 작전으로 기억됩니다. 결국 2~3시간이면 갈 수 있다는 길을 자정을 넘어서야 도착했습니다. 물론 도착한 곳이 원래 계획한 곳에 제대로 온 것인지 누구도 자신이 없었습니다. 묘지 근처에서 눈을 붙이다 아침을 맞이했습니다. 5월22일 아침이 되자 주변이 갑자기 소란해졌습니다. 두 명의 청소년이 멈춰 서라는 말에도 불구하고 논을 가로질러 도망을 갔고, 대원 한 명이 따라갔습니다. 잠시 후 앞쪽에 숙영하던 대원이 한 발을 쏘았고, 달아나던 한 명이 쓰러지자, 그 바람에 놀란 나머지 한 명이 도망을 포기한 후 생포되어 대대장님 앞까지 오게 되었습니다. 누가 봐도 고등학생이기에 대대장님의 간단한 심문이 있었던 후 제가 이것저것 물어보았습니다.

그들은 친구 사이로 광주가 안전치 않다고 판단해 친척 집에 피신하러 가는 길이었습니다. 운이 없게도 야산의 군인들 숙영지 앞을 지나다 멈추라는 소리에 당황해 도망가다 당한 경우였습니다. 책가방 속에는 수학 연습장과 《정통 종합 영어》 책이 있었는데 가지런히 정리된 수학 연습장을 보니 마음이 착잡했습니다. 생존한 학생을 그냥 두고 갈 수가 없어 같이 이동하면서 이런저런 대화로 금방 친해졌습니다. 학생이 자발적으로 군장도 들어주고 산길을 나온 후 오후 늦게 안전 지역인 헬기장에서 헤어졌습니다.

프로와 아마추어의 대결

광주 비행장에 도착해서 며칠 간 휴식과 정비를 취했습니다. 비행기 격납고 속이었지만 정말 오랜만에 지붕이 있고 평평한 바닥에서 자는 잠이라 편히 있을 수 있었고 훈련도 간단한 구보 이외는 경계 근무조차 없었기에 충분한 휴식을 취할 수가 있었습니다. 도청 진압이 결정되자 11여단에선 1개 지역대만 차출되었습니다. 참여 지역대는 명령에 의한 지정이 아니라 9개 지역대장 사이에 제비뽑기로 결정되었다고 들었습니다. 1개 지역대 100여 명 生死가 걸린 문제가 이런 식으로 정해졌다는 게 인생이고 현실인가 봅니다.

작전 당일 광주 시민을 자극하지 않겠다는 이유는 알겠지만, 공수부대가 왜 보병부대 옷을 입고 진압작전을 해야 했는지는 지금도 이해할 수 없습니다. 이 작전은 도청을 점령한 폭도를 敵으로 규정한 '敵과의 전투'였습니다. 왜냐하면 시민군이 소총에 조준경을 장착, 조준 사격을 감행했기 때문입니다.

그 실제 결과도 프로와 아마추어의 대결처럼 일방적으로 끝났습니다. 진압 전날 선무작전을 통해 내일 새벽에 계엄군이 들어올 것이란 걸 다 알고 있었기에 거기에 남은 사람은 죽기를 각오한 자들입니다. 그들의 시민군에 대한 충정과 生을 포기한 결단의 비장감은 이해되지만, 역사에 있어 승자와 패자가 있어야 한다면 우리로서도 어쩔 수 없는 부분이었습니다.

군악대의 합주가 울려 퍼지는 송정리역에서 해태종합선물을 1인당 한 세트씩 副賞(부상)으로 받고 서울의 국민대학교로 재배치되었습니다. 저도 면회 온 가족을 다시 만날 수 있었습니다. 지금도 정강이에는 던진 돌에 까진 상처가 있으며 내 마음 속엔 광주에서 죽었던 대원이 운송 트럭 위에서 누워 하늘을 쳐다보며 비를 맞으며 흔들리고 있었던 장면이 남아 있습니다.

화염병을 던지지 않았더라면…

5월21일 도청 앞 그 긴장된 대치 국면에서 화염병 하나가 균형을 깼습니다. 이로 인해 차량 돌진과 발포가 시작됐고, 쌍방의 무력 사용이 5월27일 도청 진압까지 이어지게 됩니다. 200여 명 희생을 줄일 수 있었던 마지막 기회는 화염병 던지기 직전까지였다고 봅니다. 시민들이, 과격 진압에도 불구하고 공수부대의 평화적인 철수를 허용했다면 대자대비한 사랑으로 충만한 '평화 민주화 운동'이라 불려도 어색치 않았을 겁니다. 그런 면에선 차량 돌진 때 피신해 들어간 공수부대원을 인도적 차원에서 몇 주씩이나 보호해 준 따뜻한 마음씨가 광주의 진정한 자랑이 아닐까 합니다.

5·18을 치르고 35년간 씻을 수 없는 아픔을 갖게 된 것에 공수부대의 일원으로서 송구하다는 말씀을 드리는 것과 동시에, 5·18이 광주의 恨으로 남아 대한민국의 화합과 발전에 발목을 잡아서는 안 되리라는 말씀을 동시에 드려봅니다. 저는 광주가 민주화의 聖地(성지)로 자부하는 정치적인 도시보다는 南道(남도)의 멋과 맛을 간직한 예술의 本鄕(본향)으로 되돌아 오길 바라는 맘이 간절합니다.

李正湜(1957~)
경북 영주 生으로 1979년 홍익대학 미술대학 동양화과 졸업(BFA)하고, ROTC 17기로 임관해 1179부대(11공수여단) 장교로 복무했다. 1982년부터 1984년까지 중앙대학교 부속중학교 미술교사를 지냈고, 1986년 홍익대학 미술대학원 졸업 후 渡美(도미)했다. 1993년 뉴욕 프렛 인스티튜트(Pratt Institute) 미술대학원 판화과 졸업(MFA)하고 미국에 정착, 현재 美 펜실베이니아주에 거주.

가슴에 새겨둔 80년간의 일기장

鄭慶均

만주에서 서울, 서울에서 부산, 부산에서 제주, 다시 서울…
거듭되는 피난 속에서도 가족을 위해 노점상을 하며
버티고 버텨야 했다.

가슴에 새겨둔 80년간의 일기장

나는 이 세상에 나올 때 내 나라, 내 땅에서 태어나지 못했다. 남의 나라 중국 벌판에서 태어났다. 그 허허벌판에서 탯줄을 이빨로 끊으면서 태어난 한 생명이 목숨을 건져서 지금 이 글을 쓰고 있다. 1924년 선친이 17세 되는 해에 나의 조부님은 평북 정주군 남서면의 고향을 등지고 만주 땅으로 무작정 이민을 갔다. 누가 오라는 사람도 없었고 허허벌판에 등짐을 풀고 정착한 곳이 요녕省 무순市에서도 한참 떨어진 '만달옥'이라는 시골이었다.

나는 1934년 4월20일 그 시골에서 태어났고, 무순市의 아사히(朝日) 국민학교라는 일본 소학교에 입학했다. 무순 소학교까지는 1시간 40분. 기차에서 내리는 순간 대열을 지어서 다시 학교까지 약 30분을 구보로 달려가야만 겨우 시간에 맞춰 등교하는 생활이 이어졌다. 기차의 맨 앞 칸은 일본 학생들, 우리는 둘째 칸, 중국 학생들은 셋째 칸과 그 뒤 칸에 앉아 등하교했다.

그러다 일본 학생들과 감정싸움이 발생하면 기차에서 서로 뒤엉겨 피를 보는 집단 난투극이 벌어지곤 했다. 일본 학생들과 패싸움이 벌어지면 사정없이 때려눕혀 약 10여 분간 후다닥 일본 놈들을 제압하노라면 일본 헌병들이 나타나서 말눈깔 사탕을 주면서 싸움을 말렸다.

그 당시 일본 헌병들은 민족 감정을 건드리지 않으려고 사탕으로 수습했기 때문에 우리가 마음 놓고 일본 학생들을 두들겨 팰 수 있었다. 일제시대 때 그곳이 중국 땅이었는데도 중국 학생들은 워낙 기가 죽어 있어서 그들과는 한 번도 싸운 기억이 없고 마을 안에서도 항상 사이좋게 지냈다.

1945년 7월 중순 어느 날 여름방학을 하고 집에 오는 차에서 일본 학생들과 또 한판 피 터지게 싸웠다. 저학년은 뒤편에 서고 4, 5학년 상급생이 맨 앞에서 전투해야 한다. 그해에 나는 5학년이라 맨 앞에 서서 일본 학생들과 싸웠다. 그 순간이면 우리는 평소 일본 사람에 대한 분을 풀고, 조선말을 하다 들켜서 벌을 서고 다음 날 동전으로 벌금 내곤 했던 한풀이를 실컷 하는 것이었다. 그 날이 일본 학생들과의 마지막 전투일 줄은 몰랐다. 그것이 마지막 전투일 거라는 걸 알았더라면 좀 더 실컷 패줄 걸 하는 아쉬움이 지금도 남는다.

갑작스런 태극기 물결

아무리 생각해봐도 도무지 이해되지 않는 장면이 지금도 생생하다. 이 날은 소위 해방되는 날이다. 그전날까지도 일본 순사들의 서슬이 시퍼렇게 살아 있었는데, 웬 태극기가 그리도 많이 각 가정에서 쏟아져 나왔는지 도무지 이해가 되지 않았다. 그 날 점심쯤으로 기억되는데 나의 조부님이 뒤뜰의 장독대에 가시더니 태극기를 몇 장 가지고 나와 나에게도 주셨다. 마을로 나가 미친 듯이 뛰어다니면서 무조건 "만세", "만세"를 목이 터지라 외쳐댔다. 그 날 조국에서는 어떻게 광분했는지, 또 東京에서는 어떤 광경이었을까 궁금한데 이날 내가 겪은 경험으로는 두 가지가 지금도 잘 이해되지 않는다.

첫째, 그 많은 태극기가 중국 벌판의 조선족 가정에서 미리 준비라도 한 듯 쏟아져 나온 배경이 선뜻 이해가 되지 않는다. 또 하나, 우리 조선족들은 그토록 미친 듯이 날뛰면서 만세를 불러대는데 중국인들은 물끄러미 우리를 쳐다보면서 남의 일인 듯 구경만 하는 것이었다. 자기들도 무슨 깃발이든 꺼내 들고 만세를 외쳤어야 하지 않겠는가? 지금도 잘 이해되지 않는다. 아마도 우리 조선족들은 어른들이 일본에 대한 反感(반감) 교육을 은근히 의도적으로 하였고, 독립의 의지가 無言 중 우리 피에서 흘렀을 것이다. 중국인들은 그런 감정적, 민족적 교육의 노력이 거의 없었던 게 아닌가 짐작될 뿐이다.

나의 선친은 3남2녀, 5남매의 장남으로, 조부모님까지 모시고 살 정도로 대가족이었다. 두 분 숙부님들은 모두 학생들에게 조선 역사와 한글을 가르친 죄로 옥살이하다가 죽음 직전에 반송장 상태에서 풀려나 집에서 간신히 되살아나는 것을 나는 어린 나이에 보면서 자랐기 때문에 일본이 우리의 원수라는 걸 눈으로 배우면서 자랐다.

일본 선생한테는 조선말을 하다가 들켜 내가 앉은 그 나무 의자를 무릎 꿇고 앉아서 들고 있다가 팔 힘이 못 견뎌 내려놓는 순간 일본 선생에게 뺨을 얻어맞고, 때로는 나쁜 선생은 구둣발로 걷어차기도 했다. 그 다음날은 어김없이 구멍 뚫린 동전, 아마 그때 5전짜리를 벌금으로 갖다 바치곤 했다. 그때부터 抗日(항일)에 대한 뼈아픈 산 교육을 받으며 자랐다.

후일 내가 어쩌다 東京대학에서 박사과정을 밟는 동안 일본 친구들에게
그 당시의 억울한 얘기를 들려주곤 해서 그들로부터 소위 罰酒(벌주)라는
걸 엄청나게 얻어먹었다. 일본인의 기질은 이런 얘기 하면 기분 나빠서 나
를 멀리하는 게 아니라 오히려 자기들 조상의 잘못을 대신 사죄하려는 성
향이 있다는 걸 알고 있어, 나는 일본 친구를 사귈 때는 이런 에피소드를
'전략적 무기'로 써먹곤 했다.

無정부 상태의 實體를 보다

일본이 갑자기 망하면서 그 질서가 하루아침에 무너지니까 중국 천지는
해방 다음날부터 無法(무법)천지가 전개되었다. 이때 無정부 상태가 어떤 것
인지 몸으로 배울 수 있었다. 정부가 없으니 사회는 자연히 무법천지, 온갖
범죄가 날뛰었다. 법이 없는 상태에서 인간의 욕망이 어떻게 분출하는지를
그때 체험했다.

그중에서도 가장 대표적인 게 중국 특유의 馬賊團(마적단)이었다. 마치
중국인 전체가 마적인 것처럼 느껴질 정도로 해만 지면 마적떼가 마을로 습
격해 부녀자를 겁탈하고 재물 약탈을 일삼았다. 마적단이 떴다 하면 우리
온 식구들은 인근 중국인의 옥수수밭에 숨죽이고 있다가 그들이 재물을

갖고 돌아가면 집에 오곤 했다.

그때 내 나이 겨우 만 11세. 어린 나이지만 우리는 청소년단을 만들어 활과 창, 그리고 우산대로 총열을 만들어 '퉁포'라는 총을 만들어 마적단이 나타나면 우리는 퉁포라는 長銃(장총)을 쏘면서 저항도 해보았지만, 역부족이었다. 하는 수 없이 그해 가을 우리집은 재산을 정리해서 道步(도보)로 두어 시간 거리에 있는 조선족 마을인 만융툰(滿融屯)으로 이사를 했다. 여기는 100% 조선족만 사는 제법 큰 마을이었다. 근 200세대에 교회도 있고 학교도 있어서 나는 그 만융소학교를 제1회로 졸업했다.

1993년 韓中수교 직후 모교를 방문했더니 그 당시의 졸업 사진과 학적부도 남아 있는데 내가 일등으로 졸업한 기록이 있어 교장 선생 이하 母校(모교) 스승들이 뒤늦게 졸업과 일등 축하파티라는 걸 열어 주어서 오랜만에 60도 가까운 배갈을 마시며 실컷 울기도 했다.

해방 후 無정부 상태가 한동안 지속되다가 소련군이 진주해 오면서 이번에는 또 다른 형태의 겁탈과 약탈이 벌어졌다. 따발총을 멘 소련 軍人이 마을에 나타나면 그들은 동양인의 나이를 모르는지 할머니들까지 겁탈해서 모두 볏나까리 속으로 피했고, 남자들은 손목에 찬 시계를 모두 강탈당했다. 그 소련 군인들은 팔뚝에 시계를 몇 개씩 차고 다니던 장면이 지금도 눈에 선하다. 시계를 빼앗을 때 그들의 말로 "따와이"라고 하는데 "내놔"라는 말이다. 그래서 우리끼리도 남의 물건이 탐나면 "따와이, 따와이" 하면서 놀았다.

그러다가 모택동의 八路軍(팔로군)이 진주했는 데, 그 속에는 조선족으로 구성된 의용군들이 있어서 이들이 중국 마적단을 소탕해 학교 운동장에 잔뜩 잡아다 곤장을 치고 소련군의 준동을 막아주어 치안이 겨우 회복되었다.

'구세주' 셋째 동생

無정부 상태 때 이런 일도 있었다. 우리는 그해 늦가을 우리 고향 평북 정주로 歸鄕(귀향)하기로 하고 우선 부모님과 나, 바로 밑의 동생 등 4명이 먼저 그때까지도 운행하고 있었던 기차로 가려고 중국 審陽(심양) 시내에 있던 우리집으로 괴나리봇짐을 꾸려놨다.

정주로 가는 기차를 기다리던 중 나의 셋째 동생이 세상에 나온 것이다. 갓난아기를 데리고 그 겨울에 기차 꼭대기에 탄다는 것은 불가능해 조국行을 포기하고 있을 때였다. 그래서 나는 나의 셋째 동생(한국과학기술원 교수 역임)을 우리 집안의 구세주라고 부른다. 그 애가 아니었던들 우리는 그해 영락없이 북한으로 가서 그 비참한 인생을 살았을 테니 말이다.

조국行을 포기하고 당분간 심양에 있을 때 우리가 겪은 일화다. 하루는 밤중에 복면한 조선족 청년 두 명의 강도가 우리집을 습격, 조국으로 가져가려던 현금과 온갖 패물을 몽땅 털어갔다. 바로 그 당시 우리 주변에는 조선족 강도와 일본인 강도단이 날뛰고 있었다.

조선족 강도들은 우리가 당한 것처럼 同族(동족)의 재물을 강탈하는 데 비해 일본인 강도들은 청년들로 강도단을 구성해서 미처 일본으로 피하지 못한 일본인들을 위해 밤이면 조선족 집과 중국인 집, 점포들을 돌면서 주로 식료품 위주로 강탈한 뒤 일본인 집 마당에 떨어뜨려주고 아침이면 사라졌다. 일종의 애국청년들이었던 것이다.

야만적으로 받았던 性교육

그 당시 나는 어리고 순진한 11세 소년이었지만 어른들이 수군대는 얘기를 훔쳐 들으면서 조기 性교육을 체험하기도 했다. 심양의 우리집 바로 옆 높은 담에 둘러싸인 건물은 일본군의 군수품 창고였는데, 해방 후 소련 女軍 막사로 쓰이고 있었다. 이 소련 여군들은 마을 청년들을 이곳으로 납치해 輪姦(윤간)을 벌였다.

거기 끌려갔다 나온 청년들의 경험담인즉, 호화판 음식에 매일 밤 무슨 주사를 놓은 뒤 윤간을 벌이고 풀려 나오면 일주일이나 열흘 정도 있다가 그만 목숨을 잃는 사람도 있다는 것이었다. 이런 일들을 어린 나이에 수없이 들었다. 어린 나이에 받은 性교육치고는 야만적인 성교육이었던 셈이다.

그때 이런 말도 가끔 들렸다. 어떤 바람둥이는 죽을 때 죽더라도 실컷 재미 좀 봤으면 좋겠다고 해 자진해서 그 일을 당했다는 것이다. 풀려 나오면 영락없이 황천길로 직행했다고 한다. 그런저런 험한 일들을 당하고는 조국 行을 완전히 포기하고 만용툰에 생활 터전을 잡아나갔다.

규율이 엉망이었던 장개석軍

역시 어린 나이에 들은 얘기지만 해가 우리 땅에서 떠서 우리 땅에서 진다고 말할 정도로 광대한 農土(농토)를 확보하고 농사를 지었고, 개인 정미소도 운영할 수 있었다. 정미소 운영이란 남의 쌀을 쪄서 돈을 버는 수익보다 우리가 지은 벼를 남들보다 먼저 쪄서 햇곡식으로 팔기 때문에 같은 농사를 지어도 수익은 매우 짭짤했다.

그런 덕분에 나의 어린 시절은 10월부터 다음 해 5월까지 꽁꽁 어는 渾河(혼하·중국 요녕성의 江 중 하나)의 긴긴 강에서 스케이트를 종일 타고, 비싼 축구화도 매년 새 것으로 지어주어 축구도 하고, 테니스도 하는 등 제법 호화롭게 몇 년을 성장해 나갈 수 있었다. 그러나 이 호강은 길지 않았다. 1947년부터는 연안에서 출몰한 모택동 공산군에 밀려서 장개석軍이 패전을 거듭했고 우리는 1947년 가을, 심양을 떠야만 했기 때문이다.

그해 내 나이는 만 13세. 요즈음 13세라면 어린이에 속하지만, 그 시절엔 13세라면 성년으로 취급됐던 것 같다. 연안에서 모택동軍이 진주해 온다는 소문이 돌고 있을 때 장개석의 중앙군은 전쟁에 대비한다며 동네 남자들을 가구당 한 명씩 매일 차출해서 산의 나무를 잘라 끈으로 어깨에 메고 내려와서 車道(차도)를 막는 노역을 시켰다. 열세 살이었던 나도 동원되어 전쟁이 무엇인지 직접 겪어보기도 했다.

해방 직후 우리 마을에 진주했던 모택동軍은 對民(대민) 宣撫(선무)공작으로 마적단 숙청 등 치안 유지는 물론, 매일 아침 마을 길 청소를 하는 등 對民 宣撫공작을 빈틈없이 했기 때문에 모택동軍에 대한 인상은 매우 좋았다. 아마도 모택동은 그때부터 중국 정복을 꿈꾸었던 게 아닌가 싶다.

그에 반해 장개석의 중앙군은 우선 그 어린 내 눈에도 기강이 흐트러져 거의 매일 도망병이 생겼다. 도망병이 變服隊(변복대)에 적발되면 길거리든 어디든 즉석에서 권총이나 그 군인이 소지하고 있었던 長銃(장총)을 빼앗아 총살을 집행했다. 나는 이 장면을 심심치 않게 목격했다. 비슷한 시기 모택동軍은 파죽지세로 거의 전투도 하지 않고 빠른 속도로 중국 전체를 정복해나갔다.

'모택동軍은 장개석軍의 무기로 싸웠다(?)'

우리집은 비교적 컸기 때문에 장개석軍 군인들이 집에 여러 날 묵으면서 친하게 지낼 때도 있었다. 그 당시 우리들은 우산대를 총열로 '통포'를 만들어서 들토끼 등 짐승 사냥도 하고 인근 중국인들이 우리 농산물을 훔치러 오면 그 총으로 쫓아 버리기도 했다. 그때 우리는 장개석軍이 나눠주는 화약을 공짜로 얻어 쓰기도 했다.

그러다가 모택동軍이 가까이 왔다 하는 정보가 들리면 장개석軍은 정보 확인도 않고 싸울 생각도 안 하고 다 도망쳤다. 심지어 지장이 되는 총알과 소총까지도 마을 웅덩이에 던지고 줄행랑을 쳤다. 우리는 잽싸게 그들이 버리고 간 총알을 잔뜩 주워 거기서 화약을 얼마든지 확보할 수 있었다. 일설에는 모택동軍은 장개석軍의 무기로 싸웠다는 말도 있을 정도였다.

내가 목격한 바로는 모택동軍이 전쟁으로 중국을 석권한 게 아니라 장개석軍이 도망간 공간을 그냥 주운 것이라고 해야 맞다. 따라서 모택동의 중국 점령은 피 한 방울 흘리지 않은 無血 전쟁이었다고 평해야 옳다.

지금 생각해 보면 내 나라가 아닌 남의 나라 중국 벌판에서 산 죄로 그 어린 나이에 남녀 소련군에 의한 강간이라는 性교육을 받아야 했고, 장개석軍의 변복대가 군인들을 총살하는 현장도 보아야 했다. 장개석軍과 모택동軍의 전쟁이라는 현장에서 그릇된 전쟁관도 가지게 된 것이다. 전쟁놀이 비슷한 전쟁 장면이 머리에 들어와 앉은 나로서는 후일 한국전쟁 때 전쟁에 대한 관념을 再교육받아야 했다.

만주를 떠나다

당시 모택동軍이 어디까지 왔다 하는 소문만 나도 장개석軍은 서둘러 도망가버려 우리 마을은 사실상 軍의 공백 지대로 남아있었다. 그러나 民心은 이미 공산주의에 물들고 있었다. "곧 공산군이 올 것이다", "예수쟁이와 富者(부자)는 모조리 숙청될 것이다"란 소문이 하루 아침에 퍼진 것이다.

나의 선친은 교회 장로에다가 돈이 좀 있는 이른바 부자였기 때문에 공

그 당시 기독교인은 말할 것도 없고, 제 밥 깨나 먹는 정도의
地主면 모택동軍이 들어오는 즉시 숙청 대상으로 삼았다.

산군이 들어오면 우리는 '숙청 대상 제1호'라고 마을에 소문이 돌기 시작했
다. 옆집 친구를 만나러 가도 그 집 어른들이 大門에서 막아버리고 썩 물러
가라고 호통을 쳤다. 공산주의란 이처럼 잔인하고 무섭구나 하는 것을 어
린 나이에 내 뼛속 깊숙이 새겼다.

한국으로 오려고 재물을 정리하는데도 예수쟁이 부자들이 쓰던 물건을
팔아주면 자기들도 숙청된다고 했다. 그 당시 우리 가족이 재산목록 1호라
고 했던 재봉틀을 팔려고 내놓았지만 아무도 사지 않았다. 천만다행으로
우리가 미리 쪄놓았던 쌀은 제대로 팔 수 있었다.

그 당시 기독교인은 말할 것도 없고, 제 밥 깨나 먹는 정도의 地主(지주)
면 모택동軍이 들어오는 즉시 숙청 대상으로 삼았다. 非기독교인, 가난한
자 外에는 모두 숙청의 대상으로 삼았기 때문에 우리는 모택동軍을 피해
만주를 떠나야 했다.

하지만 그 비용을 부담할 財力(재력)이 없는 조선족들은 男負女戴(남부
여대·남자는 등에 지고 여자는 머리에 인다는 뜻. 가난한 사람들이 떠돌아
다니는 것을 일컫는 말) 괴나리봇짐과 어린 것들을 데리고 '산해관'이라는
험산준령을 걸어서 북경 또는 천진까지 무려 한 달(또는 한 달 반) 동안 道
步(도보)로 도망쳐야 했다. 중국 벌판은 그때 한겨울이어서 오는 도중 엄동
설한 들판에서 어린이, 노약자 등 살붙이를 벌판에 묻어야 했던 비참한 가

정도 많았다. 집도, 땅도, 재물도 몽땅 그냥 버려두고 쌀 판 돈만 가지고 美선교부가 주선해준 33인승 쌍발기(화물수송기)를 타고 우리 가족 모두가 한 비행기로 북경으로 피난을 갔다. 그때가 1947년 겨울이었다.

목사에게 피 같은 돈을…

우리는 북경 조선족 교회에서 괴나리봇짐을 풀어 울타리를 만들고 몇십 가정이 피난살이를 시작했다. 그런 와중에도 북경 만수산, 이화원, 천단 등 중국의 명승지 관광도 하면서 그럭저럭 약 한 달 정도 지내다가 천진의 한 교회로 거처를 옮겼다.

그 교회 목사의 이름은 이○○였는데, 이 교회 목사로 인해 나의 어린 시절의 호된 고생이 싹텄다. 그때 내 나이가 만 14세라 지금도 모든 기억이 또렷하다. 천진의 교회에서 약 6개월 신세를 지는 동안 이○○(이)란 목사는 우리를 매우 잘 대해 주었다. 우리 가족은 그 목사를 하나님 다음 가는 존재로 떠 받들었다.

어느 날 나의 선친이 나더러 천진은행에 가자고 했다. 선친은 가지고 있던 현찰 등을 은행에 맡기고 돌아왔다. 지금 생각해 보면 맡긴 것이 아니라 어딘가로 送金(송금)한 것 같기도 하다. 선친은 얼마 뒤 다시 천진은행으로 가 현찰을 찾았다. 인력거 두 대를 불러 정미소에서 쓰는 80kg 정도의 쌀 마대 두 개씩, 모두 네 마대의 현찰을 찾은 것이다. 그러곤 교회로 가 목사에게 갖다 주었다. 그 자리에서 나의 부친은 종이 한 장만 달랑 들고 나왔다.

그 목사는, 서울에서 자기 아우가 큰 무역상을 하는데 돈부자이고 이 證書(증서)를 보여주면 한국 돈으로 줄 것이라고 말했다. 나의 부친은 그게 하나님의 음성처럼 굳게 믿고 종이 한 장만 들고 온 것이다. 이 종잇장이 훗날 우리 가족이 조국에 와서 거지 생활을 하라는 명령서인 줄 미처 알지 못했다. 그 엄청난 현찰을 그대로 가지고 왔다면, 오늘날 큰돈이 되었을지 모른다. 그 엄청난 돈을 목사에게 통째로 준 것이다.

그 목사는 후일 귀국해 某 교회 담임목사를 지냈다. 그는 원래 침례교 소속이었는데 어떤 경로로 그 큰 교회의 담임목사까지 되었는지 상식적으로 이해할 수 없었다. 목사들 세계에도 이런 구린 데가 있는 것 같다. 훗날 서울에 왔을 때 나는 덕수궁 대한문 근처에 사무실을 갖고 있던 한 변호사에게 이 件(건)에 대해 의뢰한 적이 있었다. 서울대학교 문리대 기독 학생회장 자격으로 그 목사를 여러 번 찾아가 내 돈을 내놓으라고 고함을 친 적도 있었다. 그러나 한 푼도 못 받고 쫓겨나곤 했다. 지금 생각해도 분하다.

'천국의 비단 이불' 같던 월미도

6개월의 천진교회 피난 생활을 끝으로 1924년 나의 조부님께서 만주로 이민 간 이래 24년간의 외국 생활을 마감하고, 1948년 5월 초 우리 정부가 보내준 수송함 LSD(한국명 예천호)를 타고 인천항으로 귀국했다. 배의 운항속도로 봐서는 3~4일이면 올 수 있는 거리를 정부와 조정하면서 우리들의 인천 도착을 최대한 늦춘 것 같았다. 약 일주일 걸려 인천항에 도착한 게 1948년 5월9일이었는데, 다음날 5·10총선거와 건국일을 피하고자 우리는 배 안에서 이틀을 더 지내야 했다.

5월11일 드디어 下船(하선), 조국의 흙을 밟았다. 그곳은 월미도였다. 그날의 흙냄새는 평생 잊을 수 없다. 내 나라, 내 조국, 내 땅, 그 소중함의 의미는 외국에 살아보지 않고는 느낄 수 없는 감동이었다. 그때의 감격을 가지고 오늘 이 자리까지 올 수 있었던 것이다.

월미도 백사장에는 수십 개의 천막이 설치되어 있었다. 배에서 내릴 때 방역팀은 분무기로 온몸에 흰 DDT 가루를 뿌려 주었다. 그 당시엔 그 분말이 그렇게 해로운 줄 몰랐다. 우리는 비실비실 웃으며 조국에 오면 이렇게 위생적으로 해주는구나 하는 고마운 생각만 들었다. 바다가 없는 심양에서 성장한 우리 형제에게 월미도의 흰 모래밭과 잔잔한 물결은 꼭 저 천국에 비단 이불을 깔아 준 것 같았다.

그런 곳에서 5~6월 봄을 즐겼다. 정부에서 보내 준 트럭에 分乘(분승)해 우리 가족과 북경에서 온 일행들은 인천 시내를 거쳐 서울로 왔다. 트럭으로 인천시를 지나면서 우리는 일제히 "아! 여기는 맨 조선 사람뿐이네! 간판도 전부 한글뿐이네"라며 탄성을 질렀다. 조국이 낯선 관광지처럼 비친 것은 사실 슬픈 일이다.

서울에서의 첫 생활

두어 시간 걸려 서울에 입성했다. 우리 가족과 함께 천진에서 귀국했던 일행 몇 명은 서울 숭인동 야산의 언덕에 쳐놓은 천막에 배당되어 조국에서의 첫 생활을 시작했다. 그때 우리들의 본적지는 서울특별시 종로구 숭인동 산 178번지. 우리 일행은 모두 같은 번지를 부여받았다. 조국에 돌아왔지만 우리 고향은 이 산등성이밖에 없다. 가을 추석 명절, 구정 명절에 모두 고향으로 간다지만 우리는 방문할 고향이 없었다. 우리 일행들의 고향이 주로 평안남북도였기 때문이다.

그해 여름 숭인동 산등성이 천막 속에서의 汗蒸(한증) 생활 끝에 만용툰에서 같이 나온 가정들 십여 가구는, 가지고 온 돈을 모아 남대문로 5가의 서울역 근처에 있던 대동여관이라는 3층짜리 건물을 공동 구매해 이사했다. 1948년 가을의 어느 날이었다.

우리는 2층의 맨 구석방, 일본식 다다미방에 첫 보금자리를 마련할 수 있었다. 그 단칸방에서 나의 조부님과 부모님, 형제 4남매 등 총 일곱 식구가 함께 살게 된 것이다. 부모님에겐 잠깐 실례가 될 수 있지만, 그 비좁은 방에서 어떻게 '비밀 작업'을 하셨는지 1949년 음력 7월7일 칠석날에는 막내가 한 명 더 태어났다(성균관대 교수). 모두 여덟 명의 식구가 단칸방에서 조국생활을 시작했다.

천당은 천당, 학교는 학교

1947년 가을 심양을 떠나 북경, 천진 등을 거쳐 오는 동안 꼬박 1년을 길바닥에서 버렸다. 1949년에야 비로소 중학교 1학년에 입학할 수 있었다. 그 당시는 소위 '外還(외환)동포 입학특례법'인가 하는 게 있어서 아무 학교나 가고 싶은 학교에 지원서 한 장 써넣으면 無시험으로 입학하는 특전이 있었다. 그런데 나의 둘째 숙부님(당시 목사)은 예수 잘 믿고 천당 가라고 자기의 스승이었던 백인협 목사가 교장으로 있던 대광중학교에 입학을 시켰다.

어린 나로서는 아무것도 모르고 그저 집안 어른이 시키는 대로 따르는 수밖에 없었다. 그때 대광중학교는 서울중학교 바로 맞은편의 산언덕, 지금의 경향신문사 근처에 있었다. 이 학교와 졸업생들에겐 미안하지만 그 학교는 당시 廢家(폐가)와 다름 없었다. 건물도 운동장도 없고, 2층짜리 벽돌집에 나무문 두 개가 덜렁덜렁 흔들리고 있었다.

그래도 숙부님 생각에는 그곳이 천당 가는 길로 보였는지 모른다. 한 인간에게 있어서 학교가, 학벌이 이 땅을 살아가는 데 얼마나 중요한 것인지는 안중에도 없었고, 오직 죽어서 천당 갈 생각만 하고 계셨던 것 같다. 크면서 생각해보았지만, 숙부님의 학교 선택에는 지금도 동의할 수 없다. 천당은 천당, 학교는 학교 아니겠는가.

상처가 지금의 나를 만들다

당시 우리집은 糊口之策(호구지책)이 전혀 없는 상황이었다. 長男인 나는 매일 학교가 끝나면 책가방을 낀 채 서울신문사로 달려가 신문 200장을 사서 남대문시장으로 달려가 "방금 나온 신문 사시오!"를 목이 터져라 외치며 신문을 팔았다. 하지만 신문 200장을 판다는 것은 말처럼 쉽지 않았다.

저녁이 되면 집에 와서 보리밥 한 그릇 먹고 또다시 우리 동네 여관 골목으로 뛰어다니면서 "신문 사시오!"를 외쳤다. 집에 돌아오면 늦은 밤이었다. 지금 생각해도 내 자신이 제법 대견스럽다. 몸은 힘들었지만 학업은 결코 소홀히 하지 않았다. 그날 배운 것과 내일 배울 것을 모두 복습, 예습했다. 그렇게 악착같이 노력한 덕분에 1등 자리를 남에게 빼앗겨 보지 않았다. 신문팔이 역시 여덟 식구의 목줄이 붙어 있었기에 단 하루도 쉬지 않았다.

여름방학도 방학이 아니었다. 방학이면 더욱 힘을 써서 돈을 벌어야 했기 때문이다. 그때는 기차 시간표라는 게 없고 그저 서울역 광장에 사람들이 꽉 차게 모이면 기차가 한 대 움직이는 형편이었다. 서울역 어디에도 수도 꼭지조차 없었다. 기차를 기다리는 사람들이 목이 타는 것을 알아채고 나와 모친은 중국에서 나올 때 사온 대형 물 주전자에 우리집 펌프에서 받은 냉수를 들고 서울역 광장을 돌면서 물을 팔았다. 수입이 제법 괜찮았다.

거기에 또 욕심이 생겨 잡지를 사서 길에 나무틀을 놓고 팔기도 했다. 그 잡지의 이름은 〈이북통신〉이었던 것으로 기억한다. 그것으로도 금전적 재미를 보았는데, 어느 날 순경이 다가오더니 불법 노점상이라며 곤봉으로 내

軍用 트럭들이 휴가 나왔던 군인들을 태우고 태극기를 날리면서
부대로 귀대하는 행렬이 분주하게 이어지고 있었다.

왼쪽 어깨를 후려치고 잡지를 몽땅 압수해 갔다. 그날 이후 내 왼쪽 어깨에
는 상처가 남아있다. 요즘도 날씨가 흐릴 때는 가끔 어깨에 통증을 느낀다.

　그날의 상처는 지금의 나를 있게 해준 원동력이다. 긍정적 자극제 역할
을 해주는 것이다. 가끔 힘들 때, 억울한 일을 당할 때, 참을 수 없이 분한
일을 당할 때 그 아픔을 想起(상기)하면 인내심이 생긴다. 그럴 때면 반드
시 성공하고야 말겠다고 스스로에게 다짐하곤 한다. 이것이 소년의 자기 다
짐이고, 자기 채찍이다. 매는 아프다. 그러나 그 매에 의미를 부여하면 人格
(인격)이 된다.

전쟁의 序幕

　1950년 6월25일은 일요일. 우리가 조국에 온 지 겨우 2년 되는 해. 아침
먹고 큰길에 나가보니 온통 軍用 트럭들이 휴가 나왔던 군인들을 태우고
태극기를 날리면서 부대로 귀대하는 행렬이 분주하게 이어지고 있었다.

　TV라는 건 없고 라디오조차 돈 좀 있는 집이 아니면 구경할 수 없는 때
였다. 귀동냥으로 길거리에서 수군대는 말을 들었다. 들어보니 북한군이
38선을 침범했다는 것이다. 前線(전선)에서 뭔가 예사롭지 않은 일들이 벌
어지고 있음을 직감할 수 있었다.

이튿날 월요일 아침, 평소처럼 학교에 갔다. 점심시간 후 음악 시간이 시작되어 오선지 읽는 법을 막 배우고 있던 중 大砲(대포) 소리가 점점 더 커지며 학교 건물이 약간 흔들리는 느낌을 받았다. 벨소리가 요동을 치더니 선생님께서 우리에게 수업을 중단하고 모두 귀가하라고 했다.

나는 급히 나와 동대문까지 달렸고, 電車(전차)를 타고 서울역 우리집까지 올 수 있었다. 집에 오니 가족들은 영문을 잘 모르고 그저 막연하게 불안해 하기만 했다. 내가 학교에서 들은 대로 북한군이 의정부까지 치고 내려왔다고 했더니 선친은 '일 다 끝났구나'라며 혀를 찼다.

충격과 공포

6월27일 화요일 아침, 큰 길에 나갔더니 벌써 인민군 탱크부대가 굉음을 울리고 있었다. 그 와중에 공포스러운 장면을 보았다. 어제까지만 해도 우리 가까운 이웃이었던 청소년들이 태연스럽게 인민공화국 만세를 외치는 것이었다. 기뻐 날뛰며 큰 길에서 인민공화국 깃발을 휘날리며 인민군들을 향해 "만세! 만세!"를 목이 터져라 외쳤다. 마치 1945년 8월15일, 우리가 중국에서 태극기를 날리면서 외쳤던 만세소리와 유사할 정도였다. 더욱 놀란 것은 교회 어른들까지도 덩달아 만세를 부르고 있었던 것이다. 이 광경을 보고 정말 충격을 받았다.

집에 들어와 대성통곡을 하며 '어른들까지 어떻게 인민공화국 만세를 부를 수 있느냐'며 조부님 앞에서 소리를 지르는데, 우리집 바로 옆에 있던 태양여관 창호문이 열렸다. 몇몇 남자들이 고함을 지르며 우리집 창문을 열라고 불호령을 했다. 나의 조부님이 문을 여니 그들은 들고 있던 권총으로 나를 지목하며, "이 간나 아새끼, 반동분자 죽여버리겠어"라고 위협했다.

조부님이 얼른 막아서며 그들에게 설득조로 말했다. "차라리 나를 쏴라. 이 어린 것이 지금까지 배운 게 그것이고, 어린 것들은 배운 대로 하는 것 아니냐. 당신들도 이 어린 것을 쏴 죽일 것이 아니라 이제부터 당신들이 바로 교육을 해서 나라의 人才(인재)로 쓰도록 해야 할 게 아니냐"고 말했다. 그들은 오늘 한 번만 봐주는데 앞으로 두고 볼 터이니 조심하라고 말하고는 창문을 닫아버렸다. 그 당시만 해도 모든 건물과 주택의 창문은 유리가 아니라 창호지로 발라 놓았기 때문에 이웃집에서도 남의 말을 다 들을 수 있었다.

후일 알아본 바로는, 그들은 인민군 공작대원이었다고 한다. 벌써 여러 날 전 손님을 假裝(가장)해 그 여관에 투숙하고 있었다는 것이다. 우리 동네 가난한 청년 몇몇이 그들과 내통하면서 마을 주민 동향을 일일이 보고했다고 한다. 북한은 오래 전부터 南侵(남침)을 치밀하게 계획하고 있었던 것이다.

공산군의 陰謀

집에 있는데 학교에서 '사발통문'이라는 게 왔다. "학생들은 전원 학교로 등교하라. 학생들이 안오면 선생들이 잡혀간다"는 내용이었다. 지금 생각하면 도무지 이해가 가지 않는다. 그때는 전화도 없고 電報(전보)도 전달이 안되고 통신 수단도 전혀 없었다. 그게 어떤 경로로 학생들에게 전달되었는지 지금도 의문이다.

우리는 선생님들이 잡혀간다는 게 겁이 나서 모두 지정된 날짜에 학교로 갔다. 거의 전원 출석이었다. 校庭(교정)에는 트럭 여러 대가 줄을 맞춰 대기하고 있었다. '학교 운동장을 부대 주차장으로 쓰는구나'라고 가볍게 생각하며 우리는 각자 자기 교실로 올라갔다. 조금 있으니 학생 전원 다 운동장으로 집합하라고 해 운동장에 모였다. 이어 큰 확성기가 울렸다.

"오늘 학생 동무에게 유명한 영화 한 편을 보여줄 계획이니 한 사람도 빠지지 말고 모두 트럭에 타라"는 것이었다. 이상한 생각이 들어 도망치려고 출입문 쪽을 보니 인민군들이 지키고 있었다. 트럭을 타고 간 곳은 당시 명동에 있던 국립극장 '시공관'이었다.

한참을 기다려도 영화는 상영할 기색조차 없었다. 곧 학생 대표라는 자가 단상에 나타났다. 그러자 사방에서 "의장! 의장! 긴급동의가 있습니다. 지금 한창 조국 해방의 성스러운 전쟁이 벌어지고 있는데 우리 학생들은 후방에서 이렇게 영화나 보고 있을 수가 없습니다. 우리 모두를 성스러운 조국 해방 전선에 戰士(전사)로 참여시켜 줄 것을 긴급 동의합니다"라고 하니 사방에서 "옳소! 옳소!" 소리와 함께 박수가 터져 나왔다.

내가 중국에 있을 때 공산군 의용군이라는 자들에게서 경험했던 전형적인 공산당 수법이 아닌가. 나는 해방 직후, 우리 마을에 잠시 진주했던 모택동軍 소속 조선의용군 조선소년단이라는 조직을 통해 공산당의 實體(실체)를 경험할 수 있었다. 이게 바로 그들의 수법과 같았다. 중국에서 나와 같이 나온 세 친구는, "야! 이거 큰일 났다. 도망치자"며 출입문 쪽으로 나오니 이미 철문은 내려져 있었다. 꼼짝없이 붙잡힌 것이다.

저들의 안내에 따라 극장 밖으로 나오니 우리가 타고 온 트럭들이 그대로 모두 서 있는 것이었다. 그들의 명령대로 우리는 모두 그 트럭에 탔다. 트럭들이 줄을 지어 차례대로 움직였다. 한참 우리를 싣고 간 곳은 삼청동 꼭대기에 있는 삼청국민학교였다.

인민군 탈영병이 되다

다행히도 나와 절친한 최영근, 황원기 등 중국에서 같이 나온 친구들이

한 교실에 배치되었다. 군사훈련이라고 해봤자 무기는 아무것도 없고 막대기도 없었다. 戰時(전시)이기 때문에 인민군에는 軍用(군용) 학용품조차 없었고 아침, 저녁 점호도 없었다. 훈련도 '앞으로 가! 뒤로 돌아가!' 정도였다. 주로 思想(사상)교육과 북한 국가를 비롯한 軍歌(군가)교육이 고작이었다. 그때 배운 북한 국가와 군가를 후일 내가 유엔 고문으로 활약할 때, 북한 대표들에게 유용하게 써 먹을 수 있었다. 도둑질 외엔 아무거나 다 배워두는 게 신상에 좋은 것 같긴 하다.

중국서 같이 나온 우리 셋은 불침번을 짜고 두 명이 자도 한 명은 깨어 있어서 인민군이 조는 틈에 도망가자고 했다. 셋째 날 새벽녘, 黃 군이 우리 둘을 흔들어 깨우면서 "지금이다. 도망가자"고 수군거려 눈곱도 안 비빈 채로 거의 본능적으로 뛰어나왔다. 그와 같은 위기 상황에서는 무서울 게 없고 못할 것도 없었다.

飛虎(비호)같이 날아 우리는 그 학교 울타리를 가뿐히 뛰어넘고 무작정 뛰었다. 삼청동 골짜기는 나무가 우거져 있어서 한참 뛰다 보면 풍선을 탄 것처럼 붕붕 떠서 내려오는 듯했다. 그렇게 내려오다 나뭇가지에 걸려 찢어지기도 하면서 간신히 도로까지 도망칠 수 있었다. 그 순간부터 나의 신분은 인민군 탈영병! 내 생애 유일한 前科(전과)다. 훗날 이 신분을 써먹은 기회가 적지 않았다. 참 웃기는 얘기다.

집에 도착하니 한밤 중이었다. 어머니는 나를 부둥켜안고 엉엉 우셨다. 사흘 전 학교 간다고 나간 아들이 감감무소식이니 틀림없이 인민군에 붙들려 갔을 것이고, 어쩌면 이 세상에서는 다시 못 볼 것 같다며 비관하셨다고 한다. 그런 내가 살아서 나타나니 어머니의 심정이 오죽 기뻤겠는가.

그런데 어찌된 일인지 부친이 보이질 않았다. 영문을 물으니 식구들이 손가락으로 천장을 가리켰다. 그때 어머니가 큰 소리로 "내려오세요. 경균이가 돌아왔어요"하니까 천장 한쪽이 열리더니 어머니가 사다리를 갖다 놓았다.

부친이 천장에 숨어있던 이유는 딴 게 아니었다. 밤만 되면 북한 공작대원들이 들이닥쳐 청·장년들을 마구잡이로 잡아다가 젊은 사람들은 軍에 보내고 나이 든 사람들은 노역으로 부려먹기 위해 戰線(전선)으로 끌고 갔다고 한다. 그때 나와 인민군에 붙잡혔다 나온 친구의 형은 인민군에 끌려간 뒤 평생 소식을 모른 채 지내오고 있다.

부친의 친구인 김운학 장로라는 분은 인민군에 붙잡혀 여러 날을 끌려다니다가 유엔군 비행기가 공습하는 순간 날째게 피해 집으로 돌아올 수 있었다. 그의 말에 의하면 붙들려가던 많은 사람 중 몸에 이상이 있어서 걷지 못하면, 인민군이 그 자리서 총살 처분해 길 옆에 버리고 가기도 하고, 도망치다 붙잡혀서 총살당하는 경우도 허다했다고 한다. 공산주의자들, 그들은 사람의 목숨하고 파리의 목숨을 구별할 줄 모르는 야만인들이라고밖에 달리 표현할 길이 없다.

대추 팔러 덕소에서 남대문까지

나의 만융툰 소학교 선생님이셨던 분 중 김경균 집사란 사람이 있었다. 그가 동구릉 능지기와 아는 사이라 그의 교섭으로 우리와 함께 대동여관에 살고 있던 가정 중 약 열 가정이 현릉(조선 문종 임금의 무덤)으로 기억되는 능의 정자각에서 은둔 생활을 했다.

평소 신문을 팔아 그날 벌어 그날 먹고 살던 우리집에 모아 놓은 돈이 있을 리가 없었다. 그런 우리 가족이 능자락 산속에 숨고 보니 먹을 게 없었다. 그때가 한창 대추가 나오는 철이라 나와 동갑내기 최영근은 해뜨기 전 쌀 마대 큰 것 하나를 들고 덕소까지 가 거기서 대추를 샀다. 그런 정보를 남대문 쪽으로 가던 도중, 숨어 있던 인민군들이 우리의 오른손 검지를 검사했다. 총을 쏘던 국군이 아닌가 확인한 것이다.

어떻게 구했는지 지금은 기억나지 않는다.

동구릉에서 언덕길을 넘어 '떡소'(덕소를 우리는 이렇게 불렀다)까지는 약 두어 시간 이상 걸렸던 것으로 기억한다. 누군가 따놓은 대추를 구입하면 비싸게 받지만, 우리가 나무에서 직접 따면 싸게 주곤 했다.

처음에 다섯 말을 사서 지게에 지고 남대문 시장까지 가서 팔았다. 덕소에서 남대문 시장까지 가는 旅程(여정)은 참 힘들었다. 우리가 망우리 고개에 도달하면 12시경이 됐다. 그땐 시계가 없던 시절이라 배꼽시계로 대충 점심시간을 짐작했다. 새벽에 죽 한 그릇 먹고 나섰으니 더는 걸을 힘이 없었다. 망우리 언덕 나무 그늘엔 언제나 그 근처에서 참외 심는 사람들이 들고 와서 파는 참외가 있었다. 우리는 그 참외를 싸게 사 먹을 수 있었다. 큰 놈으로 두어 개 사서 점심으로 먹고 있노라면 어김없이 美軍 전투기가 機銃掃射(기총소사)를 했다.

그때 우리는 그 비행기를 '쌕쌕이'라 불렀다. 쌕쌕이가 공습하는 시간은 우리의 배꼽시계와 거의 비슷했다. 美軍의 공습 시간이 대충 정해져 있었던 것 같다는 생각이 든다. 쌕쌕이가 공습을 끝내면 우리는 대추를 짊어지고 다시 남대문 방향으로 걸었다. 가는 도중 참호를 파고 숨어있던 인민군들이 우리를 세워 오른손 검지를 검사했다. 총을 쏘던 국군 출신이 아닌가를 확인했던 것이다.

우리는 보다 가까운 동대문 시장이나 청량리 시장에서 대추를 팔 수도 있었으나, 최영근의 부모님을 비롯한 몇몇 어르신들은 서울의 집을 지키고 계셨다. 그래서 부득이 남대문 시장까지 가야했다. 우리가 남대문 시장에서 대추를 팔고나면, 그 돈으로 약간의 보리 등 식량을 사서 그 분들께 드리고 오곤 했다.

오늘의 독자들이 이 글을 읽으면 새빨간 거짓말로 들릴 것이다. 어떻게 해뜨기 전 동구릉에서 道步(도보)로 덕소까지 가서 생대추를 여섯 말이나 사서 참외 두 개로 점심을 때우고 남대문 시장까지 가서 팔고 어두운 길을 손전등 하나 없이 온종일 걸을 수 있단 말인가! 지금은 도무지 이해할 수 없을 것이다. 이 글을 쓰는 나도 거짓말을 하는 듯한 기분이 들지만 그건 모두 사실이다. 이 글엔 눈물이 없다. 그러나 그 당시 나나 우리 가족, 아니 공산군에 짓밟힌 우리 국민 모두가 눈물 젖은 시간을 보내고 있었다.

기도 중 들이닥친 인민군

동구릉에 숨어 살던 우리는 모두 중국에서 나온 일행들이 만든 염천교회 교인들이었다. 미처 몸을 피하지 못하고 서울 어디에 숨어 지나시던 염천교회 김석찬 목사가 하얀 모시옷에 흰 고무신을 신고 동구릉에 오셨다.

그때가 점심 때. 정자각 마당에 우리가 모두 함께 먹을 음식을 펴놓고 목사님이 기도를 하셨다. 꽤나 긴 기도로 기억하는데, 내용은 "어서 속히 이 악마의 무리가 물러가고…"란 내용이었다. 일동이 "아멘!"하고 눈을 뜨니, 세상에! 정자각 옆에 따발총을 멘 두 명의 인민군 병사가 우리를 지켜보고 있는 게 아닌가!

내 고모는 눈치를 못 채고 "목사님, 식사하시지요"라는 말까지 했다. 그 말을 두 인민군 병사가 들었다. 우리는 그 순간 다 같이 천당에 갈 것으로 생각했다. 모두의 입과 얼굴, 손발은 다 식어 있었고 피까지 굳는 듯한 느낌을 받았다. 그런데 그 두 병사가 손으로 나와 최영근 두 명을 가리키면서 따라오라고 손짓했다.

그들은 우리 둘을 데리고 능 뒤의 골짜기로 한참 올라갔다. 밑에서는 그 병사들의 총소리만을 기다리면서 우리 시신을 가지고 내려올 들것을 마련하고 있었다. 깊숙한 골짜기에 도달하니 그 두 명의 병사가 존댓말로 "우리 여기 잠깐 앉읍시다"라며 비교적 정중히 말했다.

우리는 멎어 있던 숨을 다시 쉴 수는 있었지만, 상황 파악은 제대로 안됐다. 그 둘 중 한 명이 입을 열고 "동무들 지금 몇 살이요?" 하고 물었다. 열일곱 살이라 하니까 자기들도 우리와 동갑이라면서 "실은 우리 둘 다 장로의 아들로 요리조리 피해 다니다가 할 수 없이 평양에서 인민군에 붙들려 나왔다"고 말했다. 그 순간 나는 만화에서나, 교회 설교에서나 듣던 천사들의 얼굴을 보는, 그런 기분이 들었다. 나와 영근이는 오랜만에 만난 옛 친구의 손을 붙잡듯 있는 힘을 다해 그들의 손을 꽉 잡았다. 그 순간 굳어 있던 피가 다시 흐르는 느낌이 들었다.

노점상을 통해 배운 敎訓

1950년 9월28일 오후, 우리가 숨어 있던 동구릉 앞길에서는 유엔군과 국군이 덕소 방향으로 당당하게 진격하는 것을 목격했다. 태극기를 들고 나가 "국군 만세! 대한민국 만세"를 외쳐댔다. 동구릉 부근에 주둔하고 있던 인민군 부대가 모두 철수하면서 그들이 잡아먹으려고 몰수해 키우던 십여 마리의 소들도 모두 버려둔 채 퇴각했다.

우리는 그중에서 제일 맛 좋아 보이는 소 한 마리를 잡아다 도살을 했다. 십여 가구가 골고루 나누었다. 능 한쪽에 나란히 걸어 놓은 큰 솥에 소를 넣고 장조림을 했다. 동구릉 전체에 소고기 냄새가 진동했다.

이튿날인 9월 29일, 가지고 있던 식량으로 점심을 때우고 우리 각 가정은 하나둘씩 어제 밤새 고운 소고기 장조림 덩어리와 괴나리봇짐을 꾸려서 우리가 살고 있던 남대문 쪽으로 왔다. 우리가 살던 집은 砲火(포화)에 全燒(전소)됐다. 다음 날 남대문 시장에 가서 천막들을 사다 임시 거처를 마련해야 했다.

무턱대고 집을 나서 거리를 다니다가 지금의 신세계 백화점 건너편 쪽, 충무로 부근에 사람들이 제법 많이 왕래하는 게 눈에 띄었다. 나는 대추를 팔아 벌었던 현찰을 들고 목공소로 갔다. 그 자리에서 사방 1m 정도의 좌판을 만들어 行人(행인)이 비교적 많은 방향에 놓았다.

나는 美軍 부대서 흘러나온 군수품들, 군화, 양말, 잠바, 메리야스 등 '메이드인'을 사서 좌판에 놓고 팔기 시작했다. 그때 우리는 美製(미제) 물건을 메이드인이라고 불렀다. 이 웬 떡이냐! 사 놓은 미제 물건이 좌판에 놓는 족족 팔리는 것이었다. 그날 저녁 집에 가 번 돈을 세어 보니 몇 가마니 값이었다. 우리 식구들은 혼이 나간 것처럼 어리둥절했다.

다음 날부터는 부친도 함께 그 자리에 나가서 장사를 시작했다. 점점 장사에 익숙해지고 물건을 가져오는 사람도, 사가는 사람도 늘어나 자리가 잡혀갔다. 한두 달 남짓 매일같이 하루 쌀 여덟 마대에 해당하는 현찰을 벌었다. 그런데 같이 천막생활을 하던 염천교회 교인들은 나를 엄청 부러워만 할 뿐 자기들은 나설 생각을 안 했다.

발버둥 치면 굶지 않고, 더 노력하면 노력하는 만큼 잘 살 수 있다는 법을 몸으로 체험한 셈이다. 나는 그 어린 나이에 지금의 빌 게이츠 만큼이나

富者(부자)가 된 기분을 느낄 수 있었다. 짧은 기간이었지만 그때 말로 뻐기고 사는 재미도 맛보았다. 그때 내 나이가 조금만 더 많았더라면, 나를 사위 삼고 싶은 사람도 제법 있었을 것 같다.

부산으로의 피난

그 좋은 날은 오래가지 않았다. 중공군이 人海戰術(인해전술)로 내려오는 바람에 우리는 다시 피난을 가야 했다. 마침 메이드인 장사를 해서 현찰이 넉넉할 때라 우리는 가장 큰 리어카 한 대를 구입해 그 위에 이불 보따리와 옷가지를 실을 수 있었다. 그 짐 위에는 갓난아이 막내도 태웠다. 부친이 앞에서 끌고 나는 뒤에서 밀었다. 우리 가족은 한강 가설교를 건너 노량진역까지 족히 한 시간 이상 낑낑대고 갔다. 1월4일 한겨울이었지만 온몸이 땀으로 범벅이었다.

우리는 둥근 기름 탱크 수송칸 밑으로 이불을 두껍게 펴고, 그 속에 여덟 식구가 쪼그리고 구부려 낀 채로 시간표도 없는 화물차에 몸을 맡긴 채 며칠을 걸려 부산역에 도착했다. 아마 1월10일 전후인 것 같다.

부산에 아는 사람, 아는 곳이 있을 리 없었다. 우리 가족은 부산역 앞 동네 모퉁이에 바람이 잘 막히는 남의 집 굴뚝 옆에서 이불을 덮은 채 며칠을 지냈다. 나와 부친은 부둣가로 나가 군수품에서 흘린 판자 조각들과 박스 같은 것을 잔뜩 주워 모았다. 못을 사다 수정동 큰 길가에 한 세 평 될까 말까 한 無허가 판잣집을 짓고 정착했다.

부엌이 있을 리 없고 화장실이 있을 리 없다. 아무 곳이나 앉으면 화장실이고, 쇠통에 장작을 넣고 밥을 지으면 그 길바닥이 우리 주방이었다. 극한 상황에서는 인간의 생존 본능이 몇 배나 더 맹렬해지는 것을 체험했다. 여기서 얼마나 살아야 하는지 알지도 못한 채 그저 붙어있는 목숨만이라도 이어가야 했다.

1·4 후퇴 직전까지 충무로와 퇴계로 부근에서 번 돈을 장사 밑천 삼아 부친과 나는 국제시장에서 제대로 된 장사를 해보기로 했다. 역시 목공소에 가서 가로 약 1.5m, 길이가 약 2m 정도 되는 賣臺(매대)를 만들어 국제시장 적당한 곳에 마구잡이로 눌러앉았다. 누가 귀찮게 하지도 않고 저녁에 집에 갈 때 그 좌판을 그대로 놓고 가도 아무도 치우지 않았다. 그곳이 우리 가게가 된 셈이다.

우리가 선택한 업종은 메리야스 장사였다. 국제시장 안에서 메리야스 도매상을 찾아 아침이면 나와 부친이 메고 올 수 있는 분량만큼 사다가 좌판에 깔아 놓았다. 이것이 적중해 장사가 무척 잘됐다. 집에 갈 때 길 건너 자갈치 시장에 가서 조부님이 그렇게도 좋아하시는 생선과 젓갈도 사다 드릴 수 있었다. 조부님이 성장한 고향 평안북도 정주군은 바다와 맞닿아 있어 생선이 풍부한 곳이었다. 중국에 가서부터는 자신의 입맛도 포기한 채 한평생을 사셨다고 한다. 비록 부엌도 없는 판잣집이었지만, 밤이면 길바닥에서 생선 굽는 냄새도 피울 수 있었고 오랜만에 효도도 할 수 있었다.

제주로 또 다시 피난

1951년 늦가을로 기억한다. 천진에서 배를 타고 온 것처럼 우리 가족은 제주행 피난 배를 타야 했다. 우리 가족만큼 피난에 날쌘 사람들도 당시엔 드물었을 것이다. 우리를 태운 배는 성산포에 정박했고, 대기하고 있던 트럭을 타고 표선면 세화리란 곳으로 갔다.

해변에서 산속으로 두어 시간 산길을 걸어가야 도달하는 산간 마을이었

> 현지인들은 미리 공비의 습격 사실을 알고, 집 앞에 공비가 가져갈 쌀과 생선들을 들고 갈 수 있도록 포대에 넣어 놓고 숨어 있었다.

다. 우리가 배정된 집은 강 씨 집. 그 집의 방 한 칸을 얻어 여덟 식구가 쪼그리고 살았다. 그래도 부산 길바닥의 하꼬방(판잣집)에 비하면 매우 훌륭한 보금자리였다.

강 씨 집에는 나보다 한 살 밑인 처녀와 그 애보다 두어 살 아래인 여자 동생, 남자애도 하나 있었다. 그 처녀들은 한창 물이 오른 海女(해녀)였다. 어느 날, 그 여자애 중 한 명이 물 뜨러 가자고 하면서 자기 입에 손가락을 대며 '쉿' 하는 것이었다. 자기들 부모의 눈치를 피해 가면서 나에게만 비밀을 가르쳐 주는 것이라고 했다. 무슨 뜻일까? 그 날은 산에서 공비가 내려오는 날이라고 했다. 뒤에 알고 보니 그들은 공비가 습격 오는 지역과 날짜를 알고, 내통하고 있었던 것이다.

한 번은 우리가 깊이 자고 있을 때, 조부님이 급하게 우리를 깨웠다. '모두 일어나 숨자'면서 밖으로 나갔더니 주인집 사람들은 이미 한 명도 없었다. '큰일났다'면서 우리는 눈곱이 낀 채로 허겁지겁 주변 밭에 숨었다. 현지인들은 미리 공비의 습격 사실을 알고, 집 앞에 공비가 가져갈 쌀과 생선들을 들고 갈 수 있도록 포대에 넣어 놓고 숨어 있었다. 피난민에게는 절대로 알리면 안 되는 게 그들만의 불문율이었다.

그들은 우리 피난민들을 '뭍의 놈들'이라고 불렀다. 육지 놈들이란 뜻이다. 가끔 마을을 지나다 보면 어른들이 아이들을 모아 놓고 가운데에 李承

晩(이승만) 대통령의 얼굴이 있는 지폐를 놓고는 '이놈을 죽여야 우리가 행복하게 살 수 있다'며 思想교육을 하는 장면을 자주 목격했다. 우리가 접근하면 한참 떠들던 그 어른들은 만담하는 척하고 말꼬리를 돌리곤 했다.

蔡 君의 처참한 죽음

고등학교 1학년은 하루도 다녀보지 못하고 그때 戰時法(전시법)에 의헤 1학년 면제를 받아 나는 고등학교 2학년으로 진학했다. 학교 이름도 모른 채 가 보았더니 오현고등학교 分校(분교)라고 했다. 사람들은 이 학교를 '피난민 학교'라 불렀다. 학생수는 약 1000여 명. 교사진은 피난 온 분들 중 우수한 분들이었다. 영어, 독일어 등 외국어 교사들은 대학 교수님들이었고, 경기고, 서울고, 경복고, 용산고 등 소위 名門 학교 소속 교사들도 많이 있었다.

그때 학생들의 자리 배치는 키순이었다. 나는 뒷자리에 배정받았다. 동급생보다 두 살 정도 위였기 때문에 큰 편에 속했던 거지, 큰 키는 아니었다. 그 덕분에 나는 오현분교 총학생회장으로 뽑혔다. 校內(교내) 행사는 물론 3·1절 행사, 8·15 행사 등 市內 퍼레이드 행사 때는 흰 장갑에 호루라기를 달고 맨 선두에 서 "군가 시작!" 등 구령도 외치는 등 꽤 으스댔다.

그 높은 자리 때문에 못 볼 것을 다른 학생들보다 많이 보았다. 하루는 학교에 갔더니 제주 경찰서에서 학생 대표들에게 출석하라고 했다는 이야기를 들었다. 署(서)에 가보니 다른 학교 대표들도 다 와있었다. 아침에 발생한 경찰 희생에 대한 브리핑이었다.

제주시에서 가까운 조천면 파출소에서 폭도가 대거 출몰해 다 죽게 됐으니 긴급 지원병을 파송해 달라는 내용이었다. 경찰 50~60명이 제주시 성곽을 나서는 순간 그 앞에 매복하고 있던 폭도들의 집중 사격으로 전원 몰살되었다는 悲報(비보)도 전했다. 이런 브리핑을 학교 대표하면서 꽤 여러 번 들어 보았다.

하루는 제주시 북쪽 외곽에 있던 KBS 사옥으로 긴급 출동하라는 통보를 받고, 2학년 학생 전원을 인솔하고 현장에 갔다. 경찰들은 우리를 데리고 한라산을 따라 내려오는 큰 계곡에 우리를 배치한 뒤 그곳을 샅샅이 뒤지라고 명령했다. 그 전날 밤 아르바이트를 하느라 KBS 야간 당직을 섰던 우리 학교 蔡 군이 폭도들에게 납치되었다는 것이다. 그는 피난민이 아니고 제주 원주민이었다.

얼마 뒤 '여기다! 여기다!'하는 소리가 들려 달려가 보았다. 蔡 군이었다. 그의 모습은 처참했다. 폭도들은 그의 全身(전신)을 바윗돌로 찍어 蔡 군의 사지는 다 떨어져 나간 상태였다. 그는 필시 제주도 방언으로 폭도들에게 살려달라고 빌었을 것이다. 폭도들은 그의 간청 따위는 안중에도 없이 잔인하게 죽인 듯했다.

휴지조각이 된 현찰

나의 母校(모교) 대광고등학교가 부산으로 왔다는 소식을 부산에 있던 친구를 통해 편지로 듣게 되었다. 그의 편지에 의하면 대광고의 학업 진도가 우리 제주 오현分校(분교)보다 상당히 앞서 있었다. 나는 쇼크를 받았다. 그래서 충무로 입구와 부산 국제시장에서 벌어 놓았던 돈에서 상당한 현찰을 어머니로부터 받아 고등학교 2학년 2학기가 되는 가을, 제주에서 부산으로 나왔다.

神이 나를 단련시키려고 그랬는가! 며칠 후 '화폐개혁령'이 내렸다. 주민등록이 없던 나로서는 새 화폐로 바꿀 길이 없었다. 하루 아침에 빈털털이가 됐다. 그 현찰이 전부 휴지조각이 된 것이다. 나는 한 푼도 없는 알거지에 거처할 곳도 없었다.

하는 수 없이 학교가 끝나면 부산 5부두로 나가 군수품 하역을 하는 야간작업에 뛰어들었다. 하루 세 끼는 국제시장 길바닥에서 파는 수제비로 연명했다. 그러다 너무 힘들어 美軍 부대 하우스보이 노릇도 한 보름 해보고, 국제시장에서 이불을 사서 서면시장에 갖다 팔아도 보았다. 인간이 당할 수 있는 역경은 거의 다 맛본 기분이었다.

하는 수 없이 도로 제주로 돌아가 고등학교 3학년에 진학했다. 교무회의에서는 규정상 진급이 안 된다는 반대도 있었으나, 담임 선생님이 이 애만은 진급시켜도 능히 따라갈 수 있다고 주장해 고등학교 3학년을 제주에서 보낼 수 있었다. 그러다 1953년 7월27일 휴전이 되어 그해 10월 서울로 올라왔다. 대광고등학교로 전학이 되어 3학년 2학기 꼬리 부분을 대광고에서 보충하고 1954년 봄, 서울대학교 사회학과에 입학할 수 있었다.

과외로 집안을 부양

따지고 보면 나는 중학교 3학년은 1학기에 6·25로 학업을 중단하고, 고교 1학년은 다녀보지도 못했다. 고교 2학년 2학기 때에는 부산에서 죽을 고생, 남은 2학기는 제주에서 한 달, 서울로 와서 대광고에서 두 달을 보낸 게 거의 전부다. 이런데도 서울대에 들어섰으니 지금 사람들이 보면 천재라 할 것이다. 그러나 그 시절은 다 그랬으니까 별로 자랑할 것도 못 된다. 대학에 들어갔으나 남은 눈물은 대학 시절에 다 짜내야만 했다.

1953년 10월 말 상경한 나의 부친은 서울 충무로와 부산 국제시장에서 벌어 놓은 현찰 대부분을 피난 생활 3년 간 거의 다 쓰고 남은 돈으로 서울 동대문 시장 입구 쪽에 두어 평 될까 말까 한 가게를 차리고 메리야스 장사를 시작했다.

그 무렵 나의 부모는 한 신흥 종교에 몰입되어 가게보다 교회에 더 빠져 있었다. 1954년 크리스마스 전날 나의 부친이 교회에서 밤새우고 있을 때 동대문 시장은 역사에도 기록된 大화재가 발생해 가게는 물론 상품까지 몽땅 재가 되고 말았다. 그 충격이었던가? 나의 부친은 우리 식구 일곱 명을 하나님에게 다 맡기고 개척교회 선교를 위해 집을 떠나셨다.

家長의 멍에가 내 어깨로 내려앉았다. 그때 내 나이 20살 바로 밑의 동생이 열네 살, 가운데 여동생이 열한 살, 그 밑의 셋째가 여덟 살, 막내가 다섯 살이었다. 조금 지나자 이들이 중학교에 진학하고 고등학교에 진학해야 했다. 바로 밑의 동생은 형이 다닌 대광고등학교에 들어가서 동네에서 초등학교 학생들을 틈틈이 가르치는 아르바이트로 돈을 벌기도 했다. 셋째는 등록금도 못 내면서 어렵게 중학교를 졸업하고는 경기고등학교에 시험을 치른단다. 내심으로 떨어졌으면 했다. 합격하면 입학금을 내야할 판인데 그 당시 내 여력으론 너무 벅찼다. 그 아이의 합격 소식을 기분 좋은 낯으로 들어 주지 못한 게 지금도 미안하다.

막내도 초등학교 졸업 후 경복중학교 시험을 치렀다고 했다. 막내까지 합격해 나는 막막했다. 그나마 다행인 건 막내는 학년에서 1등을 해 등록금 걱정하지 말라고 했다. 셋째는 고교에 진학하자마자 재벌 집에 들어가서 가정교사를 하면서 스스로 등록금을 벌었다.

나는 대학 1~2학년 때는 숭인동 산꼭대기 내 집에서 동대문까지 걸어가서 전차를 타고 다니면서 종로 3가의 숙명여고 학생의 과외공부를 지도하면서 돈을 벌어야 했다. 학교 등록금은 다행히 장학금으로 해결되고 그 돈은 고스란히 내 식구들의 糊口之策(호구지책)으로 쓰였다.

"文物과 졸병이 무수히 몰려드는구먼!"

대학 3~4학년 때는 서울 가회동의 부잣집 둘째 아들 과외(중학생)을 맡아 그 집에서 살면서 가정교사를 했다. 그 집은 그 당시 한국의 鑛山(광산) 부자였다. 1·4 후퇴 때 이승만 대통령의 개인적인 부탁으로 私財(사재)를 털어 인천에서 LSD를 대절, 피난민을 부산까지 수송할 정도였다. 그 당시 자가용이 두 대, 식모가 7명, 그 중엔 찬모, 말하자면 요리사가 따로 있었다.

나는 그 식모에게 의도적으로 가깝게 접근했다. 숭인동 산꼭대기에서 굶고 있는 식구들을 위해서였다. 그 식모에게 "내가 젊은 놈이 도시락 한 통에 밥과 반찬을 넣어 주는 것으로는 배가 고프니까 밥 한 그릇, 반찬 한 그릇을 따로따로 도시락 두 개를 싸 달라"고 했다. 난 그걸 먹지도 못한 채 숭인동 산꼭대기까지 가지고 가 몽땅 어머니에게 드렸다. 점심은 당연히 거를 수밖에 없었다. 그 나이에 점심을 거르는 게 그리 쉽지는 않았다.

그러던 어느 날 일요일 아침 그 학생의 어머니가 '선생님 이상하게 생각지 마시고 사주 관상을 보자'는 것이다. 영문을 몰랐는데 며칠 전부터 백○○이라고 당대에 제일로 평가받던 관상가를 집으로 모시고 와 머물게 하고 있었다. 그게 다 靈感(영감)을 집중시키기 위해 집에 모셔둔 것이란다.

대학 시절 나는 오직 하나님과 예수에 미쳐 있을 때라 관상은 미신이고 우상이었다. 그러나 하도 진지하고 간절한 부탁이라 거절할 수 없었다. 손금, 발바닥, 심지어 내 속옷 밑으로 손을 넣고 나의 항문과 性器(성기)까지 몽땅 더듬는 것이다.

한 30~40분 되었을까. 백○○ 씨는 그 부모들을 다 들어오라고 했다. 그는 엄숙한 표정으로 하늘을 한참 쳐다본다. 그 부모들은 무슨 재판 선고라도 기다리는 듯 심각한 표정들이다. 나는 내심 웃고 있었다. 미신의 말일 테

> 백 도사가 무릎을 탁 치면서, "날이 갈수록 文物과 졸병이
> 무수히 몰려드는구먼!"하며 악수를 청했다.

니까. 백○○ 도사가 자기 무릎을 탁 치면서 입을 연다. "허허, 날이 갈수록
文物과 졸병이 무수히 몰려드는구먼!"하면서 정좌를 하더니 손을 내밀면서
악수를 청하는 것이었다.

나는 웃으면서 내가 지금 밥도 제대로 못 먹는 거렁뱅이 신세라 그런 말
씀은 나와는 상관이 없는 것 같다고 했다. 그는 버럭 화를 내면서 자기는
누구누구 죽을 날을 본인 앞에서 말해주고 그들이 말한 날에 모두 죽었다
는 말을 했다. 그러면서 젊은 사람이 건방지구먼 하고 나무라는 것이다.

恩人

그날 저녁부터 내 밥상의 반찬 가지 수가 늘었다. 내가 가르치는 학생의
누나가 나보다 세 살 밑으로 그 아이가 이화여고에 다닐 때 자가용으로 학
교에 다녔다. 며칠 후 사장의 여동생이 나를 따로 부르더니 그 누나를 맡으
라는 것이었다.

나는 한마디로 거절했다. 나는 집도 절도 없고 일곱 식구의 家長인데 이
렇게 호화롭게 큰 사람을 어떻게 감당하라는 것인가 하고 차갑게 거절했
다. 그러나 그 후로도 내 밥상의 반찬 수는 줄지 않았고 철따라 구두와 양
복도 그 어머니가 계속 사주었다.

졸업 후 보사부 공무원 생활을 할 때도 와서 코트까지 사주셨다. 정말 고마운 분이었다. 그때 내가 재물을 탐했으면 이게 웬 떡이냐고 덥석 받아 먹었을 것이다. 그 시절 내 마음은 예수님이 홀로 독차지 하고 있어서 어떤 인간을 받아드릴 공간이 없었다.

하여간 그렇게 해서 대학 4년을 거르지 않고 졸업했다. 이렇게 마지막 5% 남았던 눈물을 대학 시절에 모두 흘려서 졸업과 동시에 내 몸에는 더 이상 흘릴 눈물이 없게 되었다. 이제는 웃으며 살 일만 남은 것이다.

재앙

사실 내 위로 나이 차이가 많은 누나가 한 명 있었다. 우리는 셋째가 심양 기차역에서 출생하는 바람에 해방 직후 북한으로 가지 못했지만, 나의 누님 시댁 盧 씨 집안은 그들의 고향인 신의주로 그해 기차 편으로 제일 먼저 귀향했다. 내 매형의 동생이 일제 때 서울에 가서 보성전문대학에 유학하는 동안 공산당원으로 활동했던 적이 있어 고향에 가자마자 높은 자리에 올랐다는 말을 들은 적이 있었다.

韓中 수교가 이루어진 다음 해인 1993년에 서둘러 내가 성장한 중국 만융툰을 찾았다. 그곳에 갔더니 내 매형의 사촌 동생이라는 자가 있었다. 아주 반가워서 당시 중국인들의 한 달 평균 임금에 해당하는 중국 돈 500원 (당시 우리 돈 약 5만 원)을 주었다.

이것이 엄청난 재앙이 된 것이다. 그때 그에게서 들은 얘기인즉 내 매형은 신의주 보위부 꼭대기 자리라고 했다. 우리로 말하면 경찰서장쯤 되는 자리였고, 그 아우는 그보다 더 높은 자리에 있어서 둘째 형수는 1년에 한 번쯤 중국 친정에 와서 쌀과 옷가지를 사 가곤 한다는 것이다. 뭐가 됐던 나로서는 좋은 소식이었다.

그런데 날벼락이 떨어진 것이다. 내가 중국 다녀온 지 두어 달 후 그 사촌이라는 자에게서 수신자 부담으로 나에게 전화가 왔다. 그가 하는 말인즉 내가 다녀간 후 십여 차례 신의주로 편지를 띄웠는데 아무 회신이 없다는 것이다. 그 전화를 받는 순간 내 눈에는 번갯불이 번쩍하며 그 미련한 놈이 시키지도 않은 짓을 한 것 같다는 생각이 들었다. 너무 급해 학교에 休講(휴강) 조치를 하고 다음 날 당장 만융툰으로 갔다.

"누가 그런 짓을 하라고 그랬나?"

뭐라고 편지를 했냐니까 내가 그에게 준 명함을 넣어서 동생(注: 필자)이 서울에서 잘 사니까 시간 맞춰서 형수가 그곳에 올 수 있는 날을 알려 주면 동생이 항시 와서 상면도 하고 도움도 받을 수 있으니 꼭 한번 중국으로 오라고 썼다는 것이다. 그 얘기를 듣는 순간 나는 거의 본능적으로 그의 뺨을 후려쳤다. "야 이 미친놈아! 누가 그런 짓을 하라고 그랬나?"

그로부터 1년 여가 지난 후 다시 그를 만나 소식이 있느냐니까 아무 회신이 없고 형수(注: 필자의 누나)도 안 온다는 것이다. 일이 난 것이 틀림없었다. 북한에 자선사업을 많이 해서 북한 당국이 인정하는 在美 女선교사에게 부탁해서 수소문을 했더니, 누님댁이 자강도 화평군 양계리 인민 4반으로 쫓겨났다는 것이다. 인터넷에 이 주소를 검색했더니 가끔 호랑이도 출몰하는 해발 1362m의 두메산골로 나왔다.

이후에도 이들에게는 재앙이 또 겹쳤다. 울산에서 시무하시는 나의 숙부(목사)님이 중국 순회 선교 다니면서 백방으로 내 누나의 안부를 묻고 다녔다는 것이다. 또다시 심양으로 가서 숙부님에게 용돈을 드리며 제발 누나네

일 발설하지 말아 달라고 신신당부했건만 목사들의 옹고집은 꺾을 수가 없었다.

숙부님은, 그 女선교사에게 부탁해 수소문한 결과 누님네 가족이 어느 정치범 수용소로 갔는데, 그에 대해선 묻지 않는 게 신상에 좋다는 경고를 받았다고 하셨다. 서울에 동생이 있다는 것 때문에 신의주 경찰서장에서 숙청되어 호랑이 나오는 산골로 쫓겨났다가 목사 삼촌이 찾고 다닌다는 정보에 정치범 수용소로 모두 갇히고 말았다는 것이다.

내 누나의 가족은 나로 인해서 천국에서 지옥으로 떨어진 것이다. 지금 쯤 분명히 내 누나와 매형은 저승으로 갔을 텐데, 눈을 감을 때 나를 얼마나 원망하고 저주를 했을까. 지금 조카들이 살아있다면 얼굴도 모르는 외숙부가 얼마나 원망스러우랴.

鄭慶均(1934~)

1934년 중국 요녕성에서 출생, 1948년 귀국해 대광고등학교를 졸업하고 서울대 문리대 사회학과에 입학해 1958년 졸업했다. 1969년 美 시카고 대학원 사회학 석사, 1982년 일본 동경대학 보건학 박사학위를 취득했다. 1976년부터 1981년까지 WHO본부(GENEVE) 특수연구사업 고문, EAST-WEST CENTER(HAWAII) 자문위원, HEU(HEALTH EDUCATION UNION) 극동지역 사무총장 등을 역임했다. 1997년 국민훈장모란장을 추서받았으며, 1999년 서울대학교 명예교수에 임명되었다.

가 작

꿈은 반드시 이뤄진다!

洪元周

가난한 집안에서 태어나 자살까지 생각했던
내가 '독서왕'이 되어 '성공학 강사'로 우뚝 설 수 있었던 이유

꿈은 반드시 이뤄진다!

나는 초등학교를 끝으로 상급학교를 진학할 수가 없었다. 우리 집의 恨 (한)과 가족사를 써보려 한다.

나는 아버지에게 유산을 받지 못했다. 그렇지만 뛰어난 기억력은 물려받았다. 초등학교를 입학하고부터 賞狀(상장)을 받기 시작하였다. 그림을 잘 그려 상을 받고 건강하여 개근상을 받고 학업이 뛰어나 해가 바뀌어 학급이 올라갈 때마다 상장을 받았다.

4학년 때 5·16혁명이 일어났다. 선생님들은 양복을 벗고 재건복을 입었다. 태극기가 계양되고 국기 하강식도 시작하였다. 전교생에게 혁명공약을 熟知(숙지)하도록 과제가 주어졌다. 혁명공약을 외우는 순으로 하교가 이루어질 정도로 혁명공약 숙지 교육에 매달렸다. 나는 반에서 가장 먼저 한 字(자)도 틀림없이 외우고 박수 속에 하교를 하였다. 나는 우쭐하여 선배 집이나 반 학우들 집을 다니며 은근히 실력을 자랑하였다. "놀자! ○○야 놀자!" "아직 안왔는디 너는 워찌 빨리 왔느냐?" "혁명공약을 빨리 외워서요!"

다음날 조회시간에 학교 대표로 운동장 중앙에 서서 마이크를 잡고 혁명공약을 외웠다. '반공을 國是(국시)의 1위로 삼고 지금까지 형식적이고 구호에만 그친 반공태세를 재정비 강화한다…' 혁명공약 여섯 가지를 한 자 어긋남이 없이 외웠다. 교장 선생님이 머리를 쓰다듬어 주시고 칭찬을 하여 주셨다.

"무식혀야 사는 벱이여, 진학은 꿈도 꾸지 말그라!"

나는 장차 뛰어난 소설가도 되고 기자도 되고 화가가 될 것을 목표로 공부를 열심히 하였다. 학교장 賞(상)을 타고 졸업을 하였다. 나는 중학교 원서도 써보지 못하고 좌절을 맛보았다.

"아홉 식구 입에 풀칠도 어려운데 무신 중핵교? 글구 무식혀야 사는 벱이여, 니 큰형 봐라 공부 잘허고 상급학교 다니다가 모략에 죽지 않았냐 시방! 진학은 꿈도 꾸지 말그라!"

늙고 초라한 아버지는 처음으로 당신의 장남이 모략으로 변을 당한 이야기를 들려주었다. 6·25 전쟁이 나기 2년 전 1948년 10월 어느날 여수에 주둔하고 있던 14연대에서 반란이 발생하였다. 붉은물이 든 尉官(위관)장교 몇 명과 지창수 하사관이 연대장을 사살하고 반란군으로 돌변하였다. 이들은 순식간에 여수시내 관공서를 함락하고 순천으로 파죽지세로 진격하여 순천관공서도 휩쓸었다. 반란군들은 군산에 주둔한 ○○연대와 합류하여 서울로 진격하려고 北進(북진)을 하였다.

뒤늦게 정보를 입수한 정부에서 대규모 진압군을 내려 보냈다. 곡성에다 진을 치고 반란군들을 막으니 수가 적고 화력이 미약한 반란군들은 숲이 울창한 지리산으로 숨어들었다. 낮에는 숲에 숨어 있다가 밤에는 민가로 내려와 식량을 약탈하고 주민들을 포섭하기 시작하였다. 어느 곳에나 불평불만을 품은 자들이 있게 마련이었다. 소작농이나 머슴들이 동조하고 더러는 산으로 가서 전투교육이나 공산당 이론을 배웠다.

지리산은 무척이나 넓고 깊었다. 3개 道(도) 10여 개 郡(군)으로 둘러싸여 천혜의 요새가 되었다. 세월이 갈수록 반란군들의 세가 늘어나고 민간인들의 합류가 늘어나자 정부에서도 지리산 일대에 계엄령을 선포하였다. 주민들을 면소재지 학교로 疏開(소개)하고 대대적인 공비토벌 작전을 개시하였다.

큰형의 어처구니없는 죽음

우리집 이웃에 문○○이라는 자가 里責(이책)이 되어 포섭을 하고 지리산을 오가며 좌익 활동을 하고 있었다. 이현상이 지리산에 김일성 대학을 개설하고 엘리트들을 포섭하라는 지령을 하달하였다. 里責은 구례읍에 나가서 학교에 다니고 있는 나의 큰형 이름을 장부에 올리고 말았다.

마을이 소개가 되고 里責의 방에서 장부가 발각되었다. 아무 영문도 모르고 학교에서 공부만 하고 있던 큰형은 갑자기 들이닥친 계엄군에게 굴비처럼 엮이어 섬진강가로 끌려가 재판 과정 없이 즉결처벌로 죽임을 당하였다. 屍身(시신)을 찾아가도 된다는 연락을 받고 아버지는 실신을 하고 어머니도 실신하였다.

마을마다 상급학교에 다니고 있는 학생들은 거의 참변을 당하였다. 아버지는 곰방대에 담배만 연신 빨면서 "亂世(난세)에는 무식해야 사는겨!"만 되뇌며 삶의 의욕을 잃고 있었다. 그러던 중 아버지 나이 61세 환갑에 내가 태어나자 덩실덩실 춤을 추었다고 한다. 전쟁과 굶주림과 老産(노산)으로 어머니가 젖이 나지 않자 아버지는 심봉사처럼 핏덩이 나를 안고 동냥젖을

> 큰형은 갑자기 들이닥친 계엄군에게 굴비처럼 엮이어 끌려가
> 즉결처벌로 죽임을 당하였다.

얻어 먹이며 키웠다고 한다.

우리 집이 가난에서 헤어나오지 못한 것은 宗家(종가)로써 時祭(시제)와 제사가 너무 많았기 때문이었다. 시제가 수봉상이요, 제사가 30봉상이 넘었다. 흥부자식 생일 돌아오듯 제사가 한 달에도 몇 차례 돌아왔다.

지리산 공비토벌 작전은 1963년도에나 끝이 났다. 그러다보니 山峽(산협) 마을의 경제는 말이 아니었다. 쑥죽이나 송키밥으로 끼니를 대신해야 하였다. 주민들의 상처도 그대로 남았다. 좌익에 가담하여 죽은 자도 많았고 우익이라고 반란군이나 폭도들에게 희생된 가족들도 많았다. 모두가 지리산이 안겨준 비극이었다.

지리산 마을까지 울려퍼진 혁명공약

해마다 흉년이 들어 보릿고개라는 높은 고개를 넘어야 하였다. 주민들의 생활은 좀처럼 나아지지 않았다. 高利(고리)와 長利(장리) 쌀 제도가 있어 해마다 농사를 지어야 헛수고였다. 봄에 식량이 바닥나면 부잣집에서 쌀을 한 가마 빌리면 가을에 한 가마 반을 갚아야 하였다. 현금을 빌리면 이자가 높아 고리채라고 불렀다.

찢어지는 가난이라는 말이 이때 생겨났다. 소나무 껍질을 벗겨 찧어서 밥

을 지어 먹으면 어김없이 변비에 걸린다. 배설 때 항문이 찢어지거나 피와 함께 똥이 배설되었다. 어린이들은 항문이 아파서 울고 어른들은 안타까워 울었다. 각 가정마다 나무로 취사와 난방을 하고 소죽을 끓였다. 그러다 보니 산들은 민둥산이 되었다. 볼품없고 산이 하는 기능들이 없어져 홍수와 가뭄이 들었다. 이렇듯 못 입고 못 먹은 주민들의 생활은 밑바닥이었다.

사람들의 얼굴은 영양실조로 인하여 얼굴이 부스스하였다. 몸에 벼룩과 빈대가 득실대는 등 삶이 괴롭고 끔찍하세만 느껴졌다. 아이들의 배는 맹꽁이처럼 터질 것 같았다. 영양실조가 되어 浮黃(부황)이 났기 때문이었다. 머리에는 버짐이 덕지덕지 나서 된장을 발라 고약한 냄새를 풍기고 다녔다.

지역 경제가 이럴 때 주민들의 삶이 이러할 때 멀리 서울에서 혁신의 바람이 전파를 타고 지리산 인근 우리 마을에도 울러 퍼졌다. 바로 박정희 장군이 이끄는 5·16혁명이 일어난 것이다. 혁명 공약을 제일 잘 외워 두각을 나타냈으나 가난한 형편과 아버지의 禁學令(금학령)으로 나는 학업의 꿈을 접고 농사꾼이 되어야 하였다.

새마을 사업과 獨學 결심

나는 혁명정부에서 하는 일이 혁신에 꼭 맞는 일이라고 마을에 계몽을 하고 다녔다.

공무원들이 양복 대신 再建服(재건복)을 입는 것도 맞고 제사도 간소화하는 것이 옳다고 하였다. 고리채를 신고하는 것도 옳고 장리쌀도 없애는 것이 아주 잘한 일이라고 박수를 쳤다. 혁명정부는 고리채, 장리쌀 제도뿐 아니라 관혼상제의 간소화도 추진하였다. 儒林(유림)에서나 유지급 집안에서는 불만이 많았으나 나라를 위해서는 천번만번 합당한 정책들이었다.

1962년 6월10일 화폐개혁이 발표되었다. 처음에는 약간 혼란이 일었으나 워낙 돈이 귀한 시골에서는 微風(미풍)으로 지나가는 바람이었다. 1963년 12월17일 박정희 대통령이 정식으로 취임했다. 그후 새마을 사업이 시작되었다. 마을마다 새마을旗가 걸리고 새마을 노래가 울려 퍼졌다. 구렁이처럼 휘어진 골목길이 헐리고 서로 땅을 내놓으면서 좁은 길이 신작로로 변했다. 초가지붕이 걷히고 슬레이트 지붕으로 바뀌었다.

농약이 개발 보급되고 풍년이 찾아오기 시작하였다. 지긋지긋한 쑥죽이나 송키밥 대신 쌀밥을 먹기 시작하였다. 통일벼가 보급되고 쌀수확이 곱절로 늘어났다. 비로소 쌀밥을 먹기 시작하였고 라면이 개발되어 식생활도 변화를 가져 왔다. 비료포대와 밀가루 포대마다 미국 국기와 악수하는 그림이 있었고 영어가 적혀있었다. 나는 눈 뜬 장님과 다름없다는 생각이 들었다. 상투머리를 튼 서당 훈장님도 이장님도 영어를 모른다고 하였다. 나는 獨學 (독학)을 하기로 결심을 하였다. 여태는 먹지 못하여 불행한 삶을 살아 왔다면 앞으로는 무식해서 文盲(문맹)의 삶을 살아야 한다는 것을 생각하니 배우고자 하는 욕망을 가라앉힐 수가 없었다.

강의록을 사서 혼자서 배우면 중고등 학교 과정을 배울 수 있다고 하였다. 당시 강의록 값은 3000원이었다. 우리집 경제는 무척 어려웠다. 아홉이나 되는 식구에 제사가 많은 宗家(종가)이고 보니 내가 쓸 돈이 없었다. 나는 직접 책값을 벌기 위해 장작 장사를 하기로 하였다.

나무지게 지고 매일 왕복 백리길을…

아침 밥을 먹고 톱과 지게를 지고 지리산으로 올랐다. 죽은 나무를 썰고 도끼로 패서 장작을 만들었다. 지게에 장작을 지고 구례읍으로 자갈길 50

리를 걸었다. 버스나 트럭은 먼지를 끼얹고 지나갔다. 산을 출발하여 구례 읍에 도착하면 오후가 되었다. 국밥집에 겨우 100원을 받고 팔았다. 허기가 져 배에서 꼬르륵 소리가 났건만 100원을 꼭 쥐고 귀가를 하였다. 집에 도착하면 초저녁이 되었다. 발이 불어터지고 肉身(육신)이 허물어지는 것처럼 파김치가 되었다. 다음날도 마찬가지로 반복하다 보니 1500원이 모였다.

그런데 그때 심한 좌절감이 몰려왔다. 염세주의가 겹치면서 죽고만 싶어졌다. 공부도 필요 없고 부귀도 영화도 넛없이 느껴졌다. 밤새워 눈물을 흘리며 아버지께 유서를 써 내려갔다. 나를 얻고 삶의 의욕을 얻은 아버지가 나를 잃으면 어찌 될까 생각하였다.

그렇지만 학문을 하지 못한 까막눈의 삶은 그 자체가 아무런 의미가 없다는 결론을 내렸다.

"고맙습니다. 죽는 방법을 가르쳐줘서요"

다음날 아침 나는 아무 일 없다는 듯 지게를 지고 뒷산으로 갔다. 칡넝쿨로 올무를 만들고 소나무에 건 뒤 목을 올무에 넣고 매달았다. 목이 조여지는가 싶더니 우지직하고 줄이 끊겼다. 나는 소나무 밑으로 떨어졌다. 자살에 실패하고 말았다.

자살 방법을 달리하기로 하였다. 마을 앞 신작로로 갔다. 멀리서 목재를 싣고 트럭이 달려오고 있었다. 나는 눈을 감고 뛰어 들었다. 찌익!- 브레이크 소리와 동시에 트럭이 멈추었다. 임꺽정같은 운전수가 내 빰을 갈겼다.

"이 자식아 죽으려면 물에 빠져죽어 임마, 내 가족이 열이야."

"고맙습니다. 죽는 방법을 가르쳐줘서요."

트럭은 나를 밀치고 먼지를 날리며 달려가고 있었다. 나는 마을 아래 오동나무 沼(소)로 갔다. 커다란 돌을 들고 깊은 곳을 향해 걸었다. 누가 내 배에 올라타고 누르고 있었다. 나는 물을 쏟아내며 龍宮(용궁)인가 눈을 꿈 뻑거렸다. 분명 용궁은 아니었다. 나를 건져낸 사람은 방학을 맞아 내려온 황부잣집 아들 대학생이었다.

"임마 죽을 용기 있음 살아봐. 네가 공부를 잘한다는 것도 들었다. 내가 도와줄게 죽을 용기로 배워봐!"

"고마워요."

'통신강의록'으로 獨學

물에 빠져 죽으려다 살려냈다는 소문이 돌자 아버지는 통곡을 하였다. 2000원을 주시며 주경야독을 하라고 허락을 하셨다. 나는 3000원을 서울 로 送金(송금)하고 강의록이 오기를 기다렸다. 흡사 이몽룡을 기다리는 춘 향처럼 대문에서 집배원이 오기를 기다렸다.

보름 만에 강의록이 도착하였다. 표지에 링컨 대통령이 실렸고 삼국지보 다 두터웠다. 영어를 비롯하여 수학 등 全과정이 수록되었다. 영어가 제일 흥미가 있었다. 빨래 집게처럼 생긴 글자는 에이(A)字였고 소쿠리테 같은 자는 큐(Q)字였고 사다리처럼 생긴 글자는 에이치(H)字였다. 혼자서 이해 가 어려운 영어나 수학은 대학생을 찾아가 배웠다. 국어나 사회는 그냥 읽 고 머리에 기억하면 되었다.

틈만 나면 책을 파고드니 웬만한 글자는 내 것이 되었다. 3년을 독학을 하니 비료포대의 영어를 대충 읽고 이해가 가능해졌다. 나는 검정고시는 보 지 않기로 하였다. 죽을 때까지 책을 읽고 공부를 하기로 작정을 한 것이 다. 나는 《삼국지》를 비롯하여 《수호지》, 《금병매》 등 중국의 奇書(기서)들을 다 읽고 방인근의 《벌레먹은 장미》 같은 禁書(금서)도 읽고, 《단테의 神曲(신곡)》이나 토인비의 《역사의 연구》까지 읽었다.

열네 살의 농사꾼

열네 살 나이로 소년 농사꾼이 되었다. 낮에는 일을 하고 밤으로는 책을 읽었다. 마을마다 새마을 노래에 맞추어 山林綠化(산림녹화) 사업이 시작되었다. 온 나라의 산들이 민둥산이 되다시피 하였으니 무엇보다 중요한 사업이었다. 집집마다 火木(화목)으로 난방을 하고 취사를 하고 소죽까지 끓였으니 산이 민둥이가 될 수밖에 없었다.

산림감시 직원이 있었으나 마을마다 다니며 감시를 할 수는 없었다. 6·25 전쟁 이후 한 차례도 나무심기를 시행한 적이 없었다. 망태에 도시락을 담고 삽이나 괭이를 들고 할당된 산으로 출발하였다. 郡(군) 전체 야산이나 국유림까지 다 대상 지역이었다. 나무 심을 구덩이를 파는 조가 구덩이를 파놓으면 다음날 그곳에 가서 나무심기를 하였다. 망태에 묘목을 담아 구덩이에 심고 흙을 덮고 단단히 밟아주면 되었다. 가파른 산에서 종일 나무를 심다보면 허리도 아프고 꽃샘바람이 어린 육신을 파고들기도 하였다.

일부 양심불량의 어른들이 있었다.

"큰 구덩이를 파고 묘목들을 묻어버려! 그래야 빨리 마치고 갈 수가 있다!"

"그렇구만요. 그럽시다."

"아재들요, 그러면 안됩니다. 이 묘목이 우리 세금이 될 수도 있고 외국에서 주는 借款(차관)이 될 수도 있어요. 남으면 내일 심으면 됩니다."

"아이고 그 말 들으니 그렇네. 근디 차관이 무엇이냐?"

"차관은 외국에서 돈을 꾸는 것입니다. 나중에 갚아야 하는 돈입니다."

"그렇구나. 확실히 공부허는 것이 헛되지 않구나!"

나는 나이는 가장 어리지만 옳은 말을 잘하여 내가 보는 앞에서는 묘목을 없애거나 적당히 넘어가지 못하였다. 소년 시절에 공부하지 못하면 까막눈이 되고 민둥산을 방치하면 나라의 장래가 푸르지 못한다고 굳게 믿었다.

산림녹화 사업의 성공

묘목은 주로 잣나무 낙엽송, 은사시나무, 밤나무 등이었다. 개인 산은 有實樹(유실수)가 많았고 국유림은 낙엽송이나 잣나무가 많았다. 유실수는 십년 전후면 열매가 열리고 잣나무는 30년 이상이면 잣이 열리고 산이 울창해져 숲이 되고 그 때부터 인간에게 베풀기 시작한다. 태양이 힘을 잃고 석양이 되면 車(차)가 밀가루를 싣고 와서 勞役(노역)에 따른 대가를 나누어 주었다. 밀가루는 봄을 지나는데 요긴한 먹거리가 되었다. 빵을 만들어 먹기도 하였고 팥국수도 만들어 먹었다. 분식 장려도 이 무렵 시행하였다. 부족한 쌀로만 주식을 하지 말고 밀가루 음식도 골고루 섭취하여 경제에 보탬이 되고 건강에도 도움을 주려는 혁명정부의 식생활 개선 정책이었다.

산림녹화 사업은 해마다 지속되었다. 解凍(해동)이 시작되는 3월 초에 시작하여 4월 중순까지 계속되었다. 그 시절 산림녹화 사업이 시행되지 않았다면 오늘날 같은 울창한 숲은 없을 것이다. 민둥산을 없애고 어디로 가나 전국의 산들이 푸르름을 유지하고 맑은 산소를 우리 인간들에게 공급해주는 것은 그 시절 나무심기 운동을 전개하고 그린벨트를 만들어 철저하게 관리를 한 덕분이다.

퇴비 增産 운동

우리나라는 오랫동안 농업을 崇尙(숭상)해오고 있었다. 그렇지만 뼈 빠지게 농사를 지어도 풍족한 생활은커녕 쌀밥도 제대로 먹지 못하고 살았다. 地主(지주) 제도가 있어 농사지어도 소작료 70%를 주고 30%를 가지고 먹고살았다. 봄에 식량이 바닥나면 다시 지주 집에서 長利(장리) 쌀을 얻어 먹고 가을에 이자까지 갚아야 하였다.

각종 진딧물과 병충해는 얼마나 기승을 부리는지 농사짓기가 무척이나 어려웠다. 지주 제도를 없앤 것은 이승만 대통령이었다. 소작인들이 신고를 하면 소작인이 지주가 되는 실로 혁명이나 다름없었다. 지주 제도를 없앤 것은 이승만 대통령이었고 풍년을 만들어주고 쌀밥을 제대로 먹게 한 것은 박정희 대통령이었다.

혁명정부에서는 면 소재지마다 농촌지도소를 만들었다. 농업전문지식을 농민들에게 傳受(전수)해주고 정보와 기술을 가르쳐 주었다. 화학 비료는 땅을 산성화시키고 비용도 많이 든다.

그 동안 無知(무지)로 인하여 땅을 산성화시켰다면 지금부터는 퇴비를 많이 넣어 地力(지력)을 회복하자는 것이 퇴비증산 운동이었다. 마을마다 퇴비장 만들기를 적극 장려하였다. 새마을 사업으로 잘 닦아진 마을 도로 옆에 퇴비장을 만들고 마을마다 전시를 하였다. 작게는 2톤 트럭만큼 퇴비를 만든 집들도 있었고 버스만큼 많이 만든 집도 있고 머슴이 있는 大농가들은 산더미처럼 퇴비를 쌓았다. 퇴비증산은 다수확으로 나타났다. 보리타작을 하면 보릿가마니가 온 마당을 차지하다시피 풍년을 맞았다.

50kg 뽕가마니를 지고…

농가 소득을 위하여 누에치기를 장려하였다. 밭마다 뽕나무를 심고 산으로 가서 꾸지뽕을 따서 누에를 길렀으며 야생 뽕잎을 따러 지리산까지 갔었다. 뽕나무보다 많은 누에를 치다 보면 뽕잎이 모자랐다. 나는 형을 따라 지리산으로 야생 뽕잎을 따러 다녔다.

새벽에 일어나 도시락을 두 개씩 싸고 큰 가마니를 지고 지리산으로 갔다. 성삼재(해발 1200m)에 올라 아침을 먹고 피아골 부근에 가서 야생 뽕잎을 따기 시작하였다. 중간중간 뱀이 있는지 작대기로 소리를 내고 뽕을 따서 가마니에 넣었다. 몇시간을 따면 한 가마니가 되었다. 무려 50kg이나 되는 뽕가마니를 지고 성삼재로 오르면 코는 산에 닿고 땀은 팥죽같이 흘렀다. 열다섯 소년의 몸으로는 苦役(고역)이었다. 집에 도착하면 이미 밤이 되었다. 이처럼 지리산을 몇 차례나 다닌 후에 누에가 고치를 만들었다. 누에고치를 팔면 마을에 돈이 돌았다. 흑백 티비도 사고 선풍기도 장만할 수 있었다. 나는 조그만 액수를 받아 책을 사서 읽었다.

지리산은 상처도 주고 도움도 주었다. 반란군들의 은신처가 되고 共匪(공비)들의 안마당이 되어 우매한 사람들을 끌고가 얼어죽게 만들고 핏물이 흐르던 산이었다. 지리산은 언제 상처가 있었냐는 듯 산목련꽃 향기가 코끝을 자극하였다. 뽕을 따러 다니면서 많은 것을 배우고 느꼈다. 인내심과 무엇이든 목표를 세우고 노력하면 반드시 이룬다는 교훈도 얻었다.

'의무가 福(복)이 되어!'

농사꾼이 되어 체력을 단련하고 독학으로 까막눈을 면하게 되었다. 어느 사이 어깨가 넓어지고 청년이 되었다. 그 시절은 초등학교만 졸업해도 군대를 갔었다. 나로서는 참으로 다행한 일이었다. 넓은 세상을 경험하고 국방의 의무를 다하는 계기가 되었으니 말이다.

신체검사를 통과하고 광주 ○○사단 훈련소에 입소하였다. 45일의 고달픈 훈련이 시작되었다. 추운 겨울에 총을 잡고 사격연습을 하고 유격훈련을 하고 화생방 훈련을 받았다. 훈련을 마치고 ○○공병학교로 배치받았다. 학교라는 이름만 들어도 기분이 좋았다. 상급학교를 진학하지 못했기 때문이었다.

공병학교에는 각종 건설 중장비가 갖추어져 있었다. 크레인, 불도저, 그레이더, 롤러 등 모든 육중한 장비가 위용을 자랑하고 있었다. 피교육생들은 엔진공학부터 배우기 시작하였다. 교관님은 조그만 책을 보고 강의를 하였다. 나는 대학 노트에 깨알같이 적었다. "

"교관님 제안을 드리고 싶습니다."

"말해라."

"큰 궤도를 만들어 강의를 하시면 보고 쓰기도 쉽고 교육에 도움이 될 것 같습니다."

"좋은 제안이다. 글씨 잘쓰는 사병과 그림 잘 그리는 사병은 나오라. 오늘부터 만들기 시작한다."

나는 그림을 그렸다. 모든 장비의 도안을 그리고 궤도를 만들기 시작하였다. 궤도가 완성되어 사령관님이 알게 되었다. 金도금이 된 만년필과 새 군복과 군화와 일주일 특별 휴가를 賞(상)으로 받았다.

내 작은 제안이 이렇게 칭찬을 받을지 몰랐다. 제대 후 나는 이러한 일들을 기록하여 보훈문예에 '의무가 福(복)이 되어!'라는 제목으로 공모전에 공모하여 당선이 되었다. 이로 인하여 좋은 일이 이어지기 시작하였다. 국방부에서 만나자는 연락이 왔다. '의무가 福(복)이 되어!'를 홍보영화化한다는 것이었다. 승낙 사인이 필요하다고 하였다. 흔쾌히 사인을 하니 고료를 지급하고 영화 출연까지 하는 영광을 얻었다. 국가는 내게 많은 것을 주었다.

領夫人 묘역을 만들다

병장을 달고 제대를 몇 달 앞둔 1974년 8월15일이었다. 그렇게도 인자하시고 온화한 영부인이 광복절 축하장에서 괴한의 흉탄을 맞으셨다. 온국민의 바람에도 불구하고 결국 돌아가셨다. 국민들이 비보를 접하고 슬픔에 잠기었다. 우리 부대는 서울 인근에 있어 수도권 지역의 건설공사에 투입하기 위하여 항상 대기중이었다.

우리 공병단이 영부인의 묘역을 조성한다는 명령이 하달되었다. 불도저를 트레일러에 싣고 흑석동으로 향하였다. 많은 장병들도 출동하여 묘역조성을 하기 위해 대기하였다. 나무들을 잘라내고 地官(지관)이 방향을 잡고 측량을 하고 불도저로 묘역이 들어설 부지를 정리하였다.

육중한 장비의 굉음도 들리지 않는 것 같았다. 온통 슬픔이 사무쳐 현실이 아니기를 바랐다. 장비가 부지를 대충 정리하고 사병들이 삽으로 정성스럽게 봉분을 만들고 묘역 전체에 잔디를 심고 조심스럽게 밟았다. 묘역이 조성되자 웅성거림이 있었다. 박정희 대통령 각하께서 직접 점검을 나오신 것이다. 키가 큰 서○○ 장관이 뒤를 따르고 JP도 동행하였다. 평소 존경하던 대통령을 지근거리에서 갑자기 보게 될 줄이야 어찌 짐작이나 했으랴! 나는 두근거리는 가슴을 진정하느라 애를 썼다. 대통령 일행은 묘역을 점검하시고 바로 돌아가셨다.

우리 부대는 발인을 하던 날 새벽에 철수를 서둘렀다. 장비는 이미 철수를 하였고 부대원들을 실은 트럭이 국립묘지 정문을 빠져 나오자 이미 시민들이 도로가에 줄을 서 있었다. 영부인의 마지막 가시는 길을 보기 위해서였다. 우리는 부대에 가서 장례식 중계를 TV로 보았다. 장례차가 도로를 지날 때마다 시민들은 울음을 터트렸다. 장례차가 보이지 않을 때까지 손을 흔들고 눈물을 훔치었다. 누가 시킨다고 그렇게 슬픔을 표현하겠는가! 소년 시절부터 흠모하던 대통령을 뜻하지 않게 옆에서 보게 된 것은 내가 군대를 갔고 공병부대에 근무한 까닭일 것이다

'그 熱砂(열사) 끓며 넘치며'

나는 제대와 동시에 건설회사에 취직하였다. 軍시절에 불도저 면허증을 취득하고 기술을 배웠기 때문이었다. 나는 틈이 나는 대로 軍시절 보람 있었던 일들을 수기로 써서 호국문예에 공모를 하였다. '의무가 福(복)이 되어!'가 당선되고 다음해에는 '값진 34개월의 기억들'이 당선되었다.

1980년대 중동 건설 붐이 일었다. 나도 꿈을 이루기 위하여 도전하였다. 면접과 시험에 합격을 하고 ○○건설 사우디 현장으로 해외 취업을 떠났다. 사막의 뜨거운 열기와 모래바람과 싸우며 2년을 견디며 일을 하였다. 동료들의 사고사도 목격하였고 애환들도 많았다.

그곳에서 일어나는 에피소드를 정리하여 노트에 적었다. 귀국하여 수기를 써서 노동부에서 주관하는 공모전에 출품하여 당선이 되었다. '그 熱砂(열사) 끓며 넘치며'라는 현장수기였다. 나중에 MBC에서 단막극으로 제작되어 근로자의 날에 방영이 되었다.

2014년 10월, 경기도 양주시가 주관하는 '제8회 양주 김삿갓 전국문학대회 시상식'에서 대상(문화체육관광부장관상)을 수상한 필자.

읽고 기록한다는 것의 힘

귀국을 하여 내 집도 마련하고 중장비(불도저)도 직접 구입하였다. 농촌으로 다니면서 경지정리 사업을 하였다. 잔다랭이를 정리하여 트랙터가 드나들며 농사를 짓기 편리하게 하였다. 소년시절 농사를 지을 때 어려움을 실감하였기에 농촌 발전을 위하는 사업을 하고 싶었던 것이다.

꿈은 반드시 이루어진다는 것을 체험하였다. 20여 년을 농지정리 사업을 하니 농촌도 거의 농지정리가 마무리되었다. 나는 아직 이루지 못한 꿈이 있었다. 청소년들에게 희망을 주고 사람들에게 꿈을 심어주는 계몽가가 되고 싶었던 것이다.

꿈을 이루기 위하여 생계는 아내에게 맡기고 도서관으로 가서 살았다.

책을 읽고 메모를 하여 책을 쓰기로 하였다. 내가 주경야독을 시작한지 30년 만에 서광이 비추기 시작하였다. 유명 일간지 기자가 찾아와 인터뷰를 하였다. '독서왕'으로 대서 특필이 되었다. 뒤이어 월간지에 소개가 되고 공영방송 KBS-TV '이것이 인생이다' 프로에 독서왕으로 소개가 되었다.

방송에 내 사연이 나가고 전국에서 격려 전화가 이어졌다. 산업강사 협회에서 스카웃이 되었다. 나는 사회단체, 군부대, 기업체에 초대를 받아 토종 싱공학을 강의하였다. 불우한 청소년 시절의 주경야독 이야기, 새마을 사업, 軍시절 이야기와 사우디 熱砂(열사)의 현장에서 아이디어를 내서 회사에 많은 도움을 준 이야기를 하며 많은 박수를 받았다. 아무리 어려운 환경에서든 뚜렷한 목표를 정하고 노력하면 반드시 꿈은 이루어진다고 결론을 내릴 수가 있다.

기록은 참으로 소중한 것이다. 나는 소년시절에 겪은 산림녹화 사업 등 새마을 사업과 軍시절 제안을 하고 노력하여 보람된 군복무를 하였다. 사우디에서도 꾸준히 기록을 하여 많은 사람들이 공감하는 극본을 만들었다. 앞으로도 남은 여생 꾸준히 책을 읽고 기록하여 삶의 자취를 남길 것이다.

洪元周(1950~)

지리산 산협 마을 가난한 농가의 늦둥이로 태어났다. 어려서부터 독서에 취미를 붙여 초등학교 4학년 때 중국의 奇書(기서)들을 모두 읽었다. 초등학교 밖에 나오지 못했지만, 배움에 대한 열정을 잃지 않아 장작 장사를 하면서도 향학열을 불태웠다. 1996년 KBS-TV '이것이 인생이다'라는 프로그램에 독서왕으로 소개되었다. 中東 근로자 시절의 이야기를 글로 쓴 그의 手記('그 熱砂 끓며 넘치며')가 TV 단막극으로 방영되기도 했다.

'AP통신' 출신 元老 기자의 역사적 證言

黃敬驤

老기자가 취재했던 일본軍 위안부와
베일에 싸여 있던 농경근무대 이야기

'AP통신' 출신 元老 기자의 역사적 證言

1987년 1월, 저는 30년 근무한 AP통신을 그만두고, 미국 주간지 〈TIME〉으로 직장을 옮겼습니다. 박정희 대통령 死後(사후) 전두환 대통령으로 이어진 군사정권이 끝나고, 민주주의가 이 땅에 부활하려는 시기였습니다. 이즈음 〈TIME〉은 서울支局(지국)을 개설하고, '88 올림픽' 취재를 무사히 끝낸 뒤, 노태우 대통령의 새로운 정권 하에서 전보다 훨씬 자유로운 취재활동을 지속하고 있었습니다.

1990년대 들어서면서 韓日 외교의 큰 문제로 등장한 게 戰時(전시) 일본군 위안부 문제였습니다. 〈TIME〉도 이 관계 취재가 많아졌고, 특히 〈TIME〉이 발행하는 인물 중심의 자매 잡지인 〈People(피플)〉의 특별 요청이 있어, 저는 위안부 할머니의 인터뷰 기사를 취재하게 되었습니다. 확실한 연도는 기억나지 않습니다만, 일본 〈아사히(朝日)신문〉이 위안부 관계 특종 기사를 쓴 1991년 10월 이후로 추정됩니다. 당시 사용한 취재 수첩이 분명히 어디에 있을 터인데, 정리정돈에 둔한 저는, 얼마 동안 이 수첩을 찾다가 포기하였습니다. 그래서 제 기억을 중심으로 이 글을 쓰고 있다는 것을 실토합니다.

용어의 혼동이 가져온 결과

이때까지 위안부 할머니들은, 언론과의 접촉을 피하고 그들의 피해 회복

을 위해 활동하는 사회단체 인사들만이, 용기를 가지고 몇 사람만 위안부 할머니를 은밀히 만났습니다. 그 당시 국내 언론도 큰 관심을 보이지 않고 있었습니다.

저는 外信(외신) 기자로 활동하는, 이 문제 취재를 자주 한 어느 知人(지인)의 소개로 한국정신대문제대책협의회(정대협)를 방문해 협조를 부탁했습니다. 당시 '정대협'은 서대문 로터리에서 멀지 않은 곳에 사무실이 있었습니다. 제가 놀란 것은 '정대협' 직원이나 관련 인사들조차, '여자정신대'와 '戰時(전시) 위안부'를 같은 뜻으로 사용하는 것이었습니다.

일제강점기, 특히 태평양 전쟁 말기를 체험하지 않은 젊은 사람이 쉽게 빠져드는 혼동 중 하나가 이 '여자정신대'와 '戰時 위안부' 용어였습니다. 이 두 가지 용어의 混用(혼용)으로, 일본 〈아사히(朝日)신문〉의 우에무라 다카시(植村隆) 기자의 위안부 특종 기사가 비난을 받았고, 〈마이니치(每日)신문〉, 〈요미우리(讀賣)신문〉, 〈산케이(産經)신문〉, 〈홋카이도(北海道)신문〉 등 많은 일본 신문이 이 혼동에서 한동안 빠져나오지 못했습니다. 일본 당국의 반격과, 위안부 문제 호도가 이 혼동으로부터 시작되었습니다.

물론 戰後世代(전후세대)는 이 혼동의 함정에 빠지기 쉽지만, 이 용어들의 무분별한 사용이 위안부 문제 해결을 어렵게 하고, 일본에게 위안부 할머니들의 증언을 불신하는 빌미가 되었다고 생각하면 참 안타까운 일입니다.

처녀몰이

1930년대 들어 중국 대륙에서 식민지 침략전쟁에 광분하던 일본은, 전쟁 수행을 위해 국민총동원령을 내렸습니다. 이 법의 발효로, 전쟁에 필요한 물자의 통제나 徵發(징발)은 물론이고, 군인이 아닌 일반인의 노력 징발이 가능해졌습니다. 징병령이 시행되기 前의 식민지 조선에서는, 이 법의 발동으로 壯丁(장정)의 노력 징발이 가능해졌습니다. 농산물 등 물자공출에 빗대어 '처녀공출'이란 말이 생긴 것도 이때였습니다.

남자의 징용에는 기혼·미혼의 제한이 없었으나, 여성의 징용에는 '14세 이상 25세 이하의 미혼 여자'라는 제한이 있었습니다. 이렇게 해서 징발된 여성은 병원 또는 軍需(군수)공장 등으로 끌려갔고, 그중 일부가 軍 위안소로 끌려간 것입니다. '처녀공출'이란 이름이 붙은 미혼여성의 강제 징발을 피하기 위해 나이 어린 처녀들이 早婚(조혼)을 했고, 이런 풍조는 조선 시골 농촌에 확산되기도 했습니다. '정신대'란 말은 남녀 차별 없이 이렇게 끌려 간 젊은이들을 美化(미화)해서 언론 등에서 쓰기 시작한 용어였습니다.

전세의 악화로 더욱 다급해진 일제가 정식으로 '女子挺身隊令(여자정신대령)'을 발동한 것은 1943년 9월이었습니다. 이때부터는 일본 전국의 14세에서 25세까지의 미혼 여성은 1년 기한으로 여자정신대원으로 '근로봉사'를 하게 되었고, 학도동원령에 의하여, 여자 중학생도 2학년부터 1년씩은 노력동원을 하도록 했습니다.

저의 선친은 경상남도 남해군(섬)에서 중간 정도 수준의 地主(지주)였습니다. 행정 제도로 面(면) 아래 지금처럼 里(리)가 있었는데, 그 里가 자연부락 별로 區(구)로 나누어져 있고, 각 부락에 구장이 있어 面 행정을 도왔습니다. 선친은 구장職(직)을 꽤 오래 맡았고, 또 일정 액수 이상의 국세를 납

일제는 '처녀공출'이란 미혼 여성의 강제 징발을 실시했고,
이를 피하기 위해 어린 처녀들은 早婚을 하기도 했다.

부하는 조선인만이 선거권을 가지는 面協議員(면협의원)으로 선출되기도 하였습니다. 面內에서 소위 '유지' 대우를 받는 부류에 속했습니다.

그런 관계로 징용 할당이 시달되면, 특히 여자 징용의 경우 부락의 해당 여성들이 낮에는 산 속으로 피해, '모집' 나오는 面 직원이나 경찰관 눈에 띄지 않도록 숨는 광경을 종종 보았습니다. 일정 기한이 지나면 소위 '처녀몰이'(당시 일반인들은 처녀공출보다 처녀몰이란 말을 많이 썼던 것 같다) 수색이 끝나기 때문에 잠깐 몸을 피하게 한 것입니다. 이 '처녀몰이' 기간이 지나면, 面 직원들이 가가호호를 탐문하고 다니는 수색이 일단 끝났습니다.

남자의 경우는, 식량부족 등으로 생활이 궁해 이 징용에 자진해 참가하는 사람도 간혹 있었습니다. 그러나 처녀의 경우, 우리 마을에서 근로 동원으로 끌려가는 예를 보지는 못했습니다. 하지만 다른 마을 여성이 항구를 거쳐 육지로 떠나기 위해 트럭 등으로 이동하는 것을 본 적이 있었습니다.

연탄집게로 당한 매질

이렇게 동원된 여성들이 모두 戰時 위안부로 간 것은 아닐 것입니다. 제가 아는 한 여성도 18세의 어린 나이에 일본 중부 도야마(富山)의 어느 제약 공장에 정신대원으로 갔다가 1년 근무 후 광복 전에 귀국하였습니다.

그러나 1990년대 초, 제 인터뷰에 응한 할머니 한 분은 甘言利說(감언이설)에 속아 중국으로 끌려갔고, 軍 위안부로 강제 수용되어 '性노예' 생활을 했다고 눈물로 고백한 적이 있습니다. 김포공항 근처 아파트에 살던 이 할머니는 '정대협' 직원의 소개로 어렵게 취재에 응해준 두 할머니 중 한 사람이었는데, 이 분도 '정신대'로 공장에 간다는 이야기를 듣고 고향을 떠났다고 했습니다.

인터뷰한 두 할머니의 이야기 내용은 너무나도 비참하였습니다. 비현실적으로 들리는 참혹한 인터뷰 내용 때문인지, 취재를 부탁한 〈People〉誌는 편집 방침이 바뀌었다면서 제 기사를 싣지 않았습니다. 위안부 할머니들과의 접촉은 중지되었지만, 지금도 생생하게 기억하는 그들의 慘狀(참상)은 필자도 믿기 어려울 정도였습니다.

한 할머니는 생리가 있다고 일을 거부했다가, 연탄집게로 매질을 당해 아직도 남아 있는 가슴과 어깨의 상처를 보여주기도 했습니다. 많을 때는 젊은 군인들이 위안소 앞에 줄을 서 순번을 기다렸다고도 했습니다. 광복 후, 천신만고 끝에 고국으로 돌아 온 두 할머니는, 마음의 상처로 고향에는 못가고 피난민 수용소 등을 전전하다가, 정대협의 도움으로 간신이 아파트 한 칸씩을 얻게 되어 생활을 이어가고 있다고 했습니다.

'정신대'의 오해가 풀렸다고 해서, 일본이 조선 처녀들을 軍 위안부로 강제 동원했다는 비난을 한국 측 억지라고 강변하는 것은 결코 정당화할 수 없습니다. 1943년 이전, 즉 여자정신대령이 정식으로 발동되기 전에도 노력징용의 명목으로 '처녀공출'이 성행하고, 이중 일부가 軍 위안부로 끌려갔다는 사실은 前述(전술)한 바와 같으며, 김종필 前 국무총리 등 많은 분의 증언도 있었습니다.

'정신대'와 위안부를 혼동하고, 과거 일본인 요시다 세이지(吉田淸治)가 〈아사히신문)에 위안부 동원과 관련해 허위증언을 했다고 해서, 해당 신문을 비판할 수는 있지만, 이것이 위안부 강제 동원 자체를 부정하는 증거는 아닙니다. 일부 일본 정치인과 지식인, 언론사 등이 이를 부정하는 것은 역사를 왜곡하는 것과 다르지 않습니다.

우리 같은 광복 이전 세대가 아직도 살아 있는 동안에, 이 위안부 문제를 둘러싼 韓日 양국 정부의 異見(이견)이 원만한 타결점을 찾기를 간절히 바랍니다.

농경근무대

농경근무대! 한때 일제 식민지 정책인 滿洲(만주) 대륙 개척기에 사용했을 법한 이 생소한 이름의 부대를, 패전을 앞둔 일본군이 창설해 많은 조선인 징병 1기생이 이곳에서 고생하였습니다. 필자가 바로 그 한 사람으로 당시의 기억을 기록으로 남겨보려고 합니다.

'內鮮一體(내선일체)', '一視同仁(일시동인)' 등 사자성어 구호는 일본 본토인과 식민지인 조선반도의 우리 민족 사이의 차별을 없애기 위해 日帝가 만든 대표적 선전구호입니다. '內鮮'이란 일본 본토를 內地(내지)라 부른 그들 법에 의한 것으로, 당연히 조선반도는 外地(외지)로 불렸습니다. 일례로 모든 잡지나 서적의 뒷면에 정가와 함께 송료가 표시되었는데, 內地와 外地의 송료가 달랐습니다.

국민의 가장 중요한 참정권 뿐 아니라 식민지 조선인은 많은 차별대우를 받았습니다. 그 중 하나가 '國民皆兵(국민개병)'을 부르짖는 일제의 징병제도였습니다. 일본인들은, '국민총동원령'으로 조선의 인력이나 물자 공출을 강요했지만, 정작 자신들과 동일하게 총을 다루는 징병제를 조선에 시행하기

가족사진(앞줄 왼쪽 두 번째가 필자).

까지에는 많은 고민을 했던 것 같습니다. 아마도 조선인들에게 남아있는 민족정신을 두려워했기 때문으로 보입니다.

일제는 지원병 제도만으로는, 병력이 부족해지자 교육받은 조선인들의 취직난을 빌미로 1942년 5월, '조선인 징병령'을 시행했습니다. 그 징병 제1기생이 바로 '묻지 마라 甲子生(갑자생)'이란 말을 널리 퍼지게 한 1924년 甲子生들이 主를 이뤘습니다. 정확하게는 1923년 12월에서 1924년 11월 사이에 출생한 조선인 남자를 제1기생으로 발탁해, 1944년부터 징집하는 法이었습니다.

1941년 12월7일, 그때까지 중국만을 상대로 싸우던 일본은 하와이 진주만 美軍 기지를 기습해 미국 등 연합국에 선전포고를 한 소위 '대동아 전쟁'이 시작되었습니다. 1943년 3월에 경남 진주에 있는 진주공립중학교(現 고등학교)를 졸업한 필자는, 일본 도쿄에 있는 사립 中央(주오) 대학 전문부 법과에 입학하였습니다.

戰勢(전세)가 기울어진 일제는 그해 가을에 學徒兵令(학도병령)을 내려 전국 전문·대학의 문과계 일본 학생에 대한 징병 연기특전을 폐지하고, 문과계 학과를 폐쇄하였습니다. 소위 '學兵(학병)'이 이렇게 탄생된 것입니다. 서울에서는 학과가 없어진 약 4300명의 조선인 대학생이 '부민관(現 서울시의회)'에 모여 조선총독(일본인) 이하 많은 사회 명사가 참석한 성대한 '壯行會(장행회)'를 가지고 일본군에 입대하였습니다. 당시 조선인 전문·대학 학생 수는 약 6300여 명이었다고 합니다.

이 학도병은 명목상 지원제였지, 징병령에 해당하지 않는 갑자생 이전의 조선인 학생이 軍 복무를 해야할 법률적 강제성은 없었습니다. 하지만 경찰을 비롯한 모든 행정기관이 동원되어 학생들이 학도병에 지원하도록 強勸(강권)하였습니다. 물론 도피행각으로 지원을 피한 학생도 있었으며, 이들은 학도병 입대가 끝난 뒤에 당국에 자수하거나, 깊은 산속이나 해외로 도피, 광복 후까지 잠적하기도 했습니다.

'아카가미'

학과가 폐쇄되어 本家(본가)에 와 있던 저에게도, 경찰서장을 비롯한 각계 인사의 학도병 지원 권유가 집요하게 계속되었지만, 징병 1기생으로 대기 중인 저는 한사코 거절하였습니다. 물론 학도병으로 지원하면 여러 특전이 주어진다는 달콤한 권유에 한때 솔깃하기도 했습니다.

생각해보니 징병령은 다음해부터 실시되고 그에 따른 징병 신체검사 등 절차가 남아있어, 軍 입대에는 아직 시간 여유가 있다고 생각해 지원을 거절했습니다. 軍 입대가 곧 '死地(사지)'에 가는 것이라고 당시 많은 사람이 생각했습니다.

징병 신체검사 결과는 '제1乙種(을종)'이었는데, 1944년에는 소집영장이 나오지 않았습니다. 1945년에 들어 전세가 점점 기울어져 가는 3월 초, 당시 저승사자라 불리던 '아카가미(赤紙)'가 드디어 제게도 나왔습니다. '아카가미'라 함은 일본말로 '붉은 종이'란 뜻이며, 이는 소집영장이 붉은 용지에 인쇄되어 우송되었기 때문입니다.

1945년 3월10일, 저는 서울 용산 19사단 26부대에 입대하였습니다. 4주 동안의 신병 기초훈련을 마친 뒤 기차와 關釜(관부)연락선 등 2주간에 걸친 지루한 수송 끝에 배치된 곳이, 무기 하나 없고 농기구만 창고에 가득찬, 동네 공회당을 개조한 兵營(병영)이었습니다. 동네 이름은 이바라기현 마카베군 야가이촌으로 東京(동경)에서 약 50km 북쪽에 있는 마을이었습니다. 부대 이름은 '제2농경대'였습니다.

몇년 전, 한국 정부에서 일본군에 복무한 사람을 대상으로 신고를 하라고 해 갔더니, 제가 복무한 부대는 기록에 남아 있지 않다는 연락이 왔습니다. 당시의 사진이나 기록이 하나도 남아있지 않아 정부에서 주는 약간의 '건강수당'도 지불할 수 없다고 해, 등록을 포기하고 있었습니다.

얼마 후, 학병에 나갔던 대학 선배 한 분의 소개로, 일본군에 복무한 한국인 실태를 조사하러 서울에 온 한 일본 여학생이 저를 찾아와 인터뷰했습니다. 제가 농경대에 있었다는 이야기를 듣고 찾아온 그녀는, 그런 부대에 대해 들은 적이 있다고 하였습니다. 그 뒤, 당국에서 연락이 와 제가 근무했던 농경대 기록이 발견되었다며, 등록을 받아주었습니다.

그런 일이 있은 얼마 뒤, 저를 인터뷰한 일본 여성으로부터 일본에서 농경대에 관한 책이 발행되어, 자기가 그 書評(서평)을 썼다고 연락해 왔습니다. 《또 하나의 강제 연행, 수수께끼의 農耕勤務隊(농경근무대)》라는 제목이라고 했습니다. 저는 이 책을 보진 못했지만, 이 학생이 쓴 서평으로 농경대에 관한 이야기의 대강은 알 수 있었습니다. 아메미야 츠요시(雨宮剛)라는 저자가 쓴 이 책의 내용은 대충 이러했습니다.

〈태평양 전쟁 패전의 해인 1945년 봄, 일본군은 항공기 연료를 만들기 위한 감자 재배를 위해 일본 본토 內 5개소에 농경근무대를 설치하여, 조선에서 징병된 많은 젊은이가 농작업에 종사하였다. 이 농경대는 시즈오카(靜岡), 이바라기, 도치기(栃木), 아이치(愛知), 나가노(長野) 등 5현에 설치되었다.

著者는 어릴 때 고향에서 농경대원의 충격적인 참상을 목격한 것이 동기가 되어 이것을 파헤치려는 조사를 시작했다. 여러 증언과 사진 등을 증거로 알아낸 농경대의 내용에 의하면, 한 부대에 2500명, 한 중대에 250명 정도가 수용되고, 조선인 대원은 거의 일본어를 못하고 수 명의 通譯(통역)이 각 부대에 있었다.

그들은 삽과 곡괭이 등을 어깨에 메고 작업장으로 행진을 했다. 식량은 형편없이 부족해, 공복 때문에 절도질을 하다가 심하게 매를 맞는 것을 봤다고 한다. 지역 주민들이 동정해서 삶은 콩, 고구마 등을 주었다가 발견되어 구타를 당하기도 했다. 소나무(松)나 숙사 기둥에 묶여 木刀(목도) 등으로 구타당해 피를 흘리고 '아이고, 아이고'하고 비명을 내기도 했다. 그러면서, 다음 날에는 발을 절며 작업장에 나가기도 하고, 다리를 쇠사슬로 묶인 채 작업을 하기도 했다.〉

아키오카 아야(秋岡あや)라는 당시 대학원생이 쓴 書評은 이렇게 맺었습니다.

〈本書는, 이때까지 알려지지 않은 농경근무대의 실태를, 성실한 청취와 조사를 통하여, 광범위하고 상세하게 찾아 낸 연구 결과이며, 대단히 귀중한 것이다. 本書의 성과가 널리 일본 사회에 공유되고, 피해자 및 가족 여러분에 대한 사죄와 보상이 실현되기를 기원해 마지않는다.〉

베일에 싸였던 농경대의 實體

제가 복무한 농경대에서는 다행히 이런 비참한 경험은 없었습니다. 저의 농경대 경험을 쓴 글을 본 어느 지방 대학 교수가 제게 이런 이야기를 들려주었습니다. 그 교수 부친도 어느 농경대에 입대했다가 한때 사망하거나 도주했다는 소문이 있었는데, 광복 후 이 부친이 기적적으로 귀국했다고 합니다. 그 부친은 군대 생활에 관한 이야기는 일체하지 않았다고 합니다. 이후 그 교수의 부친은 돌아가셨고, 교수는 부친이 복무했던 농경대 생활이 궁금해 저를 찾아온 적도 있었습니다.

雨宮 씨 책에 의하면, 일본군이 농경대를 창설한 목적이 비행기 연료를 만들기 위한 감자 재배, 황무지 개간, 松根(송근) 채취 등 작업을 위해 한 부대에 2500명 씩 있었다고 하니, 도합 약 1만2500명의 조선인 징병 1기생이 이 농경대에서 근무했던 모양입니다.

제가 배치된 소대는 일본인 基幹(기간) 군인을 포함하여 50명 정도이며, '제2'란 이름을 붙인 것을 보면, 제가 있던 이바라기현에 같은 규모의 부대가 다섯 개 정도 있었던 것으로 추정합니다. 이들이 일본어를 몰랐다는 것을 보면, 농촌 출신으로 거의 無學(무학)인 조선 장정을 이용하기 위해, 이 새로운 부대를 창설한 것 같습니다. 참고로 1940년에 조선인의 일본어 해독률이 15.57%였다는 통계가 있습니다.

제가 끌려간 부대에서는 주로 '다코쓰보(문어 항아리)'라고 일본인이 말

내가 끌려간 농경근무대는 一人用 참호를 파는 게 主임무였고,
때론 땔감으로 쓸 잡목을 벌채하기도 했다.

하던, 一人用(일인용) 참호를 파는 일이 主작업이었습니다. 이해 5월경 오키나와가 美軍에 점령되어, 연합군의 다음 상륙지가 일본 본토 어디가 될 것인지, 軍이나 민간의 관심이 컸습니다. 일본 항복을 위한 비밀협상은 天皇(천황) 처우문제를 걱정한 일본군 강경파 반대로 지지부진 하였습니다.

그런 연합군 상륙작전에 적합한 지역의 하나로 꼽힌 곳이 도쿄 동북방에 있는 치바(千葉)현의 완만한 해안선 구주쿠리가하마(九十九里が濱)였습니다. 태평양에 면한 이 해안지대는 수심이 깊지 않아 상륙작전에 적합한 지역일뿐 아니라, 수도를 지키는 비행기지 중 하나인 가스미가우라(霞が浦)도 가까운 거리에 있었습니다.

제가 배치된 농경대가 있는 곳도 그 해안에서 가까운 마을이었습니다. 매일같이 삽과 곡괭이를 메고 가 부대 근처 황무지에 할당된 수의 참호를 팠습니다. 때로 근처 야산에서 땔감으로 쓸 잡목 등의 벌채도 하고, 때로는 農家(농가) 농사일을 돕기도 했습니다. 작업 도중, 연합군 전투기의 低空(저공) 機銃掃射(기총소사)도 가끔 받았습니다. 다행히, 부상자는 나오지 않았습니다.

어렵게 얻어낸 누룽지

약 40명의 조선인 신병을 지휘하는 소대장은 쉰 살 정도의 소위였으며,

그 밑에 10여 명의 일본인 基幹(기간) 군인이 있었습니다. 그 밖에 취사병도 3~4명 있었습니다. 우리 소대에 일본어를 제대로 하는 사람은 셋밖에 없어, 저를 포함한 이 세 사람은 노동 외에 통역도 해야 했습니다.

전쟁 말기라, 軍부대의 식량 사정이 좋지 않았지만, 雨宮 씨 책에 소개된 他 부대보다는 나은 편이었는지, 굶주림으로 인한 절도 등 사건은 기억나지 않고, 탈주병도 없었습니다. 다만 필자처럼 노동에 익숙하지 않은 사람의 고생은 대단했습니다.

저는, 담배를 피우지 않아 배급되는 담배를 전부 친구에게 주었고, 고향 부모에게 보내는 동기들의 편지를 代筆(대필)해주기도 했습니다. 이로 인해 동기들이 힘든 노동으로부터 저를 제외시켜 준 적이 많았습니다. 과로와 영양실조로 빈혈증을 일으켜 작업에 나가지 못한 날도 있었지만, 저를 도와준 조선인 戰友(전우)의 도움으로 광복되는 날까지 무사히 버틸 수 있었습니다.

50명이 넘는 대원의 밥을 큰 가마솥에서 짓기 때문에 누룽지가 많이 생겼습니다. 일본인은 밥솥에 생기는 누룽지를 먹지 않는 풍습이 있어, 우리 부대에서도 취사병은 밥을 지은 다음에 이 밥솥을 깨끗이 씻으며 누룽지는 버렸습니다. 조선인 신병들은 이 누룽지가 몹시 아까워, 저를 통해 상관에 이야기하여 이 누룽지를 걷어 新兵들에게 나누어줄 것을 건의하였습니다.

일본인 상관들은 자기네 풍습에 없는 일이라 처음엔 완강히 거절하다가, 우리 통역들의 열성어린 설득으로 결국 누룽지 재활용이 허가되었습니다. 이 상당한 양의 누룽지가 배고픈 조선인 新兵(신병)들에게 큰 도움이 되었습니다.

근처 農家(농가)의 모내기 작업을 돕기 위해 농가에 분산 배치되어, 종일 모내기를 도운 적도 있습니다. 당시 일본 농가에는 노인과 젊은 아낙네들만 있어 우리는 환영을 받고, 식사와 간식을 대접받기도 했습니다.

말이 통하지 않는 新兵 전우들도, 손에 익은 농사일이라 별 어려움 없이 하루의 봉사를 즐겁게 했습니다. 우리에 대한 농부들의 동정은 대단했습니다. 대부분 가족을 戰場(전장)에 보낸 이들이기에 우리 일행에게 사진 등을 보여주며 이야기꽃을 피웠습니다.

뒤늦게 안 光復

1945년 8월15일은 평일인데 아침부터 작업이 없었습니다. 좀 이상하게 생각은 했지만, 영내에서 휴식을 취하라는 말에 모두 희색이 돌았습니다. 밀렸던 속옷 빨래를 시작하는 친구도 있었습니다. 신문을 볼 수 없는 신병이니, 그날 정오 天皇(천황)의 중대 녹음 방송이 있다는 사실은 아무도 몰랐습니다. 12시가 가까워지자, 소대장과 하사관들이 모두 어디론가 가버렸습니다.

그날은 일본의 お盆(오봉·우리의 추석과 같은 일본의 명절)으로 밤에는 공회당 옆 연못가, 벚나무와 수양버들로 울창한 공원에서 일본 전통 群舞(군무) '봉오도리'를 추는 축제에 조선인 대원들도 초대되었습니다. 이상하게도 燈火管制(등화관제) 없이 곳곳에 전등과 초롱불이 장식된, 이때까지와는 다른 화려한 분위기였으나, 이것이 敗戰(패전) 때문이라는 것은 아무도 눈치 채지 못했습니다. 다음날도 평일인데 작업이 없었습니다.

8월17일에야 비로소 일본의 패전을 알게 되었습니다. 아침에 영내 화장실에 갔다가, 평소와 달리 크게 틀어놓은 民家의 라디오 뉴스에서 패전하여 새 내각수반으로 天皇 친척이 지명되었다는 이야기 등이 돌았습니다. 평소 여러 가지 편의를 봐주던 일본인 상등병에게 은밀히 이 라디오 이야기를 했더니 그제야 모든 것을 알려 주었습니다. 세 사람의 조선인 통역이 소대장에게 불려가 특별한 부탁과 함께, 조선인 대원들에 잘 설득하여 동요가 없게 패전 이야기를 전달하라는 것이었습니다.

큰 동요는 없었지만, 대원들의 기쁨과 궁금증은 대단했습니다. 이때부터, 일본군 상관들은 우리에게 신문을 읽게 하고, 여러 정보도 공개적으로 전달해 주었습니다. 문제는 제대와 귀국 문제였는데, 열차 수송편이 아직 마련되지 않았다는 이유로 제대는 하지 않은 채 영내 생활을 계속하는, 이상한 분위기의 생활이 계속되고 식량사정도 많이 개선되었습니다.

목숨을 건 密船 귀환

8월31일, 드디어 본국으로 歸還(귀환)하는 날이 왔습니다. 우리는 영내에서 제대식을 갖고, 조선인 대원은 별 하나씩을 더 달아주어, 2등병에서 1등병으로 승진되었습니다. 저를 포함한 대원들은 새 지폐로 200엔(圓)을 전별금조로 받았는데, 당시 面직원 초봉이 약 30엔이었던 시절이었습니다.

마지막 영내 식사를 마친 뒤, 오후에는 임시열차 편으로 사연 많았던 야가이(谷貝村) 마을을 출발했습니다. 귀국 길에 나선 조선인 대원 일행의 들뜬 기분은 이를 말할 수 없을 정도였습니다만, 이것이 또 하나의 고생길인 것을 그때엔 모두가 몰랐습니다.

軍用(군용) 수송열차에 오른 지 약 25시간 뒤, 제대한 우리 조선인 대원 일행은 日 서남단 시모노세키(下關)에 도착했습니다. 이후 일본군 인솔자는 사라졌습니다. 現地(현지)에 귀국 업무를 돕는 일본인은 있었지만, 패전 후 혼란이 계속되는 시절이라, 모든 것에 질서가 없고 오직 귀국만 바라는 수많은 조선인 제대병을 쉽게 통솔할 길이 없었습니다. 초등학교 교실에 임시 숙소 배정을 받은 우리는, 언제 있을지 모를 정부의 수송선 배정을 기다릴 수 없어 부산으로 가는 민간 배편을 찾아 나섰습니다.

민간 어선이나 화물선으로 密航(밀항)을 돕는다며 우리를 유혹하는 사람들도 있었습니다. 때는 9월 초순으로 태풍이 잦은 계절이었습니다. 그렇지 않아도 풍랑이 험한 현해탄은 소형선 운항이 위험해 密船(밀선)을 타고 야밤에 출항한다는 것은 목숨을 건 모험과도 같았습니다. 실제로 누구누구의 어선은 거친 풍랑을 이기지 못해, 대마도 가까이서 침몰했다는 슬픈 소식도 들려오곤 했습니다. 그러나 군대 있을 때보다 불편한 숙소와 나날이 증가하는 귀국자 수에 초조해진 우리 일행 중 일부는 드디어 이 密船의 유혹을 뿌리칠 수 없어 야간 탈출을 택하게 되었습니다.

9월4일 밤으로 기억합니다. 제대 때 받은 돈에서 뱃삯을 내고, 안내하는 한 일본인을 따라 어두운 해안을 헤맨 끝에 조그마한 어선 船倉(선창)에 몸을 숨겼습니다. 크지 않은 기관 어선에 40명 가량이 승선한 듯했습니다. 이젠 운명에 몸을 맡길 수밖에 없다고 체념하고 다들 깜깜한 선창 안에서 몸을 쪼그리고 잠을 청했습니다.

이 생명을 건 도박이 성공해, 다음 날 낮 우리 배는 부산 오륙도 가까이까지 왔습니다. 멀미에 정신을 제대로 차리지 못해 모두가 선창에서 기어나와 갑판으로 나갔습니다. 밀항선을 탔다는 죄의식 없이, 배는 외항선 부두 한 모퉁이에 당당히 닻을 내렸습니다. 九死一生(구사일생), 조국으로 돌아올 수 있었습니다.

고향 남해로 가는 배편을 알아 볼 수 없어, 우선 진주로 가는 기차를 탔습니다. 학생 시절을 보낸 진주에는 외사촌이 살고 있었습니다. 여기서 기적적으로 물자를 구입하러 온 父親(부친)을 만났고 상봉의 기쁨을 나누며 고향으로 돌아왔습니다.

한 左翼 친구의 죽음

고향에 돌아 온 저를 가장 당혹스럽게 만든 게 있었습니다. 바로 정치적 혼란이었습니다. 당시 제 고향 남해는 두 개의 큰 섬에 10만이 좀 넘는 인구를 가진 郡(군)으로, 8개 面이 있었습니다. 거주하던 일본인은 극소수로, 일본인이 경영하는 여관이 두 개가 있었으며, 초등학교장, 경찰서장 등이 거의 전부라 일본인의 존재감은 그리 크지 않았습니다. 광복 후 그들로 인한 혼란은 비교적 적었고, 그들의 귀국도 역시 별 사고 없이 진행되었다고 들었습니다.

그러나 광복 직후 조직된 呂運亨(여운형) 씨의 '건국준비위원회(建準·건준)'와 좌익계 '인민위원회' 두 세력 간의 정치적 알력이 대단하였습니다. 남해에서도 美軍이 진주한 1945년 10월 초까지, 그런 갈등의 조짐이 곳곳에서 목도되었습니다.

제 초등학교 후배로 집안끼리도 잘 아는 강 모라는 절친한 친구 한 사람이 있었습니다. 부산에서 중학교에 다니던 이 친구와는, 방학 때엔 며칠씩 읍내에 있는 그의 집에서 寢食(침식)을 같이 할 정도로 가까웠습니다. 제가 일본에서 귀국했다는 소식을 듣고, 맨 먼저 찾아 온 사람 중 한 명이 이 강 모라는 친구였습니다. 집에 찾아와서 한 시간 가량 이야기하다가 헤어지면서 이 친구가 제게 준 인쇄물이 있었습니다. 그 하나는 일본의 유명한 경제학 교수인 가와카미 하지메(河上肇)가 쓴 《빈보모노가타리(貧乏物語)》였고, 다른 하나는 레닌의 《共産黨 宣言(공산당 선언)》이었습니다. 일본말로 '가리방'이라고 하는 등사판으로 만든 조잡한 팸플릿式 소책자로, 두 책의 내용을 요약한 인쇄물이었습니다.

학생 시절 가와카미 하지메 교수에 대한 이야기를 들은 적이 있어, 밤을 새워가며 열심히 요약된 그의 책을 읽었습니다. 그러면서 광복된 지 얼마 되지

아내와 함께.

도 않았는데, 어떻게 이런 것을 만들었을까 하고 놀라기도 했습니다.

얼마 후 진실을 알게 되었습니다. 이 친구는 초등학교 교사로 있던 사촌형이 위원장으로 있던 조선공산청년동맹 지방 위원회 간부 중 하나였던 것입니다. 제 선친은 이 사실을 알고 있었으며, 그 친구와 가까이 하지 말라는 엄명을 내렸습니다. 선친은 建準에 직접 참여는 하지 않았지만, 建準 지방 조직 간부 중에 친지가 많았습니다.

그렇게 친하게 지내던 친구였지만, 조직 활동이 바빠서였던지 단 한 번 집으로 찾아 온 뒤로 소식이 없었는데, 뒤에 들은 바로는 청년동맹 일로 과로를 해 결국 故人이 되었다고 합니다. 저는 곧 美 군정청 남해 분견대에 근무하게 되어 외부와의 접촉이 없었기 때문에 이 절친한 친구의 최후도 못 보았습니다.

美 군정청 통역이 되다

당시 서부 경남의 중심도시며 제 고향인 남해에 가까운 경남 진주에까지 미군이 進駐(진주)했다는 소식을 들었습니다. 1945년 9월8일, 인천에 상륙한 존 하지(John R. Hodge) 중장이 이끄는 美 육군 제24군 휘하 제7사단이 일본군의 항복을 받은 뒤 곧 38선 이남의 조선 美 군정이 시작되었습니다.

이치볼드 아놀드(Archibald V. Arnold) 육군 소상을 장관으로 하는 在조선美육군사령부군정청(USAMGIK)이 9월19일 정식 발족하고, 軍政부대가 도청 소재지와 중요 도시에 진주하여, 지방 행정기구도 접수하였습니다. 남해에까지 미군이 올 것이라고 예상한 사람은 매우 드물었습니다.

일본 군대로부터 귀국한 지 약 한 달 후인 10월 중순, 저는 군정청 통역으로 근무하게 되었습니다. 미군 선발대 수 명이 LST 상륙정을 타고 남해 읍에 나타났을 때, 이 작은 고을은 난생 처음 보는 미국인이라, 그들의 상륙 소식이 순식간에 퍼져 邑 전체가 크게 시끄러웠습니다. 꼬마 아이들에게 당시 귀한 껌이나 초콜릿 등을 나누어 주는 面사무소 광장 주변은 그야말로 인산인해로, 소문을 듣고 간 저는 美軍 근처에 접근할 수도 없었습니다.

그러던 중, 군중에 둘러싸인 美軍 한 사람이 큰 소리로 영어 하는 사람 없느냐고 고함지르는 것이 들렸습니다. 안면이 있는 어른들이 저를 쳐다 보며 눈짓을 하였습니다. 그 중 선친하고 친분이 있는 어르신 한 분이 저를 군중 속으로 밀어 넣으며, '여기 있소' 하고 외쳤습니다. 이 것이 제 인생의 큰 전환점이 되었습니다.

저는 중학교 때 영어에 특히 흥미가 있었습니다. 유명한 毒舌(독설)로 거의 모든 학생이 싫어한 구사마(草間)라는 일본인 영어 교사가 저의 1학년 때 담임이었는 데, 그때 제가 급장이었습니다. 저는, 東京(동경)의 명문 사립 게이오(慶應) 대학 출신인 성질 고약한 구사마 선생의 偏愛(편애)를 받았고, 그 덕에 영어공부에 매진할 수 있었습니다.

그러나 내성적인 성격으로 인해 회화에는 별 신경을 쓰지 않았고, 영어 회화가 대학 입시에 필수 과목이 아니었던 터라 크게 신경을 쓰지 않았습니다. 그러니 제가 어느 정도 영어를 해독했다 하더라도, 회화 실력은 많이 모자랐던 게 사실이었습니다. 발음이나 억양도 일본식으로 매끄럽지 못했습니다. 게다가 처음 대하는 미국 사람이었습니다. 얼마나 한심스럽고 당황스러운 미국인과의 첫 대면이었는지 상상할 수 있겠지요. 그러나 어렵게 영어 한 마디라도 할 수 있는 조선인을 발견한 美軍 장교의 표정은 극히 긍정적이었습니다. 아주 의도적으로 느릿하게 발음하며 저와의 첫 대화를 시작하며, 일주일 후 정식으로 남해 군정청 분견대에 미군이 進駐할 터이니, 그때 꼭 다시 만나자는 약속까지 하고 헤어졌습니다.

그로부터 약 1주일 후(10월15일로 기억), 지프차 한 대를 앞세워 약 20명의 美軍이 남해읍에 가까운 선착장에 LST로 상륙하여 정식 주둔이 시작되었습니다. 처음 왔을 때와 마찬가지로 동행하는 조선인 안내자는 보이지 않았습니다. 통역은 저 하나밖에 없으니, 24시간 그들과 寢食을 같이 할 수밖에 없는 통역일이 이렇게 시작되었습니다. 부대 정식 이름은 '美 군정 제58중대 남해 분견대(58th USMG Company Namhae Detachment)'였습니다. 대장은 40대의 변호사 출신 육군중위 존 시 커드(John C. Curd)였습니다. 얼마 후에 이 사람은 대위로 승진했습니다.

서투른 美軍

면사무소 광장에 천막을 치고 하룻밤을 지낸 그들은 다음 날 숙소와 사무실로 쓸 건물 물색을 위해 邑(읍) 중심지에 있는 군청 주변 건물을 보고 다녔습니다. 日政(일정) 때 농산물검사소로 쓰이던 50평 정도의 단층 건물이 마음에 들어, 즉시 이 건물의 접수를 시작하였습니다.

일제 때부터 근무하던 조선인 소장과 직원을 당일로 내쫓으며 접수하는, 비상식적인 군사행동 같았습니다. 총을 가진 美 점령군의 명령이니 아무도 반대는 못하고, 사이에서 경위를 설명하는 제 입장만 무척 난처했습니다.

태평양전쟁 승리로 일본에 진주한 맥아더 원수 휘하의 연합군의 일본 本土 점령은, 여러 가지 사전 준비를 많이 하였다고 들었습니다. 그런데도 일본 측 기록에 의하면, 점령 초기에 일본 정부 측과 많은 마찰이 있었다고 합니다. 이에 반해, 조선반도 북위 38도 이남에 진주한 미군은 일본군 항복 접수나 軍政(군정) 실시에 있어, 일본의 경우보다 사전 준비가 소홀했던 듯 느껴지는 사항이 한 둘이 아니었습니다.

특히 조선의 특수사정을 꼼꼼히 사전 연구하지 않은 듯 생각되는 일이 많았습니다. 저의 경험으로 볼 때에도, 통역 준비 없이 남해 섬에 군정 분견대가 진주하며, 숙사에 대한 아무런 사전 상의도 없이 직원의 怨聲(원성)을 사면서 강압적인 접수를 당일로 하는 등 그들의 사전준비 부족으로 인한 불편이 이만저만이 아니었습니다. 일종의 공포 분위기가 주민을 불안케 만들고, 우리가 이해하기 힘든 일이 거의 매일 일어났으니 중간의 제 입장은 매우 딱했습니다.

통역을 하며 겪었던 일

사무실 건물이 결정되자, 대원들은 사무실로 쓸 부분과 숙소로 쓸 부분

> 남해에 들어온 美軍은 조선의 특수 사정을 연구하지 않은 듯,
> 주민들을 불안하게 만들었다.

을 구분하는 改築(개축)작업을 시작하였습니다. 사무실을 접수당한 곡물검사소장은 걱정이 되어 매일같이 얼굴을 내밀다가, 분견대장의 부탁으로, 연락할 때 이외엔 일체 나오지 말라고 해 그분은 하는 수 없이 郡守(군수)와 상의해 새 사무실을 물색했습니다. 사무실과 숙소가 결정되자 상주하는 분견대원 수는 대장을 포함해 약 10명 정도로 축소되고, 숙소 한편에 제가 거처할 방과 軍用 간이침대 하나도 마련해 주었습니다.

사무실에는 일반 전화 한 대가 있을 뿐이고, 차량은 군용 지프차 한 대뿐이었습니다. 인터넷이 없는 시대라 중대본부와의 연락은, 매일 있는 '쿠리어 서비스(courier service)'라는 傳슈(전령) 제도를 이용했습니다.

남해섬과 뭍에 있는 하동군 사이에는 폭 600m의 좁은 수로가 있어, 1973년에 남해대교가 준공될 때까지 이 험한 물길을 헤쳐, 소형 선박이 오가며 사람과 물자를 실어 날랐습니다. 임진왜란 마지막 해전에서 충무공 이순신 장군이 戰死한 곳이 바로 이 水路(수로)입니다.

미군의 '쿠리어 서비스'는 남해와 하동에 있는 분견대의 지프차가 하루 한번씩 이 露梁(노량)에서 만나, 서류나 물자를 전달받았습니다. 물론 급한 연락은 전화를 이용하였습니다. 무선통신을 하는 것을 못 보았으니, 이 남해 분견대는 진주에 있는 중대본부에서 상당히 고립된 존재였다고 생각됩니다.

한국의 풍습을 이해 못해 벌어진 사건

분견대장에게는 사법권 등 많은 권한이 주어진 모양으로, 간단한 軍法 직결재판(summary court)도 몇 번 열렸습니다. 서투른 영어로 이런 재판의 통역까지 맡아 했지만, 제가 아는 사람이 피고가 되는 재판의 경우에는 이웃 하동 분견대에서 통역을 데리고 왔습니다. 경범죄의 경우, 경찰서 유치장을 임시 형무소로 사용했습니다. 큰 소송사건은 물론 지방법원 支廳 (지청)이 있는 진주까지 가야했지만 제가 근무하는 동안 그런 사건은 단 한 건도 없었습니다.

하루는 야간에 얼굴에 피를 흘리는 노인 한 분이 사무실을 찾아와 대장을 만나겠다고 악을 썼습니다. 허름한 농부차림의 이 노인은, 하와이 사탕수수 농장에서 일한 경험이 있다며 단어 위주의 영어를 좀 하였습니다. 사연인 즉, 墳墓(분묘) 이장 문제로 이웃 동네 사람들과 분쟁이 일어나 구타를 당했다고 하였습니다. 이 노인이 짧은 영어로 '그 친구가 나를 죽인다고 했다'고 분견대장에 말해 대장을 긴장시켰습니다.

이 할아버지의 진술을 토대로 경찰을 시켜 이 노인을 구타한 사람을 찾아오게 하였습니다. 미국 사회에서 변호사업을 했던 대장은 '이것은 살인미수'라고 흥분했습니다. 저는 조선 사람은 '죽인다'라는 말을 입버릇처럼 잘 쓰며 꼭 殺意(살의)가 있어 이런 말을 사용하는 게 아니라고 짧은 영어로 우리와 미국 사람사이의 언어 습관 차이를 설명했습니다. 그리고 풍수설 때문에 선조들 묏자리 선정에 따른 시비가 빈번한 시골 사정도 이야기 해주었습니다.

다음날, 경찰에 끌려온 구타사건의 主犯(주범)은, 제가 아는 학교 선배였습니다. 아주 조리있게 사건 경위를 설명하는 이 선배의 신사적 태도와, 어제 밤 저의 조선인 풍습에 관한 설명이 奏效(주효)했는지 '살인미수'로 확대될 뻔했던 다툼은 雙方(쌍방) 화해로 원만히 해결되었습니다.

가슴 아팠던 쌀 供出

제 개인의 설득으로도 해결될 수 없는 안타까운 일들도 있었습니다. 그중 하나가 '쌀 供出(공출)'이었습니다. 전쟁은 끝났지만, 만성적인 식량난이 계속되어 군정당국은 일제가 해오던 '米穀(미곡) 공출정책'을 그대로 답습하였습니다. 물론 無償(무상)으로 뺏어가는 게 아니고, 시장가격보다 훨씬 싼 가격으로, 각 부락별로 미곡을 수매하는 제도였습니다.

전쟁이 끝났는데도 계속된 이 제도는 불안한 시국으로 식량을 몰래 비축하려는 농가와, 공출제도를 반대하는 좌익들의 선동으로 제대로 운용될 수 없었습니다. 郡에 할당된 공출 수량을 마감 기일 내에 달성하기란 사실상 불가능했습니다. 이런 비관적 보고를 군수로부터 받은 분견대장은 하루는 부대 내 사병을 총동원하여 供出 독려에 내보냈습니다.

저도 대장이 이끄는 5명의 공출독려반을 따라, 노량리가 있는 雪川面(설천면) 한 부락에 갔습니다. 사병들은 전부 카빈총으로 무장한 채 농가 하나하나를 방문하며 곡간이나 농기구 창고 등을 수색하였습니다. 영문을 모르는 농민들은 집총한 미군의 침입에 질겁하는 듯 했습니다. '쌀 공출 독려차' 나왔다는 面직원 설명에, 할아버지·할머니들은 부들부들 떨며 감춰둔 쌀가마가 있는 곳으로 이들을 안내했습니다. 이를 보는 제 가슴은 찢어질 듯 아팠지만, 그저 지켜볼 수밖에 없었습니다.

面직원들을 향하여 '이렇게 쌀이 많은데 왜 공출량을 채우지 못했느냐'며 의기양양한 대장의 말을 통역해야 하는 제 입장이 난감했습니다. 이런

일로 제 자신 욕도 많이 얻어먹었지만, 그보다는 저를 통해 대장의 환심을
사려는 군청이나 경찰서 간부가 많아 가슴이 아팠습니다.

아부성 발언까지 통역했던 나

과거 일본인들이 경영하던 큰 여관 두 곳이 음식점으로 탈바꿈해 술자리
장소로 이용되었는데, 기관장들이 대장을 위해 연회를 베푸는 사리로 쓰였
습니다. 이 자리에서 그들의 아부성 발언을 대장에게 통역해야 했습니다.
그런 제 신세가 한심스러워 보인 적이 많았습니다. 그 기관장들 중에는 선
친의 知人도 섞여 있어 통역을 하지 않을 수도 없었습니다. 객지에서 온 어
느 관리의 경우, 젊은 저에게 '영감'이라는 아부하는 호칭까지 쓰며 미군 대
장에게 아첨을 했습니다.

한 번은 이런 일도 있었습니다. 당시 남해군에는 木炭(목탄)을 연료로 움
직이는 여객버스 두 대가 있었습니다. 오전과 오후 하루 두 차례씩 있는 부
산과 여수를 잇는 여객선 시간에 맞추어 섬 북단에 있는 노량 마을과 군청
소재지인 남해읍을 왕래하였습니다. 이 버스 하나가 군정청 지프차와 딱
한 번 교통사고를 낸 적이 있었습니다.

인구 10만의 섬에 대중교통 수단으로는 이 버스 두 대뿐이고 군청인가
면사무소에 화물차가 두 대 있을 때였으니 길 가는 사람들은 가끔 움직이
는 이 차들이 일으키는 흙먼지를 멀리부터 피하기 일쑤였습니다. 그 먼지
나는 좁은 신작로를, 마을 가까이 있는 건조 중인 농작물 이외 별 장애물
없는 길을 차들은 신나게 달렸습니다. 그 버스 하나가 미군 지프차와 충돌
직전에, 기동력 있는 지프차가 오른쪽으로 피하여 논으로 떨어져 충돌을
면한 사고가 발생했습니다. 일제 때의 오랜 습관인 차량의 좌측통행이, 미

군의 진주로 우측통행으로 교통법규가 바뀌면서 벌어진 사고였습니다. 게다가 남해 길은 꼬불꼬불한 험한 길이 많아, 습관적으로 좌측통행을 하던 버스가 우측통행을 하는 미군 지프차와 정면충돌 직전의 아슬아슬한 위기를 초래한 것입니다. 다행히 이 사고로 인명 피해는 없었고, 1m정도 얕은 논바닥으로 떨어진 지프차만이 車體에 가벼운 손상을 입었을 뿐이었습니다.

무단결근한 이유

남해 분견대 대원중엔 10대 후반에서 20대 초의 아주 젊은 병사도 있어, 이들의 장난이 심해 저를 많이 괴롭혔습니다. 한 번은 살아 있는 뱀을 지프 뒷좌석에 감추었다가, 뱀을 싫어하는 제 몸에 이를 던져 거의 기절할 뻔한 적이 있습니다. 저는 이에 항의, 처음으로 무단결근을 하고 사무실에서 약 2km 떨어진 저의 집에 숨어버렸습니다. 설날을 제외하고 제가 집에 간 것은 그때가 처음이었습니다. 제가 없어 군정청의 對外(대외) 사무는 일시 중지되는 비상사태가 벌어졌고, 사태의 원인을 알게된 대장이 해당 사병을 징계하겠다며 그만 두겠다는 저를 달래 직장으로 복귀시켰습니다.

당시 남해읍에는 이들 젊은 병사들이 근무시간 후에 시간을 보낼 위락시설이 없었습니다. 뱃길로 두 시간 걸리는 어항 三千浦(삼천포)에 여자 종업원이 있는 술집과, 일제 때부터 어부 등을 상대로 영업하던 당시 靑樓(청루)라고 불리던 유흥업소가 한 곳 있었습니다.

주말이 되면, 교대로 젊은 대원들이 삼천포까지 순항선을 타고 가서 휴가 시간을 보냈습니다. 미군이 완전 철수한 1946년 6월 말경까지 8개월이 넘는 미군 체류 동안, 이들 젊은 병사가 관련된 풍속사범 등 犯法(범법)행위가 한 건도 없었던 게 제게 큰 자랑거리입니다. 만일 이들의 심각한 범죄

행위가 일어났었더라면, 고향 출신의 제 입장이 얼마나 복잡했을까 하고 생각했습니다.

남해는 섬이기 때문에, 뭍으로 나가려면 이 순항선을 이용하거나 개인어선 등의 도움을 받는 수밖에 없었습니다. 삼천포와 연결되는 이 동쪽 순항선 외에, 서쪽에 있는 전라남도 여수로 가는 순항선도 있어, 상인들이나 장보러 가는 주민들이 이용하였습니다. 이밖에, 부산과 여수를 왕래하는 큰 여객신이 하루 두 차례 섬 북쪽 노량 항구에 기착해 부산이나 여수 등 도시에 가는 상인이나 학생들, 공무원들이 주로 이용하였습니다.

지금은 연육교가 남해-하동을 연결하고, 동쪽에 있는 창선섬과 삼천포 간, 그리고 남해 본도와 창선 사이의 좁은 수로에 있는 연륙교로 뭍에서 남해로 오는 교통은 매우 편리해졌습니다. 육로교통이 편리해 지면서, 부산과 여수를 왕래하던 여객선 편은 없어졌습니다. 현재는, 서울이나 부산을 직결하는 정기 버스편이 있습니다.

美軍機의 추락

남해는 또 태평양 전쟁에서 조선반도에서 미군이 희생한 유일한 곳입니다. 남해에서 가장 높은 해발 786m의 望雲山(망운산)에 일본 패전 직전인 1945년 8월6일 밤, 美 공군 B-29 폭격기가 추락하여 11명의 승무원이 전사한 것입니다.

저는 당시 일본군 복무로 남해에 없었지만, 이 미군기 추락 장소는 우리 집에서 지근거리로 1km가량 떨어진 곳이었습니다. 사고 당시의 굉음은 굉장하여 읍내면 주민 다수는 무슨 일인가 하고, 밤새 전전긍긍했다고, 제 선친 등 많은 사람이 두고두고 이야기 하였습니다.

그날은 깊은 안개와 얕은 구름으로 비행에는 아주 나쁜 조건이었다고 합니다. 놀란 주민들이 이튿날 아침, 현장을 보고 미군 비행기가 추락하며 폭발했다는 사실을 알게 되었다고 합니다. 주민들의 신고로 경찰이 출동하여, 희생자 시체 등의 정리를 하기 전에, 수십 명의 주민이 추락한 불탄 미군기 殘骸(잔해) 속에서 당시 시중에서는 구할 수 없는 귀중한 물품들을 약탈해 갔다고 합니다. 그 귀중한 물건 중에는 낙하산에 사용된 나일론줄이나 천이 있었다고 합니다.

미군 비행기가 떨어졌다는 것이 알려지자, 경찰이 곧 이 주변을 출입금지 지역으로 만들고, 일본군 헌병대의 조사를 기다렸다고 합니다. 남해 남쪽 해안, 현재 다랑이 마을로 유명한 가천마을 뒷산 꼭대기에 일본군 해안포 초소가 있어 수명의 일본 군인이 있었지만, 헌병 조사대는 아마 진주나 여수 같은 도시에서 왔을 것입니다.

약 10일 후에, 일본군이 패전으로 모두 귀국하자 남해읍 유지들이 이 미군 비행기 조난지를 다시 찾아, 美 공군 비행사 유해 11구를 假(가)매장하고 위령패를 만들어 세웠습니다. 이 美 공군 희생자의 유해는, 하와이에서 온 미군 전사자확인부대(Graves Registration Corps) 조사원에 의해 회수되어 미국 본토로 후송되었습니다. 이 假(가)매장 및 현장 보존을 추진한 남해읍 유지들은 '미공군전공기념사업협회'라는 사단법인을 만들어 매년 이 희생자들을 위한 추모식를 매년 11월에 열고 있습니다. 저도 미국대사관에 근무하고 있을 때 이 추모식에 몇 번 참석하였습니다.

이 美 공군기는 여수에 있는 일본군 시설을 폭격한 뒤, 짙은 안개나 혹은 일본군 고사포 사격으로 망운산 중턱에 추락한 것으로 알려져 있습니다. 지금은 망운산 등산길이 이 추락 현장을 거쳐 잘 개설되어 있어, 누구나 당시의 현장을 볼 수 있습니다.

남해 분견대의 철수

남해 분견대가 완전 철수한 것은 1946년 6월 하순으로 기억합니다. 6월에 들어서면서, 일부 인원과 시설이 진주에 있던 중대 본부로 철수하고, 저에게 같이 진주로 가겠느냐고 타진해 왔습니다. 저는 서울로 가 중단된 학업을 계속하길 원했지만 좌우 대립으로 치안이 불안하단 이유로 선친의 허락을 얻지 못했습니다. 그렇다고 통역 일을 계속할 수도 없어, 임시로 영어 교사를 하며 때를 기다리기로 마음먹고, 이를 대장에게 통고하였습니다.

반년 이상, 寢食(침식)을 같이 하며 軍政 분견대에 근무하는 동안, 제 영어 실력이 많이 늘고 특히 회화에 자신이 생겼습니다. 사병 가운데 사회에서 교사를 했다는 온순한 하사관이 한 사람 있어, 개인적으로 제게 많은 지도를 했습니다. 대장과 대화할 때엔 'Sir'라는 존대 말을 꼭 붙이라는 등, 화법과 예의에도 많은 신경을 써주었습니다. 젊은 사병들이 쓰는 卑俗語(비속어)는 되도록 쓰지 않도록 하라는 주의도 해주었습니다. 사실 젊은 병사들로부터 가장 먼저 배운 것이 '갓 댐(God Damn)' 등 욕설이었습니다.

통역에서 교사로

美軍 대장 등 교양 있는 사람들은 제게, 한국과 일본에 관한 많은 호기심을 보이고 그들과 토론도 자주 했습니다. 한 번은 토론 도중 제가 중학교 수학시간에 배운 '피타고라스 定理(정리)'에 대해 이야기를 하니, 일본인이 그런 것까지 가르쳐 주었느냐며 놀라기도 했습니다. 부대 내에 있는 여러 신문과 소설책 등도 영어공부에 많은 도움이 되었습니다. 처음에는 통역 일로 청춘의 한 때를 허송한다고 걱정하였으나, 영어 실력이 늘고 차츰 사회

美 공군 비행사의 유해 11구를 假매장하고,
위령패를 만들어 세운 배경에는 남해군민들의 헌신이 있었다.

물정도 알게 되어 지금은 귀중한 경험을 쌓았다고 自評(자평)합니다.

이 영어 실력을 유지하기 위해서도 중학교에서 영어교사로 있는 것이 좋겠다고 생각했습니다. 다행히 부산에 있는 경상남도 도청 學務課(학무과) 담당 미국인 고문을 분견대 대장이 잘 안다고 소개장을 써 주었습니다. 7월에 부산으로 가 소령인 미국인 고문을 찾았습니다.

지금 생각해 보아도 어떻게 그런 용기가 생겼는지 저 자신도 놀랄 정도입니다. 일종의 만용에 가까웠는지도 모릅니다. 그것은 고향 초등학교나 面사무소에 취직하라는 어머님의 성화로부터 도망치기 위한 한 방편이기도 했습니다.

소개 받은 美軍 소령을 만나 간단한 인터뷰를 했습니다. 이후 고향에서 기다리던 저에게 중등학교 영어교사 면허증과 부산공립공업중학교로 부임하라는 사령장이 8월 중순께 우송 되었습니다. 이렇게 하여 저의 1년 동안의 짧은 敎員(교원)생활도 했습니다.

가정史·개인史

이제 저의 출생과 가족에 대한 이야기를 해보려고 합니다. 저의 출생지는 일본 후쿠오카(福岡)현의 시골 炭鑛(탄광) 마을이었습니다. 선친은 四男

一女(사남일녀) 가정의 3남으로, 바로 위의 형(내게는 伯父)과 함께, 오사카 (大阪) 등 각지에서 장사를 하다가, 당시 일본 재벌이었던 미쓰비시(三菱)가 경영하는 탄광회사의 촉탁사원으로 취직되어 노무과에 근무했습니다.

미쓰비시 탄광은 시설과 대우가 비교적 좋은 편이어서, 다른 탄광처럼 인명사고나 도주 등 불상사가 비교적 적었습니다. 학교, 상점가, 공중목욕탕, 병원 등이 가까운 곳에 있어 일상생활에 큰 불편은 없었습니다.

약 200평이 넘는 대지에, 100평 정노의 정원과 광부 합숙소가 붙어있는 사택에서 부모와 二男一女(이남일녀)가 살았습니다. 제가 장남이고 一女는 저보다 다섯 살 위의 누님이었습니다. 어머니는 건설 현장에서 '함바식당'을 운영하셨습니다.

누님과 저는 근처에 있는 일본인 소학교(초등학교)에 다니고 있었습니다. 좀 조숙한 누님 밑에서 공부하는 저도 약간 조숙한 편이어서, 지금도 그 당시 배운 일본 유행가와 영화배우들을 기억하고 있습니다. 누님이 읽는 잡지를 뜻도 잘 이해 못하면서 같이 읽고 누님 친구들과의 대화에 끼어들기도 했습니다. 그러다 보니 저는 학교 공부도 잘하게 되어 1학년 3학기에는 副급장(지금의 副반장)도 하고 학예회에서도 중요한 역할을 맡을 정도가 되었습니다.

선친의 깊은 뜻

2학년을 마친 1932년 3월, 선친은 제 외가가 있는 경상남도 남해군 남해면 평현리로 저를 혼자 데리고 와 남해공립보통학교 1학년에 입학시켰습니다. 외조부, 외조모와 외삼촌 부부가 가난하게 사는 곳에 저 혼자 남기고, 아버지는 일본으로 돌아갔습니다. 저 혼자 데리고 온 선친의 勇斷(용단)도 그렇지만, 홀로 떨어져 살기에 동의한 어린 제 자신에 대해 주변 사람들은 '기특한 어린애'라고 칭찬해주었습니다. 선친이 저를 어떤 甘言(감언)으로 설득하였는지는 사실 기억이 없습니다.

우리말을 배워야 한다는 말씀 외에 자세한 전학 이유는 끝내 선친으로부터 듣지 못하였습니다. 선친이 작고하신 후, 저의 전학 이유가 일본인의 차별에 항의하기 위해서였다고 누님으로부터 들었습니다. 2년 뒤 학업을 계속하는 누님을 뺀 온 가족이 귀국하여, 우리 가족은 다시 한 집에서 살게 되었습니다. 1학년부터 다시 시작하니까 성적은 졸업할 때까지 우수한 편이었습니다. 한학자인 외조부가 천자문 등 漢文 공부도 가르쳐 주셨습니다.

일본 학교에 2년 간 있는 동안 성적이 좋았음에도 한 번도 반장에 뽑히지 않아, 선친의 심기가 불편하였던 모양입니다. 남해에 와서는 1학년에서 6학년 졸업 때까지 줄곧 급장이었고 성적도 수석이었습니다. 선친은 아마 이런 점에서, 어린 아이가 일본인으로부터 받는 민족차별의 서러움을 느끼지 않도록 학교를 옮기는 결정을 내린 것 같습니다.

지금 생각해 보면 선친은 일본인 회사에서 조선인 탄광 노동자 관계 일에 종사하면서 민족차별의 슬픔을 수없이 겪었을 것입니다. 오죽하면 일본 패망 10여 년 전에 이미 일본에 있던 家産(가산)을 정리해 광복도 되지 않은 고향으로 歸鄕(귀향)했겠습니까.

진주高普 진학

중국 대륙에서 일본은 침략 전쟁을 대규모로 진행하고 있던 때라, 일본인들의 중국인에 대한 감정은 나빴습니다. '시나진(支那人)'이라 하는 일반 명칭보다 '챤코로(チャンコロ)'는 경멸하는 말을 많이 썼습니다. 이 말은 일본

이 청일전쟁 승리 후부터 쓰기 시작한 속어로 현재까지도 일부 극우 일본인들이 사용하는 걸로 알고 있습니다.

군국주의 교육이 그때부터 학교에 침투하기 시작해 소학교 1학년 때 '나는 군인을 제일 좋아해 / 얼마 안가 어른이 되면 / 훈장 차고 칼 차고 / 말을 타고·당당히…'라는 노래를 지금도 기억하고 있습니다. 중국 주요 도시를 점령할 때마다, 축하 행렬이 있어, '爆彈三勇士(폭탄삼용사)'같은 군가를 부르며 거리를 행진했습니다. 아이들의 줄넘기놀이 때 부르는 노래에도 중국을 경멸하거나 임진왜란을 뜻하는 '朝鮮征伐(조선정벌)' 노래가 있었습니다. 이런 노래의 뜻은 나중에 커서 역사를 배우고 난 후에 알게 되었습니다.

1938년 3월 남해공립보통학교를 졸업하고, 同年 4월6일 진주공립중학교에 입학하였습니다. 3월에 입학시험을 치를 때 분명히 '진주공립고등보통학교'였는데, 그 사이 일본과 조선의 교육제도를 통일한다고 학교 이름이 바꾼 것입니다. '보통학교'는 '소학교'로, '고등보통학교'는 '중학교'로 바뀌었습니다(소학교는 3년 뒤 다시 '국민학교'로 바뀜).

'고등보통학교'는 짧게 '高普(고보)'로 불리어 지방에서는 선망의 대상이었습니다. 시골에서는 한 학교에서 두세 명이 진학할 정도로 희소가치가 있었습니다. 진주에서도 '고보생'은 시민으로부터 한결 다른 눈빛의 존경과 어른 대접을 받았습니다. 이름이 바뀐 뒤에도 한동안 시민들은 이 '고보생'이란 애칭을 버리지 않았습니다.

당시 서울에는 경기 제1고보(지금의 경기고), 제2고보(지금의 경복고) 등 역사 있는 명문 고보와, 보성, 휘문 같은 사립 고보가 있었습니다. 그러나 시골에서는 각 道에 몇 개 없을 정도로 귀했습니다. 제가 살던 경상남도에는 동래와 진주에 있을 뿐이었습니다.

경상북도 대구에 官立 사범학교가 있어, 일반 공립학교보다 먼저 입학시험을 가졌습니다. 각 보통학교에서 우수한 학생을 추천받아 시험을 보게 하는데, 저는 예비 신체검사에서 '色弱(색약)' 판정을 받아, 本시험 자격을 얻지 못했습니다. 학비가 무료인 그 학교로 갔더라면, 얼마 동안 박정희 前 대통령과 같은 학교에서 공부할 뻔 했습니다.

진주는 항일운동의 한 중심지로서, 3·1운동 당시 많은 희생자를 냈습니다. 진주고보는 언제나 그 운동의 중심이었으며, 항일운동을 공산계열 단체와 같이한 연유로 공산당원으로 이름을 날린 선배도 많았습니다. 진주농고 출신인 李炳注(이병주) 씨의 대하소설 《지리산》에 나오는 南道富(남도부)를 비롯한 주요 인물들이 거의 진주고보 출신이었다고 알려지고 있습니다. 남로당 거물 간첩이었던 朴 모도 진주 출신이었습니다.

일본 영화에 심취

진주에서는 입학 얼마 후부터 戰時色(전시색)이 학교 분위기를 좌우했습니다. 입학 시 배급된 '사지'라 불리는 양복 재료로 만들어진 夏季(하게)와 冬季(동계) 교복은 입을 수 있는 한 입게 했지만, 새로 맞출 때엔 국방색 제복으로 바꿔야 했습니다. 모자도 곧 국방색 전투모로 바뀌었습니다.

제1차 세계대전 이후 체결한 강대국의 軍縮(군축)협정에 따른 기간장교

보충의 한 방편으로 1925년에 공포되었다는 '學校敎鍊法(학교교련법)'에 따라, 일본 각급 학교의 군사훈련이 시작되었다고 합니다만, 우리 조선학교의 교련제도는 언제부터인지 확실하지 않습니다. 그러나 필자가 중학에 입학했을 때 교련 과목은 이미 학교 시간표에 들어 있었으며, 현역 배속장교 육군 소위가 근무하고 있었습니다. 약 20명 되는 교직원에 조선인 교사는 조선어와 漢文을 가르치던 朴重九(박중구) 씨 한 분 뿐이었으나, 졸업할 때에는 세 사람이 더 늘었습니다. 우리 입학과 더불어 校名(교명)이 바뀔 뿐 아니라 조선어 과목도 없어졌습니다.

2학년에 올라가서는 일본 영화에 심취했습니다. 학교에서는 유행가뿐 아니라 영화 감상하는 것을 금지했습니다. 당시 진주에는 영화관이 두 곳 밖에 없었지만, 학생 출입을 금지하기 위하여 각 학교 훈육 교사가 교대로 감시에 나섰습니다. 우리는 변장을 하여 그들의 감시를 피했지만, 적발되어 처벌을 받는 학생도 많았습니다.

친구 한 명의 집이 마침 영화관 바로 앞에 있어, 그 집에서 같이 숙제를 하다가 시간이 되면 영화관으로 자리를 옮기는 수법을 많이 썼습니다. 영화관 안내원 한 사람이, 이 친구와 안면이 있어 학교 훈육 교사가 나타나면 피신하는 곳을 마련해 주기도 했습니다. 영화관 출입을 그렇게 많이 하면서도 한 번도 적발되지 않은 것도 다행이었지만, 태평양 전쟁으로 수입금지되기 전의 작품들을 많이 볼 수 있어 영화팬으로서 매우 행복한 시절이었습니다.

격화되는 전쟁

저는 중학교 3학년 여름방학 때, 선친 책장에서 당시 서울의 永昌書館(영창서관)에서 발행한 책에서 '3·1 만세운동'과 '대한민국 임시정부' 이야기를 읽고 깜짝 놀랐습니다. 만세운동은 어릴 때 들은 기억은 있지만, 기록으로 읽은 것은 이것이 처음이고, 더욱이 임시정부 이야기는 청천벽력 같은 내용이었습니다.

지금 그 책 제목은 기억에 나지 않지만, 요즘의 年鑑(연감) 비슷한 내용으로 조선반도를 중심으로 여러 정보와 지식을 담은 책이었습니다. 당시의 행정구역과 인구, 간단한 역사 등이 실린 책이었습니다. 나중에 진주 하숙집 주인으로부터도 임시정부와 지리산을 중심으로 한 항일운동 이야기를 들었습니다.

1939년 11월에는 조선인의 '創氏改名(창씨개명)'령까지 내려, 징병령과 더불어 형식상의 '內鮮一體(내선일체)' 체제를 강화하였습니다. 이듬 해인 1940년은 일본 건국 2600년이라 하여, 건국기념일인 그해 2월11일 전국적으로 기념행사가 거행되었습니다. 이미 10년이 넘도록 끌어온 중국 대륙에서의 기약 없는 전쟁에 지친 국민의 士氣(사기)를 진작시킨다는 뜻에서, 기념축가를 공모하여 전국에서 1만8000여 건의 응모가 있었고, 당선작은 각 레코드社에서 기념음반을 제작하여 화려하게 발매했습니다. 당일에는 학교에 紅白(홍백) 축하 떡이 배급되고, 브라스밴드를 앞세운 전교생의 시내 행진도 있었습니다.

'金鵄(금치·일본 건국의 신화적 새) 반짝이는 일본의 영광 있는 빛을 온몸에 받고…'로 시작되는 행진곡조의 이 노래는 전국을 휩쓸며 국민을 들뜨게 했습니다.

결국 일본은 그 여세를 몰아 1941년 12월7일, 美軍 하와이 기지를 기습해 연합국을 상대로 하는 태평양 전쟁에 돌입하였습니다. 初戰(초전)의 승리에 일본 국민은 열광했습니다.

은밀히 떠돌던 노래

시곗바늘을 돌려 일본 주오(中央)대학에 진학하여, 외사촌 형과 함께 일본에서 자취생활을 하던 때의 일입니다. 하루는 유치원에 다니는 집 주인의 어린 딸이 재미있는 노래를 가르쳐 주겠다며 우리 방에 왔습니다. 놀랍게도 이 아이가 노래한 게 앞에서 말한 '기원 2600년' 축가의 패러디(parody) 노래였습니다. 이건 보통 패러디가 아니라, 厭戰(염전) 무드가 풍기는 패러디였습니다.

'건국 2600년' 축하의 해에 戰費(전비)조달의 압박을 받은 일본 정부는 담뱃값을 인상하여 국민들의 불만을 샀습니다. 당시 일본의 가장 대중적인 담배 이름이었던 '골든뱃(Golden Bat)'에서 '긴시'로 바꾸고, 그 '긴시'와 다른 담배 이름 몇 개가 이 노랫말 속에 들어 있었던 것입니다. 도쿄에서는 본래의 축가보다도 이 패러디가 은밀히 더 유행했다고 합니다.

'金鵄(긴시)는 올라서 15전, 영광의 히카리(光)는 30전, 아사히(朝日)도 올라서 45전, 기원 2600년, 아! 1억 국민의 속은 탄다.' 꼬마 아가씨가 가르쳐 준 노래는 이렇게 첫 소절이 끝났는데, 일본의 인터넷 위키피디아(Wikipedia) 사전을 열어보니, 끝마다가 '아! 1억 국민의 마음은 운다' 또는 '아! 1억 국민의 돈은 줄어 간다' 등 다르게 끝나는 패러디도 있었습니다. 이 '긴시', '히카리', '아사히'가 다 그 당시 담배 이름이었습니다.

戰時(전시)의 그 긴박한 분위기 속에 이런 패러디를 만들어 부를 여유가 있었던가 하고 놀랐지만, 무엇보다도 어린 아이들에게까지 이런 노래가 침투해 있다는 사실에 戰慄(전율)을 느꼈습니다.

제가 고등학교에 재학하는 중에도, 일본 군국주의에 반항하는 사건들이 많았습니다. 3년 선배들이 조회 때 낭송하는 '황국신민서사' 내용을 개작하여, '황국'을 '망국'으로 외치는 소동으로 11명이 처벌당한 사건도 있었습니다. 이중에는, 광복 후 육군대령으로 제주도 진압사령관으로 갔다가 부하 총에 순직한 사람도 끼어있었습니다.

그 한 학년 아래 선배들은 졸업식 때 받은 일본 황실 始祖(시조)의 위패가 든 소위 '가미다나(神棚)'를 두드리며 '쾌지나 칭칭 노세…' 노래를 부르며 집단으로 진주 거리를 행진한 사건으로 체포되어, 주모자 한 사람이 징역까지 산 적도 있었습니다.

시라스(白須)라는 저의 친구는 학교 교원을 하는 홀어머니 밑에서 어렵게 자랐습니다. 그는 교토(京都)대학에 진학했다가 학도병으로 軍에 입대하였습니다. 1945년 8월15일 일본이 패전한 날, 그는 전쟁터도 아닌 對馬島(대마도)에서 천황께 죄송하다며 권총 자살을 했습니다.

고향 히로시마(廣島)에서 눈이 빠지게 기다리는 어머니 품으로 돌아오지 못한 것입니다. 이런 비극이 패전 후의 일본 도처에서 일어난 이유는 일본 군국주의 교육 때문입니다. 개인의 행복보다 천황과 나라를 위해 희생하라는 壓政(압정)의 결과였던 것입니다.

공산주의의 迷夢

지식인들이 한 번쯤 갖게 된다는 공산주의 사상이 젊은 시절 저를 괴롭혔던 적이 있었습니다. 그 유혹의 올가미에서 절 구해낸 것은 가족과 일제시대 때 받은 反共(반공)교육 덕분이었습니다.

앞서 언급했듯이, 일본군에서 제대하여 고향으로 돌아왔을 때, 저는 좌익운동을 하던 절친한 친구로부터 공산주의 입문 팜플릿을 받은 적이 있었습니다. 저 역시 젊은이들이 흔히 갖는 小영웅주의적 정의감에 빠졌던 것

필자.

같습니다.

공산주의에 빠질 뻔했던 저를 설득한 사람은 선친이었습니다. 선친의 교육과 가르침 덕분에 꿈에서 깨어나듯, 공산주의의 유혹으로부터 벗어날 수 있었습니다. 美 군정청 생활을 한 덕도 있었던 것 같습니다.

스포츠나 정치에서 약자를 응원하는 마음은 어디나 마찬가지인 모양입니다. 일본에도 약한 사람을 돕는다는 의미의 '한간 비이키(判官贔屓)'라는 말이 있어, 사회적 약자를 돕는 전통 비슷한 게 있습니다. 스포츠를 좋아하는 저는, 응원하는 팀도 이러한 심정으로 결정할 때가 많았습니다. 일본 프로야구의 가장 인기있는 '요미우리 자이언츠(讀賣 Giants)'는 많은 돈으로 선수를 스카우트하기 때문에, 맞수인 '한신 타이거즈(阪神 Tigers)'를 어릴 때부터 응원하기도 했습니다.

한국의 延高戰(연고전) 때 상대적으로 서민풍의 고려대를 응원하고, 일본의 소케이(早慶·일본 명문 사립 와세다大와 게이오大의 연합체) 대항전에서도 서민풍이 많은 와세다(早稻田) 편을 들었습니다. '가진 자'와 '덜 가진 자' 편 가르기가 스포츠팀 응원에서도 작용한 것입니다.

정치판에서는 항상 야당 편이어서 인물의 좋고 나쁨에 관계없이 모든 대통령 선거에서 야당 후보만 찍었습니다. 이 버릇이 끝난 것은 1992년 대통령 선거 당시 여당 후보인 金泳三(김영삼) 씨를 찍은 뒤부터 입니다. 야당 시절부터 고생한 그를 오래 보아왔기 때문입니다.

충격적인 反共전시회

사회적으로 약자를 돕고, 민주화 운동을 언론인으로서 지지하면서도 공산주의에 대한 경계심을 한 번도 버리지 않은 것은 일제 때 받은 反共교육으로 알게 된 소련의 '피의 숙청' 때문이었습니다. 중학교 때 소련 赤軍(적군)의 영웅 투하체프스키(Mikhail Nikolaevich Tukhachevskii) 원수를 비롯한 약 68만 명이 처형당한 1937~1938년경의 大숙청 관련 反共전시회를 보았습니다. 그날 밤 악몽을 꿀 정도로 제겐 큰 충격이었습니다.

林和(임화), 金起林(김기림), 薛貞植(설정식) 등 좌익계열 文人들의 詩나 글을 즐겨 읽었지만 공산주의에 대한 불신과 공포는 제 머리를 떠나지 않았습니다. 공산주의 체제가 경계하는 소위 '쁘띠 부르주아' 또는 인텔리 계층에 제가 알게 모르게 속해있었기 때문이겠지요.

제 초등학교 친구 중에는 남로당 경남 道黨(도당) 간부로 있다가 월북, 얼마 뒤에 체포되어 귀순한 사람이 있었습니다. 월북 경험을 가진 중학교 동기생 중 한 명은 경찰관을 거쳐 대학 교수가 되기도 했습니다. AP통신 동료

기자 중에는 일본군으로 戰後 시베리아에 3년 가까이 억류되었던 사람도 있었습니다. 기자로서 판문점의 停戰(정전)회담 취재도 많이 하였습니다.

이처럼 제 주위에는 공산주의의 실상을 증언해 준 많은 사람이 있었습니다. 그밖에 공산주의 관련 서적과 기사도 많이 읽었습니다. 그 덕분에 〈조선일보〉 기자 출신에 대학 교수까지 지낸 李 모 씨가 북한과 공산주의를 맹목적으로 찬양하고, 박정희 前 대통령을 무조건 반대하는 언동을 이해하기 어려웠습니다.

체제의 변화, 친구의 변화

한국과 러시아가 國交(국교)를 맺을 즈음인 1989년, 저는 모스크바를 방문할 기회가 있었습니다. 자본주의에 눈 뜨기 시작한 공산주의 종주국의 실상을 눈으로 보고 자유의 귀중함을 다시 확인할 수 있었습니다.

그곳에서 중학교 졸업 후 44년 만에 만난 친구가 한 명 있었습니다. 그 친구는 고르바초프 대통령 정부 國策(국책) 연구기관 IMEMO의 유능한 연구원이었습니다. 그를 호텔방에서 만났지만 자유롭게 이야기하지 못했습니다. 자유가 없던 탓이었을까요. 그에게 여유를 찾아보기란 매우 힘들었습니다.

40여 년간 공산 치하에서 살면, 이렇게 사람이 변할 수 있나 하고 속으로 탄식했습니다. 명랑하고 활달했던 그의 학창시절을 회상하며 햇빛조차 희미한 모스크바의 하늘을 원망하기도 했습니다.

그는 만주 하얼빈에 있던 일본인 대학에서 러시아語를 전공하다 일본군에 징집, 시베리아에서 포로생활을 하다가 소련으로 歸化했습니다. 그후 盧泰愚(노태우) 대통령과 金泳三(김영삼) 씨의 모스크바 방문 때 통역을 하고,

韓露(한러) 수교 당시 러시아 측에서 많은 일을 하였습니다.

그는 1990년대 후반 영구 귀국, 한국 국적을 회복했습니다. 그때부터 그는 학창시절 밝았던 모습으로 점차 변모해갔습니다. 모스크바에서 결혼한 러시아 부인과 헤어져 단신으로 한국에 온 친구는, 서울에서 러시아 대사관 직원과 재혼했습니다. 자유의 땅에서 옛 우정을 오래오래 함께하자고 그와 약속했으나 안타깝게도 그는 2004년 심장병으로 작고했습니다. 그가 그리워했던 故國에서 자유를 더 오래 누리지 못한 게 한 없이 가슴이 아픕니다.

광복 70년을 맞는 오늘날, 진보의 탈을 쓴 공산주의 세력이 아직도 국가와 국민을 괴롭히고 있는 현실을 안타깝게 생각하며 이 手記(수기)를 마칩니다.

黃敬驍(1924~)

1924년 경남 남해 출생으로, 일본 주오(中央)대학 재학 중 日軍 '징병 1기'로 징집되었다. 1945년 8월 일본 패전 후 귀국해 美 군정청 남해 분견대 통역으로 사회생활을 시작했다.

이후 주한 미국대사관에서 신문 번역을 담당하는 직원으로 8년간 근무하다가 1957년 AP통신 기자가 되어 서울 주재 특파원 지국장을 지내는 등 30년간 AP통신에서 일했다. 1992년 1월 〈TIME〉誌 서울 주재 기자를 마지막으로 은퇴, 현재는 '자유칼럼'이란 인터넷 홈페이지에 칼럼을 기고하고 있다.

'발을 신발에 맞춰' 살아야 했지만, 아무도 포기하지 않았다

'보통 사람들'의 이야기를 기록

인간은 누구나 저마다의 歷史(역사)를 가진다고 했습니다. 역경을 극복하고 성취해낸 주인공들이 자신의 역사를 정리해 手記(수기)로 보내주셨습니다. 한평생 경험해 온 슬픔과 기쁨의 순간을 담담히 써내려간 글을 읽을 때면 말로 표현할 수 없는 감동을 하였습니다. 時空(시공)을 초월해 생생한 느낌으로 제게 다가왔기 때문입니다. 이 글들은 언젠가는 시간의 흐름에 묻혀 사라지는 老人(노인)들의 一代記(일대기)가 아니라 대한민국의 탄생과 번영을 함께 한 우리네 할아버지·할머니의 살아있는 기록입니다.

대한민국은 日帝(일제)의 식민지배, 광복, 6·25南侵(남침) 전쟁과 근대화를 거쳐 70년 만에 아주 근사한 나라가 됐습니다. 民主化된 요즘에는 오늘을 만든 護國(호국)과 근대화의 시대를 말하는 것이 고리타분한 것처럼 돼버렸습니다. 역사는 어느 한 세대만의 전유물이 아닙니다. 오늘날 '민주주의' 만능 시대에, 광복 70주년을 맞아 호국과 근대화의 숨은 주역인 '보통 사람들'의 이야기를 기록하는 것은 역사적으로 가치 있는 일이라고 생각합니다.

88서울올림픽이 열리던 해에 태어난 제게 대한민국은 부족함이 없는 나라였습니다. 오늘에는 더 풍족하게 살고 있습니다. 이러한 풍요의 시대가 있기까지는 자식 잘되라고 일밖에 할 게 없었고, 앞만 보고 일만 했던 우리의 선배 세대의 피땀이 있었기 때문이라 믿고 있습니다.

외할아버지의 말씀을 글로 접한 느낌

이번 수기에는 유독 6·25와 관련된 내용이 많았습니다. 그만큼 6·25가 대한민국史와 이 시대를 살아갔던 이들에게 큰 영향을 준 것으로 생각합니다. 저희 외할아버지는 쌍둥이 중 첫째였고, 형제 둘 모두가 6·25에 참전했습니다. 동생은 끝내 돌아오지 못하고, 屍身(시신)도 찾지 못해 山川(산천) 어딘가에 잠들어 계신다고 들었습니다. 외할아버지는 현충일이 다가오면 항상 동작동 국립묘지 위령탑에 새겨진 동생의 이름을 보러 가시곤 했습니다. 어릴 적 외할아버지가 해주셨던 말씀을 글로 다시 접한 기분이 들었습니다.

열한 살 전쟁통에 부모님을 잃고, 苦學(고학)으로 교사가 된 朴昌鎭(박창진) 선생님의 글은 슬픔과 함께 잔잔한 감동을 주었습니다. 전쟁의 슬픔을 극복하고 교사가 돼 자신이 맡은 일을 묵묵히 해 나간 朴 선생님의 모습은 우리가 생각하는 참스승의 모습을 떠올리게 했습니다.

전쟁통에 시체 덮은 가마니를 들춰가며 어머니를 찾고, 두 살배기 동생을 잃었다는 모습을 담담히 표현한 부분에서는 당시 열한 살 아이가 짊어져야 했을 고통을 생각하니 가슴이 너무 아팠습니다.

〈불타는 연기 속에서 종일 여기저기 시체 덮인 가마니를 들추어가며 어머니를 찾아냈다. 두 살짜리 젖먹이는 이따금 허공을 향해 '엄마' 하고 찾았다. 무엇에 체했는지 약은 없고, 제대로 돌보지 못해, 건강했던 아기는 점점 힘을 잃고 한 달쯤 지나 엄마를 따라 하늘나라에 갔다. 공습 때문에 불도 켜지 못하고, 물을 찾는 아기에게 끓인 물이 떨어져 찬 우물물을 떠 넣어주던 기억은 평생토록 마음을 아프게 했다.〉

두메산골에 사는 학생의 가정방문을 끝낸 후 돌아오는 길에 눈물을 흘렸다는 내용과 홑몸이 아님에도 열정적으로 수업했다는 이야기는 솔직함과 투철한 직업 정신에 감동을 했습니다.

〈운기와 손을 잡고 가는데 산모퉁이를 돌기도 하고, 산을 넘기도 하면서 끝없이 갔다… 어머니는 문도 달리지 않은 부엌에서 穀氣(곡기)라고는 잘 보이지 않는 시퍼런 나물죽을 쑤고 있었다… 나는 돌아오는 길에 운기와 그 어머니 생각에 눈물이 났다… 숙제 같은 것은 바랄 수도 없다. 학교에 오면 언 손을 녹여주거나 한 자라도 수업 중에 더 보살펴주는 것뿐. 교사도 학생도 가난한 것이 슬펐다.

産後(산후)조리를 제대로 못 해 몸이 붇고 아팠지만, 방학에 출산하여 학교와 담임하는 반 어린이들에게 폐를 끼치지 않은 것만 다행이라고 생각했다… 그때는 産前(산전) 휴가는 생각지도 못하고 우리는 낳기 전날까지 근무했다. 다리가 퉁퉁 부어도 앉아서 수업하지 않았다.〉

"이젠 독일이 부럽지 않다. 국가에 감사한다"

派獨(파독)간호사인 高永淑(고영숙) 선생님의 글은 문학 작품 같았습니다. 6·25가 터지기 전까지 행복했던 한 가정이 전쟁 때문에 완전히 다른 삶을 살아가야 했던 이야기입니다. 가장 인상 깊었던 구절은 〈부모님이 함께 계셔서 나는 행복했다〉는 대목이었습니다. 전쟁과 가난 속에서도 부모님이 있어 잘 버텨낼 수 있었다는 그의 말은 가족의 소중함을 다시금 생각하게 했습니다.

가난과 男兒(남아) 선호사상 때문에 중학교에 진학하지 못한 女兒(여아)들이 국민학교 졸업식 날 목 놓아 울었다는 이야기, 위안부 여성이 자녀를 키운 이야기, 전쟁의 피해자인 상이용사들의 모습 등 당시의 상황이 눈에 선하게 들어왔습니다. 전쟁과 가난을 극복해가며 하루하루를 살아갔던 이들의 모습이 쉽게 머릿속에서 지워지지 않았습니다.

간호사가 돼 독일로 간 高 선생님은 "독일 생활을 통해 자신감을 얻었다"고 말했습니다. 그리곤 〈40년 전 독일에서 살다가 한국 올 때 수영장과 문화센터를 갖고 오고 싶었는데 이젠 독일이 부럽지 않다. 역동하는 대한민국에 태어난 것이 자랑스럽고 행복하다. 국가에 감사한다.〉고 글을 마무리했습니다. 격동기에 태어나 참 많은 경험을 한 우리네 할머니 세대의 역사였습니다.

吳允根 선생의 66년 前 선택

九旬(구순)인 吳允根(오윤근) 선생님의 글은 순간의 선택으로 인생의 경로가 바뀐 내용이었습니다. 6·25가 터지기 전, 함흥의대를 다니던 오 선생님은 전쟁이 터지자 인민군 군의관 강제 징집을 피해 배를 타고 越南(월남)했습니다. 포항의 어느 곳에 내린 그는 부산과 경주로 가는 갈림길에서 경주로 향했습니다. 이때부터 그는 의사의 길 대신 교사가 돼 한평생을 살았습니다. 어려운 환경에서도 교사로서 후학을 양성하기 위해 노력했던 모습이 인상적이었습니다.

吳 선생님이 인생의 갈림길에서 '만약 부산으로 향했다면'이라고 상상도 해봤습니다. 흔히들 運命(운명)이라고들 말합니다. 吳 선생님은 의사가 되지 않고 교사가 되신 것에 대해 어떻게 생각하고 계시는지, 운명이라는 것을 믿으시는지 직접 한번 여쭤보고 싶었습니다.

"내가 죽을 곳에 찾아왔구나!"

李範永(이범영) 선생님의 글은 영화 〈국제시장〉의 덕수 이야기와 비슷했습니다. 李 선생님은 〈국제시장〉을 보고 남들보다 더 많이 울었다고 했습니다. 중학교 졸업 후 생활 전선에 뛰어든 李 선생님은 군에 입대한 뒤 월남으로 향했습니다. 베트콩과의 전투에서 "내가 죽을 곳에 찾아왔구나!"라고 생각했다고 합니다. 사람이 아무리 돈을 많이 준다고 해도 목숨보다 소중한 것은 없고, 죽음보다 두려운 것은 없다는 것을 다시금 느꼈습니다. 월남 전선에서 무학여고 학생과 펜팔을 했던 추억을 소중하게 여기고, 이 덕분에 무사히 살아서 돌아올 수 있었다는 감사의 내용은 가슴을 따뜻하게 했습니다. 50년이 지났음에도 이 편지를 보관하고 있다고 합니다.

가장 역할을 했던 李 선생님은 파독 광부에 지원해 독일로 갔습니다. 독일에 온 그는 막장 일을 하며 "내가 죽을 곳에 찾아왔구나!"라고 표현했습니다. 월남에서 독일까지, 조국 근대화의 旗手(기수)였던 셈입니다. 독일 파견 기간 3년 동안 無결근, 無병가를 아주 자랑스럽게 말씀하셨습니다. 독일에서 만난 간호조무사와 결혼을 했으나 아내를 먼저 보냈을 때의 심정을 말하는 대목에서는 애절함을 느꼈습니다. 이제 좀 풍요를 누리려고 하니 세월은 기다려주지 않았던 것입니다. 李 선생님은 조국근대화에 자신의 젊음을 불태웠다고 자부하고 계셨습니다. 그러면서 젊은 세대들에게 앞으로 다가올 시대를 가슴 벅차게 받아들이고 아버지, 어머니가 쏟았던 청춘을 감사하며 기억하라고 말했습니다.

5월21일 금남로, 10만 군중 묘사한 그림

海士(해사)를 나와 31년간 뱃생활을 했던 李東權(이동권) 선장님의 글은 '발을 신발에 맞춰' 살아야만 했던 어려운 시절의 이야기를 손녀에게 들려주는 육아 일기 형식이었습니다. 서울대에 입학한 아들과 딸이 운동권이 돼 "6·25는 北侵(북침)"이라고 말한 이야기, 태평양에서 荒天(황천)을 만난 이야기, 체르노빌 피해자를 만난 이야기, 수에즈 운하 통과 이야기 등 뱃생활을 하며 겪은 에피소드를 담백하게 정리해주셨습니다. 갑판에서 벌어진 김영삼·김대중, 기독교·불교 논쟁은 정치·종교 문제는 함부로 꺼내는 것이 아니라는 것을 다시금 느꼈습니다.

연중 약 10개월 동안 지구 두 바퀴를 돌며 전 세계를 누볐다는 이야기는 세계는 넓고 할 일은 많다는 것과 좁은 울타리에서 벗어나 광활한 세계에서 역동적으로 살아가는 세계 속의 한국인을 생각하게 했습니다.

공수부대 신임 소위로 5·18 광주 현장에 투입됐던 李正湜(이정식) 선생님의 글은 역사의 우연성과 불확실성을 느낄 수 있었습니다. 신임 장교로 임관한 그는 운이 없게도 공수부대로 차출됐다고 했습니다. 11여단에 배속돼 계엄령이 선포되자 광주로 향했고, 상부의 명확한 지시도 없이 광주 시민을 상대해야 했다고 했습니다. 구타하라는 지시도, 하지 말라는 지시도 받지 못했다면서 당시 군의 주먹구구식 대응을 지적했습니다. 일각에서 주장하는 5·18 광주 북한군 침투說(설)에 대해서도 근거가 없다고 일축했습니다.

5월21일 금남로에서 10만 명의 군중이 공수부대를 압도한 장면을 묘사한 그림은 당시 상황을 생생하게 전해주고 있습니다. 이 선생님은 "21일 도청 앞 그 긴장된 대치 국면에서 화염병 하나가 균형을 깼다"고 표현했습니다. 그러면서 "당시 화염병을 던지지 않았더라면…"이라고 회고했습니다. 27일 선남도청 진압 부대를 제비뽑기로 결정한 이야기, 작전 당일 광주 시민을 자극하지 않기 위해 공수부대가 보병부대 옷을 입고 진압 작전에 투입된 이야기, 공수부대원들에게는 밥도 안 팔았다는 이야기, 군부대 앞을 지나가다 총에 맞은 학생 이야기 등 실제 현장을 경험한 장교의 생생한 체험담이었습니다.

가슴 아팠던 夜學 이야기

東인천 지역의 夜學(야학)을 다룬 東仁(동인) 이야기는 야학을 만든 한 전직 경찰관과 야학을 다닌 학생이 함께 정리한 글입니다. 최근에는 찾아보기 힘든 야학이지만, 개발연대를 상징하는 단어가 있다면 공순이와 공돌이, 야학일 것입니다. 생계를 위해 생활 전선으로 뛰어나간 이들의 學究熱(학구열)을 위로하기 위해 만들어졌지만 어려운 여건 때문에 끝내 문을 닫아야만 했던, 힘들고 배고픈 시대의 한 斷面(단면)을 보았습니다.

동인 이야기에서 가장 가슴 아픈 대목이 있었다면, 야학을 끝마치고 집으로 가던 네 명의 여학생이 불의의 사고로 세 명이 죽고 한 명이 크게 다친 사건입니다. 어려운 환경 속에서도 배움의 끈을 놓지 않았던 이들이 서로 길동무가 돼 집으로 가던 중 변을 당한 것입니다. 너무나 가슴이 아팠습니다. 넉넉지 못한 환경에서 힘들게 살아가는 이들이 꽃도 피워보지 못하고 저버린 것입니다. 세상이 너무 야박하다는 생각을 했습니다.

이 글의 두 번째 필자인 金永辰(김영진) 선생님은 야간 중학교만 다섯 군데를 다녔다고 합니다. 고향의 명문 중학교에 합격했지만, 가정형편 때문에 다닐 수가 없었던 그였습니다. 꼬마 나무꾼이 된 그는 교복을 입고 下校(하교)하는 국민학교 동기들의 모습을 보고는 나무 밑에 숨어 이 친구들이 멀리 사라질 때까지 얼마나 울었는지 몰랐다고 고백했습니다. 아이스케키 등을 장사해 苦學했습니다. 제30회 노산 이은상 문학상 수상자가 돼 시상식에서는 야학 시절의 선생님들을 모셔 감사의 인사를 전하기도 했습니다.

이 글에서 큰 감동을 한 대목 중 하나는 야학 교사들의 대가를 바라지 않는 헌신적인 모습이었습니다. 배움에 굶주려 있는 이들에게 허기를 달래주었던 이들의 善行(선행)은 沈熏(심훈)의 소설 《상록수》를 떠올리게 했습니다. 더욱이 야학의 교사들이 사회적으로 성공을 한 모습을 볼 때면 해피엔딩(Happy Ending)을 떠올리게 했습니다. 시간이 흘러 야학을 다녔던 이들이 사은회를 열었다는 소식을 접했을 때는 따뜻한 마음이 들었습니다.

手記마다 역사적 가치 담겨

제가 읽은 모든 手記가 저마다 역사적 가치가 있다고 생각합니다. 순위를 가린다는 것 자체가 아쉬울 정도였습니다. 이 기록들은 역사 그 자체로 의미가 있다고 생각했기 때문입니다. 호국과 근대화, 오늘날의 대한민국을 만들기 위해 고군분투한 모든 분들께 경의를 표합니다.

우리는 광복 후 70년 동안 역사가 우리에게 던진 挑戰(도전)에 기꺼이 應

戰(응전)해 위대한 역사를 만들어냈습니다. 역사는 기록하는 자의 것이라고 했습니다. 우리가 70년간 만들어 온 승리의 역사를 교훈 삼아 앞으로 다가올 격동의 통일 시대도 잘 헤쳐나간다면, 광복 100주년에는 통일 체험 手記가 등장하지 않을까 생각해봅니다. 우리의 부모 세대가 그랬듯, 앞으로 다가올 통일이라는 큰 도전에도 당당히 응해 광복 100주년을 즈음해서는 더 위대한 대한민국이 돼 있기를 소망합니다.

영남대 정외과 4학년

李 庚 勳

숙명을 거부하다!
보통사람들의 위대한 생애

지은이 | 金珍漢 外 18名
펴낸이 | 趙甲濟
펴낸곳 | 조갑제닷컴
초판 1쇄 | 2016년 4월 22일

주소 | 서울 종로구 내수동 75 용비어천가 1423호
전화 | 02-722-9411~3
팩스 | 02-722-9414
이메일 | webmaster@chogabje.com
홈페이지 | chogabje.com

등록번호 | 2005년 12월2일(제300-2005-202호)

ISBN 979-11-85701-35-6-03300

값 20,000원

*파손된 책은 교환해 드립니다.